INDEX OF
OBITUARIES
AND
MARRIAGES

IN
THE [BALTIMORE] SUN

1871-1875

VOLUME ONE: A–J

Francis P. O'Neill

HERITAGE BOOKS
2011

HERITAGE BOOKS
AN IMPRINT OF HERITAGE BOOKS, INC.

Books, CDs, and more—Worldwide

For our listing of thousands of titles see our website at
www.HeritageBooks.com

Published 2011 by
HERITAGE BOOKS, INC.
Publishing Division
100 Railroad Ave. #104
Westminster, Maryland 21157

Copyright © 1995 Francis P. O'Neill

Other Heritage Books by the author:

Index of Obituaries and Marriages in The [Baltimore] Sun, *1866–1870 with Addendum, 1861–1865*

Index of Obituaries and Marriages in The [Baltimore] Sun, *1871–1875*
Volume One: A–J
Volume Two: K–Z

Index of Obituaries and Marriages in The [Baltimore] Sun, *1876–1880*

All rights reserved. No part of this book may be reproduced or transmitted in any form or by any means, electronic or mechanical, including photocopying, recording or by any information storage and retrieval system without written permission from the author, except for the inclusion of brief quotations in a review.

International Standard Book Numbers
Paperbound: 978-0-7884-5365-6
Clothbound: 978-0-7884-8925-9

To Walter Arps, Tom Hollowak and Joe Maguire,
all of whom have compiled and published indexes
which make marriages and deaths
from earlier years of the Baltimore Sun
accessible to the researchers of today.

ACKNOWLEDGEMENTS

I would like to thank my wonderful wife Marla for putting up with me during the fourteen months I spent compiling this book, and for the help that she gave me on questions of medicine and public health that arose in the course of my work. Luckily for me, she has a background in both these disciplines, and no reluctance to share either her time or her knowledge with others.

Michael P. Shea, my friend, neighbor and Maryland Historical Society colleague, set up and maintained the data base for both this and my 1866-1870 index to the Sun, and kept the wheels turning on the technical side throughout both projects. There is no way either volume ever would have been completed without his active involvement and anyone reading this should be as grateful to him as I am.

The Maryland Historical Society, under Head Librarian Penny Catzen, furnished me with logistical support, especially with the microfilm of the Sun and the machines on which I read it. The Maryland Historical Society now holds film of these and other Maryland newspapers (as do other institutions such as the Enoch Pratt Free Library in Baltimore and the Maryland State Archives in Annapolis) and researchers should refer to these microfilms for further information on the people listed in this index.

Francis P. O'Neill
June, 1995.

A.M.D.G.

FOREWORD

The rapid growth of Baltimore's population in the period between 1850 and 1880 was matched by its death and marriage rates, as a comparison of this volume with its predecessors will demonstrate.* One sad fact was that while the city was expanding in all directions and filling in what had been open spaces in its older neighborhoods with housing, the growth rate of its infrastructure was not keeping pace. The search for potable water, for instance, was a race between supply and demand which was too often won by demand. Individual municipal reservoirs had been established - at Mount Royal, in Druid Hill Park, in Hampden and at Lake Roland - and by the 1870s they even had been linked into a working system, but many parts of the city still relied almost entirely on local groundwater for drinking purposes, even when this water was known to be polluted. The major source of such pollution was human waste, which for want of a sewerage system was collected by hand by a corps of "nightmen" from the vast network of "sinks" or privies which pockmarked the city, and then carted to vacant lots on the edge of town. Residents' health was jeopardized further by the all-too-common practice of adulterating staple foods, especially milk, often with water from these same infected sources. The result was wave after wave of dysentery, cholera and typhoid, sometimes mentioned in the obituaries of small children as "milk sickness" or "summer complaint", but more often passed over in silent resignation.

Life seemed to be growing more perilous during this period in other respects as well. Like most Americans of the era, the majority of Baltimoreans of all classes had grown up in rural areas and were unprepared for many of the hazards of city life. They were run down by the streetcars and railroad trains that filled their crowded streets, crushed by machinery in the new industrial plants, and asphyxiated when they made the mistake of blowing out the flame in their gaslights when they wanted to go to sleep. Finally there were as always those who deliberately chose to end lives: either those of others (whom they shot, stabbed, poisoned, etc.) or their own.

The responsibility for chronicling all this activity lay with Baltimore's press corps, and its members struggled manfully (there were no women journalists in Baltimore in this period) to keep their readers informed. They were handicapped by the fact that tools which many modern journalists now consider hopelessly outdated, like the typewriter and the linotype, were still not in common use in the 1870s, which left the news business prey to errors almost unthinkable to us today. Strong accents tripped up reporters; bad handwriting tripped up copy editors; heavy pressure frazzled typesetters; and mistakes got into print. Many a researcher using this index may miss his or her quarry because a date or the spelling of a name is not what it was expected to be. A lively imagination, enabling a researcher to anticipate ancient mistakes and compensate for them, is always an asset when using a volume of this kind.

A rough calculation reveals that for every Baltimorean whose name appears here (in whatever form) there were ten or eleven others whose names did not. Sometimes this was a matter of personal preference, as when one of the many 19th-century residents who did not read English invested his or her advertising dollar with one of the city's several foreign-language papers rather than with an English-language daily read by nobody he or she knew. More often, it was an economic issue: marriage and death notices cost a sum of money which not every city resident had available. News stories are often the only way in which newspapers bring us the annals of the poor (which are not necessarily either short or simple) and these, having no paid notices against which they can be checked, are even more subject than are the records of the middle and upper classes to the sort of damaging technical slip-ups I warned against above. In every case, the researcher who obtains even the faintest trace of a lead is well-advised to obtain the issue of the

---

*J. Thomas Scharf's *1881 History of Baltimore City and County* gives the following figures for the city's successive U.S. census returns:
        1850 - 169,054   1870 - 267,599
        1860 - 212,418   1880 - 332,190

Sun to which this index refers and read the same material the indexer did in hope of further information and for fear of mistakes.

****

Deaths Reported to the Baltimore City Commissioner of Health

1871: 7,141
1872: 8,713
1873: 7,588
1874: 7,520
1875: 7,253

Marriage Licenses Granted by the Court of Common Pleas of Baltimore

1871: N/A
1872: 2,873
1873: N/A
1874: N/A
1875: 2,734

Deaths Indexed in *Index of Obituaries and Marriages, 1871-1875*

1871: 3,718
1872: 4,282
1873: 3,717
1874: 3,890
1875: 3,954

Marriages Indexed in *Index of Obituaries and Marriages, 1871-1875*

1871: 1,381
1872: 1,322
1873: 1,456
1874: 1,248
1875: 1,141

Note: Researchers should bear in mind that not every marriage or every death reported in the *Sun* took place in Baltimore. Many took place in other jurisdictions, and merely involved someone with some connection to Baltimore.

INTRODUCTION

RECORDS

In general, records of marriages and deaths are of four types:
- Personal records, which are created and maintained by those most closely involved in the events they describe (*e.g.*, in family Bibles)
- Religious records, which are created by a clergyman and preserved among the records of his congregation or denomination
- Civil records, which are created by a government official and preserved by a public authority
- Public records, which are created by an organ of public communication and preserved as part of its product (*e.g.*, newspaper notices).

Before proceeding further with details on this particular index of public records, it may be as well to glance quickly at other types of records which may exist in Maryland. It would be natural to place the most confidence in civil records, but in Maryland such confidence is not always justified. While Marylanders repeatedly expressed a wish for full civil registration of vital records in the form of 19th-century laws requiring such, it was not until 1875 that their desire was realized, even in Baltimore. Prior to that time the records of marriages maintained by the Baltimore City Court of Common Pleas and of deaths maintained by the Baltimore City Commissioner of Health were usually deficient in detail and often incomplete in number. The Maryland State Archives has microfilm of the marriage license applications and marriage records kept by the Court of Common Pleas both before and after the enactment of the 1875 law, which makes clear how much more conscientiously the clergymen (who by law were the only Marylanders authorized to perform marriages in the 19th century) took their responsibilities to report their activities to the civil authorities after the passage of the 1875 law. The same was probably true of the physicians who were expected to return copies of death certificates to the Commissioner of Health.

Church records of marriages and deaths, while both universal in scope (at least in 19th-century Baltimore) and generally reliable, are only somewhat less diffused than private records, and therefore often difficult for researchers to track. This is especially true when churches have moved, merged, or simply disappeared. Newspaper notices often provide useful clues to an ancestor's religious affiliation when they name an officiating clergyman, even if they don't mention the congregation to which he was attached. Edna Kanely's 1991 guide to Maryland clergymen[1] can be the bridge between a clergyman's name and that of his congregation; beyond that, anyone in search of the congregation's records very often faces a long and arduous task.

Finally, and most elusively, there are private records of marriages and deaths. They have the advantage of reliability, but the disadvantage of inaccessibility, since they traditionally have been diffused throughout the community, sometimes in the hands of those who treasured them, other times in the hands of those who discarded them. A movement is now underway by various libraries and historical societies to encourage those who have such private records which they no longer want to deposit either copies or the original document with such an institution where it can be cared for and made available to researchers. The Genealogical Council of Maryland has been leading an effort to publicize the location of all such institutionally-held private records in or related to Maryland, and the first fruits of their efforts became available in a 1989 volume entitled *Inventory of Maryland Bible Records*[2]. At the present time, however,

---

[1]*Directory of Ministers and the Maryland Churches They Served, 1634-1990*, Edna Agatha Kanely (Westminster, MD: Family Line Publications, 1991).

[2]*Inventory of Maryland Bible Records* (Westminster, MD: Family Line Publications for the Genealogical Council of Maryland, 1989-).

and probably for the foreseeable future, private records are the most difficult of all the four classes of records of marriages and deaths for researchers who are not their legal owners to obtain.

The index you hold is an index of public records, specifically the marriages and deaths mentioned in one Baltimore newspaper, the *Sun*, between January 1st, 1871 and December 31st, 1875. Although there are similar indexes for other periods of the *Sun*'s existence, and for other Baltimore newspapers at other times, there is no other index to another Baltimore newspaper published during the same five-year period[3]. This is a pity, for while an informal survey has convinced me that there is not much difference between the *Sun*'s vital notices and those of its principal English-language competitor (the Baltimore *American*) during the first half of the 1870's, there are other Baltimore newspapers, especially German-language papers, indexes to which I feel sure would increase our stock of marriage and death information on mid-Victorian Baltimoreans to a great extent.

SOURCES

This index is based on microfilms of the Baltimore *Sun* produced and sold by University Microfilms International (UMI), 300 North Zeeb Road, Ann Arbor, Michigan. The main branch of Baltimore's Enoch Pratt Free Library has a complete collection (1837 to date) of the Baltimore *Sun* on UMI microfilm. The Maryland Historical Society's library currently contains the UMI films of the years 1860-1875, and hopes to obtain more of the *Sun* on microfilm in the future.

Researchers unable or unwilling to make use of microfilm, or those who find gaps in the run of papers filmed by UMI, may turn to the Albin O. Kuhn Library at the University of Maryland Baltimore County in Catonsville. Its Special Collections Department is the custodian of the Baltimore Sunpapers' archival collection of bound *Suns* dating back to the first edition in 1837. The Department has limited hours, especially in the summer, and researchers planning to make use of its collections are urged to telephone in advance of any visit.

INDEXING METHODS

Many researchers may be put off by the fact that this is "only" an index and not an abstract of the marriages and deaths noted by the *Suns* of its period. Unfortunately, such *Suns* contained so much information on each person that abstracts were not really feasible. An entry which reads only:

    Smuck, Bertha E.   F[emale]   July 1, 1875   2 B

may actually lead one (as this does) to a notice on page 2, column B of July 1, 1875 which reads:

    SMUCK   On the 29th instant, of scarlet fever, BERTHA E. aged 5 years, 7 months and 4 days, beloved daughter of John S. and Mary T. Smuck.
    And Jesus said, "Let the little children come unto me, for of such is the kingdom

---

[3]Earlier years of the Baltimore *Sun* are indexed in the following works:
Index to Marriages and Deaths in the (Baltimore) Sun, 1837-1850, compiled by Thomas L. Hollowak (Baltimore: Genealogical Publishing Company, 1978).
Departed This Life: Death Notices from the (Baltimore) Sun 1851-1860, compiled by Walter E. Arps, Jr. (Silver Spring, MD: Family Line Publications, 1985-1986).
Index to Marriages in the (Baltimore) Sun, 1851-1860, compiled by Thomas L. Hollowak (Baltimore: Genealogical Publishing Company, 1978).
Index to Obituaries and Marriages in the (Baltimore) Sun, 1861-1865, Joseph C. Maguire Jr. (Westminster, MD: Family Line Publications for The Maryland Historical Society, 1991).

of Heaven."

The funeral will take place this (Thursday) afternoon at four o'clock from the residence of her parents, 34 Carrollton Avenue. The relatives and friends of the family are respectfully invited to attend.

It is my intention to develop a companion CD-ROM from my database, which will contain more information on each person than is contained in this printed index (but less than is contained in the original newspaper notices, unfortunately), and to deposit it at the library of the Maryland Historical Society, where it may assist researchers who find this index insufficient.

In my experience, many researchers cut themselves off from useful leads by an overly strict faith in the index with which they are working. It is well to remember the many points at which errors can creep into a work like this one: at the newspaper office, where a customer's unfamiliar accent, a clerk's bad handwriting or a compositor's hangover may very easily have converted your Great-Uncle Louis into your Great-Aunt Lois; at the microfilm reader, where I may unintentionally have done the same thing; or at the computer, where the my fingers may have flown a little faster than they ought to have done. It is a good idea to examine the microfilm of the original newspaper for anyone whose name even vaguely resembles the one for which you are searching, and to recall that even small children who don't actually figure in your family tree may lead you to their parents who do.

Aalbright, Henry G. (83 yrs., 8 mos.) d. on 72-Jul-9 [72-Jul-9: 2C].
Aarnell, Jane M., Miss m. Dorsett, W. C., Dr. on 71-Oct-5 [71-Oct-24: 2A].
Aaron, George m. Kriel, Amelia, Miss on 74-Oct-15 [74-Oct-23: 2B].
Aaron, L. M. (73 yrs.) d. on 75-Dec-4 [75-Dec-7: 2C].
Aaron, Marcellus, Capt. (54 yrs.) d. on 74-Feb-13 [74-Feb-14: 2C; 74-Feb-16: 4C].
Aaron, Mina Cressy (1 yr., 10 mos.) d. on 71-Jul-5 [71-Jul-6: 2B].
Abbes, Elizabeth M. d. on 75-May-20 [75-May-22: 2B].
Abbes, Sarah C. (67 yrs.) d. on 75-Nov-19 [75-Nov-20: 2B; 75-Nov-22: 2A].
Abbott, Ann E. (32 yrs.) d. on 75-Mar-11 [75-Mar-19: 2B].
Abbott, Elizabeth B. (67 yrs.) d. on 74-Feb-19 [74-Feb-21: 2B].
Abbott, Emma, Miss m. Lippey, Charles on 73-Apr-17 [73-Apr-22: 2B].
Abbott, George (28 yrs.) d. on 73-Jun-16 of Cramp cholic [73-Jun-17: 1F].
Abbott, James L. d. on 75-May-5 [75-May-6: 2B].
Abbott, John Emmorson (2 yrs., 11 mos.) d. on 73-Jan-8 [73-Jan-9: 2B].
Abbott, Lillian Bertha (3 mos.) d. on 72-Mar-7 [72-Mar-8: 2C].
Abbott, Lucetta E. (42 yrs.) d. on 74-May-16 [74-May-18: 2B].
Abbott, Maggie M. m. Sevier, Charles H. on 72-Sep-8 [72-Sep-10: 2A].
Abbott, Margaret, Mrs. m. Beaber, Adam on 71-Dec-12 [72-Feb-1: 2C].
Abbott, Maria Gertrude Harris (1 yr., 5 mos.) d. on 74-Apr-19 [74-Apr-20: 2A].
Abbott, Mary C. d. on 75-Mar-14 [75-Mar-15: 2B; 75-Mar-16: 2B; 75-Mar-17: 2B].
Abbott, Robert A. (2 yrs., 4 mos.) d. on 71-Jul-19 [71-Sep-29: 2B].
Abbott, Sarah A. d. on 73-Jan-16 [73-Jan-20: 2B].
Abbott, Thomas O. m. Griffith, Katie on 72-Jul-11 [72-Jul-13: 2A].
Abbott, W. W. d. on 74-Apr-13 of Consumption [74-Apr-16: 4E].
Abbott, William (76 yrs.) d. on 75-Mar-1 [75-Mar-2: 2B; 75-Mar-3: 2B; 75-Mar-4: 2B; 75-Mar-2: 4F].
Abbott, William H. W. (10 yrs.) d. on 71-Sep-29 [71-Sep-29: 2B].
Abell, Aseneath P. (65 yrs.) d. on 71-Apr-20 [71-May-1: 2C].
Abell, Catherine (89 yrs.) d. on 72-May-13 [72-May-14: 2B; 72-May-15: 2B].
Abell, Charles S. (28 yrs.) d. on 75-Dec-3 of Typhoid [75-Dec-4: 2A, 2B, 4A; 75-Dec-6: 4D].
Abell, David T. m. Conner, Clara H., Miss on 73-Mar-25 [73-Mar-27: 2B].
Abell, Frederick T. (27 yrs.) d. on 71-Nov-6 [71-Nov-14: 2C].
Abell, Garret J. (26 yrs.) d. on 72-Aug-6 [72-Aug-7: 2B].
Abell, George W. m. Webb, Jennie on 71-Nov-29 [71-Dec-1: 2C].
Abell, Lulu (11 mos.) d. on 73-Jan-19 [73-Jan-22: 2C].
Abell, Margaret (34 yrs.) d. on 74-Feb-13 [74-Feb-14: 2C].
Abell, Willie Harden (3 mos.) d. on 74-Apr-8 [74-Apr-9: 2B].
Abendschen, Lewis (33 yrs.) d. on 72-Jun-26 [72-Jun-28: 2B].
Abenschein, Louisa (4 yrs., 10 mos.) d. on 72-May-1 [72-May-3: 2B].
Abercrombie, Elizabeth Taylor m. Hyde, Francis T. on 74-Oct-20 [74-Oct-27: 2B].
Abercrombie, John H. (9 yrs., 6 mos.) d. on 73-May-2 of Scarlet fever [73-May-3: 2A].
Abercrombie, Mary Christina (1 yr.) d. on 74-May-25 [74-May-26: 2B; 74-May-27: 2B].
Abergh, Charles, Capt. m. Marchant, Annie B. on 71-Dec-11 [71-Dec-19: 2B].
Abey, Carlton Chase d. on 75-Jul-21 [75-Jul-22: 2B].
Abey, Louisa (59 yrs.) d. on 73-Mar-2 in Carriage accident [73-Mar-3: 1H, 2B; 73-Mar-4: 2B].
Abey, Sarah Elizabeth (6 yrs., 4 mos.) d. on 72-Aug-19 [72-Aug-23: 2C].
Able, L. W. m. Reese, Margaret, Miss on 72-Feb-10 [71-Feb-21: 2C].
Abrahams, Avarilla H., Miss m. Maddux, Anderton P. on 72-Dec-1 [73-Mar-17: 2B].
Abrahams, Carrie G. m. Womble, John G., Dr. on 73-Mar-12 [73-Mar-14: 2B].
Abrahams, Helen M. m. Martin, Charles D. on 75-Oct-28 [75-Nov-9: 2B].
Abrahams, Joseph m. Lusby, Ida, Miss on 71-Apr-3 [71-May-6: 2B].
Abrahams, M. Lucy, Miss m. Cathcart, A. Roszel on 72-Nov-7 [72-Nov-9: 2A].

Abrahams, Maggie m. Parker, J. Sumner on 73-Apr-17 [73-Apr-19: 2B].
Abrahams, Ursala P. d. on 74-Oct-30 [74-Oct-31: 2B; 74-Nov-2: 2B].
Abrahams, W. W. m. Sanderson, Eva L. [71-Nov-14: 2B].
Abrams, George W. m. McCoubry, Ida J., Miss on 73-Jun-5 [73-Jun-10: 2A].
Abrams, Imogene L. (15 yrs.) d. on 75-Jun-10 [75-Jul-30: 2B].
Abrams, John T. d. on 73-Feb-25 in Railroad accident [73-Feb-26: 1G].
Aburn, John (80 yrs.) d. on 72-Apr-9 [72-Apr-10: 2B; 72-Apr-11: 2B].
Aburn, Melvina S. E., Miss m. Meyers, H. W. on 71-May-3 [71-Jun-8: 2B].
Achey, Thomas S. m. Golden, Lettia, Miss on 71-Dec-21 [72-Jan-15: 2C].
Ackenback, William (20 yrs.) d. on 74-Nov-27 of Lockjaw [74-Nov-28: 2B, 5H].
Ackerman, [male] (4 mos.) d. on 74-Dec-10 [74-Dec-11: 4E].
Ackerman, Annie (10 mos.) d. on 75-Jun-21 [75-Jun-23: 2B].
Ackerman, George A. (38 yrs.) d. on 72-Nov-22 [72-Nov-23: 2A].
Ackerman, Joshua (73 yrs.) d. on 73-Jan-23 of Paralysis [73-Jan-25: 2B].
Ackworth, George G. (32 yrs.) d. on 74-Apr-21 Drowned [74-Apr-23: 1G].
Acomb, Joseph C. m. Acomb, Mary E., Miss on 75-Oct-12 [75-Oct-16: 2A].
Acomb, Mary E., Miss m. Acomb, Joseph C. on 75-Oct-12 [75-Oct-16: 2A].
Acomb, Samuel H. (4 mos.) d. on 71-Jul-9 [71-Jul-17: 2B].
Acomb, William J. (6 yrs.) d. on 72-Sep-19 [72-Sep-25: 2B].
Adair, Malvina A. (47 yrs.) d. [71-May-1: 2C].
Adair, Mary Louisa m. Spurgeon, Christopher P., Capt. on 73-Apr-30 [73-May-20: 2B].
Adair, William Robert d. on 73-Mar-23 [73-Mar-24: 2B].
Adair, William Robert m. De Palma, Clementine on 72-Aug-12 [72-Aug-17: 2A].
Adam, John (79 yrs.) d. on 72-Feb-8 [72-Feb-10: 2B].
Adam, Regina May (3 mos.) d. on 72-Sep-2 [72-Sep-5: 2B].
Adams, [male] (3 yrs.) d. on 74-Mar-1 of Lamp explosion [74-Mar-2: 4D].
Adams, A. G., Capt. m. McGraw, Teresa, Miss on 75-Mar-8 [75-Mar-9: 2B].
Adams, Adam (76 yrs.) d. on 75-Aug-16 of Cramp colic [75-Aug-17: 2B, 4C; 75-Aug-18: 2B].
Adams, Andrew J. m. Smith, Louisa C. on 74-Mar-10 [74-Apr-2: 2B].
Adams, Annie F. (3 mos.) d. on 71-Aug-15 [71-Aug-18: 2C; 71-Aug-19: 2B].
Adams, Benjamin F. (62 yrs.) d. on 74-Apr-23 of Asthma and pneumonia [74-Apr-24: 1H; 74-Apr-25: 2B].
Adams, C. S. D. m. Walters, Annie E., Miss on 72-May-16 [72-May-18: 2A].
Adams, Carrie m. Yardley, Charles on 74-Sep-16 [74-Sep-25: 2B].
Adams, Charles W. m. Saville, Laura V. on 73-Aug-11 [73-Aug-23: 2B].
Adams, Clara P., Miss m. Coleman, Frederick W., Maj. on 75-Nov-18 [75-Nov-27: 2B].
Adams, E. Cuyler, Mrs. m. Wight, Gilbert M. on 75-Aug-3 [75-Aug-5: 2B].
Adams, Edward (2 mos.) d. on 72-Oct-14 [72-Oct-15: 2B].
Adams, Elizabeth E. (63 yrs.) d. on 71-Feb-28 [71-Mar-2: 2C].
Adams, Eveline m. Biles, William on 71-Dec-25 [72-Mar-11: 2C].
Adams, George W. m. Murphy, Adaline on 73-Sep-21 [73-Oct-15: 2B].
Adams, H. L. m. Lowe, Annie J., Miss on 74-Jul-13 [74-Jul-17: 2B].
Adams, Henry m. Brooks, Annie E. on 74-Dec-7 [75-Jan-7: 2B].
Adams, Howard J. d. on 73-Dec-22 [73-Dec-24: 2B].
Adams, Ida W. m. Pacetti, Louis B., Dr. on 74-Jun-24 [74-Jul-22: 2B].
Adams, J. Anna, Miss m. Brown, Joel, Rev. on 75-Feb-16 [[75-Feb-27: 2B]; 75-Mar-1: 2B].
Adams, J. Thomas (35 yrs.) d. on 73-Mar-25 of Consumption [73-Mar-26: 2B].
Adams, Jacob T. m. McQuade, Susie T. on 73-May-15 [73-May-24: 2B].
Adams, James (36 yrs.) d. on 71-Apr-28 [71-May-1: 2C].
Adams, James m. Sheldon, Ella on 74-Mar-29 [74-May-4: 2B; 74-May-2: 2B].
Adams, James C. (2 yrs., 3 mos.) d. on 72-Oct-15 [72-Oct-16: 2B].
Adams, James L. (69 yrs.) d. on 71-Feb-15 [71-Feb-17: 2C].

Adams, James P. (54 yrs.) d. on 71-Feb-8 [71-Feb-10: 2C].
Adams, Jane (74 yrs., 11 mos.) d. on 74-Feb-10 [74-Feb-11: 2B; 74-Feb-12: 2C].
Adams, Jennie, Miss m. Taylor, George on 72-May-14 [72-May-16: 2B].
Adams, John d. on 71-Jan-15 of Mania-a-potu [71-Jan-16: 2F].
Adams, John A. (76 yrs.) d. on 75-Jan-19 [75-Jan-26: 2B].
Adams, John C. m. Taylor, Mary E. on 72-Sep-2 [72-Sep-5: 2B].
Adams, Joseph H. (57 yrs.) d. on 72-May-21 [72-May-22: 2B].
Adams, Joseph S. (3 mos.) d. on 71-Aug-4 [71-Aug-18: 2C; 71-Aug-19: 2B].
Adams, Julia, Miss m. Diamond, John on 72-May-28 [72-Jun-3: 2A].
Adams, Julius McKendre (39 yrs.) d. on 75-Oct-29 [75-Nov-1: 2B].
Adams, Lizzie D. Danels m. Wise, Frederick M., Lt. on 72-Apr-2 [72-Apr-6: 2B].
Adams, Margaret (54 yrs.) d. on 72-Apr-19 [72-Apr-22: 2B].
Adams, Margaret Ann m. Arscott, George M. on 71-Dec-4 [71-Apr-18: 2C].
Adams, Martha E. m. Fishbaugh, Nicholas H. on 73-Nov-19 [73-Nov-22: 2B].
Adams, Martha J. (26 yrs.) d. on 74-Mar-30 [74-Apr-1: 2B].
Adams, Mary (29 yrs.) d. on 75-Oct-29 Burned [75-Oct-30: 4C].
Adams, Mary m. Bertsch, George on 71-Dec-4 [[71-Dec-20: 2B]; 71-Dec-21: 2B].
Adams, Mary Alice, Miss m. Sheely, George T. on 72-May-23 [72-Jun-17: 2B].
Adams, Mary Augusta m. Hanson, Charles F. on 75-May-11 [75-May-20: 2B].
Adams, Mary E. m. Michael, J. T. on 73-Jan-1 [73-Jan-4: 2B].
Adams, Mary Jane (38 yrs.) d. on 71-Mar-5 [71-Mar-7: 2B].
Adams, Mary M. (82 yrs.) d. on 74-Dec-19 [74-Dec-22: 2B].
Adams, Mary R., Miss m. Jarboe, James T. on 73-Nov-5 [73-Nov-20: 2B].
Adams, Mary Virginia (17 yrs.) d. on 72-Jul-23 [72-Jul-25: 2C].
Adams, Matthias, Capt. (68 yrs.) d. on 73-Aug-6 [73-Aug-7: 2B].
Adams, Nelley, Miss m. Gwilliam, Thomas on 70-Oct-24 [71-Jan-18: 2C].
Adams, Rachel (65 yrs.) d. on 73-May-8 [73-May-9: 2B].
Adams, Sallie m. White, John J. on 74-May-27 [75-Jan-5: 2B].
Adams, Sallie E., Miss m. Stinchcombe, Alfred A. on 72-Aug-27 [72-Sep-2: 2B].
Adams, Samuel A. (56 yrs.) d. on 73-Dec-14 of Rheumatism [73-Dec-15: 2B, 4C; 73-Dec-18: 4E].
Adams, Samuel H. m. Johnson, Eliza, Mrs. on 71-Oct-12 [71-Oct-14: 2A].
Adams, Sarah E. (26 yrs.) d. on 72-Apr-3 [72-Apr-5: 2B].
Adams, Sarah E. m. Kirkwood, Jacob Franklin on 73-Feb-25 [73-Mar-29: 2B].
Adams, Stephen W. (45 yrs.) d. on 72-Sep-9 [72-Sep-10: 2A, 4C].
Adams, Susanna (58 yrs.) d. on 73-Apr-6 [73-Apr-7: 2B; 73-Apr-8: 2B].
Adams, William (64 yrs.) d. on 73-Feb-21 [73-Feb-24: 2A].
Adams, William E. (31 yrs.) d. on 72-May-30 [72-May-31: 2B].
Adams, William R. m. Magers, Mary on 71-Jul-18 [71-Aug-7: 2B].
Adams, Willie (2 mos.) d. on 75-Jun-3 [75-Jun-5: 2B].
Adams, Willie F. (13 yrs.) d. on 73-Nov-14 [73-Nov-15: 2B].
Adamson, Sabina m. Marshall, John Knox on 72-Oct-22 [72-Oct-28: 2B].
Addington, James D. m. Martin, Emma A. on 72-Oct-31 [72-Nov-5: 2B].
Addison, Charles W. d. on 72-Aug-5 [72-Aug-6: 2B].
Addison, Daniel H. (6 mos.) d. on 71-Jul-29 [71-Aug-1: 2C].
Addison, Ellenora (4 yrs., 8 mos.) d. on 72-Aug-27 [72-Sep-3: 2B].
Addison, George Hill (1 yr.) d. on 72-Sep-17 [72-Sep-30: 2B].
Addison, John A. m. Quartley, Nellie, Miss on 71-Oct-23 [71-Nov-14: 2B].
Addison, Lewis P. (26 yrs.) d. on 73-Oct-12 of Consumption [73-Dec-13: 2A].
Addison, Mary A. (32 yrs.) d. on 73-Jun-16 [73-Jun-17: 2B].
Addison, Mary E. (2 mos.) d. on 73-Aug-11 [73-Aug-12: 2B].
Addison, Patience (63 yrs.) d. on 74-Oct-25 [74-Oct-27: 2B].
Addison, Sarah m. Elliott, Gideon B. on 72-Dec-23 [73-Feb-15: 2B].

Addison, Susannah H. (20 yrs.) d. on 75-Mar-9 [75-Mar-10: 2C; 75-Mar-11: 2C].
Addison, William Daniel (1 yr., 4 mos.) d. on 73-Sep-9 [73-Sep-15: 2B].
Addison, William Meade d. on 71-Jul-25 [71-Jul-27: 4B].
Adelman, Jacob (28 yrs.) d. on 74-Nov-29 of Fall from roof [74-Nov-30: 2B, 4E; 74-Dec-1: 4E].
Adler, Emmie, Miss m. Prosser, C. W. on 73-Feb-18 [[73-Mar-3: 2B]; 73-Mar-6: 2B].
Adler, George W. m. Ryan, Annie E., Miss on 73-Jun-17 [73-Nov-24: 2B].
Adler, Joseph (79 yrs.) d. on 73-Feb-20 [73-Feb-21: 2B].
Adler, Julius (71 yrs.) d. on 72-Mar-6 [72-Mar-7: 2B, 4C].
Adler, Louis m. Rosenfeld, Annie on 72-Feb-7 [72-Feb-10: 2B].
Adler, Rebecca, Miss m. Hartz, Moses on 74-May-26 [74-Jun-3: 2B].
Adler, Shannette d. on 74-Sep-17 [74-Sep-18: 2B].
Adolf, Elizabeth (28 yrs.) d. on 73-Jan-8 [73-Jan-10: 2B].
Adolph, George (27 yrs.) d. on 72-Jul-13 of Suicide (Drowning) [72-Jul-15: 1H].
Adolph, Mary Elizabeth (37 yrs.) d. on 75-Oct-20 [75-Oct-21: 2B].
Adreon, C. C. (51 yrs.) d. on 72-Mar-4 [72-Mar-7: 2C].
Adreon, Hannah L. m. Bowers, Frank G. on 72-Sep-17 [72-Sep-19: 2B].
Adreon, Helen Elizabeth (10 mos.) d. on 73-Jul-31 [73-Aug-2: 2B].
Adreon, Joseph L. W. m. Smith, Emma S., Miss on 72-Nov-5 [72-Nov-18: 2B].
Adreon, Laura Blanche (14 yrs.) d. on 73-Oct-17 [73-Oct-18: 2B].
Adreon, Mary E. d. on 75-Jul-5 [75-Jul-6: 2B; 75-Jul-7: 2B].
Adrian, C. A. (49 yrs.) d. on 73-Jul-19 [73-Jul-21: 2B].
Ady, Catharine (68 yrs.) d. on 75-Sep-14 [75-Sep-15: 2B].
Ady, Edward H. (49 yrs.) d. on 74-Oct-4 [74-Oct-5: 1H, 2B].
Agan, Maggie m. Magill, John on 74-Jan-18 [74-Feb-12: 2C].
Agnew, George Theodore (1 yr.) d. on 73-Jul-18 [73-Jul-19: 2B].
Agnew, Thomas (2 yrs., 3 mos.) d. on 75-Dec-10 [75-Dec-16: 2B].
Agnew, Thomas J. m. Polze, Mary A., Miss on 71-Sep-20 [71-Dec-7: 2B].
Ahearn, Haddie (13 yrs.) d. on 72-Oct-18 [72-Oct-19: 2B].
Ahern, Johannah (42 yrs.) d. on 72-Mar-24 [72-Mar-25: 2B].
Ahern, Marian (1 yr., 6 mos.) d. on 73-Oct-20 [73-Oct-21: 2B].
Ahern, Minnie m. Lawson, James Herbert on 72-Sep-18 [72-Sep-20: 2B].
Ahl, Frank F. m. Smith, Adelphine, Miss on 73-Jan-23 [73-Jan-30: 2B].
Ahl, Henry (10 yrs.) d. on 72-Aug-15 Drowned [72-Aug-16: 1H].
Ahl, Henry Vivian (1 mo.) d. on 71-Nov-10 [71-Nov-13: 2B].
Ahl, Romma (4 mos.) d. on 73-Oct-10 [73-Oct-11: 2B].
Ahoff, Otto (13 yrs.) d. on 73-Dec-29 in Railroad accident [73-Dec-30: 4D; 74-Jan-1: 4E].
Ahrens, Adolph, Jr. m. Hanway, Ella on 73-Oct-16 [73-Oct-21: 2B].
Ahrens, Elizabeth Fannie (31 yrs., 11 mos.) d. on 72-Nov-30 [72-Dec-2: 2B; 72-Dec-3: 2C].
Ahrens, Ella d. on 75-Sep-26 [75-Sep-27: 2B].
Ahrens, George Adolph (31 yrs.) d. on 75-Apr-17 of Suicide (Shooting) [75-Apr-19: 1G, 2B; 75-Apr-20: 4D].
Ahrens, Julius m. Koethe, C. Otilia on 74-Apr-13 [74-Apr-14: 2B].
Ahrens, Theodore (60 yrs.) d. on 74-Sep-25 [74-Sep-26: 2B].
Aiken, George d. on 72-Apr-4 of Suicide (Jumping) [72-Apr-6: 4C].
Aiken, William H. m. Lemon, Alice M. on 75-Oct-20 [75-Nov-5: 2B].
Ailman, Harriet m. Kelly, Harry on 71-Jan-11 [72-Jan-15: 2C].
Airey, Edward H. (53 yrs.) d. on 73-Apr-7 [73-Apr-8: 2B].
Airey, Elizabeth (29 yrs.) d. on 75-Dec-15 [75-Dec-17: 2B; 75-Dec-30: 4E; 75-Dec-31: 1G].
Airey, James K. m. Fleming, Elizabeth T. on 71-Nov-9 [71-Nov-30: 2B].
Airey, Laura, Miss m. Pickett, John A. on 74-Nov-24 [74-Dec-22: 2B].
Airey, Laura V., Miss m. Dalker, William on 75-May-27 [75-Jun-1: 2A].
Airey, Levinia (59 yrs.) d. on 74-Apr-6 [74-Apr-7: 2A].

Airey, Mary Ann (50 yrs.) d. on 73-Jul-9 [73-Jul-11: 2B].
Airey, Mary E., Miss m. Knell, Charles on 71-Apr-11 [71-Apr-26: 2B].
Airey, Mary E. m. Brannock, Josephus on 72-Oct-10 [72-Nov-11: 2B].
Airey, Ruth L., Miss m. Roberts, James H. on 72-Aug-9 [72-Aug-31: 2A].
Aisquith, Charlotte (77 yrs.) d. on 71-Oct-6 [71-Oct-7: 2B].
Aisquith, Ellen Sophia (64 yrs.) d. on 72-May-22 of Pneumonia [72-May-25: 2B].
Aitcheson, Lou G., Miss m. Schofield, Alfred W. on 71-May-15 [71-May-19: 2C].
Aitken, Walter H. m. Wiley, Kate S., Miss on 71-Dec-6 [71-Dec-21: 2B].
Aitkin, Robert (43 yrs.) d. on 75-Feb-12 of Pneumonia [75-Feb-15: 2B].
Akehurst, Annie Louisa (3 yrs., 10 mos.) d. on 71-Jan-27 of Diptheria [71-Jan-30: 2D].
Akehurst, Annie M., Miss m. Osborn, Daniel on 74-Apr-9 [74-Apr-24: 2B].
Akehurst, Elizabeth Jane (26 yrs.) d. on 71-Sep-2 [71-Sep-9: 2B].
Akehurst, Henry m. Blakely, Alice A. on 73-Feb-26 [73-Mar-18: 2B].
Akehurst, Jabez Henry (2 yrs.) d. on 71-Jan-18 [71-Jan-20: 2D].
Akehurst, Jane (70 yrs.) d. on 72-Sep-1 [72-Sep-2: 2B].
Akehurst, John (77 yrs.) d. on 72-Oct-3 [72-Oct-4: 2B].
Akerhurst, Charles A. F. (7 mos.) d. on 74-Jul-5 [74-Jul-15: 2B].
Akers, [female] (40 yrs.) d. on 73-Jan-10 [73-Jan-11: 2B].
Akers, Gabriel C. (24 yrs.) d. on 72-Jul-27 [72-Jul-29: 2C].
Akers, John F. m. Childs, Annie, Miss on 72-Dec-24 [73-Jan-2: 2B].
Aland, Joseph J. m. Roman, Sophia A. on 75-Sep-30 [75-Oct-4: 2A].
Albaugh, Arabella O., Miss m. Stanton, William H. on 72-May-7 [72-Jun-12: 2B].
Albaugh, David F. m. Fowble, Miriam, Miss on 72-Oct-15 [72-Oct-17: 2A].
Albaugh, DeWitt C. m. Brant, Maria L. on 73-May-26 [73-Jun-7: 2A].
Albaugh, George m. Glodel, Imogene, Miss on 73-Dec-28 [73-Dec-29: 2B].
Albaugh, George A. m. Linthicum, M. Rose on 72-Nov-12 [72-Nov-26: 2A].
Albaugh, George W. m. Smith, Lizzie H., Miss on 73-Jul-3 [73-Jul-10: 2B].
Albaugh, Hannah J. (28 yrs.) d. on 75-Mar-7 [75-Mar-8: 2B].
Albaugh, John (62 yrs., 5 mos.) d. on 72-Feb-24 [72-Feb-26: 2C].
Albaugh, Louisa (45 yrs.) d. on 72-Jan-18 [72-Jan-19: 2C].
Albaugh, Maurice (52 yrs.) d. on 75-Oct-28 [75-Oct-29: 2B; 75-Oct-30: 2A].
Albert, [male] (1 yr., 5 mos.) d. on 74-Nov-3 [74-Nov-4: 2B].
Albert, Augusta m. Stowman, J. S. on 71-Nov-29 [71-Nov-30: 2B].
Albert, Charles, Dr. m. Bascom, Maria Nicholas on 74-Mar-3 [74-Mar-21: 2B; 74-Mar-5: 2B].
Albert, Daniel Emmerson (10 mos.) d. on 75-Feb-2 [75-Feb-4: 2B].
Albert, Elizabeth Lawder (4 mos.) d. on 72-Jan-11 of Catarrh [72-Jan-12: 2C; 72-Jan-13: 2A].
Albert, Jacob B. m. Godwin, Kate on 73-Oct-7 [73-Oct-10: 2B].
Albert, Lily m. Fusting, Charles F. on 72-Jun-12 [72-Jun-13: 2B].
Albert, Marie Josephine d. on 75-Jul-17 [75-Jul-21: 2B].
Albert, Mary (5 mos.) d. on 75-Jul-1 [75-Jul-2: 2B].
Albert, Mary Rebecca (19 yrs.) d. on 73-Nov-15 [73-Nov-17: 2B].
Albert, Robert W. m. Warner, Mary B., Miss on 71-Nov-8 [71-Nov-13: 2B].
Albert, T. (35 yrs.) d. on 75-Jun-28 in Railroad accident [75-Jun-30: 1G].
Alberti, Charles A. m. Dickinson, Ella on 75-Oct-12 [75-Oct-19: 2A].
Albrecht, August d. on 75-Feb-26 of Lockjaw [75-Mar-1: 1H].
Albrecht, Werner C. (31 yrs., 2 mos.) d. on 75-Jan-7 [75-Jan-8: 2B].
Albright, Alice Sodonia (15 yrs.) d. on 72-Feb-25 [72-Feb-27: 2B].
Albright, Frederick L. (45 yrs., 3 mos.) d. on 74-Oct-5 [74-Oct-7: 2B; 74-Oct-8: 1H].
Alcock, Amelia F. d. on 74-Apr-25 [74-Apr-28: 2B].
Alcock, George Henry (23 yrs.) d. on 73-Nov-7 [73-Nov-10: 2B].
Alcock, Juliet A. m. Kerr, J. Henry on 75-Jun-17 [75-Jun-23: 2B].
Alder, Annie M., Miss m. Bryan, C. H. on 75-Dec-21 [75-Dec-28: 2B].

Alder, Elizabeth A. d. on 75-Jul-2 [75-Jul-8: 2C].
Alder, Michael (81 yrs.) d. on 71-Aug-29 [71-Aug-30: 2B, 4D; 71-Aug-31: 2C].
Alderson, Edmonia C. m. Peed, Alexander J. on 74-Jul-1 [74-Aug-12: 2C].
Alderson, Sallie m. Bergen, S. S., Rev. on 75-Mar-30 [75-Apr-2: 2B].
Aldrich, C. B. m. Smith, Lucinda, Mrs. on 74-Apr-8 [74-Jun-29: 2B].
Aldrich, Helen Hudson m. Steele, James Nevett on 72-Apr-9 [72-Apr-11: 2B].
Aldrich, Hester A. d. on 72-Jan-10 [72-Jan-12: 2C].
Aldrick, William H. (40 yrs.) d. on 71-Nov-12 [71-Nov-13: 2C].
Aldridge, Andrew (97 yrs.) d. on 74-Apr-28 [74-Apr-29: 2B; 74-Apr-30: 2B; 74-May-1: 1G].
Aldridge, Ann M. Hughes d. on 74-Aug-12 [74-Aug-14: 2B; 74-Aug-15: 2B].
Aldridge, Barbet (49 yrs.) d. on 75-Mar-25 [75-Mar-26: 2B].
Aldridge, Edmund W. d. on 72-Jan-8 [72-Jan-10: 2C].
Aldridge, Hattie West m. Matthews, D. M. on 75-Jun-1 [75-Jul-17: 2B].
Aldridge, John (79 yrs.) d. on 75-Apr-1 of Pneumonia [75-Apr-10: 2B].
Aldridge, John H., Dr. m. Ford, Annie Teresa on 75-Apr-8 [75-Apr-12: 2B].
Aldridge, John W. m. Ledley, Sedonia, Miss on 71-Feb-27 [71-May-4: 2B].
Aldridge, Sarah (77 yrs.) d. on 72-Jan-17 [72-Jan-19: 2C].
Aldrige, Carolina d. on 71-Jun-23 of Brain congestion and convulsions [71-Jun-24: 2B].
Aler, Ann Jane (63 yrs.) d. on 72-Nov-7 [72-Nov-8: 2B; 72-Nov-9: 2A].
Aler, Elizabeth (40 yrs.) d. on 75-Jan-10 [75-Jan-16: 2C].
Aler, Helen d. on 73-Nov-19 [73-Nov-20: 2B; 73-Nov-21: 2B].
Aler, W. H., Sr. (64 yrs.) d. on 74-May-29 [74-Jun-1: 2B].
Alexander, Amos A. m. Foulke, Anna C., Miss on 71-Oct-1 [71-Oct-7: 2B].
Alexander, Benjamin F. (63 yrs.) d. on 73-Dec-7 [73-Dec-10: 2B].
Alexander, Caroline Stow d. on 74-Nov-16 [74-Nov-20: 2B].
Alexander, Edmund m. Watkins, Emma P., Miss on 74-Jan-22 [74-Jan-24: 2B].
Alexander, Elijah (50 yrs.) d. on 74-Jan-17 [74-Jan-19: 2B].
Alexander, Elizabeth (8 mos.) d. on 72-Jul-18 [72-Jul-19: 2C].
Alexander, Florian m. Tiffany, Caroline Stow, Miss on 74-Oct-15 [74-Oct-19: 2B].
Alexander, George (30 yrs.) d. on 71-Apr-27 Drowned [71-May-1: 4E].
Alexander, George E. (23 yrs.) d. on 71-Nov-21 [71-Nov-23: 2C].
Alexander, James A. (30 yrs., 6 mos.) d. on 73-Dec-15 [73-Dec-16: 2B].
Alexander, John G. m. Richfield, Sarah A. on 73-Nov-4 [73-Nov-6: 2B].
Alexander, Lucy Jane (4 yrs.) d. on 75-Feb-2 Burned [75-Feb-3: 1G].
Alexander, Mary d. on 74-Jan-27 [74-Jan-31: 2B].
Alexander, Samuel W. (7 mos.) d. on 75-Jul-16 [75-Jul-17: 2B].
Alexander, Thomas d. on 73-Dec-24 of Typhoid pneumonia [73-Dec-31: 2B].
Alexander, Thomas Colison (3 yrs., 1 mo.) d. on 71-Oct-7 of Chronic croup [71-Oct-9: 2B].
Alexander, Thomas R. (5 yrs., 11 mos.) d. on 72-Apr-15 [72-Apr-16: 2B].
Alexander, Thomas S. (56 yrs.) d. on 71-Dec-4 of Typhoid [71-Dec-6: 4E; 71-Dec-7: 4D].
Alexander, William, Hon. (62 yrs.) d. on 74-Feb-14 of Brain congestion [74-Feb-16: 2B, 4C; 74-Feb-17: 2B, 4E].
Alford, Helen A. m. Smith, Robert H. on 73-Apr-23 [73-Apr-25: 2B].
Alford, James H. m. Mitchell, Jennie, Miss on 75-Nov-24 [75-Nov-27: 2B].
Alford, James Jacob d. on 72-Jan-6 [72-Jan-8: 2C].
Alford, Samuel M., Rev. m. Pierce, Williamina, Miss on 75-Jan-27 [75-Jan-28: 2B].
Algie, James (84 yrs.) d. on 72-Aug-19 [72-Aug-20: 2B].
Algie, William d. on 75-Apr-11 in Railroad accident [75-Apr-14: 4C].
Algine, George, Sr. (95 yrs.) d. on 71-Mar-14 [71-Mar-25: 4D].
Allafance, Felipo (24 yrs.) d. on 73-Apr-11 of Fall from mast [73-Apr-12: 1H].
Allan, E. G. d. on 73-Apr-7 [73-Apr-9: 2B].
Allan, John G. (28 yrs.) d. on 74-Dec-24 [74-Dec-25: 2B; 74-Dec-26: 2C].

Allan, William H. m. Owings, L. D., Miss on 74-Feb-22 [74-Mar-2: 2B].
Allard, John E. (45 yrs.) d. on 74-Dec-21 [74-Dec-25: 2B].
Allard, Mary E. m. Wamsley, William G. on 71-Apr-26 [71-May-11: 2B].
Allard, Minerva (1 yr., 11 mos.) d. on 72-Jul-29 [72-Jul-31: 2B].
Allen, Anne M., Miss m. Waldman, Harry C. on 72-Dec-19 [73-Jan-14: 2B].
Allen, Blanche Warren (1 yr., 1 mo.) d. on 72-Aug-26 [72-Sep-13: 2B].
Allen, Charles M. m. Kemp, Hettie S. on 72-Nov-4 [72-Nov-8: 2B].
Allen, Clara T. d. on 75-Aug-24 [75-Aug-27: 2B].
Allen, David L. (27 yrs.) d. on 73-Jun-30 [73-Jul-1: 2A].
Allen, David L. m. Emmart, Mary J. on 73-May-22 [73-Jul-1: 2A].
Allen, Edith m. Chase, Stephen on 72-Nov-26 [72-Nov-30: 2B].
Allen, Edward E., Rev. (68 yrs.) d. on 72-May-28 [72-May-29: 2B; 72-May-30: 1G, 2A].
Allen, Edward G. m. Cockey, Belle H. on 75-Sep-22 [75-Sep-28: 2B].
Allen, Elizabeth (84 yrs.) d. on 75-Oct-23 [75-Oct-25: 2A; 75-Oct-26: 2A].
Allen, Eloise Rush (1 yr.) d. on 71-Dec-1 [71-Dec-21: 2B].
Allen, Ethan, Jr. (50 yrs.) d. on 71-Dec-26 [72-Jan-5: 2B].
Allen, Fannie E. (20 yrs.) d. on 75-Jan-29 [75-Jan-30: 2B].
Allen, George W. (26 yrs.) d. on 73-Aug-13 in Railroad accident [73-Aug-14: 1G; 73-Aug-16: 2B].
Allen, Henry d. on 75-Mar-29 of Apoplexy [75-Mar-31: 1H].
Allen, Henry A., Prof. m. Hopper, Dora on 71-Dec-14 [71-Dec-18: 2B].
Allen, J. Findley (9 yrs., 9 mos.) d. on 71-Apr-30 [71-May-2: 2B].
Allen, J. S. m. Connolley, Maggie, Miss on 74-Apr-30 [74-May-2: 2B].
Allen, James (35 yrs.) d. on 71-Dec-19 [71-Dec-20: 2B].
Allen, James I. (53 yrs.) d. on 75-Jan-10 [75-Jan-12: 2B].
Allen, Jane (83 yrs.) d. on 73-Nov-11 [73-Nov-12: 2B].
Allen, Jane M. m. Barnes, Jacob S. on 72-Jul-11 [72-Jul-20: 2B].
Allen, John, Capt. (68 yrs.) d. on 71-Oct-5 [71-Oct-7: 2B].
Allen, John (65 yrs.) d. on 72-Feb-23 [72-Feb-24: 2C].
Allen, John (70 yrs.) d. on 73-Sep-5 [73-Sep-6: 2B].
Allen, L. W. P. m. Paine, Mollie P., Miss on 72-Jan-4 [72-Jan-10: 2B].
Allen, Laura V., Miss m. Taylor, Henry C. on 72-Nov-7 [72-Nov-14: 2B].
Allen, Leora Byron (41 yrs.) d. on 75-Nov-22 [75-Nov-24: 2B].
Allen, Leora Byron m. Bean, Emma, Miss [75-Oct-7: 2B].
Allen, Lizzie (50 yrs.) d. on 71-Nov-15 of Rheumatism of the heart [71-Nov-16: 4B].
Allen, Lucy Ann (58 yrs.) d. on 74-Jan-31 [74-Feb-2: 2B; 74-Feb-3: 2B].
Allen, Mamie W., Miss m. Hays, Thomas A. on 72-Oct-22 [72-Nov-20: 2B].
Allen, Mary A. (5 yrs., 11 mos.) d. on 74-Jan-25 [74-Feb-3: 2B].
Allen, Mary S. (1 yr., 6 mos.) d. on 72-Sep-3 [72-Sep-5: 2B].
Allen, Maud Evelyn (8 mos.) d. on 75-Jun-29 [75-Jul-1: 2B].
Allen, Maud Hoover (10 mos.) d. on 72-Jun-10 [72-Jun-11: 2A].
Allen, Reuben (26 yrs.) d. on 73-Jul-7 of Consumption [73-Jul-9: 2B].
Allen, Rida S. (9 yrs.) d. on 74-Sep-16 [74-Sep-18: 2B; 74-Sep-19: 2B].
Allen, Sallie W. (26 yrs.) d. on 72-Aug-5 of Scarlet fever [72-Aug-12: 2B].
Allen, Samuel C. (27 yrs.) d. on 71-Sep-12 in Sawmill accident [71-Sep-13: 2B, 4E].
Allen, Sarah, Miss m. Hagger, Joseph B. on 72-Oct-15 [72-Oct-29: 2B].
Allen, Sarah Ann (61 yrs.) d. on 75-Jan-10 [75-Jan-11: 2B].
Allen, Sarah Jane (34 yrs.) d. on 74-Mar-2 Murdered (Burned with lamp) [74-Mar-3: 1G; 74-Mar-4: 1H, 2C].
Allen, Susanna (69 yrs.) d. on 73-Oct-4 [73-Oct-6: 2B].
Allen, Virginia m. Miller, George T. on 72-Apr-25 [72-May-2: 2B].
Allen, W. H. m. Warfield, Martha A. on 71-Nov-21 [71-Nov-25: 2A].
Allen, W. H. m. Hoover, Anna P., Mrs. on 73-Nov-11 [73-Nov-14: 2B; 73-Nov-15: 2B].

Allen, William (50 yrs.) d. on 75-Jan-16 [75-Feb-17: 1H].
Allen, William M. (58 yrs.) d. on 72-Dec-31 [73-Jan-1: 2B; 73-Jan-2: 2B, 4C; 73-Jan-3: 4F].
Allen, William W. (6 yrs.) d. on 75-Mar-24 [75-Mar-25: 2B].
Allenbaugh, Clara Rose (1 yr., 6 mos.) d. on 74-Aug-27 [74-Aug-28: 2B].
Allenbaugh, Effie Jane (2 yrs., 11 mos.) d. on 74-Sep-13 [74-Sep-15: 2B].
Allenbaugh, Lewis Albert (7 mos.) d. on 73-Jun-6 of Brain fever [73-Jun-7: 2A].
Allers, Cassie, Miss m. Hertel, Frederick on 73-Jan-16 [73-Jan-22: 2B].
Allers, Louisa m. Hodges, K. J. on 71-Mar-1 [71-Mar-4: 2B].
Allison, Arthur Starr (7 mos.) d. on 73-Jul-1 of Cholera infantum [73-Jul-17: 2B].
Allison, Clifton Sindall (1 yr., 1 mo.) d. on 74-Jun-13 [74-Jun-15: 2B].
Allison, Elmina d. on 74-Nov-27 [74-Nov-28: 2B].
Allison, James B. m. Gardner, Laura Virginia, Miss on 71-Feb-2 [71-Feb-8: 2C].
Allison, Mary A. m. Holden, G. W. on 73-Dec-2 [73-Dec-16: 2B].
Allison, Susan Hall, Miss m. Tracey, James Edward on 73-Oct-28 [73-Oct-30: 2B].
Allnut, Edmund Randolph (32 yrs.) d. on 73-Nov-7 [73-Nov-12: 2B].
Allnutt, G. Ellen, Miss m. Blake, Joseph, Jr. on 70-Dec-22 [71-Jan-5: 2C].
Allnutt, Henry m. Hance, C. Virginia, Miss on 73-Dec-11 [73-Dec-13: 2A].
Allnutt, Thomas W. m. Pitcher, Charlotte A. on 72-May-7 [72-May-16: 2B].
Alloways, James m. Channell, Sallie E., Miss on 73-Jan-26 [73-Mar-8: 2B].
Alls, Albert (7 mos.) d. on 72-Mar-25 [72-Mar-26: 2B].
Alls, Olivia (35 yrs.) d. on 72-Nov-25 [72-Dec-21: 2B].
Allwell, Laura Eugenia (4 yrs., 7 mos.) d. on 75-Feb-9 of Chronic croup [75-Feb-10: 2B].
Allwell, William J. (29 yrs.) d. on 75-Sep-8 [75-Sep-10: 2B].
Allwells, Katie E. (1 yr., 6 mos.) d. on 74-Apr-14 [74-Apr-15: 2B].
Allwine, Kate, Miss m. McDade, William A. on 71-Jun-25 [71-Sep-12: 2B].
Almoney, Cora (8 mos.) d. on 74-Jun-9 [74-Jun-10: 2B].
Almoney, Pleasant d. on 71-Sep-29 [71-Sep-30: 2C; 71-Oct-18: 2B].
Almoney, Virginia (17 yrs.) d. on 71-Oct-31 [71-Nov-2: 2C].
Almony, Caroline, Miss m. Almony, James R. on 71-Mar-9 [71-Mar-23: 2B].
Almony, James R. m. Almony, Caroline, Miss on 71-Mar-9 [71-Mar-23: 2B].
Almony, Mary Lavinia (5 yrs., 11 mos.) d. on 71-Oct-18 [71-Oct-18: 2B].
Aloas, Mary Catherine (13 yrs., 2 mos.) d. on 75-Mar-17 [75-Mar-18: 2B].
Alricks, Francis West (73 yrs.) d. on 71-Oct-9 of Fall from porch [71-Oct-10: 2C, 4E].
Alsqinack, A. M. (58 yrs.) d. on 73-Oct-14 of Paralysis [73-Oct-15: 4D].
Alter, Susan (89 yrs.) d. on 73-Feb-13 [73-Feb-26: 2B].
Alton, Walter H. m. Fowler, M. Louisa, Miss on 71-Jun-8 [71-Jun-10: 2A].
Altpeter, Annie Louise P. (1 yr.) d. on 73-Jul-21 [73-Jul-22: 2B].
Altpeter, George m. Thiemeyer, Emilie, Miss on 75-Jan-19 [75-Jan-27: 2B].
Altpeter, Mary C. (31 yrs.) d. on 74-May-2 [74-May-4: 2B].
Altschu, Louis P. m. Snyder, Kate V. on 73-Dec-4 [73-Dec-12: 2B].
Altvater, Annie m. Heinz, Henry on 71-Nov-28 [71-Dec-11: 2B].
Altvater, Annie F. (21 yrs., 8 mos.) d. on 74-Sep-14 [74-Sep-16: 2B; 74-Sep-17: 2B].
Altvater, Elizabeth, Miss m. Ortt, Peter A. on 74-Sep-17 [74-Sep-29: 2B].
Altvater, John A. m. Hand, Josephine on 71-Oct-26 [71-Nov-11: 2B].
Altvater, Louis m. Leimbach, Eva, Miss on 75-Sep-13 [75-Oct-23: 2A].
Altvater, Louisa, Miss m. Woodland, William on 71-Nov-22 [71-Nov-23: 2C].
Altvater, Mary m. Wilkes, D. J. on 73-May-6 [73-Jun-25: 2B].
Altvater, Mary A. d. on 71-Dec-12 [71-Dec-14: 2B].
Altvater, William (73 yrs.) d. on 74-Feb-28 of Brain inflammation [74-Mar-2: 2B; 74-Mar-3: 2B].
Alvathar, C. H. (2 mos.) d. on 71-May-10 [71-May-11: 2B].
Alvather, Margaret Brown (18 yrs.) d. on 73-Feb-16 [73-Feb-18: 2B].
Alvey, Mary (75 yrs.) d. on 72-Dec-22 [72-Dec-23: 2B; 72-Dec-24: 2B].

Ambach, Gertrude m. DeLeon, Secilias on 71-Jan-12 [71-Feb-13: 2C].
Ambrose, Annie S., Miss m. Fowler, Edward H. on 75-Mar-11 [75-Mar-18: 2B].
Ames, Daniel R. m. Harrow, Penelope A. on 73-May-14 [73-Jul-12: 2B].
Ames, Franklin A. m. Fairweather, Lottie M. on 73-Nov-18 [73-Nov-22: 2B].
Ames, Helen H. m. Beard, J. Franklin on 72-Oct-24 [72-Nov-4: 2B].
Ames, John C. (33 yrs.) d. on 71-Jan-20 [71-Jan-25: 2C].
Ames, Margaret S. d. on 75-Oct-18 [75-Oct-20: 2A].
Amey, Emma V. m. White, John F. on 71-Dec-12 [72-Jan-10: 2C].
Amey, Harry (4 yrs., 8 mos.) d. [71-Jun-5: 2C].
Amey, Itlia (2 yrs., 5 mos.) d. on 71-Apr-25 [71-Apr-27: 2C].
Amey, William J. (29 yrs.) d. on 72-Sep-12 [72-Sep-13: 2B].
Amick, Georgia m. McMullen, Theodore on 74-Feb-10 [74-Feb-13: 2C].
Amos, [male] (6 mos.) d. on 74-Aug-19 [74-Aug-20: 2B].
Amos, Aquilla (56 yrs.) d. on 74-Aug-13 [74-Aug-14: 2B].
Amos, Berry (38 yrs.) d. on 74-Jun-23 Murdered (Stabbed) [74-Jun-23: 1G; 74-Jun-24: 1D; 74-Jun-25: 1F; 74-Jun-24: 2B].
Amos, Charles L. m. Shaffer, Lou E. L. on 73-Jun-12 [73-Jun-14: 2A].
Amoss, Ann, Miss m. Chatterton, John on 71-Jan-24 [71-Feb-4: 2B].
Amoss, Carl (60 yrs.) d. on 71-Jul-13 of Exposure [71-Jul-14: 4D].
Amoss, Charles F. (24 yrs.) d. on 73-Apr-28 [73-Apr-29: 2B; 73-Apr-30: 2B].
Amoss, Ida m. Bowdon, S. S. on 73-Jan-23 [73-Feb-3: 2B].
Amoss, Margaret F. (56 yrs.) d. on 74-Jan-18 [74-Jan-20: 2B].
Amoss, Mary B. m. Lee, Charles on 72-Jun-20 [72-Jun-24: 2B].
Amoss, William W. (49 yrs.) d. on 72-Aug-23 [72-Aug-24: 2B].
Amrhein, Veronika, Miss m. Korb, William on 71-Aug-6 [71-Aug-12: 2C].
Anders, Florence R. m. Davenport, B. H. R., Dr. on 74-Jul-20 [74-Jul-23: 2B].
Andersen, Susan (52 yrs.) d. on 72-Feb-6 of Apoplexy [72-Feb-8: 4E].
Anderson, [unnamed] (1 yr., 3 mos.) d. on 72-May-19 of Fall [72-May-20: 1H].
Anderson, A. P., Miss m. Mason, Samuel N. on 74-May-30 [74-Dec-2: 2B].
Anderson, Anna (80 yrs.) d. on 71-May-11 of Pneumonia [71-May-13: 2B].
Anderson, Annie J. m. Wentz, John H. on 72-May-10 [72-May-16: 2B].
Anderson, Bridget (37 yrs.) d. on 74-Dec-28 [74-Dec-30: 2B].
Anderson, Charles D., Dr. m. Harman, Mary C., Miss on 71-Mar-14 [71-Mar-16: 2B].
Anderson, David (65 yrs.) d. on 73-Aug-6 of Heart disease [73-Aug-7: 1H, 2B; 73-Aug-8: 2B].
Anderson, David m. Green, S. Emma, Miss on 73-Jun-24 [73-Jul-1: 2A].
Anderson, Edward W., Dr. m. Kellam, Estelia F., Miss on 71-Apr-25 [71-Apr-28: 2C].
Anderson, Elias d. on 74-Jun-2 Drowned [74-Jun-5: 1F].
Anderson, Eliza Ann (29 yrs., 7 mos.) d. on 71-Nov-19 [71-Nov-29: 2C].
Anderson, Ella McLean m. Bingley, Charles V., Rev. on 71-Jun-1 [71-Jun-3: 2B].
Anderson, Emma E. m. Ward, James D. on 73-Dec-24 [74-Jan-12: 2B].
Anderson, Evelyn Thomas (2 yrs., 5 mos.) d. on 72-May-18 [72-May-20: 2B].
Anderson, Francis D. (64 yrs.) d. on 73-Oct-13 [73-Oct-23: 2B].
Anderson, Frank Thomas (9 mos.) d. on 73-Nov-23 [73-Nov-24: 2B].
Anderson, George E. (19 yrs.) d. on 72-Aug-30 [72-Aug-31: 2A].
Anderson, George W. m. Carroll, May E., Miss on 74-Dec-16 [74-Dec-17: 2B].
Anderson, Granville (25 yrs.) d. on 71-Dec-4 Drowned [72-Mar-19: 4F].
Anderson, Harry Carmine (14 yrs., 6 mos.) d. on 75-Mar-5 [75-Mar-6: 2B; 75-Mar-8: 2B].
Anderson, Henry M. m. Mabbett, Phoebe A., Miss on 71-Nov-8 [71-Dec-2: 2B].
Anderson, Henry Wesley (1 yr., 6 mos.) d. on 73-Aug-7 [73-Aug-11: 2B].
Anderson, Ira G. (81 yrs.) d. on 73-Apr-25 [73-Apr-26: 2B].
Anderson, Isabella, Miss m. Rutherford, William H. on 73-May-6 [73-May-14: 2B].
Anderson, Issac (76 yrs.) d. on 75-Feb-10 [75-Feb-11: 2B].

Anderson, Issac C. (12 yrs., 7 mos.) d. on 75-Jan-15 of Scarlet fever [75-Jan-18: 2B].
Anderson, J. Hopkins m. Griffith, Mollie F., Miss on 74-Apr-16 [74-Apr-24: 2B].
Anderson, James E. m. Roche, Laura on 71-Jan-26 [71-Jan-30: 2C].
Anderson, James J. m. Rowland, Kate E. on 75-May-20 [75-Jun-17: 2B].
Anderson, James N. m. Hunt, Vashti on 72-Mar-12 [72-Mar-14: 2C].
Anderson, Jane (65 yrs.) d. on 71-Oct-1 [71-Oct-2: 2B; 71-Oct-3: 2B].
Anderson, Janie, Miss m. Parsons, W. W. on 73-Jan-2 [73-Jan-9: 2B].
Anderson, Jennie R., Miss m. Cox, Marcellus on 71-Oct-12 [71-Dec-7: 2B].
Anderson, John E. m. Bargar, Lavonia A., Miss on 72-Sep-12 [72-Sep-14: 2A].
Anderson, John N. m. Ruark, Lucretia, Miss on 74-Jun-4 [74-Jun-6: 2B].
Anderson, John W. (50 yrs.) d. on 71-Nov-6 [71-Nov-7: 2A].
Anderson, John William (2 yrs.) d. on 72-Feb-25 [72-Feb-27: 2B].
Anderson, Josephine D. m. Cassell, Jacob H. on 74-Jul-4 [74-Jul-25: 2B].
Anderson, Julius Hazlett (28 yrs.) d. on 75-Jan-5 [75-Jan-6: 2C; 75-Jan-7: 2B].
Anderson, Lavinia A. m. Sparks, John H. on 74-Feb-5 [74-Feb-10: 2B].
Anderson, Leah J. (63 yrs.) d. on 75-May-14 [75-May-15: 2A].
Anderson, Lizzie (20 yrs.) d. on 72-Jan-11 Burned [72-Jan-12: 4D].
Anderson, Lovelace W. (1 yr., 1 mo.) d. on 75-May-14 of Scarlet fever [75-May-15: 2A].
Anderson, Maggie A. d. on 74-Jul-1 [74-Jul-3: 2B; 74-Jul-4: 2B].
Anderson, Margaret P. (48 yrs.) d. on 75-May-28 [75-May-29: 2A].
Anderson, Martha m. Madison, John on 74-Jan-4 [74-Jan-9: 2C].
Anderson, Mary (89 yrs.) d. on 75-Jun-26 [75-Jun-28: 2B; 75-Jun-29: 2B].
Anderson, Mary A. d. on 72-May-23 [72-May-24: 2B].
Anderson, Mary Ann d. on 71-Jan-20 of Murder [71-Jan-21: 4C; 71-Jan-23: 4E].
Anderson, Mary E., Miss m. Savin, Felix A. on 72-Oct-16 [[72-Oct-18: 2B]; 72-Oct-23: 2B].
Anderson, Mary E. m. Deems, Charles L. on 75-Oct-7 [75-Oct-9: 2B].
Anderson, Rose d. on 74-Nov-6 [74-Nov-7: 2A].
Anderson, Samuel (31 yrs.) d. on 75-Jan-29 [75-Jan-30: 2B].
Anderson, Samuel m. Thomas, Sarah M., Miss on 73-Mar-24 [73-Mar-28: 2B].
Anderson, Sarah (70 yrs.) d. on 75-Mar-14 [75-Mar-15: 2B].
Anderson, Sarah (64 yrs.) d. on 75-May-1 [75-May-13: 2B].
Anderson, Stephen m. Hopkins, Sarah, Miss on 72-Jul-30 [72-Aug-1: 2C].
Anderson, Taney Campbell (10 mos.) d. on 72-Aug-7 [72-Aug-8: 2B].
Anderson, Thomas (15 yrs.) d. on 73-Dec-23 in Wagon accident [73-Dec-25: 4D].
Andrew, Charles (52 yrs.) d. on 73-Apr-17 [73-Apr-18: 2B; 73-Apr-19: 2B].
Andrew, Robert C. (42 yrs., 9 mos.) d. on 74-Jul-20 [74-Jul-22: 2B].
Andrew, Rupert (22 yrs.) d. on 75-May-16 in Railroad accident [75-May-17: 4B].
Andrews, Abigail (84 yrs.) d. on 74-Jul-31 [74-Aug-1: 2B].
Andrews, Benjamin F. (45 yrs.) d. on 71-Oct-25 [71-Oct-27: 2C].
Andrews, George, Col. d. on 73-Nov-13 [73-Nov-14: 2B, 4E].
Andrews, Jacob M. (21 yrs.) d. on 73-Jul-14 Drowned [73-Jul-15: 1F; 73-Jul-16: 1F; 73-Jul-18: 1H, 2B].
Andrews, James (60 yrs.) d. on 72-Mar-7 [72-Mar-8: 2B].
Andrews, James W. d. on 75-Mar-31 in Railroad accident [75-Apr-1: 4C].
Andrews, John G. m. Colock, Clara B. on 72-Jul-17 [72-Aug-16: 2B].
Andrews, John H. (39 yrs.) d. on 75-Feb-4 of Consumption [75-Feb-6: 2B].
Andrews, John W. (65 yrs.) d. on 74-Dec-4 [74-Dec-15: 2B].
Andrews, Joseph E. (4 yrs., 3 mos.) d. on 71-Aug-3 [71-Aug-4: 2C].
Andrews, Mary A. (68 yrs.) d. on 75-Aug-25 [75-Aug-26: 2B; 75-Aug-27: 2B].
Andrews, Mary Elizabeth d. on 74-Sep-9 [74-Sep-10: 2B].
Andrews, Mary Rose (22 yrs.) d. on 75-Sep-19 [75-Sep-20: 2B; 75-Sep-21: 2B].
Andrews, Robert (86 yrs.) d. on 73-Jan-31 [73-Feb-1: 2B].

Andrews, Samuel (27 yrs.) d. on 73-Sep-24 of Typhoid [73-Oct-7: 2B].
Andrews, Stephen (57 yrs.) d. on 75-Jan-20 [75-Jan-21: 2B].
Andrews, Susannah (77 yrs.) d. on 72-Jun-14 [72-Jun-15: 2A].
Angel, John T. (43 yrs.) d. on 73-Sep-9 of Paralytic stroke [73-Sep-10: 2B].
Angel, Mamie (1 yr., 1 mo.) d. on 72-Jun-26 [72-Jun-27: 2B].
Angelmier, John C. m. Collins, Sarah C. on 73-Feb-13 [73-Mar-8: 2B].
Angelmier, Mary E., Miss m. Bankhead, Charles P. on 71-Feb-27 [71-Jul-21: 2C].
Annandale, William J. D. (2 mos.) d. on 71-May-24 [71-May-25: 2B].
Anschutz, Albert m. Cummins, Josephine A., Miss on 71-Jan-16 [71-Jan-23: 2C].
Anschutz, Henry P. (78 yrs.) d. on 73-Oct-14 [73-Oct-16: 2B].
Anshutz, Josephine A. (27 yrs., 9 mos.) d. on 74-Sep-26 [74-Sep-28: 2B; 74-Oct-12: 2B].
Anspach, Eliza (84 yrs.) d. on 74-Aug-7 [74-Aug-10: 2B].
Anthony, Betsey (85 yrs.) d. on 73-Dec-28 [73-Dec-29: 2B].
Anthony, Daniel (55 yrs.) d. on 73-Mar-25 [73-Mar-27: 2B].
Anthony, Ella P. m. Walker, George W. on 75-Jan-23 [75-Feb-3: 2B].
Anthony, John m. Delino, Debbie on 74-Oct-5 [74-Oct-8: 2B].
Anthony, John D. m. Clarke, Ann E., Mrs. on 73-Mar-11 [73-Mar-17: 2B].
Anthony, William Ewd (1 yr., 5 mos.) d. on 72-Jan-10 [72-Jan-12: 2C].
Anzman, Joseph William (2 yrs., 10 mos.) d. on 73-Jan-31 of Lung inflammation [73-Feb-3: 2B].
Anzmann, William George (4 mos.) d. on 74-Feb-22 [74-Feb-26: 2B].
Appell, Amelia D., Miss m. Lynch, Edward on 72-Jun-4 [72-Jun-24: 2B].
Apple, Ellen (29 yrs., 2 mos.) d. on 75-Oct-30 [75-Nov-1: 2B].
Apple, Margaret (65 yrs.) d. [75-Jun-30: 2B].
Applebey, Josephine (22 yrs.) d. on 74-Mar-21 [74-Apr-7: 2B].
Applebey, Mary Josephine (9 mos.) d. on 74-Jul-2 [74-Jul-3: 2B].
Appleby, Andrew Jackson (44 yrs., 4 mos.) d. on 72-Nov-19 of Consumption [72-Nov-20: 2B; 72-Nov-21: 1H].
Appleby, Fannie N. (4 yrs., 2 mos.) d. on 75-Feb-28 of Scarlet fever [75-Mar-2: 2B].
Appleby, James (67 yrs.) d. on 73-Aug-27 [73-Aug-29: 2B].
Appleby, Samuel Gant (1 yr., 7 mos.) d. on 73-Sep-12 [73-Sep-13: 2B].
Applegarth, Alice Virginia (4 mos.) d. on 75-Jun-27 [75-Jun-29: 2B].
Applegarth, Charles L. m. Pearson, Laura V., Miss on 74-May-19 [74-May-21: 2B].
Applegarth, Charlie, Miss m. Schermerhorn, Charles S. on 73-Oct-22 [73-Oct-24: 2B].
Applegarth, Comfort (85 yrs.) d. on 75-Jan-2 [75-Jan-4: 2A].
Applegarth, Elizabeth M. (80 yrs.) d. on 75-Jul-5 [75-Jul-6: 2B; 75-Jul-7: 2B].
Applegarth, Rufus W. m. Gault, S. Louisa on 75-Sep-29 [75-Oct-8: 2B].
Applegarth, Thomas M. m. Snively, Kate E. on 72-Oct-31 [72-Nov-13: 2B].
Applegarth, William, Capt. (65 yrs.) d. on 73-Mar-31 [73-Apr-1: 2B; 73-Apr-3: 1G, 2B, 1H].
Appler, Mortimer Williams (15 yrs., 5 mos.) d. on 71-Apr-16 [71-Apr-17: 2C].
Appleton, Louisa Armistead m. Knight, F. I., Dr. on 71-Oct-15 [71-Nov-4: 2B].
Appold, Ann (60 yrs.) d. on 75-Jan-19 [75-Jan-20: 2B; 75-Jan-21: 2B].
Appold, William Henry m. Carter, Helen Lilie on 74-Oct-29 [74-Nov-3: 2B].
Apsey, Virginia m. Demory, William H. on 73-Nov-11 [73-Nov-13: 2B].
Ara, Maria m. Nilson, Hans C. on 73-Jul-10 [73-Jul-12: 2B].
Archer, Harry m. Lee, Elizabeth, Miss on 71-Dec-27 [72-Jan-19: 2C].
Archer, Harry C. (2 mos.) d. on 74-Oct-29 [74-Oct-30: 2B; 74-Oct-31: 2B].
Archer, John m. Clark, Jennie A. on 72-Dec-26 [73-Jan-4: 2B].
Archer, Robert H. (60 yrs.) d. on 75-Aug-11 [75-Aug-13: 2B, 4D; 75-Aug-14: 4C].
Aring, Barbara (45 yrs., 6 mos.) d. on 71-Jan-15 [71-Feb-7: 2C].
Aring, John (20 yrs.) d. on 71-Jan-25 [71-Feb-7: 2C].
Aring, Mary Catharine (13 yrs.) d. on 71-Feb-4 [71-Feb-7: 2C].
Armacost, Lewis Leef (4 mos.) d. on 73-Jul-28 [73-Jul-30: 2B].

Armacost, Marcella, Miss m. Tucker, Robert on 73-Nov-20 [73-Nov-22: 2B].
Armacost, Sadie Stanton (3 yrs., 11 mos.) d. on 75-Nov-24 [75-Nov-25: 2B].
Armager, Julian d. on 72-Oct-27 [72-Oct-29: 2B].
Armeling, Mary Agnes (7 mos.) d. on 72-Dec-27 [72-Dec-28: 2B].
Armesworthy, Annie L. (9 mos.) d. on 72-Mar-4 of Pneumonia [72-Mar-5: 2B].
Armiger, A. Rebecca (26 yrs.) d. on 72-Sep-1 [72-Sep-6: 2B].
Armiger, Carrie d. on 71-Aug-18 [71-Aug-21: 2B].
Armiger, Josiah C. m. Herget, Ella on 73-Sep-9 [73-Sep-19: 2B].
Armiger, Rhoda L. m. Welch, M. D. on 71-May-11 [71-Jun-9: 2B].
Armiger, Sarah (1 yr., 4 mos.) d. on 71-Aug-9 [71-Aug-15: 2B].
Armiger, Thomas B. m. Esherick, Amanda W. on 73-Apr-17 [73-Apr-21: 2B].
Armistead, Lucy H., Miss m. Welbourne, John E. on 73-Dec-18 [73-Dec-23: 2B].
Armistead, Sarah d. on 72-Mar-13 of Heart disease [72-Mar-15: 4E].
Armitage, Bettie, Miss m. Heald, J. M. D. on 74-Nov-12 [74-Nov-14: 2B].
Armitage, James E. m. Stocksdale, Eliza A. on 75-Jan-10 [75-Mar-10: 2C].
Armitage, Joseph W. m. Munday, Ella S. on 74-Jun-2 [74-Jun-23: 2B].
Armor, C. Garland m. McCubbin, Susie on 73-Nov-27 [73-Dec-4: 2B].
Armor, Emma E. m. Walker, Richard J. J. on 71-Jul-18 [71-Jul-24: 2B].
Armor, George Dugan (1 yr.) d. on 74-Jan-29 [74-Jan-31: 2B].
Armor, George E. m. Dickson, Jeanea Read, Miss on 73-Dec-4 [73-Dec-5: 2B].
Armor, Ida d. on 72-Oct-13 [72-Oct-14: 2B; 72-Oct-15: 2B].
Armor, L. m. Tillson, Alice C., Miss on 71-Jul-13 [71-Aug-4: 2C].
Armor, Leonidas d. on 74-Apr-29 [74-Apr-30: 2B; 74-May-1: 2B].
Armor, Mary Tillson (1 yr.) d. on 73-Feb-1 [73-Feb-10: 2B].
Armpreister, George d. on 73-Nov-11 in Railroad accident [73-Nov-12: 1G; 73-Nov-13: 2B].
Armpriester, Clarene S. (1 yr.) d. on 71-Jul-24 [71-Jul-29: 2B].
Armstead, Marion (10 mos.) d. on 74-Jul-1 [74-Jul-2: 2B].
Armstrong, Ann (89 yrs.) d. on 72-Apr-22 [72-Apr-24: 2B].
Armstrong, Annie (5 mos.) d. on 72-Jul-16 [72-Jul-17: 2B].
Armstrong, Catherine Leonora (38 yrs.) d. on 75-Jan-18 of Heart disease [75-Jan-19: 1H, 2B].
Armstrong, Clarence Murray (1 yr., 7 mos.) d. on 74-Jan-18 [74-Jan-19: 2B].
Armstrong, Cornelia Grape (4 yrs., 1 mo.) d. on 75-Jan-11 of Chronic croup [75-Jan-12: 2B; 75-Jan-13: 2B].
Armstrong, Eddie Vincent (4 yrs., 8 mos.) d. on 71-Feb-11 of Scarlet fever [71-Feb-13: 2C].
Armstrong, Edward (70 yrs.) d. on 75-Jul-15 [75-Jul-17: 2B].
Armstrong, Eliza A. (28 yrs.) d. on 74-Jan-2 [74-Jan-3: 2B].
Armstrong, Eliza R. (75 yrs.) d. on 73-Jan-16 [73-Jan-18: 2B].
Armstrong, Elizabeth (65 yrs.) d. on 74-May-7 [74-May-8: 2B].
Armstrong, Ellen, Miss m. Glanville, Issac on 74-Dec-20 [74-Dec-26: 2C].
Armstrong, Henry (76 yrs.) d. on 72-Feb-13 [72-Feb-14: 2C; 72-Feb-15: 2C].
Armstrong, Hettie E. m. Kelly, John J. on 74-Nov-17 [74-Dec-9: 2B].
Armstrong, Ismael m. Matthews, Ellen, Miss on 73-Jan-2 [73-Jan-4: 2B].
Armstrong, Jeremiah Y. (62 yrs.) d. on 71-Jan-30 [71-Feb-2: 2C].
Armstrong, John (81 yrs.) d. on 72-May-1 [72-May-3: 2B].
Armstrong, John m. Seigafoose, Leonora V. on 71-Sep-22 [71-Nov-1: 2B].
Armstrong, John William (1 mo.) d. on 72-Sep-13 [72-Sep-14: 2A].
Armstrong, Laura V., Miss m. Byrnes, Thomas J. on 72-Jul-7 [72-Nov-14: 2B].
Armstrong, Leonora V. d. on 72-Aug-5 [72-Aug-6: 2B].
Armstrong, Margaret H. (56 yrs.) d. on 73-Nov-19 [73-Nov-20: 2B].
Armstrong, Matilda E. (87 yrs.) d. on 72-Jun-16 [72-Jun-20: 2B].
Armstrong, Minnie L., Miss m. Dieterich, George on 75-Apr-21 [75-Apr-23: 2B].
Armstrong, Susannah m. Grover, Walter Josiah on 71-Sep-3 [71-Oct-3: 2B].

Arnett, Mary C., Miss m. Thomas, Luther J. on 75-Apr-6 [75-Apr-14: 2B].
Arnold, Andrew (10 yrs.) d. on 71-Nov-23 of Fall from scaffolding [71-Nov-24: 4C].
Arnold, Andrew J. m. Shott, Molly A., Mrs. on 72-Nov-11 [72-Dec-6: 2B].
Arnold, Ann Elizabeth (5 mos.) d. on 72-Jul-5 [72-Jul-6: 2A].
Arnold, Ann Rebecca m. Dawson, Richard, Jr. on 72-Aug-15 [73-Jan-15: 2B].
Arnold, Annie m. Pugsley, Augustus on 73-Jan-23 [73-Feb-25: 2B].
Arnold, Drusilla A., Miss m. Nice, Henry, Rev. on 75-Jun-22 [75-Jun-23: 2B].
Arnold, Edwin (68 yrs.) d. on 74-Mar-11 [74-Apr-1: 2B].
Arnold, Emma m. Hancock, J. H. on 74-Jan-15 [74-Jan-17: 2B].
Arnold, Emma Florence (1 yr., 8 mos.) d. on 73-Jan-12 [73-Jan-13: 2B].
Arnold, Emory McCaulley (3 yrs., 6 mos.) d. on 74-Dec-18 of Chronic croup [74-Dec-19: 2B].
Arnold, George m. Remmey, Margaret on 75-Nov-18 [75-Nov-20: 2A].
Arnold, Hamilton m. Stallings, Emma, Miss on 75-Oct-19 [75-Oct-26: 2A].
Arnold, Henry Frederick R. (10 yrs.) d. on 74-Feb-13 [74-Feb-14: 2C].
Arnold, Issac (84 yrs.) d. on 73-Jul-31 [73-Aug-5: 2B].
Arnold, James E. d. on 71-Sep-17 of Intemperance and exposure [71-Sep-18: 4E].
Arnold, John W. m. Holmes, Lizzie on 75-Nov-23 [75-Nov-25: 2B].
Arnold, Lydia (23 yrs., 11 mos.) d. on 74-Jan-21 [74-Jan-23: 2B].
Arnold, Maggie F. m. Stephenson, Alfred W. on 72-Dec-5 [[72-Dec-6: 2B]; 72-Dec-7: 2A].
Arnold, Martha Ann (16 yrs.) d. on 74-Feb-16 [74-Feb-17: 2B].
Arnold, Peter George m. Reed, Lydia, Miss on 71-Sep-1 [71-Oct-19: 2C].
Arnold, S. Reece m. Fisher, Clay V. on 74-Feb-5 [74-Mar-6: 2B].
Arnold, Sarah Ann (81 yrs.) d. on 72-Jun-11 [72-Jun-12: 2B].
Arnold, Sarah L. (34 yrs.) d. on 72-Oct-10 [72-Oct-11: 2B].
Arnold, Susan A. (68 yrs.) d. on 72-Nov-25 [72-Nov-27: 2B].
Arnold, W. H. M. m. Mineburg, Emilia on 72-Feb-11 [72-Feb-14: 2C].
Arnold, William H. m. Stanling, Marcella M. on 75-Aug-19 [75-Aug-26: 2B; 75-Aug-27: 2B].
Aro, Anna Louisa (1 yr., 4 mos.) d. on 71-Sep-29 [71-Sep-30: 2C].
Arringdale, Mary A., Mrs. m. Norris, William H. on 75-Feb-4 [75-Feb-6: 2B].
Arscott, George M. m. Adams, Margaret Ann on 71-Apr-16 [71-Apr-18: 2C].
Arscott, Margaret Ann (28 yrs., 5 mos.) d. on 75-Oct-22 [75-Oct-23: 2A].
Arthur, Ann (65 yrs.) d. on 74-Mar-3 [74-Mar-4: 2C].
Arthur, Anne m. Bates, Charles J. on 72-Jul-17 [72-Jul-18: 2B].
Arthur, Annie, Miss m. Buckingham, John E. on 72-Feb-8 [72-Feb-4: 2B].
Arthur, Anthony (3 yrs., 10 mos.) d. on 71-May-28 [71-May-29: 2B].
Arthur, David (83 yrs.) d. on 73-Mar-11 [73-Mar-12: 2B].
Arthur, Hugh Wilson (2 yrs., 8 mos.) d. on 71-Oct-4 [71-Oct-12: 2B].
Arthur, John m. Cole, Martha on 73-Nov-4 [73-Nov-12: 2B].
Arthur, L. V., Miss m. Church, N. S. on 71-Sep-11 [71-Sep-23: 2B].
Arthur, Lizzie A. m. Goshell, William H. on 73-Jun-2 [73-Jul-1: 2A].
Arthur, Mary (52 yrs.) d. on 74-Mar-4 [74-Mar-5: 2B; 74-Mar-6: 2A].
Arthur, Mary Adeline (2 mos.) d. on 71-Nov-10 [71-Nov-11: 2B].
Arthur, Mary M., Miss m. Parker, J. Kos. on 72-Feb-13 [72-Feb-23: 2D].
Arthur, Michael (24 yrs.) d. on 72-Sep-10 [72-Sep-12: 2B].
Arthur, Patrick (75 yrs.) d. on 75-Oct-15 [75-Oct-16: 2B].
Arthur, Willie C. (1 yr., 5 mos.) d. on 74-Sep-25 [74-Sep-26: 2B].
Asendorf, Albert m. Thiemeyer, Emma on 73-Dec-23 [74-Jan-1: 2B; 73-Jan-3: 2B].
Ash, Alice Marion (4 yrs., 8 mos.) d. on 75-Apr-19 [75-Apr-20: 2B; 75-Apr-21: 2B; 75-Apr-22: 2B].
Ash, Fredericka m. Spitz, John H. on 73-Jan-15 [73-Jan-22: 2B].
Ash, George O. m. Kaschner, Emma B. on 73-Apr-15 [73-Apr-28: 2B].
Ash, George T. (35 yrs.) d. on 73-Jan-19 [73-Jan-20: 2B].

Ash, Michael J. m. Wheatfield, Belle, Miss on 74-Mar-18 [74-Mar-25: 2B].
Ash, Thomas G. m. Hebb, Sallie Topping on 71-Dec-21 [71-Dec-25: 2C].
Ashbrook, Thomas J. m. Neurhon, Ellen M. on 73-Oct-8 [73-Oct-14: 2A].
Ashburn, Anna m. Starke, Powhatan on 75-Apr-15 [75-Apr-24: 2A].
Ashburn, Mary (66 yrs.) d. on 75-Aug-14 [75-Aug-19: 2B].
Ashburry, Emma (25 yrs.) d. on 72-Jun-7 [72-Jun-8: 2A].
Ashcom, James E. m. Morse, Stella on 73-Apr-24 [73-May-21: 2B].
Ashman, Mary (19 yrs.) d. on 71-Nov-28 of Consumption [71-Nov-29: 2C].
Ashmead, George L., Jr. m. Fleming, Lizzie B. on 71-Mar-28 [71-Mar-30: 2C].
Ashton, Agatha, Miss m. Gray, Henry W. on 71-Sep-13 [71-Sep-27: 2B].
Ashton, Charles Henry (7 yrs., 8 mos.) d. on 72-Jun-17 [72-Jun-18: 2B].
Ashton, Eliza (23 yrs., 8 mos.) d. on 72-Nov-16 [72-Nov-21: 2B].
Ashton, Elizabeth S., Miss m. Kirk, Samuel on 71-Mar-23 [71-Mar-28: 2B].
Ashton, Emma Laurette (4 mos.) d. on 73-Jan-25 [73-Jan-27: 2B].
Ashton, Fannie, Miss m. Twining, Horace B. on 72-Feb-20 [72-Feb-22: 2C].
Ashton, Helen Marie (1 yr., 3 mos.) d. on 71-Sep-20 [71-Sep-21: 2C].
Ashton, Isabelle M. m. Gambel, Thomas B., Jr. on 74-Dec-16 [75-Jan-1: 2B].
Ashton, John (53 yrs., 1 mo.) d. on 71-Nov-26 [71-Nov-27: 2C; 71-Nov-28: 2B].
Ashton, Marrows (67 yrs.) d. on 73-Sep-23 [73-Sep-25: 2B].
Ashton, Philip George Bertrand (6 mos.) d. on 74-Oct-22 [74-Oct-27: 2B].
Ashton, Susan F. m. Gilbert, H. Scott on 72-Nov-26 [72-Nov-30: 2B].
Ashton, Walter (35 yrs.) d. on 72-Apr-6 [72-Apr-8: 2B].
Askew, Albert C. m. Bower, Laura C., Miss on 72-Mar-28 [72-Apr-1: 2A].
Askew, Ann Elizabeth d. on 73-Apr-18 [73-Apr-23: 2B].
Askew, Charles J. E. Dwinelle d. on 74-Jul-3 [74-Jul-6: 2B].
Askew, Charles L. m. Dickson, Lizzie, Miss on 72-Sep-12 [72-Sep-20: 2B].
Askew, Ellen (89 yrs.) d. on 74-May-15 [74-May-19: 2B].
Askew, Laura S. d. on 71-Apr-11 [71-Apr-12: 2B].
Askew, Mary Ella, Miss m. Bell, Harry T. on 75-Aug-27 [75-Sep-29: 2B].
Askew, Susanna (70 yrs.) d. on 71-Dec-17 [71-Dec-18: 2B; 71-Dec-19: 2B].
Askey, Clara R. m. Hunt, John H. on 74-Nov-17 [74-Nov-25: 2B].
Askey, Joseph m. Jordan, Mary Pauline on 74-Feb-12 [74-Feb-14: 2C].
Askey, Rebecca (62 yrs., 6 mos.) d. [73-May-2: 2B; 73-May-3: 2A].
Askey, Robert (77 yrs.) d. on 72-Oct-21 [72-Nov-5: 2B, 4C].
Askey, William m. Elsby, Mary A., Miss on 74-Jul-7 [74-Jul-11: 2B].
Askins, Nancy (70 yrs.) d. on 72-Jul-16 [72-Jul-17: 2B].
Aspril, James L. m. Hughes, Annie R. on 73-Dec-17 [73-Dec-20: 2A].
Aspril, William Parker (1 yr., 4 mos.) d. on 74-Jul-22 [74-Jul-23: 2B].
Atavis, Patty Ann (58 yrs.) d. on 74-Oct-26 [74-Oct-28: 2B].
Athearn, Elizabeth Slade (94 yrs.) d. on 74-Nov-21 [74-Nov-30: 2B].
Atkinson, Allen m. Whitworth, Mary Alice on 71-May-18 [71-May-30: 2B].
Atkinson, C. m. Els, Lizzie, Miss on 71-Dec-3 [71-Dec-5: 2C].
Atkinson, David (83 yrs.) d. on 75-May-16 [75-May-26: 2B].
Atkinson, Elizabeth J. d. on 73-Aug-7 [73-Aug-9: 2B].
Atkinson, Elizabeth Purviance (10 yrs.) d. on 71-May-5 [71-May-6: 2B].
Atkinson, Israel S. (73 yrs.) d. on 74-Apr-27 [74-Apr-28: 2B].
Atkinson, J. M. m. Schele, E. E., Miss on 74-Jun-25 [74-Jun-27: 2B].
Atkinson, James Edmondson (6 yrs., 4 mos.) d. on 74-Nov-30 of Scarlet fever [74-Dec-1: 2B; 74-Dec-2: 2B].
Atkinson, John P. m. Hindes, Lizzie P. on 75-Dec-8 [75-Dec-22: 2B].
Atkinson, Laura J. m. Reese, G. Edward on 71-Oct-25 [71-Nov-1: 2B].
Atkinson, M. Dudley m. Hennaman, Belle M., Miss on 74-Feb-12 [74-Feb-18: 2C].

Atkinson, Maria Louisa d. on 74-May-29 [74-May-30: 2B].
Atkinson, Martha W. (41 yrs.) d. on 74-Feb-6 [74-Feb-10: 2B].
Atkinson, Mary Jane, Miss m. Trogler, John W. on 73-Mar-4 [73-Mar-18: 2B].
Atkinson, Sallie L., Miss m. Cooke, George H., Dr. on 73-Oct-16 [73-Oct-18: 2B].
Atkinson, Sallie Sliver m. Emerich, Cornelius on 75-Nov-18 [75-Nov-27: 2B].
Atkinson, Sarah A., Miss m. Barnhart, Alfred W. on 70-Dec-8 [71-Jan-28: 2B].
Atkinson, Thomas W. (44 yrs.) d. on 72-Oct-14 [72-Oct-15: 2B; 72-Oct-16: 2B].
Atkinson, W. B. m. Cook, Elizabeth E., Miss on 71-Feb-2 [71-Feb-8: 2C].
Atkinson, William m. Watson, Nellie F. on 72-Nov-19 [72-Nov-26: 2A].
Atlee, Annah M. d. on 72-Feb-20 [72-Feb-22: 2C].
Atlee, Emma m. Coghlan, Richard on 72-Oct-30 [72-Nov-5: 2B].
Atlee, James m. Knight, Lucy G. on 74-Nov-25 [74-Dec-2: 2B].
Atlee, Louisa d. on 75-Mar-22 [75-Mar-23: 2B; 75-Mar-24: 2B].
Atley, Lizzie, Miss m. Courts, Andrew J. on 72-Sep-2 [72-Nov-29: 2B].
Atwell, Clentonia W. m. Melton, Andrew L. on 71-Jan-9 [71-Jan-11: 2C].
Atwell, Martha (83 yrs.) d. on 74-May-1 [74-May-2: 2B].
Atwell, William (51 yrs.) d. on 74-Sep-7 [74-Sep-8: 2B].
Atwood, Eliza Jane, Miss m. Shure, Job on 71-Mar-21 [71-Mar-24: 2B].
Aubel, George (6 yrs.) d. on 75-Dec-19 of Chronic croup [75-Dec-20: 2B].
Aubry, Marie C. L. m. Grew, William on 75-Nov-9 [75-Nov-10: 2B].
Audibert, Anna E. m. Summers, George A. on 74-May-3 [74-May-5: 2B].
Audoun, Anna C. (58 yrs.) d. on 71-Jan-21 of Heart disease [71-Jan-23: 2C, 4F].
Audoun, Cornelia L. m. Disney, Henry E. on 74-Jan-18 [74-Jan-20: 2B].
Auer, Anton (41 yrs., 11 mos.) d. on 73-Jun-3 of Hydrophobia [73-Jun-4: 2B; 73-Jun-5: 1G].
Auer, J. Henry Riechman (6 yrs.) d. on 71-Mar-18 [71-Mar-20: 2B].
Aufany, Philip d. on 72-Mar-24 Drowned [72-Mar-25: 4D].
Auld, Amanda T. d. on 74-Feb-13 [74-Feb-17: 2B; 74-Feb-18: 2C].
Auld, Elizabeth (88 yrs.) d. on 70-Dec-19 [71-Jan-5: 2C].
Auld, F. Virginia (58 yrs.) d. on 75-Apr-20 [75-Apr-22: 2B; 75-Apr-29: 2B].
Auld, John E. m. Tall, Mary E. on 75-Aug-18 [75-Dec-29: 2B].
Auld, May M. m. Clemson, Joseph H. on 71-Oct-8 [71-Oct-17: 2B].
Auld, Samuel (75 yrs.) d. on 75-Mar-26 [75-Mar-27: 2C].
Auld, Washington (61 yrs.) d. on 71-Mar-27 [71-Apr-21: 2C].
Auld, Wilson C. (1 yr., 4 mos.) d. on 72-Jul-3 [72-Jul-4: 2B].
Auld, Z. Frances (34 yrs.) d. on 72-Feb-3 [72-Feb-5: 2C].
Aull, Catherine Elizabeth (4 mos.) d. on 74-Jun-17 [74-Jun-18: 2B; 74-Jun-19: 2B].
Aull, Lewis J. m. Reynolds, Kate, Miss on 74-Jul-15 [74-Aug-3: 2B].
Aull, Louis m. Schaumloffel, Margareth, Miss on 71-Oct-31 [71-Nov-3: 2B; 71-Nov-4: 2B].
Aull, Walter Henry (9 mos.) d. on 74-Jul-16 [74-Jul-17: 2B; 74-Jul-18: 2B].
Ault, Bessie Reyburn (9 mos.) d. on 75-May-17 [75-May-18: 2A].
Ault, Joseph P. (1 yr., 2 mos.) d. on 73-Jan-21 [73-Jan-22: 2B].
Austin, Annie R., Miss m. Porter, William A. on 71-Aug-8 [72-Jan-10: 2B].
Austin, Clara m. Shrigley, John M. on 71-Oct-19 [71-Oct-27: 2C].
Austin, Edith Grace (2 yrs.) d. [73-Oct-29: 2B].
Austin, Herbert W. T. (6 mos.) d. on 72-Sep-11 [72-Sep-14: 2A].
Austin, J. B., Capt. m. Cuvington, Missouri E. on 72-Nov-25 [72-Nov-27: 2B].
Austin, Mary (62 yrs.) d. on 72-Oct-2 [72-Oct-3: 1H].
Austin, May Blanche (1 yr., 3 mos.) d. on 73-Dec-21 [73-Dec-22: 2B].
Austin, Sarah V. m. Dickel, Charles F. on 71-Dec-12 [71-Dec-19: 2B].
Austin, Thomas Benton (1 yr.) d. on 71-Sep-22 [71-Sep-23: 2B].
Austin, William H. (23 yrs.) d. on 75-Jul-12 [75-Jul-13: 2B].
Auston, Mary Sophia (15 yrs.) d. on 72-Jul-3 [72-Aug-6: 2B; 72-Aug-7: 2B].

Auston, Susanna (15 yrs.) d. on 72-Aug-1 [72-Aug-6: 2B; 72-Aug-7: 2B].
Avard, Emmus A. (28 yrs.) d. on 75-Jan-31 [75-Feb-1: 2B; 75-Feb-2: 2B].
Avard, Martha A. d. on 75-Feb-21 [75-Feb-22: 2B; 75-Feb-23: 2B].
Averill, Edward G. m. Wrightson, Ella, Miss on 73-Apr-23 [73-Apr-26: 2B].
Avery, Mary A. m. Walsh, William A. on 72-Nov-9 [72-Dec-17: 2A].
Avery, William N., Capt. (55 yrs.) d. on 75-Nov-25 of Pneumonia [75-Nov-27: 4D].
Awbrey, Cecelia Ann (2 yrs., 2 mos.) d. on 72-Oct-16 [72-Oct-17: 2B].
Awbrey, John S. m. Medford, Amelia A. on 73-May-14 [73-May-20: 2B].
Aydelotte, Margaret M., Miss m. Mullen, James on 71-Jul-4 [71-Jul-11: 2B].
Ayers, Amanda M. m. Reinhart, Julius C. on 73-Mar-5 [73-Mar-11: 2B].
Ayers, Charles Thomas (4 yrs.) d. on 71-Nov-7 [71-Nov-8: 2C].
Ayers, Frances E. d. [72-Oct-31: 2B].
Ayers, Howard E. (2 yrs., 1 mo.) d. on 71-Sep-12 [71-Sep-13: 2B].
Ayers, Naomi d. on 73-Dec-9 [73-Dec-10: 2B].
Ayers, Samuel m. Hitchings, Emma E. on 71-Jun-1 [71-Jun-7: 2B].
Ayers, Sarah E., Miss m. Downey, William T. on 75-Apr-14 [75-May-1: 2B].
Ayler, Elizabeth C. (44 yrs.) d. on 74-Jan-16 [74-Feb-16: 2C].
Aymold, Louis m. Lester, Annie E. on 75-May-30 [75-Jun-15: 2A].
Ayres, George W. (28 yrs.) d. on 70-Dec-31 of Boiler explosion [71-Jan-3: 2C, 4B].
Ayres, Harriet A. m. Myers, John H. on 72-Aug-15 [72-Sep-18: 2B].
Ayres, James m. Benson, Annie V., Miss on 71-Jun-4 [71-Jun-8: 2B].
Ayres, Mary Elizabeth (70 yrs.) d. on 71-Apr-3 [71-Apr-4: 2B].
Ayres, Thomas E., Rev. d. on 74-Aug-10 of Paralysis [74-Aug-18: 4D].
Babbitt, S. William m. Bentley, Alice E. on 72-Aug-18 [72-Aug-26: 2B].
Baber, Thomas B. B., Col. (76 yrs.) d. on 71-Apr-30 of Pneumonia [71-May-4: 2B].
Bach, Laura (31 yrs.) d. on 75-Feb-8 [75-Feb-9: 2B; 75-Feb-10: 2B].
Bachelor, Anna M., Miss m. McCracken, James on 72-May-16 [72-May-21: 2A].
Bachler, Jacob F. (54 yrs.) d. on 74-Sep-17 [74-Sep-18: 2B].
Bachler, Susannah (81 yrs.) d. on 72-Aug-23 [72-Aug-27: 2B].
Bachrach, Henry m. Hamburger, Matilda, Miss on 73-Jan-15 [73-Jan-17: 2B].
Bachrach, Matilda, Miss m. Barnum, N. on 73-Mar-5 [73-Mar-22: 2B].
Backus, Charles Chauncey (32 yrs.) d. on 75-Jan-23 [75-Jan-25: 2B; 75-Jan-26: 2B; 75-Jan-27: 2B].
Bacon, Samuel (53 yrs.) d. on 71-Oct-25 [71-Oct-26: 2B].
Bacon, William M. m. Stewart, Ella Bacon on 72-Apr-28 [72-May-21: 2A].
Badders, Philip Pendleton (2 yrs., 4 mos.) d. on 71-Jan-24 of Scarlet fever [71-Jan-25: 2C].
Bader, Eva (90 yrs.) d. on 71-Oct-1 [71-Oct-2: 2B; 71-Oct-3: 2B].
Badger, Adelia Ann d. on 72-Mar-13 [72-Mar-19: 2B].
Badger, Charles W. (24 yrs., 9 mos.) d. on 74-Feb-16 in Railroad accident [74-Feb-18: 2C, 4E; 74-Feb-20: 2C].
Badger, Elisha, Rev. (75 yrs.) d. on 71-May-12 [71-May-17: 2C].
Badger, Joseph (28 yrs.) d. on 75-May-30 [75-May-31: 2B].
Badger, Joseph m. Henry, Rachel A., Miss on 73-Feb-11 [73-Feb-19: 2B].
Badger, Lillie May (11 mos.) d. on 71-Apr-5 [71-Apr-10: 2B].
Badger, Mary (60 yrs.) d. on 74-Aug-12 [74-Aug-13: 2B].
Baer, Charles W. m. Waters, Georgine on 74-Feb-5 [74-Feb-7: 2B].
Baer, Elizabeth (70 yrs.) d. on 75-May-17 [75-May-18: 2A; 75-May-19: 1H, 2B].
Baer, Emma J. J. m. Weiderman, L. T., Rev. on 71-Feb-2 [71-Feb-7: 2C].
Baer, Frank W. m. Rolph, Alice, Miss on 73-Jul-31 [73-Sep-3: 2B].
Baer, John (1 yr., 7 mos.) d. on 75-Nov-2 [75-Nov-3: 2B].
Baer, Lena (36 yrs.) d. on 72-Apr-13 [72-Apr-16: 2B].
Baer, M. S. (74 yrs.) d. on 74-Aug-22 [74-Aug-24: 2B].

Baer, Thomas S. m. Beacham, Lizzie S. on 73-Nov-26 [73-Dec-2: 2B].
Baetger, Charles Henry (24 yrs.) d. on 73-Mar-13 of Consumption [73-Mar-14: 2B].
Baetjer, Florence (5 mos.) d. on 73-Jul-29 [73-Aug-9: 2B].
Bagge, Rosetta Lee (9 yrs.) d. on 72-Aug-12 [72-Aug-15: 2C].
Baggett, Fannie Ayliffe (2 mos.) d. on 71-Jun-30 [71-Jul-1: 2B].
Bagley, Charles, Dr. m. McCauley, Ella V., Miss on 75-Sep-16 [75-Sep-21: 2B].
Bagley, Irena E., Miss m. Colgan, Edward J. on 71-Jun-29 [71-Jul-1: 2A].
Bagnall, Robert G. m. Meyers, Hermannie on 74-Jan-1 [74-Jan-13: 2B].
Bahlke, Charles William (3 mos.) d. on 73-Apr-23 [73-Apr-24: 2B].
Bahn, Lillie A. (9 yrs., 4 mos.) d. on 75-Jan-18 [75-Jan-23: 2C].
Baier, John (60 yrs.) d. on 74-Dec-2 of Suicide (Strangulation) [74-Dec-3: 4B].
Baier, Paul (36 yrs.) d. on 72-Oct-27 [72-Oct-29: 2B].
Baile, Henry C. m. Weyforth, Amelia F. on 75-Oct-12 [75-Oct-21: 2B].
Bailey, Ann Emily m. Lewis, James M. S. on 72-Sep-23 [72-Sep-27: 2B].
Bailey, Annie M., Miss m. Hobbs, T. R. on 71-Oct-19 [71-Dec-13: 2B].
Bailey, Caroline (69 yrs.) d. on 72-Mar-2 [72-Apr-4: 2B].
Bailey, Catharine (39 yrs.) d. on 75-Jan-5 of Heart disease [75-Jan-6: 2C].
Bailey, Charles m. Sinclare, Mary A. on 73-Apr-30 [73-Jun-3: 2A].
Bailey, Charles M. m. Ebaugh, Martha E., Miss on 75-Feb-28 [75-Mar-23: 2B].
Bailey, Clementina, Miss m. Wheeler, William on 71-Jun-4 [71-Jun-12: 2B].
Bailey, Daniel d. on 72-Dec-24 in Railroad accident [72-Dec-28: 1G].
Bailey, Daniel m. Clash, Louisa on 75-Jun-25 [75-Jun-30: 2B].
Bailey, Edward (30 yrs.) d. on 75-Aug-16 Drowned [75-Aug-17: 4C].
Bailey, Edwin, Capt. (78 yrs.) d. on 74-Aug-30 [74-Aug-31: 2B; 74-Sep-1: 2A, 4C; 74-Sep-3: 4B].
Bailey, George m. Rudiger, Ida, Mrs. on 75-Apr-18 [75-Apr-24: 2A].
Bailey, Hattie B., Miss m. Porter, George H. on 73-Dec-16 [73-Dec-20: 2A].
Bailey, Inez Ashmore (3 yrs., 8 mos.) d. on 75-Apr-6 [75-Apr-9: 2B].
Bailey, James A. m. Tabler, Alice M., Miss on 72-Nov-19 [72-Nov-22: 2B].
Bailey, James W. P. m. Krebs, Elenor L. on 73-Oct-28 [73-Nov-6: 2B].
Bailey, Jennie H. m. Brenise, Joseph K. on 73-Feb-17 [73-Apr-4: 2B].
Bailey, John Edward m. Harrison, Annie D. on 71-Mar-14 [71-Mar-22: 2B].
Bailey, John M. (69 yrs.) d. on 74-Dec-20 [74-Dec-21: 2A].
Bailey, John R. m. Boston, Annie E., Miss on 70-Dec-18 [71-Feb-20: 2C].
Bailey, Margaret Elizabeth (1 yr., 5 mos.) d. on 74-Jan-11 [74-Jan-12: 2B].
Bailey, Margaretta S. (56 yrs.) d. on 74-Aug-22 [74-Aug-24: 2B; 74-Aug-25: 2B].
Bailey, Mary L. m. Brown, Alexander W. on 75-May-6 [75-May-26: 2B].
Bailey, Mattie E., Miss m. Wagner, Francis on 72-Aug-14 [72-Oct-5: 2A].
Bailey, Milly d. on 71-Sep-21 of Apoplexy [71-Sep-22: 2B].
Bailey, Sarah m. Handy, Joseph Samuel on 73-Dec-10 [73-Dec-13: 2A].
Bailey, Susan Ann (73 yrs.) d. on 71-Mar-28 [71-Mar-29: 2B].
Bailey, Urias (74 yrs.) d. on 74-Feb-19 [74-Feb-21: 2B].
Bailey, Warner m. Hartley, Lizzie, Miss on 72-Nov-28 [72-Dec-28: 2B].
Bailey, William (57 yrs.) d. on 73-May-17 [73-May-19: 2B].
Bailey, William T. m. Young, Laura Virginia, Miss on 71-Jun-8 [71-Jun-17: 2B].
Bailey, William Thomas (26 yrs., 4 mos.) d. on 75-Jul-24 [75-Jul-31: 2B].
Bailie, May Allender (9 mos.) d. on 72-Apr-4 [72-Apr-5: 2B].
Baillie, Laura V., Miss m. Wright, George R. on 74-Sep-17 [74-Oct-21: 2B].
Bailone, Fanny E. d. on 72-Oct-31 [72-Nov-2: 2A].
Baily, Charles H. (24 yrs.) d. on 73-Sep-27 [73-Sep-29: 2B].
Baily, Eliza W. d. on 75-Sep-15 [75-Sep-17: 2B].
Baily, Elizabeth J. (45 yrs.) d. on 75-Jan-29 [75-Jan-30: 2B].

Baily, Gertrude d. on 72-May-17 [72-May-18: 2B].
Baily, Mary C. (35 yrs.) d. on 75-Nov-10 [75-Nov-12: 2B].
Baily, William d. of Typhoid [73-Mar-10: 1H].
Bain, John W. (53 yrs.) d. on 73-Dec-30 [73-Dec-31: 2B, 4B; 74-Jan-1: 2B].
Bair, William, Sr. (66 yrs.) d. on 73-Mar-30 [73-Apr-2: 2B].
Baird, Eliza J. (52 yrs.) d. on 74-Jul-18 [74-Jul-20: 2B].
Baird, Thomas D., Prof. (54 yrs.) d. on 73-Jul-9 [73-Jul-10: 1F, 2B; 73-Jul-11: 1F; 73-Sep-9: 1G].
Baird, William S., Rev. (58 yrs.) d. on 74-Aug-13 [74-Aug-15: 4D].
Baitzell, Annie M. m. Haskell, Charles C. on 75-Jun-1 [75-Jul-21: 2B].
Baitzell, Sallie E., Miss m. Harkness, George M. on 73-Nov-27 [73-Nov-29: 2B].
Baitzell, William E. m. Hartlove, Annie A. on 72-Jun-5 [72-Jun-10: 2B].
Baker, Alexander Murray (9 mos.) d. on 75-Feb-20 [75-Feb-22: 2B].
Baker, Almira d. on 73-Jun-29 [73-Jul-1: 2A].
Baker, Almira C. m. Chalk, William A. on 74-May-12 [74-Jun-13: 2B].
Baker, Anna M., Miss m. Thompson, John R. on 74-Mar-15 [74-Mar-28: 2B].
Baker, Aquilla Douglass (10 mos.) d. on 74-Sep-12 [74-Sep-14: 2B].
Baker, Charles (14 yrs.) d. on 73-Jun-29 of Gunshot wound [73-Jun-30: 1G; 73-Jul-1: 1H].
Baker, Charles A. m. Schmidt, Louise on 72-Mar-12 [72-Mar-19: 2B].
Baker, Charles H. d. on 72-Oct-26 [72-Oct-28: 2B].
Baker, Charles H. (32 yrs.) d. on 75-Jul-23 of Scarlet fever and diptheria [75-Jul-24: 4D].
Baker, Charles W. (26 yrs.) d. on 72-Aug-16 [72-Aug-17: 2A].
Baker, Charles W. m. Miskimon, Emma V. on 74-May-21 [74-May-30: 2B].
Baker, Constance Ashman d. on 75-Jul-17 [75-Jul-19: 2B].
Baker, Daniel Augustus d. on 75-Feb-25 [75-Mar-19: 2B].
Baker, Davis (41 yrs.) d. on 74-Sep-5 [74-Sep-7: 2B].
Baker, Edgar A. (3 yrs., 3 mos.) d. on 71-Jun-6 [71-Jun-10: 2B].
Baker, Elizabeth (73 yrs.) d. on 74-Jul-10 [74-Jul-14: 2B].
Baker, Elizabeth M. R. (2 yrs., 7 mos.) d. on 74-Jul-22 [74-Jul-23: 2B].
Baker, Emily E. d. on 71-Jan-31 [71-Feb-1: 2C].
Baker, Emily E., Miss m. Thompson, Charles J. on 71-Apr-25 [71-Apr-27: 2C].
Baker, Emily M. (10 yrs.) d. on 72-Feb-26 [72-Feb-27: 2B].
Baker, Ettie (15 yrs.) d. on 74-Jan-24 [74-Jan-26: 2B].
Baker, Frank H. m. Wyatt, Lizzie S., Miss on 75-Nov-25 [75-Dec-4: 2B].
Baker, Frederick (83 yrs.) d. on 72-Dec-30 [73-Jan-1: 1H, 2B].
Baker, George (40 yrs.) d. on 73-Jul-16 [73-Jul-21: 1H].
Baker, George B. m. Jordan, Rachel on 71-Jan-18 [71-Jan-21: 2B].
Baker, George Brainerd (1 yr.) d. on 75-Feb-21 [75-Feb-22: 2B; 75-Feb-23: 2B].
Baker, George C. m. Ramsay, Jennie S. on 74-Jun-23 [74-Jul-1: 2B].
Baker, Gertrude d. on 74-May-2 [74-May-5: 2C].
Baker, Gideon (82 yrs.) d. on 74-Aug-19 [74-Aug-20: 2B, 4D; 74-Aug-21: 2B].
Baker, H. Thomas m. Iams, Annie, Miss on 72-Jan-16 [72-Jan-27: 2B].
Baker, Henry d. on 73-Jun-14 [73-Jun-23: 2A].
Baker, Henry W. m. Nippard, Hettie T., Miss on 71-Nov-29 [71-Dec-2: 2B].
Baker, Ida Elizabeth (1 yr., 1 mo.) d. on 74-Oct-12 [74-Oct-13: 2B].
Baker, Isaiah m. Shepherd, Sarah Rebecca, Miss on 73-Apr-17 [73-Apr-19: 2B].
Baker, James (69 yrs.) d. on 72-Feb-28 [72-Mar-1: 2B].
Baker, James C. m. Keene, Ada H. on 74-Apr-7 [74-Apr-11: 2B].
Baker, James M. m. White, Elizabeth J. on 73-Dec-31 [74-Mar-30: 2B].
Baker, Jennie, Miss m. Evans, Albert C. on 73-Apr-29 [73-May-13: 2B].
Baker, John (58 yrs.) d. on 72-May-3 [72-May-4: 2A].
Baker, John H. m. Smith, Elizabeth J., Miss on 73-Feb-27 [73-Mar-25: 2B].

Baker, John M. m. Malloy, Catherine A.C., Miss on 71-Feb-21 [71-Mar-3: 2C].
Baker, John Trippy d. on 72-Jul-28 [72-Jul-30: 2B].
Baker, John W. (53 yrs.) d. on 74-Jan-9 [74-Jan-10: 2B].
Baker, Johnnie (3 mos.) d. on 72-Jun-15 of Brain congestion [72-Jun-28: 2B].
Baker, Julian Monroe (5 yrs.) d. on 72-Jun-28 of Meningitis [72-Jul-6: 2B].
Baker, Katie (2 yrs., 3 mos.) d. on 72-Apr-4 [72-Apr-5: 2B].
Baker, Katie M. J. (3 yrs., 6 mos.) d. on 74-Apr-13 [74-Apr-15: 2B].
Baker, Laura J. m. Cooper, John H. on 70-Sep-15 [71-Aug-15: 2B].
Baker, Lewis m. Bingham, Gertrude on 71-Jan-3 [71-Jan-20: 2C].
Baker, Lewis C. m. Bower, Annie C. on 75-Jan-21 [75-Jan-29: 2B].
Baker, Lillian Belle (2 yrs.) d. on 74-Mar-5 [74-Mar-6: 2B; 74-Mar-7: 2B].
Baker, Margaret (27 yrs.) d. on 75-Aug-24 [75-Aug-27: 2B].
Baker, Mary (74 yrs.) d. on 73-Sep-15 [73-Sep-18: 2B].
Baker, Mary A. d. on 75-Mar-7 [75-Mar-11: 2C].
Baker, Mary A. m. Harrison, Thomas J. on 75-Oct-24 [75-Oct-25: 2A].
Baker, Mary Ann (68 yrs.) d. on 71-Dec-21 [71-Dec-22: 2B; 71-Dec-23: 4C].
Baker, Mary E. (64 yrs.) d. on 75-Feb-4 [75-Feb-5: 2B; 75-Feb-6: 2B].
Baker, Minnie (1 yr.) d. on 74-Apr-13 [74-Apr-15: 2B].
Baker, Nellie (1 yr., 7 mos.) d. on 72-Jun-17 of Brain congestion [72-Jun-28: 2B].
Baker, R. Frank (21 yrs., 3 mos.) d. on 74-May-28 [74-May-29: 2B].
Baker, Robert B., Sr. (65 yrs., 8 mos.) d. on 74-Jan-27 [74-Jan-28: 2B; 74-Jan-29: 2B].
Baker, Sophia (82 yrs.) d. on 73-Jan-12 [73-Jan-15: 2B; 73-Jan-16: 2B].
Baker, W. H. m. Pierce, Mollie R. on 74-May-27 [74-May-30: 2B].
Baker, Wesley m. Hersh, Delphine on 75-Aug-19 [75-Sep-15: 2B].
Baker, William B. m. Tucker, Fannie C., Miss on 75-Aug-16 [75-Sep-7: 2B].
Balch, Eliza (73 yrs.) d. on 71-Nov-25 [71-Nov-27: 2C].
Balch, Lewis P. W., Rev. (62 yrs.) d. on 75-Jun-4 [75-Jun-10: 1H].
Bald, George William (1 yr., 4 mos.) d. on 74-Jun-26 [74-Jun-27: 2B].
Bald, W. Charles m. Lea, Sue T. on 74-Nov-23 [74-Dec-15: 2B].
Balderston, Alfred d. on 74-Jun-16 [74-Jun-18: 2B].
Balderston, George W. m. Underwood, Rosella, Miss on 72-Sep-5 [72-Sep-7: 2A].
Balderston, Howard (1 yr.) d. on 75-Jan-19 [75-Jan-20: 2B; 75-Jan-21: 2B].
Balderston, L. E. m. Jones, W. E. on 73-Aug-7 [73-Aug-9: 2B].
Balderston, Mary C. (65 yrs.) d. on 72-Jul-3 [72-Jul-6: 2B].
Balderston, Rachel S. (27 yrs.) d. on 74-Mar-16 [74-Mar-24: 2B].
Balderston, Ruth Ann (62 yrs.) d. on 74-Dec-12 [74-Dec-14: 2B; 74-Dec-15: 2B].
Balderston, Wilson (69 yrs.) d. on 72-May-11 of Paralysis [72-May-13: 2B].
Baldner, John (71 yrs.) d. on 72-Aug-5 [72-Aug-6: 2B].
Baldwin, Annie Campbell (31 yrs.) d. on 72-May-3 [72-May-4: 2A].
Baldwin, Annie E. (47 yrs.) d. on 73-Jul-24 [73-Jul-25: 2B; 73-Jul-26: 2A].
Baldwin, Annie R., Miss m. Pullian, Issac on 72-Aug-15 [72-Aug-16: 2B].
Baldwin, Charles m. Raburg, Annie M., Miss on 71-Mar-6 [71-Mar-11: 2B].
Baldwin, E. Francis m. Jamison, Ellen Douglas on 73-May-1 [73-May-7: 2B].
Baldwin, Erskin (23 yrs., 10 mos.) d. on 74-Jul-7 [74-Aug-15: 2B].
Baldwin, Frances A. m. Graves, Lewis W. on 72-Nov-28 [72-Dec-23: 2B].
Baldwin, Gertrude Mary (9 mos.) d. on 74-Jul-1 [74-Jul-2: 2B].
Baldwin, Henry T. m. Bellis, Rosanna, Miss on 74-Mar-24 [74-Apr-9: 2B].
Baldwin, James T. (61 yrs.) d. on 74-Feb-1 [74-Feb-2: 2B; 74-Feb-3: 2B].
Baldwin, Jarrett T. m. Greenlee, Susie C., Miss on 74-Nov-10 [74-Nov-18: 2B].
Baldwin, John A. (55 yrs., 7 mos.) d. on 73-Apr-19 [73-Apr-21: 2B].
Baldwin, John J. Gross (10 mos.) d. on 72-Jul-3 [72-Jul-4: 2B].
Baldwin, Joseph S., Dr. m. Bissell, Nannie, Miss on 74-Dec-9 [74-Dec-12: 2B].

Baldwin, Maggie E. (1 yr., 10 mos.) d. on 74-Feb-16 [74-Feb-17: 2B].
Baldwin, Maggie E., Miss m. Duvall, William L. on 73-Sep-16 [73-Sep-18: 2B].
Baldwin, Maria Hanson d. on 74-Aug-30 [74-Sep-1: 2A].
Baldwin, Mary A. d. on 71-Feb-21 [71-Mar-6: 2C].
Baldwin, Mary Elizabeth (67 yrs.) d. on 72-Aug-10 [72-Aug-13: 2B].
Baldwin, Mary G., Miss m. Mitchell, James T. on 70-Dec-27 [71-Jan-25: 2C].
Baldwin, Mary Grant (76 yrs.) d. on 75-Jul-23 [75-Jul-24: 2B].
Baldwin, Mary V., Miss m. Jones, William H. on 75-Dec-15 [75-Dec-17: 2B].
Baldwin, Sallie Roman d. on 73-Apr-3 [73-Apr-7: 2B].
Baldwin, Susie Blow d. on 73-Apr-15 [73-Apr-18: 2B].
Baldwin, Thomas d. on 73-Oct-6 [73-Oct-7: 1H].
Baldwin, Thomas Bruscup d. on 72-Jun-8 [72-Jun-10: 2B].
Baldwin, Virginia d. on 74-Jan-26 [74-Jan-27: 2B; 74-Jan-28: 2B].
Baldwin, Warrington (10 mos.) d. on 74-Mar-18 [74-Mar-19: 2B].
Baldwin, William Bedford (5 yrs.) d. on 74-Feb-11 [74-Feb-12: 2C].
Baldwin, William H. m. Lyles, Iva D. on 73-Mar-18 [73-Mar-22: 2B].
Baldwin, William H., Sr. (82 yrs.) d. on 74-Apr-5 [74-Apr-7: 1G, 2A; 74-Apr-8: 2B].
Balentine, Maggie, Miss m. Owens, Joshua on 72-Jan-3 [72-Jan-18: 2C].
Ball, Ann (76 yrs.) d. on 74-Sep-21 [74-Sep-22: 2B; 74-Sep-23: 2B].
Ball, Annie Latimer m. Moss, George W. on 75-Feb-9 [75-Feb-13: 2C].
Ball, Beckie G. m. Colbert, Vaughn S. on 74-Jun-10 [74-Jun-11: 2B].
Ball, Bettie D., Miss m. Boyce, James on 72-Nov-12 [72-Nov-14: 2B].
Ball, Carrie Virginia (3 mos.) d. on 74-Jul-20 [74-Jul-30: 2C].
Ball, Eliza (75 yrs.) d. on 75-Jun-15 [75-Jun-23: 2B].
Ball, Elizabeth A. d. on 72-Apr-21 [72-Apr-22: 1G].
Ball, Lillie m. Sutton, James M. on 74-May-21 [74-May-27: 2B].
Ball, Lizzie d. on 75-Jan-11 [75-Jan-12: 2B].
Ball, Stephen F. m. Edelon, Alice A. on 74-Apr-15 [74-Apr-18: 2B].
Ball, William Abbot d. on 75-Dec-24 [75-Dec-25: 2B].
Balla, John R. (71 yrs.) d. on 73-May-14 [73-May-15: 2B].
Balladka, Mary (10 yrs.) d. on 71-Apr-28 Drowned [71-Apr-29: 4C].
Ballantine, Jennie (9 yrs.) d. on 73-Apr-25 [73-Apr-30: 2B].
Ballard, Eliza J., Miss m. Hopkins, James H. on 71-Jan-12 [71-Jan-17: 2C].
Ballard, Elizabeth (65 yrs.) d. on 74-May-7 [74-May-8: 2B].
Ballard, Frederick E., Jr. m. Schley, Katie G., Miss on 72-Apr-25 [72-Apr-30: 2B].
Ballard, Lavinia (76 yrs.) d. on 75-Aug-15 [75-Aug-17: 2B].
Ballard, Lovey d. on 74-Jul-11 [74-Jul-13: 4E].
Ballard, Sallie E., Miss m. Lucy, Charles A. on 71-Aug-7 [71-Aug-10: 2C].
Ballard, Samuel H. m. Marshall, Ruth V. on 74-Dec-23 [74-Dec-31: 2B].
Ballard, Wilfred Arnold (10 mos.) d. on 72-Feb-16 [72-Feb-17: 2B].
Ballauf, Laura F., Miss m. Ward, John T. on 73-Nov-6 [73-Nov-18: 2B].
Ballauf, Louisa J., Miss m. Cozine, James W. on 71-Oct-11 [71-Oct-27: 2C].
Balls, John (75 yrs., 9 mos.) d. on 73-May-7 [73-May-9: 2B; 73-May-10: 2B].
Balman, Frederic W. m. Harrington, Mary E., Miss on 71-Apr-17 [71-Apr-19: 2B].
Baltheis, William L., Capt. m. Schad, Mary E. on 73-Jul-15 [73-Aug-1: 2B].
Baltz, Dora (3 yrs., 7 mos.) d. on 74-Jun-19 [74-Jun-20: 2B].
Baltzell, George S. m. Willis, Georgeanna, Miss on 73-May-22 [73-May-29: 2B].
Baltzell, Susan P. m. Selden, Bolling on 75-Apr-19 [75-Apr-22: 2B].
Baltzell, Virginia J. m. Moser, Emideas C. on 73-Mar-27 [73-Apr-18: 2B].
Baltzell, William H., Dr. (54 yrs.) d. on 73-Aug-25 of Apoplexy [73-Aug-27: 1H, 2B; 73-Aug-28: 1F].
Balz, Louisa (6 mos.) d. on 75-Jul-6 [75-Jul-17: 2B].

Bamber, William Robert (15 yrs.) d. on 71-May-26 of Fall from bridge [71-May-30: 4C; 71-Jun-6: 2C].
Bamberger, Emily C. m. Councilman, J. Carvil on 71-May-11 [71-May-13: 2B].
Bamberger, Jennie, Miss m. Minnick, Jacob D. on 73-Dec-2 [73-Dec-18: 2B].
Bamberger, Rosa m. Hammerslough, Isidore on 72-Nov-6 [72-Nov-15: 2B].
Bamberger, William Thomas (3 mos.) d. on 72-Jul-4 of Cholera infantum [72-Jul-9: 2D].
Bancroft, Willie Warton (1 yr., 3 mos.) d. on 74-May-7 [74-May-9: 2C].
Bandel, Ann Maria (42 yrs.) d. on 72-Apr-25 [72-Apr-26: 2B].
Bandel, Ann Maria (70 yrs., 3 mos.) d. on 75-May-29 [75-May-31: 2B].
Bandel, Franklin W. m. Warner, Alice H., Miss on 73-Mar-27 [73-Mar-29: 2B].
Bandel, John M. (61 yrs.) d. on 75-Mar-30 of Typhoid [75-Mar-31: 1G, 2B; 75-Apr-1: 2B; 75-Apr-2: 2B].
Bandel, Martin L. m. Bankard, Maami S. on 75-Oct-27 [75-Nov-6: 2B].
Bandel, Mary (84 yrs.) d. on 71-Oct-15 [71-Oct-16: 2B, 4D].
Bandel, William (85 yrs.) d. on 71-Oct-15 of Paralysis [71-Oct-16: 2B, 4D].
Bandle, Emily (64 yrs.) d. on 73-Mar-27 [73-Apr-5: 2B].
Baner, J. F. m. Craft, Mary E. on 73-Jun-17 [73-Jun-24: 2B].
Baner, Lillie May (1 yr., 8 mos.) d. on 75-Dec-3 [75-Dec-4: 2B].
Bangs, David A. (26 yrs.) d. on 73-Feb-24 [73-Feb-25: 2B; 73-Feb-26: 2B].
Bankard, Agnes, Miss m. Zentz, Charles A. on 72-Jan-16 [72-Jan-27: 2B].
Bankard, Elizabeth J. (66 yrs.) d. on 74-Oct-21 [74-Oct-22: 2A].
Bankard, James (62 yrs.) d. on 75-Sep-9 [75-Sep-10: 2B; 75-Sep-11: 2A].
Bankard, Maami S. m. Bandel, Martin L. on 75-Oct-27 [75-Nov-6: 2B].
Bankard, Nicholas D. (70 yrs.) d. on 72-Dec-13 [72-Dec-14: 2A].
Bankard, William (56 yrs.) d. on 71-Mar-27 [71-Mar-29: 2B].
Bankerd, John O. E. (16 yrs.) d. on 75-Mar-31 [75-Apr-1: 2C].
Bankhead, Charles P. m. Angelmier, Mary E., Miss on 71-Feb-27 [71-Jul-21: 2C].
Bankhead, Ellen (65 yrs.) d. on 74-Oct-2 [74-Oct-3: 4B].
Bankhead, Lou C. m. Underwood, Oliver on 74-Sep-16 [74-Sep-19: 2B].
Banks, Annie W. m. Godwin, W. Frank on 72-Feb-20 [72-Feb-21: 2C].
Banks, Charles B. M. (5 mos.) d. on 74-Jul-8 [74-Jul-10: 2C; 74-Jul-14: 2B].
Banks, Charles W. S. m. Stromenger, Rose E., Miss on 75-Feb-25 [75-Mar-2: 2B].
Banks, Daniel B. (81 yrs.) d. on 75-Jan-28 of Paralysis [75-Jan-29: 1G, 2B; 75-Jan-30: 2B; 75-Feb-1: 4F].
Banks, Elizabeth Ann m. Hopkins, William H. on 72-Feb-22 [72-Feb-24: 2C].
Banks, Ella M. m. Fairall, G. Edwin on 74-May-7 [74-May-14: 2B].
Banks, Ellen (42 yrs.) d. on 74-Oct-28 [74-Oct-30: 2B].
Banks, Emma (1 mo.) d. on 75-Jul-5 [75-Jul-9: 2B].
Banks, George m. Richerson, Sarah, Mrs. on 73-Feb-27 [73-Mar-4: 2B].
Banks, James Edwin (28 yrs., 1 mo.) d. on 75-Mar-27 of Consumption [75-Mar-29: 2B].
Banks, James M. (20 yrs.) d. on 74-Aug-17 [74-Aug-25: 2B].
Banks, Jenny Maulsby (6 mos.) d. on 71-Aug-6 of Diptheria [71-Aug-11: 2C].
Banks, John (61 yrs.) d. on 75-Oct-23 [75-Oct-25: 2A].
Banks, Joshua E. (39 yrs.) d. on 72-Sep-12 [72-Sep-13: 2B; 72-Sep-14: 2A].
Banks, Kate (1 yr., 2 mos.) d. on 71-Feb-22 [71-Feb-24: 2C].
Banks, Lewis Edward (31 yrs.) d. on 74-Feb-17 [74-Feb-28: 2B].
Banks, Lydia Delphine d. on 73-Mar-17 [73-Mar-18: 2B; 73-Mar-20: 2B].
Banks, Margaret S. (66 yrs.) d. on 71-Mar-7 [71-Mar-8: 2B; 71-Mar-9: 2C].
Banks, Mary Emily (3 yrs., 9 mos.) d. on 74-Jul-21 [74-Jul-22: 2B].
Banks, Ross Winans (9 mos.) d. on 72-Aug-13 [72-Aug-21: 2C].
Banks, Samuel M. m. Weller, Virginia C. on 74-Sep-3 [74-Sep-5: 2B].
Banks, William C. (39 yrs.) d. on 74-Jan-3 [74-Jan-6: 2B].

Banks, William M. m. Griffin, Hester A., Miss on 74-Nov-26 [74-Nov-28: 2B].
Bannan, Catharine (10 yrs., 2 mos.) d. on 74-Feb-26 [74-Feb-27: 2C].
Bannan, Charles (47 yrs.) d. on 71-Feb-6 [71-Feb-8: 2C].
Bannan, John Joseph (1 yr., 9 mos.) d. on 73-Oct-18 [73-Oct-20: 2B].
Bannerman, Mary A. d. on 75-Mar-2 [75-Mar-5: 2B].
Banning, Maria M. d. on 71-Sep-5 [71-Sep-7: 2B].
Bannon, Annie, Miss m. Muhlenberg, Charles A. on 75-Nov-2 [75-Nov-17: 2B].
Bannon, James d. on 73-May-31 in Wagon accident [73-Jun-3: 1H].
Bansemer, Lulu Albert (1 yr., 3 mos.) d. on 72-Jun-17 [72-Jun-18: 2B].
Banthem, Charles W. m. Sullivan, Elizabeth L., Miss on 74-Aug-25 [74-Sep-3: 2B].
Banthem, Rachel R., Miss m. Knauss, Louis W. on 74-Apr-28 [74-Apr-30: 2B].
Banton, Theresa m. Weems, Richard on 74-May-21 [74-Jun-6: 2B].
Bantum, Harrison m. Bond, Levinia on 71-Jun-1 [71-Jul-12: 2B].
Bantz, Ann Maria (78 yrs.) d. on 73-Oct-11 [73-Oct-14: 2B].
Bantz, Clarence m. Blackiston, Jennie, Miss on 73-Nov-26 [73-Dec-12: 2B].
Bantz, Louisa Cecilia (3 yrs., 1 mo.) d. on 71-Apr-28 [71-Apr-29: 2B].
Bantz, Willie H. (2 yrs., 6 mos.) d. on 73-Nov-18 [73-Nov-19: 2B; 73-Nov-20: 2B].
Baptiste, J. Willie (16 yrs.) d. on 74-Oct-7 Crushed by elevator [74-Oct-8: 2B, 4E; 74-Oct-9: 4C; 74-Oct-27: 2B].
Barber, George Lee (1 yr., 3 mos.) d. on 72-May-4 [72-May-6: 2B].
Barber, Joseph W. (1 yr., 1 mo.) d. on 72-Aug-24 [72-Sep-2: 2B].
Barber, Martha (9 yrs., 4 mos.) d. on 72-Nov-29 [72-Nov-30: 2B].
Barber, Mary L. (32 yrs.) d. on 71-Jan-5 [71-Jan-6: 2C].
Barber, P. Yates m. Young, Lucy B. on 71-Jan-17 [71-Jan-20: 2C].
Barber, Reuben, Jr. (35 yrs.) d. on 74-Mar-23 of Mania-a-potu [74-Mar-24: 4D].
Barbine, Charles Ferdinand (6 mos.) d. on 71-Jul-24 [71-Jul-25: 2B].
Barbine, Joseph S. (58 yrs., 8 mos.) d. on 74-Nov-28 of Pneumonia [74-Dec-29: 2B, 4D; 74-Dec-30: 2B; 74-Dec-31: 4D].
Barbour, Kate G. m. Shouse, W. W. on 74-Sep-15 [74-Sep-21: 2B].
Barclay, Arte C. m. Tyler, Etta S. on 74-Nov-14 [74-Nov-16: 2B].
Barclay, Elizabeth (81 yrs.) d. on 75-Jun-25 [75-Jun-26: 2B].
Barclay, Lillian Allidace (14 yrs.) d. on 73-May-22 [73-May-26: 2B].
Barclay, Richard Read (2 yrs., 8 mos.) d. on 71-Mar-30 [71-Mar-31: 2B; 71-Apr-1: 2B].
Bard, M. Emma m. Boggs, Alexander L., Jr. on 72-Mar-26 [72-Mar-28: 2C].
Bard, Mary T. (5 yrs., 9 mos.) d. on 73-Jun-23 [73-Jun-28: 2A].
Bardoff, Mary E. m. Smith, George H. on 74-Sep-22 [74-Oct-7: 2B].
Bardroff, Joseph B. (37 yrs.) d. on 73-Jan-28 [73-Jan-29: 2B; 73-Jan-30: 2B].
Bardroff, Maria (35 yrs.) d. on 71-Jun-15 [71-Jun-16: 2C; 71-Jun-17: 2B].
Bargar, Elizabeth League d. on 71-Oct-23 [71-Oct-24: 2A; 71-Oct-25: 2B].
Bargar, Georgie I. m. Kerr, Thomas W. on 73-Nov-6 [73-Nov-10: 2B].
Bargar, Lavonia A., Miss m. Anderson, John E. on 72-Sep-12 [72-Sep-14: 2A].
Barger, Elenora m. Jurney, Oscar D. on 75-Jun-30 [75-Jul-3: 2A].
Barger, Joseph m. Ferguson, Anna E. on 71-Jun-13 [71-Aug-15: 2B].
Barger, Sue, Miss m. Hurtt, John B. on 71-Dec-21 [71-Dec-23: 4C].
Barickman, Charles W. m. Wood, Julia A., Mrs. on 73-Oct-29 [73-Nov-8: 2B].
Barickman, Eliza Ann (57 yrs.) d. on 74-Feb-14 [74-Feb-16: 2B; 74-Feb-17: 2B].
Barickman, J. Fanny, Miss m. McKenzie, J. Harvey on 70-Dec-24 [71-Jan-7: 2C].
Barickman, Margaret E. m. Taylor, Samuel W. on 75-Aug-25 [75-Aug-27: 2B].
Barickman, Sarah E. (40 yrs.) d. on 75-Jul-3 [75-Jul-5: 2B].
Barington, Mary E. m. Whiteford, Daniel M. on 73-Nov-13 [73-Dec-9: 2B].
Barker, Charles F. (39 yrs.) d. on 73-Jan-10 [73-Jan-11: 2B].
Barker, Edward A. (35 yrs.) d. on 71-Oct-23 [71-Oct-30: 2C].

Barker, Elizabeth M. (67 yrs.) d. on 72-Jul-7 [72-Jul-8: 2C].
Barker, Frances H. m. Morey, George H. on 74-Jun-16 [74-Jul-2: 2B].
Barker, John A. m. Patterson, Ella C. on 74-Jun-18 [74-Jun-24: 2B].
Barker, Maggie A., Miss m. Campbell, George A. on 72-Dec-12 [72-Dec-17: 2A].
Barker, Margaret Linn (4 yrs., 6 mos.) d. on 71-Mar-10 of Scarlet fever [71-Mar-11: 2B].
Barker, Mary A. d. on 75-May-6 [75-May-11: 2B].
Barker, Mary E., Miss m. Beauchamp, Charles E. on 73-Mar-27 [73-Apr-2: 2B].
Barker, Mary R. m. Loughridge, J. Eavy on 71-Sep-14 [71-Sep-16: 2B].
Barker, Maude Maybelle d. on 74-Apr-23 [74-Apr-28: 2B].
Barker, Ruth (4 yrs., 7 mos.) d. on 72-Jun-2 [72-Jun-3: 2B].
Barker, Samuel Gaillard (7 mos.) d. on 74-Mar-20 [74-Mar-26: 2B].
Barker, Sarah E., Miss m. Smith, Frank A. on 75-Dec-14 [75-Dec-24: 2B].
Barker, William (17 yrs., 8 mos.) d. of Typhoid [71-Sep-15: 2C].
Barker, William C. (15 yrs., 10 mos.) d. on 71-Mar-20 [71-Mar-21: 2B].
Barker, William Charles (1 yr.) d. on 73-Sep-1 [73-Sep-4: 2B].
Barker, William H. (31 yrs.) d. on 74-Nov-2 [74-Nov-3: 2B; 74-Nov-4: 2B; 74-Nov-5: 2B; 74-Nov-6: 2B].
Barker, William H. m. Snyder, Hattie M., Miss on 74-Dec-1 [74-Dec-5: 2B].
Barker, William K. (1 yr., 10 mos.) d. on 72-Sep-9 [72-Sep-10: 2A].
Barklage, Henry A. (30 yrs.) d. on 73-Mar-4 [73-Mar-10: 2B].
Barkley, Robert (45 yrs.) d. on 74-Sep-20 of Heart paralysis [74-Sep-21: 1H; 74-Sep-22: 2B].
Barkman, Joseph m. Whitehead, Lauretta V. on 71-Jun-20 [71-Jun-27: 2B].
Barkmeyer, Henry John (2 yrs., 5 mos.) d. on 72-Mar-19 [72-Mar-20: 2B; 72-Mar-21: 2B].
Barlage, Henry H. m. Krein, Kate, Miss on 73-Aug-31 [73-Oct-3: 2B].
Barlage, Kate (22 yrs.) d. on 74-Jul-10 [74-Jul-11: 2B].
Barling, Samuel Davis Tonge (12 yrs.) d. on 71-Mar-3 [71-Mar-9: 2C].
Barlow, Elizabeth Ann, Miss m. Barlow, John H. on 72-Sep-17 [72-Oct-2: 2B].
Barlow, John H. m. Barlow, Elizabeth Ann, Miss on 72-Sep-17 [72-Oct-2: 2B].
Barlow, Joseph B. m. Ricketts, Catharine on 73-Jul-21 [73-Aug-5: 2B].
Barlow, Laura Melissa (1 yr.) d. on 75-Mar-22 [75-Mar-24: 2B].
Barlow, Mabel Ariana (11 mos.) d. on 75-Jun-28 [75-Jun-30: 2B].
Barlow, Mary V. m. Bonn, Charles T. on 75-Sep-28 [75-Nov-1: 2B].
Barlow, Sarah A. (26 yrs.) d. on 71-Aug-30 of Consumption [71-Aug-31: 2C; 71-Sep-1: 2B].
Barlow, William F. m. Rhoderick, Melissa A., Miss on 72-Sep-29 [72-Oct-1: 2B].
Barman, Lewis m. Marck, Mary, Miss on 74-Nov-11 [74-Nov-19: 2B].
Barmer, Susan G., Miss m. Delays, Louis on 73-Jan-31 [73-Feb-4: 2B].
Barnard, Emma V. m. Reisinger, James H. on 72-Oct-14 [72-Nov-7: 2B].
Barnard, Susan J. (59 yrs.) d. on 71-Feb-14 [71-Feb-18: 2C].
Barnasco, Annie m. Carroll, Louis F. P. [71-Nov-18: 2A].
Barnes, Annie E., Miss m. Toner, C. H. on 71-Nov-23 [71-Nov-25: 2A].
Barnes, B. F. m. Smith, Mary E. on 73-Jun-26 [73-Jun-28: 2B].
Barnes, Benjamin (73 yrs.) d. on 75-Jan-27 [75-Jan-29: 2B].
Barnes, Clarence Clifton (1 mo.) d. on 72-Mar-15 [72-Mar-18: 2B].
Barnes, Edmund L. m. Mowell, Sarah, Miss on 74-Jun-25 [74-Jul-2: 2B].
Barnes, Edwin F. m. Grubb, Maggie, Miss on 75-May-29 [75-May-31: 2B].
Barnes, Eliza (74 yrs.) d. on 74-Sep-30 [74-Oct-1: 2B].
Barnes, Emma, Miss m. Schwartz, Michael on 73-Dec-21 [73-Dec-25: 2B].
Barnes, Francis Marion m. Hardy, Annie Rebecca on 75-Mar-11 [75-Mar-30: 2B].
Barnes, Frank J. m. Hopkins, Cornelia on 74-Jul-9 [74-Jul-24: 2B].
Barnes, Georgie T., Miss m. Fields, William T. on 72-May-8 [72-May-28: 2A].
Barnes, Harry C. m. Duvall, Emma C. on 74-Apr-14 [74-Apr-24: 2B].
Barnes, Harry Ross (9 yrs.) d. on 73-Mar-12 of Croup [73-Mar-13: 2B; 73-Mar-14: 2B].

Barnes, Henry Chanceaulme (2 yrs., 7 mos.) d. on 73-Feb-1 [73-Feb-3: 2B].
Barnes, Henry T. (55 yrs.) d. on 73-Jan-26 [73-Jan-28: 2B].
Barnes, Jacob S. m. Allen, Jane M. on 72-Jul-11 [72-Jul-20: 2B].
Barnes, Jennie m. Rhodes, J. P. on 72-Apr-30 [[72-May-3: 2B]; 72-May-4: 2A].
Barnes, Leona V., Miss m. Chambly, David Wellington on 75-Jun-6 [75-Jun-14: 2B].
Barnes, Mary E. m. Reip, Charles E. on 73-Jun-8 [73-Jul-4: 2B].
Barnes, Mary Julia (6 yrs.) d. on 73-Feb-11 of Croup [73-Feb-13: 2B].
Barnes, Rachel C., Miss m. Wholey, George H. on 73-Oct-28 [74-Jan-12: 2B].
Barnes, Samuel m. Blackburn, Octavia M., Miss on 74-Oct-15 [74-Oct-21: 2B].
Barnes, Sarah F., Miss m. Jones, John S. on 71-Apr-13 [71-Apr-19: 2B].
Barnes, William (23 yrs.) d. on 74-Dec-18 [74-Dec-29: 2B; 75-Jan-12: 2B].
Barnet, Laura m. Hull, George on 72-Oct-1 [72-Oct-5: 2A].
Barnett, Blanche Brent (6 mos.) d. on 75-Jul-12 [75-Jul-14: 2B].
Barnett, Charles H. m. Miller, Virginia on 75-Feb-18 [75-Apr-14: 2B].
Barnett, Harry Vinton (1 yr., 3 mos.) d. on 73-Jul-19 [73-Jul-22: 2B].
Barnett, Helen Augusta (19 yrs.) d. on 75-Nov-9 [75-Nov-11: 2B].
Barnett, John F. m. King, Annie Lizzie, Miss on 71-Jun-29 [71-Jul-4: 2B].
Barnett, Kate G. m. Kraft, J. H. on 72-Jan-16 [72-Jan-25: 2B].
Barnette, Mary A. D. (56 yrs.) d. on 71-Sep-9 [71-Sep-11: 2B].
Barney, John H. m. Hutton, Mary F., Miss on 71-Oct-19 [71-Oct-21: 2B].
Barney, Mary Chase (88 yrs.) d. on 72-Jun-30 of Paralysis [72-Jul-1: 1H; 72-Jul-2: 4A].
Barnhart, Alfred W. m. Atkinson, Sarah A., Miss on 70-Dec-8 [71-Jan-28: 2B].
Barnhart, Mary A., Miss m. Wholey, W. W. on 75-Jan-14 [75-Jan-20: 2B].
Barnhill, Alexander (37 yrs.) d. on 73-Sep-13 [73-Oct-8: 2B].
Barnhill, Martha (8 yrs., 2 mos.) d. on 71-Jan-3 of Scarlet fever [71-Jan-5: 2C].
Barnhill, Mary Elizabeth (2 yrs., 11 mos.) d. on 71-Jan-9 of Scarlet fever [71-Jan-10: 2C].
Barnitz, Mary G. m. Leary, P. C. on 73-Nov-6 [73-Nov-11: 2B].
Barnitz, Michael (75 yrs.) d. on 72-Mar-24 [72-Mar-26: 2B].
Barns, John M. (74 yrs.) d. on 71-Nov-28 [71-Dec-2: 2B].
Barnstecher, Jesse m. Metz, Cena, Miss on 71-Aug-29 [71-Sep-21: 2C].
Barnum, Allene S. m. Dorsey, T. H. on 72-Apr-30 [72-May-6: 2B].
Barnum, N. m. Bachrach, Matilda, Miss on 73-Mar-5 [73-Mar-22: 2B].
Barou, William Cooper (2 yrs., 1 mo.) d. [75-Jan-29: 2B].
Baroux, Charles Edward (6 mos.) d. on 72-Jan-15 [72-Jan-16: 2C].
Baroux, Edwin G. m. Johnson, Emma F. on 75-May-3 [75-Jun-7: 2A].
Barr, Hattie S. m. McPherson, Angus on 70-Oct-9 [71-Mar-30: 2C].
Barr, Letitia (59 yrs.) d. on 71-Dec-2 [71-Dec-4: 2C].
Barranger, Emma J., Miss m. Wilson, Columbus on 71-Feb-27 [71-Mar-10: 2C].
Barranger, James Henry (10 mos.) d. on 71-Sep-27 [71-Sep-28: 2B].
Barranger, Katie Elenore d. on 71-May-30 [71-May-31: 2B].
Barranger, Lewis L., Sr. (66 yrs.) d. on 75-Apr-5 [75-Apr-7: 2B; 75-Apr-8: 2B; 75-Apr-10: 5H].
Barratt, Jane F. m. Shanks, Thomas H. on 71-Jan-10 [71-Jan-14: 2B].
Barrax, Annie (42 yrs.) d. on 71-Nov-21 of Heart disease [71-Nov-23: 4C].
Barrenger, Emmanuel B. (16 yrs.) d. on 72-Aug-11 [72-Aug-15: 2C].
Barrett, A. J., Prof. m. McGinnis, Sarah J., Miss on 71-Aug-24 [71-Aug-29: 2C].
Barrett, Anna Catherine (1 yr., 2 mos.) d. on 75-Aug-31 [75-Sep-1: 2B].
Barrett, Edward Patrick (1 yr., 6 mos.) d. on 73-Jan-21 [73-Jan-22: 2B].
Barrett, Eliza Jane m. Greene, John H. on 72-Dec-26 [72-Dec-28: 2B].
Barrett, George W. (15 yrs.) d. on 72-Oct-11 Murdered (Shot) [72-Oct-11: 4B; 72-Oct-12: 1H; 72-Oct-14: 4C].
Barrett, Gregory, Sr. (73 yrs.) d. on 75-Oct-13 [75-Oct-14: 2B].
Barrett, Henry (83 yrs.) d. on 75-Apr-15 [75-Apr-17: 2B, 4B].

Barrett, Henry Wellington (10 mos.) d. on 74-Aug-18 [74-Aug-21: 2B].
Barrett, James H. m. Brooks, Emma on 75-Mar-4 [75-Mar-25: 2B].
Barrett, John (3 yrs., 5 mos.) d. on 73-Aug-17 [73-Aug-19: 2B].
Barrett, John S. m. Stephens, Esther A. on 75-Apr-23 [75-Apr-27: 2B].
Barrett, Luke Z. (1 yr., 11 mos.) d. on 74-Sep-24 [74-Sep-29: 2B].
Barrett, Martha Maud (2 yrs., 5 mos.) d. on 73-Aug-5 [73-Aug-6: 2B].
Barrett, Mary F., Miss m. Moran, Thomas on 71-Oct-12 [71-Nov-17: 2C].
Barrett, Samuel (25 yrs.) d. on 72-Oct-11 Murdered (Shot) [72-Oct-11: 4A; 72-Oct-12: 2A, 1H; 72-Oct-14: 4B].
Barrett, Thomas (8 yrs., 2 mos.) d. on 75-Jun-20 [75-Jun-21: 2B].
Barrett, William (56 yrs.) d. on 74-Aug-6 [74-Aug-7: 2B].
Barrett, William T. m. Copper, Mary J. on 75-Nov-18 [75-Nov-30: 2B].
Barrick, Randolph G. m. Bond, Mary Jane, Miss on 73-Apr-3 [73-Apr-4: 2B].
Barriere, Jane (80 yrs.) d. on 73-Apr-28 [73-Apr-29: 2B; 73-Apr-30: 2B].
Barringer, Daniel Moreau d. on 73-Sep-1 [73-Sep-4: 1H, 2B; 73-Sep-5: 1G, 2B].
Barringer, Mary A., Miss m. Folks, Ira M. on 75-Mar-30 [75-Apr-12: 2B].
Barritt, G. W. (26 yrs.) d. on 72-Aug-22 [72-Aug-24: 2B].
Barroll, James E. (37 yrs.) d. on 75-Dec-24 [75-Dec-27: 2B].
Barroll, Richard d. on 72-Oct-3 [72-Oct-5: 2B].
Barron, Andrew J. (7 yrs.) d. on 72-Sep-9 [72-Sep-10: 2A].
Barron, Edward T. (6 yrs.) d. on 72-Mar-6 [72-Mar-7: 2B].
Barron, Elizabeth (76 yrs.) d. on 72-Oct-15 [72-Oct-16: 2B].
Barron, Ida, Miss m. Hart, John A. on 71-Aug-21 [71-Aug-29: 2C].
Barron, James A. (19 yrs., 2 mos.) d. on 75-Sep-5 of Construction cave-in [75-Sep-6: 1H, 2B].
Barron, Mary A., Miss m. Durring, George S. on 72-Nov-28 [72-Nov-30: 2B].
Barron, Mary Agnes (25 yrs.) d. on 71-Aug-30 [71-Aug-31: 2C].
Barron, Roger W. m. Stewart, Beckie F. on 75-Sep-7 [75-Sep-11: 2A].
Barron, William H. m. Ziegler, Sarah C., Miss on 73-May-20 [73-May-30: 2B].
Barrow, Arelett Robinson d. on 74-Nov-17 [74-Nov-18: 2B].
Barrow, Henry T. (71 yrs.) d. on 72-Mar-27 [72-Mar-28: 2C].
Barrow, Margaret Ann (58 yrs.) d. on 73-Nov-9 [73-Nov-10: 2B].
Barrow, William (21 yrs.) d. on 72-Aug-7 [72-Aug-9: 2C].
Barrus, George Washington (54 yrs.) d. on 71-Dec-3 [71-Dec-5: 2C].
Barry, A. L. m. Smith, Ella on 71-Nov-9 [71-Nov-25: 2A].
Barry, Annie (2 mos.) d. on 75-Jun-10 [75-Jun-12: 2B].
Barry, Blanche C. m. Colding, T. B., Hon. on 75-Dec-1 [75-Dec-21: 2B].
Barry, Cora T. (10 mos.) d. on 72-Apr-28 of Whooping cough [72-Apr-30: 2B].
Barry, Elijah Wilmer (22 yrs.) d. on 72-Sep-4 [72-Sep-7: 2A].
Barry, Esther m. Whistler, George W. on 75-Jun-23 [75-Jul-3: 2A].
Barry, George W. d. on 73-Jan-22 [73-Jan-23: 2B].
Barry, Hester Nicholson d. on 74-Apr-8 [74-Apr-9: 2B].
Barry, Ida M. m. Ryan, Thomas F. on 73-Nov-25 [73-Dec-5: 2B].
Barry, John J., Capt. (80 yrs.) d. on 71-Dec-23 of Erysipelas [71-Dec-25: 2C, 4E].
Barry, John S. (43 yrs.) d. on 72-Mar-9 [72-Mar-12: 2C, 4D; 72-Mar-13: 2C; 72-Mar-14: 4E].
Barry, Maggie J. (19 yrs., 10 mos.) d. on 73-Oct-5 [73-Oct-7: 2B].
Barry, Margaretta d. on 72-Nov-13 [72-Dec-13: 2B].
Barry, Mary Adelaide (4 mos.) d. on 73-Jul-18 [73-Jul-31: 2B].
Barry, Mary E. m. Birkey, Thomas on 71-Apr-19 [71-Apr-21: 2B].
Barry, Mary Emma (2 yrs., 1 mo.) d. on 73-Dec-20 [73-Dec-23: 2B].
Barry, Mary Emma (5 mos.) d. on 74-May-6 [74-May-7: 2B].
Barry, Mary F., Mrs. m. Robinson, Harry S. on 73-Sep-15 [73-Sep-23: 2B].
Barry, Michael (27 yrs.) d. on 72-Nov-16 of Heart disease [72-Nov-19: 2B].

Barry, Samuel Gerrish Wyman (5 yrs.) d. on 73-Mar-5 [73-Mar-18: 2B].
Barry, William F. m. Gahagan, Lizzie F. on 71-Sep-26 [71-Sep-27: 2B].
Barry, William Franklin (1 yr., 8 mos.) d. on 71-Jun-6 [71-Jun-7: 2B].
Barry, William Wilson d. on 72-Sep-8 [72-Sep-9: 2B].
Barryman, Ellen (32 yrs.) d. on 71-Aug-19 [71-Aug-21: 2B].
Bartell, Annie M. m. Duvall, Frank M. on 74-Jun-18 [74-Jun-20: 2B].
Barth, Ella Virginia m. Peltz, John Thomas on 73-Aug-14 [73-Aug-27: 2B].
Barth, Jenny m. Storck, George J. on 71-Oct-26 [71-Oct-31: 2C].
Barth, William T. m. Scheeler, Pauline on 74-Jul-6 [74-Jul-28: 2B].
Bartholomaei, Charles George d. on 74-Mar-11 [74-Mar-12: 2B].
Bartholomew, Betty, Miss m. Harmans, Ebenezer on 75-Jun-10 [75-Jun-11: 2B].
Bartholomew, Walter Lacy (4 yrs., 2 mos.) d. on 72-May-13 [72-May-14: 2A].
Bartholow, B. F. d. on 73-May-18 of Apoplexy [73-May-19: 2B; 73-May-20: 1F, 2C].
Bartholow, Presley J. (68 yrs.) d. on 72-Jan-25 [72-Jan-26: 2C; 72-Jan-27: 2B].
Bartholow, Samuel T. m. Nelson, Marie C., Miss on 75-Sep-14 [75-Sep-27: 2A].
Bartlett, Eda G. (90 yrs.) d. on 75-Feb-15 [75-Feb-17: 2B].
Bartlett, Fanny m. Manning, Charles H. on 71-Jan-17 [71-Jan-21: 2B].
Bartlett, George (82 yrs.) d. on 74-Feb-15 [74-Feb-16: 2B; 74-Feb-17: 1G, 2B; 74-Feb-18: 2C].
Bartlett, George W. B. m. Griffith, Amanda S. on 72-Nov-26 [72-Dec-3: 2C].
Bartlett, John M. (52 yrs.) d. on 72-Oct-1 [72-Oct-5: 2B].
Bartlett, Joseph T., Dr. m. Price, Lottie A., Miss on 72-Dec-31 [73-Jan-8: 2B].
Bartlett, Laurence (2 yrs.) d. on 72-Aug-11 [72-Aug-12: 2B].
Bartlett, Mary M. (31 yrs.) d. on 73-Feb-5 [73-Feb-7: 2B].
Bartlett, William Winans (2 yrs., 1 mo.) d. on 74-Aug-14 [74-Aug-15: 2B; 74-Aug-17: 2B].
Bartley, Indiana, Miss m. Gerrard, James on 73-Jan-15 [73-Jan-18: 2B].
Barton, Anna M., Miss m. Tollinger, George D. on 71-May-21 [71-Jun-15: 2B].
Barton, Annie E. (3 yrs., 7 mos.) d. on 73-Feb-5 of Pneumonia [73-Feb-6: 2B].
Barton, Bolling W., Dr. m. Gibson, Ella J. on 72-Nov-26 [72-Nov-30: 2B].
Barton, Carrie A. m. Lambdin, Thomas A. on 73-Oct-16 [73-Oct-24: 2B].
Barton, George m. Ports, Mattie, Miss [72-Sep-24: 2B].
Barton, Joseph G. m. Wingrove, Mary E., Miss on 72-Feb-22 [72-Apr-11: 2B].
Barton, Julia (11 mos.) d. on 73-Jul-15 [73-Jul-16: 2B].
Barton, Kate Bond (16 yrs., 4 mos.) d. on 71-Mar-20 [71-Mar-21: 2B; 71-Mar-22: 2B; 71-Mar-23: 2B].
Barton, Lottie, Miss m. Hughlett, James W. on 71-Jan-12 [71-Jan-16: 2C].
Barton, Samuel S. m. Hurtt, Martha A., Miss on 71-Sep-7 [71-Sep-16: 2B].
Barton, Susan C. S. d. on 75-Feb-18 [75-Feb-22: 2B].
Barton, Thomas B. (80 yrs.) d. on 71-Oct-16 [71-Oct-20: 2B].
Bartscher, Frank Harrison (7 mos.) d. on 71-Aug-4 [71-Aug-7: 2B].
Bartz, Charles P. m. Lind, Lotta A., Miss on 75-Feb-18 [75-Feb-25: 2B].
Barwick, Julia m. Elliott, William H. on 74-Oct-1 [74-Oct-14: 2C].
Bascom, Maria Nicholas m. Albert, Charles, Dr. on 74-Mar-3 [[74-Mar-21: 2B]; 74-Mar-5: 2B].
Baseman, Lloyd E. (18 yrs.) d. on 72-Apr-5 [72-Apr-6: 2B].
Baseman, Rebecca (78 yrs.) d. on 72-Jul-8 [72-Jul-17: 2B].
Baseman, Sylvester m. Hamill, Lillie on 75-Sep-28 [75-Nov-1: 2B].
Bash, Amy Maud (5 mos.) d. on 72-Jul-15 [72-Jul-18: 2C].
Bash, Susie L. m. Sloan, Frank B. on 72-Dec-3 [72-Dec-7: 2A].
Bashford, James A. (32 yrs.) d. on 72-Jul-11 [72-Jul-12: 2C].
Basil, Lily (75 yrs.) d. on 74-Jun-3 [74-Jun-5: 2B].
Bass, Mary F. m. on 72-Jul-22 [72-Jul-23: 2C].
Basse, C. C., Capt. (45 yrs.) d. on 73-Feb-25 of Apoplexy [73-Mar-19: 1G].
Bassett, Annette Lewis m. Ingle, Julian E. on 73-Jan-23 [73-Jan-28: 2B].

Bassett, George T. (44 yrs.) d. on 72-Sep-23 [72-Sep-25: 2B].
Bassford, Amelia, Miss m. Carpenter, Thomas L. on 74-Apr-22 [74-Apr-28: 2B].
Bassford, C. C. m. Talbott, Laura on 73-Dec-25 [74-Jan-6: 2B].
Bassler, J. Frederick m. Scheappach, Wilhelmine, Miss on 74-Nov-29 [74-Dec-1: 2B].
Bast, John m. Shade, Maggie C. on 75-Oct-7 [75-Oct-19: 2A].
Bastable, Alvin N. m. Vickers, Geraldine S. on 74-Jun-18 [74-Jun-22: 2B].
Bastable, Virginia, Miss m. Bevan, Warren C. on 71-Jul-18 [71-Jul-20: 2B].
Bastien, E., Mrs. m. Smallwood, W., Capt. on 72-May-21 [72-Jun-14: 2A].
Batchelor, Charles C. (12 yrs., 3 mos.) d. on 71-Apr-19 [71-Apr-20: 2B].
Batchelor, Georgia (5 yrs., 8 mos.) d. on 72-Aug-7 [72-Aug-8: 2B].
Batchelor, Joseph d. on 71-Feb-19 Unspecified disease [71-Feb-21: 4E].
Batchelor, Mary m. Hilberg, F. L., Jr. on 71-Jun-27 [71-Jul-1: 2A].
Batchelor, William Nicholas m. McCready, Sarah Jane, Miss on 71-Oct-2 [71-Oct-7: 2B].
Batchler, John A. m. McKnight, Martha A. on 74-Nov-15 [74-Nov-17: 2C].
Batchler, Mary m. Weaver, John C. on 73-Mar-24 [73-Apr-10: 2B].
Bateman, A. W., Hon. (50 yrs.) d. on 74-Aug-11 of Apoplexy [74-Aug-13: 4E].
Bateman, Caroline M. d. on 71-Feb-16 [71-Feb-17: 2C].
Bateman, Charles (25 yrs.) d. on 75-Aug-30 [75-Sep-3: 2B].
Bateman, Edith Mable (6 mos.) d. on 73-Jul-9 [73-Jul-12: 2B].
Bateman, Eliza J. (38 yrs.) d. on 73-Feb-7 of Consumption [73-Feb-8: 2B].
Bateman, Henry L. (65 yrs.) d. [75-Mar-24: 1H].
Bateman, Hudson m. Standiford, Mary A. on 71-Nov-22 [71-Dec-21: 2B].
Bateman, John m. Young, Sarah M. on 72-Jan-1 [72-Jan-30: 2C].
Bateman, John L. m. Iglehart, Caroline on 73-Nov-4 [73-Nov-6: 2B].
Bateman, P. A. (72 yrs.) d. on 73-Sep-3 [73-Sep-4: 2B].
Bateman, William B. m. Coffroth, Ella E. on 75-May-20 [75-May-22: 2B].
Bateman, William H. m. Johnston, Maggie, Miss on 74-May-13 [74-May-16: 2B].
Bates, Belle, Miss m. Hatfield, William F. on 71-Oct-18 [71-Oct-20: 2B].
Bates, Charles J. m. Arthur, Anne on 72-Jul-17 [72-Jul-18: 2B].
Bates, Charles W. (47 yrs.) d. on 74-Sep-17 [74-Sep-21: 2B].
Bates, Clara E., Miss m. Soper, Francis Albert, Maj. on 73-Jul-29 [73-Jul-31: 2B].
Bates, James (75 yrs.) d. on 73-Aug-28 of Suicide (Poison) [73-Aug-29: 1G].
Bates, James W. m. Mitchell, Allen W. on 75-Nov-11 [75-Nov-13: 2B].
Bates, Joshua A. m. Regester, Emma V., Miss on 73-Oct-30 [73-Nov-5: 2B].
Bates, Martha Ann (57 yrs.) d. on 74-Jun-16 [74-Jun-22: 2B].
Bates, Robert Allison (6 yrs., 2 mos.) d. on 74-Jul-16 [74-Jul-17: 2B].
Batham, Alexander d. on 71-Nov-23 [71-Nov-24: 2C].
Batory, Bertha, Miss m. Ford, Henry J. on 75-Feb-18 [75-Mar-8: 2B].
Battee, Amelia F., Miss m. Reed, John W. on 72-May-20 [72-Jun-8: 2A].
Battee, Eliza (66 yrs.) d. on 72-Dec-9 [72-Dec-11: 2B].
Battee, G. E. d. Drowned [75-Jun-11: 4C].
Battee, William L. (17 yrs., 7 mos.) d. on 74-Jul-25 [74-Jul-27: 2B].
Battenfield, Margaret d. on 74-Jul-5 in Carriage accident [74-Jul-6: 4C; 74-Jul-7: 1H; 74-Jul-8: 4C].
Batty, Robert J. d. on 73-Oct-16 in Railroad accident [73-Oct-17: 1G].
Batzer, Charles A. (28 yrs.) d. on 74-Aug-30 [74-Sep-1: 2A].
Batzer, Joseph A. m. Bokel, Julianna, Miss on 72-Oct-15 [72-Oct-28: 2B].
Bauch, Elias (67 yrs.) d. on 74-Aug-22 [74-Aug-25: 2B].
Baudry, A. F. (65 yrs.) d. on 72-Jan-20 [72-Jan-23: 2C].
Bauer, Agnes M., Miss m. Knell, Benjamin B. on 73-Feb-11 [73-Feb-22: 2B].
Bauer, Charles (46 yrs.) d. on 74-Jul-3 [74-Jul-4: 2B].
Bauer, Charlotte F. (68 yrs., 1 mo.) d. on 75-Sep-25 of Heart disease [75-Sep-27: 2A; 75-Sep-

28: 2B].
Bauer, Francis (62 yrs.) d. on 71-Jun-28 [71-Jun-29: 2C].
Bauer, John (22 yrs.) d. on 73-Nov-2 Drowned [73-Nov-26: 4D; 73-Nov-27: 4C].
Bauer, Kate H., Miss m. Haupt, John M., Jr. on 71-Aug-21 [71-Sep-1: 2B].
Bauer, William H., Mr. m. May, Mary J., Mrs. on 70-Dec-21 [71-Jan-2: 2C].
Baugher, Hallie C., Miss m. Harden, Jesse M. on 71-Sep-5 [71-Sep-16: 2B].
Baugher, James P. m. Derr, Emma V., Miss on 75-Nov-22 [75-Nov-30: 2B; 75-Dec-3: 2B].
Baugher, John P. m. Dare, Sallie J. on 75-Apr-28 [75-Apr-29: 2B].
Baugher, Joshua m. Mears, Sadie, Miss on 73-Apr-27 [73-Apr-29: 2B].
Baughman, Ann J., Miss m. Warfield, Evan T. on 74-Jan-4 [74-Jan-16: 2B].
Baughman, Ann Miles (82 yrs.) d. on 72-Apr-20 [72-Apr-22: 1G; 72-Apr-23: 2B].
Baughman, Charles W. G. (60 yrs.) d. on 75-Apr-13 [75-Apr-14: 2B].
Baughman, Frankie E. m. Young, Louis F. on 75-May-6 [75-May-11: 2B].
Baughman, George d. on 71-Jun-12 [71-Jun-14: 2B].
Baughman, Joshua (37 yrs.) d. on 75-Mar-14 [75-Mar-16: 2B].
Baugman, Maggie J. (1 yr., 9 mos.) d. on 71-Feb-28 of Chronic croup [71-Mar-1: 2C].
Baukhages, Frederick E. m. Murray, Sallie A. on 74-Dec-10 [74-Dec-28: 2B].
Baum, Albert m. Sonnehill, Rebecca on 72-Sep-11 [72-Sep-12: 2B].
Baum, Julia (34 yrs.) d. on 75-Jul-1 of Heart disease [75-Jul-2: 1H].
Bauman, Sophia (10 mos.) d. on 72-Aug-1 [72-Aug-3: 2A].
Baumeister, John William (54 yrs.) d. on 74-May-11 [74-May-12: 2B].
Baumgaertner, Kunigunde (47 yrs.) d. on 71-Sep-4 [71-Sep-5: 2B; 71-Sep-6: 2B].
Baumgard, Emily C. (51 yrs.) d. on 75-Nov-27 [75-Dec-18: 2B].
Bauscher, William m. Tuttle, Mary L. on 74-Feb-10 [74-Feb-11: 2B].
Bausman, Caroline T. (63 yrs., 9 mos.) d. on 73-Nov-9 [73-Nov-13: 2B].
Bausmith, Ozella A. (4 yrs., 2 mos.) d. on 75-Feb-24 [75-Mar-6: 2B].
Bavington, William C. m. Pierce, Fannie M. on 71-Nov-2 [71-Nov-3: 2B].
Bavis, Mary Ellen (1 yr., 4 mos.) d. on 75-Mar-15 [75-Mar-17: 2B].
Bawn, Catherine J. (26 yrs., 5 mos.) d. on 75-May-11 [75-May-13: 2B].
Bawn, Mary Ann (54 yrs.) d. on 73-Jan-30 of Apoplexy [73-Jan-31: 2C, 4D].
Bawn, Robert m. Conner, Eugenia C., Miss on 72-Jun-11 [72-Jun-14: 2A].
Baxley, Ann Rebecca d. on 72-Jul-22 [72-Jul-24: 2C].
Baxley, Henry Willis (9 mos.) d. on 71-Jun-17 [71-Jun-21: 2C].
Baxley, Issac Rieman m. Woodbury, Isabel Howard, Miss on 73-Feb-1 [73-Mar-3: 2B].
Baxley, Rebecca J. d. on 75-Mar-9 [75-Mar-11: 2C; 75-Mar-10: 2C].
Baxter, E. J. d. on 74-Feb-6 [74-Feb-9: 2B].
Baxter, Harry E. (5 yrs., 2 mos.) d. on 73-Apr-12 [73-Apr-16: 2B].
Baxter, Lillie d. on 74-Mar-16 [74-Mar-18: 2B; 74-Mar-19: 2B].
Baxter, Lottia (11 mos.) d. on 71-Jan-19 [71-Jan-25: 2C].
Baxter, Lottie (2 yrs., 1 mo.) d. on 74-Mar-26 [74-Mar-27: 2B].
Baxter, Martha Jay d. on 74-Mar-6 [74-Mar-7: 2B].
Baxter, Mary (17 yrs.) d. on 74-Nov-24 [74-Nov-25: 2B; 74-Nov-26: 2B].
Baxter, Rhettie G., Miss m. Daily, Henry C. on 73-Jan-18 [[73-May-27: 2B]; 73-May-22: 2B].
Baxton, Lucy T., Miss m. Hopkins, Lewis N. on 71-Oct-19 [71-Oct-23: 2B].
Bay, Fannie, Miss m. Heim, William G. on 74-Nov-16 [74-Nov-18: 2B].
Bay, Hugh (81 yrs.) d. [73-Jan-8: 2B].
Bay, Margaret Emily (28 yrs.) d. on 71-May-8 [71-May-13: 2B].
Bay, Mary V., Miss m. Simmonds, Alfred A. on 73-Nov-13 [73-Nov-20: 2B].
Bayer, John F. (75 yrs.) d. on 73-May-15 [73-May-16: 2B; 73-May-17: 2C].
Bayer, Leonard F. m. Denges, Margertha, Miss on 73-Nov-29 [73-Dec-9: 2B].
Bayer, Magdalena (27 yrs.) d. on 75-Nov-2 [75-Nov-3: 2B].
Bayer, Maggie m. Heiderich, William on 75-Nov-13 [75-Nov-22: 2A].

Bayer, Susannah M. (77 yrs.) d. on 73-Feb-1 [73-Feb-3: 2B].
Bayerline, John (33 yrs.) d. on 74-Dec-21 of Construction cave-in [74-Dec-22: 4C].
Bayfield, Solomon d. on 74-Apr-28 in Railroad accident [74-Apr-29: 1H].
Bayler, Albert m. Halbert, Kate, Miss on 75-Nov-4 [75-Nov-11: 2B].
Bayles, Albert m. Crowley, Maria S. on 72-Nov-7 [72-Nov-13: 2B].
Bayles, Maria S. d. on 73-Apr-4 [73-Apr-5: 2B].
Bayless, Albert J. m. Carson, Sallie T. on 75-Oct-27 [75-Nov-1: 2B].
Bayless, George Rogers (7 mos.) d. on 75-Jul-26 [75-Jul-27: 2B].
Bayless, Samuel M., Rev. d. on 73-Mar-18 [73-Mar-20: 2B].
Bayless, William F. (59 yrs.) d. on 73-Feb-23 [73-Feb-28: 2B; 73-Mar-1: 1H].
Bayley, Charles F. (37 yrs.) d. on 71-Apr-14 of Consumption [71-Apr-18: 2C].
Bayley, Robert Wesley (9 mos.) d. on 75-Aug-13 [75-Aug-14: 2B].
Bayley, Susan E. (36 yrs.) d. on 71-Feb-16 of Pneumonia [71-Feb-18: 2B].
Bayley, William m. Dicus, Ella, Miss on 71-Feb-21 [71-Feb-24: 2C].
Baylies, William T. m. Grant, Josie, Miss on 71-Mar-29 [71-Apr-10: 2B].
Bayliss, George W. m. Gardner, Martha, Miss on 73-Jan-9 [73-Jan-10: 2B].
Baylor, John C., Dr. m. Pemberton, Pattie T. on 74-Jan-7 [74-Jan-8: 2B].
Bayly, Hambleton J. (66 yrs.) d. on 71-Nov-20 [71-Nov-21: 2C; 71-Nov-22: 2C].
Bayly, John Hambleton (36 yrs.) d. on 72-Apr-18 of Heart disease [72-Apr-19: 2B; 72-Apr-20: 2B].
Bayly, John W. (58 yrs.) d. on 74-May-4 of Heart disease [74-May-14: 2B].
Bayly, Nannie, Miss m. York, Thomas on 73-Dec-31 [74-Jan-5: 2B].
Bayly, Sallie E. m. Chapman, William J. on 75-Nov-16 [75-Nov-23: 2A].
Baynard, George H., Dr. d. on 71-Mar-25 [71-Mar-27: 2C; 71-Mar-28: 4E].
Baynard, James N. R. m. Smith, Mary E., Mrs. on 73-Oct-23 [73-Oct-27: 2B].
Baynard, Robert J. (16 yrs.) d. on 72-Feb-1 [72-Feb-3: 2C].
Bayne, Hannah (25 yrs.) d. on 73-Mar-31 [73-Apr-1: 2B].
Bayne, William H. m. Campbell, Lydia H. on 71-Jun-1 [71-Jun-5: 2B].
Baynes, Alan Amith (1 yr.) d. on 72-Feb-20 of Teething [72-Feb-22: 2C].
Baynes, George B. m. Burroughs, Mary on 72-May-16 [72-May-18: 2A].
Baynes, James (67 yrs.) d. on 72-Dec-25 [72-Dec-27: 2B; 72-Dec-28: 1G; 72-Dec-30: 1F].
Baynes, John B. (40 yrs.) d. on 72-Nov-29 [72-Nov-30: 2B].
Baynes, Joseph P. m. Price, Matilda A. on 74-Sep-16 [74-Sep-19: 2B].
Baynes, Mary W. m. French, Richard on 73-Feb-4 [73-Feb-6: 2B].
Baynes, Sarah (64 yrs.) d. on 72-Jul-5 [72-Jul-6: 2A].
Beaber, Adam m. Abbott, Margaret, Mrs. on 71-Dec-12 [72-Feb-1: 2C].
Beaber, William H. (12 yrs.) d. on 71-Apr-13 [71-Apr-14: 2B].
Beach, Ellen (23 yrs.) d. on 72-Nov-2 [72-Nov-5: 2B].
Beach, Harry Lee (23 yrs.) d. on 72-Oct-10 of Consumption [72-Oct-14: 2B].
Beach, William J. m. Gray, Ellen on 71-Feb-2 [71-Feb-11: 2B].
Beacham, Annie S. m. Gable, Harry A. on 74-Feb-12 [74-Feb-14: 2C].
Beacham, Charles Ln. m. Gilley, Martha A. on 72-Dec-11 [73-Jan-2: 2B].
Beacham, Irene W. (15 yrs.) d. on 71-Nov-14 [71-Nov-15: 2C].
Beacham, John S. (62 yrs.) d. on 74-Feb-18 of Cancer [74-Feb-19: 2B, 4D; 74-Feb-20: 2C; 74-Feb-21: 4D].
Beacham, Joseph R. (47 yrs.) d. on 72-Sep-7 [72-Oct-5: 2B].
Beacham, Lizzie S. m. Baer, Thomas S. on 73-Nov-26 [73-Dec-2: 2B].
Beacham, William m. Utman, Elizabeth on 71-Oct-1 [71-Oct-3: 2B].
Beacham, William G. d. on 72-Sep-12 of Liver disease [72-Oct-30: 1H].
Beachamp, E. m. Wilson, James S. on 75-Nov-24 [75-Dec-2: 2B].
Beachamp, George R. m. Patterson, Josephine B., Miss on 73-Aug-12 [73-Nov-3: 2B].
Beachman, [female] d. on 73-Oct-24 of Heart disease [73-Oct-25: 4C].

Beacraft, Ida Annie, Miss m. Schaefer, Martin L. on 72-Feb-13 [72-Feb-20: 2C].
Beadenkopf, Maggie J. (21 yrs.) d. on 73-Sep-11 [73-Sep-13: 2B].
Beal, Ellenor E. (9 yrs., 9 mos.) d. on 71-Mar-24 of Heart disease [71-Mar-25: 2B].
Beal, Henry (81 yrs.) d. on 71-Dec-28 [72-Jan-1: 2C].
Beale, Alice m. Coulson, William N. on 74-Oct-1 [75-Jan-6: 2C].
Beale, Eliza W. m. Wilson, William T. on 75-Nov-4 [75-Nov-10: 2B].
Beale, James Crocker (13 yrs.) d. on 70-Dec-27 in Gunning accident [71-Jan-10: 2C].
Beale, Miller d. on 73-Apr-25 of Consumption [73-Apr-28: 4D].
Beale, Walter Levi (2 yrs., 6 mos.) d. on 74-Feb-3 [74-Feb-7: 2B].
Beale, Wilson Lee (4 mos.) d. on 72-Jul-9 [72-Jul-10: 2B].
Beall, A. Brooke m. Hooff, Mattie B. on 73-Apr-30 [73-May-3: 2A].
Beall, Catharine Louisa (1 yr., 2 mos.) d. on 72-Aug-19 [72-Aug-21: 2C].
Beall, Edith Andre (11 mos.) d. on 74-Jul-16 [74-Jul-20: 2B].
Beall, Eugene Lee (1 mo.) d. on 72-Jul-7 [72-Jul-8: 2C].
Beall, Fannie, Miss m. Grady, Cyrus on 71-Feb-27 [71-Mar-14: 2B].
Beall, George T., Jr. m. Houston, Lucie on 71-Jun-8 [71-Jun-12: 2B].
Beall, George W. C. m. Palmer, Mary A. on 74-Nov-12 [74-Nov-18: 2B].
Beall, Julia M., Miss m. Chaney, F. P. on 74-Jul-15 [74-Jul-22: 2B].
Beall, Lizzie, Miss m. Webb, B. DeFord on 74-Jan-15 [74-Jan-20: 2B].
Beall, Maggie A. m. Grady, B. Frank on 75-Feb-18 [75-Feb-23: 2B].
Beall, Martha W. B. (1 mo.) d. on 71-Feb-25 [71-Feb-28: 2C].
Beall, Mollie E. m. Brooke, Albert on 73-Oct-2 [73-Oct-3: 2B].
Beall, R. Clayton m. Rand, Ella, Miss on 75-May-6 [75-Jun-24: 2B].
Beall, Thomas B. m. Berry, Marian L. on 72-Jun-4 [72-Jun-18: 2B].
Bealmear, Jacob Francis (47 yrs.) d. on 74-Aug-29 of Consumption [74-Aug-31: 1H, 2B; 74-Sep-1: 2A].
Bealmear, Marion Dare (1 yr., 11 mos.) d. on 72-Aug-23 [72-Aug-26: 2B].
Beam, Barbara (67 yrs.) d. on 73-Jul-20 [73-Jul-22: 2B].
Beam, Esaias K. (43 yrs.) d. on 75-Mar-13 [75-Mar-15: 2B].
Beam, Hettie A. C., Miss m. Ryan, Joseph on 72-Mar-12 [72-Mar-16: 2B].
Beam, James P. m. Jones, Kate E., Miss on 72-Sep-10 [72-Sep-14: 2A].
Beam, Joseph A. m. Rodgers, Mollie, Miss on 74-Apr-22 [74-Apr-29: 2B].
Beam, Lewis H. m. Thomas, Lettie M. on 71-Feb-16 [71-Feb-28: 2C].
Beam, Mary d. on 72-Dec-28 [73-Jan-2: 2B].
Beam, Mary A. (59 yrs.) d. on 72-Mar-9 [72-Mar-25: 2B].
Beaman, Bertha (1 yr., 8 mos.) d. on 75-Mar-3 [75-Mar-5: 2B].
Beamer, Priscilla d. on 73-Jun-27 [73-Jun-28: 2B; 73-Jun-30: 2B].
Beames, William H. (18 yrs.) d. on 72-Nov-22 [72-Nov-25: 2B].
Bean, Eliza Virginia (5 yrs., 9 mos.) d. on 72-Oct-5 [72-Oct-18: 2B].
Bean, Elizabeth (76 yrs.) d. on 75-Dec-22 [75-Dec-23: 2B].
Bean, Ellen M. F. (33 yrs., 10 mos.) d. on 72-Mar-14 [72-Mar-15: 2C; 72-Mar-16: 2B].
Bean, Emma, Miss m. Allen, Leora Byron [75-Oct-7: 2B].
Bean, Euphronia Elizabeth, Miss m. Brittingham, Samuel on 74-Apr-22 [74-Apr-25: 2B].
Bean, George W. m. Hatcheson, Averrella S. on 71-Jan-12 [71-Jan-18: 2C].
Bean, Thomas, Capt. d. Drowned [74-May-22: 4C].
Bean, Thomas L. m. Kraft, Emma on 75-Aug-4 [75-Aug-24: 2B].
Beans, Henry C. m. Irvin, Ida S., Miss on 75-Aug-4 [75-Aug-16: 2B].
Bear, David m. Brown, Anna M., Miss on 73-Oct-23 [73-Oct-24: 2B].
Bear, J. Montgomery m. McCormick, Mollie G., Miss on 73-Jan-27 [73-Apr-3: 2B].
Beard, Catherine (60 yrs.) d. on 73-Jan-16 [73-Jan-17: 2B, 2C].
Beard, Elizabeth Norris (69 yrs.) d. on 72-Jan-28 [72-Jan-29: 2C; 72-Jan-30: 2C].
Beard, Ida Estelle m. Goodrick, J. W. on 74-Jan-21 [74-Jan-27: 2B].

Beard, J. Franklin m. Ames, Helen H. on 72-Oct-24 [72-Nov-4: 2B].
Beard, Mary m. Calvert, Joseph B. on 71-Apr-23 [71-Jul-31: 2C].
Beard, Mary B., Miss m. Melville, Frank W. on 73-Sep-2 [74-Jan-13: 2B].
Beard, Stephen G. (18 yrs.) d. on 71-Jun-5 [71-Jun-6: 2C; 71-Jun-7: 2B].
Beard, Thomas J. m. Woodward, Mattie C. on 74-Apr-30 [74-May-2: 2B].
Beard, William W. (45 yrs.) d. on 71-Apr-9 [71-Apr-10: 2B].
Beason, Thomas V. d. on 72-Dec-23 of Casualty (Battle of Baltimore, 1814) [72-Dec-25: 1H].
Beasten, Charles, Jr. m. Burns, Ella, Miss on 71-Feb-1 [71-Feb-4: 2B].
Beaston, Thomas (70 yrs.) d. on 75-Oct-12 [75-Oct-20: 2B].
Beatley, Kate V., Miss m. Fry, J. B. on 73-Jul-8 [[73-Jul-10: 2B]; 73-Jul-15: 2B].
Beatson, David A. m. Jefferis, Getta H. on 73-Nov-5 [73-Nov-13: 2B].
Beatty, Agnes, Miss m. McLean, John J. on 74-Oct-20 [74-Oct-30: 2B].
Beatty, Catharine G., Miss m. Tippett, Thomas S. on 71-Jan-22 [71-Jan-30: 2C].
Beatty, George I. (56 yrs.) d. on 73-Sep-23 [73-Sep-25: 2B; 73-Sep-26: 2B].
Beatty, James L. (44 yrs.) d. on 74-Jun-20 [74-Jun-22: 2B].
Beatty, John d. on 72-Nov-14 [72-Nov-19: 2B].
Beatty, John B. (33 yrs.) d. on 73-May-20 [73-May-21: 2B; 73-May-22: 2B].
Beatty, John W. (9 mos.) d. on 74-Jun-2 [74-Jun-5: 2B].
Beatty, Lizzie A., Miss m. Strahn, Thomas B. on 73-Sep-30 [73-Oct-14: 2A].
Beatty, Mary (54 yrs.) d. on 73-Nov-12 [73-Nov-13: 2B].
Beatty, Mary Carroll (2 mos.) d. on 74-Jul-27 [74-Jul-28: 2B].
Beauchamp, Charles E. m. Barker, Mary E., Miss on 73-Mar-27 [73-Apr-2: 2B].
Beauchamp, Grace Hammond (1 yr., 1 mo.) d. on 75-May-7 [75-May-8: 2B].
Beauchamp, John F. m. Payton, Louisa B., Miss on 75-Jul-13 [75-Jul-31: 2B].
Beauchamp, Robert Henry m. Smith, Laura J., Miss on 71-Feb-26 [71-Feb-28: 2C].
Beauchamp, Sallie, Miss m. Caye, Emile on 72-Oct-15 [72-Oct-30: 2B].
Beauchamp, W. R. (3 mos.) d. on 75-Apr-29 [75-Apr-30: 2B].
Beaufort, Fannie Claiborne m. Kilgour, Charles J., Rev. on 75-Oct-26 [75-Oct-28: 2B].
Beaumont, Clarence A. (5 mos.) d. on 74-Jul-3 [74-Jul-7: 2B].
Beaumont, James Edwin (25 yrs.) d. on 74-Jul-8 [74-Jul-10: 2B].
Beaumont, Julia H. (3 mos.) d. on 75-Sep-4 [75-Sep-7: 2B].
Beaumont, Lidia E. m. Zimmerman, John Emory on 74-Oct-22 [74-Nov-14: 2B].
Beaver, George Frank m. Harvey, Annie R. on 75-Dec-14 [75-Dec-17: 2B].
Beavin, Martha E. (48 yrs.) d. on 72-May-19 [72-May-29: 2B].
Becher, Edward m. Shaffer, Anna E. on 73-Sep-29 [73-Oct-20: 2B].
Becht, Mary m. Helmus, John on 71-May-14 [72-Apr-4: 2B].
Beck, Anna Eliza (1 yr., 2 mos.) d. on 72-Jun-29 [72-Jul-1: 2B].
Beck, Elizabeth (77 yrs.) d. on 75-Jul-29 [75-Jul-30: 2B].
Beck, Elizabeth, Miss m. Vinton, William B. on 75-Jan-21 [75-Mar-9: 2B].
Beck, Estella (1 yr., 1 mo.) d. on 75-May-11 [75-May-17: 2A].
Beck, Horace d. on 74-Jun-12 of Cholera morbus [74-Jun-13: 5H].
Beck, J. Harry m. Pentz, Eleanor P. on 74-Aug-20 [74-Aug-22: 2B].
Beck, John, Jr. m. Goodwater, Karoline Virginie, Miss on 72-May-12 [72-May-14: 2B].
Beck, John Adam (32 yrs., 4 mos.) d. on 75-May-7 of Lung hemorrhage [75-May-8: 2B].
Beck, John M. m. Lindemann, Annie E., Miss on 72-Mar-21 [72-Mar-23: 2B].
Beck, Joseph (23 yrs.) d. on 73-Dec-7 [73-Dec-8: 2B; 73-Dec-9: 2B].
Beck, L. Joanna d. on 72-Feb-18 [72-Feb-19: 2B; 72-Feb-20: 2C].
Beck, M. E., Mrs. m. Streett, S. K. J. on 75-Dec-21 [75-Dec-22: 2B].
Beck, Randolph F. m. Zink, Madeline on 74-Nov-26 [74-Dec-1: 2B].
Beck, Sophia m. Patterson, William P. on 74-Apr-15 [74-Apr-21: 2A].
Beck, William (6 mos.) d. on 71-Jun-4 [71-Jun-6: 2C].
Beck, Willie (1 yr., 7 mos.) d. on 73-Jul-10 [73-Jul-14: 2B].

Beckenbaugh, John M., Dr. (36 yrs.) d. on 73-Jul-21 [73-Jul-26: 2B].
Beckenbaugh, Willie O. m. Herring, Maggie L. on 73-Nov-26 [73-Dec-2: 2B].
Becker, Annie E., Miss m. Chamberlain, George W. on 74-Sep-22 [74-Oct-13: 2B].
Becker, Charles Henry (3 mos.) d. on 75-Jun-28 [75-Jun-29: 2B].
Becker, Charles R. m. Middendorf, Marie A. D. on 75-Nov-23 [75-Dec-7: 2B].
Becker, Elizabeth (36 yrs.) d. on 74-Mar-12 [74-Mar-13: 2B].
Becker, Isidore m. Rosenfeld, Hannah, Miss on 71-Sep-13 [71-Sep-14: 2B].
Becker, John Christian (58 yrs., 10 mos.) d. on 73-Oct-12 [73-Oct-14: 2B].
Becker, Kate V., Miss m. Wilkerson, William G. on 71-Apr-18 [71-May-16: 2B].
Becker, Louis m. Thater, Rosa E., Miss on 74-Sep-22 [74-Sep-23: 2B].
Becker, Louis m. Zimmerman, Ida L., Miss [75-Oct-12: 2B].
Becker, Mary E., Miss m. Holtgreive, Bernard H. on 71-Feb-14 [71-Feb-24: 2C].
Becker, Nicholas (80 yrs.) d. on 74-Dec-3 [74-Dec-4: 1H].
Becker, Philabina E., Mrs. (71 yrs., 6 mos.) d. on 71-Jan-15 [71-Jan-17: 2C].
Becker, Philip m. Gabrio, Anna Charlotta, Miss on 75-Feb-16 [75-Feb-20: 2B].
Beckett, Annie B., Miss m. Mantz, F. M. on 74-Feb-17 [74-Mar-19: 2B].
Beckett, Charles d. on 73-Jun-24 [73-Jun-25: 2B].
Beckett, George H. (5 mos.) d. on 75-Apr-25 [75-Apr-26: 2B].
Beckett, Joseph Albert Byron (2 mos.) d. on 73-Apr-2 [73-Apr-3: 2B].
Beckett, Mary d. on 73-Jun-24 [73-Jun-25: 2B].
Beckett, Thomas B. (33 yrs.) d. on 74-Jul-31 [74-Aug-1: 2B].
Beckett, Truman R., Dr. (50 yrs.) d. on 75-Jan-4 [75-Jan-20: 4D].
Beckley, J. T., Rev. m. Nice, Cornelia S., Miss on 71-Dec-26 [72-Jan-6: 2A].
Beckley, John (83 yrs.) d. [71-Feb-16: 2C].
Beckley, William H. (57 yrs.) d. on 73-Mar-4 of Dropsy [73-Mar-5: 2C; 73-Mar-6: 2C].
Beckman, Garrit V., Maj. m. Watts, Sophia E. on 71-Feb-16 [71-Feb-28: 2C; 71-Mar-1: 2C].
Beckmyer, Clarence Elmer d. on 73-Jul-14 [73-Jul-16: 2B].
Beckum, Charles (34 yrs.) d. on 75-May-1 [75-May-3: 2B].
Beckum, Mary Catherine (4 yrs.) d. on 72-May-6 [72-May-7: 2B].
Beckwith, Richard (78 yrs.) d. on 71-Jan-25 [71-Jan-28: 2B].
Becwith, Mary (56 yrs.) d. on 71-Nov-18 [71-Nov-27: 2C].
Beddoss, Adella, Miss m. Wilks, Andrew M. on 73-Jul-2 [73-Jul-5: 2B].
Bedenkopf, J. E. m. Dutrow, Ellen S., Miss on 74-Sep-8 [74-Sep-10: 2B].
Bedford, Albert Clement (3 mos.) d. on 74-Jul-25 [74-Jul-28: 2B].
Bedford, Thomas D. d. on 73-Nov-17 in Railroad accident [73-Nov-18: 1H, 2B].
Bedsworth, Ida F., Miss m. Wright, Benjamin F. on 74-Apr-29 [74-May-7: 2B].
Beebe, Charles H. m. Harwood, Mary Elder on 75-Sep-16 [75-Sep-20: 2B].
Beebe, Henrietta (32 yrs.) d. on 71-Jan-29 [71-Jan-30: 2C].
Beebe, Lucius M. m. Spick, Mary E. T. on 73-Jun-18 [73-Jun-19: 2B].
Beebe, William H. m. Krebs, Kate on 71-Oct-19 [71-Oct-21: 2B].
Beecher, Eusebia J. m. Holscher, Otto on 71-Oct-25 [71-Oct-31: 2C].
Beecher, Nellie Hayward (11 mos.) d. on 74-Sep-29 [74-Sep-30: 2B; 74-Oct-1: 2B].
Beecher, William N. m. Swain, Myra C., Miss on 72-Sep-24 [72-Oct-9: 2B].
Beeks, John L. (4 yrs., 10 mos.) d. on 75-Oct-17 [75-Oct-18: 2A; 75-Oct-19: 2A].
Beeler, Charles m. Harris, Mary E. on 75-Jan-18 [75-Jan-22: 2B].
Beeler, George E. (14 yrs.) d. on 72-May-24 Drowned [72-May-25: 1H, 2B].
Beeler, Lewis Clifford d. on 75-Dec-14 [75-Dec-15: 2B].
Beeler, William m. Jones, Maggie, Miss on 74-Jan-26 [74-Feb-19: 2B].
Beere, John (1 yr., 3 mos.) d. on 73-Aug-8 [73-Aug-9: 2B].
Beetley, Ann (74 yrs.) d. on 72-Aug-21 of Brain congestion [72-Aug-22: 2B; 72-Aug-23: 2B].
Befelt, William H. (1 mo.) d. on 71-Dec-19 [71-Dec-20: 2B].
Begley, Margaret Brasier (40 yrs.) d. on 71-Aug-30 [71-Sep-1: 2B].

Behrens, Fannie, Miss m. Wolfe, S. B., Dr. on 72-Dec-5 [72-Dec-18: 2B].
Beideman, Moore m. Garrison, Annie M., Miss on 72-May-16 [72-Jun-6: 2B].
Beiglette, Julia M., Miss m. Melbourne, Lee M. on 74-Mar-31 [74-Apr-23: 2B].
Beil, John (51 yrs.) d. on 73-Apr-30 [73-May-1: 1H, 2B].
Beimschla, Henry m. Rixse, Anna Sophie, Miss on 72-Jul-4 [72-Jul-9: 2C].
Beirne, Thomas L. (40 yrs.) d. on 75-Mar-11 [75-Mar-23: 2B].
Belbin, William (54 yrs.) d. on 75-Sep-25 [75-Sep-27: 2A].
Beler, Charles m. Johnson, Maggie J., Miss on 73-Feb-13 [73-Feb-15: 2B].
Belknap, Eben (90 yrs.) d. on 73-Mar-3 [73-Mar-4: 2B; 73-Mar-5: 2C, 4C; 73-Mar-6: 2B].
Bell, Adelaide (19 yrs.) d. on 72-Nov-22 [72-Nov-23: 2A].
Bell, Adelaide (4 yrs., 6 mos.) d. on 74-Jun-23 [74-Jun-24: 2B].
Bell, Albert S. (27 yrs.) d. on 71-Jan-1 of Pneumonia [71-Jan-7: 2C].
Bell, Alfred F. (55 yrs.) d. on 75-Dec-29 of Consumption [75-Dec-30: 2B].
Bell, Andrew R. m. Waters, Susan B., Miss on 75-Jan-27 [75-Feb-23: 2B].
Bell, C. W. m. McNally, Clara on 73-Jan-26 [73-Feb-24: 2A].
Bell, Catherine (82 yrs.) d. on 75-May-12 [75-May-13: 2B].
Bell, Charles F. m. Ruckle, Laura A. on 71-Jan-25 [71-Feb-6: 2C].
Bell, Charles H. m. Ports, Fannie, Miss on 71-Mar-30 [71-Apr-1: 2B].
Bell, Cornelius m. Brown, Eliza on 74-Dec-9 [74-Dec-15: 2B].
Bell, David C. m. Wholey, Lydia, Miss on 74-Dec-10 [74-Dec-15: 2B].
Bell, Eddie (1 yr., 6 mos.) d. on 72-Oct-31 [72-Nov-2: 2B].
Bell, Edward J. (58 yrs.) d. on 74-Jan-20 [74-Jan-22: 2B; 74-Jan-23: 2B].
Bell, Eliza E., Miss m. Chalk, R. F. on 72-Dec-18 [72-Dec-24: 2B].
Bell, Elizabeth, Miss m. Scott, John T. on 75-Mar-3 [75-Mar-17: 2B].
Bell, Emma (19 yrs.) d. on 74-Sep-3 Burned [74-Sep-4: 4C].
Bell, Emma C. m. Clayton, Joseph B. on 74-Apr-16 [74-Apr-18: 2B].
Bell, Emma J., Miss m. Thompson, Edward H. on 71-Dec-12 [71-Dec-14: 2B].
Bell, Emma L., Mrs. m. Reinhardt, Louis A. on 71-Apr-20 [71-Apr-29: 2B].
Bell, Ephraim, Dr. (83 yrs.) d. on 75-Aug-7 [75-Aug-9: 2B, 4E; 75-Aug-10: 4C].
Bell, Eva m. Simmonds, Albert on 71-Dec-12 [71-Dec-14: 2B].
Bell, Florence, Miss m. Mister, Beverly W. on 72-Nov-7 [72-Nov-11: 2B].
Bell, G. W. m. Rogers, A. E. on 73-Oct-19 [73-Nov-4: 2B].
Bell, George W. C. m. Devire, Alice V. on 74-Aug-13 [74-Aug-17: 2B].
Bell, Georgetta R., Miss m. Robinson, George W., Jr. on 71-Jun-27 [71-Jul-3: 2B].
Bell, Hannah H. m. Rearodon, John on 71-May-25 [71-May-30: 2B].
Bell, Harry C. m. Stewart, Bessie O. on 73-Feb-20 [73-Feb-25: 2B].
Bell, Harry T. m. Askew, Mary Ella, Miss on 75-Aug-27 [75-Sep-29: 2B].
Bell, Henry (46 yrs.) d. on 75-Oct-21 [75-Oct-23: 2A].
Bell, Henry A. m. Holloway, Helen, Miss on 74-Nov-22 [74-Dec-24: 2B].
Bell, Ida Kate (14 yrs., 8 mos.) d. on 74-Dec-1 [74-Dec-3: 2B].
Bell, J. D. m. Pettit, Viola V., Miss on 74-Jun-25 [74-Jul-7: 2B].
Bell, J. Snowden m. Morgan, Sue R. on 74-Oct-20 [74-Oct-26: 2B].
Bell, James D. m. Bennett, Annie E., Miss on 75-Oct-28 [75-Dec-21: 2B].
Bell, Jamima (71 yrs., 10 mos.) d. on 75-Aug-1 [75-Aug-3: 2B].
Bell, Jessie S. m. Griffin, Richard S. on 74-Dec-3 [74-Dec-11: 2B].
Bell, Julia A. (73 yrs.) d. on 75-Jan-25 [75-Jan-27: 2B].
Bell, Laura J. m. Brooks, William E. on 74-Apr-16 [74-Apr-18: 2B].
Bell, Lizzie May (1 yr., 1 mo.) d. on 74-Jul-24 [74-Jul-25: 2B].
Bell, Lizzie Tinsley d. on 74-Aug-24 [74-Aug-25: 2B].
Bell, Louisa Victoria (5 mos.) d. on 72-Jul-10 [72-Jul-11: 2C].
Bell, Maggie A., Miss m. Gadd, Samuel H. on 74-Jan-19 [74-Jan-26: 2B].
Bell, Marcella V., Miss m. Sinclair, Elias R. on 72-Feb-28 [72-Apr-4: 2B].

Bell, Margaret (85 yrs.) d. on 71-Mar-11 [71-Mar-15: 2B].
Bell, Margaret d. on 71-Mar-28 [71-Mar-29: 2B; 71-Mar-30: 2C].
Bell, Margaret d. on 75-Apr-9 [75-Apr-10: 2B].
Bell, Mary A. m. Ritter, Joseph E. on 72-Mar-14 [72-Mar-25: 2B].
Bell, Mary Ann (51 yrs., 4 mos.) d. on 71-Feb-17 [71-Feb-18: 2B].
Bell, Mary Elizabeth Tilghman (30 yrs.) d. on 74-Feb-4 of Cold [74-Feb-19: 2C].
Bell, Nellie L. (6 mos.) d. on 74-Jun-18 [74-Jun-20: 2B].
Bell, Rachel Ann d. on 71-Apr-24 [71-Apr-26: 2B].
Bell, Richard (32 yrs.) d. on 75-Feb-2 [75-Feb-3: 2B; 75-Feb-4: 2B].
Bell, Rosetta Adelaide (61 yrs.) d. on 72-Feb-2 [72-Feb-3: 2C; 72-Feb-5: 2C].
Bell, Samuel J. m. Bradly, Emily P., Miss on 71-Sep-17 [71-Sep-20: 2B].
Bell, St. James B. (55 yrs.) d. on 74-Jan-12 [74-Jan-13: 2B].
Bell, Sue Mildred (9 mos.) d. on 75-Jan-21 [75-Feb-1: 2B].
Bell, Susan Rosilia d. on 73-Sep-26 [73-Sep-27: 2B].
Bell, Susannah W. (49 yrs., 4 mos.) d. on 74-Sep-1 [74-Sep-2: 2B].
Bell, Susie E. Duke d. on 73-Jun-22 [73-Jun-23: 2A; 73-Jun-24: 2B].
Bell, Thomas m. Burroughs, Mary, Miss on 74-Apr-30 [74-May-9: 2C].
Bell, Thomas P. m. Stratton, Laura V., Miss on 73-Sep-3 [73-Sep-11: 2B].
Bell, Thomazin Y. (61 yrs.) d. on 71-May-18 [71-May-19: 2C].
Bell, William E. (79 yrs.) d. on 71-Jan-1 [71-Jan-3: 2C].
Bellerman, Anton E. (60 yrs.) d. on 72-May-9 [72-May-13: 2B].
Bellis, Rosanna, Miss m. Baldwin, Henry T. on 72-Mar-24 [72-Apr-9: 2B].
Bellman, F. A. m. Kingsmore, M. M. on 74-Jul-30 [74-Dec-16: 2B].
Belschmer, John m. Mitchell, Sarah C., Miss on 71-Apr-5 [71-Apr-7: 2B].
Belt, Charles T. m. Gibson, Kate, Miss on 71-Sep-21 [71-Sep-23: 2B].
Belt, Eliza Key (79 yrs.) d. on 74-Mar-4 [74-Mar-5: 2B; 74-Mar-6: 2B].
Belt, Emma V. m. Burton, Elijah on 73-Sep-15 [73-Sep-29: 2B].
Belt, Florence, Miss m. Gelston, Victor DeLaunay on 75-Feb-25 [75-Mar-2: 2B].
Belt, Georgie, Miss m. Merryman, Edward A. on 75-Aug-26 [75-Sep-21: 2B].
Belt, John S. m. Hewlett, Annie on 72-Feb-18 [72-Feb-20: 2C].
Belt, Kate M. (1 yr., 7 mos.) d. on 75-Aug-18 [75-Aug-19: 2B].
Belt, Lucy, Miss m. Frederick, Thomas on 71-Dec-4 [[71-Dec-18: 2B]; 71-Dec-19: 2B].
Belt, Mary Ann (66 yrs.) d. on 75-Nov-2 [75-Nov-3: 2B].
Belt, Mary Emma m. Ray, John H. [71-Jun-24: 2A].
Belt, Moses (69 yrs.) d. on 73-Dec-22 [73-Dec-24: 2B].
Belt, Otho Sprigg (1 yr., 6 mos.) d. on 74-Jul-10 [74-Jul-11: 2B].
Belt, Pleasant R. (20 yrs.) d. on 74-Mar-9 [74-Mar-10: 2B].
Belt, S. Emma (24 yrs.) d. on 71-Jul-10 [71-Jul-11: 2B; 71-Jul-12: 2B].
Belt, T. Hanson, Sr. (88 yrs.) d. on 74-Jul-21 [74-Jul-24: 2B; 74-Jul-25: 2B].
Belt, Violetta L., Miss m. Bowie, Edmond C. on 72-Jul-3 [72-Jul-27: 2B].
Belt, Walter (10 yrs.) d. on 73-Dec-23 [73-Dec-25: 2B].
Belt, William m. Trippe, Mary Purnell on 75-Dec-4 [75-Dec-18: 2A].
Beltramini, Charles m. Dery, Louise on 74-Aug-9 [74-Aug-18: 2B].
Beltz, Mary Flora (3 mos.) d. on 73-Jun-26 [73-Jun-27: 2A].
Belz, John (30 yrs., 7 mos.) d. on 75-Dec-26 [75-Dec-28: 2B].
Benagh, James m. Ryan, M. Virginia, Miss on 72-Apr-15 [72-Apr-24: 2B].
Benaman, Lieucity (4 mos.) d. on 72-Dec-24 [72-Dec-25: 2A].
Benbury, Annie B., Miss m. Warfield, Reuben on 72-Oct-8 [[72-Oct-19: 2B]; 72-Oct-22: 2B].
Benbury, William m. Jackins, Barbara E. on 74-Nov-12 [74-Nov-20: 2B].
Bendann, David m. Seliger, Pauline, Miss on 71-Jul-12 [71-Jul-13: 2C].
Bendann, Sydney (6 mos.) d. on 73-May-24 [73-May-26: 2B].
Bender, Elizabeth, Miss m. Peters, William H. on 73-Apr-24 [73-May-1: 2B].

Bender, Lucas (56 yrs.) d. on 72-Jul-5 of Heatstroke [72-Jul-6: 1H].
Bender, Mary (3 mos.) d. on 72-Jun-2 [72-Jun-4: 2B].
Bender, William H. m. Wilson, Mollie on 73-May-22 [73-Nov-24: 2B].
Bendimire, Richard (65 yrs.) d. on 72-Dec-19 [72-Dec-24: 2B].
Bendon, George Washington (4 yrs., 4 mos.) d. on 74-May-27 [74-May-28: 2B].
Benezet, Marion (9 yrs.) d. on 75-Jul-9 of Scarlet fever [75-Jul-10: 2B].
Benhart, Andrew (54 yrs., 1 mo.) d. on 71-Jul-4 [71-Jul-6: 2B].
Bening, Sarah E., Miss m. Robenson, N. J. on 74-May-2 [74-May-5: 2B].
Benjamin, Amelia D., Mrs. m. Sturgeon, James E. on 71-Jun-4 [71-Jun-8: 2B].
Benjamin, Florence (4 mos.) d. on 75-Dec-18 of Chronic croup [75-Dec-20: 2B].
Benjamin, Francis S. (4 mos.) d. on 73-May-8 [73-May-9: 2B].
Benjamin, Jacob (54 yrs.) d. on 75-Sep-20 of Erysipelas [75-Sep-21: 2B, 4B; 75-Sep-22: 2B].
Benjamin, Lizzie m. Ruth, Levi on 75-Sep-16 [75-Sep-20: 2B].
Benjamin, Thomas (24 yrs., 2 mos.) d. on 74-Dec-14 [75-Jan-2: 2B].
Benjamin, William m. Morgan, Emma J., Miss on 72-May-14 [72-May-25: 2B].
Benner, Albert J. m. Brownley, Mary A., Miss on 74-Mar-10 [74-Mar-20: 2B].
Benner, Louisa Eugenia (33 yrs.) d. on 73-Mar-22 [73-Mar-24: 2B].
Benner, Samuel (65 yrs.) d. on 73-Jan-14 [73-Jan-17: 2C].
Benner, Thaddeus S. (41 yrs.) d. on 71-Aug-29 [71-Sep-1: 2B].
Bennett, Alexander d. on 72-Nov-26 [72-Nov-27: 1H].
Bennett, Allen (53 yrs.) d. on 71-Jul-7 [71-Jul-8: 2C].
Bennett, Alverta, Miss m. Robinson, Martin L. on 75-Feb-15 [75-Feb-17: 2B].
Bennett, Ann E., Miss m. Hutchins, William H. on 71-Mar-19 [71-Mar-23: 2B].
Bennett, Annie E., Miss m. Bell, James D. on 75-Oct-28 [75-Dec-21: 2B].
Bennett, Annie F. m. Spafford, G. H. on 73-Apr-24 [73-May-14: 2B].
Bennett, Annie H. m. Milnor, William H. on 74-Jun-10 [74-Jun-19: 2B].
Bennett, Barbara (86 yrs.) d. on 74-Feb-10 [74-Feb-18: 2C].
Bennett, Catharine (71 yrs.) d. on 75-Jan-6 [75-Jan-7: 2B; 75-Jan-8: 2B].
Bennett, Charles F. m. Thompson, Kate E., Miss on 72-Apr-10 [72-Apr-16: 2B].
Bennett, Charlotte (62 yrs.) d. on 72-Jul-15 [72-Jul-17: 2B].
Bennett, Cora m. Stone, William H. on 75-May-28 [75-Dec-3: 2B].
Bennett, E. A., Miss m. Reed, Joshua G. on 71-Dec-27 [72-Jan-6: 2B].
Bennett, Edwin m. Day, Sarah E., Miss on 74-May-5 [74-May-7: 2B].
Bennett, Elizabeth E. m. Elzey, George W. on 73-Sep-4 [73-Oct-15: 2B].
Bennett, Ellen d. on 73-Apr-3 [73-Apr-5: 2B].
Bennett, Enoch (55 yrs.) d. on 71-Oct-20 [71-Oct-21: 2B].
Bennett, G. R. m. Heafleich, Lillie C. on 73-Nov-19 [73-Nov-20: 2B].
Bennett, George (35 yrs.) d. on 75-Nov-30 [75-Dec-1: 2B; 75-Dec-2: 2B].
Bennett, George L., Sr. (65 yrs.) d. on 73-Oct-20 of Blood rush [73-Oct-21: 4C; 73-Oct-22: 2B].
Bennett, Hattie J. m. Warnick, David H. on 72-Oct-30 [72-Nov-27: 2B].
Bennett, John H. m. Ross, Ella M., Miss on 72-Dec-23 [72-Dec-31: 2B].
Bennett, John W., Capt. (79 yrs.) d. on 75-Oct-26 [75-Nov-2: 2B].
Bennett, Kate (38 yrs.) d. on 72-Oct-9 [72-Oct-18: 2B].
Bennett, Kate, Miss m. Coyne, Richard on 74-Nov-24 [74-Nov-30: 2B].
Bennett, L. Annie, Miss m. Perkinson, William O. on 71-Nov-29 [71-Dec-12: 2B].
Bennett, L. Emory (34 yrs.) d. on 71-Apr-7 [71-Apr-17: 2C].
Bennett, Laura B., Miss m. Day, Samuel G. on 74-Dec-1 [74-Dec-3: 2B].
Bennett, Lizzie G., Miss m. Gray, William M. on 73-Oct-21 [73-Oct-27: 2B].
Bennett, Margaret S. (58 yrs.) d. on 72-Dec-4 [72-Dec-5: 2B; 72-Dec-6: 2B].
Bennett, Mary, Miss m. Jones, Edwin L. on 72-Dec-17 [72-Dec-18: 2B].
Bennett, Mary A., Mrs. m. Mason, George on 73-Apr-3 [73-Apr-7: 2B].
Bennett, Mary Rebecca (1 yr., 9 mos.) d. on 74-Jul-30 [74-Aug-13: 2B].

Bennett, Patrick (48 yrs.) d. on 73-Oct-4 [73-Oct-6: 2B].
Bennett, Susie, Miss m. Happel, Henry on 74-Oct-20 [74-Nov-13: 2B].
Bennett, W. (49 yrs.) d. on 72-Jul-16 [72-Jul-17: 2B].
Bennett, W. H., Dr. m. Dawson, Amanda E. on 74-Aug-12 [74-Aug-17: 2B].
Bennett, Walter I. m. Wells, Harriet A., Miss on 74-Oct-28 [74-Nov-26: 2B].
Bennett, William G. m. Tracey, Emma V., Miss on 71-Mar-14 [71-Mar-15: 2B].
Bennett, William J. (22 yrs.) d. on 73-May-25 of Meningitis [73-May-26: 2B].
Benninghaus, Hermann (50 yrs.) d. on 74-May-11 of Pneumonia [74-May-13: 2B; 74-May-14: 2B].
Bennoch, Margaret A. (22 yrs.) d. on 74-Sep-9 [74-Sep-11: 2B].
Benny, Harry Shannon (1 yr., 4 mos.) d. on 71-Aug-25 [71-Aug-26: 2A].
Bensch, Rena (10 mos.) d. on 74-Mar-19 [74-Mar-20: 2B].
Benson, Annie R., Miss m. Winbigler, George H. on 73-Jul-10 [73-Jul-14: 2B].
Benson, Annie V., Miss m. Ayres, James on 71-Jun-4 [71-Jun-8: 2B].
Benson, Elva R., Miss m. Johnson, C. S., Dr. on 75-Oct-5 [75-Oct-13: 2B].
Benson, Esther C. (79 yrs.) d. on 75-Apr-8 [75-Apr-10: 2B].
Benson, G. Milton m. Blackburn, Georgie C., Miss on 73-Apr-15 [73-Apr-21: 2B].
Benson, Harry (2 yrs., 9 mos.) d. on 73-Jul-30 [73-Jul-31: 2B].
Benson, Ida V. m. Mitchell, W. F. on 75-Nov-17 [75-Nov-27: 2B].
Benson, Kate Maria (2 yrs., 1 mo.) d. on 71-Jun-28 [71-Jun-29: 2C].
Benson, Lizzie (1 yr., 3 mos.) d. on 71-Nov-15 [71-Nov-16: 2B; 71-Nov-17: 2C].
Benson, Lulie Maud (11 mos.) d. on 72-Aug-26 [72-Aug-27: 2A].
Benson, M. Virginia d. on 74-Dec-29 [75-Jan-16: 2C].
Benson, Maggie Chester (10 mos.) d. on 73-Jun-18 [73-Jun-19: 2B].
Benson, Mary Lillie (7 mos.) d. on 71-Jun-11 of Cholera infantum [71-Jun-14: 2B].
Benson, Mary T. M. m. Leighton, Alven C. on 74-Jun-2 [74-Jun-8: 2B].
Benson, Matilda H. (65 yrs.) d. on 74-Apr-15 [74-Apr-17: 2B].
Benson, Milly (69 yrs.) d. on 72-Jul-31 of Heart disease [72-Aug-1: 4D].
Benson, Nannie S. d. on 75-Apr-11 [75-Apr-12: 2B; 75-Apr-14: 2B].
Benson, Nathan P. (56 yrs.) d. on 74-Oct-11 [74-Oct-13: 2B].
Benson, Philander Virgil (8 yrs.) d. on 73-Jan-3 [73-Jan-4: 2B].
Benson, Sallie C., Miss m. Krebbs, J. W. on 74-Oct-22 [74-Oct-27: 2B].
Benson, Sidney d. on 74-Sep-22 [74-Sep-23: 2B].
Benson, Susie E. d. on 75-Aug-24 [75-Aug-25: 2B; 75-Aug-26: 2B; 75-Aug-27: 2B].
Benson, William H. m. Hartley, Florida on 74-Sep-16 [74-Sep-25: 2B].
Benteen, Grace m. Nachod, Julius E. on 74-May-21 [74-May-27: 2B].
Benthall, Isabella F. (63 yrs.) d. on 74-Apr-17 of Pneumonia [74-Apr-18: 2B; 74-Apr-20: 2A].
Bentley, Alice E. m. Babbitt, S. William on 72-Aug-18 [72-Aug-26: 2B].
Bentley, Benjamin A. m. Carr, Mary C., Miss on 72-Jan-9 [72-Jan-19: 2C].
Bentley, Catherine H., Miss m. Potee, William H. on 73-Jun-3 [73-Jun-10: 2A].
Bentley, E. L. m. McAbee, Mamie E. on 75-Nov-18 [75-Nov-24: 2B].
Bentley, Ella, Miss m. Cooper, W. T. on 73-Apr-23 [73-May-7: 2B].
Bentley, Frank W. m. Gorsutch, Mamie E. on 75-Sep-6 [75-Sep-15: 2B].
Bentley, Martha P. d. on 75-Apr-6 [75-Apr-8: 2B].
Bentley, Obadiah (93 yrs.) d. on 75-Mar-6 [75-Mar-10: 2C].
Bentley, William m. Lee, Rosa, Miss on 75-Aug-5 [75-Aug-12: 2B].
Benton, Addie E. m. Burns, Charles W. H. on 70-Dec-29 [71-Jan-6: 2C].
Benton, Charles (1 yr., 1 mo.) d. on 74-May-29 [74-May-30: 2B].
Benton, Emma m. Mecaslin, George W. on 71-Dec-7 [71-Dec-14: 2B].
Benton, Richard (33 yrs.) d. on 75-Apr-8 [75-Apr-9: 2B].
Benton, Virgie, Miss m. Stonebraker, George M. on 75-Mar-23 [75-Mar-25: 2B].
Bentsen, Carl d. on 74-Jan-12 of Fall on ship [74-Jan-13: 4C].

Bentz, Caroline Jane d. on 75-May-23 [75-May-27: 2B].
Bentz, George Laurence (12 yrs.) d. on 75-Apr-27 [75-Apr-28: 2B; 75-Apr-29: 2B].
Bentz, Henry (39 yrs., 7 mos.) d. on 71-Sep-11 [71-Sep-12: 2B].
Bentz, John W. m. Paca, Martha, Miss on 72-Dec-11 [72-Dec-31: 2B].
Bentz, Olivia R. (4 yrs., 1 mo.) d. on 71-Feb-22 [71-Feb-23: 2C].
Bentzel, Anna Mary (66 yrs., 6 mos.) d. on 75-Jul-2 [75-Jul-7: 2B].
Benville, Kate m. Snyder, C. on 75-Sep-14 [75-Sep-22: 2B].
Benzinger, Mathias, Col. (75 yrs.) d. on 74-Jul-15 [74-Jul-16: 1H, 2B; 74-Jul-17: 2B; 74-Jul-18: 1G].
Beo, Sidney, Miss m. Vincent, Perry on 73-Aug-7 [73-Aug-23: 2B].
Berdett, Abbie A. m. Onion, Ed. M. on 72-May-30 [72-Jun-1: 2A].
Berg, Augusta Mary (24 yrs.) d. on 75-Mar-31 [75-Apr-1: 2B].
Berg, John, Rev. d. on 73-May-13 [73-May-15: 2B; 73-May-16: 4D].
Berg, Justie E. m. McDonell, Eli on 71-May-2 [71-May-4: 2B].
Berg, Solomon (6 mos.) d. on 75-Jun-24 [75-Jun-28: 2B].
Bergen, J. G. m. Streett, Emily on 72-Jul-25 [72-Jul-29: 2B; 72-Aug-10: 2B].
Bergen, Jacob F. m. Streett, Libbie on 73-Oct-1 [73-Oct-7: 2B].
Bergen, S. S., Rev. m. Alderson, Sallie on 75-Mar-30 [75-Apr-2: 2B].
Berger, Amelia A., Miss m. Helbig, Fred W. on 71-Mar-5 [71-Mar-8: 2B].
Berger, Anna D. (4 yrs., 3 mos.) d. on 75-May-23 [75-May-24: 2A].
Berger, Annestasia M. d. on 74-Sep-4 [74-Sep-8: 2B].
Berger, John (55 yrs.) d. on 73-Jan-29 of Suicide (Hanging) [73-Jan-30: 4C].
Berger, Zepherenus J. m. Stansbury, Sarah J. on 74-Aug-5 [74-Aug-24: 2B; 74-Aug-25: 2B].
Bergin, John W. (9 mos.) d. on 71-Apr-19 [71-Apr-21: 2B].
Bergin, Mary McEvoy (30 yrs.) d. on 72-Jun-8 [72-Jun-10: 2B].
Bergman, Betty m. Cohn, Joseph on 72-Mar-17 [72-Mar-23: 2B].
Bergmann, John Ahrend (86 yrs.) d. on 71-May-10 [71-May-12: 2B; 71-May-13: 4C].
Berkins, Margaret A. m. Parrish, Lewis F. on 75-Apr-4 [75-Apr-6: 2B].
Berkley, Edris (6 yrs.) d. on 71-Mar-24 of Scarlet fever [71-Mar-25: 2B].
Berkley, Mary Enders (3 yrs.) d. on 71-Apr-1 [71-Apr-3: 2B].
Berkley, William N. m. Jones, Lizzie Woodward, Mrs. on 75-Nov-23 [75-Nov-27: 2B].
Berliner, Philip (29 yrs.) d. on 75-Jun-17 Drowned [75-Jul-2: 2B; 75-Jul-3: 4D].
Bermingham, James Edward (2 yrs., 1 mo.) d. on 73-Dec-19 [73-Dec-20: 2A].
Bernard, Anna m. O'Leary, John on 71-Oct-30 [71-Nov-6: 2A].
Bernard, Mamie Loretta (1 yr., 6 mos.) d. on 71-Aug-1 [71-Aug-3: 2B].
Berner, John Louis (7 mos.) d. on 74-Oct-18 of Pneumonia and lung congestion [74-Nov-11: 2B].
Bernheimer, Abraham (59 yrs.) d. on 72-Sep-11 of Heart disease [72-Sep-12: 1H, 2B].
Berningham, Sophia (2 yrs., 5 mos.) d. on 72-Mar-3 [72-Mar-5: 2B].
Bernstein, Isadore m. Marks, Sophia, Miss on 75-Oct-10 [75-Oct-18: 2A].
Berret, Harry A. (28 yrs.) d. on 73-Dec-26 [73-Dec-27: 2B].
Berret, Joseph W. m. Winder, Anie G. on 72-Sep-4 [72-Sep-6: 2A].
Berridge, M. E. W. (28 yrs.) d. on 72-Apr-23 [72-May-3: 2B].
Berry, A. R. d. on 72-Apr-15 [72-Apr-16: 2B; 72-Apr-17: 2B].
Berry, Abraham (65 yrs.) d. on 74-May-22 [74-May-25: 2B].
Berry, Alice Maud m. Metcalfe, Charles F. on 75-Apr-27 [75-May-7: 2B].
Berry, Ann Eliza, Miss m. Brown, George W. on 73-Aug-12 [73-Sep-16: 2B].
Berry, Annie Florence m. Simpson, Joseph H. on 74-Mar-10 [74-Mar-12: 2B].
Berry, Benny D. (8 mos.) d. on 72-Sep-21 [72-Sep-23: 2B].
Berry, Caroline M. d. on 72-Oct-21 [72-Dec-17: 2B].
Berry, Charles Henry (28 yrs.) d. on 71-Jul-11 in Railroad accident [71-Jul-13: 4D; 71-Jul-21: 2C].

Berry, Christiana D. d. on 73-Jun-8 [73-Jun-9: 2A; 73-Jun-10: 2A].
Berry, Cordelia M., Miss m. Roberts, Edward J. on 74-Jan-5 [74-Jan-13: 2B].
Berry, Edward (24 yrs.) d. on 74-Jan-18 of Murder (Stabbed) [74-Jan-19: 4C; 74-Jan-20: 4D].
Berry, Ella (39 yrs.) d. on 75-Nov-17 [75-Nov-26: 2B].
Berry, Eugenia M. d. on 72-Dec-21 [72-Dec-25: 2A].
Berry, Fannie W. (22 yrs.) d. on 73-Dec-18 [73-Dec-19: 2B; 73-Dec-20: 2A].
Berry, George W. m. Wells, Mary C. on 74-Aug-30 [74-Oct-12: 2B].
Berry, Harriet Emily d. on 73-Nov-16 [73-Nov-17: 2B; 73-Nov-18: 2B].
Berry, Helena d. [73-Feb-24: 2A].
Berry, Imogene A. B. m. Payne, George H. on 75-Nov-23 [[75-Nov-29: 2B]; 75-Nov-30: 2B].
Berry, John Thomas d. on 72-May-14 [72-May-15: 2B; 72-May-16: 2B].
Berry, John W. (51 yrs.) d. on 73-Nov-24 [73-Nov-25: 2B].
Berry, John W. m. Mister, Mary M., Mrs. on 73-Jul-9 [73-Jul-11: 2B].
Berry, John W. m. Williams, Emma M. on 75-Jul-14 [75-Jul-31: 2B].
Berry, Kate d. on 74-Mar-7 [74-Mar-9: 2B].
Berry, Mamie E. m. Price, Orlando K. on 74-Dec-17 [74-Dec-26: 2C].
Berry, Margaret S. (54 yrs.) d. on 73-May-14 [73-May-15: 2B; 73-May-16: 2B].
Berry, Marian L. m. Beall, Thomas B. on 72-Jun-4 [72-Jun-18: 2B].
Berry, Martha Ann d. on 73-May-13 [73-May-14: 2B].
Berry, Mary Jane d. on 72-Sep-26 [72-Oct-1: 2B].
Berry, Mollie d. on 72-Apr-8 [72-Apr-10: 2B].
Berry, Theodore A. d. on 74-Jan-19 [74-Jan-21: 2B].
Berry, Urias m. Timanus, Mary, Miss on 73-Feb-6 [73-Feb-12: 2B].
Berry, William m. Billop, Kate C. on 74-Oct-15 [74-Oct-20: 2B].
Berry, William E. m. Henry, Ella L. on 75-Nov-11 [75-Nov-13: 2B].
Berry, William F., Jr. (38 yrs.) d. on 75-Aug-28 [75-Sep-9: 2B].
Berry, William H. (63 yrs.) d. on 72-Jun-8 [72-Jun-10: 2B; 72-Jun-11: 2A].
Berry, William Oliver d. on 72-Jul-12 [72-Jul-16: 2B].
Berry, Willie (10 mos.) d. on 72-Jul-4 [72-Jul-6: 2B].
Berryman, Fannie I. m. Bowman, William E. on 71-Nov-30 [71-Dec-14: 2B].
Berryman, Nehemiah m. Menzies, Mary C. on 73-Dec-30 [74-Jan-10: 2B].
Bersch, Kate, Miss m. Milter, C. H. on 73-Jun-14 [74-Jan-16: 2B].
Bersick, John W. (1 yr., 4 mos.) d. on 73-Jun-26 [73-Jun-27: 2A].
Bert, Oscar (9 mos.) d. on 74-Oct-1 [74-Oct-2: 2B; 74-Oct-3: 2B].
Bertchoff, Hannah m. Thomas, William on 72-Dec-30 [73-Jan-1: 2B].
Bertram, George William (6 mos.) d. on 73-Jul-18 [73-Jul-19: 2B].
Bertram, William A. m. Ensor, Flora J. on 73-Apr-30 [73-May-9: 2B].
Bertrand, John J. (47 yrs.) d. on 75-Sep-12 [75-Sep-13: 2B].
Bertsch, George m. Adams, Mary on 71-Dec-4 [71-Dec-20: 2B; 71-Dec-21: 2B].
Bessel, Mary A., Miss m. Dressel, Adam on 74-Sep-6 [74-Sep-24: 2B].
Best, Frederica Amelia (1 mo.) d. on 74-Jul-31 [74-Aug-27: 2B].
Best, Frederick m. Ellis, Amelia on 71-Sep-19 [71-Sep-19: 2C].
Bestor, John m. Tuller, L. M., Miss on 71-Nov-2 [71-Nov-16: 2B].
Betson, Mary (71 yrs.) d. on 71-Jun-25 [71-Jun-27: 2B].
Betton, Walter J. (29 yrs.) d. on 71-May-1 [71-May-10: 2B].
Betts, B. Frank, Dr. m. Corse, Lucy C. on 71-Nov-14 [71-Nov-17: 2C].
Betts, Catharine m. Price, Whitson on 72-Jan-11 [72-Jan-30: 2C].
Betts, George m. Kelty, Sarah E., Miss on 72-Nov-12 [72-Nov-19: 2B].
Betts, Joanna, Mrs. m. Hopkins, Joseph T. on 75-Oct-20 [75-Oct-22: 2A].
Betts, Kate, Miss m. Cleary, Edward M. on 71-Oct-23 [71-Nov-10: 2C].
Betts, Lizzie, Miss m. Richards, John A. on 71-Jun-12 [71-Aug-14: 2C].
Betts, Mollie H. m. Longfellow, Thomas H. on 72-Feb-22 [72-Feb-23: 2D].

Betts, Sarah L. d. on 75-Oct-28 [75-Oct-30: 2A].
Betty, Michael (39 yrs.) d. on 73-Mar-15 [73-Mar-21: 2B].
Betz, Gustav William (2 mos.) d. on 72-Nov-13 [72-Nov-16: 2B].
Betz, John (66 yrs.) d. on 73-Oct-26 [73-Oct-27: 2B; 73-Oct-28: 2B].
Betz, John (71 yrs.) d. on 74-Oct-22 [74-Oct-23: 2C].
Beuheiser, Jacob d. on 72-Aug-7 of Suicide (Jump from train) [72-Aug-9: 1H].
Beuly, Sarah J. (36 yrs.) d. on 75-Aug-19 [75-Aug-20: 2B].
Beumler, John Henry (59 yrs.) d. on 73-Feb-1 in Railroad accident [73-Feb-3: 4E].
Beutzelpacher, Lizzie (9 mos.) d. on 73-Feb-24 [73-Feb-25: 2B].
Bevan, Agnes F. (28 yrs.) d. on 75-Oct-3 [75-Oct-4: 2A].
Bevan, Baby (3 mos.) d. on 71-Jun-29 [71-Jun-30: 2B].
Bevan, C. T. m. Young, Hannah M., Mrs. on 72-Apr-8 [72-May-10: 2B].
Bevan, Charles J. (2 yrs., 4 mos.) d. on 75-Jun-24 [75-Jun-26: 2B].
Bevan, Charley Erexson d. on 74-Jul-23 [74-Jul-27: 2B].
Bevan, Emma, Miss m. Clark, J. Everett on 72-Apr-4 [72-Apr-6: 2B].
Bevan, Jennie m. Rayner, Isidor on 71-Dec-5 [71-Dec-6: 2B].
Bevan, Margaret M. (74 yrs.) d. on 71-Feb-4 [71-Feb-6: 2C].
Bevan, Nicholas K. m. McCafferty, Mamie on 71-May-25 [71-May-31: 2B].
Bevan, Sallie d. on 75-Sep-9 [75-Sep-14: 2B].
Bevan, Thomas W. (47 yrs.) d. on 71-Apr-11 of Congestive chills [71-Apr-17: 2C].
Bevan, Warren C. m. Bastable, Virginia, Miss on 71-Jul-18 [71-Jul-20: 2B].
Bevans, David (71 yrs.) d. on 73-Jun-22 [73-Jun-23: 2A].
Bevans, Emma L., Miss m. Myers, John E. on 72-Mar-5 [72-Mar-11: 2C].
Bevans, Helen E. d. on 72-Sep-20 [72-Sep-23: 2B].
Bevans, Howard F. (9 mos.) d. on 73-Feb-8 [73-Feb-10: 2B].
Bevans, John T. m. Nolan, Mary R. on 71-Oct-30 [71-Nov-10: 2C].
Bevans, Joshua (69 yrs.) d. on 72-Mar-12 [72-Mar-13: 2C].
Bevans, Joshua S. m. Kinghorn, Mary E., Miss on 71-Sep-28 [71-Nov-4: 2B].
Bevans, Mary E. d. on 74-May-10 [74-May-11: 2B].
Bevans, Nancy (61 yrs.) d. on 74-Jan-30 [74-Jan-31: 2B].
Bevans, Nelson C. (3 yrs., 6 mos.) d. on 73-Jul-12 [73-Jul-14: 2B].
Bevans, Prudence (85 yrs.) d. on 73-Dec-29 [73-Dec-31: 2B].
Bevans, Rachel P. (66 yrs.) d. on 71-Nov-21 [71-Nov-22: 2C].
Bevard, Charles m. Gerbrick, Kate, Miss on 74-Aug-9 [74-Oct-3: 2B].
Beveridge, John G. (9 mos.) d. on 75-Aug-12 [75-Aug-13: 2B].
Beveridge, Mary A. (85 yrs.) d. on 73-Aug-20 [73-Aug-21: 2B].
Bewley, Richard Edward (1 yr., 7 mos.) d. on 74-Sep-28 [74-Oct-1: 2B].
Bewley, William J. (38 yrs.) d. on 72-Dec-11 of Bowel inflammation [72-Dec-12: 2B; 72-Dec-13: 2B; 72-Dec-14: 1H].
Beynon, Elizabeth m. Williams, William on 73-Sep-4 [73-Sep-6: 2B].
Bians, Emma Catharine (2 mos.) d. [71-Apr-4: 2B].
Bias, Anna m. Wilson, Peter on 71-Sep-17 [71-Sep-19: 2C].
Biays, George m. Price, Anna J., Miss on 71-May-23 [71-May-24: 2B].
Biays, Margaret (74 yrs., 1 mo.) d. on 71-Mar-21 [71-Apr-5: 2B].
Bibb, Carmen Arosmena d. on 73-Apr-17 [73-Apr-19: 2C].
Bibelheiser, Conrad G. (27 yrs.) d. on 72-Oct-11 [72-Oct-12: 2A].
Bichy, Herman (47 yrs.) d. on 75-Apr-12 [75-Apr-13: 1H; 75-Apr-14: 1H, 2B].
Bickley, Mary A. m. Bowers, Thomas M. on 75-Jun-15 [75-Jun-18: 2B].
Bickley, Samuel (77 yrs.) d. on 72-Jan-14 [72-Jan-15: 2C].
Biddison, Temperance R., Miss m. Edwards, Philip on 74-Dec-3 [74-Dec-5: 2B].
Biddle, Annie E. m. Sherwood, Bailor R. on 73-Nov-13 [73-Nov-27: 2B].
Biddle, Elizabeth (75 yrs.) d. on 73-Feb-3 [73-Feb-5: 2B].

Biddle, Thomas W. m. Evans, Sarah J. on 75-Oct-14 [75-Oct-26: 2A].
Biden, Annie J. (29 yrs.) d. on 72-Sep-11 [72-Sep-12: 2B].
Biden, Annie L. (13 yrs., 7 mos.) d. on 72-May-13 [72-May-14: 2B].
Biden, Katie Edmonia (3 yrs., 10 mos.) d. on 71-Jul-24 [71-Jul-25: 2B].
Biebel, Joseph M. (33 yrs.) d. on 71-Jan-3 [71-Jan-5: 2C].
Biebelheiser, B. C. m. Cullen, Jennie T. on 75-Jan-7 [75-Jan-16: 2C].
Bielefeld, Joseph (43 yrs.) d. on 72-Nov-13 [72-Nov-14: 2B].
Bien, A. R. m. Miller, Rosa, Miss on 75-Jun-1 [75-Jun-15: 2A; 75-Jun-16: 2B].
Bier, Laura A., Miss m. Cooper, James H. on 72-Dec-3 [72-Dec-17: 2A].
Bier, Mary Randolph (28 yrs.) d. on 71-Feb-14 [71-Feb-16: 2C; 71-Feb-15: 2C].
Bierbower, Charles E. m. Hamilton, Mattie W. on 75-Apr-6 [75-Apr-24: 2A].
Bierbower, Mary B. m. King, Richard on 73-Nov-27 [73-Dec-2: 2B].
Bierly, James T. m. Helms, Anna, Miss on 75-Nov-18 [75-Nov-20: 2A].
Biermann, George m. Moore, Laura V. on 71-Feb-28 [71-Mar-20: 2B].
Biggar, Jane Lindsay Harpur d. on 72-Sep-20 [72-Sep-21: 2A].
Biggs, Alice m. Wilson, F. E. on 75-Mar-18 [75-Mar-22: 2B].
Biggs, John T. m. Gardner, Emily L., Miss on 75-Apr-27 [75-Jul-27: 2B].
Biggs, Milton E. m. Copeland, Frances V., Miss on 71-Jun-29 [71-Jul-11: 2B].
Biggs, Richard J. m. Boteler, Alice C. on 75-Oct-14 [75-Oct-16: 2A].
Biggs, Samuel F. m. Houch, Mary A., Miss on 72-Nov-14 [72-Nov-18: 2B].
Bigham, Arthur Lindsay (6 mos.) d. on 72-Jul-13 [72-Jul-16: 2B].
Bigham, Rachel Ann (2 yrs., 6 mos.) d. on 72-Apr-25 [72-Apr-27: 2A].
Bihy, John, Sr. (72 yrs.) d. on 74-Dec-2 [74-Dec-4: 2B].
Biles, Eveline (30 yrs.) d. on 73-Dec-28 [73-Dec-29: 2B].
Biles, William (74 yrs.) d. on 71-Jan-22 [71-Feb-3: 2C].
Biles, William m. Adams, Eveline on 71-Dec-25 [72-Mar-11: 2C].
Billingslea, Blanche m. Graff, R. P. on 74-Dec-23 [75-Jan-7: 2B].
Billingslea, James P. m. Norris, Rebecca L. on 71-Jun-21 [71-Aug-2: 2C].
Billingslea, Mollie, Miss m. Small, Noah on 72-Jan-30 [72-Feb-2: 2C].
Billingsley, Chapman, Hon. d. on 74-Dec-9 [74-Dec-19: 2A].
Billingsley, Margaretta Kent d. on 71-Oct-10 [71-Oct-12: 2B].
Billingsley, R. C. m. Jones, M. E., Miss on 73-Dec-29 [74-Jan-1: 2B].
Billingsley, Thomas B. (69 yrs.) d. on 73-Nov-26 [73-Nov-29: 2B].
Billingsley, William H. H. m. Gambril, Ella on 71-Mar-2 [71-Mar-7: 2B].
Billington, Annie M. m. Dannettel, John H. on 74-Dec-22 [75-Jan-1: 2B].
Billmire, J. Earson m. Cooke, Fannie Earl on 75-Jun-15 [75-Jun-19: 2A].
Billmire, William H. (50 yrs.) d. on 71-Oct-13 [71-Oct-20: 2B].
Billmyer, Charles A. m. Conly, Kate, Miss on 71-May-11 [71-May-25: 2B].
Billmyer, Charles E. m. Waters, Jennie on 71-Jun-1 [71-Jun-14: 2B].
Billmyer, Gracie (2 yrs.) d. on 74-Apr-23 [74-Apr-24: 2B].
Billop, Kate C. m. Berry, William on 74-Oct-15 [74-Oct-20: 2B].
Billop, Nellie m. Brooke, George W. on 75-Apr-15 [75-Apr-23: 2B].
Billopp, Charles F. m. Brooke, Mary B. on 74-Nov-19 [74-Dec-2: 2B].
Billopp, Robert C. m. Magruder, Jennie on 75-Nov-17 [75-Nov-19: 2B; 75-Nov-20: 2A].
Billups, Bettie, Miss m. Schulz, Henry V. on 75-Aug-31 [75-Dec-8: 2B].
Billups, Ella, Miss m. Diggs, Charles E. on 74-Apr-2 [74-Apr-4: 2B].
Billups, Fannie (9 mos.) d. on 73-Sep-1 [73-Sep-3: 2B].
Billups, Louisa (86 yrs.) d. on 75-Mar-21 [75-Mar-23: 2B].
Bilson, Lizzie m. Gregg, J. Newton on 71-Nov-23 [71-Dec-5: 2C].
Bilson, Louisa (62 yrs.) d. on 73-Oct-24 [73-Oct-25: 2B].
Bilson, William (68 yrs.) d. on 73-Sep-9 [73-Sep-10: 2B].
Bines, John A. m. Mitchell, Mollie E. on 73-May-16 [73-May-22: 2B].

Bingel, Frederick m. Miller, Mary, Miss on 72-Apr-1 [72-Apr-5: 2B].
Bingel, Henry m. Bothoff, Elizabeth on 74-Feb-16 [74-Feb-16: 2B].
Bingel, Jacob m. Paul, Anna Barbara on 71-May-14 [71-May-22: 2B].
Bingham, Gertrude m. Baker, Lewis on 71-Jan-3 [71-Jan-20: 2C].
Bingham, Joseph R. (21 yrs.) d. on 73-May-26 [73-May-28: 2B; 73-May-29: 2B].
Bingham, Sarah J. (36 yrs., 7 mos.) d. on 72-Dec-26 [73-Jan-18: 2C].
Bingham, William (57 yrs.) d. on 72-Dec-31 [73-Jan-3: 2B].
Bingley, Charles V., Rev. m. Anderson, Ella McLean on 71-Jun-1 [71-Jun-3: 2B].
Bingley, William B. (75 yrs.) d. on 71-Jul-20 [71-Jul-24: 2C].
Binkley, Laura V., Miss m. Henkell, Peter P. on 72-Dec-26 [73-Jan-6: 2B].
Binney, Joshua, Capt. (68 yrs.) d. on 73-Aug-23 [73-Aug-25: 2B; 73-Aug-26: 2B; 73-Aug-27: 1H].
Binnie, Robert (71 yrs.) d. on 75-Mar-24 [75-Mar-25: 2B; 75-Mar-26: 2B; 75-Mar-27: 1H].
Binnix, Elizabeth, Mrs. m. Hill, Jesse on 74-Mar-15 [74-Mar-23: 2B].
Binswanger, Bertha, Miss m. Pina, J. on 73-Mar-16 [73-Mar-19: 2B].
Binswanger, Sarah (32 yrs.) d. on 75-Nov-2 [75-Nov-4: 2A].
Binyon, Mollie E. m. Kerns, William P. on 75-Nov-30 [75-Dec-8: 2B].
Binyon, Thomas (83 yrs.) d. on 71-Apr-21 [71-Apr-22: 2C].
Binyon, Thomas m. Harris, Rebecca F. on 74-Apr-7 [74-Apr-25: 2B].
Binyon, Thomas W. (55 yrs.) d. on 75-Nov-20 of Heart disease [75-Nov-22: 2A, 4C].
Birch, Charles m. Cox, Maggie D. on 75-Jan-5 [75-Jan-7: 2B].
Birch, Howard (6 mos.) d. on 75-Jul-12 [75-Jul-14: 2B].
Birch, John S. m. Patterson, Mary F. on 72-Nov-27 [72-Nov-30: 2B].
Birch, Josephine m. Curry, Samuel Lee on 72-Oct-28 [72-Nov-14: 2B].
Birchett, Robert Dickson, Jr. (11 yrs., 11 mos.) d. on 74-Aug-4 in Wagon accident [74-Aug-5: 1H, 2B; 74-Aug-6: 2B; 74-Aug-7: 1H].
Birchmore, Harriet (18 yrs.) d. on 71-Feb-23 of Typhoid [71-Feb-24: 4E].
Birckhead, Hugh (14 yrs.) d. on 72-Jul-5 Drowned [72-Jul-8: 2C].
Birckhead, Jane Allen m. De Westenberg, Bernhardt O. T. H. on 74-Feb-26 [74-Feb-28: 2B].
Birckhead, John W. E. (56 yrs.) d. on 71-Oct-22 [71-Oct-23: 2B].
Birckhead, S. H., Dr. (67 yrs.) d. on 74-Feb-20 [74-Feb-24: 2B].
Birckhead, Samuel J. (39 yrs.) d. on 73-Jan-2 of Pneumonia [73-Jan-6: 2B].
Birckhead, Susan m. Gambrall, Thomas C. on 71-Nov-28 [71-Dec-13: 2B].
Bird, Alvirta (6 yrs.) d. on 73-May-2 of Diptheria [73-May-14: 2B].
Bird, Benjamin L., Dr. (60 yrs.) d. on 73-Jun-20 [73-Jun-23: 2A].
Bird, Emma E., Miss m. Israel, Philip H. on 71-Nov-1 [[71-Nov-2: 2C]; 71-Nov-3: 2B].
Bird, Mary Sturman (1 yr., 4 mos.) d. on 75-Aug-18 [75-Aug-20: 2B].
Bird, Saida B. m. Smith, Victor on 71-Nov-16 [71-Nov-21: 2C].
Birdsong, Rebecca (65 yrs.) d. on 73-Oct-8 [73-Oct-9: 2B].
Birkett, Annie F. m. Walter, George R. on 73-Sep-30 [73-Oct-6: 2B].
Birkett, Mary H. m. Patten, Edwards on 71-Mar-23 [71-Mar-27: 2C].
Birkett, Thomas A. (33 yrs.) d. on 72-Feb-7 [72-Feb-8: 2C].
Birkey, Mary A. C. d. on 74-Jun-11 [74-Jun-12: 2B].
Birkey, Thomas m. Barry, Mary E. on 71-Apr-19 [71-Apr-21: 2B].
Birkhead, Belle, Miss m. Houck, H. J., Dr. on 75-Sep-28 [75-Sep-29: 2B].
Birkholz, Charles A. m. Young, Laura V., Miss on 74-Jun-4 [74-Jun-13: 2B].
Birkner, Anna m. Hugle, Julius on 75-Jul-4 [75-Jul-6: 2B].
Birley, John (69 yrs.) d. on 75-Apr-7 [75-Apr-9: 2B].
Birmingham, Andrew m. Finn, Kate, Miss on 72-Jan-16 [72-Jan-18: 2C].
Birmingham, Daniel d. on 72-Mar-13 [72-Mar-20: 2B].
Birmingham, Ellen d. on 75-Apr-13 [75-Apr-14: 2B].
Birmingham, John (45 yrs.) d. on 75-May-2 [75-May-3: 2B].

Birmingham, John (1 yr., 7 mos.) d. on 75-Jul-29 [75-Jul-31: 2B].
Birmingham, Joseph d. [72-Jun-24: 2B].
Birmingham, Kate (25 yrs.) d. on 75-Feb-16 [75-Feb-17: 2B].
Birmingham, Katie Olivia (9 mos.) d. on 75-Oct-31 [75-Nov-1: 2B].
Birney, Walter (3 yrs., 4 mos.) d. on 72-Sep-25 [72-Sep-26: 2B].
Birnie, Upton m. Galt, Sue A., Miss on 74-Apr-29 [74-May-2: 2B].
Biscoe, Annie Ophelia m. Colton, R. Johnson, Hon. on 74-Dec-4 [74-Dec-5: 2B].
Biscoe, Charles M. (19 yrs.) d. on 74-Apr-30 [74-May-1: 2B; 74-May-2: 2B].
Biscoe, Harry (1 yr., 11 mos.) d. on 74-Jun-22 [74-Jun-23: 2B].
Biscoe, James m. Willson, M. C. M., Mrs. on 71-Nov-1 [71-Nov-6: 2A].
Biscoe, Maggie M., Miss m. Rawleigh, Sir Walter on 73-Feb-27 [73-Mar-3: 2B].
Bishop, Adella m. Cross, Henry O. on 75-Oct-14 [75-Nov-9: 2B].
Bishop, Ella Blanche (1 yr., 1 mo.) d. on 72-Sep-10 [72-Sep-11: 2A].
Bishop, Emily G. m. Wiggins, James T. on 72-Mar-14 [72-Mar-20: 2B].
Bishop, George W. m. King, Laura S. on 71-Oct-12 [71-Oct-16: 2B].
Bishop, Goswie Greenfield (3 yrs., 11 mos.) d. on 75-Dec-11 of Scarletina [75-Dec-13: 2B].
Bishop, Ida K., Miss m. Collins, Robert E. on 73-Dec-18 [[73-Dec-23: 2B]; 73-Dec-24: 2B].
Bishop, Jinnie, Miss m. Warner, William A. on 72-May-16 [72-May-25: 2B].
Bishop, John Edgar (9 mos.) d. on 71-Jul-4 [71-Jul-7: 2C].
Bishop, Laura S. (27 yrs.) d. on 75-Jan-28 of Consumption [75-Jan-30: 2B].
Bishop, Lydia J. (61 yrs.) d. on 73-Feb-13 [73-Feb-14: 2B; 73-Feb-15: 2B].
Bishop, Maggie E. d. on 75-May-12 [75-May-13: 2B].
Bishop, Mary m. Chaneay, William on 72-Jan-17 [72-Jan-19: 2C].
Bishop, Olevia L., Miss m. King, Edwin W. on 72-Oct-31 [72-Nov-5: 2B].
Bishop, Priscilla d. on 74-May-19 [74-May-21: 2B].
Bishop, Rebecca A. m. Hammond, John R. on 72-Aug-1 [72-Aug-6: 2B].
Bishop, Thomas J. (4 yrs.) d. on 75-Jun-18 of Scarlet fever [75-Jun-19: 2A].
Bishop, William H. (19 yrs.) d. [73-Mar-12: 2B].
Bishop, William Henry m. Buckless, Ida Olevia, Miss on 74-Mar-10 [74-Mar-25: 2B].
Bishop, Willie (3 yrs., 11 mos.) d. on 74-Jan-3 of Brain congestion [74-Jan-6: 2B].
Bishop, Wilminia, Miss m. McLean, James on 71-Jul-2 [71-Jul-21: 2C].
Bissell, Nannie, Miss m. Baldwin, Joseph S., Dr. on 74-Dec-9 [74-Dec-12: 2B].
Bissell, Phebe (90 yrs.) d. on 74-Mar-30 [74-Apr-1: 2B].
Bissell, William T. m. Wilson, Georgie I. on 71-Dec-17 [71-Dec-19: 2B].
Bisset, M. C. d. on 72-Sep-8 [72-Sep-9: 2B].
Bitter, Eugene (10 mos.) d. on 74-Jun-21 [74-Jun-23: 2B].
Bitter, Mina, Miss m. Seibel, Henry on 71-Jan-22 [71-Jan-24: 2C].
Bitter, Mollie, Miss m. Cassidy, Robert V. on 74-Jun-4 [74-Jun-18: 2B].
Bitters, Dora, Miss m. Myers, Daniel on 71-Dec-31 [72-Jan-8: 2C].
Bitters, James W. m. Mowbray, Helen A. on 75-Apr-5 [75-Apr-27: 2B].
Bitzel, Margaret A. m. Smith, John P. on 72-Oct-31 [72-Nov-9: 2A].
Bitzell, Elizabeth (59 yrs., 8 mos.) d. on 73-Aug-17 [73-Aug-18: 2B].
Bitzen, Samuel (63 yrs.) d. on 71-Jul-23 in Railroad accident [71-Jul-25: 4D].
Bitzer, Ellen (5 yrs., 3 mos.) d. on 73-Feb-14 [73-Feb-21: 2B].
Bitzer, Mary (1 yr., 5 mos.) d. on 73-Feb-26 [73-Feb-28: 2B].
Bixler, Grace (2 yrs., 8 mos.) d. on 72-Feb-24 [72-Feb-26: 2C].
Bixler, John Patterson (3 yrs., 4 mos.) d. on 75-Feb-26 of Scarlet fever [75-Feb-27: 2B].
Black, Annie (14 yrs.) d. on 75-Feb-23 [75-Feb-24: 2B].
Black, Annie Edna (1 mo.) d. on 73-Sep-22 [73-Sep-23: 2B].
Black, Annie L., Miss m. Garrett, John F. on 74-Jun-2 [74-Jun-6: 2B].
Black, Annie M. m. Herring, Luther W. on 75-Jan-14 [[75-Jan-16: 2C]; 75-Jan-21: 2B].
Black, Bella Weiser (2 yrs., 5 mos.) d. on 72-Feb-4 [72-Feb-6: 2C].

Black, Catherine M. A. (41 yrs.) d. on 73-Sep-25 [73-Sep-27: 2B].
Black, Ellen Minto d. on 75-Jun-26 [75-Jun-29: 2B].
Black, Elsie Jane (2 yrs., 2 mos.) d. on 74-Jul-4 [74-Jul-9: 2B].
Black, Evelyn (50 yrs.) d. on 75-Oct-5 [75-Oct-6: 2B; 75-Oct-7: 2B].
Black, George (13 yrs.) d. on 71-Jun-26 in Railroad accident [71-Jun-28: 4D].
Black, George d. on 74-Jun-9 of Heatstroke [74-Jun-11: 1H].
Black, George W. Z. m. Pigman, Mary Briscoe on 73-Oct-30 [73-Nov-4: 2B].
Black, Gilbert (94 yrs.) d. on 71-Jul-17 [71-Jul-18: 2B].
Black, Harriet (80 yrs.) d. on 72-Dec-19 [72-Dec-30: 2C].
Black, Henrietta (39 yrs.) d. on 73-Jul-20 [73-Jul-21: 2B; 73-Jul-22: 2B].
Black, Isabella L. (53 yrs.) d. on 74-Mar-24 [74-Mar-25: 2B; 74-Mar-26: 2B; 74-Mar-27: 2B].
Black, J. Marshall m. Wise, Emma S. on 72-May-16 [72-May-22: 2B].
Black, J. Worthington m. Drach, Annie E., Miss on 75-Feb-10 [75-Feb-23: 2B].
Black, James B. m. Headington, Mattie W., Miss on 73-Oct-9 [73-Oct-11: 2B].
Black, Jane (83 yrs.) d. on 74-Oct-23 [74-Nov-4: 2B].
Black, Jennie Erich (10 mos.) d. on 75-Aug-14 [75-Aug-16: 2B].
Black, John (79 yrs.) d. on 72-May-5 [72-May-6: 2B].
Black, John J., Dr. m. Groome, Jeanie on 72-Jan-31 [72-Feb-15: 2C].
Black, Laura M. m. Fairbank, J. Randolph on 75-Jul-20 [75-Jul-29: 2B].
Black, Maggie E. m. Horn, George L. on 73-Nov-26 [73-Nov-29: 2B].
Black, Mary A. m. Weil, Henry on 71-Sep-21 [71-Sep-23: 2B].
Blackbun, V. E., Miss m. Marchant, J. R. [72-Apr-19: 2B].
Blackburn, Effie May (1 yr., 3 mos.) d. on 73-Aug-7 [73-Aug-8: 2B].
Blackburn, Georgianna d. on 73-May-6 [73-May-7: 2B; 73-May-8: 2B].
Blackburn, Georgie C., Miss m. Benson, G. Milton on 73-Apr-15 [73-Apr-21: 2B].
Blackburn, H. T. m. Dodd, L. J. on 71-Jun-27 [71-Jul-15: 2B].
Blackburn, Henry T. (26 yrs.) d. on 74-Oct-15 [74-Oct-16: 2B].
Blackburn, John W. m. Iglehart, Sarah E., Miss on 72-Apr-30 [72-May-8: 2B].
Blackburn, Octavia M., Miss m. Barnes, Samuel on 74-Oct-15 [74-Oct-21: 2B].
Blackburn, Sallie A. m. Penn, John W. on 73-Dec-30 [74-Jan-1: 2B].
Blackhead, Joseph Calhoun (2 mos.) d. on 72-Jun-1 [72-Jun-6: 2B].
Blackhead, M. Norval (6 mos.) d. on 75-Oct-23 [75-Oct-28: 2B].
Blackhead, Mary Pauline (7 mos.) d. on 71-Jul-3 [71-Jul-18: 2B].
Blackiston, James (85 yrs.) d. on 72-Jun-24 [72-Jun-26: 2B].
Blackiston, Jennie, Miss m. Bantz, Clarence on 73-Nov-26 [73-Dec-12: 2B].
Blackiston, Luella (2 yrs., 4 mos.) d. on 71-Jun-23 [71-Jun-24: 2B].
Blackiston, Mary (63 yrs.) d. on 74-Sep-11 [74-Sep-12: 2B].
Blackistone, E. B. (64 yrs.) d. on 73-May-4 [73-May-6: 2B].
Blackistone, William Dent (45 yrs.) d. on 74-Jul-9 [74-Jul-30: 2B].
Blacklock, David (44 yrs.) d. on 73-Jun-28 of Poisoning [73-Jun-30: 4B; 73-Jul-1: 4B].
Blacklock, Sarah (40 yrs.) d. on 73-Jun-30 of Suicide (Hanging) [73-Jul-1: 4B].
Blackman, Evaline Constantia m. Glenn, William on 71-Jun-1 [71-Jun-8: 2B].
Blackstone, Mary C. m. Greentree, Andrew on 75-Apr-6 [75-Apr-7: 2B].
Blackstone, Sarah Ann, Miss m. Shipley, George W. on 74-Dec-31 [75-Jan-5: 2B].
Blades, Charles E. d. of Suicide (Stabbing) [75-Dec-17: 4E].
Blades, Clifton Guy (1 yr., 2 mos.) d. on 71-May-21 [71-May-22: 2B].
Blades, John J. m. Budeke, Rosa M., Miss on 75-Oct-21 [75-Nov-8: 2B].
Blades, Kate Ashby (3 yrs., 7 mos.) d. on 71-May-19 [71-May-19: 2C].
Blades, Mary Elizabeth d. on 74-Feb-10 [74-Feb-11: 2B; 74-Feb-12: 2C].
Blades, Rosa G. m. McMullen, William C. on 74-Apr-30 [74-May-9: 2C].
Blades, Samuel (72 yrs.) d. on 73-Apr-9 [73-Apr-11: 2B].
Blades, William H. m. Davis, Emily L., Miss on 71-Sep-29 [71-Oct-2: 2B].

Blaich, Mary, Miss m. Stengel, Frederick M. on 73-Oct-15 [73-Nov-8: 2B].
Blair, E. G. (76 yrs.) d. on 72-Jul-10 [72-Jul-11: 2C; 72-Jul-12: 2C].
Blair, James T. m. Pines, Agnes E. on 72-Nov-19 [72-Nov-26: 2A].
Blair, Mary Madeline (4 mos.) d. on 72-Jul-7 [72-Jul-9: 2D].
Blaire, Charles Xavier m. Gantt, Katie on 74-Nov-25 [74-Dec-5: 2B].
Blake, Charles D. m. Wolcott, Marian C. on 75-Aug-10 [75-Sep-9: 2B].
Blake, Charles Henry (8 yrs., 5 mos.) d. on 74-May-9 [74-Jun-11: 2B; 74-Jun-12: 2B].
Blake, Charles W. m. Franklin, E. Jennie on 71-Jun-21 [71-Jun-24: 2A].
Blake, Eugene m. Myer, Emma on 73-Oct-29 [73-Nov-8: 2B].
Blake, Francis T. m. Shaffer, Rebecca A., Miss on 72-Oct-23 [72-Oct-26: 2A].
Blake, George Francis (2 yrs., 3 mos.) d. on 75-Dec-30 [75-Dec-31: 2B].
Blake, J. H., Dr. m. Harris, Jennie L., Miss on 73-Mar-13 [73-Mar-29: 2B].
Blake, John H. (45 yrs.) d. on 73-Apr-4 [73-Apr-9: 2B].
Blake, John W. (9 mos.) d. on 74-Jul-12 [74-Jul-14: 2B].
Blake, Joseph, Jr. m. Allnutt, G. Ellen, Miss on 70-Dec-22 [71-Jan-5: 2C].
Blake, Joseph W. (35 yrs.) d. on 73-Aug-4 [73-Aug-5: 2B; 73-Aug-6: 2B].
Blake, Mary d. on 74-Jun-22 [74-Jun-23: 2B].
Blake, Mary E. (40 yrs.) d. on 73-Jun-11 [73-Jun-12: 2B].
Blake, Samuel V., Rev. (58 yrs.) d. on 71-May-9 [71-May-10: 2B; 71-May-11: 2B, 4C; 71-May-12: 4C].
Blake, Susan (55 yrs.) d. on 75-May-12 [75-May-14: 2B].
Blakely, Alice A. m. Akehurst, Henry on 73-Feb-26 [73-Mar-18: 2B].
Blakeney, Agnes m. Livsey, Giles F. on 74-Apr-28 [74-Apr-30: 2B].
Blakey, Adele m. Dennis, Emory J. on 71-Dec-21 [71-Dec-23: 4C].
Blakiston, Hattie E. m. Rittenhouse, Smith S. on 74-Sep-22 [74-Oct-9: 2B].
Blakistone, Herbert H. m. McCubbin, Emma, Miss on 73-Jul-10 [73-Aug-8: 2B].
Blakistone, R. J. d. on 74-May-3 [74-May-5: 2B].
Blakistone, Walter m. Sinclair, Sallie on 71-Oct-19 [71-Oct-20: 2B].
Blanch, James C. (62 yrs.) d. on 74-Jan-14 [74-Jan-15: 2B; 74-Jan-16: 2B].
Blanch, Thomas A. (22 yrs.) d. on 74-Oct-16 [74-Oct-17: 2B].
Blanchard, D. Harris (53 yrs.) d. on 75-Jan-13 [75-Jan-15: 2B].
Blanchard, Joseph m. Conaway, Harriet E. on 73-Oct-13 [73-Oct-15: 2B].
Blanchard, Mary (72 yrs.) d. on 74-May-25 [74-May-27: 2B].
Blandy, F. P. S. d. on 72-Jan-11 [72-Jan-17: 2C].
Blaney, Frank M. m. Gallagher, Mary on 72-Aug-27 [72-Oct-22: 2B].
Blaney, Mary A., Miss m. Smith, Eugene C. on 75-Jun-27 [[75-Jul-27: 2B]; 75-Aug-3: 2B].
Blaney, Mary Mumma d. on 71-Sep-18 [71-Sep-19: 2C].
Blaney, Minnie E., Miss m. Counselman, George H. on 73-Nov-25 [74-Feb-16: 2B].
Blanke, Ann E., Miss m. Sanders, Frederick W. on 73-Apr-17 [73-Apr-24: 2B].
Blanks, David Glass (2 yrs., 11 mos.) d. on 75-Feb-19 of Pneumonia [75-Feb-20: 2B].
Blanks, Henry W. m. Glass, Sarah Annie, Miss on 71-Apr-27 [71-Apr-28: 2C].
Blash, Emily (50 yrs.) d. on 73-Feb-11 [73-Feb-15: 2B].
Blay, Martha H. (18 yrs.) d. on 74-May-28 [74-May-29: 2B].
Blazey, Charles W. m. Camden, Virginia on 74-Jun-23 [74-Jun-30: 2B].
Blazier, Barbara (75 yrs.) d. on 72-Oct-24 of Fall [72-Oct-25: 1G].
Bleakley, Samuel H. m. Duvall, Augusta E., Miss on 71-Nov-7 [71-Nov-14: 2B].
Blemer, Dorcas d. on 73-May-1 of Heart disease [73-May-2: 1H].
Blessing, Barbara A. (72 yrs.) d. on 72-Dec-1 [72-Dec-2: 2B].
Blessing, Grace Alice (1 yr., 2 mos.) d. on 75-Oct-29 [75-Oct-30: 2A].
Blessing, John F. m. Cook, Jennie, Miss on 73-Oct-16 [73-Oct-31: 2B].
Blessing, Mary Olevia, Miss m. Sultzer, John S. on 74-Nov-26 [74-Nov-27: 2B].
Blessing, Susie B. (17 yrs.) d. on 75-Sep-1 [75-Sep-2: 2B; 75-Sep-3: 2B].

Blessing, William T. m. Jones, Emma M., Miss on 74-Nov-4 [74-Nov-10: 2B].
Blimline, Josephine m. Brady, Robert S. on 74-Apr-19 [74-Apr-23: 2B].
Blinn, Charles A. m. Holton, Kate J. on 74-Feb-10 [74-Feb-26: 2B].
Blinsinger, George M. (85 yrs.) d. on 75-Jan-25 [75-Jan-27: 2B].
Bliss, Eleanor T. d. on 74-Feb-3 [74-Feb-6: 2D].
Bliss, Susan (53 yrs.) d. on 74-May-25 [74-May-27: 2B].
Blizzard, Emma T., Miss m. Gibson, Richard F., Capt. on 72-Mar-6 [72-Mar-14: 2C].
Blizzard, Martha E. m. Frisch, Michael on 75-Nov-25 [75-Dec-3: 2B].
Block, Finley d. on 72-May-20 [72-May-23: 2B].
Block, Harriet d. on 72-Jan-6 [72-Jan-8: 2C].
Block, J. H. m. Bowen, Maria L. on 70-Dec-7 [71-Feb-1: 2C].
Block, Meta Roberta (1 yr., 6 mos.) d. on 72-Mar-18 of Consumption [72-Apr-20: 2B].
Block, Solomon S. m. Brown, Theresa on 71-Jan-8 [71-Jan-11: 2C].
Block, V. F., Miss m. Weis, J. on 74-Aug-30 [74-Sep-7: 2B].
Blodgett, G. Gordon, Hon. m. Reed, Alice E. Summers on 72-Jul-14 [72-Sep-2: 2B; 72-Sep-4: 2B].
Blodgett, G. Gordon, Hon. m. Summers, Alice E. on 72-Jul-14 [72-Sep-2: 2B; 72-Sep-4: 2B].
Blogg, Olive Maud (7 yrs.) d. on 73-Jul-4 [73-Jul-5: 2B].
Blome, Adolph Christian (11 mos.) d. on 73-Jun-30 [73-Jul-2: 2B].
Blome, Charles (2 mos.) d. on 75-Jul-21 [75-Jul-22: 2B].
Blome, Dorothea (39 yrs.) d. on 75-Jul-16 [75-Jul-17: 2B].
Blomgren, Mary (52 yrs.) d. on 73-Jan-11 [73-Jan-14: 2B].
Blondell, Dennis (65 yrs.) d. on 74-Jan-17 [74-Jan-19: 2B; 74-Jan-20: 2B].
Blondell, Malachi J. m. Tobe, Mary J., Miss on 74-Apr-29 [74-May-6: 2B].
Blondell, Mollie B. R. m. Taylor, John M. on 73-Sep-18 [73-Oct-2: 2B].
Bloodgood, James I. (62 yrs.) d. on 72-Jan-8 [72-Jan-9: 2C; 72-Jan-10: 4E].
Bloom, Jessie May (14 yrs.) d. on 75-Apr-10 [75-Apr-12: 2B].
Bloomer, Annie E. d. on 71-Sep-6 [71-Sep-7: 2B].
Bloomer, Catherine d. on 74-Aug-23 [74-Aug-24: 2B; 74-Aug-25: 2B].
Bloomfield, Charles M. m. Wagner, Mollie C., Miss on 74-Aug-20 [74-Aug-25: 2B].
Bloss, George m. Hall, Emma F. on 73-Dec-31 [74-Jan-14: 2B].
Bloxham, John Lloyd m. Graff, Mary L. C., Miss on 73-Feb-4 [73-Nov-27: 2B].
Bloxham, Olevia Sanner (8 mos.) d. on 75-Aug-27 [75-Aug-28: 2B].
Bloxham, Richard J. m. Fields, Eliza J., Miss on 73-Mar-3 [73-Mar-6: 2B].
Blum, Barbara A., Miss m. Reynolds, George W. on 71-May-16 [71-Jun-10: 2A].
Blum, Rosina, Mrs. m. Harris, Abraham on 71-Jul-29 [71-Aug-1: 2C].
Blume, J. A. m. Freeman, Ada C., Miss on 71-Oct-17 [71-Oct-20: 2B].
Blumenour, Henry (54 yrs.) d. on 74-Apr-12 in Railroad accident [74-Apr-13: 4D].
Blumenthal, Bernhard P. (54 yrs.) d. on 72-Jun-4 [72-Jun-5: 2B; 72-Jun-6: 2B].
Blumenthal, Julius m. Goldenberg, Lena on 74-Oct-18 [74-Oct-20: 2B].
Blumenthal, Louis (27 yrs.) d. on 75-Jun-30 [75-Jul-1: 2B; 75-Jul-2: 2B].
Blumenthal, Maximilian (29 yrs.) d. on 75-Feb-11 [75-Feb-12: 2B].
Blumgren, [female] d. [73-Mar-13: 2B].
Blundell, Elizabeth (6 mos.) d. on 73-Jul-9 [73-Jul-10: 2B].
Blundon, William (74 yrs.) d. on 74-Dec-13 [74-Dec-17: 2B].
Blunt, Marian Agnes (1 yr., 7 mos.) d. on 72-Apr-14 [72-Apr-16: 2B].
Blunt, Samuel (42 yrs.) d. on 75-Apr-5 [75-Apr-30: 2B].
Blute, Mary (86 yrs.) d. on 75-May-16 [75-May-17: 2A; 75-May-18: 2A].
Boarman, Ignatius (62 yrs.) d. on 72-May-2 [72-May-20: 2B].
Boarman, Lizzie C. (19 yrs.) d. on 74-Mar-25 [74-Mar-28: 2B].
Boas, Ella, Miss m. Ettinger, J. M., Rev. on 75-Sep-23 [75-Sep-25: 2B].
Bobee, Joseph F. m. Holtz, Margaret E., Miss on 72-Nov-3 [72-Nov-11: 2B].

Bobeth, Mary L., Miss m. Scheeler, Henry on 75-Jul-8 [75-Aug-4: 2B].
Bobie, Ellen, Miss m. Gray, John W. on 72-May-26 [72-May-28: 2A].
Boblitz, Louisa J. (45 yrs.) d. on 71-Dec-12 [71-Dec-13: 2B].
Bock, Charles William (8 yrs.) d. on 71-May-29 [71-May-30: 2B].
Bockmiller, George W. (7 mos.) d. on 75-Jul-2 [75-Jul-3: 2A].
Bode, Charles m. Christ, Christina H. on 75-Mar-18 [75-Mar-24: 2B].
Bode, Emelie, Miss m. Hartung, Charles H. on 71-Feb-21 [71-Apr-3: 2B].
Boden, Jane (74 yrs.) d. on 71-Jul-10 [71-Jul-11: 2B].
Bodenschatz, John (11 yrs.) d. on 72-Jun-27 Drowned [72-Jun-28: 1G].
Bodensick, David H. (12 yrs., 6 mos.) d. on 71-Jun-19 [71-Jun-20: 2B].
Bodensick, Lucy Ann (36 yrs.) d. on 73-Jul-29 [73-Jul-31: 2B].
Bodensick, Lulie F. m. Delcher, John W. on 75-May-20 [75-Jun-17: 2B].
Boehm, John (37 yrs.) d. on 74-May-4 of Paralysis [74-May-5: 2B; 74-May-6: 2B].
Boehm, John L. (48 yrs.) d. on 72-Jul-13 [72-Jul-15: 2B].
Boehm, S. R. m. Revell, Sadi E., Miss on 73-Jun-11 [73-Jul-2: 2B].
Boehme, Oscar Davis d. on 75-Jun-24 [75-Jun-25: 2B].
Boehn, John W. (58 yrs.) d. on 73-Aug-19 of Heart disease [73-Aug-20: 1F].
Boehner, John (61 yrs.) d. on 73-Oct-30 of Syncope [73-Oct-31: 4E].
Boenzl, John H. m. Gutmann, Katie on 74-Oct-8 [75-Apr-9: 2B].
Boesche, John F. (1 yr., 11 mos.) d. on 75-Mar-21 [75-Mar-23: 2B].
Boeschee, H. L. m. Miller, Mary C., Miss on 73-Jun-8 [73-Jun-9: 2A].
Boeschee, J. F. Augusta (35 yrs., 2 mos.) d. [72-Jul-2: 2B].
Boesser, John Winer (41 yrs.) d. on 73-Feb-28 [73-Mar-3: 2B].
Boettner, Charles W. (42 yrs., 6 mos.) d. on 75-Jan-27 [75-Jan-28: 2B; 75-Jan-29: 2B].
Boggess, James Thomas (7 yrs.) d. on 72-Sep-16 [72-Sep-17: 2B].
Boggs, A. Laury (4 mos.) d. on 74-Jul-8 [74-Jul-9: 2B].
Boggs, Alexander L., Jr. m. Bard, M. Emma on 72-Mar-26 [72-Mar-28: 2C].
Boggs, F. Henry m. Fenton, Tempe on 71-Oct-31 [71-Nov-1: 2B].
Boggs, James Aloysius (13 yrs.) d. on 74-Apr-10 [74-Apr-14: 2B].
Boggs, Maggie A., Miss m. Cole, John S. on 71-Aug-1 [71-Sep-5: 2B].
Boggs, Maxwell McD. d. on 71-Dec-19 [71-Dec-22: 2B].
Boggs, Robert J. B. m. Dixon, Sallie P. on 72-Nov-27 [72-Dec-2: 2B].
Boggs, Rose G. (48 yrs.) d. on 72-Aug-4 [72-Aug-6: 2B].
Boggs, Sarah E. m. Lee, James B. on 74-Dec-8 [74-Dec-10: 2B].
Boggs, William (79 yrs.) d. on 75-Sep-28 [75-Sep-29: 2B; 75-Sep-30: 2B].
Boggs, William m. Ryan, Annie V.M. on 71-May-4 [71-May-6: 2B].
Bogue, Robert H. m. Davis, Mary on 74-Jan-20 [74-Jan-28: 2B].
Bogue, V. Thomas m. Mager, Rillie H. on 72-Nov-7 [72-Nov-9: 2A].
Bohager, Ann (64 yrs.) d. on 72-Oct-16 [72-Oct-17: 2B; 72-Oct-18: 2B].
Bohager, Francisco (61 yrs.) d. on 73-May-23 [73-May-24: 2B].
Bohanan, John (60 yrs.) d. on 71-Jun-16 [71-Jun-21: 2C].
Bohannon, J. Frank m. Fish, Sally A. on 73-Jan-7 [73-Jan-16: 2B].
Bohanon, James S., Dr. (33 yrs.) d. on 72-Aug-17 of Heatstroke [72-Aug-19: 1H, 2B].
Boharoltch, Antone (65 yrs.) d. on 75-Mar-21 [75-Mar-22: 4D].
Bohme, Hanus, Dr. (33 yrs.) d. on 71-Nov-11 of Overdose of morphia [71-Nov-13: 4C].
Bohn, Elizabeth (80 yrs.) d. on 75-Sep-28 [75-Sep-29: 2B; 75-Sep-30: 2B].
Bohne, Henry m. Pfennig, Louisa Sophia on 75-Sep-12 [75-Sep-13: 2B].
Boice, Mary E. m. Chaney, Charles B. on 73-Nov-13 [73-Nov-21: 2B].
Bokee, J. Leonard d. on 75-Jun-15 [75-Jun-16: 2B].
Bokee, Mary d. on 71-Feb-4 [71-Feb-6: 2C].
Bokee, Morris H. m. Mann, Katie K. on 72-Nov-19 [72-Dec-2: 2B; 72-Dec-3: 2C].
Bokel, Julianna, Miss m. Batzer, Joseph A. on 72-Oct-15 [72-Oct-28: 2B].

Boland, Julia (37 yrs.) d. on 74-Oct-21 of Apoplexy [74-Oct-23: 4D].
Boland, Mary A., Miss m. McNally, James, Jr. on 73-Feb-24 [73-Mar-22: 2B].
Boland, Thomas (35 yrs.) d. on 75-Jul-29 [75-Jul-30: 2B].
Boland, Thomas B. m. Murray, Amelia, Miss on 74-Apr-27 [74-May-4: 2B].
Bolander, [female] d. on 74-Feb-3 Burned [74-Feb-4: 4E].
Bolden, Alice Virginia (5 mos.) d. on 73-Jun-22 [73-Jun-28: 2B].
Bolden, George, Jr. (22 yrs.) d. on 72-Nov-13 [72-Nov-15: 2B].
Boldt, Mary (52 yrs., 4 mos.) d. on 72-Feb-20 [72-Feb-21: 2C].
Bolenius, Ernest W. m. Muller, Adele E. on 73-Jun-18 [73-Jun-27: 2A].
Bolenius, George Henry (41 yrs., 6 mos.) d. on 73-Dec-12 [73-Dec-13: 2A].
Bolenius, Robert M., Dr. m. Carpenter, Katie M. on 75-Jun-17 [75-Jun-25: 2B].
Boley, Jeremiah (40 yrs.) d. on 73-Sep-5 of Intemperance [73-Sep-6: 1F].
Bolgiano, Alice (1 yr., 3 mos.) d. on 74-Feb-21 [74-Feb-23: 2B].
Bolgiano, Mollie W. m. Taylor, Charles J. on 75-Nov-3 [75-Nov-10: 2B].
Bolgiano, Olevia A. d. on 75-Jun-17 [75-Jun-18: 2B].
Bolgiano, Sarah A. (5 yrs., 5 mos.) d. on 75-Mar-23 [75-Mar-24: 2B].
Bolin, Bridget m. Hunter, John on 72-May-30 [72-Jul-17: 2B].
Bollinger, Chester m. Krews, Virginia on 71-Jan-1 [71-Jan-4: 2B].
Bollman, George Dietrich (4 mos.) d. on 72-Jul-19 [72-Jul-20: 2B].
Bollman, George E. (21 yrs.) d. on 72-Mar-9 of Pneumonia [72-Mar-11: 2C].
Bollman, Josephine (29 yrs.) d. on 71-Sep-25 [71-Sep-26: 2B].
Bollman, T. W. m. Cassidy, Laura on 74-Nov-26 [74-Nov-30: 2B].
Bollman, Thomas Smith (22 yrs.) d. on 74-Mar-10 [74-Mar-11: 2B; 74-Mar-12: 2B].
Bollman, Thomas Smith m. Ness, Eliza Larrabee, Miss on 73-Dec-4 [73-Dec-16: 2B].
Bollmer, Wilhelm d. on 72-Oct-23 of Suicide (Drowning) [72-Oct-24: 1H].
Bolman, Laura M. m. Swan, Charles T. on 73-Aug-17 [73-Aug-19: 2B].
Bolte, Henry m. Statfort, Tennie, Miss on 71-Nov-2 [71-Nov-6: 2A].
Bolte, Martha (45 yrs.) d. on 74-Apr-14 [74-Apr-15: 2B; 74-Apr-16: 2B].
Bolte, Mary, Miss m. Hartung, Adolph on 75-Oct-4 [75-Oct-27: 2B].
Bolton, Emma J. m. Rogers, William H. on 71-Nov-9 [71-Nov-13: 2B].
Bolton, Hugh (75 yrs.) d. on 74-Apr-9 of Heart disease [74-Apr-10: 1G, 2B; 74-Apr-11: 2B; 74-Apr-13: 1F].
Bolton, Hugh W. m. Holloway, Ellen M. on 75-Jun-22 [75-Jun-28: 2B].
Bolton, Margaret (63 yrs.) d. on 74-Jan-4 [74-Jan-6: 2B].
Bolton, Marian, Miss m. Rodgers, Andrew on 75-Jul-5 [75-Oct-21: 2B].
Bolton, William B. (37 yrs.) d. on 75-Dec-7 of Typhoid pneumonia [75-Dec-8: 2B, 4E; 75-Dec-9: 2B; 75-Dec-10: 4D].
Boman, Ann (70 yrs.) d. on 73-Feb-14 [73-Feb-15: 2B].
Bombaugh, Arthur Hermann (1 yr., 1 mo.) d. on 72-Jul-3 of Cholera infantum [72-Jul-4: 2C].
Bomberger, Alice A., Miss m. Morgan, William J. on 71-Sep-28 [71-Sep-30: 2C].
Bomm, John m. Dering, Lina, Miss on 75-Nov-8 [75-Nov-19: 2B].
Bonaparte, Charles Joseph m. Day, Ellen Channing, Miss on 75-Sep-1 [75-Sep-3: 2B, 4E].
Bonaparte, Jerome Napoleon m. Edgar, Caroline Leroy on 71-Sep-7 [71-Sep-9: 2B].
Bonavita, Lawrence A. (22 yrs.) d. on 75-Mar-22 of Consumption [75-Mar-24: 2B].
Bond, [female] d. on 75-Jun-11 [75-Jun-12: 5H].
Bond, A. Gussie, Miss m. Webb, A. Pleasants on 73-Dec-30 [[74-Jan-1: 2B]; 74-Jan-2: 2B].
Bond, Charles H. m. Warner, Laura C., Miss on 71-Oct-26 [71-Oct-31: 2C].
Bond, Charlotte Howard (68 yrs.) d. on 75-Jun-7 of Paralysis [75-Jun-8: 1H, 2A].
Bond, Christiana (82 yrs.) d. on 72-May-6 [72-May-8: 2B].
Bond, Elijah J. m. Peters, Mary on 74-Dec-2 [74-Dec-5: 2B].
Bond, Eliza J. (30 yrs.) d. on 73-Sep-26 [73-Sep-27: 2B].
Bond, Elizabeth (38 yrs.) d. on 74-Sep-9 [74-Sep-11: 2B].

Bond, Elizabeth Ann (45 yrs.) d. on 71-Sep-28 [71-Sep-29: 2B; 71-Sep-30: 2C].
Bond, Elizabeth T., Miss m. Crowther, Samuel C. on 70-Dec-20 [71-Jan-21: 2B].
Bond, Ella (27 yrs.) d. on 71-Sep-4 [71-Sep-7: 2B].
Bond, George W. m. Roberts, Alverda J., Miss on 72-Jun-20 [72-Jun-26: 2B].
Bond, Harry Jason (3 yrs.) d. on 71-Aug-30 [72-Mar-28: 2C; 71-Aug-31: 2C].
Bond, Isabella, Miss m. Ozier, George W. on 73-Feb-6 [73-Feb-8: 2B].
Bond, James T. (62 yrs.) d. on 73-Mar-21 [73-Apr-17: 2B].
Bond, John (59 yrs.) d. on 72-Feb-9 [72-Feb-21: 2C].
Bond, John (4 mos.) d. on 72-Jul-7 [72-Jul-9: 2D].
Bond, John B. (40 yrs.) d. on 74-Jan-29 [74-Jan-30: 2B].
Bond, Levinia m. Bantum, Harrison on 71-Jun-1 [71-Jul-12: 2B].
Bond, Louisa Bernice (1 yr., 8 mos.) d. on 72-Jan-26 [72-Jan-31: 2C].
Bond, Margaret (75 yrs.) d. on 72-Jul-1 of Lung congestion [72-Jul-2: 2B].
Bond, Martha Gray m. Hodges, Howell on 74-Nov-25 [74-Dec-2: 2B].
Bond, Mary Ann d. on 72-May-31 [72-Jun-6: 2B].
Bond, Mary C. m. Stewart, John M. on 71-May-30 [71-Jun-2: 2B].
Bond, Mary Jane, Miss m. Barrick, Randolph G. on 73-Apr-3 [73-Apr-4: 2B].
Bond, Miranda (48 yrs.) d. on 71-Mar-31 [71-Apr-4: 2B].
Bond, Mollie T. (26 yrs.) d. on 71-Nov-2 [71-Nov-3: 2B; 71-Nov-4: 2B].
Bond, Read Hall (5 yrs., 9 mos.) d. on 71-Mar-14 of Scarlet fever [71-Mar-15: 2B; 71-Mar-16: 2B].
Bond, Rebecca m. Harman, Samuel W. on 73-Apr-10 [73-Apr-12: 2A].
Bond, Rebecca A. (40 yrs.) d. [73-May-20: 2C].
Bond, Stephen J. (41 yrs.) d. on 73-Mar-28 [73-Mar-29: 2B].
Bond, Thomas Beale (8 mos.) d. on 72-Mar-26 [72-Mar-28: 2C].
Bond, Thomas E., Dr. (59 yrs.) d. on 72-Aug-19 of Stomach cancer [72-Aug-20: 1H, 2B; 72-Aug-21: 2B].
Bond, Thomas Talbott (83 yrs.) d. on 75-Mar-21 [75-Mar-25: 2B, 4D].
Bond, William (61 yrs.) d. on 75-Apr-12 of Pneumonia [75-Apr-13: 2B].
Bond, William B., Maj. (75 yrs.) d. on 72-Jun-29 [72-Jul-2: 2B].
Bond, William H. m. Evans, Nannie E., Miss on 73-Nov-6 [73-Nov-8: 2B].
Bond, William W. (32 yrs.) d. on 72-Jan-16 in Railroad accident [72-Jan-18: 2C; 72-Jan-19: 4E].
Bone, Alexander m. Eagleston, Priscilla B. on 71-Oct-5 [71-Oct-10: 2B].
Bone, Isabella (84 yrs.) d. on 73-Oct-17 [73-Oct-21: 2B].
Bonham, Mary L. (1 yr., 1 mo.) d. on 72-May-29 of Meningitis [72-Jun-3: 2B].
Boninger, Gustav F. (23 yrs.) d. on 71-Mar-10 of Diptheria [71-Mar-13: 2C; 71-Mar-14: 2B].
Bonn, Alfred G. m. Stone, Julia A., Miss on 75-Feb-10 [75-Feb-24: 2B].
Bonn, Alice E., Miss m. Sinclair, James R. on 75-Sep-23 [75-Nov-27: 2B].
Bonn, Charles T. m. Barlow, Mary V. on 75-Sep-28 [75-Nov-1: 2B].
Bonn, Harriet A. d. on 73-Nov-18 [73-Nov-19: 2B; 73-Nov-20: 2B].
Bonn, John (56 yrs.) d. on 74-Mar-13 [74-Mar-16: 2B].
Bonn, Lizzie m. Crim, George R. on 71-Apr-26 [71-Apr-28: 2C].
Bonn, Samuel G. (37 yrs.) d. on 75-Oct-29 [75-Oct-30: 2B].
Bonnet, John (52 yrs., 10 mos.) d. on 75-Jan-4 [75-Jan-6: 2B; 75-Jan-8: 4E].
Bonnett, Eugenia L. (15 yrs., 3 mos.) d. on 72-Sep-1 [72-Sep-3: 2B].
Bonnheim, Benjamin Aaron, Rev. m. Hoffman, Pauline on 71-Aug-10 [71-Aug-11: 2C].
Bonsal, Eliza Aneta (5 mos.) d. on 73-Jul-10 [73-Jul-14: 2B; 73-Jul-15: 2B].
Bonsal, Isabella Baylis (37 yrs.) d. on 75-Apr-18 [75-May-4: 2B].
Bonsal, John, Jr. (17 yrs., 9 mos.) d. on 71-Nov-22 of Suicide [71-Nov-23: 2C, 4C; 71-Nov-24: 2C].
Bonsal, Mary S. (20 yrs.) d. on 74-Nov-15 [74-Dec-15: 2B].
Bonsal, Sarah D. (82 yrs.) d. on 74-Jan-28 [74-Jan-29: 2B].

Bonsall, Edward (59 yrs.) d. on 75-May-31 of Apoplexy [75-Jun-2: 2B].
Bonsall, J. S. d. on 75-Nov-12 [75-Nov-18: 2B].
Bonsall, Mary C. m. Wilson, S. Gover on 75-Jun-11 [75-Nov-15: 2B].
Bonsall, Mary L. (20 yrs., 1 mo.) d. on 74-Nov-15 [74-Nov-16: 2B].
Bonwell, Elizabeth d. on 71-Apr-21 [71-May-8: 2B].
Boockman, Sarah (79 yrs.) d. on 75-May-27 [75-May-28: 2A].
Booker, John T. m. Happoldt, Eleanora A. on 71-Jul-26 [71-Jul-29: 2B].
Booker, Nannie m. Gegan, Joseph, Sr. on 71-Jun-20 [[71-Jun-24: 2A]; 71-Jun-26: 2B].
Boon, Catherine (71 yrs.) d. on 75-Oct-26 [75-Oct-27: 2B].
Boon, Golite (6 yrs.) d. on 75-Apr-4 [75-Apr-5: 2B].
Boon, Julia E.A. (6 yrs., 4 mos.) d. on 71-Mar-24 [71-Mar-25: 2B].
Boon, Sarah R. m. Hacker, John on 75-Nov-11 [75-Dec-13: 2B].
Boon, Susan, Miss m. Waters, Henry on 72-Dec-15 [72-Dec-17: 2A].
Boone, Ida (17 yrs.) d. on 72-Jul-3 [72-Jul-6: 2B].
Boone, John H. D. (73 yrs.) d. on 74-Jul-23 [74-Jul-25: 2B].
Boone, John T. (1 yr., 4 mos.) d. on 72-Jan-10 [72-Jan-11: 2B].
Boone, Milton Hermon m. Gray, Sarah Elizabeth, Miss on 72-Dec-12 [72-Dec-24: 2B].
Boone, Nicholas (68 yrs.) d. on 73-Sep-24 [73-Sep-25: 2B; 73-Sep-26: 2B].
Boone, Sarah Eleanora (5 mos.) d. on 75-Jun-23 of Cholera infantum [75-Jul-12: 2B].
Boone, Susan G. (58 yrs.) d. on 72-May-9 [72-May-10: 2B; 72-May-11: 2A].
Boone, William (59 yrs.) d. on 71-Nov-1 [71-Nov-2: 2C].
Boone, William (53 yrs.) d. on 75-Aug-10 [75-Aug-11: 2B].
Booth, Carey S. (17 yrs.) d. of Consumption [72-Dec-14: 2B].
Booth, Charles (35 yrs.) d. on 71-Jan-3 of Intemperance and epilepsy [71-Jan-4: 4C; 71-Jan-5: 4C].
Booth, Frankie (4 yrs.) d. on 72-Sep-11 [72-Sep-13: 2B].
Booth, Harry Itzon (4 mos.) d. on 72-Aug-18 [72-Aug-20: 2B].
Booth, James H. m. Russell, Agnes C. on 73-Mar-18 [73-Mar-21: 2B].
Booth, Joseph (81 yrs.) d. [72-Mar-25: 2B].
Booth, Laura E. (4 yrs., 7 mos.) d. on 72-Mar-20 [72-Mar-22: 2B].
Booth, M. W. d. on 74-Apr-20 of Consumption [74-Apr-21: 2B].
Booth, Mary E. (67 yrs.) d. on 75-May-8 [75-May-10: 2B].
Booth, Samuel m. Phillips, Margaret, Miss on 74-Apr-22 [74-May-2: 2B].
Booth, Walter F. (41 yrs.) d. on 74-Sep-7 [74-Sep-15: 2B].
Boothe, Mary E., Miss m. Thomas, William F. on 73-Dec-16 [74-Jan-6: 2B].
Boots, John d. on 71-Aug-19 Drowned [71-Aug-21: 4C].
Boownman, Richard (38 yrs.) d. on 73-Aug-3 [73-Aug-4: 1H].
Booz, Daniel W. d. on 72-May-10 [72-May-11: 2A].
Booz, Henrietta M. (6 yrs., 9 mos.) d. on 72-May-8 [72-May-9: 2B].
Booz, Marion D., Miss m. White, Silas C., Dr. on 75-Mar-31 [75-Apr-14: 2B].
Booz, Thomas m. Kennedy, Margaret on 71-Mar-26 [71-Mar-30: 2C].
Booze, Alice Estelle (4 yrs., 2 mos.) d. on 71-Mar-27 of Scarlet fever [71-Mar-29: 2B; 71-Mar-30: 2C].
Booze, Edward (78 yrs.) d. on 72-Mar-16 [72-Mar-18: 2A].
Booze, Mary E., Miss m. Eggleston, Reuben on 71-Nov-30 [71-Dec-2: 2B].
Booze, William E. m. Simpson, Harriet V., Miss on 75-Sep-19 [75-Oct-16: 2A].
Bopp, Mary A. (45 yrs.) d. on 73-Mar-7 [73-Mar-15: 2B].
Boram, Abraham (84 yrs.) d. on 71-Mar-7 [71-Mar-9: 2C].
Borch, Emiel (46 yrs.) d. on 75-Oct-3 [75-Oct-8: 2B].
Borcherding, J. H. m. Schier, Amelia, Miss on 71-Nov-14 [71-Nov-15: 2C].
Borcherding, Kate, Miss m. Bothman, Charles on 73-Oct-9 [73-Oct-14: 2A].
Borden, Maria Louise m. McLeod, I. Hulse on 74-Dec-31 [75-Jan-6: 2C].

Bordley, Alice P., Miss m. Shock, P. Edwin on 73-Jul-6 [73-Jul-30: 2B].
Bordley, Debbie F., Miss m. Vickers, Theodore on 72-Oct-16 [72-Oct-18: 2B].
Bordley, Elizabeth P. m. Lawson, Richard F. H. on 74-Apr-30 [74-May-5: 2B].
Bordley, George (38 yrs.) d. on 72-Oct-2 of Pulmonary hemorrhage [72-Oct-3: 1H].
Bordley, James, Dr. m. Brown, Ella F. on 71-Nov-30 [71-Dec-27: 2C].
Bordley, John m. Harden, Rachel, Miss on 72-Oct-1 [72-Oct-17: 2A].
Bordley, Robert G. m. Groff, Mollie V., Miss on 72-Jun-27 [72-Jul-2: 2B].
Bordley, Samuel C. (24 yrs.) d. on 73-Jan-25 [73-Jan-27: 2B].
Bordley, Thomas Hiram (9 mos.) d. on 71-Aug-19 of Cholera infantum [71-Sep-2: 2B].
Bordly, Mary Ann m. Dieus, John W. on 73-May-15 [73-May-17: 2C].
Borgealt, Alfred (48 yrs.) d. on 74-Nov-27 [74-Nov-28: 2B].
Borland, Eliza M. m. Wallace, John S., Dr. on 74-Apr-23 [74-Jun-12: 2B].
Born, Margaret m. Trimper, Daniel on 73-Mar-30 [73-May-20: 2C].
Born, Martha Elizabeth (5 yrs., 5 mos.) d. on 75-Sep-6 [75-Sep-8: 2B].
Bornheim, Myer m. Springer, Rachel on 75-Jul-21 [75-Jul-23: 2C].
Bornheim, Rachel (57 yrs.) d. on 75-Nov-30 [75-Dec-1: 2B].
Borring, Annie E., Miss m. Watson, Frank C. on 75-Jul-5 [75-Aug-26: 2B].
Borrouich, Thomas (71 yrs.) d. on 71-Mar-2 [71-Mar-3: 2C].
Borrowich, Joronemo Veronico d. on 72-May-24 of Consumption [72-Jun-4: 2B].
Bose, William (79 yrs.) d. on 75-Dec-22 [75-Dec-23: 2B, 4C; 75-Dec-24: 2B; 75-Dec-25: 4F].
Bosler, Mary C., Miss m. Stonebroker, Joseph R. on 74-Jan-8 [[74-Jan-29: 2B]; 74-Jan-30: 2B].
Bosley, Charles A. (2 mos.) d. on 75-Jul-16 [75-Jul-17: 2B].
Bosley, Christina A. (26 yrs.) d. on 73-Jul-4 [73-Jul-5: 2B; 73-Jul-7: 2B].
Bosley, Emma F., Miss m. Carsey, John T. on 74-Jan-29 [74-Mar-18: 2B].
Bosley, Fanny Ruth (3 yrs., 9 mos.) d. on 71-Feb-20 [71-Feb-21: 2C].
Bosley, Grafton M. (11 mos.) d. on 73-Jun-17 [73-Jun-19: 2B].
Bosley, Harry (6 mos.) d. on 74-Jul-23 [74-Jul-29: 2B].
Bosley, Henry Clay (24 yrs.) d. on 72-Feb-24 [72-Feb-28: 2C].
Bosley, Henry S. (31 yrs.) d. on 72-Sep-26 [72-Sep-28: 2B].
Bosley, James A. m. Cockey, Laura E., Miss on 74-Apr-16 [74-Apr-28: 2B; 74-Apr-29: 2B].
Bosley, John m. Boss, Martha, Mrs. on 71-May-23 [71-May-25: 2B].
Bosley, Joshua (61 yrs.) d. on 71-Jun-10 [71-Jun-12: 2B].
Bosley, Joshua M. (57 yrs.) d. on 71-Mar-10 [71-Mar-11: 2B].
Bosley, Matilda R. (57 yrs.) d. on 72-Sep-26 [72-Sep-27: 2B].
Bosley, Romelia A. d. on 74-Jul-29 [74-Jul-30: 2B].
Bosley, Sarah d. on 72-Oct-12 [72-Oct-14: 2B].
Bosley, W. Harry m. Cockey, Mary E. on 75-Dec-23 [75-Dec-30: 2B].
Bosley, Washington (53 yrs.) d. on 74-Apr-12 of Glanders [74-Apr-13: 2A; 74-Apr-18: 4E].
Bosley, William H. J. (37 yrs.) d. on 75-Sep-29 [75-Sep-30: 2B; 75-Oct-1: 2B].
Bosman, Alexander (80 yrs.) d. on 71-May-29 of Paralysis [71-May-31: 2B].
Boss, George L. d. on 72-Nov-2 [72-Nov-4: 2B].
Boss, Issac (15 yrs., 6 mos.) d. on 72-Nov-7 Murdered (Shot) [72-Nov-8: 4B; 72-Nov-9: 1H, 2A; 72-Nov-11: 4F].
Boss, Louisa, Miss m. Dittman, Frederick W. on 75-Jul-20 [75-Jul-24: 2B].
Boss, Martha, Mrs. m. Bosley, John on 71-May-23 [71-May-25: 2B].
Boss, Mary (66 yrs.) d. on 74-Oct-2 [74-Oct-3: 2B; 74-Oct-5: 2B].
Boss, Robert D. m. Butler, Ida E. on 72-Mar-5 [72-Mar-11: 2C].
Bossieux, Cyrus m. Parker, M. on 71-Jul-25 [71-Jul-31: 2C].
Bosson, Alfred W. (31 yrs.) d. on 75-Mar-7 [75-Mar-8: 2B; 75-Mar-9: 2B; 75-Mar-10: 2C].
Bosson, Alfred W. m. Rouse, Fannie C., Miss on 72-Apr-16 [72-Apr-17: 2B].
Bosson, Fannie (6 yrs.) d. on 72-Oct-17 [72-Oct-19: 2B].

Bosson, George F. m. Skahan, Julia, Miss on 72-Mar-31 [72-Apr-17: 2B].
Bosson, Mary C. (35 yrs.) d. on 75-Jun-20 [75-Jun-21: 2B; 75-Jun-22: 2B].
Boston, Annie E., Miss m. Bailey, John R. on 70-Dec-18 [71-Feb-20: 2C].
Boston, Charles (6 yrs.) d. on 73-Oct-7 [73-Oct-8: 2B].
Boston, Edwin Howard d. on 71-Jun-16 [71-Jun-19: 2B].
Boston, Jacob m. Dorsey, Sarah W., Miss on 73-May-29 [73-Jun-2: 2A].
Boston, James William (3 yrs.) d. on 71-Sep-2 of Diptheria [71-Sep-7: 2B].
Boston, Jane, Miss m. Hooker, Henry on 72-Mar-14 [72-Mar-16: 2B].
Boston, Jennie V. m. Shaffer, Charles C. on 73-May-1 [73-May-6: 2A].
Boston, John (87 yrs.) d. on 74-Feb-8 [74-Feb-9: 2B; 74-Feb-10: 2B].
Boston, Lottie May (1 yr., 7 mos.) d. on 75-Jun-21 [75-Jun-22: 2B].
Boston, Maggie Millis (8 yrs.) d. on 71-Sep-2 of Diptheria [71-Sep-7: 2B].
Boston, Mary C. (39 yrs.) d. on 72-Jun-4 [72-Jun-5: 2B; 72-Jun-6: 2B].
Boston, Richard (43 yrs.) d. on 74-Jan-15 of Hemorrhage [74-Jan-16: 4F].
Bostwick, Arthur m. Martin, Alice A., Miss on 71-Oct-17 [71-Oct-20: 2B].
Bostwick, Elizabeth (84 yrs.) d. on 74-Feb-17 [74-Feb-18: 2C].
Bostwick, Hester A. (45 yrs.) d. on 74-Nov-30 [74-Dec-2: 2B].
Boswell, Benjamin (75 yrs.) d. on 72-Mar-3 of Heart disease [72-Mar-4: 4E].
Boswell, Edmonia V. d. on 72-Jul-2 [72-Jul-6: 2A].
Boswell, Fannie, Miss m. Brooke, John W. on 75-Nov-17 [75-Nov-30: 2B].
Boswell, Katie (17 yrs., 8 mos.) d. on 75-Mar-14 [75-Mar-16: 2B].
Boswell, P. F. (62 yrs.) d. on 72-Oct-15 [72-Oct-19: 2B].
Boswell, Sarah Jane (53 yrs.) d. on 72-Jun-4 [72-Jun-5: 2B].
Boswell, William m. Fischer, Kate, Miss on 70-Dec-25 [71-Jan-4: 2B].
Bosworth, E. C. m. Day, Ida F. on 74-Jun-11 [74-Jun-23: 2B].
Bosworth, Helen A. m. Morrill, W. H. on 72-Sep-13 [[72-Oct-18: 2B]; 72-Oct-19: 2B].
Bosworth, James Norris (2 yrs., 3 mos.) d. on 73-Oct-5 [73-Oct-7: 2B].
Bosworth, John (35 yrs.) d. on 72-Jan-6 [72-Feb-7: 2C].
Bosworth, Robert m. Dean, Louisa on 75-Aug-13 [75-Aug-24: 2B].
Bosworth, S. Wilhelmina (28 yrs.) d. on 72-Dec-7 [72-Dec-9: 2B].
Boteler, Alice C. m. Biggs, Richard J. on 75-Oct-14 [75-Oct-16: 2A].
Boteler, Edith d. on 71-Feb-12 [71-Feb-14: 2C].
Boteler, Eliza Jane (4 yrs.) d. [75-Mar-30: 2B].
Boteler, Ellen W. (59 yrs.) d. on 72-Mar-20 [72-Mar-22: 2B].
Boteler, Gussie V. (1 yr., 3 mos.) d. on 75-Apr-20 [75-Apr-24: 2B].
Boteler, Henry (71 yrs.) d. on 74-Sep-7 [74-Sep-9: 2B].
Boteler, J. Milton m. Speights, Jennie on 75-Aug-19 [75-Aug-26: 2B].
Boteler, James Allen (3 yrs., 1 mo.) d. on 71-Feb-26 [71-Feb-27: 2D].
Boteler, Joseph I. (62 yrs.) d. on 71-Aug-28 [71-Aug-29: 2C].
Boteler, Lillian Adele d. on 72-Mar-5 [72-Mar-7: 2B].
Boteler, Mary E. m. McKnew, George W. on 75-Nov-3 [75-Nov-25: 2B].
Boteler, Sarah Florence d. on 72-Mar-6 [72-Mar-7: 2B].
Boteler, Sue, Miss m. Hutchins, W. on 72-Oct-8 [72-Oct-9: 2B].
Boteler, William W. m. Wilson, Martha R. on 75-Nov-23 [75-Nov-25: 2B].
Botelloo, Ambrose d. on 73-Mar-8 in Wagon accident [73-Mar-15: 1H].
Bothman, Charles m. Borcherding, Kate, Miss on 73-Oct-9 [73-Oct-14: 2A].
Bothman, Gusse (5 yrs., 10 mos.) d. on 71-Sep-9 [71-Sep-11: 2B].
Bothmann, Gustav (38 yrs., 1 mo.) d. on 73-Apr-27 [73-Apr-28: 2B; 73-Apr-29: 2B].
Bothmann, James C. (11 mos.) d. on 73-Apr-17 [73-Apr-18: 2B; 73-Apr-19: 2B].
Bothoff, Elizabeth m. Bingel, Henry on 74-Feb-16 [74-Feb-16: 2B].
Botterell, Issac (89 yrs.) d. on 72-May-12 [72-May-13: 2B; 72-May-14: 2B].
Botterill, Edward Fesler (6 yrs., 1 mo.) d. on 71-Feb-26 of Scarlet fever [71-Feb-27: 2D].

Botterill, Florence Cornelia (2 yrs., 1 mo.) d. on 71-Feb-27 [71-Feb-28: 2C].
Botterill, Francis (31 yrs.) d. on 71-Mar-22 of Consumption [71-Mar-23: 2B; 71-Mar-24: 2B].
Botterill, Rosabell (4 yrs., 2 mos.) d. on 71-Feb-23 of Scarlet fever [71-Feb-25: 2B].
Bottomer, [female] (30 yrs.) d. on 74-Jul-9 [74-Jul-13: 1H].
Bottomer, Frederick G. (26 yrs.) d. on 71-May-10 [71-May-11: 2B].
Bottomer, Harry H. m. Eschbach, Mollie, Miss on 73-May-27 [73-May-30: 2B].
Bottreil, Dora J. m. Brown, John T. on 75-May-26 [75-Jun-16: 2B].
Botts, George Wesley Minor m. Lee, Elizabeth Ann, Miss on 75-Jul-4 [75-Jul-26: 2B].
Bouchat, Maggie, Miss m. Wenzel, George on 75-Oct-12 [75-Nov-26: 2B].
Boucher, Francis X. m. Creney, Maggie H., Miss on 75-Oct-20 [75-Oct-26: 2A].
Bouchet, John Michael (38 yrs.) d. on 71-Jul-17 of Consumption [71-Jul-18: 2B; 71-Jul-19: 4D].
Bougard, John (33 yrs.) d. on 72-Oct-31 [72-Nov-2: 2A].
Boughan, Jennie T. (11 mos.) d. on 72-Jul-4 [72-Jul-8: 2C].
Bougher, Ambrose (16 yrs.) d. on 71-Jun-28 Drowned [71-Jun-29: 4D].
Boughman, Lewis P. m. Zeigler, Mary V. on 72-Jan-1 [72-Jan-16: 2C].
Boughman, Zachary T. (26 yrs.) d. on 75-Sep-14 [75-Sep-20: 2B].
Boughton, Thomas A. d. on 72-Dec-22 [72-Dec-23: 2B].
Bouic, David H. m. Higgins, Mary E. on 75-Oct-26 [75-Oct-28: 2B].
Bouic, Rufus A. m. Sellman, Maggie V. on 74-Mar-19 [74-Mar-20: 2B].
Bouic, Sallie E. (28 yrs.) d. on 74-Mar-17 [74-Mar-25: 2B].
Bouic, Thomas A. (19 yrs.) d. on 73-Nov-15 [74-Mar-3: 2B].
Boulden, Clarence Arville (3 mos.) d. on 72-Jun-1 [72-Jun-3: 2A].
Boulden, Fannie m. Lyeth, John T. on 73-May-29 [73-Jun-16: 2B].
Bouldens, James (35 yrs.) d. on 72-Jan-1 [72-Jan-3: 2C].
Bouldin, Catharine (50 yrs.) d. on 72-Jun-24 [72-Jun-25: 2B].
Bouldin, Owen, Col. (67 yrs.) d. on 72-Jul-11 [72-Jul-12: 2C].
Bouldin, Virginia J. (20 yrs., 3 mos.) d. on 73-Jul-23 [73-Jul-24: 2B].
Bouldin, Walter Edward Lee (1 yr., 5 mos.) d. [72-Jun-8: 2B].
Boulter, Emma m. Malmquist, Waldemar on 74-Oct-7 [74-Oct-9: 2B].
Boumbach, John S. (49 yrs.) d. on 71-Aug-13 of Suicide [71-Aug-15: 4C].
Bourne, Josephine E. m. Broughton, Joseph R. on 72-Mar-13 [72-Jun-4: 2A].
Bourne, Willie L. W. (1 yr., 3 mos.) d. on 72-Jan-20 [72-Jan-27: 2B].
Bourwich, Mary, Miss m. Devlin, James on 74-Nov-26 [74-Nov-30: 2B].
Boushell, Edgar Lee (2 mos.) d. on 73-Jan-16 [73-Jan-17: 2B].
Bowden, Laura J., Miss m. Shafer, C. L. on 71-Jun-1 [71-Jun-3: 2B].
Bowdle, Sarah (75 yrs.) d. on 73-Apr-14 [73-Apr-15: 2B; 73-Apr-16: 2B].
Bowdoin, Charles Temple m. Smith, Louisa B., Miss on 75-Nov-3 [75-Nov-6: 2B].
Bowdoin, James Edward (20 yrs.) d. on 72-Jun-13 in Railroad accident [72-Jun-14: 2B; 72-Jun-15: 2A].
Bowdoin, Mary A. d. on 72-Apr-1 [72-Apr-2: 2B].
Bowdoin, Peter S. (80 yrs.) d. on 75-May-25 [75-May-29: 2A].
Bowdon, S. S. m. Amoss, Ida on 73-Jan-23 [73-Feb-3: 2B].
Bowen, Albert M. m. Hewell, Juliet A. on 74-Dec-29 [75-Jan-5: 2B].
Bowen, Albina A. (37 yrs.) d. on 74-Sep-23 [74-Sep-24: 2B].
Bowen, Amanda Melvina (38 yrs.) d. on 72-Feb-20 of Consumption [72-Feb-21: 2C; 72-Feb-22: 2C].
Bowen, Andrew J. m. Dukehart, Annie E., Miss on 72-Dec-24 [72-Dec-30: 2B].
Bowen, Annie R., Miss m. Simpson, George M. on 71-Apr-16 [71-May-22: 2B].
Bowen, Bella M., Miss m. Phelan, Jesse, Jr. on 72-Dec-24 [73-Aug-2: 2B].
Bowen, Charles A. (25 yrs.) d. on 71-Dec-22 [71-Dec-25: 2C].
Bowen, Clara J., Miss m. Hammitt, S. on 74-Mar-26 [74-Mar-28: 2B].
Bowen, Eleanor d. on 73-Oct-2 [73-Oct-4: 2B].

Bowen, Elijah, Capt. (52 yrs.) d. on 72-Apr-29 [72-Apr-30: 2B].
Bowen, Elizabeth d. on 73-May-26 [73-May-27: 2B; 73-May-28: 2B].
Bowen, Ellen Gray (10 yrs.) d. on 71-Jan-27 [71-Jan-30: 2C].
Bowen, Emily, Mrs. m. Scott, B., Rev. on 71-Jan-12 [71-Jan-25: 2C].
Bowen, Florence Eugenia d. on 72-Jan-24 [72-Jan-26: 2C].
Bowen, G. S. m. Wicks, Julia B. on 72-Jul-8 [72-Jul-9: 2C].
Bowen, George Armstead (62 yrs.) d. on 74-Feb-11 [74-Feb-12: 2C].
Bowen, Gertrude m. Robinson, John B. on 74-Dec-16 [74-Dec-25: 2B].
Bowen, Grafton m. Richards, Susie E., Miss on 71-Mar-9 [71-Mar-16: 2B].
Bowen, Ida E. (1 yr., 6 mos.) d. on 75-May-31 [75-Jun-1: 2A].
Bowen, James C. m. Reberger, Mollie L., Miss on 74-Sep-17 [74-Nov-5: 2B].
Bowen, Jane, Mrs. (43 yrs.) d. on 71-Jan-7 [71-Jan-9: 2C].
Bowen, Jesse C. (2 mos.) d. on 73-Jun-30 [73-Jul-1: 2A].
Bowen, Joseph L. m. Lockwood, Ellisene on 75-May-5 [75-May-7: 2B].
Bowen, Kate E., Miss m. Ing, Charles G. on 73-Oct-19 [74-Mar-25: 2B].
Bowen, Katie C., Miss m. Quick, Harry J. on 73-Dec-30 [74-Jan-8: 2B].
Bowen, Levi K. (55 yrs.) d. on 71-Aug-1 [71-Aug-4: 2B].
Bowen, Loretta d. on 71-Sep-7 [71-Sep-8: 2B].
Bowen, Maria L. m. Block, J. H. on 70-Dec-7 [71-Feb-1: 2C].
Bowen, Mary A., Miss m. Brooks, Thomas Emory on 71-Sep-26 [71-Sep-30: 2B].
Bowen, Mary Ann (70 yrs.) d. on 72-Aug-25 [72-Aug-26: 2B].
Bowen, Mary Juliet (28 yrs.) d. [75-Aug-4: 2B].
Bowen, Nathaniel M. (9 mos.) d. on 71-Jun-21 [71-Jun-22: 2B].
Bowen, Philip (33 yrs.) d. on 73-Dec-1 [73-Dec-3: 2C].
Bowen, Richard (84 yrs.) d. on 73-Mar-5 [73-Mar-6: 2B; 73-Mar-7: 1G, 2C].
Bowen, Sallie, Miss m. Wands, A. Evans on 73-Aug-27 [73-Sep-2: 2B].
Bowen, Sallie W. m. Warren, William H. on 71-Dec-4 [71-Dec-5: 2C].
Bowen, Thomas H. m. Porter, Emily on 74-Jan-4 [74-Jan-9: 2C].
Bowen, Walter W. m. Soper, Marilla, Miss on 74-Dec-9 [74-Dec-12: 2B].
Bowen, Wilkes (71 yrs.) d. on 72-Jan-12 [72-Jan-15: 2C].
Bowen, William J. m. Dennis, Julia Lucie on 73-Jul-29 [73-Jul-31: 2B].
Bower, Annie C. m. Baker, Lewis C. on 75-Jan-21 [75-Jan-29: 2B].
Bower, Cora Estelle (1 yr., 8 mos.) d. on 72-May-13 [72-May-14: 2B].
Bower, Frank m. Bowser, Mary L., Miss on 75-Nov-13 [75-Nov-17: 2B].
Bower, Harriet C., Miss m. McCourt, Christopher R. on 73-Nov-11 [73-Nov-29: 2B].
Bower, Ida V., Miss m. McKeldin, W. Harry on 73-Jun-3 [73-Jun-10: 2A].
Bower, John d. on 74-Nov-29 Drowned [74-Dec-1: 1H].
Bower, Laura C., Miss m. Askew, Albert C. on 72-Mar-28 [72-Apr-1: 2A].
Bowerman, Catherine d. on 71-Nov-6 of Suicide [71-Nov-7: 4C].
Bowerman, Henry N. (71 yrs.) d. on 71-Oct-15 [71-Oct-17: 2B].
Bowers, Aaron (22 yrs.) d. on 74-Sep-29 in Machine accident [74-Oct-2: 4C].
Bowers, Catherine (46 yrs.) d. on 75-Dec-13 [75-Dec-14: 2B].
Bowers, Daniel, Rev. d. on 71-Mar-19 of Consumption [71-Mar-20: 2B, 4C; 71-Mar-21: 4C].
Bowers, Emily Jane (38 yrs.) d. on 73-Jul-25 [73-Jul-26: 2A].
Bowers, Frank G. m. Adreon, Hannah L. on 72-Sep-17 [72-Sep-19: 2B].
Bowers, Henry (63 yrs.) d. on 74-Mar-16 [74-Mar-17: 2B; 74-Mar-18: 2B].
Bowers, Henry A. (1 yr.) d. on 74-Jul-31 [74-Aug-3: 2B].
Bowers, Isabella C., Miss m. Ebaugh, Francis T. on 72-Mar-7 [72-Mar-26: 2B].
Bowers, J. Mathias (58 yrs.) d. on 72-Apr-15 [72-Apr-16: 2B; 72-Apr-17: 2B].
Bowers, Jesse m. Upton, Emily J., Miss on 73-Dec-14 [73-Dec-24: 2B].
Bowers, John (21 yrs.) d. on 73-Nov-1 Drowned [73-Nov-3: 4B].
Bowers, Mary A. m. Horner, John W. on 71-Feb-21 [71-Feb-24: 2C].

Bowers, Mary E. m. Brooks, Charles H. on 75-Sep-28 [75-Oct-5: 2B].
Bowers, Ross N. (1 yr.) d. on 73-Jun-9 [73-Jun-11: 2B].
Bowers, Savilla, Miss m. Pentz, Lewis on 73-Jul-9 [73-Jul-22: 2B].
Bowers, Thomas, Capt. (57 yrs.) d. on 72-Dec-22 of Pneumonia [72-Dec-24: 1H, 2B].
Bowers, Thomas A. (22 yrs.) d. on 73-Oct-5 [73-Oct-8: 2B; 73-Oct-9: 2B].
Bowers, Thomas M. m. Bickley, Mary A. on 75-Jun-15 [75-Jun-18: 2B].
Bowers, Walter Herbert (8 mos.) d. on 72-Aug-20 [72-Aug-22: 2B].
Bowers, William d. on 72-Jan-22 in Railroad accident [72-Jan-23: 4E; 72-Jan-24: 4F].
Bowersock, Lida A., Miss m. Owings, John F. on 71-Oct-4 [71-Oct-5: 2B].
Bowersox, John E. m. Myrley, Fannie R. on 75-Dec-15 [75-Dec-20: 2B].
Bowie, Ada m. Maurice, Bernard on 74-Nov-24 [74-Nov-28: 2B].
Bowie, Charles W. m. Simpson, Susie, Miss on 73-Jun-26 [73-Jun-28: 2B].
Bowie, Edmond C. m. Belt, Violetta L., Miss on 72-Jul-3 [72-Jul-27: 2B].
Bowie, H. Brune, Maj. m. Reese, Florence on 72-Nov-6 [72-Nov-16: 2A].
Bowie, James (64 yrs.) d. on 75-May-21 [75-May-22: 2B].
Bowie, Mary A. d. on 73-Sep-9 [73-Sep-29: 2B].
Bowie, Mary E., Miss m. Teal, George W. on 73-Feb-26 [73-Feb-27: 2B].
Bowie, Mary Oden d. on 73-Mar-8 [73-Mar-10: 2B].
Bowie, Robert m. Early, M. Alice, Miss on 73-Jun-10 [73-Jun-12: 2B].
Bowie, Sarah Jane (3 mos.) d. on 73-May-1 [73-May-2: 2B].
Bowie, Walter Reese d. on 73-Aug-12 [73-Aug-14: 2B].
Bowie, William D., Col. (73 yrs.) d. on 73-Jul-18 of Paralysis [73-Jul-19: 1H].
Bowie, William D., Jr. m. George, Henrietta D. on 75-Jan-14 [75-Jan-21: 2B].
Bowley, Simon (62 yrs.) d. on 74-Jul-9 [74-Jul-10: 2B; 74-Jul-13: 1G].
Bowling, Charles E. (4 yrs.) d. on 73-May-13 in Streetcar accident [73-May-14: 1H; 73-May-15: 4C].
Bowling, James L. m. Jennings, Emma on 71-Dec-17 [71-Dec-30: 2C].
Bowling, John D., Col. (69 yrs.) d. on 75-Jan-5 of Pneumonia [75-Jan-6: 1H; 75-Jan-7: 1G].
Bowling, Louisa A. d. on 75-May-7 [75-May-10: 2B].
Bowling, Mary Virginia (2 mos.) d. on 73-Jun-5 [73-Jun-7: 2B].
Bowling, Susannah (61 yrs.) d. on 75-Jan-16 Poisoned by medicine [75-Jan-18: 2B, 4B; 75-Jan-19: 2B].
Bowling, William m. Heisner, Mary, Miss on 74-Feb-8 [74-Feb-13: 2C].
Bowly, George Hollins (56 yrs.) d. on 75-Aug-13 [75-Aug-19: 2B].
Bowman, Catherine d. on 73-Mar-9 [73-Mar-11: 2B].
Bowman, George, Rev. m. Cook, Louisa P. on 75-Apr-28 [75-May-1: 2B].
Bowman, Jane (48 yrs.) d. on 75-Apr-15 [75-Apr-16: 2A].
Bowman, John (81 yrs.) d. on 74-Nov-23 [74-Nov-24: 2B; 74-Nov-25: 1H].
Bowman, Mamie C., Miss m. Smith, George P. on 71-Jan-31 [71-Feb-1: 2C].
Bowman, William E. m. Berryman, Fannie I. on 71-Nov-30 [71-Dec-14: 2B].
Bownass, Anna, Miss m. Wagner, Henry on 71-Sep-4 [71-Sep-6: 2B].
Bowness, Margaret (42 yrs.) d. on 71-Aug-28 [71-Aug-29: 2C].
Bowser, Mary L., Miss m. Bower, Frank on 75-Nov-13 [75-Nov-17: 2B].
Bowser, Samuel B. (45 yrs.) d. on 72-Feb-12 [72-Mar-7: 2C].
Bowser, William Davage (65 yrs.) d. on 71-Aug-8 of Intemperance [71-Aug-9: 4E].
Bowyer, Laura E. (19 yrs.) d. on 71-Sep-23 [71-Sep-25: 2C].
Bowyer, T. J. m. Lutton, Sallie, Miss on 74-Dec-23 [74-Dec-31: 2B].
Boyce, Edward (47 yrs.) d. on 71-Jul-14 [71-Jul-15: 2B].
Boyce, James m. Ball, Bettie D., Miss on 72-Nov-12 [72-Nov-14: 2B].
Boyce, Kate, Miss m. Hiss, George R. on 72-Jul-26 [72-Jul-29: 2B].
Boyce, Margaret, Mrs. m. Minton, William on 73-Jul-9 [73-Sep-24: 2B].
Boyce, Martha, Miss m. Harden, Moses on 71-Sep-21 [71-Sep-25: 2C].

Boyce, Mary A. (19 yrs., 2 mos.) d. on 71-May-7 [71-May-8: 2A; 71-May-9: 2B].
Boyce, Samuel Whitfield (7 yrs., 5 mos.) d. on 71-Mar-22 of Pneumonia [71-Mar-23: 2C; 71-Mar-24: 2B].
Boyd, A. McK., Jr. (2 yrs.) d. on 71-Oct-18 [71-Oct-19: 2C].
Boyd, Alexander Mactier d. on 72-Oct-15 [72-Oct-17: 2B].
Boyd, Alice m. Nelson, Benjamin L. on 72-Aug-29 [72-Sep-17: 2B].
Boyd, Annie (24 yrs.) d. on 72-Feb-12 [72-Feb-13: 2C].
Boyd, Charles A. m. Wells, Anastasia, Mrs. on 72-Apr-30 [72-May-6: 2B].
Boyd, Clarissa H. d. on 71-May-28 [71-May-29: 2B; 71-May-30: 2B].
Boyd, David m. Parsons, Mamie D. on 74-Dec-15 [74-Dec-19: 2B].
Boyd, Eleanor (82 yrs.) d. on 75-May-15 [75-Jun-1: 2B].
Boyd, Elizabeth A. (36 yrs.) d. on 72-May-2 [72-May-3: 2B].
Boyd, Emma S. m. Raphun, Charles W. on 71-Nov-23 [71-Nov-25: 2A].
Boyd, Eugene Edwin (1 yr., 1 mo.) d. on 75-Mar-27 [75-Mar-31: 2B].
Boyd, Francis H. B. (55 yrs.) d. on 75-May-16 [75-May-17: 1G, 2B; 75-May-18: 2A].
Boyd, Frederick E. m. Keilholtz, Mary C., Miss on 75-Aug-1 [75-Aug-3: 2B].
Boyd, George S. m. Counselman, Adelle on 73-Oct-6 [73-Oct-10: 2B].
Boyd, Harry L. m. Saumenig, Ida on 74-May-7 [74-May-21: 2B].
Boyd, Hugh S. m. Brown, Sarah E., Mrs. on 75-Oct-5 [75-Oct-12: 2B].
Boyd, Isabel G., Miss m. Lipp, D. B. on 73-Jan-2 [73-Jan-14: 2B].
Boyd, J. P. m. Johnson, Sarah E., Miss on 75-Oct-6 [75-Oct-9: 2A].
Boyd, Jane (51 yrs.) d. on 74-Oct-9 [74-Oct-10: 2B].
Boyd, John (84 yrs.) d. on 71-Aug-30 [71-Aug-31: 2C, 4C; 71-Sep-1: 2B].
Boyd, John m. Simpson, Katie L. on 73-Jul-3 [73-Sep-30: 2B].
Boyd, John L. (82 yrs.) d. on 74-Oct-22 [74-Oct-23: 2C].
Boyd, Josephine m. Spencer, Theodore P. on 72-Jan-4 [72-Jan-10: 2B].
Boyd, Lottie V. m. Dixon, William S. on 75-Mar-30 [75-Apr-3: 2B].
Boyd, Louis Lorenzo Mansfield (5 yrs., 10 mos.) d. on 71-Apr-3 [71-Apr-5: 2B].
Boyd, Mamie G., Miss m. Rowland, O. W. on 71-Oct-17 [71-Oct-20: 2B].
Boyd, Mary (75 yrs.) d. on 71-Jul-5 [71-Jul-6: 2B].
Boyd, Mary F., Miss m. Lane, Charles J. on 74-Oct-15 [74-Oct-24: 2B].
Boyd, Mary Leonora (25 yrs.) d. on 75-Oct-27 [75-Oct-28: 2B; 75-Oct-29: 2B; 75-Oct-30: 2A].
Boyd, Robert Haslup (1 yr., 9 mos.) d. on 74-Sep-1 Suffocated in cesspool [74-Sep-2: 1H, 2B; 74-Sep-3: 2B].
Boyd, Susan J., Miss m. Sutton, William T. on 73-Jan-21 [73-Feb-4: 2B].
Boyd, William A. (66 yrs.) d. on 75-Sep-21 [75-Sep-22: 2B, 4C; 75-Sep-23: 2B; 75-Sep-24: 4C].
Boyer, Adam d. on 71-Jul-29 of Consumption [71-Jul-31: 4E].
Boyer, Albert J. (48 yrs.) d. on 72-Jul-14 [72-Jul-15: 2B].
Boyer, Annie Elizabeth (2 yrs., 10 mos.) d. on 72-Mar-25 [72-Mar-27: 2B].
Boyer, Annie Stansbury, Miss m. Neepier, William J., Jr. on 75-Feb-9 [75-Feb-10: 2B].
Boyer, Dore (45 yrs.) d. on 75-Dec-14 of Suffocation [75-Dec-15: 4E].
Boyer, Emily (82 yrs.) d. on 71-Sep-18 [71-Sep-19: 2C].
Boyer, Eugein d. on 74-Apr-21 [74-Apr-22: 2B].
Boyer, George A. m. Disney, Mary M. on 73-Nov-1 [73-Nov-14: 2B].
Boyer, George A. m. Shipley, Annie Maria, Miss on 74-Nov-22 [74-Nov-25: 2B].
Boyer, Jeannette A. d. on 71-Sep-6 [71-Sep-7: 2B].
Boyer, Mamie (12 yrs.) d. on 73-Jun-7 Drowned [73-Jun-9: 1G].
Boyer, Mary Amelia (1 yr., 9 mos.) d. on 74-Jun-28 [74-Jun-30: 2B].
Boylan, Thomas (71 yrs.) d. on 75-Aug-4 of Heart disease [75-Aug-5: 2B; 75-Aug-6: 2B, 4E].
Boyle, Bernard (57 yrs.) d. on 72-Feb-13 [72-Feb-14: 2C].
Boyle, David (8 mos.) d. on 73-Jul-4 [73-Jul-5: 2B].
Boyle, Eddy (1 yr., 3 mos.) d. on 73-Mar-26 [73-Mar-28: 2B].

Boyle, Ellen A. (17 yrs., 8 mos.) d. on 71-Aug-28 [71-Aug-29: 2C].
Boyle, Francis J. (1 yr., 6 mos.) d. on 71-Jul-23 [71-Jul-24: 2B].
Boyle, Helen N. m. Hall, Willoughby N. on 74-Aug-5 [74-Aug-27: 2B].
Boyle, Hugh (2 yrs., 3 mos.) d. on 72-Apr-2 [72-Apr-3: 2B].
Boyle, Junius I. m. Geiger, Mary E. on 73-Apr-23 [73-Apr-25: 2B].
Boyle, Mary A., Miss m. Rafferty, William J. on 73-Sep-24 [73-Sep-25: 2B].
Boyle, Owen d. on 72-Mar-29 [72-Mar-30: 2B].
Boyle, Rebecca (1 yr., 5 mos.) d. [74-Jul-22: 2B].
Boyle, Sarah (1 yr., 3 mos.) d. on 74-Feb-20 [74-Feb-21: 2B].
Bozman, Edward (70 yrs.) d. on 73-Dec-3 [73-Dec-5: 2B].
Bozman, Sarah Ann Elizabeth (4 yrs., 4 mos.) d. on 72-Jan-20 [72-Jan-22: 2C].
Brack, Mathilda (7 mos.) d. on 72-Jul-9 [72-Jul-10: 2B].
Bracken, John (52 yrs.) d. on 72-Jan-26 of Construction cave-in [72-Jan-27: 2B, 4F].
Bracker, Augusta (36 yrs.) d. on 75-Jan-28 of Suicide (Hanging) [75-Jan-30: 4E].
Brackin, Henry (67 yrs.) d. on 73-Mar-24 [73-Mar-25: 2B; 73-Mar-26: 2B].
Brackinridge, Thomas (76 yrs.) d. [71-Jan-25: 2C].
Braconier, Heloise, Mrs. (37 yrs.) d. on 70-Dec-30 [71-Jan-2: 2C].
Bradburn, Emily J. d. on 73-Aug-27 [73-Aug-29: 2B; 73-Aug-30: 2A].
Bradburn, Louis T., Capt. (47 yrs.) d. on 74-Feb-27 Drowned [74-Mar-12: 1H; 74-Mar-16: 2B].
Bradburn, Sarah (78 yrs.) d. on 72-Jul-30 [72-Jul-31: 2B].
Bradbury, Robert R. (41 yrs.) d. on 75-Dec-20 of Fall into grain elevator [75-Dec-21: 2B, 4C].
Bradbury, Sallie C. m. Shertzer, A. Trego, Dr. on 75-Oct-7 [75-Oct-9: 2A].
Braden, Carrie J. (2 mos.) d. on 72-Jun-4 [72-Jun-6: 2B].
Braden, Martha L. T. (4 yrs., 1 mo.) d. on 72-Dec-29 [73-Jan-10: 2C].
Braden, Noble S., Col. (73 yrs.) d. on 71-Jul-19 [71-Jul-24: 2C].
Braden, William (86 yrs.) d. on 71-Apr-29 [71-May-1: 2C].
Bradenbaugh, Carrie, Miss m. Kirkwood, Robert S. on 75-Oct-28 [75-Oct-30: 2A].
Bradenbaugh, J. Frank m. Neal, Nannie B. on 75-May-20 [75-May-31: 2B].
Bradenbaugh, Margaret (58 yrs.) d. on 74-May-1 [74-May-5: 2C].
Bradfield, William I. m. Norris, Mollie, Miss on 75-Nov-18 [75-Nov-26: 2B].
Bradford, Albert m. McCaully, Mary E., Miss on 73-Apr-16 [73-Apr-28: 2B].
Bradford, Amanda M. m. Deford, William E. on 75-Jun-15 [75-Jun-18: 2B].
Bradford, Jacob (70 yrs.) d. of Construction cave-in [75-Jun-18: 4C].
Bradford, Lemuel (2 yrs.) d. on 74-Nov-11 Burned [74-Nov-12: 4D].
Bradford, Mary (72 yrs.) d. on 71-Dec-22 [71-Dec-23: 4C].
Bradford, Mary (84 yrs.) d. on 75-Mar-13 [75-Mar-18: 2B].
Bradford, Mary, Miss m. Reilly, John on 71-Jul-3 [71-Jul-6: 2B].
Bradford, S. W. d. on 74-Sep-23 in Railroad accident [74-Sep-25: 4C].
Bradford, Sarah A. m. Ross, Matthew on 73-Nov-27 [73-Dec-18: 2B].
Bradford, Virginia, Miss m. Brown, Joseph L. on 70-Dec-27 [71-Feb-1: 2C].
Bradford, William m. Burns, Lizzie E. on 73-Dec-4 [74-Jan-27: 2B].
Bradford, William Kell (34 yrs.) d. on 71-Oct-16 [71-Oct-18: 2B].
Bradfute, Leila m. Dorsey, Arthur P. on 71-Aug-3 [71-Aug-4: 2C].
Bradley, Andrew J. m. Bradley, Mary M., Miss on 75-Aug-16 [75-Oct-8: 2B].
Bradley, Annie E. m. Officer, T. H. on 71-Mar-30 [71-Apr-15: 2B].
Bradley, Caroline S. Maria (32 yrs.) d. on 71-Jul-13 [71-Jul-17: 2B].
Bradley, Edward d. on 72-Mar-8 of Consumption [72-Mar-11: 2C; 72-Mar-12: 2C, 4D].
Bradley, Emma Pendleton Ward d. on 75-Feb-28 [75-Mar-10: 2C].
Bradley, Emma V. m. Doenges, Charles A. on 75-May-3 [75-Jun-22: 2B].
Bradley, Frank W. m. Keyser, Lizzie on 70-Dec-13 [71-Mar-7: 2B].
Bradley, Hugh B. (77 yrs.) d. on 74-Jun-2 [74-Jun-3: 2B].
Bradley, John (38 yrs.) d. on 75-May-3 [75-May-5: 2B].

Bradley, Joseph H., Jr. (42 yrs.) d. on 74-Aug-28 [74-Aug-31: 2B].
Bradley, Maggie A., Miss m. Healy, Edward A. on 71-May-25 [71-Jun-8: 2B].
Bradley, Maria (68 yrs.) d. on 72-Aug-28 [72-Sep-3: 2B].
Bradley, Mary E. (20 yrs., 4 mos.) d. on 75-Oct-26 [75-Oct-26: 2B].
Bradley, Mary J. (4 yrs., 4 mos.) d. on 72-Aug-1 [72-Aug-3: 2A].
Bradley, Mary M., Miss m. Bradley, Andrew J. on 75-Aug-16 [75-Oct-8: 2B].
Bradley, Sarah E. m. Brown, Charles S. on 74-Dec-17 [74-Dec-18: 2B].
Bradley, Sarah E. m. Burrell, Julius on 75-Oct-5 [75-Oct-7: 2B].
Bradley, Thomas (35 yrs.) d. on 71-Dec-4 of Suicide [71-Dec-6: 4E].
Bradly, Emily P., Miss m. Bell, Samuel J. on 71-Sep-17 [71-Sep-20: 2B].
Bradner, Gussie, Miss m. Keerl, George H. on 74-Apr-30 [74-May-21: 2B].
Bradshaw, Catharine (79 yrs.) d. on 73-Nov-26 [73-Dec-2: 2B].
Bradshaw, John, Capt. d. on 75-Nov-4 Drowned [75-Nov-10: 4D].
Bradshaw, Julian F. m. North, Ella S., Miss on 73-Nov-5 [73-Nov-11: 2B].
Brady, Annie L. m. Reynolds, Waring F. on 72-Oct-24 [72-Oct-26: 2A].
Brady, Augustus m. Burns, Annie, Miss on 71-Sep-7 [72-May-15: 2B].
Brady, Edwin (57 yrs.) d. on 71-Nov-2 [71-Nov-3: 2B].
Brady, Eliza (80 yrs.) d. on 72-Dec-27 [72-Dec-30: 2B].
Brady, Emma (27 yrs.) d. on 74-Nov-14 [74-Nov-16: 2B; 74-Nov-17: 2C].
Brady, Emma J., Miss m. Miller, John Arthur on 73-Apr-10 [73-Apr-19: 2B].
Brady, George F. (1 mo.) d. on 71-Mar-29 [71-Mar-30: 2C].
Brady, George L. m. Williams, Julia M., Miss on 71-Jun-9 [71-Jun-20: 2B].
Brady, George W. (37 yrs., 3 mos.) d. on 71-Mar-18 of Typhoid fever [71-Mar-20: 2B, 4E; 71-Mar-21: 4D].
Brady, John J. (7 mos.) d. on 71-Oct-3 [71-Oct-5: 2C].
Brady, Julia Parkhurst d. on 72-Oct-22 [72-Oct-23: 2B].
Brady, Martha Ann (29 yrs., 6 mos.) d. on 72-Aug-18 [72-Aug-20: 2B].
Brady, Martha L. (22 yrs., 1 mo.) d. on 74-Jan-31 [74-Feb-2: 2B].
Brady, Mary E. m. Howard, William W. on 72-Sep-26 [72-Oct-4: 2B].
Brady, Mary Louisa (19 yrs.) d. on 72-Oct-7 [72-Oct-9: 2B].
Brady, Mary T. (8 mos.) d. on 74-Nov-2 [74-Nov-4: 2B].
Brady, Maud Washington (1 yr., 2 mos.) d. on 74-Mar-29 [74-Mar-30: 2B; 74-Mar-31: 2B].
Brady, Mollie E. m. Carroll, W. Coleman on 71-Jun-8 [71-Jun-10: 2A].
Brady, Robert (44 yrs.) d. on 73-Jul-6 [73-Jul-15: 2B].
Brady, Robert S. m. Blimline, Josephine on 74-Apr-19 [74-Apr-23: 2B].
Brady, Samuel (82 yrs.) d. on 71-Dec-8 [71-Dec-11: 4C, 2B].
Brady, Samuel m. Slingluff, Helen on 72-Oct-17 [72-Oct-21: 2B].
Brady, Thomas (35 yrs.) d. on 71-Jan-20 [71-Jan-21: 2B].
Brady, William m. Smith, Ida M., Miss on 73-Sep-9 [73-Sep-15: 2B].
Brady, William Dragan (7 mos.) d. on 74-Sep-9 [74-Sep-10: 2B].
Brady, William H. m. Dicus, Charlotte C. on 74-May-5 [74-May-12: 2B].
Brady, William J. (28 yrs.) d. on 74-Apr-29 [74-Apr-30: 1G, 2B; 74-May-1: 2B].
Bradyhouse, George Albert (1 yr., 1 mo.) d. on 71-Jan-17 of Scarlet fever [71-Jan-18: 2C].
Bradyhouse, Willie W. (2 yrs., 10 mos.) d. on 71-Jan-30 [71-Jan-31: 2C].
Brafman, Barbara (25 yrs.) d. on 71-Aug-16 [71-Aug-18: 2C].
Brafman, Benny (11 yrs., 7 mos.) d. on 71-Mar-24 [71-Mar-25: 2B].
Bragg, Anna Kate m. Taneyhill, James E. on 72-Jul-23 [72-Jul-27: 2B].
Bragg, Mary L., Miss m. Fawcett, Harry J. S. [74-Dec-16: 2B].
Bramble, Derinda L. C. (35 yrs.) d. on 75-Jan-5 [75-Jan-7: 2B].
Bramble, Thomas J., Capt. (60 yrs.) d. on 75-Aug-5 [75-Aug-6: 2B].
Bramble, Wilhelmina m. Cole, William G. on 71-Dec-21 [72-Jan-4: 2B].
Bramble, William E. m. Davis, Carrie A., Miss on 72-Jul-4 [72-Jul-11: 2C].

Bramham, Lizzie Y. m. Snow, C. F. on 72-Dec-11 [72-Dec-17: 2A].
Bramwell, Marcie m. Long, Cyrus G. on 74-Jan-28 [74-Jan-31: 2B].
Branan, Patrick (44 yrs.) d. on 72-Jan-12 of Construction cave-in [72-Jan-13: 2A, 4C].
Brancker, John Sefton m. Dulany, Carrie on 74-Jan-27 [74-Feb-3: 2B].
Brand, Ann M. d. on 73-Nov-18 [73-Nov-21: 2B].
Brand, Edgar Erskine d. on 75-Jul-10 [75-Jul-13: 2B].
Brand, Helen (13 yrs.) d. on 72-Jan-26 [72-Jan-29: 2C].
Brand, Joseph (59 yrs.) d. on 75-Dec-7 [75-Dec-8: 2B].
Brand, Louis (70 yrs.) d. on 75-Nov-27 [75-Nov-30: 2C].
Brand, Louis A. (26 yrs.) d. on 72-Nov-30 [72-Dec-2: 2B].
Brand, Margaret (51 yrs.) d. on 74-Jun-22 [74-Jun-23: 2B; 74-Jun-24: 2B].
Brand, Mary Grace (10 mos.) d. on 72-Jun-14 [72-Jul-6: 2B].
Brandan, Emma (17 yrs.) d. on 72-Mar-8 of Brain congestion [72-Mar-11: 4C].
Brandau, Edward F. m. Steube, Hannah E. on 72-Oct-2 [72-Oct-4: 2B].
Brandau, Mary (43 yrs.) d. on 71-Jun-10 [71-Jun-12: 2C].
Brandau, Mary Elizabeth d. on 73-Aug-21 [73-Aug-22: 2B].
Brandel, Emily, Miss m. Gruner, John on 73-Nov-25 [73-Dec-16: 2B].
Brandel, George, Sr. (55 yrs.) d. on 75-Feb-27 [75-Mar-1: 2B].
Brandie, P. James m. Hill, Lollie on 73-May-22 [73-Jun-4: 2B].
Brandin, James F. m. McCann, Blanche on 73-Aug-27 [73-Aug-29: 2B].
Brandt, Florence Virginia d. on 73-Jan-24 [73-Jan-27: 2B].
Brandt, Jane (71 yrs.) d. on 73-Apr-30 [73-May-5: 2B].
Brandt, John B. m. Gardner, Florence Virginia on 72-Apr-9 [72-Apr-10: 2B].
Brandt, Virginia Wood (8 yrs., 6 mos.) d. on 71-Feb-27 [71-Feb-28: 2C].
Brandy, Willie J. d. on 74-Jul-19 [74-Jul-23: 2B].
Branen, Thomas H. m. Mills, Susie A. E., Miss on 75-Jul-15 [75-Jul-22: 2B].
Branick, Annie (33 yrs.) d. on 75-May-10 of Apoplexy [75-May-11: 1H].
Brannan, Ann (35 yrs.) d. on 73-Aug-27 [73-Aug-28: 2B].
Brannan, James (41 yrs.) d. on 74-Mar-19 [74-Mar-20: 2B].
Brannan, Joshua M. Hall (1 yr., 4 mos.) d. on 71-Jan-17 [71-Jan-18: 2C].
Brannan, Lizzie (5 yrs., 4 mos.) d. on 72-Jun-6 [72-Jun-8: 2A].
Brannan, Maggie (7 mos.) d. on 72-Jun-16 of Summer complaint [72-Jun-18: 2B].
Brannan, Margaret (62 yrs.) d. [72-Jan-13: 2A].
Brannan, Nancy (77 yrs.) d. on 75-Mar-27 [75-Apr-1: 2C].
Brannan, Patrick (70 yrs.) d. on 74-Oct-2 [74-Oct-3: 2B].
Brannan, Robert (66 yrs.) d. on 71-Jul-30 [71-Aug-7: 2B].
Brannan, Ruth (58 yrs.) d. on 71-Feb-11 [71-Feb-13: 2C].
Brannan, Sarah A. (74 yrs.) d. on 71-Jan-30 [71-Feb-10: 2C].
Brannan, Sarah R. Hall (8 mos.) d. on 71-Jun-9 of Cholera infantum [71-Jun-10: 2B].
Brannock, Josephus m. Airey, Mary E. on 72-Oct-10 [72-Nov-11: 2B].
Brannon, John (24 yrs., 6 mos.) d. [71-Jul-21: 2C].
Bransford, Lucy Kate, Miss m. McKenna, John T. on 74-Nov-19 [74-Dec-4: 2B].
Branson, Etmonia, Miss m. Snyder, George on 72-May-19 [72-May-27: 2A].
Branson, Joseph, Capt. (70 yrs.) d. [72-Oct-30: 1H].
Branson, Joseph (34 yrs.) d. on 73-Oct-17 [73-Oct-18: 2B].
Branson, Mary E. d. on 71-Jan-14 [71-Jan-17: 2C].
Brant, Annie M., Miss m. Franck, Charles E. on 72-Sep-11 [72-Sep-24: 2B].
Brant, Eliza (75 yrs., 6 mos.) d. on 74-Nov-16 [74-Nov-17: 2C].
Brant, Maria L. m. Albaugh, DeWitt C. on 73-May-26 [73-Jun-7: 2A].
Brashaers, Josephine G. m. Wells, W. W. on 73-Nov-27 [73-Dec-9: 2B].
Brashears, Belle G. (19 yrs.) d. on 72-Mar-8 [72-Mar-12: 2C].
Brashears, Carroll Shipley d. on 75-Jul-20 of Cholera infantum [75-Jul-21: 2B].

Brashears, Elizabeth (26 yrs.) d. on 72-Apr-19 [72-Apr-20: 2B].
Brashears, Hannah A. m. Graham, George R. [71-Sep-25: 2C].
Brashears, Isabella Greves (24 yrs.) d. on 71-May-18 [71-May-20: 2B].
Brashears, John W. m. Cray, Josephine, Miss on 75-Aug-22 [75-Sep-1: 2B].
Brashears, Jonathan P. (27 yrs.) d. on 72-Mar-11 [72-Mar-16: 2B].
Brashears, Kate E. (25 yrs.) d. on 72-Dec-5 [72-Dec-7: 2A].
Brashears, Lillian Duncan (3 yrs., 1 mo.) d. on 71-Jul-30 [71-Aug-3: 2B].
Brashears, Sue Mouat (1 yr., 3 mos.) d. on 71-Jul-10 of Cholera infantum [71-Jul-13: 2C].
Brashears, Susannah (65 yrs.) d. on 75-Apr-5 [75-Apr-6: 2B; 75-Apr-7: 2B].
Brasher, John P. (10 mos.) d. on 72-Jul-3 [72-Jul-4: 2B].
Brass, Susan R. (35 yrs.) d. on 75-Oct-14 of Consumption [75-Oct-23: 2B].
Brasse, Sallie R. m. Prout, Frank on 71-Dec-21 [71-Dec-25: 2C].
Bratt, Cecilia Wright (2 mos.) d. on 72-Mar-21 [72-Mar-23: 2B].
Bratt, George N. B. m. Neepier, Ella on 75-Oct-26 [75-Oct-28: 2B].
Bratt, Lillian May (1 yr., 6 mos.) d. on 72-Feb-11 [72-Feb-14: 2C].
Bratzel, Eleonora (1 yr., 8 mos.) d. on 72-Feb-28 [72-Feb-29: 2B].
Brauders, John (71 yrs.) d. on 75-Dec-28 [75-Dec-29: 2B].
Brauns, Lizzie m. Engler, Adolph on 75-Apr-13 [75-Apr-22: 2B].
Brauns, Russell (5 yrs.) d. on 74-Jul-10 [74-Jul-11: 2B].
Brautigan, Charles T. (1 yr., 10 mos.) d. on 75-Jan-5 [75-Jan-6: 2C].
Brawner, Hilary (58 yrs.) d. on 71-Dec-9 of Lung congestion [71-Dec-12: 4C; 71-Dec-13: 4C].
Brawner, Kate V. m. Clinton, H. DeWitt on 73-Dec-22 [73-Dec-24: 2B].
Braxton, Mary W. d. on 72-Dec-22 [72-Dec-25: 2A].
Bray, Catherine d. on 74-Sep-8 [74-Sep-9: 2B].
Bray, William C. m. Work, Mary C., Miss on 71-Oct-17 [71-Oct-19: 2C].
Brayden, Lemuel m. Nash, Mary, Miss on 72-Jan-14 [72-Feb-7: 2C].
Brayden, Maggie J., Miss m. Brushwiller, Theodore on 71-Nov-12 [72-Jan-3: 2B].
Brayden, William W., Jr. m. Fabrill, Sarah, Miss on 75-Jan-27 [75-Feb-15: 2B].
Brayfield, Mary E. (3 yrs., 2 mos.) d. on 71-Aug-31 [71-Sep-2: 2B].
Brayfield, Robert (48 yrs.) d. on 72-Apr-4 [72-Apr-27: 2B].
Brayshaw, Squier L. m. Winpenny, Mary J., Miss on 71-Jun-1 [71-Jun-9: 2B].
Brayshaw, Willie (1 yr., 3 mos.) d. on 74-Apr-23 [74-Apr-27: 2B].
Brazer, Mary (36 yrs.) d. on 71-Dec-24 [71-Dec-25: 2C].
Bready, D. F. m. Yewell, Carrie on 72-Jul-11 [72-Aug-2: 2C].
Breakher, Mary (8 yrs.) d. on 73-Dec-4 Drowned [73-Dec-6: 4E].
Breckenridge, John R. (23 yrs.) d. on 74-Apr-10 Murdered [74-Apr-11: 4D].
Bredehoeff, Gustav (35 yrs.) d. on 75-Mar-30 Drowned [75-Apr-16: 4C].
Bredekamp, Elizabeth (63 yrs.) d. on 71-Aug-22 [71-Sep-2: 2B].
Bredemeyer, Louise (4 yrs.) d. on 73-Nov-25 [73-Nov-27: 2B].
Breeden, Ann Virginia (4 yrs., 1 mo.) d. on 74-Mar-23 [74-Mar-28: 2B].
Bregel, John George m. Peregoy, Mary C., Miss on 74-Apr-5 [74-May-12: 2B].
Bregel, John Jacob (89 yrs.) d. on 72-Oct-29 [72-Oct-30: 2B; 72-Oct-31: 2B].
Brehm, Paul d. on 72-Jun-29 of Fall in cellar [72-Jul-1: 1G].
Brehme, Mary Mitlacher (5 yrs.) d. on 71-Oct-12 [71-Oct-13: 2B].
Bremer, Laura Virginia m. Klautsheck, Elvin on 75-Oct-7 [75-Oct-11: 2B].
Bremner, Alix M. (25 yrs.) d. on 71-Aug-19 [71-Aug-24: 2B].
Bremner, Archibald S. (72 yrs.) d. on 71-Sep-24 [71-Sep-25: 2C; 71-Sep-26: 2B].
Bremner, Catherine (67 yrs.) d. on 71-Aug-25 [71-Aug-26: 2A].
Bremont, [male] (3 yrs.) d. on 73-Dec-10 Burned [73-Dec-11: 4E].
Brenaman, A. T. m. Hobbs, Jennie, Miss on 73-Mar-28 [73-Mar-31: 2B].
Brendlinger, Daniel (63 yrs.) d. on 75-Jan-27 [75-Jan-28: 1H].
Brenise, Joseph K. m. Bailey, Jennie H. on 73-Feb-17 [73-Apr-4: 2B].

Brennan, Andrew d. on 74-Jul-2 [74-Jul-3: 2B].
Brennan, Georgiana Elizabeth (20 yrs.) d. on 71-Feb-23 [71-Feb-25: 2B].
Brennan, Harry (1 yr., 6 mos.) d. on 72-Mar-14 [72-Mar-15: 2C].
Brennan, John F. (23 yrs.) d. on 75-Feb-21 [75-Feb-23: 2B].
Brennan, John Michael (2 yrs., 3 mos.) d. on 75-Jun-4 [75-Jun-5: 2B].
Brennen, James F. (41 yrs.) d. on 75-Jan-14 [75-Jan-16: 2C].
Brenner, Abram (18 yrs.) d. on 73-Mar-20 [73-Mar-21: 2B].
Brenner, Flora (21 yrs., 4 mos.) d. on 73-Jan-8 [73-Jan-10: 2B; 73-Feb-8: 2B].
Brenner, Moses m. Pels, Bertha, Miss on 74-Sep-27 [74-Sep-28: 1G; 74-Sep-29: 2B].
Brenner, Solomon (74 yrs.) d. on 72-Jun-1 [72-Jun-3: 2A].
Brent, Harry Charles (7 mos.) d. on 71-Jun-5 [71-Jun-15: 2B].
Brent, Jeannette (27 yrs.) d. on 75-May-1 [75-May-3: 2B].
Brent, Olevia C., Miss m. Butler, William H. on 73-Jan-23 [73-Jan-25: 2B].
Brent, Robert J. (61 yrs.) d. on 72-Feb-4 of Rheumatism [72-Feb-5: 2C, 4E; 72-Feb-7: 4F].
Brett, George Arthur m. Denison, Elizabeth on 74-Nov-5 [74-Nov-28: 2B].
Brevitt, Edwin Woodland m. Mackenzie, Kate S. on 75-Mar-11 [75-Mar-15: 2B].
Brewer, Adaline d. on 74-May-14 [74-May-15: 2B; 74-May-16: 2B].
Brewer, Alexina d. on 72-Mar-7 [72-Mar-8: 2B].
Brewer, Conrad (44 yrs.) d. on 72-Nov-27 of Suicide (Poison) [72-Nov-28: 1H].
Brewer, Eddie B. d. on 72-Jul-8 [72-Jul-10: 2B].
Brewer, Jannetta (1 yr., 3 mos.) d. on 74-Apr-22 [74-Apr-24: 2B].
Brewer, Jennie P. m. Davis, J. Lynn on 75-Nov-9 [75-Nov-24: 2B].
Brewer, John M. (54 yrs.) d. on 75-Oct-21 [75-Oct-23: 2A].
Brewer, Samuel J. (22 yrs., 10 mos.) d. on 73-Nov-15 [73-Nov-17: 2B].
Brewer, William G. m. White, Ida on 72-May-18 [72-May-20: 2A].
Brewington, Pearl (6 mos.) d. on 73-Mar-26 [73-Mar-27: 2C].
Brewis, E. Alverda, Mrs. m. Easter, Charles Ewing on 72-Feb-7 [72-Feb-13: 2C].
Brewster, Lewis C. m. Wylie, Eliza, Miss on 71-Dec-26 [71-Dec-28: 2C].
Brian, Bessie Stine (5 mos.) d. on 75-Jun-15 [75-Jun-16: 2B].
Brian, Bettie M. m. Moore, James R. on 71-Jun-8 [71-Jun-17: 2B].
Brian, Charles T., Lt. m. Dickison, Mamie L., Miss on 74-Mar-6 [74-Mar-27: 2B].
Brian, Henry T. m. Hipsley, Carrie T. on 72-Jun-26 [72-Jul-3: 2B].
Brian, John H. (37 yrs.) d. on 72-Jun-20 of Consumption [72-Jun-21: 2B].
Brian, Joseph (81 yrs.) d. on 73-Oct-19 [73-Oct-21: 2B].
Brian, Joseph M., Jr. m. Stine, Bessie B. on 71-Nov-22 [71-Nov-29: 2C].
Brian, Mary E. (2 yrs., 2 mos.) d. [73-Oct-24: 2B].
Brian, Nellia m. Taylor, Elias on 75-Jan-17 [75-Jan-19: 2B].
Brian, William Patrick (25 yrs.) d. on 72-Apr-21 [72-May-9: 2B].
Briarly, Cordelia A., Miss m. Lipphard, William A. on 71-Aug-30 [71-Nov-23: 2C].
Brice, Anna M. d. on 74-Jan-15 [74-Jan-16: 2B; 74-Jan-17: 2B].
Brice, Cordelia A. d. on 74-Apr-20 [74-Apr-21: 2A; 74-Apr-22: 2B].
Brice, Isabella d. on 75-Jul-11 [75-Jul-12: 2B; 75-Jul-13: 2B].
Brice, S. Virginia, Miss m. Rynehart, Robert on 73-Mar-31 [73-Apr-1: 2B].
Brice, William Howard, Lt. d. on 74-Jul-6 [74-Jul-8: 4C].
Brice, William N. (55 yrs.) d. on 71-Jun-15 of Apoplexy [71-Jun-17: 2B, 4C].
Brickhouse, Maggie S., Miss m. Mitchell, Landon C. on 71-Oct-9 [71-Oct-13: 2B].
Brickhouse, Sophie E. m. Leef, James A. on 73-May-20 [73-May-24: 2B].
Brickly, Agnes R. (76 yrs.) d. on 71-Jan-20 [71-Jan-26: 2D].
Brickman, Lizzie J., Miss m. Haefner, G. A., Dr. on 73-Oct-15 [73-Oct-24: 2B].
Bride, Kate A., Miss m. Oler, William G. on 71-Apr-27 [71-May-11: 2B].
Bridener, Helen U. m. Darling, Henry, Dr. on 72-Nov-7 [72-Nov-12: 2B].
Bridge, John A. (57 yrs.) d. on 73-Aug-19 [73-Aug-21: 2B; 73-Aug-22: 2B; 73-Aug-23: 1H].

Bridge, Martin DeLacy (6 yrs., 6 mos.) d. on 74-Dec-22 of Scarlet fever [74-Dec-23: 2B; 74-Dec-24: 2B].
Bridges, M. Julia, Miss m. Sadtler, Samuel P., Prof. on 72-Dec-17 [72-Dec-18: 2B].
Briel, Annie C. m. Meyer, H. W. on 74-Aug-5 [74-Aug-12: 2C].
Briel, Elizabeth, Miss m. Nickel, Otto on 72-May-29 [72-Jun-1: 2A].
Briel, John, Sr. m. Ettele, Cora T., Miss on 75-Feb-27 [75-Mar-10: 2C].
Briel, Maggie A. (26 yrs.) d. on 75-May-31 [75-Jun-1: 2A].
Brien, Joseph R. C. m. Johnston, Emily M., Miss on 74-May-6 [74-Oct-20: 2B].
Brierley, William H. (4 mos.) d. on 73-Sep-6 [73-Sep-8: 2B].
Brierly, Geneva (2 mos.) d. on 74-Jul-21 [74-Jul-27: 2B].
Brierly, John (50 yrs.) d. on 71-Jul-25 [71-Jul-26: 2B].
Briers, Jphn E. m. Miller, Anna on 74-Jul-7 [74-Jul-10: 2B].
Brierwood, Thomas H. m. Garrettson, Mary P., Miss on 72-Jul-24 [72-Aug-16: 2B].
Briggs, Alice (19 yrs.) d. on 73-Jul-27 of Consumption [73-Jul-29: 2B].
Briggs, Henrietta E. d. on 72-Apr-21 [72-May-1: 2B].
Briggs, Jennie Alexander (23 yrs.) d. on 72-Nov-23 [72-Nov-26: 2A].
Briggs, Lewis Albert (1 yr., 1 mo.) d. on 73-Apr-3 [73-Apr-4: 2B].
Briggs, Walter (5 mos.) d. on 71-Feb-10 [71-Feb-11: 2B].
Bright, Alonzey (34 yrs.) d. [74-Dec-2: 2B; 74-Dec-3: 2B].
Bright, Florence, Miss m. Scherers, Lewis on 71-Dec-19 [71-Dec-27: 2C].
Bright, James (67 yrs.) d. on 75-Nov-20 [75-Nov-29: 2B].
Bright, James D. d. on 75-May-20 [75-May-24: 4A].
Bright, Jesse D. (63 yrs.) d. on 75-May-20 of Heart disease [75-May-21: 2B; 75-May-22: 2B].
Bright, Mary A. m. Smith, George F. on 72-Oct-8 [72-Oct-18: 2B].
Brightman, James (26 yrs.) d. on 72-Dec-10 [72-Dec-11: 2B].
Brightman, Rebecca (64 yrs.) d. on 72-Jan-18 [72-Jan-20: 2B].
Brigle, Henry (27 yrs.) d. on 71-May-6 [71-May-9: 2B].
Brinckmeyer, Louisa (45 yrs.) d. on 73-Sep-16 [73-Sep-17: 2B; 73-Sep-18: 2B].
Bringues, Lillie m. Judik, J. Henry on 71-Jun-21 [71-Jun-23: 2B].
Brink, Mary Ad. (22 yrs.) d. on 71-Aug-26 [71-Aug-30: 2C].
Brinkley, Joseph B. m. Miles, Mary Anna on 74-Mar-17 [74-Mar-21: 2B].
Brinkley, Louis (9 mos.) d. on 75-Sep-1 [75-Sep-2: 2B].
Brinkley, Mary m. Fowler, David on 75-Nov-23 [75-Nov-27: 2B].
Brinkman, May d. on 74-Jul-13 [74-Jul-16: 2B].
Briscoe, Cece C. (57 yrs., 2 mos.) d. on 75-May-18 [75-May-22: 2B].
Briscoe, Charles A. (30 yrs.) d. on 73-Mar-12 [73-Mar-28: 2B].
Briscoe, D. S. m. Straith, Ella, Miss on 72-Dec-11 [72-Dec-16: 2B].
Briscoe, Edward T. m. Vaughan, Sallie F. on 73-Oct-21 [73-Oct-31: 2B].
Briscoe, Georgianna (39 yrs.) d. on 72-Mar-2 [72-Mar-4: 2B].
Briscoe, Harry A. (4 mos.) d. on 72-Mar-14 [72-Mar-16: 2B].
Briscoe, Henry, Dr. (42 yrs.) d. on 73-Apr-3 [73-Apr-5: 2B].
Briscoe, James, Rev. m. Huppman, Annie S. on 72-Jun-6 [72-Jun-13: 2B].
Briscoe, Julia A. (71 yrs.) d. [73-Mar-11: 2B].
Briscoe, Mary (89 yrs.) d. on 75-Feb-4 [75-Feb-5: 2B; 75-Feb-6: 2B].
Briscoe, Philip T. (28 yrs.) d. on 72-Jul-26 [72-Aug-21: 2C].
Briscoe, William Henry (4 yrs.) d. on 73-Nov-29 [73-Dec-1: 2B].
Brittain, M. Cookman, Rev. m. Watson, Ameli Jane on 71-Mar-7 [71-Mar-9: 2C].
Brittingham, Samuel m. Bean, Euphronia Elizabeth, Miss on 74-Apr-22 [74-Apr-25: 2B].
Britton, Ariel H. d. on 75-Oct-27 [75-Oct-29: 2B].
Britton, Francis (63 yrs.) d. on 75-Nov-8 [75-Nov-8: 2B; 75-Nov-9: 2B].
Britton, O. P. m. Frater, Mary J. on 73-Jun-10 [73-Jun-13: 2B].
Broadbeck, James A. m. Hardy, Anna V., Miss on 74-May-13 [74-May-19: 2B].

Broadbelt, Phebe A., Miss m. Broadbelt, Thomas on 72-May-23 [72-Jun-13: 2B].
Broadbelt, Thomas m. Broadbelt, Phebe A., Miss on 72-May-23 [72-Jun-13: 2B].
Broadbent, Annie Gordon d. on 71-Jul-11 [71-Jul-13: 2C].
Broadbent, Annie Gordon (1 yr., 11 mos.) d. on 74-Apr-21 [74-Apr-22: 2B; 74-Apr-23: 2B].
Broadbent, Margaret Alice d. on 74-Dec-23 [74-Dec-24: 2B; 74-Dec-25: 2B; 74-Dec-26: 2C].
Broadbent, Stephen, Jr. (36 yrs.) d. on 72-May-15 [72-May-17: 2B; 72-May-18: 2A].
Broadrib, William (72 yrs.) d. on 71-Jun-6 [71-Jun-7: 2B; 71-Jun-8: 2B].
Broadrick, Catharine A. M. m. Groff, James T. on 73-Dec-10 [73-Dec-27: 2B].
Broadwater, Martha J., Miss m. Vaughan, Benjamin J. on 73-Dec-7 [73-Dec-9: 2B].
Broadwater, Mary E. m. Kirkwood, John J. on 73-Dec-15 [73-Dec-19: 2B].
Broaning, John M. m. Clapsaddle, Annie E., Miss on 72-Sep-12 [72-Sep-19: 2B].
Brocchus, Marie T. m. Watkins, Louis J. on 71-Jan-12 [71-Jan-20: 2C].
Brocchus, S. Louise d. on 73-Jul-27 [73-Aug-1: 2B].
Brockenbrough, Austin, Dr. m. Williams, Maria P. H., Miss on 73-Jun-17 [73-Jun-18: 2B].
Brockmay, Louise R. (30 yrs.) d. on 74-Jan-15 [74-Jan-16: 2B].
Brockus, Mary (91 yrs.) d. on 75-May-15 [75-May-17: 2A].
Broderick, Cecilia M. d. on 74-Oct-29 [74-Oct-31: 2B].
Broderick, Clare Marie (5 yrs., 6 mos.) d. on 71-Feb-20 [71-Feb-21: 2C; 71-Feb-22: 2C].
Broderick, Ellen (2 yrs., 8 mos.) d. on 71-Mar-29 [71-Mar-30: 2C].
Broderick, Helen d. on 73-Mar-20 [73-Mar-22: 2B].
Broderick, Joseph B. (1 yr., 6 mos.) d. on 72-Jun-12 of Cholera infantum [72-Jun-13: 2B; 72-Jun-14: 2A].
Broderick, Mary T. d. on 72-Mar-25 [72-Mar-26: 2B].
Broderick, Norah M. (4 mos.) d. on 71-Apr-3 [71-Apr-4: 2B].
Brodie, Alexander (66 yrs.) d. on 73-Jan-31 [73-Feb-1: 2B].
Brodigan, Alice A. m. Naughton, James on 72-Apr-2 [72-May-2: 2B].
Brodigan, Margaret (84 yrs.) d. on 73-Jul-11 [73-Jul-12: 2B].
Brogan, James (27 yrs.) d. on 71-Nov-24 [71-Nov-25: 2A].
Brogan, Mary, Miss m. O'Dowd, Charles on 71-Jun-4 [71-Jun-22: 2B].
Brogan, Rose (65 yrs.) d. on 71-Oct-13 [71-Oct-14: 2A].
Brogden, Arthur, Dr. (38 yrs.) d. on 75-Jan-5 of Lung hemorrhage [75-Jan-6: 2B, 2C; 75-Jan-8: 1H].
Brogden, Meta m. Brundige, Thomas W. on 73-Jul-10 [73-Jul-12: 2B].
Brogdon, William H. (24 yrs.) d. on 74-Oct-30 Drowned [74-Nov-2: 4D].
Brome, Henry (84 yrs.) d. on 75-Feb-16 [75-Feb-17: 2B; 75-Feb-18: 2B].
Brome, Lydia m. Browne, S. Thomas on 73-Nov-6 [73-Dec-8: 2B].
Bromley, Hiram L. m. Holmes, Margaret A. on 74-Apr-28 [74-May-2: 2B].
Brommelsick, John (8 yrs., 6 mos.) d. on 71-Jul-27 [71-Jul-29: 2B].
Bromweil, Jacob L., Rev. d. on 71-Mar-9 [71-Mar-25: 4B].
Bromwell, A. Rebecca (85 yrs.) d. on 75-Jul-10 [75-Jul-12: 2B].
Bromwell, Alice, Miss m. Dudrow, T. Clifton on 71-Jan-5 [71-Feb-11: 2B].
Bromwell, Charley L. (2 yrs., 7 mos.) d. on 71-Sep-29 [71-Sep-30: 2C].
Bromwell, J. Edward m. Johnson, Emma M. on 71-Jan-26 [71-Feb-11: 2B].
Bromwell, J. R., Dr. m. Constable, Kate M., Miss on 71-May-25 [71-May-17: 2B].
Bromwell, James Willie (8 yrs., 6 mos.) d. on 75-Apr-9 [75-Apr-12: 2B].
Bromwell, Margaret Ann (60 yrs.) d. on 71-Dec-4 of Consumption [71-Dec-5: 2C].
Bromwell, Mary E. d. on 72-Sep-29 [72-Oct-1: 2B].
Bromwell, Robert (11 mos.) d. on 73-Sep-11 [73-Sep-12: 2B].
Bromwell, William m. Rehbein, Mary C. on 73-Jun-17 [73-Jul-3: 2B].
Bronnan, Lavena S., Miss m. Joynes, William E. on 73-Jul-3 [73-Aug-5: 2B].
Broocks, Lewis, Sr. (55 yrs.) d. on 75-Jan-27 [75-Jan-28: 2B; 75-Jan-29: 4C].
Brooke, Albert m. Beall, Mollie E. on 73-Oct-2 [73-Oct-3: 2B].

Brooke, Anieta d. on 74-Jul-9 [74-Jul-11: 2B].
Brooke, Cassie H. m. Levering, William T. on 74-Apr-23 [74-Apr-29: 2B].
Brooke, George W. m. Billop, Nellie on 75-Apr-15 [75-Apr-23: 2B].
Brooke, John W. m. Boswell, Fannie, Miss on 75-Nov-17 [75-Nov-30: 2B].
Brooke, Mary B. (77 yrs., 3 mos.) d. [75-Apr-20: 2B].
Brooke, Mary B. m. Billopp, Charles F. on 74-Nov-19 [74-Dec-2: 2B].
Brooke, O. W. m. McCoy, Gussie M. on 71-Nov-21 [71-Nov-22: 2C].
Brooke, Sarah d. on 73-Jul-4 [73-Jul-7: 2B].
Brookhart, Jacob H. m. Brown, Ida E. on 74-Oct-14 [74-Oct-23: 2B].
Brooks, Albertus Finley (1 yr.) d. on 71-Jul-7 [71-Jul-8: 2C].
Brooks, Alice, Miss m. Howser, Alfred A. on 72-Sep-12 [72-Sep-13: 2B].
Brooks, Allen W. m. Sitzler, Clementine W., Miss on 74-May-27 [74-Jun-3: 2B].
Brooks, Amanda R. d. on 74-Jun-11 [74-Jun-12: 2B].
Brooks, Annie m. Lynas, William on 71-Dec-21 [72-Jan-4: 2B].
Brooks, Annie, Miss m. Dutton, Joseph on 74-Aug-20 [74-Aug-27: 2B].
Brooks, Annie E. m. Adams, Henry on 74-Dec-7 [75-Jan-7: 2B].
Brooks, Annie M. m. Rice, George L., Dr. on 75-Nov-11 [[75-Dec-3: 2B]; 75-Dec-4: 2B].
Brooks, Becky E. (25 yrs.) d. on 72-Jul-21 [72-Jul-22: 2B].
Brooks, Benjamin T. m. Wood, Julia A. on 73-Nov-25 [73-Nov-28: 2B].
Brooks, Charles H. m. Bowers, Mary E. on 75-Sep-28 [75-Oct-5: 2B].
Brooks, Christopher J. d. on 74-Jul-27 [74-Jul-29: 2B].
Brooks, Darius L. m. Karr, Maggie, Miss on 71-Jun-28 [71-Sep-5: 2B].
Brooks, Eleanor m. McCormick, William G. on 73-Oct-23 [73-Oct-25: 2B].
Brooks, Eliza (47 yrs.) d. on 74-Jul-20 [74-Jul-22: 2B].
Brooks, Ella d. on 72-Jul-2 [72-Jul-3: 2B].
Brooks, Ella May (4 mos.) d. on 72-Jun-29 [72-Jul-1: 2B].
Brooks, Emma m. Barrett, James H. on 75-Mar-4 [75-Mar-25: 2B].
Brooks, Emma Florence (3 yrs., 9 mos.) d. on 72-Aug-4 [72-Aug-6: 2B].
Brooks, Ethel Sloan (11 mos.) d. on 75-Jun-29 [75-Jul-1: 2B].
Brooks, Fannie Goodwin (4 mos.) d. on 74-Jun-9 [74-Jun-10: 2B].
Brooks, George R. m. Robertson, Mollie A. on 73-Nov-13 [73-Nov-15: 2B].
Brooks, Harrison m. Sloan, Nora V. on 73-Mar-19 [73-Mar-31: 2B].
Brooks, Harry Flemming (1 yr., 3 mos.) d. on 75-Feb-2 of Scarlet fever [75-Feb-3: 2B].
Brooks, Henry P. (49 yrs.) d. on 74-Sep-26 [74-Sep-28: 2B; 74-Sep-29: 1G, 2B].
Brooks, Howard Monroe (2 mos.) d. on 73-Jul-5 [73-Jul-8: 2B].
Brooks, James (23 yrs.) d. on 72-Dec-19 [72-Dec-21: 2A].
Brooks, James E. (20 yrs.) d. on 74-Apr-20 [74-Apr-21: 2A; 74-Apr-22: 2B].
Brooks, James E. (6 mos.) d. on 75-Aug-19 [75-Aug-20: 2B].
Brooks, Jennie, Miss m. McElwee, J. C. on 75-Sep-2 [75-Oct-1: 2B].
Brooks, Jesse (36 yrs.) d. on 74-Nov-10 [74-Nov-11: 2B].
Brooks, Jesse m. Houck, Rebecca E., Miss on 71-Dec-21 [71-Dec-25: 2C].
Brooks, John d. on 70-Dec-29 [71-Jan-9: 2D].
Brooks, John Butler d. on 73-Mar-22 [73-Mar-24: 2B].
Brooks, John D., Rev. (68 yrs.) d. on 75-Feb-28 of Lung disease [75-Mar-3: 1G].
Brooks, John H. (77 yrs.) d. on 71-Mar-22 [71-Mar-23: 2B].
Brooks, John T. m. Callan, Ellen T., Miss on 71-Dec-12 [72-Jan-2: 2C].
Brooks, John W. (1 yr., 1 mo.) d. on 74-Nov-1 [74-Nov-2: 2B].
Brooks, Joseph Albert (6 mos.) d. on 72-Aug-22 [72-Aug-23: 2C].
Brooks, Joseph D., Dr. (46 yrs.) d. on 72-Jun-23 of Cholera morbus [72-Jun-24: 1H, 2B; 72-Jun-25: 2B].
Brooks, Joshua F. (20 yrs.) d. on 71-Dec-15 [71-Dec-16: 2B].
Brooks, Luranner m. Keen, Jesse on 73-Oct-2 [73-Oct-6: 2B].

Brooks, Maggie m. Young, John H. B. on 72-Mar-21 [72-Apr-3: 2B].
Brooks, Maria Ervin (4 yrs.) d. on 72-Feb-22 of Measles [72-Feb-23: 2D; 72-Mar-14: 2C].
Brooks, Mary (81 yrs.) d. on 72-May-24 [72-May-25: 2B].
Brooks, Mary A. (50 yrs.) d. on 73-Apr-10 [73-Apr-12: 2A].
Brooks, Mary Ann, Miss m. Butler, James on 72-Jan-4 [72-Jan-6: 2A].
Brooks, Mary E. d. on 74-Jun-29 [74-Jun-30: 2B].
Brooks, Mary E., Miss m. Sebastian, Walter B. on 72-May-15 [72-May-22: 2B].
Brooks, Mary Elizabeth (30 yrs.) d. on 75-Feb-19 of Consumption [75-Feb-22: 2B].
Brooks, Mary L. (36 yrs.) d. on 75-Nov-6 [75-Nov-8: 2B].
Brooks, Mary Olinska d. on 72-Mar-27 [72-Apr-2: 2B].
Brooks, Michael S. m. Butler, Kate, Miss on 72-Dec-8 [73-Jan-20: 2B].
Brooks, N. C. m. Hoehn, [unnamed], Miss on 74-Apr-6 [74-Apr-8: 2B].
Brooks, Octavia (29 yrs., 7 mos.) d. on 74-Jul-8 [74-Jul-9: 2B].
Brooks, Octavius Conway (2 yrs.) d. on 72-Mar-13 of Brain inflammation [72-Mar-14: 2C].
Brooks, Rebecca E. (25 yrs.) d. on 72-Jul-21 [72-Jul-29: 2C].
Brooks, Richard d. on 73-May-29 [73-May-30: 2B; 73-May-31: 2A].
Brooks, Richard (33 yrs.) d. on 74-Jan-29 of Heart disease [74-Jan-31: 2B, 4C].
Brooks, Robert (51 yrs.) d. on 72-Jan-29 [72-Jan-30: 2C].
Brooks, Robert P. m. Littlefield, Maria on 72-Aug-13 [72-Aug-14: 2B].
Brooks, Sallie J. (19 yrs.) d. on 75-Aug-27 [75-Sep-8: 2B].
Brooks, Samuel (67 yrs., 9 mos.) d. on 72-Jun-16 [72-Jun-17: 2B; 72-Jun-19: 2B].
Brooks, Samuel m. Neale, Mollie O. B., Miss on 72-Apr-1 [72-Jun-5: 2B].
Brooks, Samuel D. (46 yrs.) d. on 75-Apr-4 in Carriage accident [75-Apr-5: 1G; 75-Apr-6: 2B; 75-Apr-7: 2B].
Brooks, Sarah A. (61 yrs.) d. on 75-Aug-8 [75-Aug-9: 2B].
Brooks, Sarah Virginia d. on 75-Nov-7 [75-Nov-9: 2B].
Brooks, Sophia (83 yrs.) d. on 72-Sep-12 [72-Sep-13: 2B].
Brooks, Stephen (70 yrs.) d. on 75-Feb-22 [75-Feb-23: 2B].
Brooks, Stewart Clayton (2 mos.) d. on 73-Jul-5 [73-Jul-8: 2B].
Brooks, Susan Amanda (34 yrs.) d. on 72-Apr-1 [72-Apr-3: 2B].
Brooks, Susie, Miss m. Touchton, William H. on 75-Jul-12 [75-Jul-15: 2B].
Brooks, Thomas Emory m. Bowen, Mary A., Miss on 71-Sep-26 [71-Sep-30: 2B].
Brooks, W. Howard m. Bryan, Jennie E., Miss on 72-Oct-15 [72-Oct-18: 2B].
Brooks, William (65 yrs.) d. on 73-Nov-28 of Concussion [73-Nov-29: 2B, 4E].
Brooks, William E. m. Bell, Laura J. on 74-Apr-16 [74-Apr-18: 2B].
Brooks, William H. (38 yrs.) d. on 75-Nov-20 [75-Nov-22: 2A].
Brooks, William T. m. West, Rosa E. on 74-Jan-20 [74-Jan-22: 2B].
Brooks, Willie A. (22 yrs.) d. on 73-Feb-27 [73-Mar-3: 2B].
Brooks, Willie Jennings West d. on 73-Aug-2 [73-Aug-21: 2B].
Broom, Lewis E. m. Harp, Mary A., Miss on 74-Jul-1 [74-Jul-24: 2B].
Broome, James m. Dare, Josie on 75-Jun-8 [75-Jun-15: 2A].
Broseker, Franziska Mathilda (45 yrs.) d. on 73-Sep-11 [73-Sep-12: 2B; 73-Sep-13: 2B].
Bross, Katie (7 mos.) d. on 72-Dec-1 [72-Dec-2: 2B; 72-Dec-4: 2B].
Bross, Mary Louisa (13 yrs., 8 mos.) d. on 73-Jun-12 [73-Jun-13: 2B; 73-Jun-14: 2B].
Brotherton, John P. (72 yrs.) d. on 72-Feb-25 [72-Feb-27: 2B].
Brotten, Charles H. (35 yrs., 11 mos.) d. on 74-Oct-1 [74-Oct-3: 2B].
Brotzman, Antone (61 yrs.) d. on 72-Feb-6 of Suicide [72-Feb-7: 4F].
Brougham, Louisa (5 yrs., 3 mos.) d. on 75-May-14 [75-May-15: 2A].
Brougham, Martha Jane (8 mos.) d. on 75-Aug-23 [75-Aug-24: 2B].
Broughton, Amanda J. m. Lanpton, Henry E. on 74-Dec-9 [75-Jun-1: 2A].
Broughton, Bridget (43 yrs.) d. on 72-Feb-22 [72-Feb-23: 2D; 72-Feb-24: 2C].
Broughton, Catharine Wallace (74 yrs.) d. on 73-Dec-3 [73-Dec-9: 2B].

Broughton, Elizabeth (48 yrs.) d. on 71-Jul-20 [71-Jul-22: 2B].
Broughton, Joseph, Capt. (58 yrs.) d. on 72-Aug-26 of Typhoid [72-Aug-28: 1H, 2A].
Broughton, Joseph R. m. Bourne, Josephine E. on 72-Mar-13 [72-Jun-4: 2A].
Broughton, Robert E. (45 yrs.) d. on 71-Jan-2 [72-Jan-8: 2C].
Broughton, William Henry Clay d. on 71-Jun-14 [71-Jun-15: 2B].
Broumel, J. W. m. Conway, Emma R. on 73-Jan-2 [73-Jan-10: 2B].
Brower, Clara V., Miss m. King, Theodore S. on 72-Feb-26 [72-Feb-27: 2B].
Brower, Frank (54 yrs.) d. on 74-Jun-5 [74-Jun-6: 4D].
Brower, Irving B. m. Cross, Carrie M. on 75-Sep-30 [75-Oct-15: 2B].
Brower, William Crauford (14 yrs., 10 mos.) d. on 72-Mar-17 [72-Mar-18: 2A].
Browmly, Catherine (56 yrs.) d. on 75-Jan-18 [75-Jan-20: 2B].
Brown, Albert S. m. Wayson, Edwina on 73-Nov-4 [73-Nov-6: 2B].
Brown, Alexander d. on 73-Jul-2 of Cramp cholic [73-Jul-3: 1G].
Brown, Alexander H. (69 yrs.) d. on 73-Aug-16 [73-Aug-20: 2B; 73-Aug-21: 2B].
Brown, Alexander W. m. Bailey, Mary L. on 75-May-6 [75-May-26: 2B].
Brown, Alfred J. m. Feelemyer, Laura V. on 72-Jan-23 [72-Jan-29: 2C].
Brown, Alice (14 yrs., 10 mos.) d. on 71-Jan-10 [71-Jan-11: 2C; 71-Jan-12: 2C].
Brown, Alice E. (1 yr., 5 mos.) d. on 72-Jul-20 [72-Jul-22: 2B].
Brown, Alice E. d. on 72-Aug-22 [72-Aug-23: 2B; 72-Aug-24: 2B].
Brown, Allison Ambrose (28 yrs.) d. on 72-May-12 [72-May-14: 2B].
Brown, Alonzo Evans (8 mos.) d. on 73-Mar-18 [73-Mar-19: 2B].
Brown, Ann d. on 72-Nov-2 [72-Nov-4: 2B].
Brown, Ann (26 yrs.) d. on 73-Jun-13 [73-Jun-14: 2A].
Brown, Ann Caroline (70 yrs.) d. on 75-Aug-3 [75-Aug-4: 2B].
Brown, Ann Eliza (40 yrs.) d. on 75-Jan-12 [75-Jan-13: 2B].
Brown, Ann Maria (28 yrs.) d. on 72-Jul-24 [72-Jul-27: 2B].
Brown, Ann R. (41 yrs.) d. on 72-Jan-23 [72-Jan-24: 2C].
Brown, Anna M., Miss m. Bear, David on 73-Oct-23 [73-Oct-24: 2B].
Brown, Anna Margaret (51 yrs.) d. on 71-Jul-7 [71-Jul-8: 2C].
Brown, Annie C. (10 mos.) d. on 75-Jul-2 [75-Jul-3: 2A].
Brown, Annie V. m. Mitchell, W. Robert on 73-Dec-15 [73-Dec-29: 2B].
Brown, Arthur L. m. Luke, Alice, Miss on 73-Feb-27 [73-Mar-6: 2B].
Brown, Aulay (50 yrs.) d. on 72-Mar-12 [72-Mar-13: 2C].
Brown, Benjamin Warfield (1 yr., 3 mos.) d. on 71-Nov-13 [71-Nov-14: 2C].
Brown, Bertha May (2 yrs., 10 mos.) d. on 74-Dec-24 [74-Dec-25: 2B].
Brown, Bridget (38 yrs.) d. on 71-Dec-11 [71-Dec-12: 2B].
Brown, Brittania, Miss m. Everett, Francis R. on 71-Jul-4 [71-Jul-11: 2B].
Brown, C. H. m. Eversfield, Nannie W. on 71-Sep-20 [71-Sep-28: 2B].
Brown, Caroline F., Miss m. Woods, John W. on 74-Dec-21 [74-Dec-23: 2B].
Brown, Carrie (55 yrs.) d. on 75-Nov-22 [75-Nov-23: 2A; 75-Nov-24: 2B].
Brown, Carrie S., Miss m. Merryman, Wesley M. on 71-Dec-25 [71-Dec-29: 2C].
Brown, Catherine E. (17 yrs.) d. on 74-Sep-20 [74-Sep-28: 2B].
Brown, Charles m. Matthews, Jane, Mrs. on 72-Feb-6 [72-Feb-29: 2B].
Brown, Charles, Jr. m. Sayres, Amanda, Miss on 74-Sep-23 [74-Oct-6: 2B].
Brown, Charles Croswell (1 yr., 9 mos.) d. on 72-Jul-18 [72-Jul-20: 2B].
Brown, Charles Gilmore (1 yr., 5 mos.) d. on 73-Nov-30 [73-Dec-3: 2C].
Brown, Charles S. m. Bradley, Sarah E. on 74-Dec-17 [74-Dec-18: 2B].
Brown, Charley (1 yr., 6 mos.) d. on 74-Jul-24 [74-Aug-28: 2B].
Brown, Clara May (3 mos.) d. on 72-May-20 [72-May-21: 2A].
Brown, Clarence (5 yrs.) d. [72-May-21: 2A].
Brown, Daniel d. on 75-Jul-31 of Manslaughter (Shooting) [75-Aug-3: 4D; 75-Aug-30: 4E].
Brown, Deborah (78 yrs., 8 mos.) d. on 74-May-11 of Pneumonia [74-May-15: 2B].

Brown, Dessa, Miss m. Wolfe, Richard on 75-Sep-27 [75-Oct-28: 2B].
Brown, Edward (17 yrs., 8 mos.) d. on 71-Dec-28 [71-Dec-29: 2C; 71-Dec-30: 2C].
Brown, Edward M. m. Mowell, Elizabeth on 73-Apr-24 [73-Apr-28: 2B].
Brown, Elenora, Miss m. Scharf, George D. on 71-Oct-17 [71-Oct-24: 2A].
Brown, Eliza (36 yrs.) d. on 73-May-6 [73-May-7: 2B].
Brown, Eliza m. Bell, Cornelius on 74-Dec-9 [74-Dec-15: 2B].
Brown, Eliza A., Miss m. Hall, John W. on 74-Feb-10 [74-Feb-12: 2C].
Brown, Elizabeth (78 yrs.) d. on 71-Jan-22 [71-Jan-23: 2C; 71-Jan-24: 2C].
Brown, Elizabeth (84 yrs.) d. on 71-Dec-30 [72-Jan-3: 2C].
Brown, Elizabeth (75 yrs.) d. on 73-May-13 [73-May-15: 2B].
Brown, Elizabeth (78 yrs.) d. on 73-Jul-17 [73-Jul-24: 2B].
Brown, Elizabeth m. Flemming, John H. on 75-Oct-21 [75-Oct-29: 2B].
Brown, Elizabeth W. m. Davison, Thomas H. on 73-Oct-29 [73-Nov-20: 2B].
Brown, Ella F. m. Bordley, James, Dr. on 71-Nov-30 [71-Dec-27: 2C].
Brown, Ella S., Miss m. Weston, Thomas B. on 73-Oct-29 [73-Oct-31: 2B].
Brown, Ellenor V. (2 yrs.) d. on 73-Nov-12 [73-Nov-13: 2B].
Brown, Emma Amelia (30 yrs., 7 mos.) d. on 74-Jan-12 [74-Jan-13: 2B].
Brown, Emma May (6 mos.) d. on 72-Nov-30 [72-Dec-2: 2B].
Brown, Emma V., Miss m. Seltzer, Francis on 72-Aug-18 [72-Sep-3: 2B].
Brown, Emmeline m. Collins, Henry on 75-Nov-4 [75-Nov-6: 2B].
Brown, Fannie m. Roberts, Franklin on 71-Oct-27 [71-Nov-3: 2B].
Brown, Florence Arnett (3 mos.) d. on 72-Mar-20 [72-Mar-21: 2B].
Brown, Florence Augusta (4 yrs.) d. on 71-Jan-7 [71-Jan-9: 2C].
Brown, Frances E. (4 mos.) d. on 75-Jul-13 [75-Jul-16: 2B].
Brown, George (10 yrs.) d. on 73-Aug-3 Drowned [73-Aug-4: 1H].
Brown, George (46 yrs.) d. on 74-May-26 of Asthma [74-May-27: 4E].
Brown, George (9 mos.) d. on 74-Oct-7 [74-Oct-9: 2B].
Brown, George C. (3 yrs., 11 mos.) d. on 72-Aug-27 [72-Aug-30: 2B].
Brown, George D. (53 yrs.) d. on 75-Sep-23 of Consumption [75-Sep-24: 2B].
Brown, George E. m. Phillips, Ella C. on 74-Mar-11 [74-Apr-1: 2B].
Brown, George L. (43 yrs.) d. on 71-Jun-1 [71-Jun-2: 2B].
Brown, George W. (3 yrs., 3 mos.) d. on 71-Oct-11 [71-Oct-13: 2B].
Brown, George W. (1 yr., 10 mos.) d. on 74-Sep-10 [74-Sep-11: 2B].
Brown, George W. m. Hackett, Mary J. on 71-Oct-2 [71-Oct-10: 2B].
Brown, George W. m. Berry, Ann Eliza, Miss on 73-Aug-12 [73-Sep-16: 2B].
Brown, Georgie d. on 74-May-20 [74-May-21: 2B].
Brown, Gustav m. Matthaei, Dorothea on 74-Oct-15 [74-Oct-16: 2B].
Brown, Hannah (16 yrs.) d. on 75-Sep-6 [75-Sep-8: 2B].
Brown, Henrietta M. (75 yrs.) d. on 71-Jul-24 [71-Jul-26: 2B].
Brown, Henry (8 mos.) d. on 72-Aug-2 [72-Aug-3: 2A].
Brown, Henry m. Sipe, Louisa on 72-Sep-5 [72-Sep-19: 2B].
Brown, Henry G. m. Lamb, Anna E. on 72-Feb-7 [72-Feb-12: 2C].
Brown, Henry H. (81 yrs.) d. on 74-Aug-9 [74-Aug-19: 2B].
Brown, Hester (77 yrs.) d. on 73-Jul-11 [73-Jul-12: 2B].
Brown, Ida C. m. Holliday, William D. on 71-Jan-12 [71-Jan-17: 2C].
Brown, Ida E. (10 yrs., 7 mos.) d. on 72-Jul-24 [72-Aug-6: 2B].
Brown, Ida E. m. Brookhart, Jacob H. on 74-Oct-14 [74-Oct-23: 2B].
Brown, Ida K. d. on 75-Jan-21 [75-Jan-22: 2B; 75-Jan-23: 2B].
Brown, Ida May (1 yr., 11 mos.) d. on 72-Mar-7 [72-Mar-9: 2B].
Brown, Ida May, Miss m. Grason, John on 74-Sep-10 [74-Sep-21: 2B].
Brown, Ida W. (27 yrs.) d. on 75-Nov-22 [75-Nov-24: 2B].
Brown, Issac (89 yrs.) d. on 72-Jul-11 [72-Jul-12: 2C].

Brown, J. H., Jr. m. Shipley, Georgie C., Miss on 74-Oct-28 [74-Nov-24: 2B].
Brown, J. Thomas, Jr. m. Kirby, Ida Blanche, Miss on 71-Feb-9 [71-Feb-11: 2B].
Brown, Jacob d. on 71-Aug-1 Stabbed [71-Aug-3: 2B].
Brown, Jacob (56 yrs., 7 mos.) d. on 75-Nov-25 of Consumption [75-Nov-27: 2B].
Brown, Jacob, Jr. (29 yrs.) d. on 72-Mar-12 [72-Mar-13: 2C; 72-Mar-15: 2C].
Brown, Jacob C. m. Timbs, Carrie E. on 73-Oct-21 [73-Oct-22: 2B].
Brown, James (66 yrs.) d. on 74-Sep-9 [74-Sep-10: 2B].
Brown, James (53 yrs.) d. on 74-Dec-12 [74-Dec-15: 2B].
Brown, James A. m. Matharrey, Louisa on 74-Dec-24 [74-Dec-28: 2B].
Brown, James A. m. Mathaney, Louisa on 74-Dec-24 [74-Dec-30: 2B].
Brown, James A. m. Charles, Mary A. on 75-Apr-8 [75-Apr-15: 2B].
Brown, James E. (3 yrs., 4 mos.) d. on 72-Oct-10 of Diptheria [72-Oct-12: 2A].
Brown, Jane (80 yrs.) d. on 71-Dec-4 [71-Dec-6: 2B].
Brown, Jane (88 yrs.) d. on 73-Nov-14 [73-Nov-28: 2B].
Brown, Jane C. (53 yrs.) d. on 73-Nov-21 [73-Nov-22: 2B].
Brown, Jehu (84 yrs.) d. on 71-Jun-3 [71-Jun-5: 2B].
Brown, Jennie m. Ferguson, James R. H. on 72-Jan-9 [72-Feb-29: 2B].
Brown, Joel, Rev. m. Adams, J. Anna, Miss on 75-Feb-16 [75-Feb-27: 2B; 75-Mar-1: 2B].
Brown, John d. on 74-Jun-16 of Heart disease [74-Jun-18: 1H].
Brown, John A. B. (19 yrs.) d. on 73-Jan-11 [73-Jan-14: 2B; 73-Jan-13: 2B].
Brown, John B. m. Hampson, Clara E. on 71-Sep-13 [71-Sep-15: 2B].
Brown, John D. (4 yrs., 5 mos.) d. on 74-Dec-19 [74-Dec-22: 2B].
Brown, John F. m. Loga, Henrietta, Miss on 72-Sep-12 [72-Sep-17: 2B].
Brown, John H. m. Coleman, Ida V. on 74-May-26 [74-Jun-1: 2B].
Brown, John L. (70 yrs.) d. on 75-Mar-28 [75-Mar-30: 4D].
Brown, John M. (45 yrs.) d. on 74-Apr-15 [74-Apr-20: 2A].
Brown, John Riggs d. on 71-Aug-13 [71-Aug-14: 2C].
Brown, John T. m. Taylor, Sue E., Miss on 71-Feb-9 [71-Feb-11: 2B].
Brown, John T. m. Bottreil, Dora J. on 75-May-26 [75-Jun-16: 2B].
Brown, John Wilson (31 yrs.) d. on 71-Jan-30 [71-Jan-31: 2C].
Brown, Joseph (57 yrs.) d. on 71-Jun-1 [71-Jun-5: 2C].
Brown, Joseph L. m. Bradford, Virginia, Miss on 70-Dec-27 [71-Feb-1: 2C].
Brown, Joseph Oliver (2 yrs., 5 mos.) d. on 72-Feb-15 [72-Feb-16: 2C; 72-Feb-17: 2B].
Brown, Julia A., Miss m. Lieutaud, Maurice H. on 72-Sep-25 [72-Nov-9: 2A].
Brown, Kate d. on 75-Jul-2 [75-Jul-3: 2A].
Brown, Katie (1 yr.) d. on 71-Nov-21 [71-Nov-22: 2C].
Brown, Kirk m. Hatch, M. Leila on 73-Apr-10 [73-Apr-12: 2A].
Brown, Laura E. (29 yrs.) d. on 75-Sep-7 [75-Sep-8: 2B; 75-Sep-9: 2B].
Brown, Laura J., Miss m. Goodwin, W. K. on 71-May-18 [71-May-24: 2B].
Brown, Lewis E. m. High, Sarah C. on 73-Jun-3 [73-Jun-7: 2A].
Brown, Lizzie m. Davis, William J. on 74-May-10 [74-May-22: 2B].
Brown, Lizzie A. m. Page, John Carter on 71-Aug-30 [71-Sep-1: 2B].
Brown, Lizzie D., Miss m. Burns, Findley H. on 71-Feb-21 [71-Feb-23: 2C].
Brown, Lorin (57 yrs.) d. on 74-Dec-24 of Lung fever [74-Dec-25: 2B].
Brown, Louisa, Miss m. Parlett, Benjamin J. on 71-May-11 [71-May-20: 2B].
Brown, Louisa Sinciner, Miss m. Kroll, Louis J. on 74-Oct-11 [74-Nov-20: 2B].
Brown, Lulu Lee (5 yrs., 3 mos.) d. on 72-Oct-3 [72-Oct-5: 2A].
Brown, Lycurgus L. m. Lansdale, Marian on 73-Feb-6 [73-Feb-24: 2A].
Brown, Lydia d. on 74-Jul-22 [74-Jul-25: 2B].
Brown, M. H. m. Mills, Rachel A., Miss on 74-Jan-29 [74-Feb-5: 2B].
Brown, Maggie F. m. Mallory, Selah E. on 75-Apr-25 [75-Oct-8: 2B].
Brown, Mamie Virginia d. on 72-Jan-20 [72-Jan-22: 2C].

Brown, Margaret m. Roth, Joseph A. on 74-Sep-17 [74-Sep-18: 2B].
Brown, Margaretta (2 yrs.) d. on 75-Jun-24 [75-Jun-25: 2B].
Brown, Maria (78 yrs.) d. on 75-May-22 [75-May-28: 2A].
Brown, Marion d. on 74-Mar-10 of Typhoid [74-Mar-16: 2B].
Brown, Martha (59 yrs.) d. on 74-Dec-13 [74-Dec-14: 2B; 74-Dec-15: 2B].
Brown, Martha Ellen, Miss m. Cole, Joseph on 71-Mar-14 [71-Mar-16: 2B].
Brown, Mary (74 yrs.) d. on 71-Feb-13 [71-Feb-16: 2C].
Brown, Mary (58 yrs.) d. on 71-Jul-2 [71-Jul-3: 2B].
Brown, Mary (50 yrs.) d. on 72-Jun-1 [72-Jun-3: 2B; 72-Jun-4: 2A].
Brown, Mary A. (47 yrs.) d. [73-Mar-4: 2B].
Brown, Mary A. (26 yrs.) d. on 75-Dec-26 [75-Dec-27: 2B].
Brown, Mary A., Miss m. Williams, Caleb O. on 72-Jun-9 [72-Jun-15: 2A].
Brown, Mary Ann (26 yrs.) d. on 71-Oct-2 [71-Oct-3: 2B].
Brown, Mary Ann (79 yrs.) d. on 72-Aug-24 [72-Aug-26: 2B].
Brown, Mary E. m. Doyle, Lawrence on 73-May-26 [73-May-29: 2B].
Brown, Mary E., Miss m. Peregory, George W. on 75-Nov-16 [75-Nov-23: 2A].
Brown, Mary Ellen (34 yrs.) d. on 74-Apr-15 [74-Apr-16: 2B].
Brown, Mary Ellen m. Preston, George W. on 72-Dec-10 [73-Jan-22: 2B].
Brown, Mary Florence (5 mos.) d. on 74-Jun-23 [74-Jun-25: 2B].
Brown, Mary Isabella, Miss m. Stewart, William R. on 73-Mar-11 [73-Mar-13: 2B].
Brown, Mary Jane (18 yrs.) d. on 71-Oct-26 [71-Oct-27: 2C; 71-Oct-28: 2B; 72-Apr-25: 2B].
Brown, Mary Jane (3 yrs., 9 mos.) d. on 74-Dec-20 [74-Dec-21: 2A].
Brown, Mary R. (19 yrs.) d. on 71-Sep-25 [71-Sep-26: 2B; 71-Sep-27: 2B].
Brown, Mary T. m. Miller, William H. on 75-Sep-1 [75-Sep-7: 2B].
Brown, Mary R. Morris d. on 71-May-31 [71-Jun-6: 2C].
Brown, Mattie W., Miss m. Younger, John J. on 72-Oct-7 [72-Oct-9: 2B].
Brown, Millicent (27 yrs.) d. on 74-Nov-6 [74-Nov-7: 2A].
Brown, Minnie Goodhand (4 yrs., 3 mos.) d. on 71-Apr-12 [71-Apr-21: 2C].
Brown, Mollie A. m. Jones, Louis C. on 73-Oct-8 [[[73-Oct-10: 2B]; 73-Oct-11: 2B]; 73-Oct-13: 2B].
Brown, Mollie H. m. Camden, William G. on 75-Oct-14 [75-Oct-16: 2A].
Brown, Moritz (62 yrs.) d. on 75-Jun-27 [75-Jun-28: 2B].
Brown, Nettie, Miss m. Buck, Irving on 73-Jul-3 [73-Jul-17: 2B].
Brown, Oscar Healy (1 yr., 7 mos.) d. on 71-Sep-20 [71-Sep-21: 2C; 71-Sep-22: 2C].
Brown, Owen C. m. Davis, Mary E., Miss on 71-Dec-23 [72-Jan-3: 2B].
Brown, Patrick m. McCormic, Mary, Miss on 75-Nov-9 [75-Nov-23: 2A].
Brown, Peter m. White, Amelia Jane on 73-Nov-22 [73-Nov-29: 2B].
Brown, R. E. W. (76 yrs.) d. on 73-May-24 [73-May-26: 2B].
Brown, Rachel E. d. on 74-Jul-10 [74-Jul-11: 2B].
Brown, Richard (50 yrs.) d. on 74-Mar-15 [74-Mar-16: 2B; 74-Mar-17: 2B].
Brown, Robert Glass (8 mos.) d. on 71-Jun-8 [71-Jun-10: 2A].
Brown, Rosanna, Miss m. Erich, Charles A. on 73-Mar-27 [73-Mar-29: 2B].
Brown, S. A. (61 yrs.) d. on 74-Jun-12 [74-Jun-13: 2B].
Brown, Samuel d. on 73-May-9 of Brain congestion [73-May-13: 2B].
Brown, Samuel George (5 yrs., 9 mos.) d. on 72-Mar-29 [72-Apr-1: 2A].
Brown, Samuel M. (46 yrs.) d. on 74-Apr-20 [74-Dec-22: 2B].
Brown, Sananah J., Miss m. Elliott, James B. on 74-May-7 [74-May-23: 2B].
Brown, Sarah (73 yrs.) d. on 73-Jul-3 [73-Jul-5: 2B].
Brown, Sarah (57 yrs.) d. on 75-Dec-26 [75-Dec-27: 2B].
Brown, Sarah A. (4 yrs., 4 mos.) d. on 75-Feb-7 [75-Feb-9: 2B].
Brown, Sarah E. (37 yrs.) d. on 71-Apr-25 [71-Apr-28: 2C].
Brown, Sarah E., Mrs. m. Boyd, Hugh S. on 75-Oct-5 [75-Oct-12: 2B].

Brown, Sarah J. (35 yrs.) d. on 73-May-21 [73-May-23: 2B].
Brown, Simon S. m. Randall, Alice, Miss on 74-May-21 [74-May-25: 2B; 74-May-29: 2B].
Brown, Sophia (60 yrs.) d. on 73-Jan-5 [73-Jan-6: 2B; 73-Jan-7: 2B].
Brown, Steven m. Cunningham, Emma A., Miss on 74-Oct-8 [74-Nov-28: 2B].
Brown, Susan d. on 72-Nov-15 [72-Nov-16: 2A].
Brown, Susan B., Mrs. m. Irvin, James W. on 73-Apr-14 [73-Apr-16: 2B].
Brown, Theresa m. Block, Solomon S. on 71-Jan-8 [71-Jan-11: 2C].
Brown, Thomas (57 yrs.) d. [73-Feb-25: 2B].
Brown, Thomas C. m. Lewis, Mary E., Mrs. on 74-Feb-5 [74-Feb-7: 2B].
Brown, Thomas R. (65 yrs.) d. on 71-Dec-25 [71-Dec-30: 2C].
Brown, Thomas R. m. Coale, Mary A. Buchanan on 71-Jun-1 [71-Jun-2: 2B].
Brown, Walter Edgar (8 mos.) d. on 72-Mar-25 [72-Mar-26: 2B; 72-Mar-27: 2B].
Brown, Washington, Capt. (51 yrs., 5 mos.) d. on 73-Nov-26 [73-Dec-3: 2C].
Brown, Widie, Miss m. Shipley, James R. on 74-Feb-15 [74-Feb-18: 2C].
Brown, William m. Kerns, Ann, Mrs. on 74-Aug-21 [74-Aug-26: 2B].
Brown, William E. m. Foard, Zipporah, Mrs. on 72-Dec-31 [73-Jan-4: 2B].
Brown, William H. m. Hughes, Rebecca A., Miss on 72-Sep-26 [72-Sep-30: 2B].
Brown, William H. m. Reynolds, Mollie L. on 73-Oct-14 [73-Oct-21: 2B].
Brown, William O. m. Hartman, Maggie, Miss on 71-Apr-20 [71-May-1: 2C].
Brown, William Raynor (4 mos.) d. on 75-Jun-16 [75-Jun-18: 2B].
Brown, William T. (70 yrs.) d. on 74-Jul-25 [74-Aug-1: 2B].
Brown, Willie E. (3 mos.) d. on 75-Jan-31 [75-Feb-2: 2B].
Browne, Ann Maria (78 yrs.) d. on 75-Dec-13 [75-Dec-15: 2B].
Browne, B. B., Dr. m. Nicholson, Jennie on 72-Oct-15 [72-Oct-17: 2A].
Browne, Carrie A., Miss m. Stewart, Charles C. on 74-Jul-9 [74-Jul-18: 2B].
Browne, Eugene H. m. Moody, Eliza S., Miss on 71-Mar-7 [71-Mar-13: 2C].
Browne, Ignatia M. m. Creecy, Edward W. on 75-Nov-17 [75-Dec-7: 2B].
Browne, James S. (52 yrs.) d. on 72-Feb-9 [72-Feb-10: 2B; 72-Feb-12: 2C].
Browne, Joseph K. (44 yrs.) d. on 72-Oct-19 [72-Oct-21: 2B; 72-Oct-22: 2B].
Browne, Nathan, Dr. (70 yrs.) d. on 73-Oct-27 of Heart paralysis [73-Oct-28: 2B].
Browne, Nicholas V. (56 yrs.) d. on 71-Jul-27 [71-Jul-28: 2B; 71-Jul-29: 2B].
Browne, S. Thomas m. Brome, Lydia on 73-Nov-6 [73-Dec-8: 2B].
Browne, Thomas Owings (1 yr.) d. on 75-Jul-10 [75-Jul-14: 2B].
Browning, A. E. m. Parsons, Francis A. on 71-Dec-6 [71-Dec-30: 2C].
Browning, Baby d. on 71-Feb-21 [71-Feb-23: 2C].
Browning, Charles H., Col. m. Grove, Kate A., Mrs. on 71-Feb-24 [71-Mar-1: 2C].
Browning, Edward (6 mos.) d. on 73-Feb-25 [73-Feb-27: 2B].
Browning, George Francis (4 mos.) d. on 75-Jun-15 [75-Jun-17: 2B].
Browning, George H. m. Stone, E. F. on 73-Nov-25 [74-Jan-21: 2B].
Browning, Mary R., Miss m. Harr, Oliver R. on 73-Jun-24 [73-Jun-26: 2B].
Browning, William E. (39 yrs.) d. on 71-Oct-2 [71-Oct-9: 2B].
Brownley, Hiram W. m. Moore, Ida on 74-Feb-18 [74-Feb-21: 2B].
Brownley, Mary A. (52 yrs.) d. on 72-Apr-3 of Consumption [72-Apr-4: 2B; 72-Apr-5: 2B].
Brownley, Mary A., Miss m. Benner, Albert J. on 74-Mar-10 [74-Mar-20: 2B].
Brubaker, J. W. m. Hoover, Julia C., Mrs. on 75-May-11 [75-May-12: 2B].
Bruce, Emma m. Weems, Robert H. on 73-Oct-23 [73-Oct-30: 2B].
Bruce, Frank F. m. Lloyd, Mary E., Misses on 74-Nov-10 [74-Nov-17: 2C].
Bruce, Jeptha (65 yrs.) d. on 73-Feb-9 [73-Feb-11: 2B].
Bruce, John W. (62 yrs.) d. on 75-Nov-6 [75-Nov-12: 2B].
Bruce, M. K. d. [71-Mar-14: 2B].
Bruce, Maggie m. Leib, Moses W. on 74-Jun-23 [74-Jul-1: 2B].
Bruchey, David Harrison (1 yr., 7 mos.) d. on 71-Dec-26 [71-Dec-27: 2C].

Bruchey, Mollie M. (1 yr.) d. on 74-Jul-7 [74-Jul-9: 2B].
Bruester, Maggie More m. O'Connor, Charles on 73-Apr-10 [73-Apr-16: 2B].
Bruff, Joseph E. m. Lofland, Josephine B. on 74-Nov-26 [74-Dec-4: 2B].
Bruff, Laura V. (17 yrs.) d. on 73-Jan-22 [73-Jan-23: 2B; 73-Jan-24: 2B].
Bruff, Martha B. m. Fairbanks, Samuel H. on 73-Feb-19 [73-Apr-1: 2B].
Bruff, Sue A., Miss m. Hallett, William R. on 71-Feb-7 [71-Feb-9: 2C].
Bruff, Thomas E. m. Sparklin, Elizabeth A. on 75-Jul-8 [75-Aug-12: 2B].
Bruggy, Annie (40 yrs.) d. on 73-Feb-14 of Suicide (Poison) [73-Feb-15: 1G].
Brummer, Amelia L., Miss m. Luzius, Henry, Jr. on 72-Mar-24 [72-Mar-26: 2B].
Brundige, Annie V. m. Deming, Martin on 74-Nov-23 [74-Nov-26: 2B].
Brundige, Charles H. (47 yrs.) d. on 75-Oct-26 of Suicide (Shooting) [75-Oct-27: 2B, 4C].
Brundige, Thomas W. m. Brogden, Meta on 73-Jul-10 [73-Jul-12: 2B].
Brunett, Margaret m. Chambers, George W. on 73-Mar-11 [73-Mar-13: 2B].
Brunick, Alice (3 yrs., 6 mos.) d. on 71-Jun-16 [71-Jun-17: 2B].
Bruning, John H. m. Pfaff, Eleonora E. A. on 74-Jan-12 [74-Jan-28: 2B].
Brunn, Andrew m. Sneider, Adora, Miss on 73-Apr-14 [73-Apr-21: 2B].
Brunner, Kate E. m. McGarity, James W. on 74-Oct-14 [74-Oct-19: 2B].
Brunner, Laura V., Miss m. Dubreuil, Armand H. on 74-Oct-4 [74-Oct-5: 2B].
Bruns, Richard (45 yrs.) d. on 73-Dec-27 [73-Dec-29: 4D].
Brunt, Mary E. (49 yrs.) d. on 73-Mar-29 [73-Mar-31: 2B].
Brushmiller, William (39 yrs.) d. on 71-Jun-3 of Erysipelas [71-Jun-7: 2B].
Brushweller, Maggie Jane (5 mos.) d. on 74-Mar-3 [74-Mar-5: 2B].
Brushwiller, Theodore m. Brayden, Maggie J., Miss on 71-Nov-12 [72-Jan-3: 2B].
Brust, Albert G. m. Childress, Elizabeth, Mrs. on 71-Jul-20 [71-Jul-25: 2B].
Bryan, Ann d. on 71-Dec-23 [71-Dec-25: 2C].
Bryan, C. H. m. Alder, Annie M., Miss on 75-Dec-21 [75-Dec-28: 2B].
Bryan, Elizabeth, Miss m. Cross, Charles E. on 74-Jan-6 [74-Mar-14: 2B].
Bryan, F. W. m. Kennedy, Hannah on 73-Nov-5 [73-Nov-13: 2B].
Bryan, Frances H. d. on 74-Jul-6 [74-Jul-7: 2B].
Bryan, Harry Augustus (1 yr., 8 mos.) d. on 72-Mar-15 [72-Mar-18: 2B].
Bryan, Howard Franklin (8 mos.) d. on 71-Jun-4 [71-Jun-5: 2B].
Bryan, James A. (28 yrs.) d. on 71-Jun-4 in Gunning accident [71-Jun-5: 4B].
Bryan, James Harry (23 yrs.) d. on 71-Mar-20 [71-Mar-29: 2B; 71-Mar-21: 2C].
Bryan, Jennie E., Miss m. Brooks, W. Howard on 72-Oct-15 [72-Oct-18: 2B].
Bryan, Lewis P. (44 yrs.) d. on 72-Oct-31 [72-Nov-1: 2B; 72-Nov-2: 2A].
Bryan, Mary m. Fisher, David T. on 71-Oct-9 [71-Oct-12: 2B].
Bryan, Mary Ann (59 yrs.) d. on 74-Mar-23 of Apoplexy [74-Mar-25: 1H, 2B; 74-Mar-26: 2B].
Bryan, Mary E. (22 yrs.) d. on 75-Nov-9 [75-Nov-10: 2B].
Bryan, Thomas J. (21 yrs.) d. on 72-Dec-22 [72-Dec-23: 2B].
Bryan, Thomas J. (32 yrs., 3 mos.) d. on 75-Jan-22 [75-Jan-23: 2B; 75-Jan-25: 2B].
Bryan, Virginia m. Reynolds, Samuel D. on 74-Oct-1 [74-Oct-6: 2B].
Bryant, Louisa, Miss m. Jones, William H., Jr. [74-Jan-5: 2B].
Bryant, Malissa P., Miss m. Dawkins, James A. on 71-Jan-3 [71-Jan-5: 2C].
Bryant, Pauline (47 yrs.) d. on 75-Dec-28 [75-Dec-31: 2B].
Bryden, George W. (38 yrs.) d. on 73-Apr-1 of Heart disease [73-Apr-5: 2B].
Brydon, Susie Alice (1 yr., 11 mos.) d. on 72-Feb-13 [72-Feb-24: 2C].
Bryson, B. Alexander (55 yrs.) d. on 71-Jul-25 [71-Jul-27: 2B].
Bryson, Gilbert E. m. Fiske, Louise on 74-Sep-30 [74-Oct-7: 2B].
Bryson, William J., Capt. (66 yrs.) d. on 74-Sep-13 [74-Sep-14: 1H, 2B].
Bub, Willie (7 yrs.) d. on 74-Apr-21 [74-Apr-23: 2B].
Bucey, Maren Rebeckie, Miss m. Lyons, William on 74-Nov-10 [74-Nov-13: 2B].
Buchanan, Andrew E. m. Jones, Allie M., Miss on 74-Dec-10 [74-Dec-16: 2B].

Buchanan, George B. d. on 74-Nov-17 of Fall on step [74-Nov-18: 1H].
Buchanan, James E. (56 yrs.) d. on 73-May-21 [73-May-22: 2B; 73-May-23: 1G].
Buchanan, Rebecca P. d. on 71-Sep-26 [71-Sep-29: 2C].
Buchanan, Rosa Parran d. on 73-Jan-28 [73-Jan-30: 2B; 73-Jan-31: 2C].
Buchanan, Samuel Smith (62 yrs.) d. on 72-May-28 [72-May-29: 2B].
Buchanan, Teresa Rogers d. on 75-Mar-12 [75-Mar-13: 2B; 75-Mar-15: 2B].
Buchanan, Thomas W. (48 yrs.) d. on 74-Apr-29 [74-May-1: 2B].
Buchanan, William d. on 74-Feb-5 in Machine accident [74-Feb-11: 4F].
Buchanan, William Jefferson d. on 74-Nov-29 [74-Nov-30: 2B].
Bucher, Charlotte, Miss m. Frampton, Charles W. on 72-Mar-12 [72-May-4: 2A].
Buchheimer, Annie Christina (80 yrs.) d. on 74-Nov-8 [74-Nov-9: 2B].
Buchholz, Heinrich m. Wattenscheidt, Amelia on 71-Dec-12 [71-Dec-19: 2B].
Buchman, Maggie J. m. Denmead, Aquilla on 72-Oct-6 [72-Dec-9: 2B].
Buchner, Adam d. on 72-Apr-18 of Heart disease [72-Apr-20: 1H].
Buchta, Christian P. (30 yrs.) d. on 71-Jan-14 [71-Jan-16: 2C].
Buchta, John (63 yrs.) d. on 71-Aug-2 [71-Aug-3: 2B; 71-Aug-4: 2B].
Buck, Angelina A. m. Wellman, F. William on 71-Oct-2 [72-Jan-23: 2C].
Buck, Ann A. (67 yrs.) d. on 72-May-8 [72-May-9: 2B].
Buck, Cecilia d. on 71-Feb-8 [71-Feb-9: 2C; 71-Feb-10: 2C].
Buck, Charles W., Lt. (31 yrs.) d. on 74-Jul-20 of Apoplexy [75-Feb-3: 1G].
Buck, Christian (45 yrs.) d. on 72-Dec-5 [72-Dec-7: 2A].
Buck, Eliza Ann, Miss m. Slaughter, George H. on 70-Dec-22 [71-Jan-2: 2C].
Buck, George W. (1 yr.) d. on 72-Jul-8 [72-Jul-9: 2C].
Buck, George W. m. Ferguson, Harriet A. on 73-Oct-14 [74-Feb-27: 2C].
Buck, Henry Mittnacht (13 yrs.) d. on 74-Nov-17 [74-Nov-18: 2B].
Buck, Irving m. Brown, Nettie, Miss on 73-Jul-3 [73-Jul-17: 2B].
Buck, Irving A. m. Ricards, Fannie H., Miss on 71-Jan-31 [71-Feb-4: 2B].
Buck, Jacqueline M. m. Ricards, Lydie V. on 73-May-21 [73-May-26: 2B].
Buck, James (71 yrs.) d. on 71-Aug-16 [71-Aug-17: 2C].
Buck, John Newton, Maj. d. on 75-Oct-25 of Paralysis [75-Nov-1: 4E].
Buck, Joseph W. m. Fletcher, Lizzie E., Miss on 71-Aug-2 [71-Sep-6: 2B].
Buck, Landis Henderson (1 yr., 5 mos.) d. on 71-Jul-26 [71-Jul-29: 2B].
Buck, Maggie (16 yrs.) d. on 73-Jan-14 [73-Jan-15: 2B; 73-Jan-16: 2B; 73-Jan-22: 2C].
Buck, Mary Kate (26 yrs.) d. on 75-Jul-18 [75-Jul-19: 2B; 75-Aug-14: 2B].
Buck, R. B. m. Grafflin, Elma on 73-Jan-9 [73-Jan-31: 2C].
Buck, Sallie A. m. Jacobs, John W. on 73-Nov-25 [73-Nov-29: 2B].
Buck, Sarah A. (55 yrs.) d. on 73-Jan-6 [73-Jan-8: 2B].
Buck, Sarah F. (15 yrs.) d. on 75-Oct-25 [75-Oct-26: 2B; 75-Oct-27: 2B].
Buck, Virginia, Mrs. d. on 71-Jan-8 [71-Jan-9: 2C; 71-Jan-10: 2C].
Buck, William Henry (23 yrs.) d. on 72-Aug-24 of Brain congestion [72-Aug-26: 2B; 72-Aug-27: 1G, 2A].
Buck, William T., Lt. (31 yrs.) d. on 74-Jul-20 of Apoplexy [74-Jul-22: 2B; 74-Jul-24: 2B].
Buckey, Annie E., Miss m. Shannon, Edward P. on 73-Oct-9 [73-Oct-11: 2B].
Buckheimer, Lizzie m. Parlett, George W. on 74-Feb-26 [74-Mar-6: 2B].
Buckheimer, Mollie m. Clarke, George W. on 73-Oct-8 [73-Oct-15: 2B].
Buckingham, Alice L., Miss m. McKinnea, James on 72-Nov-23 [72-Nov-27: 2B].
Buckingham, Anna (1 yr.) d. on 71-Apr-17 [71-Apr-20: 2B].
Buckingham, Caleb, Capt. (78 yrs.) d. on 72-Feb-2 [72-Feb-3: 2C].
Buckingham, Catherine (70 yrs., 8 mos.) d. on 75-Nov-1 [75-Nov-2: 2B].
Buckingham, Cordelia d. on 73-Apr-12 [73-Apr-14: 2B; 73-Apr-17: 2B].
Buckingham, Fida Mason (27 yrs.) d. on 72-Jul-12 [72-Jul-13: 2A].
Buckingham, Harry F. T. m. Gorsuch, Emma A. on 75-Oct-27 [75-Nov-4: 2A].

Buckingham, Howard Elizabeth (21 yrs., 9 mos.) d. on 73-Jul-30 [73-Jul-31: 2B].
Buckingham, J. F. (34 yrs.) d. on 71-Dec-19 [71-Dec-20: 2B; 71-Dec-21: 2B].
Buckingham, Jennie K., Miss m. Copenhaver, John H. on 71-Oct-26 [71-Oct-31: 2C].
Buckingham, John E. m. Arthur, Annie, Miss on 72-Feb-8 [72-Feb-4: 2B].
Buckingham, Lillay d. on 72-Mar-27 [72-Mar-28: 2C].
Buckingham, Susan (80 yrs.) d. on 72-Mar-18 [72-Mar-19: 2B; 72-Mar-20: 2B].
Buckingham, W. L. (42 yrs.) d. on 73-Feb-16 [73-Feb-19: 2B].
Buckingham, William G. (50 yrs.) d. on 74-May-17 [74-May-19: 2B].
Buckler, C. W. m. Hook, L. D. on 72-Mar-4 [72-May-1: 2B].
Buckler, Mary Ann m. Longly, John on 71-Jan-6 [71-Jan-31: 2C].
Buckler, Riggin, Dr. m. Riggs, Alice L. on 73-Dec-2 [73-Dec-4: 2B].
Buckless, George A. L. (19 yrs.) d. on 74-Feb-10 [74-Feb-11: 2B].
Buckless, Henry (67 yrs.) d. on 73-Dec-4 Drowned [73-Dec-8: 4C; 73-Dec-12: 2B].
Buckless, Ida Olevia, Miss m. Bishop, William Henry on 74-Mar-10 [74-Mar-25: 2B].
Buckless, Thomas E. m. Greeley, Mary Jane on 73-Jan-15 [73-Jan-27: 2B].
Buckley, Alice, Miss m. Clemens, John G. on 71-Sep-21 [71-Sep-25: 2C].
Buckley, C. Annie, Miss m. Carswell, L. Scott on 73-Jun-10 [73-Jun-12: 2B].
Buckley, D. Z. m. McKeldin, Manie E. on 74-Apr-30 [74-May-12: 2B].
Buckley, Daniel (31 yrs.) d. on 74-Sep-13 [74-Sep-14: 2B; 74-Sep-15: 2B].
Buckley, John, Dr. (59 yrs.) d. on 75-Apr-8 [75-Apr-12: 4B].
Buckley, Samuel (25 yrs.) d. on 71-Nov-24 [71-Nov-25: 2A].
Buckley, William (40 yrs.) d. on 72-Jun-3 [72-Jun-5: 2B].
Buckman, Mary A. m. Widerman, W. A. on 72-Mar-28 [72-Apr-2: 2B].
Buckman, William T. m. Curtain, Maggie A. on 73-Aug-19 [73-Aug-21: 2B].
Buckmaster, Mary, Miss m. Munson, R. A. B., Dr. on 71-May-23 [71-May-25: 2B].
Buckmaster, Rachel Ann (39 yrs.) d. on 72-Apr-1 [72-Apr-3: 2B].
Buckmaster, Thomas d. on 73-Aug-26 Drowned [73-Aug-28: 1H].
Buckmiller, Lottie J. m. Harrison, John on 72-Dec-25 [72-Dec-30: 2B].
Buckmiller, Rebecca (77 yrs.) d. on 72-Feb-9 [72-Feb-28: 2C].
Buckmiller, Walter A. (2 yrs., 2 mos.) d. on 72-Oct-26 [72-Oct-28: 2B].
Budd, George T. m. Graham, Louisa P., Miss on 74-Jul-23 [74-Aug-14: 2B].
Budd, John R. (81 yrs.) d. on 72-Nov-27 [72-Dec-9: 2B].
Budd, Ross m. Moffett, William H., Jr. on 71-Jan-19 [71-Jan-27: 2C].
Budeke, Amanda m. Nied, Henry on 75-Feb-4 [75-Feb-6: 2B].
Budeke, George H. m. Wahl, Julia, Miss on 74-May-12 [74-May-19: 2B].
Budeke, Rosa M., Miss m. Blades, John J. on 75-Oct-21 [75-Nov-8: 2B].
Buehler, Thomas H. (34 yrs.) d. on 73-Apr-6 [73-Apr-7: 2B; 73-Apr-8: 2B].
Buehler, William D. m. Towson, Louise, Miss on 74-Dec-28 [75-Jul-5: 2B].
Buell, Kate H. d. on 72-Apr-10 of Consumption [72-Apr-30: 2B].
Buffet, George (24 yrs.) d. on 74-Aug-12 [74-Aug-13: 2B].
Buffington, Abraham (86 yrs.) d. on 72-Aug-5 [72-Aug-8: 2B].
Bufter, Edward W. m. Laudenslager, Emma C. on 71-Dec-12 [71-Dec-18: 2B].
Bujac, George Turenne (19 yrs., 4 mos.) d. on 71-Jul-21 [71-Jul-25: 2B].
Bulkley, Margaret d. on 75-Aug-28 [75-Aug-30: 2B].
Bull, Alfred S. m. Simpson, Annie V., Miss on 72-Jun-5 [72-Jun-10: 2B].
Bull, Benjamin D. H., Dr. (47 yrs.) d. on 73-Aug-25 [73-Aug-26: 1G, 2B].
Bull, Charles H. m. Wright, Maggie A. on 74-Dec-20 [75-Jan-12: 2B].
Bull, Charles N. (10 mos.) d. on 72-Jul-1 of Brain congestion [72-Jul-4: 2C].
Bull, Edmund (65 yrs.) d. on 75-Dec-21 of Paralysis [75-Dec-22: 2B, 4D; 75-Dec-23: 2B; 75-Dec-24: 4D].
Bull, Elizabeth (59 yrs.) d. on 74-Nov-14 [74-Nov-25: 2C].
Bull, Franklin (32 yrs.) d. on 72-Jul-8 [72-Jul-9: 2C].

Bull, John R. (75 yrs., 10 mos.) d. on 72-May-23 [72-May-30: 2B].
Bull, Mary G. (81 yrs.) d. on 74-Oct-4 [74-Oct-6: 2B].
Bull, William E. (61 yrs.) d. on 71-Apr-17 [71-May-13: 2B].
Bullard, Hannah Kettlewell (26 yrs.) d. on 74-Feb-8 [74-Feb-10: 2B].
Bullard, Lucinda m. Price, George R. on 73-Nov-16 [73-Nov-21: 2B].
Bullen, Anna Mary (2 yrs., 2 mos.) d. on 71-Oct-15 [71-Oct-21: 2B].
Bullen, Sarah E. (24 yrs.) d. on 72-Feb-14 [72-Feb-15: 2C].
Bullinger, Thomas D. m. Burgan, Florence S. on 72-Jun-18 [72-Jul-2: 2B].
Bullock, Annie, Miss m. Weber, George on 71-Sep-20 [71-Oct-4: 2B].
Bullock, Edward Cumming (1 yr., 4 mos.) d. on 75-Jan-21 [75-Jan-22: 2B].
Bullock, Kate S. m. Haynie, John A. on 75-Nov-25 [75-Dec-8: 2B].
Bullock, Laura P. m. Vanneman, John P., Jr. [73-Aug-7: 2B].
Bullock, Mary Fitch d. on 73-Sep-27 [73-Oct-8: 2B].
Bulluck, Ella H. (48 yrs.) d. on 75-Aug-15 [75-Aug-16: 2B; 75-Aug-17: 2B].
Bulluck, Lucy Dandridge d. on 72-Jan-23 [72-Jan-24: 2C].
Bunce, Eliza J. (24 yrs.) d. on 71-Aug-26 [71-Aug-28: 2C].
Bunce, Mary Lilly May (1 yr., 7 mos.) d. on 71-Sep-5 [71-Sep-6: 2B].
Bunch, Louisa (47 yrs.) d. on 71-Dec-29 [71-Dec-30: 2C].
Bunkley, T. J., Dr. (28 yrs.) d. on 72-Jun-27 [72-Jul-3: 2B].
Bunn, John Thomas (2 yrs., 2 mos.) d. on 72-Jun-14 [72-Jun-15: 2A].
Bunting, Annie Augusta (1 yr., 8 mos.) d. on 73-Aug-7 of Chronic croup [73-Aug-11: 2B].
Bunting, Cornelia, Miss m. Keyhan, Joseph A. on 74-Sep-17 [74-Sep-22: 2B].
Bunting, John Edwin (32 yrs.) d. on 74-Mar-13 [74-Mar-14: 2B; 74-Mar-16: 2B].
Bunting, Mary A. (29 yrs.) d. on 71-Dec-21 of Typhoid [71-Dec-25: 2C].
Bunting, Mary Jane (14 yrs.) d. on 75-Sep-8 [75-Sep-11: 2B].
Bunting, Willie (7 yrs., 11 mos.) d. on 71-Sep-23 [71-Sep-26: 2C].
Burbage, A. M. (77 yrs.) d. on 74-Jul-12 [74-Jul-13: 2B].
Burbage, Annie, Miss m. Ray, John M. on 73-Oct-13 [73-Oct-15: 2B].
Burbank, Sophia (74 yrs.) d. on 71-Jul-6 of Typhoid fever [71-Jul-8: 2C].
Burbridge, Emmeline O. d. on 75-May-6 [75-Jun-9: 2A].
Burch, Adelaide d. on 73-Apr-15 [73-Apr-18: 2B].
Burch, Alice V. m. Rittenhouse, George N. on 73-Jun-20 [73-Jul-8: 2B].
Burch, Charles A. m. Walter, Josie E. on 75-Nov-23 [75-Nov-27: 2B].
Burch, Clara May (3 yrs., 4 mos.) d. on 72-Oct-19 [72-Oct-21: 2B].
Burch, Edward Albert d. on 74-Oct-6 [74-Oct-7: 2B].
Burch, Joseph Douglass Cary (1 yr., 8 mos.) d. on 74-Jul-23 [74-Jul-25: 2B].
Burch, Mary I. m. Dixson, William J. on 72-Dec-26 [72-Dec-30: 2B].
Burch, Susan d. on 72-Mar-28 [72-Apr-3: 2B].
Burchall, Robert Lee (6 yrs., 6 mos.) d. on 71-Apr-14 [71-Apr-15: 2B].
Burchinal, Marie M. m. Wallenhorst, Arthur on 72-Dec-1 [72-Dec-6: 2B].
Burck, Charles E. m. Himes, Annie M. on 72-Jan-4 [72-Jan-12: 2C].
Burd, Charles d. on 75-Mar-3 of Pneumonia [75-Mar-5: 2B].
Bures, Annie E. G. (2 yrs., 4 mos.) d. on 75-Mar-26 [75-Mar-27: 2C].
Burford, P. S. m. Marsh, Eliza M., Miss on 75-Feb-11 [75-Feb-27: 2B].
Burgan, Elizabeth A. (62 yrs., 8 mos.) d. on 75-Feb-18 [75-May-20: 2B].
Burgan, Florence S. m. Bullinger, Thomas D. on 72-Jun-18 [72-Jul-2: 2B].
Burgan, Louisa D. m. Wiedefeld, Henry C. on 74-Feb-5 [74-Feb-12: 2C].
Burgan, Sarah J. (24 yrs.) d. on 73-Oct-4 [73-Oct-8: 2B].
Burgan, Thomas, Sr. (90 yrs.) d. on 72-Feb-3 [72-Feb-5: 2C].
Burgee, Howard V. m. Kelly, Georgie, Miss on 74-Jun-10 [74-Jun-22: 2B].
Burgee, T. M. m. Harn, A., Miss on 71-Dec-24 [72-Jan-6: 2A].
Burger, [male] (2 mos.) d. on 75-Feb-14 of Convulsions [75-Feb-15: 4C].

Burger, Catherine (48 yrs.) d. on 72-Sep-9 [72-Sep-12: 2B].
Burgess, Ann Maria (78 yrs.) d. on 75-Feb-26 [75-Feb-27: 2B].
Burgess, Annie M. m. Dungan, C. P. on 73-Nov-6 [73-Nov-13: 2B].
Burgess, Dora (1 yr., 3 mos.) d. on 72-Sep-21 [72-Sep-23: 2B].
Burgess, Edwin K. m. Thackery, Mary on 74-Nov-11 [74-Nov-21: 2B].
Burgess, Elizabeth (47 yrs., 7 mos.) d. on 71-Jun-15 [71-Jun-17: 2B].
Burgess, George S. (6 mos.) d. on 73-Dec-12 [73-Dec-13: 2B].
Burgess, George W. (1 yr., 8 mos.) d. on 71-Aug-25 [71-Aug-30: 2C].
Burgess, Laura R. m. Hodges, J. H. on 71-Feb-14 [71-Mar-10: 2C].
Burgess, Lizzie R. m. Davidson, Falconer on 73-Dec-2 [73-Dec-9: 2B].
Burgess, Martha Rust (11 mos.) d. on 74-Jul-17 [74-Jul-18: 2B].
Burgess, Samuel F. m. Walker, Ella M., Miss on 75-Oct-27 [75-Nov-1: 2B].
Burgess, William, Sr. (63 yrs.) d. on 73-Jan-30 [73-Feb-1: 2B].
Burgos, Pastor, Capt. m. Stephenson, Elizabeth Virginia on 74-Jan-24 [74-Jan-26: 2B].
Burgunder, Samuel (18 yrs.) d. on 73-Mar-1 [73-Mar-3: 2B; 73-Mar-4: 2B].
Burk, Catharine m. Smith, Walter on 73-Nov-27 [73-Nov-29: 2B].
Burk, Ellen (83 yrs.) d. on 75-Jul-30 [75-Jul-31: 2B].
Burk, James m. McGraw, Ellen [74-Jul-9: 2B].
Burk, Margaret m. Murphy, Peter on 72-Jun-6 [72-Jun-8: 2A].
Burke, Anna Mary, Miss m. Gilbert, Daniel M. on 74-May-7 [74-Oct-16: 2B].
Burke, Catherine (56 yrs.) d. on 73-Nov-26 [73-Nov-27: 2B].
Burke, Charlotte, Miss m. Fosnocht, Issac G., Rev. on 75-Jan-26 [75-Jan-28: 2B].
Burke, Elizabeth (56 yrs., 1 mo.) d. on 72-Nov-9 [72-Nov-11: 2B].
Burke, Elizabeth (36 yrs.) d. on 74-Dec-5 [74-Dec-7: 2B].
Burke, Emily L. d. on 74-Jan-19 [74-Jan-22: 2B].
Burke, Ezekiel (36 yrs.) d. on 75-Dec-10 of Consumption [75-Dec-11: 2A; 75-Dec-13: 2B, 4C].
Burke, George W. d. on 74-Aug-28 [74-Aug-29: 4C].
Burke, Harry Haswell (1 yr., 11 mos.) d. on 74-May-18 [74-May-20: 2B].
Burke, Henry (21 yrs.) d. on 74-Oct-11 of Epilepsy [74-Oct-13: 2B, 4D].
Burke, J. M. d. on 72-Apr-6 [72-Apr-11: 2B].
Burke, Jacob (77 yrs.) d. on 71-Aug-13 [71-Aug-19: 2A, 4E].
Burke, James m. Winter, Mary J. on 73-May-1 [73-May-5: 2B].
Burke, Jennie d. on 72-May-24 [72-Jul-3: 2B].
Burke, Joseph Urbain (1 yr., 4 mos.) d. on 71-Jan-12 [71-Jan-13: 2C].
Burke, Josephine, Miss m. Coulter, Thomas W. on 75-Jul-29 [75-Sep-10: 2B].
Burke, Mary (66 yrs.) d. on 72-Sep-15 [72-Sep-17: 2B].
Burke, Mary A. (42 yrs.) d. on 71-Oct-11 [71-Oct-12: 2B].
Burke, Mary Louisa (13 yrs.) d. on 75-Sep-29 [75-Sep-30: 2B].
Burke, Michael (52 yrs.) d. on 73-Dec-28 [73-Dec-29: 2B].
Burke, Michael (27 yrs.) d. on 74-Mar-25 [74-Mar-28: 2B].
Burke, Michael m. Hynes, Maggie E., Miss on 74-Oct-20 [74-Oct-28: 2B].
Burke, Nicholas, Capt. (49 yrs.) d. on 75-Mar-14 [75-Mar-16: 2B].
Burke, Rebecca (74 yrs.) d. on 75-Dec-18 [75-Dec-20: 2B].
Burke, Regina m. Rowland, J. L. on 75-Nov-24 [75-Dec-2: 2B].
Burke, Richard (37 yrs.) d. on 73-Sep-11 [73-Sep-13: 2B].
Burke, Sally Fowler (88 yrs.) d. on 75-Jan-11 [75-Jan-12: 2B].
Burke, Sarah J. m. Miles, S. Hamilton on 75-Aug-11 [75-Aug-18: 2B].
Burke, William B. (83 yrs.) d. on 74-Jan-8 [74-Jan-12: 2B, 4E].
Burke, William B. m. Hartupee, Florence A., Miss on 72-Jan-1 [72-Jan-8: 2C].
Burke, William R. (53 yrs.) d. on 72-Nov-8 of Pneumonia [72-Nov-9: 2A].
Burke, Willie Leyburn (2 yrs., 8 mos.) d. on 71-Jan-5 [71-Jan-6: 2C].
Burkins, Annie R. m. Spence, John H. on 71-May-11 [71-Jun-8: 2B].

Burkins, Mary E., Miss m. Burrier, William H. on 73-Jun-12 [73-Jun-18: 2B].
Burkins, Matilda m. Humphreys, Ralph on 71-Jun-27 [71-Jul-1: 2A].
Burkley, Christian George m. Ruff, Annie A., Miss on 75-Dec-22 [75-Dec-28: 2B].
Burkly, John (52 yrs.) d. on 74-May-10 of Heart disease [74-May-11: 1G].
Burleigh, Louisa, Miss m. Plummer, Nathan on 71-Jun-8 [71-Jun-15: 2B].
Burley, Alice E. m. Gardiner, [male] on 72-Sep-14 [72-Sep-28: 2B].
Burman, George L. m. Griffin, Mary E., Miss on 74-Nov-11 [74-Nov-25: 2B].
Burman, L., Miss m. Kuhlemann, William on 74-Nov-4 [74-Nov-10: 2B].
Burman, Maggie C., Miss m. Waters, Joseph on 72-Jan-23 [72-Jan-30: 2C].
Burman, Mary T., Miss m. Peregoy, Joseph J. on 75-Jan-31 [75-Feb-9: 2B].
Burne, Mary Aloysius (21 yrs.) d. on 72-Nov-3 [72-Nov-16: 1G].
Burneston, William Reed (74 yrs.) d. on 71-Jan-23 [71-Jan-24: 2C].
Burnett, Bettie C. d. on 73-Apr-17 [73-Apr-18: 2B; 73-Apr-19: 2B].
Burnett, Eddie R. d. on 74-Jul-22 [74-Jul-23: 2B; 74-Jul-24: 2B].
Burnett, Edith (67 yrs.) d. on 73-Aug-9 [73-Aug-25: 2B].
Burnett, Elizabeth (32 yrs.) d. on 73-Dec-6 [73-Dec-8: 2B].
Burnett, Harriet (62 yrs.) d. on 72-Dec-2 of Heart disease [72-Dec-3: 2C].
Burnett, Horatio S. m. McCubbins, Susie, Miss on 72-May-30 [72-Jul-9: 2C].
Burnett, Joeetta G. (3 mos.) d. on 73-Aug-20 [73-Aug-22: 2B].
Burnett, Joseph P., Capt. (72 yrs.) d. on 74-Apr-12 [74-Apr-13: 2A; 74-Apr-14: 1G, 2B].
Burnett, Lillie May d. on 73-Feb-11 [73-Feb-13: 2C].
Burnett, Oliver P. (43 yrs.) d. on 74-Mar-28 [74-Mar-31: 2B].
Burnett, Ruby m. Hamilton, Mahlon on 75-Apr-29 [75-May-7: 2B].
Burnett, S. Rowe m. Church, Bettie C. on 71-Oct-10 [71-Oct-18: 2B].
Burnett, Virgie (1 yr.) d. on 73-Jul-16 [73-Jul-17: 2B].
Burnett, William H. m. Peacock, Mary A. on 75-Apr-27 [75-May-28: 2A].
Burney, Julia G. (24 yrs., 1 mo.) d. on 73-Oct-12 [73-Oct-13: 2B; 73-Oct-14: 2A].
Burnham, Carrie d. on 72-Sep-27 [72-Sep-28: 2B].
Burnham, James m. Fulton, Margaret Ann, Miss on 71-Jul-12 [71-Jul-28: 2B].
Burnham, Laura d. on 72-Oct-27 [72-Oct-29: 2B; 72-Oct-30: 2B; 72-Nov-26: 2B].
Burnham, Susan (70 yrs.) d. on 72-Jun-26 [72-Jun-27: 2B; 72-Jun-28: 2B].
Burnham, William J. m. McCabe, Rosa A., Miss on 71-Jan-10 [71-Jan-19: 2D].
Burnitt, Charlie A. (6 yrs., 5 mos.) d. on 71-Apr-28 [71-Apr-29: 2B].
Burnitt, Jane (63 yrs.) d. on 75-May-24 [75-May-25: 2A; 75-May-26: 2B; 75-May-27: 2B].
Burns, Agnes B. (1 yr., 4 mos.) d. on 75-Jan-23 of Scarlet fever [75-Jan-25: 2B, 4D].
Burns, Amelia (47 yrs.) d. on 74-Jun-12 of Heart disease [74-Jun-13: 4D].
Burns, Ann (40 yrs.) d. on 74-May-7 [74-May-8: 2B].
Burns, Annie, Miss m. Brady, Augustus on 71-Sep-7 [72-May-15: 2B].
Burns, Bertie (5 mos.) d. on 75-Feb-7 [75-Feb-9: 2B].
Burns, Carry (15 yrs., 10 mos.) d. on 75-Apr-1 [75-Apr-5: 2B].
Burns, Catherine (6 mos.) d. on 71-Jun-20 [71-Jun-21: 2C].
Burns, Charles (6 yrs., 11 mos.) d. on 73-Feb-27 [73-Feb-28: 2B].
Burns, Charles W. H. m. Benton, Addie E. on 70-Dec-29 [71-Jan-6: 2C].
Burns, Clara F. (39 yrs.) d. on 71-Jun-24 [71-Jun-26: 2B].
Burns, Eliza J. (24 yrs.) d. on 72-Sep-21 [72-Sep-23: 2B].
Burns, Elizabeth (4 mos.) d. on 71-Jul-19 [71-Jul-21: 2C].
Burns, Ella, Miss m. Beasten, Charles, Jr. on 71-Feb-1 [71-Feb-4: 2B].
Burns, Emma (4 yrs., 4 mos.) d. on 75-Jan-24 of Scarlet fever [75-Jan-25: 2B, 4D].
Burns, Emma F., Miss m. Stewart, Frank A. on 72-Jun-13 [72-Jul-23: 2B].
Burns, Fannie d. on 72-Jun-9 [72-Jun-15: 2A].
Burns, Findley H. m. Brown, Lizzie D., Miss on 71-Feb-21 [71-Feb-23: 2C].
Burns, George W. (37 yrs.) d. on 75-Sep-19 of Consumption [75-Sep-20: 2B; 75-Sep-21: 2B, 4C].

Burns, George W. m. Lier, Annie M. on 75-Jan-25 [75-Mar-17: 2B].
Burns, Henry P. m. Nelson, Lizey, Miss on 75-Jan-26 [75-Feb-11: 2B].
Burns, James (1 yr., 6 mos.) d. on 71-Apr-18 [71-Apr-19: 2B; 71-Apr-20: 2B].
Burns, James (73 yrs.) d. on 73-Sep-29 [73-Sep-30: 2B].
Burns, James d. on 75-Sep-17 in Machine accident [75-Sep-18: 2B].
Burns, Jennie M., Miss m. Martin, John G. on 74-Aug-4 [[74-Aug-10: 2B]; 74-Aug-11: 2B].
Burns, John T. (23 yrs.) d. on 75-Sep-24 [75-Oct-1: 2B].
Burns, Kate (23 yrs., 3 mos.) d. on 75-Mar-6 [75-Mar-8: 2B].
Burns, Kate, Miss m. Coburn, J. Henry on 70-Aug-28 [71-Jan-24: 2C].
Burns, Lackie (45 yrs.) d. on 71-Dec-4 [71-Dec-12: 2B].
Burns, Lillie V. (7 yrs., 10 mos.) d. on 75-Feb-18 [75-Feb-19: 2B].
Burns, Lizzie E. m. Bradford, William on 73-Dec-4 [74-Jan-27: 2B].
Burns, Margaret (22 yrs.) d. on 72-Nov-11 [72-Nov-12: 2B].
Burns, Margaret (24 yrs.) d. on 73-Dec-30 [73-Dec-31: 2B; 74-Jan-1: 2B].
Burns, Mariah S. (23 yrs.) d. on 71-Jan-21 of Consumption [71-Jan-23: 2C].
Burns, Martin (14 yrs.) d. on 73-Aug-27 in Streetcar accident [73-Aug-28: 1H].
Burns, Mary (1 mo.) d. on 71-May-15 [71-May-31: 2B].
Burns, Mary (26 yrs.) d. on 72-Jan-15 [72-Jan-17: 2C; 72-Jan-18: 2C].
Burns, Mary Ann (70 yrs.) d. [71-Sep-11: 2B].
Burns, Mary Ellen m. Green, Joshua H. on 75-Sep-12 [75-Sep-28: 2B].
Burns, Mary K. m. Wilson, Richard C. on 71-Jan-24 [71-Jan-26: 2D].
Burns, Mary Lizzie (6 mos.) d. on 71-Jun-20 [71-Jun-21: 2C].
Burns, Mary Lizzie (21 yrs., 1 mo.) d. on 74-Jul-10 [74-Jul-11: 2B].
Burns, Maud Mary (6 mos.) d. on 72-Jul-2 [72-Jul-6: 2B].
Burns, Paul O. m. Rutter, Annie E., Miss on 74-Feb-10 [74-Feb-24: 2B].
Burns, Peter (65 yrs.) d. on 74-Dec-1 [74-Dec-3: 2B].
Burns, R. K., Dr. m. Smith, Lizzie E., Miss on 72-Dec-17 [72-Dec-20: 2A].
Burns, Robert D. d. on 72-Sep-6 [72-Sep-10: 2B].
Burns, Sarah (32 yrs.) d. on 75-Oct-26 [75-Oct-27: 2B].
Burns, William E. (34 yrs.) d. on 73-Oct-27 [73-Oct-28: 2B].
Burns, William F. m. Cross, Mary E. on 72-Jul-22 [72-Aug-21: 2B].
Burns, William H. m. Melven, Mary A. on 71-Dec-14 [71-Dec-16: 2B].
Burnside, James d. on 72-Jun-7 [72-Jun-8: 2A].
Burnside, James Richardson d. on 75-Aug-2 [75-Aug-4: 2B].
Burnup, William G. (63 yrs.) d. on 73-Mar-21 [73-Mar-25: 2C].
Burr, William F. m. Reese, May Walton on 75-Sep-14 [75-Sep-22: 2B].
Burrell, Julius m. Bradley, Sarah E. on 75-Oct-5 [75-Oct-7: 2B].
Burrier, Arthur C. (2 yrs.) d. on 74-Aug-17 [74-Aug-18: 2B].
Burrier, C. Tippet m. Williams, Angeline, Miss on 73-Dec-7 [74-Jul-9: 2B].
Burrier, Esau D. m. Lewis, Anna V., Miss on 71-Apr-20 [71-May-1: 2C].
Burrier, Raymond (58 yrs.) d. on 73-Jan-19 [73-Jan-20: 2B].
Burrier, William H. m. Burkins, Mary E., Miss on 73-Jun-12 [73-Jun-18: 2B].
Burris, James B. (10 mos.) d. on 72-Feb-22 [72-Feb-23: 2D].
Burrough, Emery Armitage (1 yr., 9 mos.) d. on 73-Aug-24 [73-Aug-25: 2B].
Burroughs, Elizabeth A. (54 yrs.) d. on 75-Nov-27 [75-Nov-30: 2C].
Burroughs, George R. (58 yrs.) d. on 72-Mar-26 of Pneumonia [72-Mar-27: 2B].
Burroughs, James A. m. Shaeffer, Elizabeth A., Miss on 72-Aug-1 [72-Aug-5: 2B].
Burroughs, Mary m. Baynes, George B. on 72-May-16 [72-May-18: 2A].
Burroughs, Mary, Miss m. Bell, Thomas on 74-Apr-30 [74-May-9: 2C].
Burroughs, Rebecca D., Miss m. Maddox, F. J. on 73-Sep-11 [73-Sep-17: 2B].
Burroughs, William d. on 73-Jan-13 of Hemorrhage [73-Jan-15: 4F].
Burrows, Hannah L. (48 yrs.) d. on 71-Mar-13 of Pneumonia [71-Mar-14: 2B; 71-Mar-15: 2B].

Burrows, Harry Aborn d. on 73-Jun-27 [73-Jun-28: 2B].
Burrows, Laura Maud (10 mos.) d. on 72-Dec-19 [72-Dec-21: 2A].
Burruss, John H. H. (10 mos.) d. on 72-Jan-2 of Chronic croup [72-Jan-4: 2B].
Burt, N. P., Rev. d. [74-Mar-24: 4D].
Burton, Andrew J. (45 yrs.) d. on 73-Sep-15 [74-Jan-28: 2B].
Burton, Ann (58 yrs.) d. on 73-Jan-9 [73-Jan-11: 2B].
Burton, Arthur Francis (10 mos.) d. on 72-Feb-15 of Lung congestion [72-Mar-6: 2B].
Burton, Charles (48 yrs.) d. [72-Nov-22: 2B; 72-Nov-23: 2A].
Burton, Edwin S. (44 yrs.) d. on 71-Mar-11 [71-Mar-13: 2C].
Burton, Eleanor (2 yrs., 10 mos.) d. on 72-Feb-29 of Diptheria [72-Mar-6: 2B].
Burton, Elijah m. Belt, Emma V. on 73-Sep-15 [73-Sep-29: 2B].
Burton, Eliza J. m. Hoddinott, John W. on 72-Sep-19 [72-Oct-21: 2B].
Burton, Elizabeth (31 yrs., 11 mos.) d. on 75-Oct-8 of Heart rheumatism [75-Oct-9: 2B, 4C; 75-Oct-11: 2B].
Burton, George W. (12 yrs.) d. on 72-Jun-19 [72-Jun-20: 2B].
Burton, Issac m. Duval, Maggie on 74-Sep-29 [74-Oct-10: 2B].
Burton, Katie Virginia (7 yrs.) d. on 72-Feb-22 [72-Feb-23: 2D].
Burton, Laura J. (41 yrs.) d. on 74-Apr-17 [74-Apr-22: 2B].
Burton, Lizzie D. m. Robinson, Harry M. on 72-Aug-29 [72-Sep-2: 2B].
Burton, Maggie A. m. Jones, James H. on 71-Oct-12 [71-Oct-20: 2B].
Burton, Margaret E. (38 yrs.) d. on 74-Jan-16 [74-Jan-28: 2B].
Burton, Mary (70 yrs.) d. on 74-Feb-23 [74-Feb-25: 2B].
Burton, Mary F. m. Phelps, Adoniram on 75-Apr-12 [75-Apr-19: 2B].
Burton, R. C. m. Catlett, E. P., Miss on 71-Nov-29 [71-Dec-5: 2C].
Burton, Robert m. Selby, Mary C. W. on 74-Oct-8 [74-Oct-13: 2B].
Burton, Robert F. m. Evans, Annie B. D. on 71-May-30 [71-Jun-6: 2C].
Burton, Robert J. m. Esome, Annie E., Miss on 74-Mar-1 [74-Apr-22: 2B].
Burton, Susie, Miss m. Hollis, Frank, Col. on 74-Jul-13 [74-Jul-15: 2B].
Burton, William H. m. Cockey, Mary A., Miss on 73-May-21 [73-May-24: 2B].
Burton, William Howard (8 mos.) d. on 75-Jun-25 [75-Jun-26: 2B].
Burton, Willie J. (4 yrs.) d. on 72-Feb-7 [72-Feb-23: 2D].
Busby, Lizzie (2 yrs., 8 mos.) d. on 72-Feb-21 [72-Feb-22: 2C].
Busby, Zachariah H. (57 yrs., 4 mos.) d. on 71-Jun-9 [71-Jun-24: 2B].
Busch, Elizabeth P. m. Passano, Louis T. on 73-Mar-18 [73-Mar-20: 2B].
Busch, John, Sr. (71 yrs.) d. on 73-Jan-16 [73-Jan-17: 2B; 73-Jan-18: 2B].
Busch, Margaret Elizabeth (11 mos.) d. on 71-Oct-13 [71-Oct-14: 2B].
Buschman, Benjamin P. (21 yrs.) d. on 72-Apr-25 [72-Apr-26: 2B; 72-Apr-27: 2A].
Buschman, Ida Julia (9 mos.) d. on 73-Jul-20 [73-Jul-21: 2B].
Busey, Clara R. m. Campbell, Joseph V. on 75-Nov-17 [75-Nov-23: 2A].
Busey, Joseph (81 yrs.) d. on 75-Jan-29 [75-Feb-12: 2B].
Busey, Mary L. m. Hewitt, John B. on 75-Nov-17 [75-Nov-23: 2A].
Busey, Oliver m. Rusk, Rosa, Mrs. on 74-Oct-8 [74-Oct-28: 2B].
Busey, William A. Brown d. on 72-Mar-19 of Scarlet fever [72-Mar-20: 4D].
Bush, Charlotte (1 yr.) d. on 71-Aug-3 [71-Aug-11: 2C].
Bush, Eliza (50 yrs.) d. on 72-Mar-3 [72-Mar-20: 2B].
Bush, Ella C. (19 yrs., 2 mos.) d. on 74-Jan-9 [74-Jan-10: 2B; 74-Jan-12: 2B; 74-Jan-31: 2C].
Bush, George W. d. on 75-Sep-13 Drowned [75-Sep-16: 4D].
Bush, Laura E. m. Wier, Thomas J. on 71-Mar-28 [71-Apr-26: 2B].
Bush, Mary A., Miss m. Higgins, Michael J. on 71-Apr-30 [71-Sep-18: 2B].
Bushell, Rosa m. Danenhower, William W., Jr. on 73-Dec-31 [74-Jan-24: 2B].
Busher, Margaret (28 yrs.) d. on 73-Jan-23 [73-Jan-24: 2B].
Bushey, Ann (65 yrs.) d. on 75-Apr-16 [75-May-20: 2B].

Bushey, Thomas F. m. Wile, Annie C. on 71-Mar-28 [71-Mar-30: 2C].
Bushie, Emmie V. m. Dixon, Joseph T. on 72-May-9 [72-May-18: 2A].
Bushman, Hannah M. T. m. O'Connor, Alexander J. on 72-Sep-24 [72-Oct-4: 2B].
Bushman, Ida V., Miss m. Conklin, Howard on 75-Jul-2 [75-Aug-19: 2B].
Bushman, Rosa May (4 yrs.) d. on 74-Nov-6 [74-Nov-10: 2B].
Bushy, Peter H. m. Harris, Rachel M. on 71-May-3 [71-May-20: 2B].
Busick, Emily (77 yrs.) d. on 75-May-12 [75-May-13: 2B].
Busk, John (87 yrs.) d. on 72-Feb-15 [72-Feb-16: 2C, 1G; 72-Feb-17: 2B].
Busk, Mary C. d. on 75-May-23 [75-May-24: 2A; 75-May-25: 2A].
Bussard, Dorothy E. m. Duval, Maynor L. on 75-Sep-5 [75-Nov-5: 2B].
Butcher, Catharine (43 yrs.) d. on 72-Oct-16 [72-Oct-17: 2B].
Butcher, Emma d. on 75-Mar-29 of Heart disease [75-Mar-30: 2B].
Butler, Ann Maria d. on 72-Feb-1 [72-Feb-2: 2C].
Butler, Bettie m. Hutchins, Richard, Jr. on 71-Mar-30 [71-Apr-8: 2B].
Butler, Catherine L. (19 yrs.) d. on 73-Feb-10 [73-Feb-11: 2B; 73-Feb-12: 2B].
Butler, Daniel H. (1 yr., 7 mos.) d. on 74-Jul-23 [74-Jul-24: 2B].
Butler, Danny (9 mos.) d. on 75-Aug-12 [75-Aug-13: 2B; 75-Aug-14: 2B].
Butler, Ella (6 yrs.) d. on 72-Jan-22 [72-Jan-23: 2C; 72-Jan-24: 2C].
Butler, Eugene Everett (4 yrs., 5 mos.) d. on 75-Oct-20 [75-Oct-23: 2B].
Butler, Fannie May (1 yr., 6 mos.) d. on 75-Dec-10 [75-Dec-11: 2A].
Butler, Francis M. m. Patterson, Katie F. on 72-May-19 [72-May-25: 2B].
Butler, Francis Patrick (6 mos.) d. on 71-Jul-6 [71-Jul-7: 2C].
Butler, George Louis (74 yrs.) d. on 75-Mar-17 [75-Mar-19: 2B].
Butler, George O. m. Stockett, Amelia, Miss on 75-Jun-1 [75-Jun-3: 2B].
Butler, Hannah (19 yrs.) d. on 72-Mar-18 of Typhoid [72-Mar-19: 2B].
Butler, Ida E. m. Boss, Robert D. on 72-Mar-5 [72-Mar-11: 2C].
Butler, James m. Brooks, Mary Ann, Miss on 72-Jan-4 [72-Jan-6: 2A].
Butler, James J. (7 yrs., 2 mos.) d. on 75-Aug-21 in Wagon accident [75-Aug-23: 2B, 4C].
Butler, John B. (83 yrs.) d. on 72-May-8 [72-May-10: 2B].
Butler, John F. d. on 75-Mar-16 [75-Mar-17: 2B; 75-Mar-18: 2B].
Butler, John H. (51 yrs.) d. on 72-Nov-12 of Pneumonia [72-Nov-13: 2B; 72-Nov-14: 2B].
Butler, John O. (24 yrs.) d. on 71-Feb-19 [71-Feb-24: 2C].
Butler, Kate, Miss m. Brooks, Michael S. on 72-Dec-8 [73-Jan-20: 2B].
Butler, Katey (1 yr., 1 mo.) d. on 72-Aug-25 [72-Aug-26: 2B].
Butler, Lawson (67 yrs.) d. on 75-May-8 [75-May-18: 2A].
Butler, Leila (3 yrs., 5 mos.) d. on 72-Jan-15 [72-Jan-17: 2C].
Butler, Louis (55 yrs.) d. on 75-Mar-18 [75-Mar-19: 2B; 75-Mar-20: 2B].
Butler, Maggie (1 yr., 1 mo.) d. on 72-Aug-7 [72-Aug-8: 2B].
Butler, Margaret Elizabeth (26 yrs.) d. on 71-Dec-5 [71-Dec-14: 2B].
Butler, Martin (8 yrs., 7 mos.) d. on 73-Jul-17 Drowned [73-Jul-19: 1G, 2B].
Butler, Mary (61 yrs.) d. on 72-Aug-21 [72-Aug-22: 2B].
Butler, Mary Elizabeth (49 yrs.) d. [71-May-3: 2B].
Butler, Mary J., Miss m. Constantine, H. K. on 74-Nov-10 [74-Nov-20: 2B].
Butler, Mary J. m. Starkey, Frank H. on 74-Nov-19 [75-Jan-20: 2B].
Butler, Mary Maxwell m. Grimes, J. H., Dr. on 74-Oct-21 [74-Oct-27: 2B].
Butler, Mary Sloan m. Piet, William A. on 71-Jan-10 [71-Jan-13: 2C].
Butler, Ormond (55 yrs., 3 mos.) d. on 74-Dec-6 [74-Dec-7: 2B].
Butler, Rachel (58 yrs.) d. on 73-Oct-17 [73-Oct-18: 2B].
Butler, Rebecca (72 yrs.) d. on 72-Jun-29 [72-Jul-3: 2B].
Butler, Samuel (67 yrs.) d. on 75-Mar-1 [75-Mar-2: 2B, 4C; 75-Mar-3: 2B].
Butler, Sprague J., Capt. (41 yrs.) d. on 75-Aug-21 of Heart disease [75-Sep-7: 1H; 75-Sep-8: 4B; 75-Sep-9: 2B; 75-Sep-10: 2B].

Butler, Thomas (82 yrs.) d. on 71-Mar-21 [71-Mar-22: 2B; 71-Mar-23: 2B].
Butler, Thomas d. on 75-Oct-13 [75-Oct-14: 1H].
Butler, Thomas J. (68 yrs.) d. on 72-Dec-9 [72-Dec-10: 2B].
Butler, Unis Ann (17 yrs., 4 mos.) d. on 74-Mar-4 [74-Mar-12: 2C].
Butler, Walter (6 mos.) d. on 75-Sep-24 [75-Sep-27: 2B].
Butler, William A. d. on 74-Mar-23 [74-Mar-24: 2B].
Butler, William H., Rev. (89 yrs.) d. on 71-Apr-25 [71-Apr-26: 2B].
Butler, William H. m. Brent, Olevia C., Miss on 73-Jan-23 [73-Jan-25: 2B].
Butler, Willie (5 mos.) d. on 75-Aug-10 [75-Aug-11: 2B].
Butt, Abigail P. (83 yrs.) d. on 75-Jan-23 [75-Jan-25: 2B].
Butterfield, Alice M. m. Widerman, Luther M. on 75-Feb-4 [75-Feb-6: 2B].
Buttner, Julius Edward (10 yrs., 8 mos.) d. on 71-Jun-24 [71-Jun-27: 2B].
Buttner, Minnie Isabella (1 yr., 1 mo.) d. on 74-Nov-9 [74-Nov-11: 2B].
Buttner, William F. m. Jackins, Mary E. on 71-Aug-15 [71-Aug-18: 2C].
Button, Harriet (77 yrs.) d. on 73-Nov-4 [73-Nov-10: 2C].
Button, J. m. Townsend, Mary E., Miss on 73-Jan-16 [73-Jun-19: 2B].
Button, Kate E., Miss m. Lowry, William J. on 74-Sep-1 [74-Sep-21: 2B].
Button, Sarah J., Miss m. Portor, John A. on 74-Feb-26 [74-Feb-28: 2B].
Butzler, Emma, Miss m. Knobloch, John T. on 74-Jun-4 [74-Jun-6: 2B].
Buxmeier, Mary M., Miss m. Tribbe, William H. on 73-Jun-10 [73-Jun-28: 2B].
Buxton, Mabelle A. (1 yr., 1 mo.) d. on 74-Jan-20 [74-Jan-21: 2B].
Buzby, John M. (11 mos.) d. on 72-Jan-31 [72-Feb-2: 2C].
Byer, L. A. m. Langville, Mary E., Miss on 74-Apr-30 [74-May-2: 2B].
Byer, Lilly May d. on 75-Jun-20 [75-Jun-22: 2B].
Byerly, George S. m. Lockard, Emma, Miss on 72-Oct-29 [72-Nov-2: 2A].
Byns, Mary, Miss m. Sark, James H. on 72-Nov-19 [72-Nov-22: 2B].
Byrd, Adelaide d. on 74-Dec-24 [74-Dec-25: 2B].
Byrd, Mildred Gertrude (1 yr.) d. on 75-Sep-6 [75-Sep-7: 2B].
Byrd, William F. m. Milbourne, Emma G. on 74-Sep-30 [74-Oct-5: 2B].
Byrene, Andrew (10 yrs., 3 mos.) d. on 72-Mar-17 [72-Mar-18: 2A; 72-Mar-19: 2B].
Byrn, Minnie m. Matthews, Harry C. on 74-Jul-8 [74-Jul-14: 2B].
Byrne, Ann (88 yrs.) d. on 75-Feb-19 [75-Feb-22: 2B].
Byrne, Bridget Agnes d. on 71-Jul-1 [71-Jul-3: 2B].
Byrne, Catharine Maria Joseph d. on 73-Sep-6 [73-Sep-8: 2B].
Byrne, Cecilia Paulina d. on 73-Dec-16 [73-Dec-17: 2B; 73-Dec-18: 2B].
Byrne, Edward A. m. Myles, Agnes, Miss on 73-Jan-25 [73-Sep-16: 2B].
Byrne, Elizabeth A. (80 yrs.) d. on 72-Apr-12 [72-Apr-17: 2B].
Byrne, Elizabeth C. (58 yrs.) d. on 72-Sep-1 [72-Sep-10: 2B].
Byrne, James (45 yrs.) d. on 75-Sep-17 [75-Sep-18: 2A].
Byrne, James K. m. Hughes, Jennie, Miss on 75-Jun-23 [75-Aug-2: 2B].
Byrne, John Breckinridge d. on 72-Nov-5 [72-Nov-8: 2B].
Byrne, Joseph Kavin (27 yrs.) d. on 72-Feb-15 Murdered (Shot) [72-Feb-16: 2C, 1F; 72-Feb-17: 2B].
Byrne, Kate, Miss m. Sheehan, Michael on 75-Feb-8 [75-Feb-9: 2B].
Byrne, Kate C. m. McAvoy, John M. on 74-Feb-11 [74-Feb-26: 2B].
Byrne, Laura H. d. on 73-Apr-12 [73-Apr-14: 2B; 73-Apr-15: 2B].
Byrne, Laurence (49 yrs.) d. on 73-Apr-12 [73-Apr-14: 2B].
Byrne, Laurence R. (31 yrs.) d. on 72-Jan-7 [72-Jan-9: 2C].
Byrne, Laurence R. m. Woodward, Annie on 72-Jan-4 [72-Jan-8: 2C].
Byrne, Lawrence, Dr. (80 yrs.) d. on 74-Apr-13 [74-Apr-14: 1G, 2B; 74-Apr-15: 2B].
Byrne, M. Marcellina, Miss m. Lally, James E. on 74-May-21 [74-Jun-3: 2B].
Byrne, Mary (60 yrs.) d. on 71-Jun-23 [71-Jun-24: 2B].

Byrne, Mary d. on 72-Feb-5 [72-Feb-7: 2C].
Byrne, Mary (46 yrs.) d. on 74-Jun-11 [74-Jun-13: 2B].
Byrne, Mary (63 yrs.) d. on 75-Mar-3 [75-Mar-5: 2B].
Byrne, Mary Agnes (11 mos.) d. on 73-Jul-12 [73-Jul-14: 2B].
Byrne, Mary Caroline (11 mos.) d. on 71-Jul-26 [71-Aug-2: 2C].
Byrne, Mary J. (26 yrs.) d. on 71-Mar-19 [71-Mar-20: 2B; 71-Mar-21: 2B].
Byrne, Mattie E. m. Robinson, Joseph J., Jr. on 75-Oct-7 [75-Oct-15: 2B].
Byrne, Michael (23 yrs.) d. on 73-Jul-23 [73-Jul-24: 2B].
Byrne, Owen (81 yrs.) d. on 71-Jul-14 [71-Jul-15: 2B].
Byrne, Patrick (70 yrs.) d. on 73-Jan-26 [73-Jan-28: 2B].
Byrne, Richard m. Ryan, Maggie A., Miss on 71-Jan-5 [71-Jan-26: 2D].
Byrne, Rosemary (10 mos.) d. [71-Oct-3: 2B].
Byrne, S. Marie, Miss m. Cunningham, C. W. on 71-Oct-17 [71-Oct-31: 2C].
Byrne, Thomas F., Jr. m. Kilpatrick, Anna E. on 72-Oct-24 [72-Nov-5: 2B].
Byrne, Thomas F., Sr. (58 yrs.) d. on 73-Feb-14 [73-Feb-15: 2B; 73-Feb-17: 2B].
Byrne, William H. (34 yrs.) d. on 74-Oct-3 [74-Oct-5: 2B].
Byrne, William H. (58 yrs.) d. on 75-Feb-11 [75-Feb-12: 2B; 75-Feb-13: 2B].
Byrne, William M. m. Stephenson, Ella S., Miss on 75-May-2 [75-May-17: 2A].
Byrnes, John Baptist (12 yrs., 10 mos.) d. on 72-Jun-18 [72-Jun-20: 2B].
Byrnes, John Edward (1 yr., 10 mos.) d. on 71-Jan-28 [71-Jan-30: 2C].
Byrnes, Joseph (5 yrs.) d. on 71-Feb-26 [71-Feb-27: 2D].
Byrnes, Lizzie m. Marshall, William H. on 75-Jul-15 [75-Jul-19: 2B].
Byrnes, Mary Agnes (1 yr., 5 mos.) d. on 74-Oct-10 [74-Oct-13: 2B].
Byrnes, Thomas Agnew (5 yrs., 10 mos.) d. on 71-Nov-26 of Paralysis [71-Nov-27: 2C; 71-Nov-28: 2B].
Byrnes, Thomas J. m. Armstrong, Laura V., Miss on 72-Jul-7 [72-Nov-14: 2B].
Byrnes, William (4 mos.) d. on 74-Oct-2 [74-Oct-3: 2B].
Byron, James H. m. Housholder, Emma on 73-Oct-23 [73-Oct-28: 2B].
Byus, Joseph H. (56 yrs.) d. on 74-Mar-11 [74-Mar-13: 2B].
Byus, Mary, Miss m. Lark, James H. on 72-Nov-19 [72-Nov-23: 2A].
Cabell, Lizzie Caskie m. Ritchie, Albert on 75-Oct-27 [75-Nov-11: 2B].
Cabell, Mary M. d. on 71-Oct-2 [71-Oct-4: 2B; 71-Oct-5: 2B].
Cabell, Robert Henry, Dr. (76 yrs.) d. on 75-Feb-20 [75-Feb-22: 2B, 4C; 75-Feb-23: 2B].
Cable, George S., Jr. m. Lieshears, Sarah J., Miss on 75-Oct-11 [75-Dec-22: 2B].
Cable, Henry Montgomery (2 yrs.) d. on 71-Oct-31 [71-Nov-1: 2B].
Cable, William F. (23 yrs.) d. on 71-Apr-30 [71-May-1: 2C].
Cabril, Ann (27 yrs.) d. on 74-Dec-25 of Lamp explosion [74-Dec-26: 1H, 2C].
Cadden, Ginnie S., Miss m. Wells, John P. on 75-Jan-7 [75-Jan-21: 2B].
Cadden, Margaret (22 yrs.) d. on 71-Jan-10 [71-Jan-12: 2C].
Cadden, Margaret (8 yrs.) d. on 74-Apr-18 [74-Apr-20: 2A].
Cadell, Eliza (22 yrs.) d. on 72-Jun-18 [72-Jun-25: 2B].
Cadell, James Henry (26 yrs., 2 mos.) d. on 72-Feb-13 [72-Feb-14: 2C].
Caden, Anna (32 yrs.) d. on 74-Feb-16 [74-Feb-19: 2C].
Cadow, James E. (55 yrs.) d. on 75-Jun-6 [75-Jun-7: 2A].
Cadow, Tillie S., Miss m. Harvey, J. Clarence on 73-Oct-22 [73-Oct-27: 2B].
Caffry, Mary Ann (2 yrs., 3 mos.) d. on 71-Aug-6 [71-Aug-7: 2B].
Cahall, A. M. (54 yrs.) d. on 72-Feb-16 [72-Feb-19: 2C].
Cahill, Daniel (49 yrs.) d. on 75-Mar-22 [75-Mar-23: 2B].
Cahill, Jenny (7 yrs., 9 mos.) d. on 72-Oct-26 [72-Nov-14: 2B].
Cahill, Mary (50 yrs.) d. on 71-Mar-21 [71-Mar-22: 2B].
Caho, Elizabeth Emily (68 yrs.) d. on 74-May-16 [74-May-18: 2B].
Cain, Emma V. (2 yrs., 10 mos.) d. on 75-Nov-2 [75-Nov-3: 2B].

Cain, James m. O'Dowd, Anna, Miss on 71-Apr-27 [71-May-19: 2C].
Cain, Johannia (37 yrs.) d. on 75-Feb-20 [75-Feb-22: 2B].
Cain, John, Jr. (41 yrs.) d. on 73-May-17 [73-May-19: 2B].
Cain, John Henry (6 mos.) d. on 72-Jul-5 [72-Jul-6: 2A].
Cain, Mary A. m. Flynn, Patrick on 74-Apr-5 [74-Apr-9: 2B].
Cain, Mary Linda (10 mos.) d. on 75-Oct-25 [75-Nov-3: 2B].
Cain, Richard (71 yrs.) d. on 74-Apr-13 of Consumption [74-Apr-16: 2B].
Cain, Thomas (65 yrs.) d. on 74-Aug-22 [74-Aug-24: 2B].
Caine, Elizabeth Jane (5 yrs., 5 mos.) d. on 73-Sep-24 [73-Sep-25: 2B].
Caine, Thomas Lee (8 yrs.) d. on 72-Apr-7 [72-Apr-8: 2B].
Cairncross, Amanda F., Mrs. m. Martin, John on 72-Apr-4 [72-Apr-11: 2B].
Cairnes, George H., Dr. m. Tarman, Ginnie on 73-Jan-21 [73-Jan-29: 2B].
Cairns, James (63 yrs.) d. on 74-Aug-22 [74-Aug-24: 2B; 74-Aug-25: 1H, 2B; 74-Aug-26: 1H].
Calder, Amanda (2 yrs., 9 mos.) d. on 71-Jan-14 of Scarlet fever [71-Jan-16: 2C].
Calder, Andrew Jackson (1 yr., 7 mos.) d. on 75-Dec-12 [75-Dec-13: 2B; 75-Dec-14: 2B].
Calder, Richard Francis (9 mos.) d. on 72-Jul-4 [72-Jul-6: 2B].
Calder, Robert (4 yrs., 9 mos.) d. on 71-Jan-21 of Scarlet fever [71-Jan-23: 2C].
Caldwell, Alonzo m. Caldwell, Margaret A., Mrs. on 71-Nov-30 [71-Dec-14: 2B].
Caldwell, Andrea Palladio (3 yrs., 2 mos.) d. on 75-Jun-28 of Scarlet fever [75-Jun-29: 2B].
Caldwell, Eliza d. on 73-Mar-23 [73-Mar-24: 2B].
Caldwell, Elizabeth (83 yrs., 1 mo.) d. on 75-Mar-26 [75-Mar-27: 2C].
Caldwell, Hezekiah d. on 71-Mar-21 of Drowning [71-Mar-22: 4E].
Caldwell, James (47 yrs.) d. on 71-Mar-29 [71-Mar-31: 2B].
Caldwell, John Carroll (1 yr., 6 mos.) d. on 73-Nov-24 [73-Nov-26: 2B].
Caldwell, John S. (25 yrs.) d. on 75-Apr-25 of Suicide (Hanging) [75-Apr-26: 1G; 75-Apr-27: 2B].
Caldwell, Katie Ellen (1 yr., 9 mos.) d. on 71-Jul-5 [71-Jul-6: 2B].
Caldwell, Margaret A., Mrs. m. Caldwell, Alonzo on 71-Nov-30 [71-Dec-14: 2B].
Caldwell, Margaret H. (75 yrs.) d. on 73-Nov-25 [73-Nov-26: 2B; 73-Nov-27: 2B].
Caldwell, Mary Josephine (4 yrs.) d. on 72-Jan-13 [72-Jan-15: 2C].
Caldwell, Samuel E. (28 yrs.) d. on 74-May-19 [74-May-20: 2B].
Caldwell, William McGill m. Cole, Hettie E. on 74-Oct-6 [74-Oct-8: 2B; 74-Oct-10: 2B].
Caldwell, Willie (5 yrs.) d. on 71-Jan-3 [71-Jan-4: 2B].
Calff, Thomas m. Smith, Josephine G., Miss on 71-Sep-2 [72-Jan-15: 2C].
Callaghan, James (2 yrs., 4 mos.) d. on 72-May-22 [72-May-24: 2B].
Callahan, Edward (56 yrs.) d. on 72-Jul-2 [72-Jul-3: 2B].
Callahan, Jessie G. (20 yrs.) d. on 74-May-2 [74-May-4: 2C].
Callahan, Susan M. (35 yrs.) d. on 74-Feb-4 [74-Feb-5: 2B].
Callamon, Lizzie M., Miss m. Kearney, George W. on 72-Dec-19 [73-Mar-18: 2B].
Callan, Annie (2 yrs., 3 mos.) d. on 71-Dec-10 [71-Dec-11: 2B].
Callan, Bernard m. Vanhorn, Elizabeth A. on 74-May-13 [74-Jun-3: 2B].
Callan, Catherine (67 yrs.) d. on 73-Jul-6 [73-Jul-7: 2B].
Callan, Ellen T., Miss m. Brooks, John T. on 71-Dec-12 [72-Jan-2: 2C].
Callan, Francis (1 yr., 2 mos.) d. on 71-Jul-27 [71-Jul-28: 2B].
Callan, Francis J. m. Riley, Sarah J., Miss on 73-Sep-17 [73-Nov-6: 2B].
Callan, Margaret d. on 75-Nov-30 [75-Dec-1: 2B; 75-Dec-2: 2B].
Callan, Peter J. (29 yrs.) d. on 74-Sep-28 of Drug overdose [74-Sep-29: 1E, 2B; 74-Sep-30: 2B; 74-Oct-1: 1H].
Callan, Peter J. m. Claugherty, Mary Ann, Miss on 71-Feb-16 [71-Feb-25: 2B].
Callanan, John Thomas (1 yr., 5 mos.) d. on 73-Jul-5 [73-Jul-7: 2B].
Callender, Louisa (55 yrs.) d. on 75-Jun-23 [75-Jun-24: 2B].
Callender, Luther W. m. Miller, Laura E., Miss on 72-Oct-10 [72-Oct-18: 2B].

Callender, William (20 yrs.) d. on 72-Apr-6 [72-Apr-8: 2B].
Callis, Ann (76 yrs.) d. on 72-Nov-30 [72-Dec-2: 2B].
Callis, James E. m. Wells, Kate on 75-Mar-30 [75-Apr-3: 2B].
Callow, Adela, Miss m. Watkins, William on 72-Sep-16 [72-Oct-10: 2B].
Callow, Eliza P. (94 yrs.) d. on 73-Apr-3 [73-Apr-5: 2B].
Callow, John E. (26 yrs.) d. on 73-Jan-20 [73-Jan-27: 2B].
Callow, William, Jr. (38 yrs.) d. on 71-Aug-1 [71-Aug-2: 2C].
Calvert, A. W. m. Osbours, Clara V., Miss on 75-Nov-23 [75-Dec-22: 2B].
Calvert, Andrew Jackson (10 mos.) d. on 73-May-7 [73-May-10: 2B].
Calvert, Charles Byron (10 mos.) d. on 75-Mar-29 [75-Mar-30: 2B].
Calvert, Florence Gertrude (1 yr., 1 mo.) d. on 71-Sep-2 [71-Sep-4: 2B].
Calvert, Hattie, Miss m. Woods, L. on 72-Feb-18 [72-Feb-26: 2C].
Calvert, John S. m. Robinson, Susie C., Miss on 72-Dec-5 [72-Dec-11: 2B].
Calvert, Joseph B. m. Beard, Mary on 71-Apr-23 [71-Jul-31: 2C].
Calvert, Josie M. m. Reed, Michael H. on 73-Aug-20 [73-Aug-25: 2B].
Calvert, Mary (67 yrs.) d. on 74-Sep-23 [74-Sep-25: 2B].
Calvert, William T. (56 yrs.) d. on 72-Jan-11 [72-Jan-13: 2B].
Calwel, Emma Jane (25 yrs.) d. on 73-Aug-17 [73-Aug-19: 2B].
Calwell, J. Robert (45 yrs.) d. on 71-Feb-10 of Suicide [71-Feb-11: 2B, 1G; 71-Feb-13: 2C, 4E].
Calwell, Louisa Virginia d. on 74-Apr-26 [74-Apr-27: 2B; 74-Apr-28: 2B].
Calwell, Lucian B. (48 yrs.) d. on 71-Jan-22 [71-Jan-24: 2C; 71-Jan-25: 2C].
Calwell, Margaret A. Virginia (30 yrs., 2 mos.) d. on 73-Jan-28 [73-Jan-30: 2B].
Calwell, Mary E., Miss m. Cuthriell, George W., Dr. on 74-Jul-9 [74-Jul-10: 2B].
Camalier, John V. m. Stone, Alice T., Miss on 75-Nov-11 [75-Nov-12: 2B].
Cambell, Anna (80 yrs.) d. on 73-Feb-6 [73-Feb-13: 2C].
Cambell, James E. (49 yrs.) d. on 74-Sep-27 [74-Sep-28: 2B].
Cambridge, Mary d. on 75-May-5 [75-May-6: 2B; 75-May-7: 2B].
Camden, Dora E. m. Ramsburg, Robert M. on 73-May-29 [73-Jun-2: 2A].
Camden, Virginia m. Blazey, Charles W. on 74-Jun-23 [74-Jun-30: 2B].
Camden, William G. m. Brown, Mollie H. on 75-Oct-14 [75-Oct-16: 2A].
Camejo, Maria M. m. De Rojas, Perfecto on 72-Oct-2 [72-Oct-5: 2A].
Camel, Louisa (71 yrs.) d. on 75-Aug-25 [75-Aug-27: 2B].
Cameron, Harriet (47 yrs.) d. on 74-Jun-8 [74-Jun-9: 2B; 74-Jun-10: 2B].
Campario, Julia M. (87 yrs.) d. on 74-Feb-22 [74-Mar-6: 2B].
Campbell, Anne Arnold Taney (63 yrs.) d. on 72-Feb-19 [72-Feb-20: 2C].
Campbell, Annie L. Holmes (31 yrs.) d. on 74-Mar-13 [74-Mar-14: 2B].
Campbell, Catherine (76 yrs.) d. on 74-Oct-19 [74-Oct-20: 2B].
Campbell, Catherine (61 yrs.) d. on 75-Oct-25 [75-Oct-26: 2A].
Campbell, Eliza Ann (77 yrs.) d. on 73-Dec-18 [73-Dec-19: 2B; 73-Dec-20: 2B].
Campbell, Eliza C. m. Hammett, Henry on 71-Sep-7 [71-Sep-8: 2B].
Campbell, Emma S. m. Jarboe, Vernon C. on 71-Aug-30 [71-Sep-9: 2B].
Campbell, Fannie m. Stesch, Edward H. J. on 71-May-31 [71-Jun-5: 2B].
Campbell, Frances (88 yrs.) d. on 75-Feb-16 [75-Feb-18: 2B].
Campbell, Frank (6 yrs.) d. on 74-Nov-28 of Scarlet fever [74-Dec-2: 4C].
Campbell, George (2 yrs.) d. on 74-Nov-30 of Scarlet fever [74-Dec-2: 4C].
Campbell, George A. m. Barker, Maggie A., Miss on 72-Dec-12 [72-Dec-17: 2A].
Campbell, George W. (42 yrs.) d. on 72-Mar-6 [72-Mar-7: 2B; 72-Mar-8: 2C].
Campbell, John (64 yrs.) d. on 73-Nov-24 of Typhoid [73-Nov-25: 2B].
Campbell, John (80 yrs.) d. on 75-Oct-9 [75-Oct-14: 2B].
Campbell, John H. (49 yrs.) d. on 74-Jan-25 [74-Jan-27: 2B].
Campbell, John H. m. Holtz, Susanna, Miss on 71-Nov-5 [71-Nov-10: 2C].
Campbell, John Lewis (3 yrs., 6 mos.) d. on 73-May-4 [73-May-5: 2B; 73-May-6: 2A].

Campbell, John W. (50 yrs.) d. on 72-Nov-14 [72-Nov-15: 2B].
Campbell, Joseph V. m. Busey, Clara R. on 75-Nov-17 [75-Nov-23: 2A].
Campbell, Julia A., Miss m. Wolf, George W., Jr. on 74-Jun-11 [74-Jun-22: 2B].
Campbell, Lily May (2 yrs., 1 mo.) d. on 71-Mar-5 of Scarlet fever [71-Mar-6: 2C].
Campbell, Lizzie (34 yrs.) d. on 73-Dec-28 [73-Dec-29: 2B; 73-Dec-30: 2B].
Campbell, Lydia H. m. Bayne, William H. on 71-Jun-1 [71-Jun-5: 2B].
Campbell, Mahatha (33 yrs.) d. on 71-Apr-2 [71-Apr-3: 2B].
Campbell, Mame M. m. Carter, Thomas B. on 71-Jan-19 [71-Jan-20: 2C].
Campbell, Mary (88 yrs.) d. on 74-Feb-21 [74-Feb-23: 2B].
Campbell, Mary (5 yrs.) d. on 74-Nov-27 of Scarlet fever [74-Dec-2: 4C].
Campbell, Mary Jane d. on 73-Mar-31 [73-Apr-1: 2B; 73-Apr-2: 2B].
Campbell, Mary Rowan d. on 72-Sep-25 [72-Sep-28: 2B].
Campbell, Nelson m. Randall, Alverda, Miss on 73-Oct-2 [73-Oct-8: 2B].
Campbell, P. A., Capt. (30 yrs.) d. on 74-Jun-27 [74-Jun-29: 2B].
Campbell, Peter (39 yrs.) d. [72-Jun-28: 2B].
Campbell, Rebecca m. Dawson, Gideon R. on 72-Apr-16 [72-Dec-19: 2B].
Campbell, Robert (54 yrs.) d. on 71-Jun-14 [71-Jun-15: 2B].
Campbell, Robert m. Foulke, Emma, Miss on 72-Nov-10 [72-Nov-12: 2B].
Campbell, Robert, Sr. (73 yrs.) d. on 72-Jul-8 [72-Jul-9: 2C].
Campbell, Sallie M., Miss m. Guest, George, Jr. on 74-Apr-22 [74-Apr-28: 2B].
Campbell, Samuel (8 yrs.) d. on 72-Mar-25 [72-Mar-27: 2B].
Campbell, Sarah J., Miss m. Harris, Judson D. on 73-Nov-30 [73-Dec-2: 2B].
Campbell, Thomas (44 yrs.) d. on 71-Jul-5 [71-Jul-6: 2B].
Campbell, William H. H., Dr. m. Gorsuch, Jessie W. on 72-Jan-31 [72-Feb-3: 2C].
Campbell, Willie (1 yr., 1 mo.) d. on 74-Aug-10 [74-Aug-11: 2B].
Campbell, Willie (3 yrs., 6 mos.) d. on 74-Nov-30 of Scarlet fever [74-Dec-2: 4C].
Campen, Helias (44 yrs.) d. on 72-Aug-15 of Heatstroke [72-Aug-16: 1G, 2B].
Campen, Sophia (88 yrs.) d. on 73-Jan-28 [73-Jan-30: 2B].
Camper, Alice S., Miss m. Hedges, Edward M. on 75-Jun-24 [75-Sep-14: 2B].
Campher, Moses (65 yrs.) d. on 73-Jul-24 [73-Jul-25: 2B].
Camphor, Rachel A., Miss m. Miller, John T. on 73-Sep-17 [73-Oct-8: 2B].
Canavan, Hanora (4 yrs., 10 mos.) d. on 72-Aug-29 [72-Aug-30: 2B].
Canavan, John Louis (3 yrs.) d. on 72-Sep-6 of Diptheria [72-Sep-7: 2A].
Canavan, Mary (34 yrs.) d. on 75-Jun-16 of Consumption [75-Jun-17: 2B].
Canby, Alice m. Robinson, Edward A. on 71-Nov-14 [[71-Nov-16: 2B]; 71-Nov-17: 2C].
Canby, Edward L. (10 yrs., 7 mos.) d. on 73-Feb-10 Scalded [73-Feb-11: 2B; 73-Feb-12: 1H, 2B].
Canby, Mary E., Miss m. Wingrove, Thomas R. on 72-Aug-15 [72-Sep-2: 2B].
Candler, A. B., Dr. m. Seymour, L. M. on 73-Oct-28 [73-Nov-20: 2B].
Canfield, Catherine (46 yrs.) d. on 74-Jun-15 [74-Jun-16: 2B].
Canfield, Edward m. Hastings, Jennie M. on 74-Sep-17 [74-Sep-18: 2B].
Canfield, Ira C., Jr. m. Duff, Maggie E., Miss on 75-Jan-12 [75-Jan-15: 2B].
Canfield, William Lucius (3 yrs., 6 mos.) d. on 75-Nov-30 [75-Dec-4: 2B].
Cann, Fannie A., Miss m. Longlotz, Frederick on 71-Nov-6 [71-Nov-8: 2C].
Cann, John James (37 yrs.) d. on 71-Aug-3 [71-Aug-4: 2C; 71-Aug-7: 2B].
Cannon, Adaline, Miss m. Helm, James L. on 74-Apr-29 [74-May-6: 2B].
Cannon, Charles W. (37 yrs.) d. on 75-Mar-14 [75-Mar-15: 2B].
Cannon, Florence A. m. Jeter, William B. on 73-Sep-3 [[73-Sep-18: 2B]; 73-Sep-20: 2B].
Cannon, Issac B. m. Davis, Sarah, Miss [72-May-25: 2B].
Cannon, James, Capt. (66 yrs.) d. on 71-Apr-21 of Dropsy and heart disease [71-Apr-22: 2C; 71-Apr-24: 4C; 71-May-6: 2B].
Cannon, James Edward (22 yrs.) d. on 71-Jul-18 of Consumption [71-Jul-20: 2B].

Cannon, James W. (21 yrs.) d. on 73-Oct-4 [73-Oct-7: 2B].
Cannon, John B. (67 yrs.) d. on 71-Jun-19 [71-Jun-20: 2B, 4D].
Cannon, Mary Ann (65 yrs.) d. on 74-Oct-28 [74-Oct-29: 2B].
Cannon, Thomas J. m. Saumenig, Ella on 73-Dec-18 [73-Dec-27: 2B].
Cannon, William Burton (4 mos.) d. on 75-Jun-22 [75-Jun-23: 2B].
Cannox, Lidia (57 yrs.) d. on 75-Jan-9 [75-Jan-18: 2B].
Canoke, Louis (2 yrs.) d. on 75-Sep-2 of Fall from window [75-Sep-3: 4D].
Canoles, John (27 yrs., 9 mos.) d. on 73-Dec-28 [73-Dec-29: 2B; 73-Dec-30: 2B].
Canoles, Thomas m. Dosh, Carrie, Miss on 73-Jul-11 [73-Aug-30: 2A].
Canon, Euphrasia F. (1 yr., 10 mos.) d. [71-May-3: 2B].
Canon, Willie B. (5 yrs., 9 mos.) d. on 72-Feb-19 [72-Feb-20: 2C].
Canox, Delia M. d. on 72-Dec-22 [72-Dec-24: 2B].
Canox, George D. (30 yrs.) d. on 74-Jan-31 [74-Feb-2: 2B].
Canton, John (7 mos.) d. on 75-Aug-10 [75-Aug-11: 2B].
Canton, Mary A., Miss m. Shaw, John H. on 72-May-19 [72-Jun-1: 2A].
Cantwell, Mary E., Miss m. Pennington, Thomas E. on 75-Jul-25 [75-Jul-30: 2B].
Canty, Ellen d. [74-Apr-22: 2B].
Capato, Jacob Frederick d. on 71-Dec-31 [72-Jan-1: 2B].
Cape, Elizabeth P. (88 yrs.) d. on 72-Oct-29 [72-Oct-30: 2B].
Cape, Priscilla (20 yrs.) d. on 75-Oct-22 [75-Oct-23: 2A].
Cape, Sarah A. (2 yrs., 6 mos.) d. on 75-Feb-24 [75-Feb-25: 2B].
Cape, Sarah Ann d. on 73-Mar-29 [73-Mar-31: 2B].
Caples, Georgie m. England, Frank F., Dr. on 73-May-20 [73-Jun-12: 2B].
Caples, John H. (61 yrs.) d. on 72-Apr-7 [72-Apr-9: 2B].
Capp, Alfred (30 yrs.) d. on 71-Jun-1 [71-Jun-8: 2B].
Capprise, Joseph d. on 72-Dec-28 [73-Jan-9: 2B].
Capprise, Joseph (84 yrs.) d. on 74-Apr-24 [74-Apr-25: 2B, 4D; 74-Apr-27: 2B; 74-Apr-28: 1H].
Capprise, Nancy (80 yrs.) d. on 74-Feb-27 [74-Feb-28: 2B; 74-Mar-2: 2B].
Carback, Elizabeth (79 yrs.) d. on 74-Jul-6 [74-Jul-7: 2B].
Carback, Richard Cromwell d. on 71-Jun-18 [71-Jun-19: 2B; 71-Jun-20: 2B].
Carberry, Martin J. (29 yrs.) d. on 72-Dec-1 [72-Dec-2: 2B].
Carberry, Mary (23 yrs.) d. on 75-Jul-23 [75-Jul-24: 2B; 75-Jul-26: 2B].
Carcaud, Bettie J. m. Drury, John H. on 71-Nov-14 [71-Nov-23: 2C].
Carcaud, M. Letitia, Miss m. Davis, J. Kelso on 73-Dec-11 [73-Dec-25: 2B].
Cards, James S. (45 yrs.) d. on 75-Jun-11 Drowned [75-Jun-12: 4C].
Cardwell, Any R. (3 mos.) d. on 71-Jun-22 [71-Jun-24: 2B].
Cardwell, Jackson (74 yrs.) d. on 72-Oct-20 [72-Oct-21: 2B; 72-Oct-22: 2B].
Cardwell, Jane d. on 71-Nov-9 [71-Nov-10: 2C].
Cardwell, Janey d. on 71-Jun-24 [71-Jun-29: 2C].
Cardwell, Nelson m. Robinson, Mary, Miss on 72-Jul-2 [72-Jul-9: 2C].
Cardwell, Sarah d. on 72-Mar-20 [72-Mar-21: 2B].
Care, David (22 yrs.) d. on 75-Jan-15 in Railroad accident [75-Jan-16: 4D].
Care, Jane (76 yrs.) d. on 75-Oct-16 [75-Oct-19: 2A].
Carey, Aloysius P. m. McGlannan, Annie C., Miss on 71-Nov-29 [71-Dec-2: 2B].
Carey, Bridget (35 yrs.) d. on 75-May-23 [75-May-24: 2A].
Carey, Daniel I. (24 yrs.) d. on 71-Dec-20 [72-Jan-15: 2C].
Carey, Emily Corine (9 yrs.) d. on 75-Jul-19 [75-Jul-20: 2B].
Carey, James (28 yrs.) d. on 72-May-25 Drowned [72-May-29: 1H].
Carey, Jennie M. m. Hoen, George H. on 74-Jan-19 [[74-Jan-24: 2B]; 74-Jan-26: 2B].
Carey, Joseph (1 yr., 3 mos.) d. on 71-Feb-2 [71-Feb-4: 2B].
Carey, Lucy (42 yrs.) d. on 74-Aug-4 [74-Aug-5: 2B].
Carey, Margaret A. (43 yrs.) d. on 75-Mar-7 [75-Mar-9: 2B].

Carey, Mary, Miss m. Leonard, James on 74-Apr-14 [74-May-25: 2B].
Carey, Mary Eleanor (20 yrs., 2 mos.) d. on 71-Dec-21 [71-Dec-23: 4C].
Carey, Mathew (73 yrs.) d. on 73-Feb-22 [73-Feb-24: 2A].
Carey, Patrick (60 yrs.) d. on 75-Jan-10 [75-Jan-11: 2B; 75-Jan-12: 2B].
Carey, Samuel (74 yrs.) d. on 75-May-27 of Suicide (Hanging) [75-May-28: 1G].
Carey, Thomas J. m. Murray, Clara M., Miss on 74-Mar-23 [74-Mar-28: 2B; 74-Mar-30: 2B].
Carey, William (78 yrs.) d. on 71-Apr-11 [71-Apr-12: 2B; 71-Apr-13: 2B].
Carl, John (55 yrs.) d. on 75-May-28 of Heart disease [75-May-29: 1H].
Carland, James (42 yrs.) d. on 72-Nov-21 [72-Dec-10: 2B].
Carlin, Annie P. m. Duering, Edward V. on 74-Nov-26 [75-Apr-3: 2B].
Carlin, James (45 yrs.) d. on 71-Oct-9 in Railroad accident [71-Oct-10: 4E].
Carlin, Margaret d. on 73-Feb-14 [73-Feb-15: 2B].
Carlisle, E. Lizzie m. Taylor, W. C., Dr. on 72-Aug-7 [72-Aug-8: 2B].
Carlisle, Hannah (73 yrs.) d. on 71-Dec-13 of Brain congestion [71-Dec-14: 4E; 71-Dec-15: 2B].
Carlisle, Harriet, Miss m. Wheeler, William T. on 73-Sep-4 [73-Sep-8: 2B].
Carlisle, Launcelot (1 yr., 1 mo.) d. on 74-Jun-27 [74-Jun-29: 2B].
Carlon, Mary Caroline (9 mos.) d. on 72-Jul-5 [72-Jul-6: 2A].
Carlow, Smith, Capt. m. Herring, Emma V. on 71-Dec-24 [72-Jan-9: 2C].
Carlton, Annie M. (32 yrs.) d. on 75-Feb-22 [75-Feb-23: 2B].
Carlton, Arthur (38 yrs.) d. on 71-Apr-14 [71-Apr-15: 2B].
Carlton, Lillie B. (4 mos.) d. on 72-Jun-28 [72-Jun-28: 2B].
Carlton, Mary Jane (30 yrs.) d. on 71-Nov-21 [71-Nov-23: 2C].
Carlton, Susan m. Ensor, Edward on 74-Apr-2 [74-May-25: 2B].
Carlton, William T. (1 yr., 11 mos.) d. on 71-Sep-27 [71-Sep-30: 2C].
Carmady, Sarah, Mrs. m. Seipp, Conrad on 74-Apr-2 [74-Apr-4: 2B].
Carman, Catherine (83 yrs.) d. on 74-Jan-27 [74-Feb-18: 2C].
Carman, John C. (1 yr., 4 mos.) d. on 72-Feb-5 [72-Feb-7: 2C].
Carman, Joseph (56 yrs.) d. on 71-Mar-11 [71-Mar-13: 2C].
Carman, Lucretia (75 yrs.) d. on 72-Feb-13 [72-Feb-15: 2C].
Carman, Obe (2 yrs., 10 mos.) d. on 73-Nov-23 [73-Nov-25: 2B].
Carman, Rebecca G. (70 yrs.) d. on 72-Nov-2 [72-Nov-4: 2B].
Carmichael, Henry (59 yrs.) d. on 72-Aug-25 [72-Aug-26: 2B].
Carmichael, John (79 yrs.) d. on 72-Jul-2 [72-Jul-3: 2B].
Carmichael, William (69 yrs.) d. on 73-Jan-6 [73-Jan-7: 2B; 73-Jan-10: 2B].
Carmine, Charles Garrett (4 yrs., 2 mos.) d. on 72-Apr-11 of Brain disease [72-Apr-13: 2A].
Carmine, Elizabeth (50 yrs.) d. on 71-May-10 [71-May-12: 2B].
Carneal, Annie W. (9 yrs.) d. on 73-Jul-28 [73-Jul-30: 2B].
Carnes, Thomas A. (19 yrs.) d. on 71-Aug-12 [71-Aug-14: 2C].
Carnes, William E. (81 yrs.) d. on 71-Apr-3 of Heart disease [71-Apr-5: 2B; 71-Apr-4: 4C; 71-Apr-5: 4D].
Carney, John, Rev. (25 yrs.) d. on 75-Dec-29 of Consumption [75-Dec-30: 1G].
Carney, John N. m. Daver, Susan, Miss on 74-Mar-31 [74-Apr-4: 2B].
Carns, Margaret E. (90 yrs.) d. on 71-Aug-31 [71-Sep-11: 2B].
Carolan, James (34 yrs.) d. on 71-Oct-9 [71-Oct-10: 2B].
Caroll, Kate d. on 71-Oct-4 [71-Oct-6: 2B].
Carpenter, Charles A. m. Wilson, Lizzie, Miss on 75-Jul-13 [75-Aug-6: 2B].
Carpenter, Charles S. d. on 72-Dec-13 of Suicide (Poison) [72-Dec-14: 1G; 72-Dec-16: 1G].
Carpenter, Eloise m. Wilson, George W., Jr. on 73-Dec-10 [73-Dec-12: 2B].
Carpenter, John C. m. Wilson, Eliza George on 71-Jun-26 [71-Jun-27: 2B].
Carpenter, Katie M. m. Bolenius, Robert M., Dr. on 75-Jun-17 [75-Jun-25: 2B].
Carpenter, Susan (83 yrs.) d. on 71-Jul-11 [71-Jul-14: 2C].
Carpenter, Thomas L. m. Bassford, Amelia, Miss on 74-Apr-22 [74-Apr-28: 2B].

Carr, Aneta Catherine (7 mos.) d. on 71-Jul-16 [71-Jul-17: 2B].
Carr, Ann (102 yrs.) d. on 72-Feb-9 [72-Feb-10: 2B].
Carr, Anna M. m. Shrote, George A. on 72-Feb-12 [72-Feb-15: 2C].
Carr, Eliza (72 yrs.) d. on 74-Apr-16 [74-Apr-17: 2B].
Carr, Elizabeth Williamson (1 mo.) d. on 72-Oct-15 [72-Oct-17: 2B].
Carr, Ellen, Miss m. Funk, Charles on 71-Dec-3 [71-Dec-11: 2B].
Carr, Fanny Deane (4 yrs.) d. on 74-Mar-27 [74-Mar-28: 2B].
Carr, Francis (47 yrs.) d. on 74-Mar-1 [74-Mar-2: 2B].
Carr, Georgemma d. on 73-Jul-23 [73-Aug-5: 2B].
Carr, Hanna (85 yrs.) d. on 72-Sep-27 [72-Sep-28: 2B].
Carr, Harry m. Shaw, Emma V. on 74-Feb-17 [74-Mar-24: 2B].
Carr, Ida V. m. Pruett, George W. on 73-Oct-3 [73-Dec-4: 2B].
Carr, J. Harry m. Dempsey, M. Therese on 74-Feb-10 [74-Feb-17: 2B].
Carr, James Steven (4 yrs., 8 mos.) d. on 75-Sep-15 [75-Sep-16: 2B].
Carr, Jesse (71 yrs.) d. on 73-Mar-10 [73-Mar-28: 2B].
Carr, Jessie Alfredda (7 yrs., 2 mos.) d. on 75-Aug-25 [75-Aug-26: 2B].
Carr, John (80 yrs.) d. on 74-Sep-5 [74-Sep-7: 2B].
Carr, John d. on 74-Sep-17 Scalded [74-Sep-19: 4B].
Carr, John m. Parker, M. J. on 70-Aug-2 [71-Mar-28: 2B].
Carr, M. Louisa (29 yrs., 4 mos.) d. on 73-Oct-10 [73-Oct-11: 2B].
Carr, Maggie, Miss m. Carr, Thomas on 71-Jul-12 [71-Jul-21: 2C].
Carr, Margaret (75 yrs.) d. on 75-May-5 [75-May-6: 2B].
Carr, Margaret Nicholas d. on 73-Jun-12 [73-Jun-23: 2A].
Carr, Marshall H. m. Kirk, Debbie B., Miss on 71-Jan-24 [71-Jan-25: 2C].
Carr, Mary A. (44 yrs.) d. on 73-Oct-24 [73-Oct-25: 2B].
Carr, Mary C., Miss m. Bentley, Benjamin A. on 72-Jan-9 [72-Jan-19: 2C].
Carr, Patrick (52 yrs.) d. on 73-Feb-6 [73-Feb-8: 2B].
Carr, Susan (105 yrs.) d. on 75-Mar-5 [75-Mar-9: 4B].
Carr, Thomas m. Carr, Maggie, Miss on 71-Jul-12 [71-Jul-21: 2C].
Carr, Willie D. m. Taylor, Annie E. on 75-Oct-28 [75-Nov-5: 2B].
Carr, Wilson (23 yrs.) d. on 75-Nov-28 in Gunning accident [75-Nov-30: 2B, 4D; 75-Dec-11: 2B].
Carre, Mary Alberta (1 yr.) d. on 74-Aug-6 [74-Aug-7: 2B].
Carrere, Esther d. on 71-Aug-5 [71-Aug-7: 2B].
Carrich, George W. (32 yrs.) d. on 72-May-20 [72-May-21: 2A].
Carrick, Benjamin T. m. Cooper, Sarah E. on 75-Jul-29 [75-Aug-20: 2B].
Carrick, Susan m. Ford, Achilles on 73-Nov-17 [73-Nov-22: 2B].
Carriday, Mary E. m. Matthews, James L. on 73-Jun-25 [73-Jun-28: 2B].
Carrigan, Bridget (22 yrs.) d. on 75-Aug-15 [75-Aug-16: 2B].
Carrigan, Laura V., Miss m. Collers, Charles A. on 73-Mar-4 [73-Mar-6: 2B].
Carrigan, Minnie E., Miss m. Hilditch, Alfred on 73-Feb-21 [73-Feb-22: 2B].
Carrigan, Philip (28 yrs.) d. on 75-Jun-29 [75-Jun-30: 2B].
Carroll, A. M. m. Farrow, Maggie A., Miss on 71-Feb-2 [71-Feb-3: 2C].
Carroll, Agnes Catherine (3 mos.) d. on 71-May-12 [71-May-15: 2B].
Carroll, Andrew S. (1 yr., 1 mo.) d. on 72-Jul-1 [72-Jul-2: 2B].
Carroll, Anita Phelps (34 yrs.) d. on 73-Mar-23 [73-Mar-25: 1H; 73-Mar-28: 2B; 73-Mar-29: 4B].
Carroll, Anna Augusta (1 yr., 6 mos.) d. on 72-Mar-26 [72-Mar-28: 2C].
Carroll, Annie d. on 73-Apr-22 [73-Apr-24: 2B].
Carroll, C. A. m. White, Sallie H. on 71-Jul-13 [71-Jul-14: 2B].
Carroll, Catharine (52 yrs.) d. on 72-Jan-31 [72-Feb-1: 2C; 72-Feb-2: 2C].
Carroll, Catherine Eloise (69 yrs.) d. on 74-May-1 [74-May-2: 2C].
Carroll, Drucilla, Miss m. Conklin, DeWitt Clinton on 75-Jan-26 [75-Jan-30: 2B].

Carroll, Elizabeth E. (51 yrs.) d. on 72-Feb-10 [72-Feb-12: 2C].
Carroll, Florence Nina (5 yrs., 3 mos.) d. on 71-Jan-29 [71-Jan-30: 2C; 71-Jan-31: 2C].
Carroll, Gough m. Schenck, Edwin on 71-Jan-12 [71-Jan-16: 2C].
Carroll, Harriet M. (24 yrs.) d. on 73-Apr-4 [73-Apr-7: 2B].
Carroll, Harriet M. (3 mos.) d. on 73-Jun-29 [73-Jun-30: 2B].
Carroll, Henry d. on 71-Dec-22 [71-Dec-23: 4C].
Carroll, James (82 yrs.) d. on 73-Jan-16 [73-Jan-18: 2C; 73-Jan-20: 1H].
Carroll, James (45 yrs.) d. on 74-Nov-14 Drowned [74-Nov-16: 4D].
Carroll, James (45 yrs.) d. on 75-Feb-23 [75-Feb-25: 2B].
Carroll, James William d. on 71-Nov-2 [71-Nov-3: 2B].
Carroll, Joanna (76 yrs.) d. on 75-Oct-30 [75-Nov-1: 2B].
Carroll, John Joseph (1 yr., 6 mos.) d. on 71-Dec-23 [71-Dec-25: 2C].
Carroll, John P. m. Fitzpatrick, Annie C., Miss on 72-Sep-18 [72-Sep-27: 2B].
Carroll, John W. m. King, Emma on 71-Feb-2 [71-Feb-4: 2B].
Carroll, Kate m. Lanahan, William on 73-Feb-25 [73-Feb-28: 2B].
Carroll, Louis F. P. m. Barnasco, Annie [71-Nov-18: 2A].
Carroll, Maggie (7 yrs.) d. on 73-Jun-30 [73-Jul-2: 2B].
Carroll, Martha (72 yrs.) d. of Pneumonia [72-Nov-12: 2B; 72-Nov-13: 2B].
Carroll, Mary (90 yrs.) d. on 72-Jul-3 [72-Jul-4: 2B].
Carroll, Mary (65 yrs.) d. on 73-May-2 of Drowning [73-May-3: 1G; 73-May-5: 2B].
Carroll, Mary (14 yrs., 7 mos.) d. on 75-Jul-11 [75-Jul-12: 2B].
Carroll, Mary m. Ryan, Malachi M. on 74-Aug-31 [74-Sep-14: 2B].
Carroll, Mary Anne m. Tracy, Dennis O'Brien on 71-May-11 [71-May-20: 2B].
Carroll, Mary L. (24 yrs., 10 mos.) d. of Consumption [71-Jan-18: 2B].
Carroll, May E., Miss m. Anderson, George W. on 74-Dec-16 [74-Dec-17: 2B].
Carroll, Robert Goodloe Harper m. Lee, Mary D. on 72-Jun-25 [72-Jun-29: 2B].
Carroll, S. John (1 yr., 1 mo.) d. on 71-Mar-9 of Diptheria [71-Mar-10: 2C].
Carroll, Samuel (71 yrs.) d. on 73-Oct-28 [73-Oct-30: 2B].
Carroll, Sarah E., Miss m. Jones, James C. on 72-Sep-25 [72-Sep-27: 2B].
Carroll, Teresa (26 yrs.) d. on 71-Nov-23 [71-Nov-24: 2C].
Carroll, Thomas (73 yrs.) d. on 72-Oct-25 [72-Oct-26: 2A].
Carroll, Thomas (30 yrs.) d. on 73-Aug-25 [73-Aug-27: 2B].
Carroll, Thomas W. (49 yrs.) d. on 74-Jun-27 [74-Jun-29: 2B].
Carroll, Tomazine L. d. on 71-Mar-27 [71-Mar-29: 2B].
Carroll, W. Coleman m. Brady, Mollie E. on 71-Jun-8 [71-Jun-10: 2A].
Carroll, William (61 yrs., 8 mos.) d. on 74-Oct-24 of Bowel congestion [74-Oct-28: 2B].
Carroll, William F. m. Lewis, Mary C., Miss on 75-Oct-14 [75-Nov-6: 2B].
Carroll, Willie d. on 73-Feb-18 [73-Feb-20: 2B].
Carrow, Laura Ridgely m. Gould, M. A. on 72-Nov-19 [72-Dec-3: 2C].
Carrow, Mollie L., Miss m. Harryman, Aquila A. on 75-Feb-17 [75-Feb-19: 2B].
Carruthers, Edward, Capt. (30 yrs.) d. on 71-Mar-30 of Contagious disease [71-Apr-21: 2C].
Carruthers, Isabella (82 yrs.) d. on 71-Aug-31 [71-Sep-2: 2B].
Carruthers, Richard m. Lowther, Mamie, Miss on 73-Oct-2 [73-Oct-7: 2B].
Carsey, John T. m. Bosley, Emma F., Miss on 74-Jan-29 [74-Mar-18: 2B].
Carson, Charles Graham (4 mos.) d. on 75-Jun-17 [75-Jun-18: 2B].
Carson, Corrilla (77 yrs.) d. on 72-Feb-5 [72-Mar-8: 2C; 72-Mar-9: 2B].
Carson, Enoch Warfield (7 mos.) d. on 72-Jul-17 [72-Jul-20: 2C].
Carson, Grace m. Reese, William R. on 73-Nov-13 [73-Nov-17: 2B].
Carson, J. K. m. Malone, G. B. on 73-Feb-6 [73-Feb-13: 2B].
Carson, James (65 yrs.) d. on 74-Mar-16 [74-Mar-17: 2B; 74-Mar-18: 2B].
Carson, John m. Stevens, Ella Billingslea on 75-Jun-3 [75-Jun-4: 2B].
Carson, John W. m. McClenahan, Mary E. on 75-Jun-7 [75-Jun-17: 2B].

Carson, Lizzie E. m. Neale, S. C. on 71-Nov-14 [71-Nov-17: 2C].
Carson, Martha, Miss m. Harvey, E. E. on 74-Mar-5 [74-Oct-29: 2B].
Carson, Martha A. (43 yrs.) d. on 71-Jan-26 [71-Jan-28: 2B].
Carson, Mary P., Mrs. m. Miller, William T. on 74-May-1 [74-May-4: 2B].
Carson, Mattie A. d. on 71-Jan-26 [71-Jan-27: 2C].
Carson, Sallie H. m. Naylor, J. F. on 72-Oct-17 [72-Oct-22: 2B].
Carson, Sallie T. m. Bayless, Albert J. on 75-Oct-27 [75-Nov-1: 2B].
Carson, Virginia E. (37 yrs.) d. on 73-May-27 [73-May-28: 2B; 73-May-29: 2B].
Carson, William McK. m. Martin, Manie G., Miss on 75-Apr-22 [75-May-18: 2A; 75-May-19: 2B].
Carswell, Henrietta A. d. on 74-Aug-6 [74-Aug-7: 2B; 74-Aug-8: 2B].
Carswell, L. Scott m. Crouch, C. Annie, Miss on 73-Jun-10 [73-Jun-20: 2B].
Carswell, L. Scott m. Buckley, C. Annie, Miss on 73-Jun-10 [73-Jun-12: 2B].
Carswell, Lizzie M., Miss m. Gault, J. Emory, Rev. on 73-Jun-10 [[73-Jun-12: 2B]; 73-Jun-20: 2B].
Carswell, Octavia (21 yrs.) d. on 71-Jan-6 [71-Jan-7: 2C].
Cart, Frederick (55 yrs.) d. on 71-Oct-30 [71-Oct-31: 2C].
Carter, Alma Blanche (5 mos.) d. on 72-Jan-20 [72-Jan-22: 2C; 72-Jul-6: 2B].
Carter, Amanda A. m. Owens, Oliver on 72-Apr-4 [72-May-4: 2A].
Carter, Ann Catherine (20 yrs.) d. on 73-Jun-21 [73-Jun-23: 2A].
Carter, Annie Laura (11 mos.) d. on 72-Jul-4 [72-Jul-6: 2B].
Carter, Armsted m. Jackson, Anna, Miss on 73-Jun-12 [73-Jun-17: 2B].
Carter, Arthur m. Long, Rosa E., Miss on 74-Nov-1 [74-Nov-26: 2B].
Carter, Catherine d. on 74-Feb-21 [74-Feb-23: 2B].
Carter, Charles Henry (69 yrs.) d. on 72-Jul-15 of Paralysis [72-Jul-16: 2B; 72-Jul-17: 1G].
Carter, Charles W. m. Cole, Lucinda on 74-Nov-10 [74-Nov-12: 2B].
Carter, Charles Wilson (5 yrs., 9 mos.) d. on 73-Apr-1 [73-Apr-2: 2B].
Carter, Edward Franklin (3 yrs., 1 mo.) d. on 72-May-6 [72-May-7: 2B].
Carter, Elijah (100 yrs.) d. on 75-Jul-27 [75-Jul-29: 4E].
Carter, Eliza (82 yrs.) d. on 75-Oct-3 [75-Oct-4: 2B; 75-Oct-5: 2B].
Carter, Elizabeth (55 yrs.) d. on 75-Feb-9 [75-Feb-11: 2B].
Carter, Ellenora, Miss m. Wood, John C. on 71-Oct-18 [71-Oct-20: 2B].
Carter, George (8 yrs.) d. on 75-Jul-29 of Gunshot wound [75-Jul-30: 4D].
Carter, George R. m. Emory, Virginia on 73-Feb-5 [73-Feb-11: 2B].
Carter, Harriet (72 yrs.) d. on 71-Oct-21 [71-Oct-23: 2B].
Carter, Helen Lilie m. Appold, William Henry on 74-Oct-29 [74-Nov-3: 2B].
Carter, Henry m. Eccleston, Willie, Miss on 72-Oct-24 [72-Oct-29: 2B].
Carter, Henry H. m. Gunton, Mary M. on 73-Oct-15 [73-Oct-20: 2B].
Carter, Horace (26 yrs.) d. on 72-Mar-22 of Construction cave-in [72-Mar-23: 4D].
Carter, Ida May, Miss m. Stone, Alfred I. on 73-Feb-26 [73-Mar-3: 2B].
Carter, Issac Thomas (10 mos.) d. on 74-Jun-13 of Whooping cough and pneumonia [74-Jun-15: 2B].
Carter, J. Llewellyn (2 yrs., 5 mos.) d. on 74-Oct-10 of Whooping cough [74-Oct-12: 1G, 2B].
Carter, Jane (76 yrs.) d. on 71-Nov-26 [71-Nov-27: 2C].
Carter, Jennie m. Irwin, John W. on 75-Sep-29 [75-Oct-1: 2B].
Carter, Jerome F. m. Sides, Catharine, Miss on 73-Jul-17 [73-Aug-2: 2B].
Carter, John (73 yrs.) d. [73-Apr-17: 2B].
Carter, John M. m. Kyrns, Jennie, Miss on 74-Apr-4 [74-Jun-4: 2B].
Carter, John P. (11 mos.) d. on 73-May-25 [73-May-26: 2B].
Carter, John P. m. Watkins, Maria L., Miss on 73-Apr-8 [73-Apr-16: 2B].
Carter, John W. (77 yrs.) d. on 75-Mar-26 [75-Mar-27: 2C, 4C; 75-Mar-29: 2B].
Carter, Laura C., Miss m. Webster, George on 71-Oct-22 [71-Oct-24: 2A].

Carter, Laura Grace m. Rigdon, Carey on 73-Mar-12 [73-Apr-30: 2B].
Carter, Lottie (3 yrs., 2 mos.) d. on 74-Jun-14 [74-Jun-15: 2B].
Carter, Marcia m. Swormstedt, J. S. on 72-Nov-14 [72-Nov-18: 2B].
Carter, Maria Emory (10 mos.) d. on 75-Jul-28 of Cholera infantum [75-Jul-29: 2B].
Carter, Martha H. (61 yrs.) d. on 74-Jul-27 [74-Jul-30: 2B].
Carter, Mary Axon d. on 74-Aug-26 [74-Aug-27: 2B; 74-Aug-29: 2A].
Carter, Mary E. (3 mos.) d. on 75-Feb-9 [75-Feb-10: 2B].
Carter, Mary Ellen (22 yrs.) d. on 74-Jan-2 of Consumption [74-Jan-3: 2B].
Carter, Mary Evelyn m. Hargadine, Robert W., Dr. on 72-Oct-30 [72-Nov-1: 2B].
Carter, Mildred Lee (3 yrs., 1 mo.) d. on 71-Jul-18 [71-Jul-19: 2B].
Carter, Narcissa V., Miss m. Heird, Andrew J. on 71-Jun-6 [71-Jun-22: 2B].
Carter, Olevia (28 yrs.) d. on 75-Apr-12 [75-Apr-13: 2B].
Carter, Robert Lee (9 yrs., 1 mo.) d. on 73-Dec-19 [73-Dec-20: 2B].
Carter, Sarah E. (29 yrs.) d. on 72-Jan-12 [72-Jan-13: 2A].
Carter, Thomas B. m. Campbell, Mame M. on 71-Jan-19 [71-Jan-20: 2C].
Carter, Thomas G. m. Forrester, Fannie L., Miss on 74-Oct-27 [74-Oct-31: 2B].
Carter, Thomas H. m. Meekins, Susie, Miss on 75-Jan-5 [75-Jan-14: 2B].
Carter, Virginia, Miss m. Regester, Robert A. on 72-Oct-24 [72-Oct-29: 2B].
Carter, Virginia E. m. Fisher, Herman E. on 71-Apr-26 [71-May-3: 2B].
Carter, Walter (1 yr., 11 mos.) d. on 73-Jul-14 [73-Jul-18: 2B].
Carter, Walter Howard (2 mos.) d. on 75-Jun-22 of Cholera infantum [75-Jun-23: 2B].
Carter, William S. (44 yrs.) d. on 75-Apr-13 [75-Apr-14: 2B].
Cartey, William H. (61 yrs.) d. on 71-Nov-14 [71-Nov-16: 2C].
Cartlich, George S. (2 yrs., 7 mos.) d. on 71-Oct-10 [71-Oct-12: 2B].
Carusi, Isolina Eudora m. Howard, Robertson, Dr. on 75-Jun-8 [75-Jun-9: 2A].
Carver, Frank T. m. Fairchild, Virginia, Miss on 75-May-19 [75-May-27: 2B].
Cary, Monima Fairfax d. on 75-Oct-19 [75-Oct-23: 2B].
Case, Francis H. m. Dorsky, Rachel A., Miss on 73-Nov-1 [73-Nov-4: 2B].
Case, James Henry m. Talton, Hester, Miss on 72-Nov-5 [72-Nov-7: 2B].
Case, Thomas J. (32 yrs.) d. on 73-Apr-1 [73-Apr-4: 2B].
Casey, Charles Clark (9 mos.) d. on 73-Jun-21 [73-Jun-23: 2A].
Casey, James d. on 74-Feb-27 [74-Feb-28: 2B].
Casey, James F. m. Clark, Levina on 71-Dec-21 [72-Jan-9: 2C].
Casey, John (88 yrs.) d. on 74-Aug-6 [74-Aug-7: 2B].
Casey, John H. m. Heaphy, Joannah M., Miss on 73-Aug-26 [73-Dec-5: 2B].
Casey, Margaret Ann (36 yrs.) d. on 73-May-20 [73-May-21: 2B; 73-May-22: 2B].
Casey, Mary A., Miss m. Chandler, John K. on 73-Apr-22 [73-Apr-28: 2B].
Casey, Mary Ellen (4 yrs., 10 mos.) d. on 72-Nov-2 [72-Nov-4: 2B].
Casey, Mary Kate (22 yrs.) d. on 72-Jul-5 [72-Jul-6: 2B].
Casey, Thomas (3 yrs., 4 mos.) d. on 72-Jul-1 [72-Jul-2: 2B].
Casey, Thomas J. m. Daiger, Susan M. on 75-Jul-8 [75-Jul-13: 2B].
Casey, William Emory d. on 72-Jul-3 [72-Jul-6: 2B].
Cash, Ellen T. (28 yrs.) d. on 74-Jun-24 [74-Jun-25: 2B].
Cashell, William L. m. Groomes, Ellen R., Miss on 72-Apr-25 [72-May-3: 2B].
Cashman, Bridget (82 yrs.) d. on 75-May-21 [75-May-22: 2B].
Cashmyer, Catharine Agnes (3 mos.) d. on 71-Jun-1 [71-Jun-2: 2B].
Cashmyer, Elizabeth Clara (4 yrs., 9 mos.) d. on 72-Mar-3 [72-Mar-4: 2B; 72-Mar-5: 2B].
Cashmyer, Francis Aloysius A. (2 yrs., 8 mos.) d. on 72-Mar-22 [72-Mar-23: 2B].
Cashmyer, Mary Elizabeth Rosin (8 yrs., 3 mos.) d. on 75-Mar-7 [75-Mar-8: 2B; 75-Mar-9: 2B].
Cashmyer, Peter (84 yrs.) d. on 73-Jul-16 [73-Jul-17: 2B; 73-Jul-18: 1G, 2B; 73-Jul-19: 1H].
Caskey, Joseph m. Mewshaw, Charlotte, Miss on 75-Jan-26 [75-Jan-28: 2B].
Caskey, Mary, Miss m. Lewis, John Edward on 74-Oct-27 [74-Nov-3: 2B].

Casky, Joseph S. m. Doyle, Lizzie S., Miss on 71-Sep-26 [71-Sep-29: 2B].
Caspar, Adam m. Chester, Mary, Miss on 74-Oct-28 [74-Oct-30: 2B].
Caspari, Charles (14 yrs.) d. on 74-Jan-16 in Streetcar accident [74-Jan-17: 4D].
Caspari, Charles m. Heinichen, Leslie V., Miss on 74-Jun-4 [74-Jun-6: 2B].
Caspari, Frederick H. m. Dieckmann, Ottilie, Miss on 75-Jul-5 [75-Jul-9: 2B].
Caspari, Harriet Eveline (14 yrs.) d. on 72-Nov-17 [72-Dec-4: 2B].
Caspari, John C. m. Cassell, Sallie C., Miss on 74-Dec-1 [74-Dec-3: 2B].
Casparis, A. L. m. Cassell, Susie R., Miss on 71-Apr-27 [71-May-3: 2B].
Casper, Frederick F. m. Dieckmann, Annie M. on 72-Apr-4 [72-Apr-10: 2B].
Cassady, Ann H. (69 yrs.) d. on 74-Aug-18 [74-Aug-20: 2B].
Cassady, Francis S., Rev. (46 yrs.) d. on 72-Nov-22 [72-Nov-23: 1H, 2A; 72-Nov-25: 1G, 2B].
Cassady, James d. on 73-May-19 of Pneumonia [73-May-23: 2B].
Cassard, George Carlton (33 yrs.) d. on 75-Oct-15 [75-Oct-16: 2B; 75-Oct-18: 4B].
Cassard, Hattie m. Creighton, Miller R. on 75-Nov-11 [75-Nov-16: 2B].
Cassard, Ida E. m. White, William A. on 72-Jan-10 [72-Jan-11: 2B].
Cassard, Josephine m. West, Edward R. on 73-Dec-2 [73-Dec-8: 2B].
Cassard, Lillie B. m. Miller, William R. on 71-Nov-2 [71-Nov-13: 2B].
Cassell, Daniel L. (35 yrs.) d. on 73-Aug-26 [73-Aug-28: 2B].
Cassell, Edward Kank (1 yr., 1 mo.) d. on 75-Oct-22 [75-Oct-23: 2A].
Cassell, Jacob H. m. Anderson, Josephine D. on 74-Jul-4 [74-Jul-25: 2B].
Cassell, Sallie C., Miss m. Caspari, John C. on 74-Dec-1 [74-Dec-3: 2B].
Cassell, Susie R., Miss m. Casparis, A. L. on 71-Apr-27 [71-May-3: 2B].
Cassels, Annie Pinkney d. on 71-Jun-14 of Brain inflammation [71-Jun-20: 2B].
Cassidy, Adda m. Radcliffe, Samuel on 72-Oct-20 [72-Oct-22: 2B].
Cassiday, Catherine (80 yrs.) d. on 71-Jan-22 [71-Jan-23: 2C].
Cassidy, Ann H. (69 yrs.) d. on 74-Aug-18 [74-Aug-19: 2B].
Cassidy, Annie E., Miss m. Kennedy, Samuel A. on 72-Jan-9 [72-Jan-24: 2C].
Cassidy, Annie T. m. Flanagan, James on 72-Feb-1 [72-Feb-9: 2C].
Cassidy, Catherine (59 yrs.) d. on 72-Mar-22 [72-Mar-23: 2B; 72-Mar-25: 2B].
Cassidy, Ellen (3 yrs.) d. on 71-Nov-2 [71-Nov-3: 2B].
Cassidy, Francis, Capt. (32 yrs.) d. on 72-Aug-21 of Heart disease [72-Aug-22: 1H, 2B; 72-Aug-23: 2B].
Cassidy, J. S., Dr. m. Guyton, Eliza A., Miss on 73-Feb-11 [73-Feb-13: 2B].
Cassidy, James (2 yrs., 7 mos.) d. on 72-May-3 [72-May-4: 2A].
Cassidy, James Henry (4 mos.) d. on 73-Jun-29 [73-Jul-1: 2B].
Cassidy, Jane (65 yrs.) d. on 75-Mar-9 [75-Mar-10: 2C; 75-Mar-11: 2C; 75-Mar-12: 2B].
Cassidy, John m. Somers, Laura, Mrs. on 75-May-6 [75-May-8: 2B].
Cassidy, Julia R. m. McCann, James J. on 71-Jun-26 [71-Jul-15: 2B].
Cassidy, Kate m. Codorie, John A. on 71-Jun-19 [71-Jun-27: 2B].
Cassidy, Kate, Miss m. Jackson, Christopher T. on 71-Nov-7 [71-Nov-13: 2B].
Cassidy, Kate J. m. Cole, W. H. on 73-Nov-11 [73-Nov-12: 2B].
Cassidy, Laura m. Bollman, T. W. on 74-Nov-26 [74-Nov-30: 2B].
Cassidy, Luke m. Rosensteel, Philomena on 75-May-19 [75-May-25: 2A].
Cassidy, Luke Basil (16 yrs.) d. on 75-Aug-29 [75-Aug-30: 2B; 75-Aug-31: 2B].
Cassidy, Maggie, Miss m. Line, Daniel on 73-Oct-19 [74-Jan-12: 2B].
Cassidy, Mary Anne (23 yrs.) d. on 71-May-31 [71-Jun-1: 2B; 71-Jun-2: 2B].
Cassidy, Mary C. m. Chesnut, John on 73-Jun-16 [73-Jun-21: 2A].
Cassidy, Mary E. d. on 73-Feb-16 [73-Feb-18: 2B].
Cassidy, Michael (65 yrs.) d. on 75-Jun-14 of Paralysis [75-Jun-15: 4D].
Cassidy, Patrick d. on 73-Mar-6 [73-Mar-7: 2C; 73-Mar-8: 2B].
Cassidy, Patrick (75 yrs.) d. on 75-Feb-26 of Fall [75-Feb-27: 2B, 4B; 75-Mar-1: 2B].
Cassidy, Robert V. m. Bitter, Mollie, Miss on 74-Jun-4 [74-Jun-18: 2B].

Cassidy, Sarah, Mrs. m. Thomas, John on 75-May-10 [75-May-19: 2B].
Cassidy, Thomas (42 yrs.) d. on 71-Nov-18 [71-Nov-22: 2C].
Cassilly, Thomas A. m. Dietrich, Delia on 75-Oct-6 [75-Oct-16: 2A].
Cassin, John H. m. Thompson, Helen on 72-Apr-30 [72-May-1: 2B].
Castine, George Emanuel d. on 72-May-6 [72-May-8: 2B].
Castor, James Walter (45 yrs.) d. on 72-Nov-29 in Railroad accident [72-Nov-30: 1H; 72-Dec-2: 1G].
Cate, Florence B., Miss m. Gilmour, J. Madison on 74-Aug-12 [74-Aug-18: 2B].
Catez, John B. (68 yrs.) d. on 71-Apr-26 of Heart disease [71-Apr-27: 2C].
Cathcart, A. Roszel m. Abrahams, M. Lucy, Miss on 72-Nov-7 [72-Nov-9: 2A].
Cathcart, Edgar S. m. Kimberly, Jessie, Miss on 75-Feb-8 [75-Feb-13: 2C].
Cathcart, Martha A. (55 yrs.) d. on 73-Jul-18 [73-Jul-21: 2B; 73-Jul-22: 2B].
Cathcart, Theodore C. (26 yrs.) d. on 74-Oct-23 [74-Oct-24: 2B].
Cathcart, Theodore C. m. Hopkins, Nannie G. on 71-Oct-12 [71-Oct-16: 2B].
Cathell, James m. Mason, Carrie C., Mrs. on 73-Apr-29 [73-May-1: 2B].
Cathell, Jane (63 yrs.) d. on 73-Oct-15 [73-Oct-18: 2B].
Cather, Robbie (1 yr., 9 mos.) d. on 71-Aug-18 [71-Aug-19: 2A].
Cather, William (60 yrs.) d. [71-Nov-4: 2B].
Catlett, E. P., Miss m. Burton, R. C. on 71-Nov-29 [71-Dec-5: 2C].
Catlett, Esther Ann (69 yrs.) d. on 72-Jun-14 [72-Jun-17: 2B].
Catlett, T. B. m. Waring, Nannie on 75-Jul-1 [75-Jul-3: 2A].
Catlin, Charles M. (40 yrs.) d. on 71-Jul-10 [71-Jul-19: 2B].
Caton, Maggie (18 yrs.) d. on 75-Jun-22 Burned [75-Jun-23: 1H, 2B].
Cator, Benjamin F. (48 yrs.) d. on 72-Jan-5 [72-Jan-6: 2B, 4D].
Cator, Leven R., Capt. (56 yrs.) d. on 72-Nov-10 [72-Nov-11: 2B; 72-Nov-12: 2B; 72-Nov-13: 1F; 72-Nov-12: 4F].
Cator, M. Adele m. Corner, Sol., Jr. on 72-Nov-13 [72-Nov-16: 2A].
Catrup, Samuel H. (63 yrs.) d. on 72-Jul-14 [72-Jul-16: 2B].
Cattell, Maria (95 yrs.) d. on 74-Mar-24 [74-Mar-26: 2B].
Catterton, Annie E. (40 yrs.) d. on 71-Sep-19 [71-Sep-21: 2C].
Catterton, James m. Dalby, Jennie, Miss on 74-Jun-15 [74-Jun-17: 2B].
Caufield, John (56 yrs.) d. on 73-Sep-18 [73-Sep-19: 2B; 73-Sep-20: 2B].
Caughey, Katie m. Zell, Harry S. on 73-Oct-14 [[[73-Oct-20: 2B]; 73-Oct-21: 2B]; 73-Oct-22: 2B].
Caughy, John (57 yrs.) d. on 73-Dec-28 [73-Dec-29: 2C].
Caughy, Lizzie D. d. on 74-Oct-12 [74-Oct-13: 2B; 74-Oct-14: 2C].
Cauley, Patrick (53 yrs.) d. on 72-Nov-18 [72-Nov-19: 2B].
Cauley, Sarah (65 yrs.) d. on 75-Jul-30 [75-Jul-31: 2B].
Caulfield, Catherine d. on 71-Jun-10 [71-Jun-12: 2B].
Caulfield, Margaret d. on 75-Oct-23 [75-Oct-25: 2A].
Caulk, Fannie A. m. Nichols, I. H. S. on 74-Sep-30 [74-Oct-6: 2B].
Caulk, Howard McRae (3 mos.) d. on 72-Oct-11 [72-Oct-14: 2B].
Caulk, Ida C. (19 yrs.) d. on 75-Dec-25 [75-Dec-27: 2B].
Caulk, William, Col. d. on 73-Dec-31 [74-Jan-1: 2C].
Causey, Charles E. m. Johnson, Ida Dell on 72-Jun-6 [72-Jun-13: 2B].
Causey, Ida D. (25 yrs.) d. on 74-Sep-17 [74-Sep-18: 2B; 74-Sep-19: 2B].
Causey, Lewis C. m. Kent, Emma V. on 73-Jun-11 [73-Jun-21: 2A].
Causey, Virgie (10 mos.) d. on 75-Feb-19 [75-Feb-20: 2B].
Causey, William m. Johnston, Susie, Miss on 72-May-20 [72-Jun-10: 2B].
Causmelle, John (52 yrs.) d. on 73-Mar-18 [73-Mar-20: 2B].
Causten, James H. (87 yrs.) d. on 74-Oct-28 [74-Oct-30: 2B].
Cavana, H. Sims m. Taylor, Alice, Miss [73-Jan-6: 2B].

Cavanaugh, E. J. m. Hogan, M. H. on 74-Jul-8 [74-Aug-10: 2B].
Cavanaugh, Martin (40 yrs.) d. on 74-Dec-6 [74-Dec-7: 2B; 74-Dec-8: 2B].
Cavanaugh, Patrick (30 yrs.) d. on 71-Aug-21 [71-Aug-22: 2B].
Cavaney, John (50 yrs.) d. on 71-Apr-14 [71-Apr-15: 2B].
Cavano, Henrietta D., Miss m. Thomas, Charles C. on 75-Jul-4 [75-Sep-8: 2B].
Cavano, Lizzie m. Eberhart, John G. on 73-Dec-30 [74-Jan-10: 2B].
Cave, Jane (76 yrs.) d. on 75-Oct-16 [75-Oct-18: 2A].
Cave, John W. m. Talley, S. Ella, Miss on 72-Jun-12 [72-Jun-15: 2A].
Cavenagh, Harry Martin (1 yr., 6 mos.) d. on 74-Jul-11 [74-Jul-13: 2B].
Caveny, Bridget (37 yrs.) d. on 73-Apr-11 of Suicide (Poison) [73-Apr-12: 1G].
Cavey, Sarah (81 yrs.) d. on 73-Apr-23 [73-Apr-24: 2B].
Caye, Emile m. Beauchamp, Sallie, Miss on 72-Oct-15 [72-Oct-30: 2B].
Cayton, William (33 yrs., 8 mos.) d. on 71-Sep-18 [71-Sep-20: 2B].
Cecil, [male] d. on 73-Feb-16 [73-Feb-19: 2B].
Cecil, Lee m. Owens, Helen S., Miss on 75-Dec-2 [75-Dec-18: 2A].
Cecil, Rebecca (66 yrs.) d. on 75-Apr-5 of Paralysis [75-Apr-6: 2B].
Cesati, , Mrs. m. Severe, John F. on 71-Apr-18 [71-Apr-25: 2B].
Chaderton, Mary E. d. on 72-May-14 [72-May-15: 2B].
Chadwick, John E. m. Hoffman, Mollie F., Miss on 72-Apr-16 [72-Apr-24: 2B].
Chaffinch, Catharine (72 yrs.) d. on 73-Jun-30 [73-Jul-1: 2B].
Chaillou, Margaret (25 yrs., 1 mo.) d. on 75-May-8 [75-May-10: 2B].
Chaillow, Annie Barbara (3 mos.) d. on 72-Sep-29 [72-Sep-30: 2B].
Chairs, Rhodie (72 yrs.) d. on 75-Nov-24 [75-Nov-25: 2B; 75-Nov-26: 2B].
Chalfant, Mazie E., Miss m. Eastlack, Thomas S. on 74-Oct-8 [74-Oct-10: 2B].
Chalfant, Willie (1 yr., 3 mos.) d. on 72-Jul-5 [72-Jul-9: 2D].
Chalk, Alice E. m. Watson, Frank C. on 71-Aug-31 [71-Sep-7: 2B].
Chalk, Alice E., Miss m. Lovering, Harry I. on 75-Sep-1 [75-Sep-20: 2B].
Chalk, Cora Hestel (2 yrs., 7 mos.) d. of Scarlet fever [71-Mar-28: 2B].
Chalk, Elias (71 yrs.) d. on 73-Mar-11 [73-Mar-13: 2B].
Chalk, Ellen R., Miss m. Russell, George W. on 74-Jul-23 [74-Aug-14: 2B].
Chalk, George R. m. Crosby, Sarah E., Miss on 71-Jan-18 [71-Feb-23: 2C].
Chalk, George W. (38 yrs.) d. on 72-Jul-16 [72-Jul-22: 2B].
Chalk, Harriet Lizzie m. Cockey, Thomas B. on 75-Apr-1 [75-Apr-9: 2B].
Chalk, Henry M. (8 mos.) d. on 72-Jul-19 [72-Jul-22: 2B].
Chalk, John Franklin d. on 74-Jul-7 [74-Jul-9: 2B].
Chalk, John J. m. Cockey, Junie S. on 75-Apr-22 [75-Apr-27: 2B].
Chalk, Laura E. (8 mos.) d. on 72-Jul-21 [72-Jul-23: 2C].
Chalk, Laura May (5 yrs.) d. on 71-Apr-7 of Scarlet fever [71-Apr-8: 2B].
Chalk, R. F. m. Bell, Eliza E., Miss on 72-Dec-18 [72-Dec-24: 2B].
Chalk, William A. m. Baker, Almira C. on 74-May-12 [74-Jun-13: 2B].
Chalmers, Philemon S., Jr. m. Tappan, Mary Underwood, Miss on 71-Jan-26 [71-Feb-21: 2C].
Chamberlain, Edward (47 yrs.) d. on 73-Aug-31 of Heatstroke [73-Sep-2: 2B; 73-Sep-3: 1H].
Chamberlain, Edward m. High, Rebecca, Miss on 71-May-25 [71-Sep-4: 2B].
Chamberlain, Elizabeth m. Dasch, John N. on 73-May-29 [73-Jun-6: 2B].
Chamberlain, George W. m. Becker, Annie E., Miss on 74-Sep-22 [74-Oct-13: 2B].
Chamberlain, John B. d. [75-Aug-14: 4D].
Chamberlain, Louisa (90 yrs.) d. on 72-Apr-9 [72-Apr-16: 2B].
Chamberlain, Sarah A. Canoles (30 yrs.) d. on 74-Aug-18 [74-Aug-20: 2B].
Chamberlaine, James Lloyd, Jr. (16 yrs.) d. on 71-Feb-14 [71-Feb-17: 2C].
Chamberlaine, Rebecca Loney m. Fabens, Benjamin H. on 75-Dec-9 [75-Dec-14: 2B].
Chamberlin, Eliza J. (83 yrs.) d. on 75-Apr-9 [75-Apr-10: 2B].
Chamberlin, Samuel A. m. Johnson, Emma S., Miss on 74-May-13 [74-May-14: 2B].

Chambers, Anne Maria (59 yrs.) d. on 72-Aug-6 [72-Aug-8: 2B].
Chambers, Charles C. m. Feuerstein, Mary E., Miss on 75-Apr-25 [75-May-5: 2B].
Chambers, Cordelia m. Greenstreet, James L. on 75-Sep-21 [75-Sep-25: 2B].
Chambers, Edward R. (78 yrs.) d. on 72-Mar-20 [72-Mar-25: 2B].
Chambers, Eliza Ann (69 yrs.) d. on 75-Jan-22 [75-Jan-23: 2B].
Chambers, Elizabeth (64 yrs.) d. on 71-Apr-6 [71-Apr-7: 2B].
Chambers, Elizabeth d. on 75-Feb-11 [75-Feb-13: 2C].
Chambers, Ella V. m. Wilson, John T. on 72-Aug-8 [72-Sep-12: 2B].
Chambers, Francis A. (54 yrs.) d. on 72-Oct-19 of Lung congestion [72-Oct-21: 1G].
Chambers, George McDonald (33 yrs.) d. on 72-Nov-16 [72-Nov-18: 2B].
Chambers, George W. m. Brunett, Margaret on 73-Mar-11 [73-Mar-13: 2B].
Chambers, H. Harvey (26 yrs.) d. on 72-May-2 of Typhoid [72-May-30: 2B].
Chambers, Ida Charlotta (1 yr., 6 mos.) d. on 71-Dec-21 [71-Dec-23: 4C].
Chambers, James (66 yrs.) d. on 72-May-11 [72-May-13: 2B].
Chambers, Jane d. on 73-Dec-19 [73-Dec-23: 2B].
Chambers, John, Rev. (78 yrs.) d. on 75-Sep-22 [75-Sep-25: 2B].
Chambers, Katie V. m. Hughes, James L. on 73-Aug-28 [73-Sep-23: 2B].
Chambers, Margaret Marie d. on 74-Jun-28 [74-Jun-29: 2B; 74-Jun-30: 2B].
Chambers, Martha, Miss m. Ward, Marshall H. on 71-Mar-16 [71-Mar-21: 2B].
Chambers, Mary E. (21 yrs.) d. on 75-Nov-29 of Hemorrhage [75-Dec-2: 2B].
Chambers, Thomas W. L. (43 yrs.) d. on 73-Feb-26 [73-Feb-28: 2B].
Chambly, David Wellington m. Barnes, Leona V., Miss on 75-Jun-6 [75-Jun-14: 2B].
Champayne, Ellen Maria d. on 73-Feb-24 [73-Feb-25: 2B].
Champayne, Naamah (70 yrs.) d. on 72-Jul-29 [72-Jul-30: 2B; 72-Jul-31: 2B].
Champayne, William R. (75 yrs.) d. on 72-May-22 [72-May-23: 2B; 72-May-24: 2B; 72-May-25: 2B].
Champlain, Mary R. d. on 74-Apr-6 [74-Apr-7: 2A].
Champness, William Roy (1 yr.) d. on 74-Mar-10 [74-Mar-11: 2B].
Champney, Victoria Elizabeth (34 yrs., 4 mos.) d. on 75-Apr-22 [75-Apr-23: 2B].
Chance, Mollie A. (16 yrs.) d. on 73-Apr-16 [73-Apr-17: 2B; 73-Apr-18: 2B; 73-Apr-30: 2B].
Chance, Theodore P. m. Hannigan, Laura on 73-Mar-1 [73-Mar-29: 2B].
Chandler, Adda B. (10 mos.) d. on 75-Feb-1 [75-Feb-2: 2B].
Chandler, Arena (71 yrs.) d. on 74-Nov-29 [74-Dec-1: 2B].
Chandler, Benjamin P. d. on 74-Sep-12 of Yellow fever [74-Sep-29: 2B].
Chandler, C. N., Rev. m. Lee, Mary M., Miss on 74-Apr-15 [74-Apr-16: 2B].
Chandler, Elizabeth D. (52 yrs.) d. on 72-Mar-7 [72-Mar-8: 2C].
Chandler, Elvira S. d. on 75-Nov-21 [75-Nov-22: 2A].
Chandler, James (32 yrs.) d. on 75-Jan-25 [75-Jan-27: 2B].
Chandler, Jennie d. on 74-Sep-12 of Yellow fever [74-Sep-29: 1G, 2B].
Chandler, John K. m. Casey, Mary A., Miss on 73-Apr-22 [73-Apr-28: 2B].
Chandler, Mary (62 yrs.) d. on 74-Sep-13 [74-Sep-16: 2B].
Chandler, Mary (1 yr., 4 mos.) d. on 75-Aug-9 [75-Aug-10: 2B].
Chandler, Mary Ann (23 yrs., 3 mos.) d. on 74-Dec-20 [74-Dec-21: 2A; 74-Dec-22: 2B; 74-Dec-23: 2B].
Chandler, P. T. m. Hayes, Amelia, Miss on 71-Aug-9 [71-Sep-2: 2B].
Chandley, Susan (48 yrs.) d. on 74-Aug-18 [74-Aug-22: 2B].
Chane, Mamie, Miss m. Kent, E. on 72-Jul-3 [72-Jul-16: 2B].
Chaneay, Ida M. (4 mos.) d. on 71-Jun-11 [71-Jun-12: 2B].
Chaneay, William m. Bishop, Mary on 72-Jan-17 [72-Jan-19: 2C].
Chaney, Annie M. (26 yrs.) d. on 73-Feb-24 [73-Mar-5: 2C].
Chaney, Annie S. (84 yrs.) d. on 74-Nov-15 [74-Nov-17: 2C].
Chaney, Charles B. m. Boice, Mary E. on 73-Nov-13 [73-Nov-21: 2B].

Chaney, Charles W. m. Simonson, Ida H., Miss on 71-Dec-20 [72-Jan-8: 2C].
Chaney, Daniel E. m. Keys, Louisa, Mrs. on 73-Jan-30 [73-Feb-1: 2B].
Chaney, Emma, Miss m. Chaney, T. M., Dr. on 73-Nov-19 [73-Nov-21: 2B].
Chaney, F. P. m. Beall, Julia M., Miss on 74-Jul-15 [74-Jul-22: 2B].
Chaney, George Lee (1 yr., 6 mos.) d. on 72-Jul-30 [72-Jul-31: 2B].
Chaney, Henry C. m. Poler, Leona M. on 75-Jan-27 [75-Feb-13: 2C].
Chaney, Jane (58 yrs.) d. on 71-Aug-11 [71-Aug-12: 2C].
Chaney, Lizzie M. m. Jones, Philip H. on 74-Nov-26 [74-Nov-30: 2B].
Chaney, Maggie Virginia (5 yrs., 4 mos.) d. on 72-Sep-5 [72-Sep-6: 2B].
Chaney, Mary B. m. Parrish, William T. on 74-Oct-8 [74-Oct-19: 2B].
Chaney, Narcissa Koontz (4 yrs.) d. on 72-Sep-7 [72-Sep-9: 2B].
Chaney, Paul Lee (7 mos.) d. on 72-May-15 [72-May-21: 2B].
Chaney, Sallie E., Miss m. Wilson, James P., Rev. on 71-Nov-23 [71-Nov-28: 2B].
Chaney, T. M., Dr. m. Chaney, Emma, Miss on 73-Nov-19 [73-Nov-21: 2B].
Chaney, Thomas (44 yrs.) d. on 75-Apr-1 of Pneumonia [75-Apr-2: 2B; 75-Apr-3: 2B].
Chaney, Willie D. (16 yrs., 10 mos.) d. on 72-Jul-26 [72-Jul-30: 2B].
Channell, Claud Fulton (8 mos.) d. on 74-Nov-11 [74-Nov-13: 2B].
Channell, Sallie E., Miss m. Alloways, James on 73-Jan-26 [73-Mar-8: 2B].
Channell, William F. m. Godfrey, Alice J. on 73-Oct-16 [73-Oct-28: 2B].
Chapin, Charles Herman d. on 72-Jul-2 [72-Jul-8: 2C].
Chapin, Charles P. m. Snyder, Mary C., Miss on 71-Nov-9 [71-Nov-16: 2B].
Chapin, Mary C. (21 yrs.) d. on 72-Jul-4 [72-Jul-8: 2C].
Chapman, Allen A. (1 yr., 6 mos.) d. on 71-Apr-4 [71-Apr-5: 2B].
Chapman, Caroline (2 yrs., 7 mos.) d. on 72-Oct-29 [72-Oct-30: 2B].
Chapman, Elizabeth d. on 75-Dec-8 [75-Dec-20: 2B].
Chapman, Harry Gilmour (1 yr., 10 mos.) d. on 74-May-28 [74-May-30: 2B].
Chapman, Helen R. (34 yrs.) d. on 74-Jun-3 [74-Jun-4: 2B].
Chapman, J. George m. Little, Selina S. on 73-Apr-23 [73-May-6: 2A].
Chapman, James m. Smith, Mary, Miss on 73-Oct-14 [73-Oct-16: 2B].
Chapman, James C. (34 yrs.) d. on 73-Dec-13 [73-Dec-16: 2B].
Chapman, John S., Dr. (46 yrs.) d. on 71-Jul-15 [71-Jul-20: 2B, 4C].
Chapman, Joseph P. m. Lowry, Fannie I., Miss on 72-Nov-19 [72-Nov-21: 2B].
Chapman, Lucretia (86 yrs.) d. on 73-Dec-7 [73-Dec-9: 2B].
Chapman, Maggie (4 mos.) d. on 72-Aug-13 [72-Aug-16: 2B].
Chapman, Thomas H. (38 yrs.) d. on 71-Jun-15 [71-Jul-6: 2B].
Chapman, William J. m. Bayly, Sallie E. on 75-Nov-16 [75-Nov-23: 2A].
Chapman, William Samuel m. McMillan, Anna F., Miss on 72-Jul-4 [72-Jul-18: 2B].
Chappell, G. Douglass (42 yrs.) d. on 72-Jun-21 [72-Jun-29: 2B].
Chappell, Philip S. (45 yrs.) d. on 75-May-21 of Bright's disease [75-May-22: 2B, 4B; 75-May-24: 1H].
Chappell, Pliny Garden (8 mos.) d. on 74-Jul-6 [74-Jul-7: 2B].
Chappell, Rebecca M. (37 yrs.) d. on 73-Mar-18 [73-Mar-21: 2B].
Chappell, Sally A. d. on 73-Sep-28 [73-Sep-29: 2B].
Chappelle, F. C. m. Daily, Josephine on 71-Jun-6 [71-Jun-16: 2B].
Chard, Rhoda E., Miss m. Lawton, George R. on 73-Jan-21 [73-Feb-4: 2B].
Chark, Lotta, Miss m. O'Neal, Charles F. on 73-Sep-16 [74-Feb-4: 2B].
Charles, Maggie P., Miss m. Hall, John W. on 72-Mar-26 [72-Mar-28: 2C].
Charles, Mary A. m. Brown, James A. on 75-Apr-8 [75-Apr-15: 2B].
Charlton, Walter Glasco m. Johnston, Mary Walton on 74-Feb-11 [74-Feb-16: 2B].
Charron, John B. (61 yrs.) d. on 71-Nov-16 [71-Nov-17: 2C; 71-Nov-18: 2B].
Chase, Alexander H. (42 yrs.) d. on 71-Nov-29 [71-Nov-30: 2B].
Chase, Amos (74 yrs.) d. on 73-Aug-12 [73-Aug-30: 2B].

Chase, Charles Jacob (7 yrs.) d. on 73-Sep-16 [73-Sep-17: 2B].
Chase, Clara J. (11 mos.) d. on 75-Jun-25 [75-Jun-30: 2B].
Chase, Daniel (76 yrs.) d. on 72-Jul-26 [72-Jul-27: 2B; 72-Jul-29: 1F].
Chase, Elizabeth d. on 74-Jan-27 [74-Jan-28: 2B].
Chase, Ella d. on 72-Jun-28 [72-Jul-3: 2B].
Chase, Ellen d. on 74-Jun-19 [74-Jun-23: 2B].
Chase, Emma B. m. Flemming, Charles H. on 73-Apr-6 [73-Jul-11: 2B].
Chase, Fanny A., Miss m. Hatcheson, Benjamin O. on 73-Sep-30 [73-Oct-9: 2B].
Chase, George W. (17 yrs.) d. on 74-Aug-16 [74-Aug-17: 4E; 74-Aug-18: 2B].
Chase, Georgia (3 yrs., 7 mos.) d. on 72-Sep-15 [72-Sep-16: 2A].
Chase, Hester Ann (84 yrs.) d. on 75-Mar-15 [75-Mar-18: 2B].
Chase, Ida (18 yrs., 6 mos.) d. on 74-Mar-4 [74-Mar-5: 2B].
Chase, Jeremiah Townley (55 yrs.) d. on 75-Jun-30 [75-Jul-1: 2B].
Chase, Kate m. Hanna, Alexander B. on 72-Dec-16 [72-Dec-20: 2A].
Chase, Mary A. (51 yrs.) d. on 73-Feb-12 [73-Feb-13: 2B].
Chase, Mary Ann (74 yrs.) d. on 74-Feb-25 [74-Feb-27: 2C; 74-Feb-28: 2B].
Chase, Minnie Beale (1 yr., 2 mos.) d. on 74-Apr-2 [74-Apr-3: 2B].
Chase, Moses (86 yrs.) d. on 72-Jul-18 [72-Jul-19: 2C].
Chase, Stephen m. Allen, Edith on 72-Nov-26 [72-Nov-30: 2B].
Chase, William H. m. Edwards, Mollie E. on 73-Sep-2 [73-Sep-4: 2B].
Chatham, Frank m. Sheid, Lottie E. on 73-Oct-29 [73-Oct-30: 2B].
Chatterton, John m. Amoss, Ann, Miss on 71-Jan-24 [71-Feb-4: 2B].
Cheatham, Eliza A. (54 yrs.) d. on 73-Sep-9 [73-Sep-11: 2B].
Cheney, James A. m. Giles, M. E., Miss on 74-Sep-29 [74-Oct-26: 2B].
Cheniworth, Charles (41 yrs.) d. on 73-Sep-30 [73-Oct-4: 2B].
Chenoweth, Adolphus H. m. Clemmens, Laura V. on 73-Apr-14 [73-Apr-18: 2B].
Chenoweth, Basil Bennett (6 mos.) d. on 71-Jul-11 [71-Jul-15: 2B].
Chenoweth, Cecilia L. d. on 75-Feb-26 of Consumption [75-Sep-13: 2B; 75-Mar-1: 2B].
Chenoweth, Charles F. d. on 75-Apr-22 of Consumption [75-Sep-13: 2B].
Chenoweth, Emma F. d. on 75-Sep-11 of Consumption [75-Sep-13: 2B].
Chenoweth, Ferdinand m. Davis, Ida Rosana on 72-Dec-24 [73-Jan-24: 2B].
Chenoweth, Harrie C. m. Johnson, Ella, Miss on 73-Jun-15 [73-Sep-9: 2B].
Chenoweth, Kate I. m. Hahn, William A. on 75-Nov-25 [75-Nov-30: 2B].
Chenowith, James Bradford (26 yrs.) d. on 74-Sep-21 [74-Sep-23: 2B].
Chenowith, John (17 yrs.) d. on 72-Jul-12 Drowned [72-Jul-13: 1H].
Cheny, George W. (31 yrs.) d. on 72-Feb-20 [72-Feb-21: 2C].
Cherry, Ann (77 yrs.) d. on 74-Mar-12 [74-Mar-13: 2B].
Cherry, Charles W. m. Kraft, Georgia E., Miss on 75-Dec-2 [75-Dec-13: 2B].
Cherry, Frank Eugene (11 mos.) d. on 71-Jun-26 [71-Jun-27: 2B].
Cherry, Mary Agnes (1 mo.) d. on 72-Mar-25 [72-Mar-27: 2B].
Cherry, William E. m. Leonard, Annie, Miss on 71-Apr-20 [72-Mar-29: 2B].
Chesebrough, Robert C., Capt. (62 yrs.) d. on 71-Nov-2 [71-Dec-9: 2B, 4C; 72-Jan-5: 2B].
Chesebrough, Sarah E. d. on 72-Jan-6 [72-Jan-8: 2C].
Chesley, Joseph m. Gilpin, Ella P., Miss on 72-May-30 [72-Jun-4: 2A].
Chesley, Louisa (57 yrs.) d. on 75-Sep-3 [75-Sep-4: 2B].
Chesley, Robert Rieman d. on 74-Oct-26 [74-Oct-27: 2B].
Chesney, Florence May (2 mos.) d. on 73-Aug-10 [73-Aug-11: 2B].
Chesney, Helen L. m. Ellis, Henry on 73-Nov-2 [73-Dec-2: 2B].
Chesney, Josephine, Mrs. m. Musselman, J. on 70-Nov-28 [71-Feb-17: 2C].
Chesney, Ulysses S. (1 yr., 11 mos.) d. on 73-Sep-15 [73-Sep-16: 2B].
Chesnut, Ann E. (66 yrs.) d. on 75-Jun-26 [75-Jun-28: 2B; 75-Jun-29: 2B].
Chesnut, Calvin m. Mace, Lizzie M. on 71-Oct-5 [71-Oct-9: 2B].

Chesnut, John m. Cassidy, Mary C. on 73-Jun-16 [73-Jun-21: 2A].
Chesnut, William, Col. (65 yrs.) d. on 71-Jan-3 [71-Jan-4: 2B, 4B; 71-Jan-5: 2C].
Chesnut, William, Jr. (30 yrs.) d. on 72-Mar-13 [72-Mar-14: 2C; 72-Mar-15: 2C].
Chesnut, Willie F. (21 yrs.) d. on 74-Nov-9 [74-Nov-11: 2B].
Chester, Anna Jane (5 yrs., 6 mos.) d. on 73-Jan-17 [73-Jan-20: 2B].
Chester, Charles E. m. Kimble, Mary A. on 72-Jun-27 [72-Jun-29: 2B; 72-Jul-13: 2A].
Chester, Emmie F. m. Miskelly, Joseph V. S. on 74-May-26 [74-May-28: 2B].
Chester, George Henry m. Leach, Elizabeth on 73-Apr-17 [73-Apr-19: 2B].
Chester, James T. m. Corrigan, Fannie L., Miss on 75-Jun-29 [75-Jul-5: 2B].
Chester, Martha Lavinia, Miss m. Hopps, William on 74-Mar-1 [[74-Mar-2: 2B]; 74-Mar-4: 2C].
Chester, Mary, Miss m. Caspar, Adam on 74-Oct-28 [74-Oct-30: 2B].
Chester, Sarah J., Miss m. Kennedy, Alexander, Jr. on 71-Feb-9 [71-Feb-15: 2C].
Cheston, Margaret d. on 74-Jan-7 [74-Jan-8: 2B; 74-Jan-9: 2C].
Chew, Caroline F. d. on 72-May-16 [72-May-18: 2B].
Chew, Charles Ridgeley (49 yrs.) d. on 75-Oct-27 [75-Oct-29: 2B, 4D; 75-Oct-30: 2A].
Chew, Charlotte (61 yrs.) d. on 73-Jun-20 [73-Jun-21: 2A].
Chew, Emeline R. d. on 74-Nov-29 [74-Dec-1: 2B].
Chew, Harriet Hillhouse m. Coxe, Ernest Cleveland, Dr. on 74-Jun-11 [74-Jun-15: 2B].
Chew, Nannie S. P. m. Grason, William on 75-Oct-14 [75-Oct-21: 2B].
Chew, Nina Allen (2 yrs., 4 mos.) d. on 75-Aug-11 of Fall from window [75-Aug-12: 2B, 4E].
Chew, William O. m. Gill, Maggie on 74-May-27 [74-Jun-11: 2B].
Chewning, Helen M., Miss m. Harrison, B. B. on 72-Mar-4 [72-Mar-7: 2B].
Chichester, Archibald Hodge (8 mos.) d. on 74-Mar-21 [74-Mar-23: 2B].
Chichester, W. J. m. Johnson, Phebe B., Miss on 72-Oct-1 [72-Oct-2: 2B].
Chilcoat, Lariah Julia, Miss m. Gorsuch, John C. on 71-Jun-22 [71-Jul-22: 2B].
Chilcote, Georgianna m. Yeatman, Henry M. on 73-Jun-26 [73-Jun-28: 2B].
Child, Abba C. d. on 74-May-20 of Pleuro-pneumonia [74-May-22: 2B].
Child, Josephine Peckner (42 yrs.) d. on 75-Jan-29 [75-Jan-30: 2B; 75-Feb-1: 2B].
Child, Mamie Kate d. on 75-Mar-7 [75-Mar-8: 2B; 75-Mar-9: 2B].
Child, Robert DeW. m. Waters, Emma on 73-May-15 [73-May-20: 2B].
Childress, Alice m. Hampson, A. J. on 73-Apr-10 [73-Apr-12: 2A].
Childress, Elizabeth, Mrs. m. Brust, Albert G. on 71-Jul-20 [71-Jul-25: 2B].
Childs, Annie, Miss m. Akers, John F. on 72-Dec-24 [73-Jan-2: 2B].
Childs, Carrie B., Miss m. Cox, Walter A. on 74-Jun-30 [74-Jul-4: 2B].
Childs, Charles W. (7 mos.) d. on 75-May-11 [75-May-13: 2B].
Childs, Charles W. m. Marshall, Katie E. on 75-Aug-29 [75-Aug-31: 2B].
Childs, Edward W. m. Sewell, Emma J., Miss on 74-Jun-23 [74-Jul-20: 2B].
Childs, Emma V. (9 mos.) d. on 71-Aug-3 [71-Aug-4: 2C].
Childs, Harry d. on 74-Jun-13 [74-Jun-15: 2B].
Childs, Hattie J. (32 yrs.) d. on 74-Sep-6 of Typhoid [74-Sep-8: 2B].
Childs, John m. Hickman, Margaret [71-Feb-4: 2B].
Childs, L. Owen m. Sutton, Mary V. on 72-Jun-20 [72-Jun-21: 2B].
Childs, Laura Octavia d. on 73-Jul-24 [73-Jul-25: 2B].
Childs, Louise M. m. Keith, Reuel on 74-Nov-10 [74-Nov-16: 2B].
Childs, Maggie C., Miss m. Hutchins, William H. on 72-Dec-31 [73-Mar-10: 2B].
Childs, Margaret (23 yrs.) d. on 75-Oct-8 Burned [75-Oct-9: 2A, 4C].
Childs, Mary d. on 75-Oct-6 [75-Oct-7: 2B; 75-Oct-8: 2B].
Childs, Mary Maud d. on 73-Apr-13 [73-Apr-15: 2B].
Childs, Mary R. (40 yrs.) d. on 72-Jul-29 [72-Aug-2: 2C].
Childs, Nannie Hardesty (4 yrs., 1 mo.) d. on 75-Apr-22 [75-Apr-24: 2B].
Childs, Richard F. m. Whitesid, Mary A. on 73-May-15 [73-May-21: 2B].

Childs, Sarah E. (38 yrs.) d. on 73-Jul-6 [73-Jul-9: 2B].
Childs, Susan d. on 72-Jul-18 [72-Jul-25: 2C].
Childs, Virginia, Miss m. Whisner, P. H. on 74-Apr-14 [74-Apr-22: 2B].
Childs, Willard L. (10 yrs.) d. on 74-Sep-8 [74-Sep-19: 2B].
Childs, William James m. Shreeve, Emma on 73-Apr-5 [73-Apr-26: 2B].
Chilton, Harris J. m. Hack, Annie E. on 71-Dec-27 [71-Dec-28: 2C].
Chilton, M. Anna, Miss m. Merryman, Oliver P. on 71-Oct-3 [71-Nov-7: 2A].
Chinn, Henry (59 yrs.) d. on 71-Apr-3 [71-Apr-4: 2B].
Chinn, Susan (66 yrs.) d. on 71-Apr-11 [71-Apr-13: 2B].
Chipman, Charles E. m. Jenkins, Amanda E., Miss on 75-Jun-17 [75-Jul-28: 2B].
Chipman, Marcus M. m. Wentling, Sallie J., Miss on 73-Jul-14 [73-Jul-15: 2B].
Chisholm, Julia m. Trenholm, Glover R. on 75-Jun-16 [75-Jun-21: 2B].
Chisholm, Walter J. m. Jubb, Rosa, Miss on 71-Feb-16 [71-Mar-7: 2B].
Chiveral, Carrie E. Garner (30 yrs.) d. on 74-Jul-2 [74-Jul-3: 2B].
Chiveral, Jane H., Miss m. Wilkerson, Thomas H. on 73-Apr-23 [73-Apr-29: 2B].
Chivrel, Alexander B. d. on 71-Jul-18 [71-Jul-25: 2B].
Chivrel, Helen E., Miss m. Garretson, Frederic, Dr. on 73-Aug-30 [73-Sep-13: 2B].
Choate, Edward S. m. Shipley, Maggie A. on 73-Jan-16 [73-Jan-22: 2B].
Choiseul-Prasli, [male] m. Forbes, Elise W. on 74-Dec-17 [74-Dec-22: 2B].
Choupin, Charles F. (6 yrs.) d. on 71-Aug-29 [71-Aug-30: 2B].
Chrisall, Sarah E., Miss m. Schaeffer, William J. on 71-Aug-23 [72-Apr-10: 2B].
Chrisler, Henry m. Wagner, Ann Catherine on 73-Oct-12 [73-Oct-15: 2B].
Christ, Charles Henry (18 yrs., 3 mos.) d. on 75-Jun-14 [75-Jun-15: 2B].
Christ, Christina H. m. Bode, Charles on 75-Mar-18 [75-Mar-24: 2B].
Christ, William (46 yrs.) d. on 75-Oct-27 [75-Oct-28: 2B; 75-Oct-29: 2B].
Christhilf, Frances Schaeffer (49 yrs.) d. on 72-Dec-12 [72-Dec-14: 2A].
Christian, Christopher (35 yrs.) d. on 74-Jul-31 [74-Aug-3: 2B; 74-Aug-4: 2B].
Christian, Etta m. Clarke, Garland H. on 73-Apr-23 [73-Apr-29: 2B].
Christian, J. Hunt, Dr. m. Lawrence, Alice on 71-Feb-21 [71-Mar-3: 2C].
Christian, John D. m. Taylor, Mary E., Miss on 73-May-20 [73-May-23: 2B].
Christiansen, John A. m. Haurand, Caroline, Mrs. on 72-Oct-7 [72-Nov-2: 2A].
Christie, James M. m. Shaw, Eliza, Miss on 74-Nov-10 [74-Nov-26: 2B].
Christie, Joseph Howard (2 yrs.) d. on 72-Sep-5 [72-Sep-6: 2A].
Christie, Mary E., Miss m. Wright, J. James on 72-Oct-1 [72-Nov-12: 2B].
Christie, Sarah Minerva (3 yrs., 4 mos.) d. on 75-Apr-7 [75-Apr-9: 2B].
Christmas, Mary E., Miss m. Smith, W. O. on 74-Sep-17 [74-Sep-22: 2B].
Christopher, Arthur John (41 yrs., 1 mo.) d. on 72-Aug-22 Shot by suspect [72-Aug-23: 1F; 72-Aug-24: 1G; 72-Aug-27: 2B].
Christopher, Henry C. (29 yrs.) d. on 72-Aug-13 of Consumption [72-Aug-14: 1H, 2B; 72-Aug-15: 2C].
Christopher, James Amos (25 yrs.) d. on 71-Dec-19 [71-Dec-20: 2B].
Christopher, John M. m. Stroehlein, Lizzie, Miss on 74-Oct-6 [74-Oct-21: 2B].
Christopher, Joseph (68 yrs.) d. on 75-Nov-24 [75-Nov-26: 2B].
Christopher, Lena (20 yrs.) d. on 75-Dec-2 [75-Dec-3: 2B; 75-Dec-4: 2B].
Christopher, Lillian May (2 yrs., 5 mos.) d. on 71-Feb-8 of Scarlet fever [71-Feb-27: 2D].
Christopher, Lilly May d. on 72-Feb-8 [72-Feb-9: 2C].
Christopher, Mary C., Mrs. m. Waldren, William H. on 73-Nov-26 [74-Feb-5: 2B].
Christopher, Mary E. m. Henry, John W. on 75-Jun-29 [75-Jul-1: 2B].
Christopher, Mollie J. m. Owens, Feilder, Jr. on 73-Dec-29 [74-Jan-3: 2B].
Christopher, Oliver K. (33 yrs.) d. on 73-Nov-26 [73-Nov-27: 2B].
Christopher, Thomas, Capt. m. Ehart, Lena, Miss on 74-Jan-29 [74-Jan-31: 2B; 74-Feb-3: 2B].
Christopher, Wesley W. (24 yrs.) d. on 73-Jan-28 of Consumption [73-Jan-29: 2B; 73-Jan-30:

2B].
Christopher, Wesley W. m. Winchester, Emma C. on 72-Oct-8 [72-Oct-11: 2B].
Christopher, William, Jr. m. Mullen, Laura on 73-Sep-2 [74-Feb-13: 2C].
Christopher, William W. m. Robinson, Sarah W. on 72-Apr-16 [72-May-8: 2B].
Christy, Annie M., Miss m. Lloyd, T. F., Capt. on 71-Jul-2 [71-Aug-3: 2B].
Chrystie, Anna Gallatin (22 yrs.) d. on 75-Feb-7 [75-Feb-8: 2B; 75-Feb-9: 2B].
Chubb, Caroline C. m. Cottman, J. Hough on 71-Nov-30 [71-Dec-6: 2B].
Chunn, Bettie M. m. Chunn, Lewis J. on 75-Sep-9 [75-Sep-16: 2B].
Chunn, Lewis J. m. Chunn, Bettie M. on 75-Sep-9 [75-Sep-16: 2B].
Church, Agnes Nionia (7 yrs., 8 mos.) d. on 74-Feb-19 [74-Feb-21: 2B].
Church, Ann Maria d. on 73-Feb-3 [73-Feb-4: 2B; 73-Feb-5: 2B].
Church, Bettie C. m. Burnett, S. Rowe on 71-Oct-10 [71-Oct-18: 2B].
Church, Clifton Alvin (2 yrs., 8 mos.) d. on 75-Jan-6 [75-Jan-8: 2B].
Church, Eddie J. d. on 72-Jun-18 [72-Jun-20: 2B].
Church, Edward R. (1 yr.) d. on 72-Aug-22 [72-Aug-23: 2B; 72-Aug-24: 2B].
Church, Elizabeth F. d. on 72-Oct-18 [72-Oct-21: 2B].
Church, James E. (50 yrs.) d. on 73-Oct-27 [73-Oct-28: 2B].
Church, Levi B. m. Fountain, Sadie E., Miss on 74-Apr-22 [74-Apr-28: 2B; 74-Apr-29: 2B].
Church, Louisa m. Monroe, D. Eldridge on 71-May-11 [71-May-15: 2B].
Church, N. S. m. Arthur, L. V., Miss on 71-Sep-11 [71-Sep-23: 2B].
Churchill, Jennie m. Patterson, George W. on 71-Oct-31 [71-Nov-4: 2B].
Churchill, William m. James, Sarah E. on 74-Dec-31 [75-Mar-3: 2B].
Ciford, John T. m. Conner, Alice R., Miss on 75-Apr-13 [75-Apr-17: 2B].
Clabaugh, Albert T. m. Wilson, Fannie, Miss on 74-Jan-29 [74-Jan-31: 2B].
Clabaugh, Usher m. Wilson, Mary E. on 75-Jun-1 [75-Jun-4: 2B].
Claborne, John d. on 72-Apr-2 [72-Apr-3: 1F].
Clackner, James G. B. m. Smith, Mary Carroll on 75-Jul-4 [75-Aug-10: 2B].
Clackner, Joseph, Capt. (97 yrs.) d. on 74-Nov-2 [74-Nov-3: 2B, 4C; 74-Nov-4: 2B].
Clackner, Rebecca (88 yrs.) d. on 74-Oct-12 [74-Oct-13: 2B, 4C; 74-Oct-14: 2C].
Clagett, Carrie F. m. Wode, William on 73-Nov-13 [73-Nov-17: 2B].
Clagett, Ella B. m. Kilduff, Hubert M. on 75-Mar-4 [75-Mar-6: 2B].
Clagett, Emma Blanche, Miss m. Young, George C. on 75-Sep-1 [75-Oct-7: 2B].
Clagett, Emma M. m. Patterson, William on 75-Apr-14 [75-Apr-21: 2B].
Clagett, Louis Henry (45 yrs.) d. on 71-Dec-5 of Lung congestion [71-Dec-6: 2B].
Clagett, Mary (83 yrs.) d. on 72-Sep-4 [72-Sep-5: 2B; 72-Sep-6: 2A; 72-Sep-7: 2A].
Clagett, Mary G. m. O'Hara, Charles A. on 72-Sep-5 [72-Sep-7: 2A].
Claiborne, Joel C. (6 mos.) d. on 73-Jan-5 [73-Jan-6: 2B].
Clair, Lemuel m. Lowe, Emma K. on 74-Oct-31 [74-Nov-4: 2B].
Clancy, Matthew d. on 72-Mar-8 [72-Mar-9: 2B].
Clapp, Alma m. Taylor, Owen M., Jr. on 75-Nov-25 [75-Nov-27: 2B].
Clapp, Charles Arthur (11 mos.) d. on 73-Jun-9 [73-Jun-11: 2B].
Clapp, William E. m. Hedrick, Ella N., Miss on 75-Jun-1 [75-Jun-5: 2A].
Clapsaddle, Annie E., Miss m. Broaning, John M. on 72-Sep-12 [72-Sep-19: 2B].
Clapsaddle, Mary Ann (51 yrs., 11 mos.) d. on 73-Mar-6 [73-Mar-8: 2B].
Claridge, Annie (28 yrs.) d. on 73-Jul-8 [73-Jul-9: 2B].
Claridge, Hattie Ray (11 mos.) d. on 72-Jul-7 [72-Jul-8: 2C].
Claridge, James, Capt. (56 yrs.) d. on 75-Sep-26 [75-Oct-13: 2B].
Claridge, Sarah F., Miss m. Gontrum, Henry H. on 74-Oct-21 [74-Oct-28: 2B].
Clark, Albert D. m. Kemp, Sallie L., Miss on 74-Nov-4 [74-Nov-11: 2B].
Clark, Alexander m. Floyd, Emma F., Miss on 74-Nov-8 [74-Nov-12: 2B].
Clark, Amos (73 yrs.) d. on 72-Apr-19 [72-Apr-23: 2B].
Clark, Anna (18 yrs.) d. on 75-Jan-26 of Consumption [75-Feb-2: 2B].

Clark, Anna (60 yrs.) d. on 75-Jan-19 [75-Jan-27: 2B].
Clark, Anna Cookman (4 yrs., 11 mos.) d. on 71-Aug-24 of Scarlet fever [71-Aug-25: 2C].
Clark, Annie Jane (23 yrs., 1 mo.) d. on 71-Jun-27 of Consumption [71-Jun-29: 2C].
Clark, Benjamin D., Capt. (66 yrs.) d. on 73-Oct-9 [73-Oct-10: 2B, 4C].
Clark, Benjamin F. m. Ettele, Ida M., Miss on 73-Mar-18 [73-Apr-15: 2B].
Clark, Benjamin F. m. Fowler, Sarah E. [74-Jul-29: 2B].
Clark, Bertha (1 yr., 5 mos.) d. on 71-Nov-12 [71-Nov-13: 2B; 71-Nov-14: 2C].
Clark, Catharine m. McGrath, Thomas H. on 71-Apr-13 [71-Apr-15: 2B].
Clark, Catherine (46 yrs.) d. on 73-Feb-6 of Consumption [73-Feb-7: 2B; 73-Feb-8: 2B].
Clark, Celinda C. m. Duffy, Michael on 73-Apr-13 [73-Apr-23: 2B].
Clark, Charles (30 yrs.) d. on 72-Jan-19 Kicked by mule [72-Jan-22: 4E].
Clark, Charles (38 yrs.) d. on 72-Oct-8 [72-Oct-14: 2B].
Clark, Charles, Capt. (76 yrs.) d. on 73-Feb-16 [73-Feb-17: 1G, 2B; 73-Feb-18: 2B].
Clark, Charles A. (17 yrs.) d. [72-Jun-3: 2B].
Clark, Charles H. d. on 71-Apr-19 Drowned [71-Apr-20: 4C].
Clark, Charles H. (71 yrs.) d. on 73-Oct-27 [73-Oct-29: 2B].
Clark, Charles H. (25 yrs.) d. on 74-Apr-8 Drowned [74-Apr-10: 1H].
Clark, Charles Issac (1 yr., 9 mos.) d. on 73-Jun-25 [73-Jun-28: 2A].
Clark, Charles J. (32 yrs.) d. on 72-Jun-22 [72-Jul-6: 2B].
Clark, Charles T. (1 yr., 9 mos.) d. on 75-Sep-3 [75-Sep-4: 2B].
Clark, Clara V., Miss m. Evans, Charles E. on 75-Nov-4 [75-Nov-16: 2B].
Clark, David C. m. Turpin, Mary E. A., Miss on 73-Sep-4 [73-Sep-8: 2B].
Clark, Duncan C. m. Hayward, Christiana S. H. on 75-Nov-24 [75-Nov-27: 2B].
Clark, Edward I. m. Reed, Emmie M. on 73-Nov-22 [73-Dec-16: 2B].
Clark, Eleanora (33 yrs.) d. on 74-Jul-6 [74-Jul-9: 2B].
Clark, Eliza (75 yrs.) d. on 74-Oct-11 [74-Oct-12: 2B; 74-Oct-13: 2B].
Clark, Eliza (46 yrs.) d. on 75-May-23 [75-May-24: 2A].
Clark, Elizabeth (93 yrs.) d. on 73-Aug-2 [73-Aug-4: 2B].
Clark, Elizabeth (70 yrs.) d. on 73-Jul-23 [73-Jul-25: 2B].
Clark, Elizabeth A. (47 yrs.) d. on 75-May-31 [75-Jun-1: 2B; 75-Jun-2: 2B].
Clark, Elizabeth S. m. Kerr, James P. on 71-Sep-14 [71-Sep-16: 2B].
Clark, Emma Edmondson (21 yrs.) d. on 72-Feb-28 [72-Feb-29: 2B].
Clark, Emma W., Miss m. Thomas, Alfred V. on 74-Nov-12 [74-Nov-14: 2B].
Clark, George F. m. Getzendanner, Katie on 74-Sep-23 [74-Sep-26: 2B].
Clark, George P. m. Parker, Emma, Miss on 72-Jun-4 [72-Jun-8: 2A].
Clark, George T. m. Murty, Lizzie Agnes on 74-May-26 [74-Jun-12: 2B].
Clark, George W. (42 yrs.) d. on 72-Mar-7 [72-Mar-25: 2B].
Clark, Grace Irene (7 yrs.) d. on 71-May-13 [71-May-18: 2B].
Clark, Helen Manonah (3 yrs., 5 mos.) d. on 75-Feb-1 [75-Feb-3: 2B].
Clark, Helena Kate (20 yrs.) d. on 74-Sep-10 [74-Sep-11: 2B].
Clark, Ida M. d. on 75-Dec-12 [75-Dec-13: 2B].
Clark, J. Everett m. Bevan, Emma, Miss on 72-Apr-4 [72-Apr-6: 2B].
Clark, J. S. m. Gardener, Margaret on 72-Feb-20 [72-Feb-26: 2C].
Clark, James (73 yrs.) d. on 73-Mar-8 [73-Mar-21: 2B].
Clark, James A. m. Quillen, Mary A. on 74-Jul-15 [74-Nov-17: 2C].
Clark, James G., Jr. m. Rutt, Annie E. on 74-Oct-29 [74-Nov-5: 2B].
Clark, James H. m. Markett, Frances M., Miss on 71-Oct-17 [71-Oct-20: 2B].
Clark, James T. m. Ringrose, Sarah Jane on 71-Oct-9 [71-Oct-17: 2B].
Clark, Jennie A. m. Archer, John on 72-Dec-26 [73-Jan-4: 2B].
Clark, John (74 yrs.) d. on 71-Jul-18 [71-Jul-19: 2B; 71-Jul-20: 2B].
Clark, John Albert m. Jordon, Annie B. on 71-Dec-4 [71-Dec-6: 2B].
Clark, John F. (71 yrs.) d. on 72-Dec-11 [72-Dec-13: 2B].

Clark, John Thomas (8 mos.) d. on 75-Apr-28 [75-Apr-29: 2B].
Clark, Joseph P. m. Lloyd, Elizabeth, Miss on 72-May-16 [72-Jun-27: 2B].
Clark, Kate H. d. on 73-Mar-4 of Pneumonia [73-Mar-6: 2C].
Clark, Levina m. Casey, James F. on 71-Dec-21 [72-Jan-9: 2C].
Clark, Lewis (65 yrs.) d. on 73-May-9 [73-May-10: 2B].
Clark, Libbie, Miss m. Wonderly, Harry on 75-May-31 [75-Jun-15: 2A].
Clark, Lizzie L. m. Heald, Charles M. on 71-Dec-12 [71-Dec-27: 2C].
Clark, Loring Elliot (5 mos.) d. on 73-Jul-8 [73-Jul-10: 2B].
Clark, Lucretia E. (77 yrs.) d. on 72-Jul-24 [72-Jul-25: 2B; 72-Jul-26: 2C; 72-Jul-29: 1G].
Clark, Lucy B. (77 yrs.) d. on 74-Sep-8 [74-Sep-16: 2B].
Clark, Maggie K. m. McDonald, Charles, Jr. on 72-Dec-10 [72-Dec-25: 2A].
Clark, Margaret A., Miss m. Fendrich, Charles on 73-Oct-23 [73-Nov-14: 2B].
Clark, Margery B. (77 yrs.) d. on 74-Jul-3 [74-Jul-10: 2C].
Clark, Martha (82 yrs.) d. on 71-Mar-29 [71-Mar-30: 2C].
Clark, Mary (78 yrs.) d. on 71-Dec-21 [71-Dec-23: 4C].
Clark, Mary A. (35 yrs.) d. on 73-Mar-8 [73-Mar-10: 2B].
Clark, Mary Alice (65 yrs.) d. on 72-Apr-18 of Heart disease [72-Apr-19: 4C].
Clark, Mary Cordelia (41 yrs.) d. on 74-Aug-24 [74-Aug-29: 2B].
Clark, Mary Ellen (1 yr., 7 mos.) d. on 71-Sep-25 of Chronic croup [71-Sep-26: 2C; 71-Sep-27: 2B].
Clark, Mary Ellen m. Dwyer, Henry F. on 73-Sep-4 [73-Sep-6: 2B].
Clark, Mary Emma (6 mos.) d. on 72-Jul-24 [72-Jul-25: 2B].
Clark, Mary R. (58 yrs.) d. on 72-Apr-21 [72-Apr-22: 2B].
Clark, Michael m. Trumbo, Henrietta S. on 73-May-8 [73-Jun-14: 2A].
Clark, Nellie d. on 71-Jun-25 Drowned [71-Jun-27: 4C].
Clark, Nellie Stoddard (10 mos.) d. on 74-Jun-21 [74-Jun-22: 2B].
Clark, Noah m. Gibbins, Emma L. on 75-Oct-14 [75-Oct-27: 2B].
Clark, Richard J. (38 yrs.) d. on 73-May-4 of Consumption [73-May-5: 2B; 73-May-6: 2A].
Clark, Richard T. (28 yrs.) d. on 72-Jan-19 [72-Jan-20: 2B].
Clark, Robinson (77 yrs.) d. on 72-Jul-18 of Rheumatism [72-Jul-19: 2C].
Clark, Rose Therese (4 mos.) d. on 71-Apr-30 [71-May-1: 2C].
Clark, Sarah G., Miss m. Reed, Christian G. on 73-Mar-14 [73-Aug-15: 2B].
Clark, Sarah I., Miss m. Underhill, George T. on 74-Nov-26 [74-Nov-28: 2B].
Clark, Sarah M., Miss m. Welsh, Walter F. on 75-Apr-18 [75-Apr-26: 2B].
Clark, Sophia (75 yrs.) d. on 73-Mar-11 of Consumption [73-Mar-12: 2B].
Clark, Temperance G. (88 yrs.) d. on 75-Sep-9 [75-Sep-10: 2B; 75-Sep-11: 2A].
Clark, Thomas (86 yrs.) d. on 75-Aug-11 [75-Aug-13: 2B].
Clark, Thomas J. m. Magruder, Eliza on 74-Oct-21 [74-Nov-2: 2B].
Clark, Thomas K. (48 yrs.) d. on 71-Mar-5 [71-Mar-6: 2C].
Clark, Tommie Swann (4 mos.) d. on 71-Mar-14 [71-Mar-22: 2B].
Clark, W. F. (1 mo.) d. on 73-May-18 [73-May-19: 2B].
Clark, William m. Stockman, Rebecca, Miss on 72-Apr-25 [72-May-2: 2B].
Clark, William A. m. Phelps, Rosetta L., Miss on 71-May-14 [71-Jun-9: 2B].
Clark, William Alford (45 yrs.) d. on 73-Jun-6 [73-Jun-7: 2A; 73-Jun-19: 2B].
Clark, William G. (66 yrs.) d. on 72-Feb-7 [72-Feb-9: 2C].
Clark, William H. (53 yrs.) d. on 71-May-21 [71-May-22: 2B; 71-May-23: 4E].
Clark, William P. m. Dare, Lizzie on 73-Aug-7 [73-Aug-8: 2B].
Clark, Willie (7 mos.) d. on 75-Jul-6 [75-Jul-7: 2B].
Clarke, Agnes Love (9 mos.) d. on 73-Aug-1 [73-Aug-2: 2B].
Clarke, Agnes M. (7 yrs.) d. on 75-Feb-6 [75-Feb-10: 2B].
Clarke, Ann E., Mrs. m. Anthony, John D. on 73-Mar-11 [73-Mar-17: 2B].
Clarke, Ashur (72 yrs.) d. on 74-Apr-15 [74-Apr-16: 2B; 74-Apr-17: 1H, 2B].

Clarke, Bridget (22 yrs.) d. on 74-Oct-21 [74-Oct-22: 2A].
Clarke, Catharine d. on 71-Sep-11 [71-Sep-30: 2C].
Clarke, Eliza (45 yrs.) d. on 71-Jun-12 of Apoplexy [71-Jun-13: 4D].
Clarke, Elizabeth C. (62 yrs.) d. on 72-Jan-31 [72-Feb-2: 2C].
Clarke, Elizabeth J. (18 yrs.) d. on 71-Nov-28 [71-Nov-29: 2C; 71-Nov-30: 2B].
Clarke, Eve (73 yrs.) d. on 73-Apr-15 [73-Apr-16: 2B; 73-Apr-17: 2B].
Clarke, Francis Patrick (33 yrs.) d. on 71-Feb-7 [71-Feb-8: 2C].
Clarke, Garland H. m. Christian, Etta on 73-Apr-23 [73-Apr-29: 2B].
Clarke, George B. (7 yrs., 6 mos.) d. on 72-Jun-9 [72-Jun-11: 2A].
Clarke, George W. m. Buckheimer, Mollie on 73-Oct-8 [73-Oct-15: 2B].
Clarke, Henry, Dr. m. Yost, Aggie, Miss on 71-Oct-4 [71-Oct-12: 2B].
Clarke, Henry E. m. Sangston, Fannie S. on 72-Apr-10 [72-Apr-12: 2B].
Clarke, James m. Stewart, Mary F. on 73-Apr-22 [73-May-3: 2A].
Clarke, Jane (64 yrs.) d. on 71-May-6 [71-May-8: 2A].
Clarke, John T. d. on 73-Feb-8 of Pleuro-pneumonia [73-Mar-7: 2C].
Clarke, Joseph C. (50 yrs.) d. on 71-May-23 of Murder [71-May-24: 2B, 4B; 71-May-25: 4D; 71-Jun-3: 2B].
Clarke, Joseph H. d. on 73-Aug-19 [73-Aug-20: 2B].
Clarke, Laura V., Miss m. Hughes, George W. on 74-Jul-28 [74-Aug-1: 2B].
Clarke, Louise (1 yr., 2 mos.) d. on 74-Aug-12 [74-Aug-14: 2B].
Clarke, Lucy C. (27 yrs.) d. on 72-Jan-23 [72-Feb-16: 2D; 72-Feb-17: 2C].
Clarke, Maria (85 yrs.) d. on 72-Apr-29 [72-Apr-30: 2B].
Clarke, Marion C. m. Merrick, Fannie B. on 75-Oct-31 [75-Nov-12: 2B].
Clarke, Mary (27 yrs.) d. on 74-Sep-3 [74-Sep-4: 2B; 74-Sep-5: 2B].
Clarke, Mary (26 yrs.) d. on 75-May-29 [75-Jun-1: 2B].
Clarke, Mary A. (31 yrs.) d. on 73-May-20 [73-May-21: 2B].
Clarke, Mary Ann (83 yrs.) d. on 72-Apr-25 [72-Apr-26: 2B; 72-Apr-27: 2A].
Clarke, Mary Virginia (18 yrs.) d. on 72-Nov-20 [72-Nov-21: 2B].
Clarke, Maud Huntington (1 yr., 2 mos.) d. on 71-Mar-26 [71-Mar-31: 2B].
Clarke, Mollie M., Miss m. Stewart, George F. on 75-Dec-21 [75-Dec-30: 2B].
Clarke, Nicholas W. (3 yrs., 7 mos.) d. on 75-Apr-17 [75-Apr-19: 2B].
Clarke, Philip (74 yrs.) d. on 71-Nov-2 [71-Nov-3: 2B].
Clarke, Susan A. d. on 73-Dec-14 [73-Dec-15: 2B].
Clarke, Sylvester m. Gardner, Ida, Miss on 72-Jul-29 [72-Aug-13: 2B].
Clarke, Thomas J. m. Warrington, Aggie, Miss on 75-Feb-9 [75-Feb-22: 2B].
Clarke, Thomas T. (35 yrs.) d. on 74-Nov-29 [74-Dec-19: 2B].
Clarke, W. E. m. Farrow, Sallie M., Miss on 72-May-30 [72-Jun-3: 2A].
Clarke, William E. (6 mos.) d. on 73-Aug-3 [73-Aug-4: 2B].
Clarke, William E. m. Wilhelm, Frances, Miss on 71-Nov-15 [71-Nov-17: 2C; 71-Nov-18: 2A].
Clarke, William Thomas (16 yrs.) d. on 71-Dec-29 of Boiler explosion [71-Dec-30: 2C, 4C].
Clarkin, Henry m. Dalton, Catherine on 71-Feb-14 [71-Feb-24: 2C].
Clarkley, David H. m. Hillen, Mary F., Miss on 72-May-6 [72-May-21: 2A].
Clarkson, Eugene C. m. Staylor, Ella A., Miss on 71-Jul-11 [71-Jul-15: 2B].
Clarkson, George Edward (23 yrs.) d. on 72-Feb-5 [72-Feb-6: 2C].
Clarkson, Louisa d. on 75-Mar-11 [75-Mar-16: 2B].
Clarkson, Michael C. (72 yrs.) d. on 71-Jul-11 [71-Jul-18: 2B].
Clarman, James J. m. Kelly, Mary C. on 72-Aug-28 [72-Sep-5: 2B].
Clary, Hanora (70 yrs.) d. on 73-Sep-6 [73-Sep-8: 2B].
Clary, Martha Estella (1 yr., 6 mos.) d. on 74-Apr-26 [74-Apr-27: 2B].
Clash, Lizzie Hampton (11 yrs.) d. on 72-Jul-15 [72-Jul-17: 2B].
Clash, Louisa m. Bailey, Daniel on 75-Jun-25 [75-Jun-30: 2B].
Clash, Mary E. m. Gross, William H. on 74-Jan-7 [74-Jan-14: 2B].

Clason, William P. m. Sands, Julia B. on 71-Jun-29 [71-Jul-10: 2B].
Claugherty, Mary Ann, Miss m. Callan, Peter J. on 71-Feb-16 [71-Feb-25: 2B].
Claus, William Joseph (5 yrs., 4 mos.) d. on 75-Mar-29 [75-Mar-30: 2B].
Clautice, Ellen d. on 71-Aug-9 [71-Aug-10: 2C].
Clautice, Margaret Ann d. on 73-Oct-12 [73-Oct-13: 2B; 73-Oct-14: 2A].
Clautice, Peter (77 yrs.) d. on 74-Oct-7 [74-Oct-8: 2B; 74-Oct-9: 2B].
Claxton, Estelle d. on 71-Aug-13 [71-Aug-29: 2C].
Claxton, Francis Sorrel d. on 73-Feb-25 [73-Mar-25: 2C].
Clay, Laura J. m. Wagner, John on 71-Feb-28 [71-Mar-15: 2B].
Claypoole, James Y., Capt. m. Green, Mollie H., Miss on 73-Nov-18 [73-Nov-26: 2B].
Clayton, Addie P. (29 yrs.) d. on 75-Feb-10 [75-Feb-13: 2C].
Clayton, Elizabeth A. (52 yrs., 8 mos.) d. on 73-Nov-10 [73-Nov-11: 2B; 73-Nov-13: 2B].
Clayton, Emma Bell (4 mos.) d. on 75-Jun-23 [75-Jun-24: 2B; 75-Jun-25: 2B].
Clayton, Georgie (7 mos.) d. on 74-Sep-10 [74-Sep-11: 2B].
Clayton, Hannah, Miss m. Shelly, John on 70-Nov-3 [71-Feb-17: 2C].
Clayton, John (16 yrs.) d. on 74-Feb-8 of Lamp explosion [74-Feb-9: 1H].
Clayton, Joseph B. m. Bell, Emma C. on 74-Apr-16 [74-Apr-18: 2B].
Clayton, Samuel (85 yrs.) d. on 73-Jan-26 [73-Jan-27: 2B, 4D; 73-Jan-28: 4C].
Clayton, Susannah M. m. Lydard, George F. on 75-Sep-2 [75-Sep-3: 4C].
Clayton, Thomas S. P. (11 mos.) d. on 72-Jul-16 [72-Jul-18: 2C].
Claytor, Alice, Miss m. Welch, Robert H. on 72-Aug-7 [72-Aug-8: 2B].
Claytor, Charles McCeney m. Welch, Mollie E. on 74-Feb-5 [74-Feb-9: 2B].
Claytor, Charles Welch (2 mos.) d. on 75-Jun-28 [75-Jul-1: 2B].
Claytor, Gertrude P. (42 yrs.) d. on 74-Feb-25 [74-Mar-2: 2B].
Clearey, William H. m. Cosgrove, Mary A., Miss on 73-Nov-4 [73-Nov-6: 2B].
Clearons, Patrick d. on 75-Nov-4 [75-Nov-5: 2B].
Cleary, Douglas M. (35 yrs.) d. on 74-Jul-7 [74-Jul-8: 2B; 74-Jul-9: 2B].
Cleary, Edward J., Mr. d. on 75-Oct-19 of Consumption [75-Dec-4: 4D].
Cleary, Edward M. m. Betts, Kate, Miss on 71-Oct-23 [71-Nov-10: 2C].
Cleary, Louis Regis d. on 72-May-11 [72-May-14: 2B].
Cleary, Maurice (72 yrs.) d. on 72-Apr-22 [72-Apr-23: 2B].
Cleary, Stephen Ignatius (1 yr., 6 mos.) d. on 75-Jan-8 [75-Jan-9: 2B].
Cleaveland, A. J. m. Jones, Mary E. on 71-Sep-14 [71-Sep-15: 2B].
Cleaveland, Charles P. m. Hall, Ella B. on 74-Jun-10 [74-Jun-24: 2B].
Cleaveland, Kate Donaldson (4 mos.) d. on 75-Jul-9 [75-Jul-10: 2B].
Cleaveland, Laurie Estelle (3 mos.) d. on 75-Aug-2 [75-Aug-3: 2B].
Cleaveland, Virginia Locke (5 mos.) d. on 74-Jun-7 [74-Jun-8: 2B].
Cleaveland, William C., Prof. (34 yrs.) d. on 73-Jan-16 [73-Jan-20: 1H].
Cleaver, Maria (78 yrs.) d. on 75-Feb-1 [75-Feb-6: 2B].
Clefford, Arthur Henry (6 mos.) d. on 72-May-20 [72-May-21: 2A].
Clefford, Margaret (57 yrs.) d. on 74-Oct-9 [74-Oct-10: 2B].
Clegg, James (55 yrs.) d. on 71-Jan-4 [71-Jan-5: 2C].
Cleghorn, Maggie, Miss m. Harvey, James [72-Sep-28: 2B].
Cleland, George J. (25 yrs.) d. on 75-Apr-11 of Suicide (Poison) [75-Apr-13: 2B, 4B].
Cleland, George J. m. Leake, Mary E. on 72-Dec-19 [72-Dec-24: 2B].
Clem, J. R., Lt. m. French, Anita R., Miss on 75-May-24 [75-May-27: 2B].
Clemens, John D. (61 yrs.) d. on 71-Dec-5 [71-Dec-7: 2B].
Clemens, John G. m. Buckley, Alice, Miss on 71-Sep-21 [71-Sep-25: 2C].
Clements, Ann (69 yrs.) d. on 72-Feb-28 [72-Feb-29: 2B].
Clements, Caleb (55 yrs.) d. on 72-Aug-22 Drowned [72-Aug-23: 1G].
Clements, John Elmer (10 mos.) d. on 71-Jun-30 [71-Jul-1: 2A].
Clements, John S. (54 yrs.) d. on 73-Nov-26 [73-Nov-27: 2B, 4C].

Clements, Kate m. Lloyd, Charles A. on 72-Dec-11 [73-Jan-15: 2B].
Clements, Lottie, Miss m. Mills, Philip on 73-Jul-21 [73-Jul-24: 2B].
Clements, Theodore m. Mitchell, Florence, Miss on 73-Mar-2 [73-Mar-7: 2C].
Clements, Walker S. (26 yrs.) d. on 74-Oct-14 [74-Oct-17: 2B].
Clemm, Maria (31 yrs.) d. on 71-Feb-16 [71-Feb-17: 2C].
Clemmency, Alfred B. m. Ramm, Amelia M., Miss on 73-Feb-27 [73-Mar-7: 2C].
Clemmens, Laura V. m. Chenoweth, Adolphus H. on 73-Apr-14 [73-Apr-18: 2B].
Clemmens, May m. Scott, Howard on 73-Jul-21 [73-Aug-5: 2B].
Clemmons, Elizabeth (40 yrs.) d. on 73-Dec-3 [73-Dec-5: 2B].
Clemmons, Sallie K. m. Fairbank, George W. on 75-Oct-7 [75-Oct-11: 2B].
Clemson, Annie J. (27 yrs.) d. on 73-Jul-23 [73-Jul-24: 2B; 73-Jul-25: 2B].
Clemson, Hanson T. d. on 71-Sep-26 [71-Sep-27: 2B].
Clemson, Joseph H. m. Auld, May M. on 71-Oct-8 [71-Oct-17: 2B].
Clendenen, Thomas R. m. Shriver, Alice on 74-Nov-10 [74-Nov-17: 2C].
Clendenin, William T. d. on 71-Aug-18 in Railroad accident [71-Aug-18: 4C].
Clesham, William (60 yrs.) d. on 75-Feb-27 [75-Mar-1: 2B].
Clesmyer, W. d. on 71-Feb-11 of Suffocation [71-Feb-13: 4C].
Clifford, Austin (26 yrs.) d. on 71-May-23 [71-May-25: 2B].
Clifford, C. K. m. Dobson, Mary V. on 75-Apr-19 [75-Apr-26: 2B].
Clifford, Catherine (6 mos.) d. [74-Jul-20: 2B].
Clifford, David H. (5 yrs., 2 mos.) d. on 75-Oct-8 [75-Oct-9: 2B].
Clifford, Elizabeth (67 yrs.) d. on 71-Apr-12 of Consumption [71-May-5: 2B].
Clifford, Florence Virginia d. on 73-Nov-6 [73-Nov-8: 2B].
Clifford, Hannah E. m. Pfeiffer, James L. on 74-Aug-10 [74-Sep-2: 2B].
Clifford, John (5 yrs., 10 mos.) d. on 75-Sep-10 [75-Sep-11: 2A].
Clifford, John Thomas (1 yr., 2 mos.) d. on 74-Aug-24 [74-Aug-26: 2B].
Clifford, Mary Ann (4 yrs., 3 mos.) d. [75-Sep-17: 2B].
Clifton, Robert D. (66 yrs.) d. on 72-Mar-3 [72-Mar-4: 2B; 72-Mar-6: 2B].
Clifton, Robert D. m. Hoffman, Carrie A. on 73-Dec-31 [74-Jan-3: 2B].
Cline, Amelia m. Halstead, Edwin G. on 71-Apr-11 [71-Apr-15: 2B].
Cline, Catharine (61 yrs.) d. on 75-Nov-7 [75-Nov-8: 2B; 75-Nov-9: 2B].
Cline, Eli m. Plummer, Sarah on 74-Aug-15 [75-Mar-8: 2B].
Cline, George W. (37 yrs.) d. on 74-Feb-14 [74-Feb-16: 2B].
Cline, John d. on 75-Mar-13 of Consumption [75-Mar-23: 2B].
Cline, Rebecca S., Miss m. Harrison, Edwin J. on 71-Mar-8 [71-Mar-11: 2B].
Cline, S. Bettie (25 yrs., 8 mos.) d. on 75-Sep-7 [75-Sep-8: 2B; 75-Sep-9: 2B].
Clingman, Louis (43 yrs.) d. on 75-Jun-14 [75-Jun-15: 2A].
Clinton, H. DeWitt m. Brawner, Kate V. on 73-Dec-22 [73-Dec-24: 2B].
Clinton, Henry d. on 72-Apr-22 Drowned [72-Apr-27: 1G].
Clinton, Mary Z. (33 yrs.) d. on 71-Dec-30 [72-Jan-1: 2B].
Cloe, Charles W. m. Randall, Mary Mercer, Miss on 71-Jan-5 [71-Jan-13: 2C].
Clogg, George H. m. Reeder, Lucretia M. on 75-Jul-1 [75-Jul-28: 2B].
Cloke, Anastasia (61 yrs.) d. on 73-Jun-30 [73-Jul-1: 2B].
Cloke, Bridget (65 yrs.) d. on 75-Apr-27 [75-Apr-28: 2B; 75-Apr-29: 2B].
Cloman, Emmanuel (25 yrs., 9 mos.) d. on 72-Jan-27 [72-Jan-29: 2C].
Close, Alexander (53 yrs.) d. on 73-Nov-6 of Lung disease [73-Nov-8: 4B; 73-Nov-10: 2C, 4C].
Close, John Robert (7 mos.) d. on 73-Jun-30 [73-Jul-1: 2B].
Close, Julia J. (20 yrs.) d. on 73-Jan-19 [73-Jan-20: 2B].
Close, Pierre d. on 72-Nov-3 [72-Nov-4: 2B].
Clotworthy, George W. m. Evans, Emma E. on 71-Dec-21 [72-Feb-5: 2C].
Cloud, Benjamin (58 yrs.) d. on 74-Jul-9 [74-Jul-11: 2B].
Cloud, Mary (68 yrs.) d. on 72-Oct-14 [72-Oct-15: 2B].

Cloud, Robert Montgomery (10 mos.) d. on 75-Aug-3 [75-Aug-4: 2B].
Clow, Laura V., Miss m. Thomas, James H. on 75-Mar-11 [75-Mar-20: 2B].
Club, Andrew (10 yrs., 5 mos.) d. on 73-Jan-12 [73-Jan-14: 2B; 73-Jan-13: 2B].
Club, Laura V. m. Winter, George H. on 74-May-20 [74-Jun-3: 2B].
Cluley, Mary Ann d. on 74-Dec-16 [74-Dec-22: 2B; 74-Dec-23: 2B].
Cluskey, M. W., Col. d. on 73-Jan-13 [73-Jan-21: 2B].
Clute, Florence M., Miss m. Seidenstricker, Henry Antes on 71-Oct-20 [71-Oct-26: 2B].
Coad, Elizabeth Rodman (79 yrs.) d. on 75-Nov-6 [75-Nov-8: 2B].
Coad, Ellen A. (47 yrs.) d. on 75-Jul-6 [75-Jul-7: 2B].
Coakley, John (70 yrs.) d. on 71-May-22 [71-May-24: 2B].
Coal, Benjamin m. Justes, Sarah E., Miss on 75-Aug-29 [75-Sep-17: 2B].
Coale, Edward T. m. Young, Elizabeth M. on 73-Oct-4 [73-Oct-9: 2B].
Coale, Issac, Jr. (46 yrs.) d. on 73-Dec-31 of Dropsy [74-Jan-1: 2B, 4D; 74-Jan-2: 2B; 74-Jan-3: 4B].
Coale, Louisa S. (35 yrs.) d. on 73-Dec-30 of Lamp explosion [73-Dec-31: 2B, 4B; 74-Jan-1: 4D].
Coale, Mary A. Buchanan m. Brown, Thomas R. on 71-Jun-1 [71-Jun-2: 2B].
Coale, William E. m. Wood, Eugenia E. on 75-Sep-1 [75-Oct-6: 2B].
Coates, Jessie (13 yrs.) d. on 73-Sep-13 [73-Sep-16: 2B].
Coates, John (72 yrs.) d. on 71-Sep-24 [71-Sep-25: 2C; 71-Sep-26: 2C, 4D; 71-Sep-27: 2B].
Coates, Martha W. (73 yrs.) d. on 73-Oct-23 [73-Oct-24: 2B].
Coates, Perry (22 yrs.) d. on 74-Jan-4 [74-Jan-7: 2B].
Coates, Robert E. (66 yrs.) d. on 71-Oct-9 of Paralysis [71-Oct-10: 4E; 71-Oct-11: 2B].
Coates, Sadie E., Miss m. Schaal, George A. on 75-Oct-24 [75-Nov-4: 2A].
Cobb, Amelia Jane (69 yrs.) d. on 71-Dec-12 [71-Dec-13: 2B; 71-Dec-14: 2B].
Cobb, Bessie (4 yrs.) d. on 71-Nov-4 of Croup [71-Nov-7: 2A].
Cobb, George d. on 74-Apr-15 Drowned [74-Apr-18: 5G].
Cobb, Josiah (80 yrs.) d. on 75-Sep-5 [75-Sep-6: 4C; 75-Sep-7: 2B; 75-Sep-8: 4D].
Cobb, Pinkie M., Miss m. Fowlkes, S. A. on 72-Sep-12 [72-Sep-13: 2B].
Coberg, B. G. d. on 74-Jun-25 of Dropsy [74-Jun-26: 2B; 74-Jun-27: 2B; 74-Jun-29: 1G].
Coblens, Bernard C. (22 yrs.) d. on 71-Oct-19 [71-Oct-23: 2B].
Coblens, Charles (55 yrs.) d. on 71-Oct-12 [71-Oct-14: 2A].
Coburn, Henry (50 yrs.) d. on 74-Dec-20 [74-Dec-21: 2A; 74-Dec-24: 2B].
Coburn, J. Henry m. Burns, Kate, Miss on 70-Aug-28 [71-Jan-24: 2C].
Coburn, Joseph F. m. Haddaway, Rhoda C. on 74-Feb-25 [74-Mar-21: 2B].
Coburn, Mollie A. m. Mills, John R. on 74-Aug-2 [74-Aug-18: 2B].
Cochran, Clara B., Miss m. Snodgrass, Winfield S. on 71-Oct-24 [71-Nov-11: 2B].
Cochran, Elizabeth A. d. on 75-Mar-14 [75-Mar-19: 2B].
Cochran, Howard Kerr (4 yrs., 1 mo.) d. on 75-Sep-23 [75-Sep-24: 2B; 75-Sep-25: 2B].
Cochran, James Henry (4 yrs., 6 mos.) d. on 72-Jan-17 [72-Jan-19: 2C].
Cochran, John E. m. Norris, Mollie H., Miss on 75-Feb-10 [75-Feb-11: 2B].
Cochran, Kate m. Supplee, J. Frank on 74-Nov-18 [74-Nov-24: 2B].
Cochran, Mary Belle (17 yrs., 8 mos.) d. on 73-Dec-16 of Scarlet fever [73-Dec-17: 2B; 73-Dec-18: 2B].
Cochran, Matilda J. m. Wilcox, Thomas J. on 72-May-28 [72-Jun-3: 2A].
Cochrane, David (8 mos.) d. on 72-Sep-16 [72-Sep-17: 2B].
Cock, Ambrose, Capt. m. Lewis, Mary J., Miss on 71-Mar-13 [71-Mar-15: 2B].
Cockey, Belle H. m. Allen, Edward G. on 75-Sep-22 [75-Sep-28: 2B].
Cockey, Deborah S. d. on 71-Dec-18 [71-Dec-19: 2B; 71-Dec-20: 2B].
Cockey, Elizabeth F. m. Offutt, James W. on 73-Feb-4 [73-Feb-5: 2B].
Cockey, Erith R., Miss m. Dickson, Issac N., Dr. on 74-Dec-15 [74-Dec-22: 2B].
Cockey, Eurie B. m. Dickson, I. N., Dr. on 74-Dec-17 [74-Dec-24: 2B].
Cockey, John (85 yrs.) d. on 73-May-4 [73-May-5: 2B; 73-May-6: 2A].

Cockey, John (32 yrs.) d. on 74-Apr-30 of Pneumonia [74-May-6: 2B].
Cockey, Junie S. m. Chalk, John J. on 75-Apr-22 [75-Apr-27: 2B].
Cockey, Laura E., Miss m. Bosley, James A. on 74-Apr-16 [[74-Apr-28: 2B]; 74-Apr-29: 2B].
Cockey, Lizzie S. (28 yrs.) d. on 75-Oct-23 [75-Oct-25: 2A].
Cockey, Marie L. Michie (2 yrs., 8 mos.) d. on 75-Mar-12 of Scarlet fever [75-Mar-13: 2B].
Cockey, Mary A., Miss m. Burton, William H. on 73-May-21 [73-May-24: 2B].
Cockey, Mary E. m. Bosley, W. Harry on 75-Dec-23 [75-Dec-30: 2B].
Cockey, Mordecai G. (70 yrs.) d. on 72-Jul-19 [72-Jul-20: 2B].
Cockey, Mordecai G. m. Slade, Mary Olivia on 73-Apr-24 [73-Apr-30: 2B].
Cockey, Rebecca d. on 73-Sep-22 [73-Sep-23: 2B; 73-Sep-24: 2B].
Cockey, Sarah L. d. on 74-Jun-8 [74-Jun-9: 2B; 74-Jun-10: 2B].
Cockey, Thomas B. m. Chalk, Harriet Lizzie on 75-Apr-1 [75-Apr-9: 2B].
Cockrill, Joseph M., Dr. m. Read, Lizzie L. on 74-Dec-9 [74-Dec-12: 2B; 74-Dec-15: 2B].
Codd, Lizzie (5 yrs., 10 mos.) d. on 71-Sep-19 [71-Sep-20: 2C].
Codd, Simon William (2 yrs., 9 mos.) d. on 71-Jul-10 [71-Jul-11: 2B].
Codd, William Henry (1 yr.) d. on 72-Feb-19 [72-Feb-21: 2C].
Codori, Francis (24 yrs.) d. on 71-Jul-28 [71-Jul-29: 2B].
Codorie, John A. m. Cassidy, Kate on 71-Jun-19 [71-Jun-27: 2B].
Coe, Howard W. (26 yrs.) d. on 72-Jan-1 [72-Jan-5: 2B].
Coe, Joshua (98 yrs.) d. on 75-Aug-22 [75-Aug-24: 2B; 75-Aug-25: 4D].
Coe, Matilda (94 yrs.) d. on 75-Apr-16 [75-Apr-21: 2B].
Coffey, Margaret (66 yrs.) d. on 73-Jul-6 [73-Jul-7: 2B; 73-Jul-8: 2B].
Coffey, Patrick m. Mulligan, Elizabeth [75-Jan-16: 2C].
Coffin, Charles B., Rev. d. on 75-Jul-9 [75-Jul-13: 4D].
Coffin, Hettie E. m. Shilling, John P. on 72-Aug-20 [72-Oct-23: 2B].
Coffin, Ridie M. m. Howison, John W. on 72-Sep-19 [72-Sep-25: 2B].
Coffroth, Ella E. m. Bateman, William B. on 75-May-20 [75-May-22: 2B].
Cofran, Eliza (63 yrs.) d. on 75-Sep-25 [75-Sep-27: 2A].
Coggins, John Richard d. on 73-Aug-27 [73-Aug-28: 2B].
Coggins, Thomas, Rev. (72 yrs.) d. on 75-Mar-6 [75-Mar-8: 2B, 4D].
Coggins, Tillie m. Ferguson, W. M. on 73-Oct-22 [73-Oct-25: 2B].
Coggins, William Edwin (1 yr., 8 mos.) d. on 72-Dec-7 [72-Dec-14: 2B].
Coghlan, Mary B. (6 yrs.) d. on 73-Jul-14 [73-Jul-15: 2B].
Coghlan, Richard m. Atlee, Emma on 72-Oct-30 [72-Nov-5: 2B].
Cogswell, James (91 yrs.) d. on 73-Feb-20 [73-Feb-21: 1G, 2B].
Cogue, Susan J., Miss m. Matthews, Joseph W. on 71-Dec-7 [71-Dec-8: 2C].
Cohee, George W. m. Thompson, Sarah E. on 75-Jan-4 [75-Mar-2: 2B].
Cohen, Bluma, Miss m. Rosenthal, Julius J. on 71-Oct-15 [71-Oct-21: 2B].
Cohen, Catharine m. Myers, Charles D. on 72-Jan-3 [72-Jan-5: 2B].
Cohen, Catherine (22 yrs.) d. on 71-Sep-21 [71-Sep-22: 2B].
Cohen, David I. (9 mos.) d. on 71-Jun-20 [71-Jun-21: 2C; 71-Jun-22: 2C].
Cohen, Frances (58 yrs.) d. on 72-Aug-5 [72-Aug-6: 2B].
Cohen, Georgie (15 yrs.) d. on 71-May-27 [71-May-29: 2B].
Cohen, Israel (55 yrs.) d. on 75-Jun-3 of Heart paralysis [75-Jun-4: 2B, 4C; 75-Jun-5: 2B; 75-Jun-7: 4B].
Cohen, Louis d. on 73-May-19 of Heart disease [73-May-20: 1F; 73-May-21: 2B].
Cohen, Marcus m. Walter, Gertrude on 71-Jul-19 [71-Jul-22: 2B].
Cohen, Margaret (63 yrs.) d. on 73-Jul-1 [73-Jul-3: 1G, 2B].
Cohen, Solomon (5 mos.) d. on 74-Jul-4 [74-Jul-7: 2B].
Cohn, Joseph m. Bergman, Betty on 72-Mar-17 [72-Mar-23: 2B].
Colbert, Annie m. Parker, C. J. on 73-Jun-12 [73-Jun-13: 2B].
Colbert, Annie R. m. Moriarty, Matthew C. on 73-Jul-7 [73-Jul-8: 2B].

105

Colbert, Kate (15 yrs.) d. on 72-Apr-26 [72-Apr-29: 2B].
Colbert, Mary E. m. Shields, James on 73-Nov-4 [73-Nov-6: 2B].
Colbert, Robert S. (77 yrs.) d. on 71-Jan-6 [71-Jan-7: 2C].
Colbert, Vaughn S. m. Ball, Beckie G. on 74-Jun-10 [74-Jun-11: 2B].
Colbourn, Mary Ellen, Miss m. Smith, Benjamin on 75-Feb-10 [75-Feb-12: 2B].
Colburn, E. W., Dr. (76 yrs.) d. on 72-Jun-19 [72-Jun-20: 2B].
Colburn, H. Hobart m. Sherwood, Gussie F., Miss on 71-Dec-28 [72-Jan-19: 2C].
Colburn, Mary (77 yrs.) d. on 72-Jun-25 [72-Jun-26: 2B].
Colding, T. B., Hon. m. Barry, Blanche C. on 75-Dec-1 [75-Dec-21: 2B].
Cole, Abraham m. Griffith, Doctor, Mrs. on 71-Feb-4 [71-Feb-17: 2C].
Cole, Alexander m. Oram, Kate, Miss on 75-Mar-14 [75-Jul-19: 2B].
Cole, Alice Virginia (11 yrs., 10 mos.) d. on 71-May-20 [71-May-22: 2B].
Cole, Anne d. on 72-Dec-19 [72-Dec-21: 2A].
Cole, Annie Maria (3 mos.) d. on 75-Jun-15 [75-Jun-16: 2B].
Cole, Arietta, Miss m. Price, Joseph on 74-Apr-23 [74-Apr-27: 2B].
Cole, Bernard (3 mos.) d. on 71-Jun-7 [71-Jun-8: 2B].
Cole, Catherine (76 yrs.) d. on 71-Jul-14 [71-Jul-18: 2B].
Cole, Charles Frederick (3 yrs., 5 mos.) d. on 73-Feb-22 [73-Feb-25: 2B].
Cole, Clara Bell (13 yrs.) d. on 73-Mar-3 [73-Mar-5: 2C].
Cole, Edgar F. m. Standiford, Clara E. on 72-Apr-30 [72-May-14: 2B].
Cole, Eliza Krebs (10 mos.) d. on 72-Aug-4 [72-Aug-6: 2B].
Cole, Eliza S., Miss m. Lee, John R. on 75-Jul-29 [75-Aug-3: 2B].
Cole, Elizabeth d. on 75-Dec-12 of Heart disease [75-Dec-13: 4B].
Cole, Ella M. (4 yrs.) d. on 71-Mar-5 [71-Mar-6: 2C].
Cole, Emma, Miss m. Davenport, James C. on 72-Nov-14 [72-Nov-18: 2B].
Cole, Emma m. Weaver, William D. on 72-Nov-26 [72-Dec-6: 2B].
Cole, Fannie A. m. Rogers, William C. on 71-Jun-1 [71-Jun-8: 2B].
Cole, Florence E., Miss m. Wilson, Felix on 74-Apr-8 [74-Apr-17: 2B].
Cole, Florence Frances (32 yrs.) d. on 72-Apr-27 [72-Apr-29: 1G, 2B; 72-May-2: 2B].
Cole, Florence Mabel (4 yrs.) d. on 71-May-13 [71-May-15: 2B].
Cole, Franklin m. Gorsuch, Rebecca, Miss on 72-Jun-13 [72-Jun-22: 2B].
Cole, Hettie E. m. Caldwell, William McGill on 74-Oct-6 [[74-Oct-8: 2B]; 74-Oct-10: 2B].
Cole, Ida Amelia m. Gray, Elijah H. on 71-Apr-19 [71-Apr-27: 2C].
Cole, J. C. LeGrand m. Robinson, Jennie, Miss on 72-Apr-11 [72-Apr-19: 2B].
Cole, James E. m. Hitzelberger, Mary L., Miss on 75-Sep-12 [75-Sep-15: 2B].
Cole, Jarrett (75 yrs.) d. on 74-Jul-20 [74-Jul-21: 2C; 74-Jul-22: 2B].
Cole, Jesse C. (53 yrs.) d. on 74-Jun-3 in Railroad accident [74-Jun-4: 1F, 2B].
Cole, John A. m. Peirce, Maggie on 71-Jun-15 [71-Jun-19: 2B].
Cole, John S. m. Boggs, Maggie A., Miss on 71-Aug-1 [71-Sep-5: 2B].
Cole, Joseph m. Brown, Martha Ellen, Miss on 71-Mar-14 [71-Mar-16: 2B].
Cole, Keziah (84 yrs.) d. on 73-May-16 [73-Jun-16: 2B].
Cole, Lamartine m. Jenkins, Ida, Miss on 74-Sep-10 [74-Sep-16: 2B].
Cole, Laura Virginia (24 yrs., 8 mos.) d. on 73-Nov-28 [73-Dec-2: 2B].
Cole, Lucinda m. Carter, Charles W. on 74-Nov-10 [74-Nov-12: 2B].
Cole, Margaret Jane (2 mos.) d. on 71-Jun-12 [71-Jun-20: 2B].
Cole, Maria J. m. Mettam, Judson C. [72-Sep-26: 2B].
Cole, Maria L. (24 yrs.) d. on 73-Sep-23 [73-Sep-25: 2B].
Cole, Martha m. Arthur, John on 73-Nov-4 [73-Nov-12: 2B].
Cole, Mary (78 yrs.) d. on 73-Nov-15 [73-Nov-17: 2B].
Cole, Merryman, Dr. (73 yrs.) d. on 72-Jan-6 Murdered [72-Jan-8: 2C, 4B].
Cole, Patrick d. on 72-Mar-20 [72-Mar-26: 2B].
Cole, Richard S. m. Foreman, Annie E., Miss on 74-Mar-4 [74-Mar-7: 2B].

Cole, Robert Fenwick (2 yrs., 10 mos.) d. on 73-Jul-27 [73-Jul-29: 2B].
Cole, Sarah A. d. on 73-Nov-22 [73-Nov-25: 2B].
Cole, Sarah E., Miss m. Watts, J. M. on 72-Oct-24 [72-Oct-28: 2B].
Cole, Sarah Elizabeth m. Scott, Francis P. on 74-Feb-18 [74-Feb-20: 2C].
Cole, Susan (4 yrs., 9 mos.) d. [72-Mar-16: 2B].
Cole, Susannah (66 yrs.) d. on 72-Jul-19 of Paralysis [72-Jul-20: 2B].
Cole, Thomas (1 yr., 5 mos.) d. [72-Mar-16: 2B].
Cole, W. H. m. Cassidy, Kate J. on 73-Nov-11 [73-Nov-12: 2B].
Cole, William G. (53 yrs.) d. on 72-Jul-2 [72-Jul-4: 2C].
Cole, William G. m. Bramble, Wilhelmina on 71-Dec-21 [72-Jan-4: 2B].
Cole, William P. (39 yrs.) d. on 73-Jul-30 [73-Aug-8: 2B].
Cole, Zachariah (35 yrs.) d. on 71-Apr-23 [71-Apr-26: 2B].
Colehouse, Rosa I., Miss m. Mitchell, Charles T. on 74-Oct-28 [75-Mar-11: 2C].
Coleman, Ann (72 yrs.) d. on 74-Mar-10 [74-Mar-11: 2B; 74-Mar-12: 2B].
Coleman, Annie Florence (15 yrs.) d. on 74-Jul-3 [74-Jul-4: 2B].
Coleman, Anthony (28 yrs.) d. on 72-May-28 [72-May-29: 2B; 72-May-30: 2A].
Coleman, Carrie (1 yr., 4 mos.) d. on 72-Mar-17 [72-Mar-18: 2A].
Coleman, Charles M. m. Hartjens, Mollie A. on 75-Dec-21 [75-Dec-27: 2B; 75-Dec-28: 2B].
Coleman, Charles R. (57 yrs.) d. on 72-May-15 [72-May-17: 2B].
Coleman, Darius (65 yrs.) d. on 73-Mar-29 [73-Apr-1: 2B].
Coleman, Edith Isabel (2 yrs., 3 mos.) d. on 75-Apr-19 [75-Apr-21: 2B].
Coleman, Elizabeth (39 yrs.) d. on 75-Jul-31 [75-Aug-2: 2B; 75-Aug-3: 2B].
Coleman, Frederick W., Maj. m. Adams, Clara P., Miss on 75-Nov-18 [75-Nov-27: 2B].
Coleman, George E. m. Gore, Ada, Miss on 73-Feb-5 [73-Feb-7: 2B].
Coleman, Ida V. m. Brown, John H. on 74-May-26 [74-Jun-1: 2B].
Coleman, J. Spicer Ryan (3 mos.) d. on 71-Sep-28 [71-Oct-2: 2C].
Coleman, Jennie, Miss m. Dittman, John H. on 71-Jul-27 [71-Aug-18: 2C].
Coleman, John Joseph (1 yr., 8 mos.) d. on 72-Apr-12 [72-Apr-13: 2A].
Coleman, Lillian Edith d. on 71-Dec-1 [71-Dec-2: 2B].
Coleman, Louis P. d. on 75-Jun-17 of Consumption [75-Jun-18: 2B].
Coleman, Margaret A. (36 yrs.) d. on 73-Mar-27 of Consumption [73-Mar-28: 2B].
Coleman, Morgan (69 yrs.) d. on 74-May-1 of Fall from steps [74-May-2: 2B, 4D].
Coleman, S. H., Prof. m. Magruder, Vinnie on 71-Oct-4 [71-Oct-9: 2B].
Coleman, Samuel G. (53 yrs.) d. on 75-Dec-16 of Heart disease [75-Dec-18: 2A; 75-Dec-20: 4A].
Coleman, Sarah (99 yrs.) d. on 75-Sep-20 [75-Sep-21: 2B, 4D].
Coleman, Thomas (54 yrs.) d. on 71-Feb-3 [71-Feb-4: 2B].
Coleman, W. Thomas (1 yr., 4 mos.) d. on 72-Jul-9 [72-Jul-22: 2B].
Colford, Elizabeth (7 yrs., 3 mos.) d. on 75-Nov-19 [75-Nov-20: 2B].
Colgan, Edward J. m. Bagley, Irena E., Miss on 71-Jun-29 [71-Jul-1: 2A].
Colhoon, George Chambers d. on 72-Jun-10 [72-Jun-13: 2B].
Colhouer, Sarah E. (60 yrs., 1 mo.) d. on 73-Feb-6 of Smallpox [73-Feb-7: 2B].
Colhour, Sarah Catherine Nelso (9 mos.) d. on 71-Aug-1 [71-Aug-3: 2B].
Coll, Edward J. m. Stewart, Julia A., Miss on 71-Oct-17 [71-Oct-24: 2A].
Collars, Emerson Arthur (15 yrs., 5 mos.) d. on 72-Nov-14 [72-Nov-15: 2B].
Collenberg, Mary M. (80 yrs.) d. on 75-Jan-21 [75-Jan-22: 2B].
Collers, Charles A. m. Carrigan, Laura V., Miss on 73-Mar-4 [73-Mar-6: 2B].
Collett, Sarah, Miss m. Hale, Harry W. on 75-Mar-7 [[75-Mar-9: 2B]; 75-Mar-10: 2C].
Colley, John W. (2 yrs., 6 mos.) d. on 75-Feb-17 of Congestion [75-Feb-18: 2B; 75-Feb-19: 2B].
Colley, Lottie m. Williams, Noah on 74-Dec-8 [74-Dec-10: 2B].
Colley, Mary A. m. Holland, John R. on 72-Jan-3 [72-Nov-15: 2B].
Colley, Robert Maxwell d. on 72-Jul-17 [72-Jul-18: 2B].
Collier, Charles E. (38 yrs.) d. on 71-Jul-28 [71-Jul-29: 2B].

Collier, Elizabeth Rose (11 yrs., 8 mos.) d. on 73-Aug-11 [73-Aug-14: 2B].
Collier, John (8 yrs., 2 mos.) d. on 71-May-26 [71-May-27: 2B].
Collier, Mary J. (59 yrs.) d. on 74-Apr-6 [74-Apr-7: 2A].
Collier, Walter (44 yrs.) d. on 73-Feb-28 [73-Mar-1: 2A].
Colligan, Esther d. on 75-Aug-24 [75-Aug-25: 2B; 75-Aug-26: 2B].
Colline, Mary E. m. Sheridan, Columbus on 72-Jan-17 [72-Jan-20: 2B].
Collings, William m. Wagner, Mary on 72-Apr-13 [72-Aug-6: 2B].
Collins, Albert David (8 mos.) d. on 75-Aug-30 [75-Sep-1: 2B].
Collins, Alice, Miss m. Farnen, Charles T. on 70-Dec-27 [71-Jan-5: 2C].
Collins, Ann P. (53 yrs.) d. on 71-Sep-29 [71-Sep-30: 2C].
Collins, Annie E. (5 mos.) d. on 74-Jan-12 of Scarlet fever [74-Jan-13: 2B].
Collins, B. H. m. Hayden, Kate on 74-Jan-8 [74-Jan-10: 2B].
Collins, Barbara E. m. Robinson, James C. on 72-Jan-25 [[72-Jan-30: 2C]; 72-Jan-27: 2B].
Collins, Bartholomew m. Drew, Kate on 72-Oct-2 [72-Oct-5: 2A].
Collins, Charles T. m. Harrison, Annie J. on 72-Sep-10 [72-Sep-17: 2B].
Collins, David m. Haines, Sarah C. on 72-Oct-10 [72-Oct-21: 2B].
Collins, Edward Marion (6 mos.) d. on 72-Aug-24 [72-Aug-26: 2B].
Collins, Ella (5 yrs., 5 mos.) d. on 75-Dec-21 [75-Dec-23: 2B].
Collins, Ellen (56 yrs.) d. on 75-Feb-4 [75-Feb-5: 2B].
Collins, Emma C. (22 yrs.) d. on 71-Sep-18 of Typhoid [71-Sep-22: 2B].
Collins, Emma J., Miss m. Foster, Walter L. on 71-Jun-11 [71-Jun-13: 2B].
Collins, Eveline d. on 75-Aug-16 [75-Aug-17: 2B; 75-Aug-18: 2B].
Collins, George C. d. on 75-Dec-19 of Bronchitis [75-Dec-21: 2B].
Collins, George C. m. Fritz, Elizabeth on 74-Jun-19 [74-Jun-19: 2B].
Collins, Hannah (71 yrs.) d. on 74-Aug-6 [74-Aug-7: 2B; 74-Aug-8: 2B].
Collins, Harry A. m. Cook, Sallie on 72-Sep-30 [72-Oct-14: 2B].
Collins, Henry m. Brown, Emmeline on 75-Nov-4 [75-Nov-6: 2B].
Collins, J. H., Dr. m. Haseltine, Emma A., Miss on 72-Jan-4 [72-Jan-15: 2C].
Collins, James (18 yrs.) d. on 73-Apr-15 in Circus accident [73-Apr-16: 1H, 2B; 73-Apr-17: 1G, 2B].
Collins, James, Jr. (29 yrs.) d. on 74-Jun-1 [74-Jun-2: 2B].
Collins, James E. m. Sprigg, Kate S. on 72-Nov-11 [73-May-16: 2B].
Collins, James F. (40 yrs.) d. on 72-Aug-14 [72-Aug-15: 2C; 72-Aug-16: 2B].
Collins, James W. (65 yrs.) d. on 74-Oct-23 [74-Oct-31: 2B].
Collins, Jerome (1 yr., 11 mos.) d. on 75-Feb-10 [75-Feb-12: 2B].
Collins, John (75 yrs.) d. on 75-May-6 [75-May-7: 2B].
Collins, Joseph S., Rev. (96 yrs.) d. on 74-Aug-1 [74-Aug-4: 4D].
Collins, Kate (29 yrs.) d. on 71-Apr-2 [71-Apr-3: 2B].
Collins, Laura V. m. Robinson, George S. on 75-Nov-4 [[75-Nov-17: 2B]; 75-Nov-20: 2B].
Collins, Margaret (79 yrs.) d. on 72-Mar-5 [72-Mar-6: 2B].
Collins, Margaret Ann (70 yrs.) d. on 71-Sep-3 [71-Sep-5: 2B].
Collins, Mary (2 yrs., 4 mos.) d. on 71-May-29 [71-May-30: 2B].
Collins, Mary (75 yrs.) d. on 74-Apr-10 [74-Apr-11: 1G, 2B; 74-Apr-13: 2A; 74-Apr-14: 1G].
Collins, Mary (76 yrs.) d. [75-Apr-26: 2B].
Collins, Mary, Miss m. Durham, Walter on 74-Jan-22 [74-Feb-7: 2B].
Collins, Mary Agnes (2 yrs.) d. on 72-Mar-29 [72-Mar-30: 2B].
Collins, Mary Ann (1 yr., 2 mos.) d. on 73-Jan-24 [73-Jan-25: 2B].
Collins, Mary Elizabeth (19 yrs., 6 mos.) d. on 75-Oct-16 [75-Oct-18: 2B].
Collins, Mary M. (24 yrs.) d. on 71-Aug-13 [71-Aug-14: 2C].
Collins, Mary Pemelia, Miss m. Collins, Michael Joseph on 71-Feb-20 [71-Jun-6: 2C].
Collins, Michael Joseph m. Collins, Mary Pemelia, Miss on 71-Feb-20 [71-Jun-6: 2C].
Collins, Monroe m. James, Olivia C., Miss on 72-May-16 [72-May-31: 2B].

Collins, P. J. (4 yrs., 3 mos.) d. on 73-Sep-23 [73-Sep-25: 2B].
Collins, P. Louise d. on 72-Apr-11 [72-Apr-12: 2B; 72-Apr-13: 2A].
Collins, Patrick (27 yrs.) d. on 71-Jan-25 [71-Jan-27: 2C].
Collins, Patrick (24 yrs.) d. on 71-Jul-24 of Blow to head [71-Jul-25: 4C].
Collins, Patrick (73 yrs.) d. on 74-Mar-19 [74-Mar-20: 2B].
Collins, Patrick P. (29 yrs.) d. on 73-Apr-14 Drowned [73-May-12: 2B; 73-May-13: 2B].
Collins, Peter (57 yrs.) d. on 74-Dec-13 [74-Dec-14: 2B].
Collins, Robert E. m. Bishop, Ida K., Miss on 73-Dec-18 [73-Dec-23: 2B; 73-Dec-24: 2B].
Collins, Sarah (29 yrs.) d. on 72-Jul-31 [72-Aug-1: 2C; 72-Aug-2: 2C].
Collins, Sarah C. m. Angelmier, John C. on 73-Feb-13 [73-Mar-8: 2B].
Collins, Sarah Ceranda (10 mos.) d. on 75-Jan-13 [75-Jan-14: 2B].
Collins, Spindlow (57 yrs.) d. on 74-Aug-25 [74-Sep-3: 2B].
Collins, Stephen, Dr. (74 yrs.) d. on 71-Dec-16 of Heart disease [71-Dec-18: 2B, 4C; 71-Dec-19: 2B; 71-Dec-20: 4D].
Collins, T. E. B. m. Jones, Sadie on 71-Jan-26 [71-Jan-28: 2B].
Collins, T. E. Bond (32 yrs.) d. on 71-Nov-21 [71-Nov-23: 2C].
Collins, William (25 yrs.) d. on 74-Apr-16 Drowned [74-Apr-20: 4C].
Collins, Willie S. (3 yrs., 8 mos.) d. on 75-Dec-25 [75-Dec-28: 2B].
Collinson, Mollie E. m. Walker, Littleton on 75-Mar-6 [75-Apr-8: 2B].
Collison, A. J., Capt. m. Gaul, May Nettie on 73-Jun-10 [73-Jul-17: 2B].
Collison, John (25 yrs.) d. on 74-Oct-21 Suffocated in well [74-Oct-22: 1H, 2A].
Collison, Laura B. m. Deale, James F. on 73-Jan-23 [73-Jan-28: 2B].
Collison, Susan (22 yrs.) d. on 71-Mar-8 [71-Mar-9: 2C].
Collyer, William (28 yrs.) d. on 74-Jun-18 [74-Jun-19: 2B].
Collyer, William m. Flowers, Elizabeth, Miss on 71-Sep-6 [71-Dec-27: 2C].
Collyer, Willie (1 yr., 7 mos.) d. on 74-Jun-21 [74-Jun-23: 2B].
Colmary, Georgie J. m. Jones, William A., Dr. on 73-Oct-15 [73-Oct-22: 2B].
Colnistine, Minnie d. on 72-May-30 Burned [72-May-31: 1H].
Colock, Clara B. m. Andrews, John G. on 72-Jul-17 [72-Aug-16: 2B].
Colopy, Bridget (85 yrs.) d. on 71-Mar-14 [71-Mar-15: 2B].
Colson, Margaret V. d. on 75-Nov-8 of Consumption [75-Nov-9: 2B].
Colter, Mary E., Miss m. Houehens, J. Thomas on 74-Mar-16 [74-Mar-25: 2B].
Colton, Annie, Miss m. Garrett, Thomas on 72-Jul-22 [72-Nov-29: 2B].
Colton, Elizabeth (66 yrs.) d. on 71-Jun-12 [71-Jun-14: 2B; 71-Jun-15: 2B].
Colton, Ida m. Steiner, William H. on 73-Nov-19 [73-Nov-22: 2B].
Colton, John m. Harkness, Sarah I. on 74-Nov-17 [74-Nov-21: 2B].
Colton, John H. m. Miller, Elizabeth A. on 72-Feb-12 [72-Feb-20: 2C].
Colton, Marian Watts (3 yrs., 2 mos.) d. on 73-Sep-25 [73-Oct-10: 2B].
Colton, R. Johnson, Hon. m. Biscoe, Annie Ophelia on 74-Dec-4 [74-Dec-5: 2B].
Colton, William (64 yrs.) d. on 74-Oct-26 of Heart disease [74-Oct-27: 1G, 2B; 74-Oct-28: 2B].
Colville, Frederick (22 yrs.) d. on 75-Nov-18 of Suicide (Drowning) [75-Nov-19: 4E].
Colvin, Richard (54 yrs.) d. on 72-Dec-10 [72-Dec-12: 1H, 2B; 72-Dec-13: 2B].
Colwell, Willey (11 mos.) d. on 72-Apr-22 [72-Apr-24: 2B].
Comber, John P. (20 yrs., 2 mos.) d. on 73-Mar-27 [73-Mar-28: 2B; 73-Mar-29: 2B].
Comegys, Ann M. (63 yrs.) d. on 73-Jun-18 [73-Jul-1: 2B].
Comegys, Aramintha (73 yrs.) d. on 71-Mar-10 [71-Mar-11: 2B].
Comegys, Hannah M. m. Rose, William W. on 71-Oct-11 [71-Oct-12: 2B].
Comegys, Sarah S. (47 yrs.) d. on 72-Aug-27 [72-Aug-28: 2A; 72-Aug-29: 2B].
Comegys, William (37 yrs.) d. on 72-Dec-11 [72-Dec-13: 2B].
Comegys, William m. Foreman, Rebecca E., Miss on 72-Dec-31 [73-Jan-9: 2B; 73-Jan-10: 2B].
Command, John (4 yrs., 3 mos.) d. on 75-Jun-28 [75-Jun-30: 2B].
Companioni, M. C., Miss m. Echemendia, M. C. on 72-Apr-1 [72-Apr-2: 2B].

Compton, Eliza (91 yrs.) d. on 73-Apr-20 [73-Apr-21: 2B].
Comton, Adelaide d. on 72-May-24 [72-May-27: 2B].
Conant, Georgianna S. (9 mos.) d. on 72-Mar-3 [72-Mar-5: 2B].
Conaway, Amelia J. m. O'Donnell, James on 74-Jul-9 [74-Jul-24: 2B].
Conaway, Emma m. Tarr, Jasper Y. on 72-Oct-16 [72-Oct-23: 2B].
Conaway, Harriet E. m. Blanchard, Joseph on 73-Oct-13 [73-Oct-15: 2B].
Conaway, James M. (26 yrs.) d. on 72-Aug-29 [72-Sep-2: 2B; 72-Sep-3: 2B].
Conaway, Mary E. m. Sroud, William H. on 72-Sep-17 [72-Sep-23: 2B].
Conaway, Sadie Mariah (1 yr., 8 mos.) d. on 72-Aug-16 [72-Aug-22: 2C].
Conaway, Sarah Lizzie m. Gosnell, George H., Jr. on 71-Nov-9 [71-Dec-20: 2B].
Concannon, Augustin (7 mos.) d. on 73-Jan-30 [73-Jan-31: 2C].
Concannon, Mary A. d. on 71-Nov-18 [71-Nov-20: 2C].
Condell, Samuel C. m. Patten, Margaret E., Miss on 71-Oct-5 [71-Oct-23: 2B].
Condon, Edward (83 yrs.) d. on 72-Jul-18 [72-Jul-19: 2C].
Condon, Frank C. m. Willson, Ellie T. on 71-Jul-17 [71-Jul-27: 2A].
Condon, Lizzie (38 yrs.) d. on 74-Dec-9 [74-Dec-10: 2B; 74-Dec-11: 2B; 74-Dec-12: 2B].
Condon, Mary (11 yrs.) d. on 74-Mar-29 [74-Apr-4: 2B].
Condon, William (24 yrs.) d. on 73-Dec-31 [74-Jan-1: 2C].
Condon, William H. m. Rippey, Lizzie G. on 74-Mar-21 [74-Mar-27: 2B].
Coney, Daniel Wallace (1 mo.) d. on 74-Jun-16 [74-Jun-18: 2B].
Conick, Lloyd H. (51 yrs.) d. on 74-Mar-8 [74-Mar-10: 2B].
Conine, William C. (70 yrs.) d. on 71-May-25 [71-May-26: 2B; 71-May-27: 4C].
Conklin, Daniel E. m. Rex, Mary H., Miss on 72-Feb-25 [72-Feb-27: 2B].
Conklin, DeWitt Clinton m. Carroll, Drucilla, Miss on 75-Jan-26 [75-Jan-30: 2B].
Conklin, Howard m. Bushman, Ida V., Miss on 75-Jul-2 [75-Aug-19: 2B].
Conklin, John H. m. Schrodt, Hanna E. on 75-Aug-30 [75-Oct-5: 2B].
Conkling, Fannie S., Miss m. Gephart, John on 75-Nov-23 [75-Dec-2: 2B].
Conkling, John A. (11 mos.) d. on 73-Aug-13 [73-Aug-15: 2B].
Conkling, William H. (1 yr., 7 mos.) d. on 74-Jul-12 [74-Jul-13: 2B].
Conkling, William H. m. Kirk, Olivia H., Miss on 72-Jan-11 [72-Jan-19: 2C].
Conlan, Josephine, Miss m. Miller, George C. on 71-Aug-4 [71-Aug-12: 2C].
Conlan, Maggie m. Reip, Alfred A. on 73-Jun-11 [73-Jun-14: 2A].
Conley, Elizabeth Jane (26 yrs.) d. on 74-Sep-27 of Lamp explosion [74-Sep-28: 2B; 74-Sep-29: 4B].
Conley, Mary, Miss m. Lanabee, Taylor on 73-Oct-15 [73-Oct-23: 2B].
Conlon, Andrew J. m. Coogan, Kate M., Miss on 74-Jan-13 [74-Jan-24: 2B].
Conlon, Veronica Theresa (24 yrs.) d. on 72-Feb-16 [72-Feb-17: 2C].
Conly, Kate, Miss m. Billmyer, Charles A. on 71-May-11 [71-May-25: 2B].
Conly, Sarah (61 yrs.) d. on 73-Sep-24 [73-Sep-25: 2B].
Conn, Alverta (32 yrs., 9 mos.) d. on 75-Aug-12 [75-Aug-13: 2B].
Conn, Amelia E., Miss m. Cutcher, Joseph F. on 73-Jun-17 [73-Jul-11: 2B].
Conn, Fannie R., Miss m. Ritchie, Thomas A. on 74-Sep-30 [74-Oct-16: 2B].
Conn, Martin (53 yrs.) d. on 72-Jul-30 [72-Aug-1: 2C].
Conn, Mary d. on 74-Nov-5 [74-Nov-6: 2B; 74-Nov-7: 2A].
Conn, Robert Milton (3 yrs.) d. on 73-Apr-11 [73-Apr-12: 2A].
Connabaugh, Elizabeth d. on 72-Jun-17 [72-Jun-18: 2B].
Connan, Ellen, Mrs. m. Wachstetter, Henry on 75-Mar-21 [75-Apr-9: 2B].
Connary, Mary Theresa d. on 75-Jul-16 [75-Jul-17: 2B].
Connell, Francis A. (41 yrs.) d. on 72-Nov-4 of Typhoid [72-Nov-5: 2B; 72-Nov-6: 2B].
Connell, James C. m. Tritle, Rebecca C. on 72-Jan-16 [72-Jan-23: 2B].
Connell, John J. m. Nugent, Mary on 75-Jan-12 [75-Jan-21: 2B].
Connellee, Ella C. m. Griffith, William M. on 75-Nov-11 [75-Nov-18: 2B].

Connelly, Annie m. Devaux, Louis A. on 75-Jun-28 [75-Jul-10: 2B].
Connelly, Ardy (80 yrs.) d. on 74-May-19 [74-Jun-23: 2B].
Connelly, Bridget A. (21 yrs.) d. on 74-Sep-30 [74-Oct-1: 2B; 74-Oct-2: 2B].
Connelly, Ellen m. Daily, Frank Y. on 72-Nov-27 [72-Nov-30: 2B].
Connelly, Emma (1 yr., 4 mos.) d. on 73-Jul-17 [73-Jul-21: 2C].
Connelly, Harriet (70 yrs.) d. on 74-Jan-30 [74-Jan-31: 2B].
Connelly, John (52 yrs.) d. on 73-May-9 [73-May-10: 2B].
Connelly, John (67 yrs.) d. on 73-Sep-27 [73-Sep-29: 2B].
Connelly, Julia Abrilla (11 mos.) d. on 74-Oct-8 [74-Oct-10: 2B].
Connelly, Katie (5 yrs.) d. on 72-Mar-31 [72-Apr-1: 2A].
Connelly, Marietta (11 mos.) d. on 74-Oct-27 [74-Nov-2: 2B].
Connelly, Patrick (34 yrs.) d. on 71-Jun-8 [71-Jun-10: 2B].
Connelly, William H. m. Cropper, Susannah, Miss on 71-Mar-20 [71-Mar-30: 2C].
Connely, Ellen (36 yrs.) d. on 73-Dec-14 [73-Dec-15: 2B].
Connely, Mary Ann (45 yrs.) d. [75-Aug-4: 2B; 75-Aug-5: 2B].
Connely, Mary Ann (21 yrs., 3 mos.) d. on 75-Nov-16 [75-Nov-17: 2B; 75-Nov-18: 2B].
Conner, Ada J., Miss m. Pumphrey, Richard T. on 71-Oct-2 [71-Oct-5: 2B].
Conner, Alice R., Miss m. Ciford, John T. on 75-Apr-13 [75-Apr-17: 2B].
Conner, Carrie V. d. on 71-Aug-14 [71-Aug-15: 2B].
Conner, Clara H., Miss m. Abell, David T. on 73-Mar-25 [73-Mar-27: 2B].
Conner, Daniel (40 yrs.) d. on 71-Feb-8 [71-Feb-9: 2C].
Conner, Elizabeth d. on 74-Sep-14 [74-Sep-15: 2B].
Conner, Eugenia C., Miss m. Bawn, Robert on 72-Jun-11 [72-Jun-14: 2A].
Conner, George (60 yrs.) d. on 75-Aug-6 in Machine accident [75-Aug-7: 4D].
Conner, Gideon D. m. Pusey, Lizzie D. on 72-Dec-26 [73-Jan-3: 2B].
Conner, Gilbert W. (28 yrs.) d. on 73-Jan-16 [73-Jan-18: 2C].
Conner, John S. m. Sanders, Annie E., Miss on 71-Oct-26 [71-Oct-28: 2B].
Conner, Nelia R. (30 yrs.) d. on 71-Mar-20 of Consumption [71-Mar-21: 2B].
Conner, Rebecca Jane (53 yrs.) d. on 71-Dec-7 [71-Dec-8: 2C; 71-Dec-9: 2A].
Conner, Rosanna (62 yrs.) d. on 74-Apr-26 [74-May-16: 2B].
Conner, Sarah E. m. Whitney, John A. on 74-May-20 [74-May-23: 2B].
Conner, Sarah O., Miss m. Rockwell, J. W. on 71-Jul-20 [71-Jul-27: 2A].
Conner, Steven Lee (7 mos.) d. on 75-Jun-26 [75-Jun-28: 2B; 75-Jun-29: 2B].
Conner, Thomas W. (61 yrs.) d. on 71-Nov-12 [71-Nov-13: 2B; 71-Nov-14: 2C].
Conner, William (45 yrs.) d. on 73-Oct-14 [73-Oct-15: 2B].
Conners, John d. on 74-Oct-17 of Intemperance [74-Oct-19: 1F].
Connery, Ellen (3 yrs., 5 mos.) d. on 75-Feb-24 [75-Feb-26: 2B].
Connollee, Thornton (54 yrs.) d. on 73-Feb-2 [73-Feb-3: 2B; 73-Feb-4: 2B].
Connolley, Maggie, Miss m. Allen, J. S. on 74-Apr-30 [74-May-2: 2B].
Connolly, Alice (37 yrs.) d. on 75-Sep-7 [75-Sep-8: 2B].
Connolly, Anna, Miss m. Pollock, H. on 71-Dec-3 [71-Dec-11: 2B].
Connolly, Bridget (42 yrs.) d. on 71-Jul-31 [71-Aug-1: 2B].
Connolly, Catherine (25 yrs.) d. on 72-Sep-7 [72-Sep-9: 2A].
Connolly, Catherine (87 yrs.) d. on 73-Oct-7 [73-Oct-8: 2B; 73-Oct-9: 2B].
Connolly, Daniel (39 yrs.) d. on 71-Sep-21 [71-Sep-23: 2B].
Connolly, David (21 yrs.) d. on 72-May-18 Drowned [72-May-20: 1H].
Connolly, Elizabeth (53 yrs.) d. on 74-Jun-22 [74-Jun-24: 2B].
Connolly, Francis (44 yrs.) d. on 72-May-24 in Wagon accident [72-May-25: 1F].
Connolly, John (42 yrs.) d. on 72-Feb-10 [72-Feb-15: 2C].
Connolly, John (48 yrs.) d. on 75-Feb-21 [75-Feb-22: 2B].
Connolly, Maggie, Miss m. Reynolds, Charles J. on 73-Aug-29 [73-Dec-15: 2B].
Connolly, Mary (31 yrs.) d. on 71-Feb-17 [71-Feb-18: 2B].

Connolly, Mary (65 yrs.) d. on 75-May-13 [75-May-15: 2B].
Connolly, Michael (37 yrs.) d. on 74-Jun-25 [74-Jun-26: 2B; 74-Jun-27: 2B].
Connolly, Michael (70 yrs.) d. on 75-Nov-26 [75-Nov-27: 2B].
Connolly, Peter (45 yrs.) d. on 72-Jul-12 Drowned [72-Jul-13: 1H].
Connolly, Sarah, Miss m. Sheehan, Thomas H. on 75-Feb-8 [75-Mar-29: 2B].
Connolly, Thomas F. m. Gittings, Rebecca N. on 71-Nov-14 [72-Feb-1: 2C].
Connolly, Thomas M. (5 mos.) d. on 75-May-7 [75-May-10: 2B].
Connolly, William T. m. Gill, Laura V., Miss on 71-Aug-7 [71-Aug-23: 2C].
Connoly, Margaret (65 yrs.) d. on 75-Dec-22 [75-Dec-23: 2B].
Connor, Bernard (60 yrs.) d. on 74-Aug-11 [74-Aug-12: 2C].
Connor, Florence Mary (3 yrs., 9 mos.) d. on 72-May-21 [72-May-22: 2B].
Connor, Frank J. m. McAleer, Annie M., Miss on 72-Jan-16 [72-Jan-20: 2B].
Connor, Julia m. Peacock, William H. on 73-May-29 [73-Jun-3: 2A].
Connor, Mary (29 yrs.) d. on 74-Jan-28 [74-Jan-29: 2B; 74-Jan-30: 2B].
Connor, Mary Eliza (20 yrs., 11 mos.) d. on 74-Aug-21 of Lamp explosion [74-Aug-22: 2B, 5G].
Connor, Michael F. m. McCann, Mary E., Miss on 72-Jan-10 [72-Jan-20: 2B].
Connor, Thomas (1 yr., 7 mos.) d. on 72-Feb-22 [72-Feb-23: 2D].
Connor, Thomas (32 yrs.) d. on 73-Jul-10 [73-Jul-12: 2B].
Connors, Anna (6 yrs., 5 mos.) d. on 71-Jan-27 Burned [71-Jan-28: 2B, 4D].
Connors, Annie (11 mos.) d. on 72-May-26 [72-May-27: 2A].
Connors, Ellen, Miss m. Parsons, John on 74-Oct-18 [74-Nov-6: 2B].
Connoughton, Mary (37 yrs.) d. on 72-Sep-14 [72-Sep-16: 2A].
Conquest, [unnamed] d. on 75-Apr-13 of Manslaughter (Neglect) [75-Apr-14: 1H; 75-Apr-15: 4B].
Conrad, Elizabeth m. Hoengen, Martin on 72-Mar-31 [72-Apr-12: 2B].
Conrad, Geneva F., Miss m. Sheehan, John R. on 72-Oct-10 [72-Dec-18: 2B].
Conrad, Ida Lee (2 mos.) d. on 72-Jul-20 [72-Jul-22: 2B].
Conrad, J. S., Dr. m. Rind, V. M., Miss on 71-Apr-19 [71-Apr-21: 2B].
Conrad, Lewis F. (47 yrs.) d. on 71-Nov-16 in Construction accident [71-Nov-17: 4B; 71-Nov-18: 2B].
Conrad, Lillie D., Miss m. Rind, R. G. on 71-Sep-12 [71-Sep-20: 2B].
Conrad, Monroe Simms (11 mos.) d. on 71-Mar-9 [71-Mar-10: 2C].
Conrad, Townsend N. d. on 75-Nov-13 [75-Nov-15: 2B; 75-Nov-16: 2B].
Conrad, William B. m. Rayfield, Laura V., Miss on 72-Oct-10 [72-Oct-14: 2B].
Conrad, William D. (35 yrs.) d. on 72-Jul-2 [72-Jul-3: 2B].
Conradt, Frank Paul d. on 72-Jan-22 [72-Feb-21: 2C].
Conradus, Mary, Miss m. Hilbert, George on 73-Dec-4 [73-Dec-9: 2B].
Conrey, Charles Albert (5 yrs., 4 mos.) d. on 75-Feb-11 [75-Feb-17: 2B].
Conroy, Honoria A. m. Stuart, William H. on 73-Sep-23 [73-Dec-3: 2C].
Conroy, John (29 yrs.) d. on 74-Oct-7 [74-Oct-8: 2B; 74-Oct-9: 2B; 74-Oct-10: 2B].
Conroy, Mary Ann (2 yrs., 3 mos.) d. on 72-Jul-21 [72-Jul-22: 2B].
Conroy, Mary Gertrude (1 yr., 1 mo.) d. on 72-Sep-1 [72-Sep-3: 2B].
Conroy, Patrick (65 yrs.) d. on 71-Dec-11 [71-Dec-12: 2B; 71-Dec-13: 2B].
Conroy, Thomas (37 yrs.) d. on 74-Apr-23 [74-Apr-24: 2B; 74-Apr-25: 2B].
Conroy, Thomas Francis (1 yr., 3 mos.) d. on 75-Aug-30 [75-Sep-1: 2B].
Conry, Catharine (35 yrs.) d. on 75-Jul-28 [75-Jul-30: 2B].
Conry, Jane, Miss m. Judge, Henry, Jr. on 71-May-7 [71-May-18: 2B].
Conry, Willie (3 mos.) d. on 75-Jul-27 [75-Jul-28: 2B].
Conry, Winnifred, Miss m. Raborg, James H. on 72-Oct-15 [72-Dec-7: 2A].
Constable, Benjamin F. B. (33 yrs.) d. on 72-May-30 [72-May-31: 2B].
Constable, Hannah Archer d. on 71-Jul-24 [71-Jul-25: 2B].
Constable, Kate M., Miss m. Bromwell, J. R., Dr. on 71-May-25 [71-May-17: 2B].

Constable, Maria M. m. Jenkins, Thomas C., Jr. on 73-Apr-22 [73-Apr-23: 2B].
Constant, Mary Madline (93 yrs.) d. on 72-Feb-1 [72-Feb-3: 2C; 72-Feb-5: 2C].
Constantine, Charlotte Boyer (14 yrs.) d. on 72-Aug-2 [72-Aug-6: 2B].
Constantine, Cornelius J. m. Thompson, Letitia E., Miss on 74-Nov-4 [74-Nov-7: 2A].
Constantine, H. K. m. Butler, Mary J., Miss on 74-Nov-10 [74-Nov-20: 2B].
Constantine, Henry (50 yrs.) d. on 72-Oct-5 of Intemperance and exposure [72-Oct-7: 4C].
Constantine, Richard (71 yrs.) d. on 72-Sep-5 [72-Sep-7: 2A].
Converse, Arthur Freeman (1 yr., 2 mos.) d. on 74-Aug-4 [74-Aug-8: 2B].
Conway, Anna (23 yrs.) d. on 72-Feb-12 [72-Feb-13: 2C; 72-Feb-14: 2C].
Conway, Bradfute m. Fortier, Marie, Miss on 75-Aug-11 [75-Aug-31: 2B].
Conway, Catherine (68 yrs.) d. on 75-Aug-17 [75-Aug-18: 2B].
Conway, Dominick F. (33 yrs.) d. on 75-Feb-28 of Consumption [75-Jun-19: 2B].
Conway, Elizabeth (84 yrs.) d. on 73-Apr-30 [73-May-1: 2B; 73-May-2: 2B; 73-Jul-29: 2B].
Conway, Emma R. m. Broumel, J. W. on 73-Jan-2 [73-Jan-10: 2B].
Conway, Frances Anne (78 yrs.) d. on 72-Mar-22 of Lung congestion [72-Mar-26: 2B].
Conway, Frank m. Reed, Mollie, Miss on 74-Jan-20 [74-Sep-3: 2B].
Conway, Joseph m. Weber, Martha, Miss on 73-Feb-25 [73-Feb-28: 2B].
Conway, Lawrence (4 yrs., 6 mos.) d. on 72-May-16 [72-May-17: 2B].
Conway, Margaret (28 yrs., 6 mos.) d. on 73-Jan-1 [73-Jan-2: 2B].
Conway, Margaret Regina (7 mos.) d. on 73-Apr-23 [73-Apr-24: 2B].
Conway, Marianne J., Miss m. Levy, J. on 75-Aug-15 [75-Aug-18: 4E].
Conway, Mary E. m. Pancoast, William on 73-Mar-20 [73-Apr-9: 2B].
Conway, Statia, Miss m. Gobright, Harry on 74-May-19 [74-Jun-8: 2B].
Conway, Thomas J. (1 yr., 10 mos.) d. on 71-Nov-14 [71-Nov-15: 2C; 71-Nov-16: 2B].
Conway, William H. (69 yrs.) d. on 73-Oct-2 [73-Oct-4: 1H, 2B].
Coogan, James (44 yrs.) d. on 74-Jul-1 [74-Jul-2: 2B].
Coogan, Kate M., Miss m. Conlon, Andrew J. on 74-Jan-13 [74-Jan-24: 2B].
Coogan, Mary (78 yrs.) d. on 72-Sep-2 [72-Sep-3: 2B].
Cook, Allen P. (22 yrs., 4 mos.) d. on 72-Jan-23 [72-Jan-27: 2B].
Cook, Andrew, Capt. m. Thomas, Mary E., Miss on 71-Dec-7 [71-Dec-11: 2B].
Cook, Annie R., Miss m. Schaefer, John Henry on 73-Jan-1 [73-Feb-12: 2B].
Cook, Anthony, Jr. m. Miller, Elizabeth on 72-Jan-4 [72-Feb-19: 2B].
Cook, Clara (79 yrs.) d. on 73-Mar-30 [73-Apr-4: 2B].
Cook, David d. on 75-Mar-11 of Suicide (Stabbing) [75-Mar-12: 1H; 75-Mar-13: 1H].
Cook, David B. (30 yrs., 7 mos.) d. on 75-Nov-22 [75-Nov-23: 2A].
Cook, Edward m. Jenifer, Mary on 71-May-15 [71-Jun-16: 2B].
Cook, Edward C. m. Snyder, Margaret Elsie J., Miss on 75-Mar-29 [75-Apr-13: 2B].
Cook, Elenora (71 yrs.) d. on 74-May-24 [74-May-25: 2B].
Cook, Elizabeth (86 yrs.) d. on 71-Mar-16 [71-Mar-20: 2B].
Cook, Elizabeth E., Miss m. Atkinson, W. B. on 71-Feb-2 [71-Feb-8: 2C].
Cook, Emma d. on 75-Oct-28 [75-Oct-29: 2B].
Cook, Franklin Glanville (2 yrs., 9 mos.) d. on 71-Aug-23 [71-Sep-21: 2C].
Cook, George (20 yrs.) d. on 73-Jul-14 Drowned [73-Jul-15: 1F; 73-Jul-16: 1F; 73-Jul-18: 1H].
Cook, George Louis (64 yrs.) d. on 74-Apr-11 [74-Apr-13: 2A].
Cook, Gertrude Payson (2 yrs.) d. on 74-Jun-11 [74-Jun-12: 2B].
Cook, Giles, Jr. m. Woodward, Alice on 75-Jan-28 [75-Feb-3: 2B].
Cook, Harry B. F. (11 yrs., 3 mos.) d. on 71-Apr-5 [71-Apr-6: 2B].
Cook, Harry C. m. Dennis, Rosalie on 71-Dec-7 [71-Dec-11: 2B].
Cook, Harry H. (3 yrs., 3 mos.) d. on 75-Aug-6 [75-Aug-7: 2B].
Cook, J. Thomas m. Richards, Maggie, Miss on 71-Jun-27 [71-Jul-13: 2C].
Cook, Jennie, Miss m. Blessing, John F. on 73-Oct-16 [73-Oct-31: 2B].
Cook, Jennie m. De Kinder, Joseph J. on 74-Feb-12 [74-Feb-19: 2B].

Cook, John, Rev. (42 yrs.) d. on 72-May-19 [72-May-20: 1G, 2B; 72-May-21: 2A].
Cook, John A. (61 yrs.) d. on 74-Sep-28 [74-Sep-29: 1H, 2B; 74-Sep-30: 2B].
Cook, John H. (38 yrs.) d. on 74-Jun-6 [74-Jun-9: 2B].
Cook, Louisa P. m. Bowman, George, Rev. on 75-Apr-28 [75-May-1: 2B].
Cook, Margaret (88 yrs.) d. on 72-Mar-5 [72-Mar-6: 2B; 72-Mar-7: 2B].
Cook, Margaret A. (1 mo.) d. on 74-Jan-20 [74-Jan-21: 2B].
Cook, Martha A. d. on 75-Jan-23 [75-Jan-25: 2B].
Cook, Mary Louisa (5 yrs., 9 mos.) d. on 72-Oct-27 [72-Oct-28: 2B].
Cook, Mary S. (65 yrs.) d. on 75-Jan-23 [75-Jan-25: 2B].
Cook, Robert (55 yrs.) d. on 72-Nov-24 [72-Nov-26: 2B; 72-Nov-27: 2B; 72-Nov-28: 1H].
Cook, Rose M. (33 yrs.) d. on 75-Apr-16 [75-Apr-17: 2B].
Cook, Sadie m. Wilson, John S. on 73-Aug-31 [73-Sep-4: 2B].
Cook, Sallie m. Collins, Harry A. on 72-Sep-30 [72-Oct-14: 2B].
Cook, Samuel (31 yrs.) d. on 71-Feb-16 [71-Feb-27: 2D].
Cook, Sarah (55 yrs.) d. on 73-Oct-15 [73-Oct-16: 2B; 73-Oct-17: 2B].
Cook, Sarah A. d. on 72-Mar-24 [72-Mar-25: 2B].
Cook, Stephen J. (48 yrs.) d. on 75-Sep-8 in Railroad accident [75-Sep-9: 4E].
Cook, Thomas A. m. McCann, Mary A. on 74-Jun-30 [74-Jul-10: 2B].
Cook, Walter T. (23 yrs.) d. on 72-May-11 [72-May-17: 2B].
Cook, William (1 yr., 2 mos.) d. on 72-Aug-8 [72-Aug-10: 2B].
Cook, William (60 yrs.) d. on 72-Oct-8 of Construction cave-in [72-Oct-9: 1H].
Cook, Willie Baltzell (6 mos.) d. on 73-Jul-26 [73-Jul-28: 2B].
Cooke, Annie M. (23 yrs.) d. on 73-Jan-23 [73-Jan-24: 2B].
Cooke, Charles W. m. Rogers, Josie A., Miss on 72-Oct-23 [72-Nov-15: 2B].
Cooke, Edgar S. d. on 74-May-1 [74-May-2: 2B].
Cooke, Fannie Earl m. Billmire, J. Earson on 75-Jun-15 [75-Jun-19: 2A].
Cooke, Fannie Elizabeth (8 mos.) d. on 73-Sep-9 [73-Sep-10: 2B].
Cooke, George H., Dr. m. Atkinson, Sallie L., Miss on 73-Oct-16 [73-Oct-18: 2B].
Cooke, John (55 yrs.) d. on 72-Dec-28 of Dropsy [72-Dec-30: 1F, 2B].
Cooke, Leonora d. [71-Oct-20: 2B].
Cooke, Manervia C. d. on 74-Jun-7 [74-Jun-8: 2B].
Cooke, Mollie A. m. McNally, William P. J. on 72-Apr-2 [72-May-3: 2B].
Cooke, Rose (14 yrs., 11 mos.) d. on 72-Nov-14 [72-Nov-20: 2B].
Cooke, Samuel (75 yrs.) d. on 72-Feb-18 [72-Feb-20: 2C].
Cooke, Sophie d. on 72-May-22 [72-May-23: 2B; 72-May-24: 2B].
Cooke, Theophilus m. Wheeden, Harriet Dallas on 72-Jan-6 [72-Jan-16: 2C].
Cooke, William m. Hammond, Mary E., Miss on 71-Nov-21 [71-Nov-23: 2C].
Cooksey, Lillie E. d. on 74-Oct-29 [74-Oct-30: 2B].
Cooksey, William T. m. Fout, Lillie E., Miss on 73-Dec-17 [73-Dec-19: 2B].
Cookus, Sophia W. (77 yrs.) d. on 74-Aug-30 [74-Sep-1: 2A].
Coolahan, Patrick (50 yrs.) d. on 72-Nov-23 [72-Nov-25: 2B].
Cooling, Martha M. (45 yrs.) d. on 71-Nov-1 [71-Nov-3: 2B].
Cooling, Stephen S. m. Webster, Sue, Miss on 73-Feb-25 [73-Mar-8: 2B].
Coolohan, John (4 yrs.) d. on 73-Feb-16 [73-Feb-18: 2B].
Coombs, Caroline C. (41 yrs.) d. on 71-Feb-8 [71-Feb-10: 2C].
Coombs, Mary N. (34 yrs.) d. on 74-Jun-6 [74-Jun-15: 2B].
Coombs, W. Otterbein m. Hudson, Fannie L., Miss on 74-Aug-18 [74-Aug-19: 2B].
Coon, Emma S. (31 yrs.) d. on 72-Aug-7 [72-Aug-8: 2B].
Coonan, Ann (74 yrs.) d. on 74-Aug-6 [74-Aug-8: 2B].
Coonan, Daniel (1 yr.) d. on 74-Jul-21 [74-Jul-22: 2B].
Coonan, Eden V. m. Perrott, Augustus N. on 72-Apr-4 [72-Apr-8: 2B].
Cooney, Bridget (20 yrs.) d. on 75-Jan-11 [75-Jan-13: 2B].

Cooney, Catharine (41 yrs.) d. on 72-Jan-24 [72-Jan-26: 2C].
Cooney, James d. on 73-Aug-25 of Assault [73-Sep-2: 1H; 73-Sep-17: 1H].
Cooney, James (13 yrs.) d. on 73-Jul-17 in Railroad accident [73-Jul-19: 1H; 73-Jul-22: 1G].
Cooney, Johney Thomas (1 yr., 5 mos.) d. on 72-Dec-26 [72-Dec-28: 2B].
Cooney, Maggie (7 yrs., 7 mos.) d. on 75-Jun-21 [75-Jun-22: 2B].
Cooney, Mary Agnes (4 yrs., 5 mos.) d. on 71-May-4 [71-May-6: 2B].
Cooney, Mary May (7 yrs.) d. on 75-Jan-11 [75-Jan-26: 2B].
Cooney, Patrick (68 yrs.) d. on 75-Feb-21 [75-Feb-23: 2B].
Cooney, Thomas (1 yr., 1 mo.) d. on 75-Sep-15 [75-Sep-16: 2B].
Cooney, Thomas J. (31 yrs.) d. on 72-Aug-11 [72-Aug-12: 2B; 72-Aug-13: 2B].
Cooper, Ann Maria m. Johnson, William on 71-Jan-1 [71-Jan-4: 2B].
Cooper, Belle d. on 75-Sep-11 [75-Sep-13: 2B; 75-Sep-14: 2B].
Cooper, Candis (46 yrs.) d. on 74-Oct-7 [74-Oct-9: 2B].
Cooper, Charles E. m. Muth, Mary on 73-Mar-20 [73-Apr-25: 2B].
Cooper, Charles T. (1 yr., 3 mos.) d. on 74-Jan-13 [74-Jan-14: 2B].
Cooper, D. William m. Jones, Elizabeth J. on 73-Oct-16 [73-Oct-23: 2B].
Cooper, David, Jr. m. Sellers, Susie C. on 71-Dec-19 [71-Dec-22: 2B].
Cooper, Eliza (41 yrs.) d. on 73-Feb-14 [73-Feb-15: 2B].
Cooper, Emma m. Mantz, Cyrus on 72-Oct-31 [72-Nov-11: 2B].
Cooper, George W. (41 yrs., 5 mos.) d. on 75-Sep-14 [75-Sep-16: 2B, 4E].
Cooper, Handy J. (33 yrs.) d. on 73-Jan-22 [73-Jan-23: 2B].
Cooper, Handy J. m. Vickers, Martha A., Miss on 71-Jan-19 [71-Feb-1: 2C].
Cooper, Harry A. m. Magruder, May, Miss on 73-Nov-20 [73-Nov-25: 2B].
Cooper, Henry D. (30 yrs.) d. on 74-Jun-30 [74-Jul-1: 2B].
Cooper, Hugh W. m. Kirk, Marion Virginia, Miss on 71-Sep-12 [71-Sep-14: 2B].
Cooper, J. A., Rev. m. Rutter, Belle T., Miss on 74-Oct-27 [74-Nov-6: 2B].
Cooper, J. F., Gen. m. De Ford, Eliza J. on 71-May-9 [71-May-29: 2B].
Cooper, James (67 yrs.) d. on 72-Jun-15 [72-Jun-17: 2B].
Cooper, James B. (52 yrs.) d. on 75-Sep-3 [75-Sep-4: 2B].
Cooper, James H. m. Bier, Laura A., Miss on 72-Dec-3 [72-Dec-17: 2A].
Cooper, Jno. (42 yrs.) d. on 73-Oct-4 [73-Oct-6: 4B].
Cooper, John (79 yrs.) d. on 72-Mar-27 [72-Mar-29: 2B].
Cooper, John H. m. Baker, Laura J. on 70-Sep-15 [71-Aug-15: 2B].
Cooper, John T. m. Gruner, Kate, Miss on 75-Jan-13 [75-Feb-24: 2B].
Cooper, Joseph, Sr. (92 yrs.) d. [73-Jan-10: 2C, 4D].
Cooper, Justina Morris (21 yrs.) d. on 75-Jul-6 [75-Jul-7: 2B; 75-Jul-8: 2B].
Cooper, Kate A. (22 yrs., 6 mos.) d. on 73-Dec-14 [73-Dec-15: 2B].
Cooper, Lucetta M., Miss m. Scopinich, Marco Antonio on 74-Oct-15 [74-Oct-23: 2B].
Cooper, Maranda A., Miss m. Vickers, J. Edward on 71-Jan-24 [71-Feb-1: 2C].
Cooper, Margaret J. m. Tickner, William J. on 75-Nov-2 [75-Nov-4: 2A].
Cooper, Mary A. (61 yrs.) d. on 75-Feb-5 [75-Feb-6: 2B].
Cooper, Mary Jane, Miss m. Warren, Benjamin on 73-Jul-3 [73-Jul-5: 2B].
Cooper, Medora (38 yrs.) d. on 75-Jan-26 [75-Jan-27: 2B; 75-Jan-28: 2B].
Cooper, Nannie Hollingsworth d. on 72-Aug-14 [72-Aug-16: 2B].
Cooper, Philip H. (46 yrs.) d. on 75-Nov-4 [75-Nov-5: 2B; 75-Nov-6: 2B].
Cooper, Philip H. m. Hichew, Dora on 71-May-23 [71-May-29: 2B].
Cooper, Priscilla (76 yrs.) d. on 71-Jan-16 [71-Jan-17: 2D].
Cooper, Sallie (29 yrs.) d. on 73-Feb-4 of Lamp explosion [73-Feb-5: 4C].
Cooper, Sarah A. (35 yrs.) d. on 75-May-2 [75-May-4: 2B].
Cooper, Sarah E. m. Carrick, Benjamin T. on 75-Jul-29 [75-Aug-20: 2B].
Cooper, Seymour, Capt. m. Houseman, Beckie Virginia, Miss on 72-Oct-20 [72-Oct-29: 2B].
Cooper, Sophia J. (36 yrs.) d. on 75-May-5 [75-May-6: 2B].

Cooper, Stephen C. (31 yrs.) d. on 75-Oct-21 [75-Oct-23: 2A].
Cooper, Virginia Mason m. Dawson, Nicholas on 73-Oct-28 [73-Oct-30: 2B].
Cooper, W. T. m. Bentley, Ella, Miss on 73-Apr-23 [73-May-7: 2B].
Cooper, Willie J. (9 mos.) d. on 74-Jul-24 [74-Jul-25: 2B].
Cope, John O. m. Turner, Harriet R., Miss on 75-Apr-1 [75-Apr-9: 2B].
Copeland, Frances V., Miss m. Biggs, Milton E. on 71-Jun-29 [71-Jul-11: 2B].
Copeland, Mary Augusta (2 yrs., 3 mos.) d. on 72-Aug-9 [72-Aug-10: 2B].
Copeland, Ruth (3 mos.) d. on 75-Mar-16 [75-Mar-17: 2B].
Copenharer, Samuel H. m. Norris, Mollie O. on 74-Jun-30 [74-Jul-2: 2B].
Copenhaver, Augustus (1 mo.) d. on 74-Jan-13 [74-Jan-16: 2C].
Copenhaver, John H. m. Buckingham, Jennie K., Miss on 71-Oct-26 [71-Oct-31: 2C].
Copenspire, Charles m. Craven, Catherine Virginia on 72-Apr-28 [72-May-20: 2A].
Copes, Benjamin F., Dr. (24 yrs.) d. on 72-Jul-30 [72-Aug-6: 2B].
Copes, Sarah Ellen (2 yrs., 4 mos.) d. on 75-Jan-20 [75-Jan-21: 2B].
Copland, Mary Rannie (56 yrs.) d. on 74-Feb-23 [74-Feb-25: 2B].
Copper, Lizzie H. m. Fox, Charles G. on 74-Feb-4 [74-Feb-12: 2C].
Copper, Mary J. m. Barrett, William T. on 75-Nov-18 [75-Nov-30: 2B].
Copper, William C. m. Marshall, Mary E. on 75-Jul-22 [75-Jul-30: 2B].
Coram, Edgar W. (18 yrs., 1 mo.) d. on 73-Feb-2 [73-Feb-3: 2B; 73-Feb-5: 4D].
Corbet, Helen M., Miss m. Myers, Edward G. on 71-Dec-4 [71-Dec-12: 2B].
Corbett, Issac (73 yrs.) d. on 72-Jun-16 of Hemorrhage [72-Jun-18: 1G, 2B; 72-Jun-19: 2B].
Corbett, Jacob B. (41 yrs., 7 mos.) d. on 71-Jun-25 [71-Jun-27: 2B].
Corbin, William S. (51 yrs.) d. on 73-Sep-8 [73-Sep-9: 2B].
Corbitt, Edward (7 yrs.) d. on 72-Oct-29 of Lamp explosion [72-Oct-30: 1H; 72-Oct-31: 2B].
Corbitt, William (23 yrs.) d. on 74-Mar-2 of Consumption [74-Mar-5: 4D].
Corcoran, Alice m. Phillips, Issac on 75-Jan-14 [75-Feb-2: 2B].
Corcoran, M. J. m. Gately, Maggie S., Miss on 74-Aug-22 [74-Aug-31: 2B].
Cord, Arthur Cruzen (5 mos.) d. on 72-Aug-10 [72-Aug-14: 2C].
Cord, Rosetta (61 yrs.) d. on 74-Feb-15 [74-Feb-16: 2B].
Cord, T. O. m. Rager, Helen L. on 74-Sep-2 [74-Sep-8: 2B].
Cordell, Eugene F., Dr. m. Southall, Louisa T. on 73-Sep-17 [73-Sep-20: 2B].
Core, Anna M. m. Hays, James S. on 71-Feb-23 [71-Feb-25: 2B].
Core, Eliza Jane (3 yrs., 4 mos.) d. on 71-Mar-5 [71-Mar-8: 2C].
Core, William W. m. Laws, Lilly on 74-Aug-28 [74-Sep-12: 2B].
Corey, Margaret (45 yrs.) d. on 72-Mar-23 [72-Mar-25: 2B].
Corey, Teresa Adelaide d. on 73-Jul-28 [73-Jul-29: 2B; 73-Jul-30: 2B; 73-Oct-8: 2B].
Corkran, Daniel (40 yrs.) d. on 71-Jul-22 [71-Jul-24: 2B].
Corkran, William Benjamin W. (25 yrs., 5 mos.) d. on 73-Apr-9 [73-Apr-10: 2B; 73-Apr-11: 2B].
Corless, Mary Jane, Miss m. Medinger, James Ferdinand on 74-Oct-21 [74-Oct-31: 2B].
Corliss, Annie F. m. Lasalle, John P. on 72-May-16 [72-May-29: 2B].
Cornelius, Annie B. m. McLaughlin, Henry on 72-Sep-12 [72-Oct-24: 2B].
Cornelius, Elizabeth (60 yrs.) d. on 75-Apr-2 [75-Apr-3: 2B].
Cornelius, Maud Emma (1 yr., 11 mos.) d. on 72-Apr-24 [72-Apr-26: 2B].
Cornell, Mark J. (42 yrs.) d. on 75-Oct-21 [75-Oct-22: 2A; 75-Oct-23: 2A, 5G].
Cornell, Mary J., Miss m. Kantz, John on 71-May-18 [71-May-24: 2B].
Corner, Janie D. m. Fenhagen, Charles D. on 74-Oct-13 [74-Oct-17: 2B].
Corner, Sol., Jr. m. Cator, M. Adele on 72-Nov-13 [72-Nov-16: 2A].
Cornick, Thomas K. (65 yrs.) d. on 72-Apr-8 [72-Apr-15: 2B].
Corning, Albion J. m. Woodside, M. Sheppie on 71-Nov-22 [71-Nov-23: 2C].
Cornish, [male] (4 yrs.) d. on 73-Dec-24 Burned [73-Dec-25: 4D].
Cornish, Abraham (23 yrs.) d. on 73-Jun-8 Murdered (Shot) [73-Jun-11: 1G].
Cornish, Charlotte (55 yrs.) d. on 73-Oct-29 of Fall on stairs [73-Oct-30: 4C].

Cornish, Ellen Louisa (45 yrs.) d. on 71-Sep-10 [71-Sep-11: 2B].
Cornish, Hiram (57 yrs.) d. on 75-May-22 [75-May-25: 2B].
Cornish, Rach Ann, Miss m. Thomas, William H. on 71-Aug-24 [71-Aug-26: 2A].
Cornor, George W. (24 yrs.) d. on 73-Jan-13 [73-Jan-14: 2B; 73-Jan-15: 2B].
Corns, Ettie Clara m. Diven, James W. on 73-Jan-22 [73-Jan-28: 2B].
Corns, J. D. m. Griffith, Mary E. on 72-Apr-3 [72-Apr-13: 2A].
Corns, Mary E. d. on 73-Feb-14 [73-Feb-15: 2B].
Corns, Sarah E., Miss m. Riston, William T. on 72-Apr-18 [72-May-4: 2A].
Corns, William m. German, Mary, Mrs. on 73-Sep-4 [73-Sep-9: 2B].
Cornthwait, Eliza (45 yrs.) d. on 75-Oct-1 [75-Oct-5: 2B].
Cornthwait, John Oliver (65 yrs.) d. on 74-Dec-20 [74-Dec-21: 2A; 74-Dec-22: 2B, 4B].
Cornthwait, Rachel B. m. Howard, George on 74-Oct-19 [74-Oct-28: 2B].
Cornthwait, William P. (55 yrs.) d. on 73-Dec-16 [73-Dec-17: 2B].
Corprew, Andrew J. m. King, Margaret J., Miss on 74-Apr-21 [74-May-2: 2B].
Corprew, James E. m. Toft, Ella D., Miss on 72-Apr-23 [72-Apr-25: 2B].
Corprew, Mary D. m. Schuchts, David B. on 71-Nov-28 [71-Nov-30: 2B].
Correll, Abraham (70 yrs.) d. on 72-Aug-22 [72-Aug-24: 2B].
Corrigan, Edward (40 yrs.) d. on 74-Oct-1 [74-Oct-2: 2B].
Corrigan, Fannie L., Miss m. Chester, James T. on 75-Jun-29 [75-Jul-5: 2B].
Corrigan, James d. on 75-Feb-6 [75-Feb-11: 2B].
Corrigan, John T. m. Cremen, Jennie M. on 73-Feb-18 [73-Mar-4: 2B].
Corrigan, Mary Elizabeth (4 yrs., 5 mos.) d. on 73-Jun-17 [73-Jul-19: 2B].
Corrigan, Rose (42 yrs.) d. on 75-Aug-12 of Suicide (Jumped from window) [75-Aug-14: 4D].
Corse, Lucy C. m. Betts, B. Frank, Dr. on 71-Nov-14 [71-Nov-17: 2C].
Corsey, Henry d. on 72-Aug-22 Drowned [72-Aug-23: 1G].
Corwine, Elizabeth (81 yrs.) d. on 72-Feb-4 [72-Feb-6: 2C; 72-Feb-7: 2C].
Cosby, Thomas Stowe (4 mos.) d. on 72-Jul-30 [72-Jul-31: 2B].
Cosby, William H. m. Hayden, Kate H. on 74-Jun-3 [74-Jun-5: 2B].
Cosgrove, Emma G. m. Wagner, David F. on 71-Oct-4 [71-Oct-30: 2B].
Cosgrove, Mary A., Miss m. Clearey, William H. on 73-Nov-4 [73-Nov-6: 2B].
Cosgrove, Michael (45 yrs.) d. on 75-Nov-27 [75-Nov-29: 2B].
Cosgrove, Patrick (60 yrs.) d. on 72-Sep-14 [72-Sep-16: 2A].
Coskery, Felix S., Dr. (58 yrs.) d. on 73-Aug-24 [73-Aug-25: 1F, 2B; 73-Aug-26: 2B].
Coskery, Henry Benedict, Rev. (65 yrs.) d. on 72-Feb-27 of Pneumonia [72-Feb-28: 4E].
Coskery, John (16 yrs.) d. on 74-Oct-19 of Fall [74-Oct-20: 2B, 4C; 74-Oct-21: 2B].
Coskery, Martha E. d. on 71-Jun-1 [71-Jun-2: 2B].
Coskery, Oscar J., Dr. m. Thompson, Florence on 75-Oct-6 [75-Oct-9: 2A].
Cost, George W. (20 yrs.) d. on 75-Jul-29 [75-Jul-30: 2B; 75-Jul-31: 2B].
Cost, John L. m. Shipley, Isadore K., Miss on 73-Oct-7 [73-Oct-21: 2B].
Cost, Rebecca (61 yrs.) d. on 74-Aug-9 [74-Aug-10: 2B; 74-Aug-11: 2B].
Costello, Andrew F. (1 yr., 6 mos.) d. on 74-Sep-27 [74-Sep-28: 2B].
Costello, Ann (76 yrs.) d. on 74-Jan-20 [74-Jan-21: 2B; 74-Jan-22: 2B].
Costello, Hannah (38 yrs.) d. on 75-Jul-3 [75-Jul-5: 2B].
Costello, Hannah (8 mos.) d. on 75-Jul-20 [75-Jul-21: 2B].
Costello, Margaret Cleary (1 yr., 10 mos.) d. on 75-Jul-21 [75-Jul-22: 2B; 75-Oct-25: 2B].
Costello, Mary d. on 74-May-15 [74-May-16: 2B].
Costello, Mary Lizzie (16 yrs.) d. on 73-Oct-4 [73-Oct-6: 2B].
Costello, Mary Roseanna (3 yrs., 4 mos.) d. on 72-Apr-2 [72-Apr-4: 2B].
Costello, Patrick H. (22 yrs.) d. on 71-Nov-12 [71-Nov-13: 2B].
Costello, Thomas (70 yrs.) d. on 74-Apr-16 [74-Apr-17: 2B].
Costelo, Jemima L. (22 yrs., 3 mos.) d. on 72-Oct-10 [72-Oct-12: 2B].
Coster, Emma Virginia Maria (3 mos.) d. on 75-Jul-7 [75-Jul-8: 2B].

Coster, Frank Lewis d. on 73-Jul-24 [73-Aug-20: 2B].
Coster, G. W. (23 yrs.) d. on 75-Sep-25 [75-Oct-2: 2B].
Coster, George E. (43 yrs.) d. [75-Oct-20: 2B].
Coster, Perry Roloson d. on 73-Aug-12 [73-Aug-20: 2B].
Coster, Thomas J. m. Hellen, Mollie J., Miss on 72-Jan-2 [72-Jan-22: 2C].
Coster, Wilbur Howard (1 yr., 7 mos.) d. on 70-Dec-31 [71-Jan-2: 2C].
Coster, William John (18 yrs., 1 mo.) d. on 75-Aug-5 [75-Aug-7: 2B].
Costolay, Patrick J. (58 yrs.) d. on 73-May-9 [73-May-12: 2B].
Coston, Josephine, Mrs. m. Robinson, J. D. A. on 74-Sep-9 [74-Sep-16: 2B].
Coston, Louisa, Miss m. Johnson, Talethiel on 75-Sep-9 [75-Sep-11: 2A].
Cotten, Mary Boyle (5 mos.) d. on 72-Aug-1 of Cholera infantum [72-Aug-3: 2B].
Cotter, Catherine A. (25 yrs.) d. on 75-Jul-29 [75-Jul-30: 2B].
Cottingham, Maggie A., Miss m. Seyfer, William H. on 73-Feb-27 [73-Feb-28: 2B].
Cottingham, Thomas (59 yrs.) d. on 75-Dec-20 [75-Dec-21: 2B; 75-Dec-22: 2B].
Cottman, J. Hough m. Chubb, Caroline C. on 71-Nov-30 [71-Dec-6: 2B].
Cottringer, Cornelia d. on 74-Jan-21 [74-Feb-7: 4E].
Couchman, Albertene (7 mos.) d. on 73-Mar-11 [73-Mar-12: 2B; 73-Mar-13: 2B].
Couchman, Kate (26 yrs.) d. on 74-May-22 of Consumption [74-May-23: 2B].
Coudon, Mary (11 yrs.) d. on 74-Mar-29 [74-Apr-6: 2B].
Coughlan, John J. m. Dooley, Mary, Miss on 72-Nov-26 [73-Jan-27: 2B].
Coughlan, Virginia d. on 71-Sep-11 [71-Sep-12: 2B].
Coughlan, William (65 yrs.) d. on 75-Jan-22 [75-Jan-23: 2B, 4E; 75-Jan-25: 2B].
Coughlin, Mary A. m. Dorsey, Charles E. on 73-Jun-2 [73-Aug-4: 2B].
Coulbourn, Emily C. (52 yrs.) d. on 72-Dec-22 [72-Dec-24: 2B].
Coulburne, Mollie F., Miss m. Lewis, John R. on 72-Jan-25 [72-Jan-27: 2B].
Coulson, Edward L. m. Curtin, Sarah E., Miss on 71-Feb-7 [71-Feb-11: 2B].
Coulson, George T. m. Kriel, Mary L. on 72-Jul-16 [73-Feb-28: 2B].
Coulson, William N. m. Beale, Alice on 74-Oct-1 [75-Jan-6: 2C].
Coulson, William R. (36 yrs.) d. on 75-Jun-10 [75-Jun-15: 2B].
Coulter, Albert Robins (2 yrs., 5 mos.) d. on 72-Jun-12 [72-Jun-13: 2B].
Coulter, Alexander m. Fornshill, Margaret E., Mrs. on 73-Dec-22 [74-Apr-20: 2A].
Coulter, Caroline E. (2 yrs., 8 mos.) d. on 72-Jun-19 [72-Jun-20: 2B].
Coulter, Eliza Barklie d. on 72-Jun-29 [72-Jul-1: 2B].
Coulter, Esther d. on 71-Apr-3 [71-Apr-7: 2B].
Coulter, Eugenia (8 yrs., 7 mos.) d. on 72-Jun-10 [72-Jun-14: 2B].
Coulter, Florence Virginia (1 yr., 1 mo.) d. on 74-Oct-2 [74-Oct-3: 2B].
Coulter, John Carson (32 yrs.) d. on 71-Mar-6 [71-Mar-7: 2B; 71-Mar-8: 2B].
Coulter, John P. (81 yrs.) d. on 72-Jun-25 [72-Jun-26: 2B].
Coulter, Laurence L. (21 yrs.) d. on 74-Jul-18 in Railroad accident [74-Jul-27: 2B].
Coulter, Margaret Donald (8 yrs., 1 mo.) d. on 71-Feb-24 [71-Feb-25: 2B].
Coulter, Martha L. m. Weeks, Samuel F. on 72-Aug-29 [72-Sep-12: 2B].
Coulter, Sarah m. Longcope, Harding on 72-Sep-26 [72-Sep-28: 2B].
Coulter, Thomas W. m. Burke, Josephine, Miss on 75-Jul-29 [75-Sep-10: 2B].
Councell, Annie, Miss m. Stoddard, William on 73-Nov-6 [73-Nov-13: 2B].
Councell, Ruth T. (65 yrs.) d. on 74-Jul-20 [74-Jul-21: 2C].
Councelman, John m. Ehrhart, Laura V. on 73-Jun-3 [73-Jun-21: 2A].
Councilman, Carrie L., Miss m. Hoffman, Benjamin A. on 71-Nov-23 [71-Nov-27: 2C].
Councilman, J. Carvil m. Bamberger, Emily C. on 71-May-11 [71-May-13: 2B].
Councilman, Robert m. Fitch, Louisa C. on 72-Apr-16 [72-Apr-24: 2B].
Counselman, Adelle m. Boyd, George S. on 73-Oct-6 [73-Oct-10: 2B].
Counselman, George H. m. Blaney, Minnie E., Miss on 73-Nov-25 [74-Feb-16: 2B].
Counselman, J. H., Col. d. on 75-Feb-21 [75-Feb-22: 2B; 75-Feb-23: 2B; 75-Feb-24: 1H].

Counselman, Mary A. (53 yrs.) d. on 73-Apr-15 [73-Apr-16: 2B; 73-Apr-17: 2B].
Counselman, Sallie A. m. Sharp, Abraham on 71-Oct-26 [71-Oct-31: 2C].
Counselman, Samuel (84 yrs.) d. on 75-Mar-16 [75-Mar-17: 2B, 4D; 75-Mar-18: 2B].
Counsilman, Laura V. (29 yrs.) d. [74-May-26: 2B].
Countess, Buena Vista (1 yr., 6 mos.) d. on 74-Feb-19 [74-Feb-20: 2C].
Countess, Elizabeth B. (58 yrs., 1 mo.) d. on 72-Nov-4 [72-Nov-8: 2B].
Couper, Mary B. d. on 74-Oct-17 [74-Oct-19: 2B].
Couper, William (69 yrs.) d. on 74-Nov-25 [74-Nov-27: 2B; 74-Nov-28: 2C].
Coursey, Alice R. d. on 71-Nov-6 [71-Nov-7: 2A; 71-Nov-8: 2C].
Coursey, Margaret m. Hayes, Edward on 73-Dec-18 [73-Dec-19: 2B].
Coursey, Sarah (1 yr.) d. on 73-Dec-10 [73-Dec-12: 2B].
Coursey, Tryphena (23 yrs.) d. on 71-Nov-24 [71-Nov-25: 2A].
Coursey, Tryphenia Amelia (2 mos.) d. on 71-Dec-31 [72-Jan-1: 2B].
Courtenay, Thomas E., Maj. (52 yrs.) d. on 75-Sep-1 of Apoplexy [75-Sep-3: 2B; 75-Sep-4: 4C].
Courtney, Charles Ferdinand (7 mos.) d. on 75-Jun-29 [75-Jun-30: 2B].
Courtney, Edith Shriver d. on 71-Jan-8 [71-Jan-11: 2C].
Courtney, Emma, Miss m. Steever, Samuel H. on 75-Feb-18 [75-Feb-27: 2B].
Courtney, Emma Louisa d. on 72-Mar-27 [72-Mar-29: 2B].
Courtney, George W. m. Purnell, Delilah W. on 71-Jan-19 [71-Jan-27: 2C; 71-Jan-28: 2B].
Courtney, Gertrude D. (19 yrs.) d. on 73-Feb-1 [73-Feb-3: 2B].
Courtney, James T. (28 yrs.) d. on 72-Aug-31 [72-Sep-2: 1G, 2B; 72-Sep-3: 1G].
Courtney, James T. m. Guerand, Leonide M., Miss on 71-Feb-2 [71-Feb-4: 2B].
Courtney, James W. m. Ross, R. W. on 71-Feb-5 [71-Feb-10: 2C].
Courtney, John m. Hatton, Joanna on 72-Sep-19 [72-Sep-21: 2A].
Courtney, Patrick (49 yrs.) d. on 74-Jun-4 in Machine accident [74-Jun-5: 1G, 2B].
Courtney, Timothy d. on 75-Dec-4 in Railroad accident [75-Dec-8: 4E].
Courtney, Victor Francis d. on 72-Jan-17 [72-Jan-19: 2C].
Courtney, William (3 mos.) d. on 71-Jun-11 [71-Jun-12: 2B].
Courtney, Winfield P. m. Wills, Agnes Virginia, Miss on 72-Jun-13 [72-Aug-31: 2A].
Courts, Andrew J. m. Atley, Lizzie, Miss on 72-Sep-2 [72-Nov-29: 2B].
Courts, Katie E. (25 yrs.) d. on 73-Apr-17 [73-Apr-18: 2B; 73-Apr-19: 2B].
Cousins, Elizabeth Ross d. on 72-Mar-11 [72-Mar-12: 2C; 72-Mar-13: 2C].
Cousins, Mary Ann (1 yr., 8 mos.) d. on 72-Aug-20 [72-Aug-21: 2B].
Coustain, Aaron (87 yrs.) d. on 74-Dec-3 [74-Dec-4: 2B].
Cover, Sarah Catherine (23 yrs.) d. on 75-Jan-16 [75-Jan-18: 2B].
Cover, William L. m. Fowble, Sonnie, Miss on 72-Feb-15 [72-Feb-23: 2D].
Covert, Virginia F., Miss m. Hill, James on 75-Jul-29 [75-Aug-2: 2B].
Covey, J. Gordon Garnett (9 mos.) d. on 75-Aug-30 [75-Sep-4: 2B].
Covington, Carrie, Miss m. Sapp, Albert H. on 72-May-21 [72-May-27: 2A].
Covington, Ida K. (21 yrs.) d. on 72-Jul-27 [72-Aug-1: 2C].
Covington, T. S. L., Rev. d. on 73-Jan-12 [73-Jan-21: 2B].
Covington, William Sidney m. Sinclair, Mary Jane, Miss on 71-Dec-7 [71-Dec-28: 2C].
Cowan, Annie m. Evans, George W. on 71-Dec-28 [71-Dec-30: 2C].
Cowan, James P. m. Westwood, Juliet M. on 74-Nov-19 [74-Nov-26: 2B].
Cowardin, Aileen B. m. Dammann, J. Francis on 71-Oct-12 [[71-Oct-16: 2B]; 71-Oct-17: 2B].
Cowart, Mary P. d. on 72-Sep-11 [72-Sep-12: 2B].
Cowen, William A. m. Eaton, Mollie M. on 71-Mar-13 [71-May-29: 2B].
Cowley, Thomas B. (57 yrs.) d. on 74-Sep-10 [74-Sep-11: 2B; 74-Sep-12: 2B].
Cowman, Charles H. m. Watkins, Lizzie B. on 73-Jun-5 [73-Jun-21: 2A].
Cowman, George W. m. Durkee, Mary H., Miss on 75-Jan-28 [75-Apr-7: 2B].
Cowman, Herbert F. (1 yr., 2 mos.) d. on 75-Oct-17 [75-Oct-18: 2A].
Cowman, Joseph, Sr. (71 yrs.) d. on 72-Feb-18 [72-Feb-19: 2B].

Cowman, Louise R. m. McCahan, Charles M. on 72-Dec-24 [73-May-17: 2C].
Cowman, Lucy (5 mos.) d. on 72-Jul-4 [72-Jul-8: 2C].
Cowman, Mary C. (33 yrs.) d. on 75-Oct-10 of Apoplexy [75-Oct-11: 2B; 75-Oct-12: 2B; 75-Oct-11: 4E; 75-Oct-13: 2B].
Cowman, Robert G. (9 mos.) d. on 75-Aug-1 [75-Aug-3: 2B].
Cowman, Samuel S., Sr. (78 yrs.) d. on 71-Apr-7 [71-Apr-8: 2B].
Cowpland, William S., Capt. (81 yrs.) d. on 71-Dec-10 [71-Dec-12: 2B, 4D; 71-Dec-13: 2B].
Cox, Ann R. (53 yrs.) d. on 73-Aug-29 [73-Aug-30: 2A].
Cox, Arthur m. Thomas, Elizabeth on 74-May-28 [74-May-30: 2B].
Cox, Charlie d. on 72-Apr-5 of Pneumonia [72-Apr-6: 2B].
Cox, Collin (65 yrs.) d. on 75-Oct-25 of Paralysis [75-Oct-26: 4D; 75-Oct-27: 2B].
Cox, Daniel J. (49 yrs.) d. on 74-Apr-13 [74-Apr-15: 1G, 2B].
Cox, Edwin Weiant (9 mos.) d. on 74-Oct-11 [74-Oct-12: 2B].
Cox, Elizabeth (48 yrs.) d. on 73-Nov-30 [73-Dec-1: 2B; 73-Dec-2: 2B].
Cox, Elizabeth (19 yrs., 1 mo.) d. on 75-Sep-19 [75-Sep-21: 2B].
Cox, Elizabeth L. m. Evans, Charles H. on 75-Nov-24 [75-Dec-14: 2B].
Cox, Emma F., Miss m. Harris, Harry R. on 74-Mar-19 [74-Apr-20: 2A].
Cox, Francis Snethen d. on 75-Jan-7 [75-Jan-12: 2B].
Cox, Georgia, Miss m. Wood, Charles on 72-Nov-24 [72-Nov-26: 2A].
Cox, Henry m. Merrefield, Elizabeth J. on 73-Dec-11 [73-Dec-15: 2B].
Cox, John d. on 72-Sep-28 of Heart disease [72-Sep-30: 1H].
Cox, John B. m. Watts, Sarah E. on 73-Jul-3 [73-Jul-22: 2B].
Cox, John F. m. Waters, Sallie E., Miss on 71-Dec-24 [72-Jan-11: 2B].
Cox, Joseph S. m. Reid, Mary M., Miss on 75-Aug-10 [75-Aug-11: 2B].
Cox, Maggie D. m. Birch, Charles on 75-Jan-5 [75-Jan-7: 2B].
Cox, Marcellus m. Anderson, Jennie R., Miss on 71-Oct-12 [71-Dec-7: 2B].
Cox, Margaret (66 yrs.) d. on 74-Apr-24 [74-Apr-25: 2B; 74-Apr-28: 2B].
Cox, Maria (21 yrs.) d. on 75-Oct-11 [75-Oct-12: 2B].
Cox, Mary d. on 73-Oct-21 [73-Nov-14: 2B].
Cox, Mary d. on 75-Aug-5 [75-Aug-6: 2B].
Cox, Mary E., Miss m. Richards, George T. on 71-Nov-2 [71-Nov-6: 2A].
Cox, Michael (51 yrs.) d. on 72-Apr-8 [72-Apr-13: 2A].
Cox, Olevia L., Miss m. Creidler, G. Edwin on 74-Feb-26 [74-Mar-3: 2B].
Cox, Oliver P. m. Hildebrandt, Emma V. on 72-Jun-6 [72-Jul-9: 2C].
Cox, Phebe (69 yrs.) d. on 75-Sep-8 [75-Sep-9: 2B].
Cox, Rebecca (21 yrs., 6 mos.) d. on 75-Nov-3 [75-Nov-4: 2A].
Cox, Rebecca Jane (53 yrs.) d. on 75-Jan-21 of Pneumonia [75-Jan-23: 2B].
Cox, S. Edwin m. Weiant, Marietta on 71-Sep-28 [71-Sep-30: 2B].
Cox, Sadie E. (28 yrs.) d. on 74-Oct-5 [74-Oct-6: 2B].
Cox, Samuel, Jr. m. Magruder, Ella M., Miss on 71-Oct-4 [71-Oct-10: 2B].
Cox, Thomas (68 yrs.) d. on 72-Nov-30 [72-Dec-2: 2B].
Cox, Walter A. m. Childs, Carrie B., Miss on 74-Jun-30 [74-Jul-4: 2B].
Cox, William F. (66 yrs.) d. on 75-Sep-23 [75-Sep-24: 2B; 75-Sep-25: 1H, 2B].
Cox, William H. m. King, Amanda, Miss on 74-Dec-15 [74-Dec-24: 2B].
Cox, William H. m. Nagle, Maggie on 75-Jul-15 [75-Jul-23: 2C].
Coxe, Ernest Cleveland, Dr. m. Chew, Harriet Hillhouse on 74-Jun-11 [74-Jun-15: 2B].
Coxon, Charles Henry (8 yrs., 4 mos.) d. on 74-Aug-6 [74-Aug-8: 2B].
Coy, Eliah, Rev. (77 yrs.) d. on 73-Mar-12 [73-Mar-13: 2B].
Coyl, Charles W. d. on 75-Apr-1 [75-Apr-2: 2B].
Coyle, James Thompson (3 yrs., 5 mos.) d. on 71-Jan-23 [71-Jan-25: 2C].
Coyle, John (2 yrs., 6 mos.) d. on 74-Jun-29 [74-Jun-30: 2B].
Coyle, John (64 yrs.) d. on 75-Jan-29 [75-Jan-30: 2B].

Coyle, Margaret, Mrs. d. on 71-Jan-3 [71-Jan-5: 2C].
Coyle, Rosa H. m. Martyn, John T. on 75-Oct-26 [75-Oct-28: 2B].
Coyne, Annie C. m. Jenkins, Michael F. on 73-Nov-13 [73-Nov-17: 2B].
Coyne, Cassie (1 yr., 11 mos.) d. on 74-Feb-6 [74-Feb-7: 2B].
Coyne, Elenora (17 yrs., 10 mos.) d. on 72-Mar-19 [72-Mar-25: 2B].
Coyne, Jimmie Gibbons (3 yrs., 5 mos.) d. on 71-Aug-2 of Scarlet fever [71-Aug-3: 2B].
Coyne, John, Sr. (92 yrs.) d. on 75-Mar-10 [75-Mar-12: 2B; 75-Mar-13: 2B].
Coyne, Michael m. Murphy, Mary Ann, Miss on 74-Apr-26 [74-Apr-29: 2B].
Coyne, Richard m. Bennett, Kate, Miss on 74-Nov-24 [74-Nov-30: 2B].
Cozine, James W. m. Ballauf, Louisa J., Miss on 71-Oct-11 [71-Oct-27: 2C].
Cozine, Mary A. (71 yrs.) d. on 73-Jan-26 [73-Jan-27: 2B; 73-Jan-28: 2B].
Cozine, Sarey A. (35 yrs.) d. on 73-Aug-8 [73-Aug-9: 2B].
Crabb, Annie J. d. on 75-Aug-17 [75-Aug-19: 2B].
Crabb, Sheldon Washington (8 mos.) d. on 75-Aug-10 [75-Aug-11: 2B].
Crabster, Alice, Miss m. Konig, Henry S. on 72-Jan-1 [72-Jan-4: 2B].
Crack, Henrietta (115 yrs.) d. on 75-Dec-11 [75-Dec-11: 4C].
Craford, Michael (35 yrs.) d. on 72-Apr-26 [72-Apr-27: 2A].
Craft, Charles E. m. Hitchcock, Annie E. on 72-Jun-17 [72-Jun-25: 2B].
Craft, Daniel Parker (51 yrs.) d. on 73-Sep-2 [73-Sep-4: 2B].
Craft, Elizabeth Ann (50 yrs.) d. on 74-Jun-4 [74-Jun-5: 2B].
Craft, Kate E., Miss m. Patterson, George E. on 75-Sep-23 [75-Sep-27: 2A].
Craft, Maria T. (45 yrs.) d. on 75-Jan-20 [75-Jan-21: 2B; 75-Jan-22: 2B].
Craft, Mary E. m. Baner, J. F. on 73-Jun-17 [73-Jun-24: 2B].
Craggs, Sallie m. Winterson, C. R., Dr. on 74-Dec-3 [74-Dec-11: 2B].
Craig, Ellen, Mrs. (73 yrs.) d. on 71-Jan-15 [71-Jan-17: 2C].
Craig, Ellen F. m. Harker, Charles E. on 73-Dec-10 [73-Dec-17: 2B].
Craig, Florence Rutgers m. Hamilton, Allan McLane on 74-May-21 [74-May-23: 2B].
Craig, George Christopher (1 yr., 4 mos.) d. on 72-Nov-29 of Chronic croup [72-Nov-30: 2B].
Craig, Harry D. (22 yrs.) d. on 73-Mar-25 [73-Mar-26: 2B; 73-Mar-27: 2B].
Craig, Hugh H. m. Jarden, Addie M. on 71-Oct-11 [71-Oct-25: 2B].
Craig, James S. m. Phelan, Ellie B. on 74-Dec-3 [74-Dec-5: 2B].
Craig, John (35 yrs.) d. on 74-Aug-2 of Lockjaw [74-Aug-3: 1G].
Craig, John (63 yrs.) d. on 75-Jan-7 [75-Jan-8: 2B; 75-Jan-9: 2B].
Craig, Marian (6 yrs., 5 mos.) d. on 72-Nov-18 of Scarlet fever [72-Nov-20: 2B].
Craig, Mary (89 yrs.) d. on 72-Mar-11 [72-Mar-19: 2B].
Craig, Mary A. R. (33 yrs.) d. on 73-May-27 [73-May-28: 2B].
Craig, Noah m. Hill, Victoria on 75-May-16 [75-May-18: 2A].
Craig, Thomas (58 yrs.) d. on 71-Jun-15 [71-Jun-17: 2B].
Craig, Thomas Joseph (1 yr., 11 mos.) d. on 71-Sep-4 [71-Sep-5: 2B].
Craighill, John Marbury (6 yrs., 4 mos.) d. on 75-Jul-23 [75-Jul-28: 2B].
Craighill, Mary M. d. on 72-Feb-24 [72-Feb-26: 2C].
Craighill, W. P., Col. m. Jones, Rebecca Churchill on 74-Sep-22 [74-Sep-23: 2B].
Crain, Elizabeth A., Mrs. m. Harris, Alfred on 72-Sep-24 [72-Sep-26: 2B].
Cralle, Alphonso R. (33 yrs.) d. on 74-Jul-18 [74-Jul-20: 2B].
Cramblitt, Francis A. m. Shreiner, Mary R. on 72-Nov-7 [72-Nov-26: 2A].
Cramblitt, John (39 yrs.) d. on 71-Aug-14 [71-Aug-15: 2B; 71-Aug-16: 2C].
Cramblitt, Kate Elsworth (6 yrs., 6 mos.) d. on 71-Apr-21 [71-Apr-22: 2C; 71-Apr-24: 2B].
Cramblitt, Stephen m. Sommer, Rosa, Miss on 72-Jun-18 [72-Jun-19: 2B].
Cramer, Horace m. Sorden, Wilhelminie, Miss on 74-Jan-1 [74-Jan-8: 2B].
Crampton, Ida E., Miss m. Schumacher, W. A. on 73-Oct-14 [73-Oct-28: 2B].
Crandall, James F. (56 yrs.) d. on 73-Aug-11 [73-Aug-12: 2B].
Crandall, Minnie (30 yrs.) d. on 73-Jan-27 [73-Feb-5: 2B].

Crandell, Sarah m. Perry, William E. on 75-May-25 [75-Dec-2: 2B].
Crandle, Thomas J. m. Webb, Sarah J., Mrs. on 73-Dec-11 [74-Jan-1: 2B].
Crane, Ann R. (47 yrs.) d. on 75-Jul-1 [75-Jul-2: 2B; 75-Jul-3: 2A].
Crane, Bessie Randolph (1 yr., 1 mo.) d. on 72-Jul-9 [72-Jul-12: 2C].
Crane, Clinton (11 yrs., 5 mos.) d. on 71-Aug-2 [71-Aug-5: 2C].
Crane, Dora (76 yrs.) d. on 75-Jan-28 [75-Jan-29: 2B].
Crane, Elizabeth (80 yrs.) d. on 71-Sep-22 [71-Sep-23: 2B].
Crane, Grace K., Miss m. Loker, T. Edward on 74-Jun-11 [74-Jun-17: 2B].
Crane, Henry R. m. Merryman, Clara on 71-Nov-29 [71-Dec-2: 2B].
Crane, James C. m. Hall, Virginia on 75-Apr-15 [75-Apr-21: 2B].
Crane, John D. (32 yrs.) d. on 71-Apr-25 [71-Apr-26: 2B; 71-Apr-27: 2C].
Crane, John G. m. Moffett, Mary I., Miss on 73-Dec-3 [73-Dec-12: 2B].
Crane, Robert Anton (6 mos.) d. on 71-Jul-17 of Cholera infantum [71-Jul-20: 2B].
Crane, Thomas R., Jr. (18 yrs.) d. on 71-Aug-11 [71-Aug-14: 2C].
Crane, Walter d. on 73-Dec-21 [73-Dec-22: 2B].
Crane, Walter Carter d. on 71-Jun-1 [71-Jun-2: 2C; 71-Jun-3: 2B].
Cranwell, Mary Clara (9 mos.) d. on 71-Jul-21 [71-Jul-22: 2B].
Crates, Edward Thomas (3 mos.) d. on 75-Jul-21 [75-Jul-22: 2B].
Craton, Florence M. m. Raymond, Sidney D. on 73-Oct-12 [73-Oct-18: 2B].
Craumer, George Small (1 yr.) d. on 73-Mar-9 [73-Mar-11: 2B].
Craumer, Marian V. m. Woods, William C. on 72-Oct-22 [72-Oct-25: 2B].
Craven, Catherine Virginia m. Copenspire, Charles on 72-Apr-28 [72-May-20: 2A].
Craver, John S. (71 yrs.) d. on 72-Feb-7 [72-Feb-8: 2C].
Cravor, Ella, Miss m. Markland, Charles E. on 74-Nov-4 [74-Nov-13: 2B].
Crawford, Alexander (5 yrs.) d. on 75-Apr-6 [75-Apr-12: 2B].
Crawford, Alexander d. [75-Jul-17: 2B].
Crawford, Andrew (67 yrs.) d. on 71-Mar-30 [71-Mar-31: 2B; 71-Apr-1: 2B].
Crawford, Andrew J. m. Taylor, Mollie W., Miss on 71-Dec-25 [71-Dec-29: 2C].
Crawford, Ann (73 yrs.) d. on 72-Oct-17 of Brain congestion [72-Oct-18: 2B; 72-Oct-19: 2B].
Crawford, Ann (79 yrs.) d. on 73-May-13 [73-May-14: 2B].
Crawford, Anna H. d. on 75-Apr-10 [75-Apr-12: 2B; 75-Jul-17: 2B].
Crawford, Annie L., Miss m. Lisle, John D. on 71-Sep-12 [71-Sep-26: 2B].
Crawford, Charles A. m. Wightman, Nellie L. on 74-Jun-25 [74-Jun-27: 2B].
Crawford, Clara Helene (6 mos.) d. on 74-Jun-2 [74-Jun-11: 2B].
Crawford, Daniel J. d. on 72-Dec-15 [72-Dec-16: 2B].
Crawford, Elizabeth (44 yrs.) d. on 71-Oct-6 [71-Oct-7: 2B].
Crawford, George C. m. Marshall, Clara V., Miss on 71-Aug-16 [71-Aug-17: 2C].
Crawford, J. A. d. on 75-Mar-30 Scalded [75-Mar-31: 4C].
Crawford, James (34 yrs.) d. on 74-May-2 [74-May-4: 1G].
Crawford, James, Rev. m. Wickersham, Corinne, Miss on 72-Apr-17 [72-May-6: 2B].
Crawford, Jessie Aitken (11 yrs.) d. on 75-Aug-30 [75-Aug-31: 2B; 75-Sep-1: 2B].
Crawford, John m. Mansfield, Ida M., Miss on 75-Mar-11 [75-Mar-16: 2B].
Crawford, John W. (45 yrs.) d. on 74-Jan-3 of Heart disease [74-Jan-5: 2B, 4D].
Crawford, Josephine, Miss m. Johnson, Thomas J. on 71-Sep-3 [[71-Sep-5: 2B]; 71-Sep-15: 2B].
Crawford, Lillie E. m. Woolford, Samuel W. on 71-Jan-4 [71-Jan-6: 2C].
Crawford, Lucretia A. d. on 72-May-5 [72-May-7: 2B].
Crawford, Margaretta L. d. on 72-Jun-25 [72-Jun-27: 2B].
Crawford, Mary A. (57 yrs.) d. on 73-Aug-16 [73-Aug-18: 2B].
Crawford, Mary E. m. Loane, Augustus M. on 75-May-31 [75-Jun-21: 2B].
Crawford, Rachel (87 yrs.) d. on 72-Feb-17 [72-Feb-19: 2B].
Crawford, Samuel C. (55 yrs.) d. on 75-May-9 [75-May-10: 2B].

Crawford, Susie T. m. Murray, George W. on 71-Mar-7 [71-Apr-1: 2B].
Crawford, William H. m. Krebs, Bettie B. on 75-Jan-13 [75-Jan-14: 2B].
Crawford, William J. C. m. Seward, Emma J. on 73-Aug-4 [73-Oct-31: 2B].
Crawford, William Wallace (7 yrs.) d. on 71-May-22 [71-May-25: 2B].
Crawley, Catherine (80 yrs.) d. on 75-May-10 [75-May-12: 2B].
Crawley, Jane (82 yrs.) d. on 72-May-6 [72-May-7: 2B; 72-May-8: 2B].
Cray, Amelia M. (53 yrs.) d. on 72-Oct-11 [72-Nov-9: 2B].
Cray, Josephine, Miss m. Brashears, John W. on 75-Aug-22 [75-Sep-1: 2B].
Craycroft, Harriet Gazaway d. on 72-Oct-4 [72-Nov-8: 2B].
Crayton, Mary m. Drebing, Charles L. on 73-Nov-27 [73-Dec-6: 2B].
Creager, Ephraim (66 yrs.) d. on 73-Feb-10 [73-Feb-11: 2B].
Creager, Noble H. m. Pitcher, Mollie N., Miss on 74-Oct-21 [74-Nov-2: 2B].
Creagh, Catherine (2 yrs., 10 mos.) d. on 71-May-25 [71-May-26: 2B].
Creamer, David m. Lewis, Frances A., Miss on 75-Jan-19 [75-Jan-21: 2B].
Creamer, David Smith (34 yrs.) d. on 74-Mar-2 of Epilepsy [74-Mar-3: 2B, 4F].
Creamer, Elizabeth Ann (53 yrs.) d. on 73-Apr-15 [73-Apr-16: 2B; 73-Apr-17: 2B].
Creamer, John (49 yrs.) d. on 75-Mar-23 [75-Mar-30: 2B].
Creamer, Joseph (17 yrs.) d. on 74-Oct-17 in Oystering accident [74-Oct-19: 1G, 2B; 74-Oct-26: 2B].
Creamer, Joseph F. (40 yrs., 11 mos.) d. on 72-May-11 [72-May-13: 2B; 72-May-14: 1H].
Creamer, Joseph T. (14 yrs., 10 mos.) d. on 72-Jul-2 of Meningitis [72-Jul-4: 2C].
Creamer, M. Beckie m. House, R. G. S. on 75-Jun-17 [75-Jun-19: 2A].
Creamer, Thomas (59 yrs.) d. on 75-Jul-1 [75-Jul-2: 1H, 2B; 75-Jul-3: 2A; 75-Jul-5: 4C].
Credit, Bushard (55 yrs.) d. on 74-Jun-23 of Dropsy [74-Jun-27: 5H; 74-Jun-29: 2B].
Creecy, Edward W. m. Browne, Ignatia M. on 75-Nov-17 [75-Dec-7: 2B].
Creery, William Rufus (51 yrs.) d. on 75-May-1 of Brain inflammation [75-May-3: 1E, 2B; 75-May-4: 4C].
Creidler, G. Edwin m. Cox, Olevia L., Miss on 74-Feb-26 [74-Mar-3: 2B].
Creighton, George (3 yrs.) d. on 71-Apr-24 [71-Apr-26: 2B].
Creighton, Lilly (8 yrs., 2 mos.) d. on 73-Apr-13 [73-Apr-14: 2B].
Creighton, Maggie J. (18 yrs.) d. on 71-Feb-14 [71-Feb-15: 2C; 71-Feb-18: 2C].
Creighton, Mary A. d. on 72-Feb-9 [72-Feb-20: 2C].
Creighton, Miller R. m. Cassard, Hattie on 75-Nov-11 [75-Nov-16: 2B].
Creighton, Robert (75 yrs.) d. on 75-Aug-25 [75-Aug-31: 2B].
Cremen, Amelia E. (29 yrs.) d. on 74-Jul-21 [74-Jul-22: 2B].
Cremen, Jennie M. m. Corrigan, John T. on 73-Feb-18 [73-Mar-4: 2B].
Creney, Maggie H., Miss m. Boucher, Francis X. on 75-Oct-20 [75-Oct-26: 2A].
Crenshaw, Eliza H. (79 yrs.) d. on 75-Aug-1 [75-Aug-2: 2B, 4F; 75-Aug-3: 2B; 75-Aug-4: 4D].
Creswell, Charles E. m. Granger, Laura V., Miss on 73-Feb-23 [73-Mar-3: 2B].
Crew, May d. on 74-Sep-17 [74-Sep-18: 2B].
Crew, William J. (46 yrs.) d. on 75-Jul-15 of Fall from roof [75-Jul-16: 2B, 4D].
Crey, Virginia E. m. Fry, Wall H. on 71-Feb-16 [71-Feb-23: 2C].
Crichton, Isabel R., Miss m. Spiller, Robert M. on 71-Feb-21 [71-Feb-23: 2C].
Crichton, William (62 yrs.) d. on 75-Dec-28 [75-Dec-30: 1H, 2B].
Crider, Daniel H. m. Griggs, Mary, Miss on 71-Aug-27 [71-Sep-1: 2B].
Crim, George R. m. Bonn, Lizzie on 71-Apr-26 [71-Apr-28: 2C].
Crim, W. H., Dr. m. Rawleigh, M. Blanche on 71-Nov-23 [71-Dec-2: 2B].
Crimes, Elizabeth (2 yrs.) d. on 73-Apr-15 [73-Apr-16: 2B].
Cripps, John T. (44 yrs.) d. on 72-Aug-6 [72-Aug-7: 2B].
Cripps, Rebecca (63 yrs.) d. on 72-Dec-24 [72-Dec-25: 2A].
Crise, Barbara (83 yrs.) d. on 72-Nov-5 [72-Nov-6: 2B].
Crise, Emma K. (23 yrs.) d. on 72-Feb-6 of Consumption [72-Feb-7: 2C; 72-Feb-8: 2C].

Crise, John L. m. Raborg, Lin J. on 74-Oct-15 [74-Oct-17: 2B; 74-Oct-19: 2B].
Crisham, Martin (49 yrs.) d. on 73-Nov-8 [73-Nov-10: 2B].
Crisp, Annie, Miss m. Sharp, H. B. on 74-Jan-12 [74-Feb-6: 2D].
Crisp, Beauregard (10 yrs., 1 mo.) d. on 72-Mar-29 [72-Apr-1: 2A].
Crisp, Gertrude L. (3 yrs.) d. on 72-Feb-18 [72-Feb-19: 2B].
Crisp, Herbert (1 mo.) d. [74-Oct-5: 2B].
Crisp, John Francis (7 mos.) d. on 73-Aug-21 [73-Aug-22: 2B].
Crisp, John Wesley (8 mos.) d. on 72-May-18 [72-May-20: 2B].
Crisp, Marietta L. (43 yrs.) d. on 75-Mar-4 [75-Mar-5: 2B; 75-Mar-6: 2B].
Crisp, Robert F., Jr. m. Duvall, Mary E. on 73-Oct-14 [73-Oct-20: 2B].
Crispin, J. H. m. Worley, S. J. on 72-Oct-22 [72-Oct-31: 2B].
Criss, A. Jane d. on 72-Oct-23 [72-Oct-25: 2B].
Crist, Charles H. (41 yrs., 10 mos.) d. on 72-Jun-15 [72-Jun-20: 2B].
Crockard, John m. Preis, Louisa, Miss on 74-Sep-23 [74-Dec-18: 2B].
Crockard, John Leonard d. on 75-Oct-18 [75-Oct-19: 2A].
Crocken, James J. (20 yrs.) d. [73-Dec-15: 2B; 73-Dec-16: 2B].
Crockett, Annie E. (47 yrs.) d. on 75-Aug-5 [75-Aug-12: 2B].
Crockett, Charles W. m. Jones, Octavia on 71-Nov-28 [71-Dec-25: 2C].
Crockett, H. m. Gawne, Annie, Miss on 72-Jun-17 [72-Jun-19: 2B].
Crockett, Katie V. (1 yr., 4 mos.) d. on 75-Sep-22 [75-Sep-23: 2B].
Crockett, Millard F. (2 mos.) d. on 72-Dec-29 [72-Dec-30: 2C].
Crockett, William W. m. Stevens, Adah, Miss on 71-Apr-25 [71-Apr-29: 2B].
Crofoot, Harriet (1 yr., 1 mo.) d. on 75-Aug-15 [75-Aug-17: 2B].
Crofoot, Mary (63 yrs.) d. on 75-Aug-16 [75-Aug-17: 2B; 75-Aug-18: 2B].
Croggan, Jane E. (64 yrs.) d. on 72-Jul-15 [72-Jul-18: 2C].
Croghan, Hugh (66 yrs.) d. on 75-Nov-21 [75-Nov-22: 2A].
Crolley, H. P. (63 yrs.) d. on 71-Jan-2 [71-Jan-4: 2B].
Cromberg, John (80 yrs.) d. on 75-Sep-19 [75-Oct-2: 2B].
Cromer, Daniel (4 yrs.) d. on 75-Feb-4 [75-Feb-5: 2B].
Cromer, Elizabeth (72 yrs.) d. on 74-Sep-26 [74-Sep-28: 2B].
Cromer, Maggie (3 yrs., 6 mos.) d. on 75-Jan-30 [75-Feb-1: 2B].
Cromer, Willie (1 yr., 3 mos.) d. on 75-Jan-22 [75-Feb-1: 2B].
Cromwell, Alexander m. Sullivan, Mary C., Miss on 73-Jun-25 [73-Jul-8: 2B].
Cromwell, Ann Eliza (64 yrs.) d. on 73-Nov-11 [73-Nov-12: 2B; 73-Nov-13: 2B].
Cromwell, Carrie W. m. Jarrett, Frank A. on 75-Nov-18 [75-Nov-20: 2A].
Cromwell, Cassie E., Miss m. Poulton, J. Emory on 72-Jul-17 [72-Jul-23: 2B].
Cromwell, Elizabeth d. on 75-May-21 of Lamp explosion [75-May-22: 4C].
Cromwell, Ella Chapman d. on 72-Jan-5 [72-Jan-8: 2C].
Cromwell, Emma Matthews (9 mos.) d. on 74-Jun-11 [74-Jun-19: 2B].
Cromwell, Emma R. m. Ferguson, Samuel T., Rev. on 71-Dec-21 [71-Dec-27: 2C].
Cromwell, Emma Randolph (19 yrs., 11 mos.) d. on 74-Jan-14 [74-Jan-15: 2B].
Cromwell, Eugenia m. Thomas, John C. on 73-Jun-11 [73-Jun-17: 2B].
Cromwell, Eveline S. (27 yrs.) d. on 71-Jul-14 [71-Jul-15: 2B].
Cromwell, Hamilton C. m. Howard, Ella F., Miss on 72-Jun-12 [72-Jun-25: 2B].
Cromwell, Harry Clifton (1 yr., 11 mos.) d. on 71-Oct-23 [71-Oct-24: 2A].
Cromwell, Henry Author J. (6 yrs.) d. on 73-Mar-4 [73-Mar-5: 2C].
Cromwell, Joshua (72 yrs.) d. on 72-Sep-4 [72-Sep-6: 2A, 4C; 72-Sep-7: 2A].
Cromwell, Lambert m. Morgan, Laura L. on 75-Nov-3 [75-Nov-9: 2B].
Cromwell, Laura Elizabeth (5 mos.) d. on 72-Jul-12 [72-Jul-23: 2C].
Cromwell, Lou J., Miss m. Richards, Lewis E. on 72-Jan-24 [72-Feb-17: 2B].
Cromwell, Mary d. on 72-Jan-17 [72-Jan-19: 2C; 72-Jan-20: 2B].
Cromwell, Mary d. on 73-Jul-10 [73-Jul-11: 2B; 73-Jul-12: 2B].

Cromwell, Mary Kennedy (33 yrs.) d. on 73-Feb-20 [73-Feb-21: 2B; 73-Feb-22: 2B].
Cromwell, Mary L. m. White, George K. on 73-Dec-18 [73-Dec-25: 2B].
Cromwell, Moale d. on 73-Jun-18 [73-Jun-26: 2B].
Cromwell, R. Ashby (9 yrs., 5 mos.) d. on 73-Jun-24 [73-Jun-25: 2B].
Cromwell, Randolph S. m. Matthews, Emma Randolph on 71-Jun-15 [71-Jun-21: 2C].
Cromwell, Richard m. George, Sallie, Miss on 74-Jul-15 [74-Jul-17: 2B].
Cromwell, Roy H. (8 mos.) d. on 75-Jun-15 [75-Jun-16: 2B].
Cromwell, T. Elvin m. Holyland, Fannie L. on 72-Sep-12 [72-Sep-17: 2B].
Cromwell, William m. Townsend, Alice, Miss on 72-Apr-8 [72-May-4: 2A].
Cronan, James (39 yrs.) d. on 72-Jan-11 [72-Jan-13: 2A].
Crone, Margaret (1 yr., 11 mos.) d. on 72-Feb-15 [72-Feb-17: 2C].
Croney, Daisy May (1 yr., 7 mos.) d. on 73-Dec-22 [73-Dec-23: 2C].
Croninger, Joseph (50 yrs.) d. on 71-Feb-19 [71-Feb-20: 2C].
Cronmiller, John, Sr., Dr. (83 yrs.) d. on 75-Oct-9 [75-Oct-13: 2B].
Cronnelly, Martin (32 yrs.) d. on 71-Dec-15 [71-Dec-16: 2B].
Crook, A. Crawford m. Rusk, Hester on 71-Aug-21 [71-Nov-11: 2B].
Crook, Agnes Bryson (28 yrs., 6 mos.) d. on 71-Aug-31 [71-Sep-1: 2B; 71-Sep-2: 2B].
Crook, Columbus S. (52 yrs.) d. on 75-Sep-25 of Suicide (Stabbing) [75-Sep-28: 2B, 4B].
Crook, Francis A. (7 mos.) d. on 73-Aug-25 [73-Aug-29: 2B].
Crook, Georgianna Louise (5 yrs., 9 mos.) d. on 75-Jan-9 [75-Jan-14: 2B].
Crook, Henry m. Dougherty, Mamie A., Mrs. on 72-Mar-27 [72-Apr-1: 2A].
Crook, John Inskip (4 mos.) d. on 71-Feb-17 [71-Feb-18: 2B].
Crook, John Walter (1 yr., 2 mos.) d. on 71-Mar-9 [71-Mar-13: 2C].
Crook, W. S., Capt. (46 yrs.) d. on 71-Dec-16 [72-Jan-5: 2B].
Crooks, Ann Eleanor d. on 71-Feb-24 [71-Feb-27: 2D].
Crooks, Fanny H. (8 mos.) d. on 75-Aug-6 [75-Aug-9: 2B].
Crooks, Marietta m. Moffet, George W. on 71-Dec-14 [72-Jan-13: 2B].
Crookshanks, Estelle Grace (2 yrs., 6 mos.) d. on 72-Mar-20 [72-Mar-25: 2B].
Cropp, Rachel (64 yrs.) d. on 72-Apr-10 [72-Apr-12: 2B].
Cropper, Betsy Handy (67 yrs.) d. on 75-Jun-3 [75-Jun-5: 2B].
Cropper, Edward H. (29 yrs.) d. on 74-Oct-29 [74-Oct-30: 2B; 74-Oct-31: 2B].
Cropper, Edward H. m. Kemp, Ida D. on 71-Dec-14 [71-Dec-21: 2B].
Cropper, Emma A. d. on 75-Sep-28 of Suicide (Hanging) [75-Oct-1: 4C].
Cropper, Susannah, Miss m. Connelly, William H. on 71-Mar-20 [71-Mar-30: 2C].
Cropper, Thomas E. (1 yr., 11 mos.) d. on 74-Mar-19 [74-Mar-21: 2B].
Crosbie, Eager F. m. Cunningham, Kate A. on 70-Dec-29 [71-Feb-8: 2C].
Crosbie, Emma A. G. m. Sloan, John T. on 73-Jul-8 [73-Jul-29: 2B].
Crosby, Cornelia Lorraine (10 yrs.) d. on 74-Apr-29 [74-May-1: 2B].
Crosby, Ida V. m. Wheeler, H. Charles on 74-Oct-20 [74-Oct-27: 2B].
Crosby, Robert Field (10 mos.) d. on 75-Mar-10 [75-Mar-18: 2B].
Crosby, Sammie J. A. (5 yrs., 7 mos.) d. on 71-Jul-13 [71-Jul-14: 2B].
Crosby, Sarah E., Miss m. Chalk, George R. on 71-Jan-18 [71-Feb-23: 2C].
Croshaw, Rebecca (33 yrs.) d. on 72-Dec-18 [72-Dec-19: 2B].
Croshaw, William (33 yrs., 2 mos.) d. on 75-Jan-29 [75-Feb-1: 2B].
Cross, Andrew d. on 75-Feb-2 of Pneumonia [75-Feb-3: 2B; 75-Feb-4: 2B].
Cross, Carrie M. m. Brower, Irving B. on 75-Sep-30 [75-Oct-15: 2B].
Cross, Charles E. m. Bryan, Elizabeth, Miss on 74-Mar-6 [74-Mar-14: 2B].
Cross, Charles Walter (1 yr., 3 mos.) d. on 71-Jan-16 of Scarlet fever [71-Jan-18: 2C].
Cross, David H. (36 yrs., 7 mos.) d. on 71-Feb-3 [71-Feb-4: 2B, 4D].
Cross, E. D. m. Daily, Annie E. on 74-Sep-24 [74-Sep-30: 2B].
Cross, Edward (54 yrs.) d. on 72-Apr-6 of Brain inflammation [72-Apr-8: 2B].
Cross, Frank H. L. (1 yr., 9 mos.) d. on 72-Dec-30 [72-Dec-31: 2B].

Cross, George R. m. Iler, Mary A. on 71-Dec-25 [71-Dec-29: 2C].
Cross, Henry Clay (9 mos.) d. on 72-Jul-28 [72-Jul-29: 2C].
Cross, Henry O. m. Bishop, Adella on 75-Oct-14 [75-Nov-9: 2B].
Cross, Isabella d. on 74-Mar-24 [74-Mar-26: 2B].
Cross, Israel P. (37 yrs.) d. on 75-Nov-5 of Intemperance and heart disease [75-Nov-6: 2B, 4B].
Cross, J. H. m. Maclellan, Mary, Miss on 74-Feb-18 [74-Feb-21: 2B].
Cross, John E. (30 yrs., 10 mos.) d. on 73-Nov-27 [73-Nov-29: 2B].
Cross, Joseph Ambrose (24 yrs.) d. on 71-Jan-24 [71-Jan-25: 2C; 71-Jan-26: 2D].
Cross, Julia A. (1 yr., 4 mos.) d. on 75-Jul-20 [75-Jul-22: 2B].
Cross, Kemper Willoughby (4 mos.) d. on 75-Jul-29 [75-Aug-2: 2B].
Cross, Mary E. m. Burns, William F. on 72-Jul-22 [72-Aug-21: 2B].
Cross, Mary Elizabeth (10 mos.) d. on 72-Feb-5 [72-Feb-7: 2C].
Cross, Richard (44 yrs., 2 mos.) d. on 74-Mar-11 [74-Mar-16: 2B].
Cross, Thomas Sewel m. Stanfield, Emma J., Miss on 71-Oct-2 [71-Oct-6: 2B].
Crosswell, Lizzie L. m. Hornsby, William L. on 75-May-24 [75-May-25: 2A].
Croswell, George E. (50 yrs.) d. on 74-May-17 [74-May-18: 2B].
Crothers, David, Sr. (62 yrs.) d. on 72-Mar-16 [72-Mar-18: 2A].
Crothers, Joseph m. Henry, Mary Lucy on 73-May-6 [73-May-13: 2B].
Crothers, Margaret (58 yrs.) d. on 72-Dec-5 [72-Dec-6: 2B; 72-Dec-7: 2A].
Crouch, C. Annie, Miss m. Carswell, L. Scott on 73-Jun-10 [73-Jun-20: 2B].
Crouch, Elizabeth d. on 75-Mar-7 [75-Mar-12: 2B].
Crouch, George W. (65 yrs.) d. on 74-Jan-8 [74-Jan-9: 2C; 74-Jan-10: 2B].
Crouch, Levi (65 yrs.) d. on 72-Mar-13 [72-Mar-15: 2C].
Crouch, Margaret A. m. Myles, George T. on 72-Sep-16 [72-Oct-5: 2A].
Crouch, William Ira (6 mos.) d. on 74-Dec-7 [74-Dec-18: 2B].
Crough, Jennie, Miss m. Kagle, William on 74-Sep-16 [74-Sep-18: 2B].
Crout, Elijah F. (59 yrs.) d. on 75-Nov-26 [75-Nov-29: 2B].
Crout, Frances G. Stansbury (59 yrs.) d. on 71-Jan-23 [71-Jan-24: 2C; 71-Jan-25: 2C].
Crout, Harry G. (7 yrs.) d. on 71-Jan-17 [71-Jan-18: 2C].
Crout, Hezekiah (63 yrs.) d. on 74-Oct-29 [74-Oct-30: 2B, 4C].
Crow, Andrew J. (51 yrs.) d. on 73-Apr-26 of Gunshot wound [73-Apr-28: 1H; 73-Apr-29: 2B].
Crow, Ida G., Miss m. Morgan, Robert M. on 71-Oct-18 [71-Oct-21: 2B].
Crowder, John H. (5 yrs., 2 mos.) d. on 75-Jun-4 [75-Jun-5: 2B].
Crowder, May Juliet (4 mos.) d. on 72-Oct-12 [72-Oct-14: 2B].
Crowdis, Jennie E., Miss m. Travers, Samuel T. [74-Jul-24: 2B].
Crowe, Cornelius J. (44 yrs.) d. on 74-Aug-14 [74-Aug-15: 2B].
Crowe, John (90 yrs.) d. on 72-Jul-11 [72-Jul-12: 2C; 72-Jul-13: 2A].
Crowe, Mary (70 yrs.) d. on 71-Nov-9 [71-Nov-10: 2C; 71-Nov-11: 2B].
Crowe, Nettie M. m. Elliott, Curtis E. on 73-Jun-26 [73-Jun-30: 2B].
Crowley, A. M. (43 yrs.) d. on 72-Nov-20 of Consumption [72-Nov-22: 2B].
Crowley, Catherine (51 yrs.) d. on 73-May-27 [73-May-28: 2B].
Crowley, Elizabeth P., Miss m. Roray, Clifford S. on 71-Jun-2 [71-Jun-10: 2A].
Crowley, Frank Warner (9 mos.) d. on 75-Oct-9 [75-Oct-11: 2B].
Crowley, James (28 yrs.) d. on 74-Oct-25 of Gunshot wound [74-Oct-26: 1H].
Crowley, John Glenn (1 yr., 10 mos.) d. on 73-Nov-10 [73-Nov-11: 2B].
Crowley, John W. (23 yrs.) d. on 74-Aug-1 [74-Aug-3: 2B].
Crowley, Laura A. (6 mos.) d. on 72-Jun-23 of Cholera infantum [72-Jun-27: 2B].
Crowley, Laura E. (26 yrs.) d. on 72-Aug-14 [72-Aug-19: 2B].
Crowley, Maria S. m. Bayles, Albert on 72-Nov-7 [72-Nov-13: 2B].
Crowley, Norrelline H., Miss m. Settle, Joseph T. on 73-Oct-14 [73-Oct-23: 2B].
Crowley, Peter m. Hughes, Mary, Miss on 73-Feb-20 [73-Feb-27: 2B].
Crowley, William S., Rev. (50 yrs.) d. on 75-Jan-16 of Heart disease [75-Jan-18: 4B].

Crowly, Patrick (24 yrs.) d. on 71-May-2 [71-May-3: 2B].
Crown, Marion A. m. Ray, Annie, Miss on 72-Feb-7 [72-Feb-9: 2C].
Crowther, Eliza A. (42 yrs.) d. on 71-Dec-22 [71-Dec-23: 4C].
Crowther, Fannie d. on 74-Jul-26 [74-Jul-27: 2B].
Crowther, George d. on 70-Dec-1 [71-Apr-7: 2B].
Crowther, Henry d. on 71-Apr-5 [71-Apr-7: 2B].
Crowther, Samuel C. m. Bond, Elizabeth T., Miss on 70-Dec-20 [71-Jan-21: 2B].
Crowther, Sarah Lizzie (2 yrs., 1 mo.) d. on 73-Mar-8 [73-Mar-10: 2B].
Croxall, Richard (81 yrs.) d. on 72-Aug-25 [72-Sep-26: 2B].
Croyeau, Charles H. m. Shepherd, Emma on 73-Mar-13 [73-Mar-20: 2B].
Crozier, John R. (49 yrs.) d. on 71-Dec-18 [71-Dec-19: 2B; 71-Dec-20: 2B].
Crozier, William W. m. Edmonston, Annie, Miss on 75-Aug-19 [75-Aug-23: 2B].
Crudden, Edward (50 yrs.) d. on 73-Dec-27 [74-Jan-10: 2B].
Crumbacker, Emma V., Miss m. Leach, Charles on 72-Apr-16 [72-Apr-20: 2B].
Crumble, Caroline (57 yrs.) d. of Paralysis [74-Apr-21: 4D].
Crummer, Armstrong d. on 75-May-23 [75-May-27: 2B].
Crummer, Edward m. Plaskett, Bessie R. C. on 72-Jun-5 [72-Jun-15: 2A].
Crummer, Thomas J. (21 yrs.) d. on 75-Sep-8 [75-Sep-10: 2B; 75-Sep-14: 2B].
Crump, George Taylor (38 yrs.) d. on 74-Sep-30 of Consumption [74-Oct-1: 2B].
Crump, Henry m. Fletcher, Henrietta on 73-Mar-13 [73-Apr-5: 2B].
Crump, James S. (22 yrs.) d. on 72-Mar-22 [72-Mar-29: 2B].
Crump, Maria S., Miss m. Taylor, R. W. W. on 74-Jun-3 [74-Jun-9: 2B].
Crump, Octavia Lacy (9 mos.) d. on 74-Nov-10 [74-Nov-11: 2B].
Cruse, Annie Frances m. Holland, Samuel Nelson on 73-Oct-16 [73-Oct-18: 2B].
Cruse, Gertrude (3 mos.) d. on 75-Jul-4 [75-Jul-6: 2B].
Cruse, Lizzie m. Shipley, Milton H. on 71-Jul-18 [71-Jul-20: 2B].
Crutchley, William m. Smith, Emma R. on 75-Nov-18 [75-Nov-29: 2B].
Cruzen, George R. (50 yrs.) d. on 72-Sep-9 [72-Sep-10: 2B].
Cuddy, Isabella m. Kennedy, Thomas F. on 72-Apr-11 [72-Apr-16: 2B].
Cuddy, James B., Rev. (38 yrs.) d. on 74-Aug-2 of Typhoid [74-Aug-7: 2B].
Cuddy, Kate (4 yrs.) d. on 71-Jun-2 [71-Jun-3: 2B].
Cuff, Eleanor (85 yrs.) d. on 73-Jan-23 [73-Jan-25: 2B].
Cuff, John (56 yrs.) d. on 74-Oct-24 [74-Oct-26: 2B].
Cuff, Patrick (78 yrs.) d. on 71-Jan-30 [71-Jan-31: 2C; 71-Feb-1: 2C].
Cuff, Patrick (42 yrs.) d. on 75-Feb-24 [75-Feb-26: 2B].
Cuff, Thomas (56 yrs.) d. on 72-Jul-27 of Heart disease [72-Jul-29: 1H].
Culbertson, Cora F., Miss m. Darby, B. F. on 74-Jan-1 [74-Jan-5: 2B].
Culbertson, Sarah A. (40 yrs.) d. on 75-Mar-21 [75-Mar-25: 2B].
Cullen, Ettie H., Miss m. Fay, George W. on 73-Aug-6 [73-Aug-13: 2B].
Cullen, Francis J. (24 yrs.) d. on 73-Jun-19 [73-Jun-26: 2B].
Cullen, James (38 yrs.) d. on 75-Apr-18 [75-Apr-19: 2B; 75-Apr-20: 2B].
Cullen, James L. (30 yrs.) d. on 74-Nov-28 [74-Nov-30: 2B].
Cullen, Jennie T. m. Biebelheiser, B. C. on 75-Jan-7 [75-Jan-16: 2C].
Cullen, Lizzie S., Miss m. McAdams, Philip E. on 74-Nov-3 [74-Nov-11: 2B].
Cullen, Mary (38 yrs.) d. on 75-May-7 [75-May-8: 2B; 75-May-10: 2B].
Cullen, Thomas (25 yrs.) d. on 73-Jan-10 Drowned [73-Jan-13: 4E].
Culley, George L. d. on 74-Sep-28 [74-Oct-6: 2C].
Cullimore, Florence (3 mos.) d. on 72-Nov-30 [72-Dec-2: 2B].
Cullimore, Gregory H., Miss m. Diggs, John R. on 72-Dec-4 [72-Dec-11: 2B].
Cullimore, John E. m. Evans, Miranda on 71-Dec-19 [72-May-24: 2B].
Cullington, Thomas (58 yrs.) d. on 71-Mar-10 [71-Mar-11: 2B].
Cullison, George Washington (9 yrs., 5 mos.) d. on 72-Nov-18 of Membraneous croup [72-Nov-

19: 2B].
Cullison, Jennie S. m. McAllister, R. A., Jr. on 75-Jun-28 [75-Jul-13: 2B].
Cullison, William H. (36 yrs.) d. on 71-Mar-29 of Congestive chills [71-Mar-31: 2B].
Cullison, William Thomas (1 yr., 4 mos.) d. [74-Jul-22: 2B].
Cullum, Annie R. m. Stevens, Nicholas on 73-Feb-13 [73-Feb-25: 2B].
Cullum, George S. (48 yrs.) d. on 75-Nov-26 [75-Dec-4: 2B].
Cullum, George W. (54 yrs.) d. on 73-Nov-14 [73-Nov-15: 2B].
Cullum, J. Wesley m. McElroy, Annie H., Miss on 71-Jan-10 [71-Jan-12: 2C].
Cullum, Marion Cora (19 yrs., 7 mos.) d. on 73-Jul-18 [73-Jul-21: 2B].
Cullum, R. Henry W. m. Poole, Mary E. on 75-Nov-24 [75-Dec-2: 2B].
Cullum, Sarah (75 yrs.) d. on 71-Mar-1 [71-Mar-2: 2C; 71-Mar-3: 2C].
Culman, Mollie D., Miss m. Webb, Charles on 71-Nov-9 [[71-Nov-11: 2B]; 71-Nov-13: 2B].
Culver, Amanda, Miss m. Schellenschlage, William on 71-Dec-27 [72-Jan-2: 2C].
Culver, Florence J. (5 yrs.) d. on 71-Jul-10 [71-Jul-11: 2B].
Culver, John (51 yrs.) d. on 71-Aug-14 [71-Aug-15: 2B].
Culver, Olive Virginia (3 yrs., 7 mos.) d. on 75-Apr-26 [75-Apr-28: 2B].
Culver, Rhoda Elizabeth d. on 73-Feb-17 [73-Feb-19: 2B].
Culver, Rosamond Marion (3 yrs.) d. on 72-Jul-1 [72-Jul-2: 2B].
Culver, William B. m. Joyce, Catherine on 75-Jun-19 [75-Jun-23: 2B].
Culverwell, Lizzie T. m. McDonnell, J. C. on 74-Jul-15 [74-Jul-21: 2C].
Cumbea, J. R. m. Holmes, Katie C., Miss on 71-Dec-27 [72-Jan-1: 2B].
Cumberland, William m. Wheeler, Levinia on 75-Mar-12 [75-Apr-17: 2B].
Cumbler, Jesse (35 yrs.) d. on 75-Jun-12 in Railroad accident [75-Jun-14: 4C].
Cummer, [male] (4 yrs.) d. on 72-Apr-13 Burned [72-Apr-15: 4C].
Cumming, Emma Alice (7 yrs., 6 mos.) d. on 75-Jan-16 [75-Jan-22: 2B].
Cumming, Jane E. (54 yrs.) d. on 72-Jan-16 [72-Jan-24: 2C].
Cummings, Albert B. m. Shallcross, Emma B., Miss on 71-Oct-3 [71-Oct-25: 2B].
Cummings, Charles Howard (12 yrs.) d. on 71-Oct-12 Burned [71-Oct-13: 4E].
Cummings, Luke (37 yrs.) d. on 73-Jan-2 in Railroad accident [73-Jan-3: 2B].
Cummings, Mary A. (76 yrs.) d. on 74-Jun-11 in Wagon accident [74-Jun-12: 1H, 2B; 74-Jun-13: 2B].
Cummings, Sarah J., Miss m. Jones, J. Robert on 71-Apr-17 [71-Jun-21: 2C].
Cummings, Walter Irving (1 yr., 1 mo.) d. on 75-Dec-8 [75-Dec-9: 2B].
Cummins, James S. m. Wright, Gracie O., Miss on 71-Oct-21 [71-Oct-23: 2B].
Cummins, John Wood (80 yrs.) d. on 73-Jun-16 [73-Jun-17: 2B].
Cummins, Jonathan P., Capt. (51 yrs.) d. on 71-Sep-7 of Congestive chills [71-Sep-8: 2B; 71-Sep-9: 2B; 71-Sep-8: 4C].
Cummins, Joseph G. m. Nugent, Emma E. on 75-May-3 [75-May-12: 2B].
Cummins, Josephine A., Miss m. Anschutz, Albert on 71-Jan-16 [71-Jan-23: 2C].
Cummins, M. R. m. Ringgold, W. C. on 73-Dec-9 [73-Dec-15: 2B].
Cummiskey, Claudia C. d. on 75-Jul-14 [75-Jul-16: 2B].
Cunnane, Catherine (73 yrs.) d. on 72-Nov-26 [72-Nov-27: 2B].
Cunnane, Henry S. m. Norfolk, Mary E., Miss on 73-Feb-2 [73-Mar-7: 2C].
Cunningham, C. W. m. Byrne, S. Marie, Miss on 71-Oct-17 [71-Oct-31: 2C].
Cunningham, Cassandra H. (80 yrs.) d. on 75-Nov-3 [75-Nov-4: 2A; 75-Nov-5: 2B].
Cunningham, Charity E. d. on 74-Sep-21 [74-Sep-21: 2B; 74-Sep-22: 2B].
Cunningham, Charles R. (55 yrs.) d. on 74-Aug-28 [74-Aug-29: 2A].
Cunningham, Charles T. (20 yrs.) d. on 74-Jan-28 Drowned [74-Feb-13: 2C, 4E].
Cunningham, E. H. m. Gross, Rosa E. on 75-Jul-27 [75-Aug-9: 2B].
Cunningham, Edward, Capt. (28 yrs.) d. on 75-Mar-7 of Cramps [75-Mar-9: 1H, 2B].
Cunningham, Edward T. (31 yrs.) d. on 73-Mar-3 [73-Mar-5: 2C].
Cunningham, Ellen (24 yrs.) d. on 71-Dec-4 [71-Dec-12: 4E].

Cunningham, Ellen (40 yrs.) d. on 71-Nov-30 of Intemperance [71-Dec-2: 4E].
Cunningham, Emma A., Miss m. Brown, Steven on 74-Oct-8 [74-Nov-28: 2B].
Cunningham, Emma Alice (7 yrs., 6 mos.) d. on 75-Jan-16 [75-Jan-21: 2B].
Cunningham, Fannie d. on 73-Mar-4 [73-Mar-5: 2C].
Cunningham, Florence m. Robinson, Joseph A. on 74-Apr-28 [74-May-6: 2B].
Cunningham, Floride Calhoun (51 yrs.) d. on 71-Aug-14 [71-Aug-19: 2B].
Cunningham, George A. (56 yrs.) d. on 75-Feb-28 of Heart rheumatism [75-Mar-1: 1H, 2B; 75-Mar-2: 2B; 75-Mar-3: 2B].
Cunningham, George S. (37 yrs.) d. on 72-Jun-26 [72-Jun-27: 2B].
Cunningham, Harry (2 yrs., 6 mos.) d. on 71-Feb-28 of Lung congestion [71-Mar-1: 2C].
Cunningham, Henrietta Eliza (42 yrs.) d. on 72-Nov-5 [72-Nov-11: 2B].
Cunningham, Ida Elizabeth (1 yr., 9 mos.) d. on 72-Jul-20 [72-Jul-22: 2B].
Cunningham, J. William (34 yrs.) d. on 71-Sep-7 [71-Sep-9: 2B].
Cunningham, James (66 yrs.) d. on 75-May-9 [75-May-11: 2B].
Cunningham, James A. m. Dorney, Tillie A. on 75-Feb-25 [75-Apr-6: 2B].
Cunningham, James W. (25 yrs., 8 mos.) d. on 74-Apr-7 in Railroad accident [74-Apr-9: 2B, 4D; 74-Apr-28: 2B].
Cunningham, Jennie m. Lusby, William on 73-Apr-30 [73-May-7: 2B].
Cunningham, John (8 yrs., 8 mos.) d. on 73-Aug-26 [73-Aug-27: 2B].
Cunningham, John A. m. Leitch, Mary F., Miss on 75-Nov-29 [75-Dec-1: 2B].
Cunningham, Julia M. m. McFeely, William J. on 73-Jan-22 [73-Feb-4: 2B].
Cunningham, Kate A. m. Crosbie, Eager F. on 70-Dec-29 [71-Feb-8: 2C].
Cunningham, Kate E. (33 yrs.) d. on 72-Aug-17 [72-Aug-19: 2B].
Cunningham, Laura V. m. Francis, Issac H. on 70-Dec-27 [71-Jan-6: 2C].
Cunningham, Margaretta B. (50 yrs.) d. on 74-Nov-26 [74-Nov-27: 2B; 74-Nov-28: 2B].
Cunningham, Mary (84 yrs.) d. on 74-Jan-6 [74-Jan-7: 2B].
Cunningham, Mary Parker m. Dorris, Samuel on 71-Dec-27 [72-Jan-2: 2C].
Cunningham, Michael m. Hogan, Catherine on 72-Jun-18 [72-Jun-22: 2B].
Cunningham, Mollie S., Miss m. Horney, Thomas T. on 72-Jan-17 [72-Feb-12: 2C].
Cunningham, Sallie J. d. on 71-Mar-13 [71-Mar-14: 2B; 71-Mar-15: 2B].
Cunningham, Samuel (64 yrs.) d. on 74-Jul-20 of Apoplexy [74-Jul-22: 2B, 4D].
Cunningham, Thomas Edward (22 yrs.) d. on 75-Aug-27 [75-Aug-28: 2B].
Cunningham, William Barstow (7 yrs.) d. on 75-Jan-15 [75-Jan-16: 2C].
Curlett, Ida Bell (10 yrs., 7 mos.) d. [71-Mar-25: 2B].
Curlett, Mary C. (81 yrs.) d. on 73-Apr-27 [73-Apr-28: 2B].
Curley, Charles Edward (1 yr., 3 mos.) d. on 72-Aug-8 [72-Aug-9: 2B].
Curley, Charles H. m. Gault, Maggie A. on 74-Oct-20 [74-Oct-23: 2B].
Curley, Clara m. Pilson, G. F. on 74-Aug-16 [75-Jan-19: 2B].
Curley, Clarence Walters (1 mo.) d. on 71-May-20 [71-May-22: 2B].
Curley, Ella V. m. Gronewell, Robert F. on 74-Jul-9 [74-Sep-28: 2B].
Curley, Hanora (4 yrs.) d. on 72-Feb-20 Burned [72-Feb-21: 4D].
Curley, Harry (1 yr.) d. on 73-Aug-12 [73-Aug-14: 2B].
Curley, Helen M. m. Lewis, Henry B. on 75-Jan-6 [75-Jan-20: 2B].
Curley, John E. m. Neepier, Emma V., Miss on 71-Nov-26 [71-Nov-30: 2B].
Curley, Joseph P. (4 yrs., 11 mos.) d. on 71-Feb-15 [71-Feb-16: 2C].
Curley, Marietta V. (24 yrs.) d. on 71-Apr-10 [71-Apr-11: 2B].
Curley, Mary (75 yrs.) d. on 71-Mar-11 [71-Mar-13: 2C].
Curley, Mary (27 yrs.) d. on 72-Feb-19 [72-Feb-20: 2C; 72-Feb-21: 2C].
Curley, Sarah E., Miss m. Ellis, Louis A. on 75-Jun-3 [75-Jun-5: 2A].
Curran, Clara E., Miss m. Healey, Edward J. on 75-May-25 [75-Jun-11: 2B].
Curran, Daniel (38 yrs.) d. on 73-Feb-19 of Pneumonia [73-Feb-24: 2A].
Curran, Ellen d. on 75-Oct-30 [75-Nov-1: 2B].

Curran, James (8 mos.) d. on 71-Jul-20 [71-Jul-21: 2C].
Curran, Mary (54 yrs.) d. on 72-Apr-5 [72-Apr-6: 2B].
Curran, Mary Lizzie (1 mo.) d. on 71-Jul-18 [71-Jul-20: 2B].
Curran, Mary Rosina (10 yrs.) d. on 72-Aug-6 [72-Aug-7: 2B].
Curran, Michael (79 yrs.) d. on 74-Sep-28 [74-Sep-29: 2B].
Curran, Peter m. Ruff, Clara, Miss on 75-Jun-29 [75-Jul-2: 2B].
Curran, Susan A. (25 yrs.) d. on 72-Oct-5 [72-Oct-8: 2B].
Currell, Rachel S. m. Matties, John H. on 74-Jul-2 [74-Jul-10: 2B].
Currell, Samuel H. (47 yrs.) d. on 74-Aug-17 [74-Aug-18: 2B].
Currie, E. A., Dr. (57 yrs.) d. on 73-Dec-2 [73-Dec-13: 2B].
Currie, Fidelia d. on 74-Mar-17 [74-Mar-20: 2B].
Currin, Michael (47 yrs.) d. on 75-May-1 [75-May-3: 2B].
Curry, Anna B. d. on 75-Mar-17 [75-Mar-18: 2B].
Curry, Jane (19 yrs.) d. on 72-Jun-21 [72-Jun-22: 2B].
Curry, John L. (25 yrs.) d. on 72-Oct-25 in Railroad accident [72-Oct-28: 1H; 72-Oct-30: 2B].
Curry, Lotta E., Miss m. Garrison, Edwin F. on 71-Apr-16 [71-May-16: 2B].
Curry, Margaret (21 yrs.) d. on 73-Feb-1 [73-Feb-3: 2B].
Curry, Margaret H. (29 yrs.) d. on 71-Dec-3 [71-Dec-9: 2B].
Curry, Mary Margaret (42 yrs.) d. on 72-Oct-2 [72-Oct-4: 2B; 72-Oct-5: 2A].
Curry, S. P. (66 yrs.) d. on 75-Jun-25 [75-Jun-26: 2B].
Curry, Samuel Lee m. Birch, Josephine on 72-Oct-28 [72-Nov-14: 2B].
Curry, William m. Garrison, Elizabeth A., Miss on 74-Feb-16 [74-Feb-19: 2B].
Curry, William H. m. Hirst, Anna B., Miss on 71-Nov-30 [71-Dec-2: 2B].
Curtain, Annie (4 mos.) d. on 75-Jun-20 [75-Jun-21: 2B].
Curtain, Gertrude, Miss m. Shaughnessy, Edward on 73-Oct-27 [73-Dec-25: 2B].
Curtain, Maggie A. m. Buckman, William T. on 73-Aug-19 [73-Aug-21: 2B].
Curtain, Mary V. m. Fleming, William on 74-Sep-30 [74-Oct-21: 2B].
Curtain, Thomas (9 yrs.) d. on 73-Jan-2 [73-Jan-3: 2B; 73-Jan-4: 2B].
Curtain, William (4 yrs., 5 mos.) d. on 75-Jun-27 [75-Jun-28: 2B].
Curtain, Wilton Ebert (6 mos.) d. on 74-Jul-22 [74-Jul-23: 2B].
Curtin, Annie (28 yrs.) d. on 75-Feb-12 [75-Feb-13: 2C].
Curtin, Annie A., Miss m. Gibson, William I., Dr. on 74-Feb-18 [74-Feb-20: 2C].
Curtin, Sarah E., Miss m. Coulson, Edward L. on 71-Feb-7 [71-Feb-11: 2B].
Curtis, Bartholomew Louis J. (18 yrs., 6 mos.) d. on 74-Mar-24 [74-Mar-25: 2B; 74-Mar-26: 2B; 74-Mar-27: 1G].
Curtis, Ellen (39 yrs.) d. on 72-Mar-12 [72-Mar-14: 2C].
Curtis, Frances C. m. Perveil, D. W. on 71-Sep-14 [[71-Sep-21: 2C]; 71-Sep-22: 2B].
Curtis, John S. (80 yrs.) d. on 74-Sep-25 [74-Oct-17: 2B].
Curtis, Sarah A. (80 yrs.) d. on 75-Jan-17 [75-Jan-21: 2B].
Curtis, Sarah A. m. Doenges, Conrad on 73-Oct-14 [73-Oct-20: 2B].
Curtiss, A. Hatch d. on 75-Oct-31 [75-Nov-2: 2B].
Curvill, Margaret Ann (72 yrs.) d. on 75-Nov-6 [73-Nov-8: 2B].
Cushing, David (64 yrs.) d. on 75-Aug-26 [75-Aug-27: 2B; 75-Aug-28: 2B].
Cushing, Fannie m. Wier, Robert on 72-Mar-28 [72-Apr-3: 2B].
Cushing, Francis C. d. on 74-Jul-13 [74-Jul-15: 2B].
Cushing, William F. (54 yrs.) d. on 72-Feb-6 [72-Feb-15: 2C].
Cushley, William A. (5 mos.) d. on 73-Aug-13 [73-Aug-14: 2B].
Cusic, Josie m. Williams, J. W. on 72-Dec-24 [72-Dec-27: 2B].
Custy, Martin (4 yrs., 6 mos.) d. on 71-Aug-1 [71-Aug-2: 2C].
Cutaiar, Augustus Albert (3 yrs.) d. on 72-Jul-10 [72-Jul-11: 2C].
Cutaiar, Louisa Pauline (14 yrs.) d. on 72-Jul-23 of Brain disease [72-Jul-24: 2C].
Cutcher, Emma J. m. Smith, Charles E. on 73-Dec-18 [73-Dec-24: 2B].

Cutcher, Joseph F. m. Conn, Amelia E., Miss on 73-Jun-17 [73-Jul-11: 2B].
Cuthbert, Bettie C. m. Robertson, James B. on 71-Apr-13 [71-Apr-25: 2B].
Cuthriell, George W., Dr. m. Calwell, Mary E., Miss on 74-Jul-9 [74-Jul-10: 2B].
Cutler, Albert Fox (28 yrs.) d. on 75-Apr-3 [75-Apr-7: 2B].
Cutler, Mary C. V. m. McKenna, Patrick J. on 71-Nov-23 [71-Dec-11: 2B].
Cutting, Robert Fulton m. Schenck, Nathalie Charlotte P., Miss on 74-Jun-9 [74-Jun-16: 2B].
Cuttle, George m. Towson, Clara E. on 71-Nov-29 [71-Dec-2: 2B].
Cutts, Annie, Miss m. Ude, Johannes W. on 75-Aug-5 [75-Aug-9: 2B].
Cutts, T. W. m. Dobson, Matilda C. on 73-Jul-6 [73-Jul-16: 2B].
Cuvington, Missouri E. m. Austin, J. B., Capt. on 72-Nov-25 [72-Nov-27: 2B].
Cyford, Amos m. Wilkinson, Irene R. on 74-Sep-22 [74-Sep-29: 2B].
Czarnowsky, Francis d. on 72-Jan-7 [72-Jan-9: 2C].
D'Almaine, James Browse (16 yrs.) d. on 75-Sep-8 [75-Sep-9: 2B; 75-Sep-10: 2B].
D'Almaine, Jennie d. on 75-Oct-8 [75-Oct-9: 2A].
D'Ott, Gabriel (65 yrs.) d. on 75-Mar-25 of Rheumatism [75-Mar-27: 4C].
Dabney, Sallie M., Miss m. Tunis, W. W. on 73-Feb-5 [73-Feb-12: 2B].
Daffin, Annie R., Miss m. Nutwell, Thomas S. on 75-Feb-11 [75-Feb-17: 2B].
Daffin, Bettie D., Miss m. Hennick, Louis A. on 71-Nov-29 [71-Dec-4: 2C].
Daffin, Mary Ida (22 yrs.) d. on 71-Feb-3 [71-Feb-4: 2B].
Daffler, John m. Stein, Rosa, Miss on 71-Jun-8 [71-Jun-10: 2A].
Dahle, Frances, Miss m. Moore, Henry C. on 72-Dec-9 [72-Dec-17: 2A].
Dahle, William m. Truelove, Emma, Miss on 71-Apr-19 [71-Jul-7: 2C].
Dahlweiner, Hannah (52 yrs.) d. on 75-Sep-1 [75-Sep-2: 2B].
Dahme, Harry V. (14 yrs., 1 mo.) d. on 73-Jul-30 Drowned [73-Jul-31: 1H, 2B].
Daicker, Louis F. m. Mallan, Mary A., Miss on 73-Jan-2 [72-Jan-5: 2B].
Daiger, Anna M. m. Livers, Joseph A. on 75-Jun-17 [75-Jun-23: 2B].
Daiger, Charles Elder (3 yrs., 11 mos.) d. on 73-Dec-4 of Chronic croup [73-Dec-5: 2B; 73-Dec-6: 2B].
Daiger, Georgie Clendinen (1 yr., 7 mos.) d. on 72-Nov-28 [72-Nov-29: 2B].
Daiger, James Lewis d. on 72-May-18 [72-May-20: 2B].
Daiger, James Vincent (31 yrs.) d. on 74-May-25 [74-May-26: 2B; 74-May-27: 2B].
Daiger, John (63 yrs.) d. on 75-Nov-27 [75-Nov-29: 2B].
Daiger, Joseph, Sr. (87 yrs.) d. on 73-Dec-17 [73-Dec-18: 2B, 4E; 73-Dec-19: 2B].
Daiger, Mary Gertrude (2 yrs., 9 mos.) d. on 71-Mar-1 [71-Mar-2: 2C].
Daiger, Mary Lizzie (12 yrs., 8 mos.) d. on 74-Mar-5 [74-Mar-6: 2B; 74-Mar-7: 2B].
Daiger, Susan M. m. Casey, Thomas J. on 75-Jul-8 [75-Jul-13: 2B].
Dail, Mary E. (34 yrs.) d. on 74-Mar-6 of Consumption [74-Mar-9: 2B].
Dailey, Catharine (51 yrs.) d. on 71-Mar-23 [71-Mar-29: 2B].
Dailey, Fanny A. m. Read, John M. on 73-Oct-7 [73-Oct-9: 2B].
Dailey, Mary (41 yrs., 1 mo.) d. on 74-Jan-28 [74-Jan-31: 2B].
Dailey, Owen (54 yrs.) d. on 74-Jun-10 [74-Jun-11: 2B; 74-Jun-12: 2B].
Daily, Ann (56 yrs.) d. on 75-Jul-1 [75-Jul-2: 2B].
Daily, Annie E. m. Cross, E. D. on 74-Sep-24 [74-Sep-30: 2B].
Daily, Francis Edward (2 mos.) d. on 73-Oct-24 [73-Oct-25: 2B].
Daily, Frank Y. m. Connelly, Ellen on 72-Nov-27 [72-Nov-30: 2B].
Daily, Henry C. m. Baxter, Rhettie G., Miss on 73-Jan-18 [73-May-27: 2B; 73-May-22: 2B].
Daily, Josephine m. Chappelle, F. C. on 71-Jun-6 [71-Jun-16: 2B].
Daily, Lilly Hellenah (3 mos.) d. on 75-Jul-2 [75-Jul-3: 2A].
Daily, Lottie (25 yrs.) d. on 73-Dec-4 of Suicide (Jump from window) [73-Dec-6: 4D].
Daily, Patrick (50 yrs.) d. on 75-Apr-25 of Heart disease [75-Apr-27: 2B].
Daily, Patrick Henry (4 yrs., 1 mo.) d. on 71-May-10 of Scarlet fever [71-May-11: 2B].
Daily, Thomas M. J. (20 yrs.) d. on 73-Sep-5 [73-Sep-6: 2B].

Daily, Thomas W. (6 yrs., 5 mos.) d. on 71-Apr-17 [71-Apr-18: 2C].
Daily, William F. (59 yrs.) d. on 73-Dec-16 of Stomach cancer [73-Dec-17: 2B; 73-Dec-18: 2B, 4E].
Daily, William H. m. Reed, Tillie, Miss on 74-Dec-29 [75-Jan-5: 2B].
Daingerfield, Henry m. Key, Virginia P., Miss on 73-Apr-29 [73-Apr-30: 2B].
Dairy, Matilda (50 yrs.) d. on 71-Apr-7 of Heart disease [71-Apr-8: 4C].
Daisy, Mary Ann d. on 72-Jan-21 [72-Jan-22: 2C].
Dalby, Alice, Miss m. Wingate, William on 74-Jun-3 [74-Jun-5: 2B].
Dalby, Jennie, Miss m. Catterton, James on 74-Jun-15 [74-Jun-17: 2B].
Dale, Lillie (9 mos.) d. on 74-Oct-5 [74-Oct-7: 2B].
Daley, Catherine (50 yrs.) d. on 72-Nov-27 [72-Nov-28: 2B; 72-Nov-29: 2B; 72-Nov-30: 2B].
Daley, Jacob (61 yrs.) d. on 72-Mar-18 [72-Mar-19: 2B].
Daley, Jane m. McMahon, Michael on 72-Dec-26 [73-Jan-4: 2B].
Daley, Mary Elizabeth (7 mos.) d. on 73-Aug-16 [73-Aug-18: 2B].
Daley, Michael (35 yrs.) d. on 75-Apr-20 Drowned [75-Apr-24: 4C].
Daley, Michael Joseph (1 yr., 3 mos.) d. on 74-Feb-13 [74-Feb-14: 2C].
Daley, Susan A. (51 yrs.) d. on 72-Oct-11 [72-Oct-15: 2B].
Dalker, William m. Airey, Laura V., Miss on 75-May-27 [75-Jun-1: 2A].
Dalla, Ann (54 yrs.) d. on 74-Nov-9 [74-Nov-13: 2B].
Dallam, Benjamin S. m. McNeir, Mary E., Miss on 75-Jul-18 [75-Jul-28: 2B].
Dallam, Edward B. (52 yrs.) d. on 74-Sep-14 [74-Sep-17: 2B; 74-Sep-18: 4D].
Dallam, Francis J. (29 yrs.) d. on 71-Mar-9 [71-Mar-10: 2C].
Dallam, Francis Wilmer (22 yrs.) d. on 74-Mar-21 [74-Mar-23: 2B].
Dallam, Lillie (6 yrs.) d. on 71-Jan-21 of Scarlet fever [71-Jan-24: 2C].
Dallam, Octavia A. d. on 71-Feb-1 [71-Feb-2: 2C; 71-Feb-3: 2C].
Dalrymple, Agnes (79 yrs.) d. on 75-Jun-11 [75-Jun-12: 2B].
Dalrymple, Alexander P. (49 yrs.) d. on 71-Aug-25 [71-Aug-26: 2B].
Dalrymple, Jennette d. on 75-Oct-3 [75-Oct-4: 2B].
Dalrymple, William D. d. on 73-Sep-25 [73-Sep-26: 2B].
Dalrymple, William S. m. Vincenheller, Katie J. on 70-Dec-22 [71-Jan-2: 2C].
Dalsheimer, Leon m. Freidenrich, Fannie, Miss on 72-Jan-24 [72-Jan-25: 2B].
Dalton, Catherine m. Clarkin, Henry on 71-Feb-14 [71-Feb-24: 2B].
Dalton, John B. (20 yrs.) d. on 74-Nov-11 [74-Nov-12: 2B].
Dalton, William (54 yrs.) d. on 72-Nov-16 [72-Nov-18: 2B].
Daly, Agnes, Miss m. Powers, John on 74-May-5 [74-May-14: 2B].
Daly, Edward Carney (4 mos.) d. on 72-Aug-29 [72-Sep-2: 2B].
Daly, Ellen (88 yrs.) d. on 72-Dec-2 [72-Dec-3: 2C].
Daly, Eugene M. (11 yrs.) d. on 74-Feb-1 [74-Feb-2: 2B; 74-Feb-3: 2B].
Daly, James (36 yrs.) d. on 71-Dec-22 [71-Dec-23: 4C].
Damer, Anna Frances m. Trinkhaus, Henry on 71-Nov-30 [71-Dec-7: 2B].
Damer, Mary Laura m. Knell, John A. on 71-Nov-30 [71-Dec-7: 2B].
Dames, Charles W. (37 yrs.) d. on 75-Dec-3 [75-Dec-4: 2B; 75-Dec-6: 2B].
Dames, Harry C. (1 yr., 8 mos.) d. on 73-Jan-11 [73-Jan-13: 2B].
Dames, John H. (30 yrs.) d. on 73-Jan-12 of Smallpox [73-Jan-13: 4E; 73-Jan-16: 2B].
Dames, M. Therese m. Stewart, Charles P. on 73-Jun-24 [73-Jul-7: 2B].
Dames, Theresa (1 yr., 5 mos.) d. on 74-Aug-13 [74-Aug-15: 2B].
Damman, Louis H., Dr. m. Miller, Ann Virginia on 74-Apr-21 [74-Apr-25: 2B].
Dammann, Augusta E., Miss m. Johnson, Littleton F. on 70-Nov-15 [71-May-2: 2B].
Dammann, Clara Eugene (9 yrs., 3 mos.) d. on 75-Jul-18 [75-Jul-19: 2B].
Dammann, J. Francis m. Cowardin, Aileen B. on 71-Oct-12 [71-Oct-16: 2B; 71-Oct-17: 2B].
Danahey, Daniel Thomas (7 mos.) d. on 72-Jul-25 [72-Jul-26: 2C].
Dandelet, Francis m. Perry, Emma J. on 71-Dec-28 [72-Jan-9: 2C].

Dandridge, Charles G. d. on 75-Jun-29 [75-Jul-5: 4C].
Daneker, Clarance Haywood (1 yr.) d. on 74-Jul-1 [74-Jul-2: 2B].
Daneker, Frank A. m. Suter, Sallie E. on 71-Dec-19 [71-Dec-23: 4C].
Daneker, Harry Suter (4 mos.) d. on 75-Jul-14 [75-Jul-15: 2B].
Danels, Bolivar D., Hon. (47 yrs.) d. on 74-Mar-1 of Heart disease [74-Mar-2: 1H; 74-Mar-3: 2B, 4E; 74-Mar-4: 2C].
Danels, John D., Jr. (61 yrs.) d. on 73-Dec-18 of Bright's disease [73-Dec-20: 2B, 4C].
Danels, Lizzie D. m. Wise, Frederick M., Lt. on 72-Apr-2 [72-Apr-5: 2B].
Danenberg, Robert L. m. Frank, Annie, Miss on 73-Dec-3 [73-Dec-6: 2B].
Danenhower, William W., Jr. m. Bushell, Rosa on 73-Dec-31 [74-Jan-24: 2B].
Daniel, Cornelia d. on 71-Dec-20 [71-Dec-21: 2B; 71-Dec-22: 2B; 71-Dec-23: 4C].
Daniel, Fannie (23 yrs.) d. on 73-Dec-23 [73-Dec-24: 2B].
Daniel, Jennie (3 yrs., 10 mos.) d. on 75-Mar-8 [75-Mar-10: 2C].
Daniel, Mary Banks d. on 75-Sep-26 [75-Sep-27: 2B; 75-Sep-28: 2B; 75-Sep-29: 2B].
Daniel, Moses (1 yr., 3 mos.) d. on 74-Jun-29 [74-Jul-2: 2B].
Daniel, Robert (60 yrs.) d. on 73-Jun-17 [73-Jul-4: 2B].
Daniels, Charles H. m. Neal, Sadie H., Miss on 73-Feb-22 [73-Feb-28: 2B].
Daniels, E. F. m. Taylor, Sarah J., Miss on 72-Jan-19 [72-Jan-22: 2C].
Daniels, John m. Snyder, Barbara, Miss on 75-Mar-4 [75-May-29: 2A].
Dannenberg, Phil m. Rosenheim, Carrie, Miss on 75-May-2 [75-May-3: 2B].
Dannettel, John H. m. Billington, Annie M. on 74-Dec-22 [75-Jan-1: 2B].
Dannettel, Sybrylla Susannah (1 yr., 7 mos.) d. on 71-Dec-6 [71-Dec-7: 2C].
Danvers, Franklin d. on 74-Aug-10 of Heart disease [74-Aug-12: 4E].
Danvers, Mary A., Miss m. Masurier, A. L. on 71-Jul-19 [71-Jul-24: 2B].
Dany, Charlotte (25 yrs., 3 mos.) d. on 73-Dec-3 [73-Dec-5: 2B].
Darby, B. F. m. Culbertson, Cora F., Miss on 74-Jan-1 [74-Jan-5: 2B].
Darby, Benjamin (72 yrs.) d. on 72-May-23 of Pneumonia [72-May-24: 2B; 72-May-25: 2B, 1G].
Darby, Josephine m. Neighoff, James F. on 72-Jun-13 [72-Jun-19: 2B].
Darby, Virginia (2 yrs.) d. on 71-Jan-31 [71-Feb-1: 2C].
Dare, James G. (25 yrs.) d. on 73-Jan-25 [73-Jan-27: 2B; 73-Jan-28: 4D].
Dare, Josie m. Broome, James on 75-Jun-8 [75-Jun-15: 2A].
Dare, Lizzie m. Clark, William P. on 73-Aug-7 [73-Aug-8: 2B].
Dare, Nathaniel (54 yrs.) d. on 75-Jan-16 [75-Jan-18: 2B].
Dare, Sallie J. m. Baugher, John P. on 75-Apr-28 [75-Apr-29: 2B].
Dare, William Emanuel (1 yr., 6 mos.) d. on 73-Jul-14 [73-Jul-16: 2B].
Dargan, Elizabeth d. on 73-Sep-17 [73-Sep-19: 2B; 73-Sep-20: 2B].
Darley, Laura C. m. Manning, Joseph C., Jr. on 74-Jan-6 [74-Jan-8: 2B].
Darling, Henry, Dr. m. Bridener, Helen U. on 72-Nov-7 [72-Nov-12: 2B].
Darling, Issac (45 yrs.) d. on 75-Oct-18 [75-Oct-19: 2C].
Darling, Mary Heden d. on 75-Aug-29 [75-Aug-30: 2B].
Darnall, Nettie L. m. Willson, Charles C. on 74-Jun-3 [74-Jun-11: 2B].
Darnall, Richard B. (69 yrs.) d. on 73-Dec-28 [74-Jan-2: 2B].
Darrell, Stewart m. Winder, Josephine, Miss on 72-Feb-27 [72-Mar-2: 2B].
Darrough, Catharine (54 yrs.) d. on 75-Apr-12 of Murder (Assault) [75-Apr-13: 1G; 75-Apr-14: 1G, 2B; 75-Apr-15: 4B].
Darsch, Anna M. d. on 74-Apr-26 [75-Sep-16: 2B].
Darsch, Maybel Blanche d. on 75-Aug-9 [75-Sep-16: 2B].
Darsh, Anna M. (3 yrs., 4 mos.) d. on 74-Apr-26 [74-Apr-28: 2B].
Dasch, Catherine E., Miss m. Kline, John on 72-May-23 [72-Jun-1: 2A].
Dasch, Florence Rachel (3 yrs., 3 mos.) d. on 75-Jan-17 of Membraneous croup [75-Jan-18: 2B].
Dasch, John N. m. Chamberlain, Elizabeth on 73-May-29 [73-Jun-6: 2B].

Dasch, Justena (47 yrs.) d. on 71-Nov-5 [71-Nov-6: 2A].
Dasch, Margaret M. (12 yrs., 2 mos.) d. on 73-Mar-31 [73-Apr-2: 2B].
Dasch, Samuel Emory m. Sewell, Elmira, Miss on 73-Jun-12 [73-Jul-2: 2B].
Dasch, William H. m. Sewell, Fannie, Miss on 72-Aug-22 [72-Aug-24: 2B].
Dash, Anna B. (27 yrs.) d. on 73-Feb-13 [73-Feb-14: 2B].
Dashields, Anna m. Hoes, Richard on 73-May-29 [73-Jun-3: 2A].
Dashiell, Anna (1 yr.) d. on 74-Aug-11 [74-Aug-18: 2B].
Dashiell, Josephine (1 yr., 7 mos.) d. on 72-Aug-2 [72-Aug-3: 2A].
Dashiell, Levin F. (68 yrs.) d. on 71-May-14 of Congestive chills [71-May-15: 2B; 71-May-16: 2B].
Dashiell, Louisa d. on 73-Aug-13 [73-Aug-26: 2B].
Dashiell, Richard H. m. Harrison, Sallie E. on 70-Dec-25 [71-Jan-11: 2C].
Dashiells, Frederick L. (23 yrs., 4 mos.) d. on 75-Jan-25 [75-Jan-29: 2B].
Dassell, Herman d. on 73-Jul-4 of Apoplexy [73-Jul-7: 1H].
Daubert, Mary Catherine (5 yrs.) d. on 74-Nov-25 Burned [74-Nov-27: 2B, 4E; 74-Nov-28: 4D].
Dauch, John (41 yrs.) d. on 75-Sep-22 of Apoplexy [75-Sep-23: 4E].
Daughaday, Catherine (59 yrs.) d. on 71-Jul-10 [71-Jul-12: 2B].
Daugherty, Aletheia, Miss m. Wrightson, George Henry on 74-Nov-10 [74-Nov-25: 2B].
Daugherty, Beverly Waugh (2 mos.) d. on 72-Jul-30 [72-Aug-5: 2B].
Daugherty, Edward (50 yrs.) d. on 75-Jan-1 [75-Jan-2: 2B].
Daugherty, Edward (35 yrs.) d. on 75-Sep-12 in Railroad accident [75-Sep-13: 4B; 75-Sep-14: 4D].
Daugherty, Fannie m. Phillips, James H. on 72-Nov-14 [72-Nov-27: 2B].
Daugherty, Florence M. m. Reese, D. Meredith on 72-Jun-26 [72-Jul-15: 2B].
Daugherty, Franklin Reyster (11 mos.) d. on 75-Aug-14 [75-Aug-17: 2B].
Daugherty, George W. m. Dunn, Georgeanna, Miss on 74-Apr-8 [74-Apr-11: 2B].
Daugherty, Patrick (10 mos.) d. on 74-Jan-26 [74-Jan-27: 2B].
Daugherty, Samuel E. m. McPherson, Anne E. on 71-Jul-6 [72-Dec-9: 1G].
Daughtrey, P. Henry m. Johnston, Jennie N., Miss on 72-Sep-23 [72-Oct-8: 2B].
Dauson, Martha E. (41 yrs.) d. on 74-Jul-20 of Consumption [74-Jul-22: 2B].
Dauterich, Henry m. Leonhardt, Elizabeth, Miss on 75-Aug-12 [75-Aug-24: 2B].
Davage, Charles (58 yrs.) d. on 71-Nov-28 [71-Nov-29: 2C].
Davenport, B. H. R., Dr. m. Anders, Florence R. on 74-Jul-20 [74-Jul-23: 2B].
Davenport, Edward A. m. Doughty, Laura J. on 73-Jun-11 [73-Jul-7: 2B].
Davenport, James C. m. Cole, Emma, Miss on 72-Nov-14 [72-Nov-18: 2B].
Davenport, Samuel (27 yrs.) d. on 72-Sep-4 [72-Sep-5: 2B].
Davenport, Samuel (54 yrs.) d. on 75-Jul-17 [75-Jul-19: 2B].
Davenport, William B. m. Shepherd, Lottie on 74-Sep-9 [74-Sep-12: 2B].
Daver, Susan, Miss m. Carney, John N. on 74-Mar-31 [74-Apr-4: 2B].
Davey, Mary Anne (4 yrs., 2 mos.) d. on 72-Mar-24 Burned [72-Mar-25: 4C; 72-Mar-26: 2B, 4E].
Davidge, Hopewell (4 mos.) d. on 75-Mar-11 [75-Mar-13: 2B].
Davidge, Rebecca (89 yrs.) d. on 72-Jan-15 [72-Jan-17: 2C].
Davids, Rachel C. (84 yrs.) d. on 71-Sep-21 [71-Sep-22: 2B; 71-Sep-23: 2B].
Davidson, Falconer m. Burgess, Lizzie R. on 73-Dec-2 [73-Dec-9: 2B].
Davidson, Frank G. m. Wells, Susan H., Miss on 72-Apr-30 [72-May-3: 2B].
Davidson, George m. Frazier, Mollie C. on 75-Mar-23 [75-Apr-27: 2B].
Davidson, George McFarland m. Veasel, Anna M. on 74-Nov-19 [74-Nov-21: 2B].
Davidson, J. Ellis m. Huston, Fanny M., Miss on 72-Dec-25 [72-Dec-31: 2B].
Davidson, James m. Green, Lizzie, Miss on 72-Mar-28 [72-Apr-1: 2A].
Davidson, John H. d. on 72-Aug-22 [72-Aug-24: 2B].
Davidson, Katie A. (5 mos.) d. on 71-Jun-18 [71-Jun-20: 2B].

Davidson, Margaret J. (72 yrs.) d. on 74-Feb-15 [74-Feb-16: 2C; 74-Feb-18: 2C].
Davidson, Mary (71 yrs.) d. on 71-Jun-8 [71-Jun-9: 2B].
Davidson, Mary B. (87 yrs.) d. on 74-Jan-19 [74-Jan-20: 2B; 74-Jan-21: 2B].
Davidson, Nancy A. (55 yrs.) d. on 71-Jun-13 [71-Jun-14: 2B].
Davidson, Robert C. m. Jackson, Ida C. on 73-Nov-10 [73-Nov-12: 2B].
Davidson, Robert Henry (2 yrs.) d. on 73-Aug-10 [73-Aug-11: 2B].
Davidson, S. M. m. Powder, Laura V., Miss on 72-Oct-28 [72-Oct-31: 2B].
Davidson, Sarah Ann d. on 71-Aug-19 [71-Aug-21: 2B].
Davies, Annie C. (32 yrs.) d. on 75-Jul-25 [75-Jul-26: 2B].
Davies, David O. m. Utermohle, Laura S. on 73-Feb-5 [73-Feb-13: 2B].
Davies, John A. d. on 74-Jan-4 [74-Jan-6: 2B].
Davies, Mary A., Miss m. Galbreath, William E. on 71-Jun-28 [71-Jul-22: 2B].
Davis, A. D. H. m. Moore, Lettie on 74-Jul-30 [74-Aug-11: 2B].
Davis, Abram m. Kaiser, Mary Ann, Miss on 75-Apr-21 [75-Apr-22: 2B].
Davis, Alexander G. m. Lewis, Eliza C., Mrs. on 71-Jan-17 [71-Jan-20: 2C].
Davis, Alice m. Sewell, Frederick H. on 73-Sep-25 [73-Sep-27: 2B].
Davis, Alverdi (25 yrs.) d. on 72-Jan-22 [72-Jan-24: 2C].
Davis, Amos J. m. High, Mary J. on 74-Apr-23 [74-Apr-25: 2B].
Davis, Andrew Pennington (22 yrs.) d. on 75-Oct-1 [75-Oct-2: 2B; 75-Oct-4: 2B].
Davis, Ann C. (72 yrs.) d. on 72-Sep-22 [72-Sep-23: 2B].
Davis, Anna Katherine (62 yrs.) d. on 72-Jul-10 [72-Jul-19: 2C].
Davis, Annie J., Miss m. Nickum, George W. on 72-Jul-25 [72-Oct-12: 2A].
Davis, Antony S. m. Towson, Katie C. on 72-Oct-31 [72-Nov-11: 2B].
Davis, Augustus R. (6 yrs., 10 mos.) d. on 74-Dec-9 [74-Dec-11: 2B].
Davis, Caroline d. on 73-May-20 [73-May-21: 2B; 73-May-22: 2B; 73-May-24: 2B].
Davis, Carrie A., Miss m. Bramble, William E. on 72-Jul-4 [72-Jul-11: 2C].
Davis, Charles Alben (1 yr., 5 mos.) d. on 71-Jan-18 of Diptheria [71-Jan-19: 2D].
Davis, Charles H. (5 mos.) d. on 74-Jul-22 Dropped by nursemaid [74-Jul-24: 1G, 2B].
Davis, Charles Herbert (6 mos.) d. on 74-Jan-14 [74-Jan-15: 2B].
Davis, Charles J. d. on 75-Sep-3 of Brain congestion [75-Sep-4: 1H].
Davis, Daniel (36 yrs.) d. on 72-Jul-2 of Heart disease [72-Jul-3: 4D; 72-Jul-4: 2B].
Davis, Daniel (53 yrs.) d. on 72-Jun-24 [72-Jun-25: 2B].
Davis, Darkis M. (24 yrs.) d. on 73-Feb-11 [73-Feb-13: 2B].
Davis, Dunbar T. m. Holmes, Anna V. on 73-Jul-13 [73-Nov-14: 2B].
Davis, Edgar O. m. Hamilton, Mary E., Miss on 72-Mar-11 [72-Mar-12: 2C].
Davis, Edith Warnetta (2 mos.) d. on 74-Nov-29 [74-Nov-30: 2B].
Davis, Eldred R. m. Higgins, Annie W. on 71-Jun-22 [71-Jun-29: 2C].
Davis, Ellen (40 yrs.) d. on 73-Nov-9 [73-Nov-10: 2B].
Davis, Emily L., Miss m. Blades, William H. on 71-Sep-29 [71-Oct-2: 2B].
Davis, Emma (25 yrs.) d. on 75-Oct-20 [75-Oct-21: 2B].
Davis, Emma E. d. on 73-May-26 [73-May-27: 2B].
Davis, Eugene Albert (17 yrs.) d. on 71-Mar-31 [71-Apr-3: 2B].
Davis, Eunice C., Miss m. Fountain, Thomas H. on 73-May-7 [73-May-13: 2B].
Davis, Eva (2 mos.) d. on 73-Jul-17 [73-Jul-19: 2B].
Davis, Fannie G., Miss m. Sagle, William T. on 73-Sep-4 [73-Sep-29: 2B].
Davis, Fanny (85 yrs.) d. on 71-Mar-22 of Burns [71-Mar-23: 2C, 4E].
Davis, Ferdinand d. on 73-Apr-6 Scalded [73-Apr-7: 4A].
Davis, Florence J. m. Eschbach, J. Richard on 72-Jan-3 [72-Jan-9: 2C].
Davis, Francis (14 yrs.) d. on 74-May-12 [74-May-13: 2B; 74-May-14: 2B].
Davis, Francis T. (59 yrs.) d. on 73-Mar-19 [73-Apr-4: 2B].
Davis, Frank Enoch (1 yr., 3 mos.) d. on 72-Jun-30 [72-Jul-10: 2C].
Davis, G. Winfield m. Wiggins, Emma J., Miss on 72-May-23 [72-Jun-12: 2B].

Davis, George (34 yrs.) d. on 75-Aug-25 [75-Aug-26: 2B; 75-Aug-27: 2B].
Davis, George, Jr. m. Prag, Isabella, Miss on 74-Feb-18 [74-Feb-27: 2C].
Davis, George A. m. Galloway, Emma on 73-Apr-29 [73-Jun-5: 2B].
Davis, George Frederick (3 yrs.) d. on 74-Mar-18 [74-Mar-20: 2B].
Davis, George P. (25 yrs.) d. on 74-Feb-13 [74-Feb-14: 2C].
Davis, George Smith (72 yrs.) d. on 72-May-1 [72-May-2: 2B].
Davis, Georgie (5 mos.) d. on 71-Jun-15 [71-Jun-17: 2B].
Davis, H. C. m. Strasbaugh, Flora V., Miss on 74-Feb-4 [74-Apr-16: 2B].
Davis, Hallie m. Elkins, Stephen B., Hon. on 75-Apr-14 [75-Apr-16: 2A].
Davis, Hannah Virginia, Miss m. Harman, Henry M. on 72-Aug-14 [72-Aug-16: 2B].
Davis, Harriet Constance (7 yrs., 6 mos.) d. on 74-Feb-2 [74-Feb-3: 2B].
Davis, Harry R. m. Paine, Charlie, Miss on 74-Jan-15 [74-Jan-17: 2B].
Davis, Henry m. Eliau, Eliza C. on 73-Jul-27 [73-Aug-16: 2B].
Davis, Ida Rosana m. Chenoweth, Ferdinand on 72-Dec-24 [73-Jan-24: 2B].
Davis, India M. m. Spicer, Albert E. on 71-Feb-21 [71-Mar-28: 2B].
Davis, Izora C. m. Orem, George W., Jr. on 74-Sep-2 [74-Sep-3: 2B].
Davis, J. Charles m. Tuttle, Eva T. on 72-Apr-25 [72-May-2: 2B].
Davis, J. Kelso m. Carcaud, M. Letitia, Miss on 73-Dec-11 [73-Dec-25: 2B].
Davis, J. Lynn m. Brewer, Jennie P. on 75-Nov-9 [75-Nov-24: 2B].
Davis, Jacob T. m. Moreland, Jessie, Mrs. on 71-May-3 [71-May-10: 2B].
Davis, James C. m. Mitchell, Ida M., Miss on 75-Dec-2 [75-Dec-4: 2B].
Davis, Jane m. Wilson, Stephen J. on 72-Apr-18 [72-Apr-27: 2A].
Davis, Jane Ann m. Dorsey, John Henry on 74-May-12 [74-May-14: 2B].
Davis, Jane Elizabeth (27 yrs.) d. on 74-Mar-28 [74-Mar-30: 2B].
Davis, Janet (73 yrs., 2 mos.) d. on 75-Feb-19 [75-Feb-20: 2B].
Davis, John (38 yrs.) d. on 71-Apr-30 [71-May-1: 2C].
Davis, John d. on 71-Nov-4 [71-Nov-6: 2B].
Davis, John m. Meakin, Esther J. on 72-Mar-14 [72-Mar-18: 2A].
Davis, John C. m. Townsend, Mary, Miss on 71-Jul-11 [71-Jul-14: 2B].
Davis, John R. (53 yrs.) d. on 71-Apr-8 of Brain congestion [71-Apr-10: 4A].
Davis, John W. (49 yrs.) d. on 75-Mar-17 [75-Mar-19: 2B].
Davis, Joseph (69 yrs., 7 mos.) d. on 71-May-7 [71-May-8: 2A].
Davis, Joseph E. m. Orem, Amelia S. on 73-Dec-8 [73-Dec-23: 2B].
Davis, Joseph W. d. on 74-Feb-6 of Execution (Hanging) [74-Feb-7: 1E].
Davis, Josiah H., Jr. d. on 71-Jun-17 [71-Jun-21: 2C].
Davis, Julia A. (60 yrs.) d. on 72-Nov-9 [72-Nov-11: 2B; 72-Nov-12: 2B].
Davis, Julia E. (10 mos.) d. on 75-Jun-30 [75-Jul-2: 2B].
Davis, Julia E., Miss m. Ware, Robert G., Jr. on 73-Dec-10 [73-Dec-19: 2B].
Davis, Katie J. (4 mos.) d. on 74-Apr-3 [74-Apr-6: 2B].
Davis, Lewis Alben (1 yr., 1 mo.) d. on 72-Apr-18 [72-Apr-20: 2B].
Davis, Lillian May (3 mos.) d. on 72-Jul-3 [72-Jul-4: 2B].
Davis, Lotta (2 mos.) d. on 74-Jul-27 [74-Jul-29: 2B].
Davis, Maggie (1 yr., 9 mos.) d. on 73-Aug-11 [73-Aug-12: 2B].
Davis, Maria L. m. Soper, Augustus C. on 75-Feb-17 [[[75-May-18: 2A]; 75-May-19: 2B]; 75-May-20: 2B].
Davis, Mary (36 yrs.) d. on 73-Mar-20 [73-Mar-21: 2B].
Davis, Mary m. Bogue, Robert H. on 74-Jan-20 [74-Jan-28: 2B].
Davis, Mary A. (85 yrs.) d. on 72-Oct-21 [72-Oct-29: 2B].
Davis, Mary A. (89 yrs.) d. on 74-Apr-11 [74-Apr-14: 2B].
Davis, Mary Ann d. on 74-Feb-6 of Hemorrhage [74-Feb-7: 4C; 74-Feb-9: 1H].
Davis, Mary Catherine (1 yr., 8 mos.) d. on 73-Oct-19 [73-Oct-20: 2B; 73-Oct-21: 2B].
Davis, Mary E., Miss m. Brown, Owen C. on 71-Dec-23 [72-Jan-3: 2B].

Davis, Mary J., Miss m. Reilley, Joseph W. on 73-Sep-18 [73-Sep-25: 2B].
Davis, Mary M. m. Livingston, H. M. on 75-Sep-28 [75-Nov-2: 2B].
Davis, Mary V. m. Sullivan, Charles E. on 73-Jun-15 [73-Jun-17: 2B].
Davis, Minnie m. Dunsmore, John M. on 75-Jan-13 [75-Jan-27: 2B].
Davis, Nancy (84 yrs.) d. on 74-Oct-6 [74-Oct-7: 2B].
Davis, Nellie, Miss m. Hart, Lewis C. on 75-Jun-29 [75-Aug-11: 2B].
Davis, Peter Wilson m. Mull, Celestia E., Miss on 71-Mar-15 [71-Mar-18: 2B].
Davis, Phebe (73 yrs.) d. on 73-Apr-13 [73-Apr-15: 2B].
Davis, Phebe (80 yrs.) d. on 75-May-3 [75-May-4: 2B; 75-May-5: 2B].
Davis, Rachel (28 yrs.) d. on 74-Nov-29 [74-Nov-30: 2B].
Davis, Reese m. Mitchell, Laura, Miss on 71-Nov-2 [71-Nov-11: 2B].
Davis, Reverdy Eugene (3 mos.) d. on 73-Jun-29 [73-Jul-1: 2B].
Davis, Richard m. French, Mary E. on 71-May-16 [71-May-20: 2B].
Davis, Richard, Sr. (87 yrs.) d. on 72-Apr-29 [72-Apr-30: 2B].
Davis, Robert (55 yrs.) d. on 74-Feb-18 [74-Feb-19: 2B; 74-Feb-20: 2C].
Davis, Robert m. Slattery, Sarah J. on 74-Jun-28 [74-Jul-11: 2B].
Davis, Robert m. Emich, Isabella M. on 74-Jun-30 [74-Jul-4: 2B].
Davis, Robert H. d. on 71-Nov-16 [71-Nov-18: 2B].
Davis, Robert P. (20 yrs.) d. on 71-Jan-21 [71-Jan-23: 2C].
Davis, Robert Sidney (4 yrs., 8 mos.) d. on 75-Apr-23 [75-Apr-26: 2B].
Davis, Rosealba m. Simering, John C. on 73-Jan-8 [73-Jan-11: 2B].
Davis, Roswell D. m. Dorney, Casandra on 73-Jun-22 [73-Jun-24: 2B].
Davis, Rozello May (6 yrs., 11 mos.) d. on 75-Oct-22 of Scarlet fever [75-Oct-23: 2B].
Davis, S. E. m. Jervis, Mollie O. on 71-May-23 [71-May-26: 2B].
Davis, Samuel Edward (5 yrs., 9 mos.) d. on 72-Jul-9 [72-Jul-11: 2C].
Davis, Samuel H. m. Richardson, Wilhelmina, Miss on 73-Jul-31 [73-Aug-6: 2B].
Davis, Samuel S. m. McClatchy, Elizabeth A. on 72-Jan-9 [72-Jan-15: 2C].
Davis, Sarah, Miss m. Cannon, Issac B. [72-May-25: 2B].
Davis, Sarah E., Miss m. Haynes, D. F. on 71-Dec-8 [71-Dec-9: 2A].
Davis, Shalmaneser (53 yrs., 6 mos.) d. on 73-Jul-24 [73-Jul-25: 2B; 73-Jul-26: 4D].
Davis, Sophia (48 yrs.) d. on 72-Aug-1 [72-Aug-3: 2A].
Davis, Stephen (59 yrs.) d. on 74-Jun-24 [74-Jun-25: 2B; 74-Jun-26: 2B].
Davis, Stephen J. (1 mo.) d. on 71-Aug-1 [71-Aug-4: 2C].
Davis, T. Sturgis m. Early, Ella V., Mrs. on 71-Apr-25 [71-Apr-27: 2C].
Davis, Thomas (91 yrs.) d. on 73-Aug-10 [73-Aug-14: 2B].
Davis, Thomas E. (16 yrs., 5 mos.) d. on 71-Jul-20 [71-Jul-21: 2C].
Davis, William (33 yrs.) d. on 74-Mar-5 Drowned [74-Apr-17: 2B].
Davis, William E. (23 yrs.) d. on 74-Jun-6 [74-Jun-8: 2B; 74-Jun-9: 2B].
Davis, William E. m. Hadaway, Emma, Miss on 72-Feb-21 [72-Mar-2: 2B].
Davis, William Edwin (2 yrs., 2 mos.) d. on 74-Dec-27 [74-Dec-28: 2B].
Davis, William H. (22 yrs.) d. on 72-Jan-11 [72-Jan-16: 2C].
Davis, William J. m. Brown, Lizzie on 74-May-10 [74-May-22: 2B].
Davis, William J. m. Marine, Hester A. on 75-Aug-17 [75-Aug-21: 2B].
Davis, Willie Guy (3 yrs., 10 mos.) d. on 71-Mar-18 [71-Mar-20: 2B; 71-Apr-3: 2B].
Davis, Willie Lee (6 mos.) d. on 72-Jul-1 [72-Jul-2: 2B].
Davison, Mary A., Miss m. Wight, John H. on 71-Jun-8 [[71-Jun-16: 2B]; 71-Jun-17: 2B].
Davison, Thomas H. m. Brown, Elizabeth W. on 73-Oct-29 [73-Nov-20: 2B].
Dawes, Henry (53 yrs.) d. on 73-Oct-27 [73-Oct-28: 2C].
Dawes, Louisa Jane (39 yrs.) d. on 71-Dec-2 [71-Dec-4: 2C].
Dawkins, James A. m. Bryant, Malissa P., Miss on 71-Jan-3 [71-Jan-5: 2C].
Dawkins, Malissa P. d. on 75-Nov-8 [75-Nov-10: 2B].
Dawley, A. M. d. on 71-Feb-28 [71-Mar-7: 2C].

Dawson, Amanda E. m. Bennett, W. H., Dr. on 74-Aug-12 [74-Aug-17: 2B].
Dawson, Bernard Stephen (5 yrs.) d. on 72-Sep-27 [72-Sep-28: 2B].
Dawson, C. S. m. Seegar, Effie, Miss on 71-Oct-10 [71-Oct-13: 2B].
Dawson, Charles A. (20 yrs.) d. on 74-Sep-16 [74-Sep-18: 2B].
Dawson, Daniel (8 yrs.) d. on 72-Sep-26 [72-Sep-27: 2B].
Dawson, Gideon R. m. Campbell, Rebecca on 72-Apr-16 [72-Dec-19: 2B].
Dawson, James, Dr. (68 yrs.) d. on 74-Feb-20 [74-Feb-27: 2C].
Dawson, James Richard (1 yr., 2 mos.) d. on 72-Jun-23 [72-Jun-25: 2B].
Dawson, John L. m. Hawkins, Mary E., Mrs. on 73-Feb-3 [73-Feb-21: 2B].
Dawson, Joseph Stephen (5 mos.) d. on 72-Aug-8 [72-Aug-9: 2B].
Dawson, Lizetta (1 yr., 2 mos.) d. on 73-Jul-22 [73-Jul-23: 2B].
Dawson, Nicholas m. Cooper, Virginia Mason on 73-Oct-28 [73-Oct-30: 2B].
Dawson, Richard, Jr. m. Arnold, Ann Rebecca on 72-Aug-15 [73-Jan-15: 2B].
Dawson, Sarah d. on 72-Mar-12 [72-Mar-14: 2C].
Dawson, Thomas E. m. Jordan, Augusta A. on 71-Mar-30 [71-Mar-31: 2B].
Day, Alfred S. m. Reeves, Mary R. on 74-Feb-3 [74-Feb-10: 2B].
Day, Amelia A., Miss m. Slade, S. C. on 72-May-16 [[72-May-18: 2A]; 72-May-22: 2B].
Day, Ann (73 yrs.) d. on 72-May-15 [72-May-16: 2B; 72-May-17: 2B].
Day, Ann M. (72 yrs.) d. on 75-Jan-4 [75-Jan-6: 2C; 75-Jan-9: 2B].
Day, Aquila (88 yrs.) d. on 73-Mar-31 [73-Apr-8: 2B].
Day, Atha m. Taylor, B. K. on 72-Mar-27 [72-Apr-2: 2B].
Day, Biddy (69 yrs.) d. on 73-Dec-16 [73-Dec-17: 2B].
Day, Cecilia m. Phillips, James W. on 74-Jan-1 [74-Jan-13: 2B].
Day, Ella, Miss m. Pease, James H. on 74-Apr-14 [75-Mar-5: 2B].
Day, Ellen Channing, Miss m. Bonaparte, Charles Joseph on 75-Sep-1 [[75-Sep-3: 2B], 4E].
Day, Ethel Austin (7 mos.) d. on 73-Jul-2 [73-Jul-8: 2B].
Day, Hannah, Miss m. Miles, James A. on 71-May-15 [71-May-24: 2B].
Day, Hattie E. m. Hoffman, Edward M. on 72-Nov-14 [72-Nov-18: 2B].
Day, Ida F. m. Bosworth, E. C. on 74-Jun-11 [74-Jun-23: 2B].
Day, Ishmael (83 yrs.) d. on 73-Dec-27 of Pneumonia [73-Dec-29: 2B, 4D; 73-Dec-30: 2B; 73-Dec-31: 4D].
Day, John W. m. Ross, Mary A. on 73-Sep-30 [73-Oct-3: 2B].
Day, Joseph Edward m. Towson, Ann E., Miss on 74-Apr-1 [74-Jun-2: 2B].
Day, Lizzie M., Miss m. Jamison, William H. on 75-Jun-3 [75-Jun-10: 2B].
Day, M. F. (71 yrs.) d. on 71-Apr-26 [71-Apr-28: 2C].
Day, Maggie, Miss m. Shook, Richard A. on 72-Jul-18 [72-Jul-20: 2B].
Day, Mollie J. m. Stenerson, C. E. [72-Sep-10: 2A].
Day, Nicholas m. Fowler, Annie E. on 72-May-16 [72-Jun-1: 2A].
Day, Rinaldo S. (24 yrs., 7 mos.) d. on 75-Jun-20 [75-Jun-21: 2B].
Day, Samuel (60 yrs.) d. on 72-Feb-6 [72-Feb-7: 2C].
Day, Samuel G. m. Bennett, Laura B., Miss on 74-Dec-1 [74-Dec-3: 2B].
Day, Sarah E., Miss m. Bennett, Edwin on 74-May-5 [74-May-7: 2B].
Day, Sarah L., Miss m. Maddux, James on 74-Nov-12 [74-Dec-1: 2B].
Day, Susan B. d. on 75-May-18 [75-May-19: 2B; 75-May-20: 2B].
Day, Thomas McKendree m. Owings, A. Clemmie, Miss on 71-Dec-12 [71-Dec-20: 2B].
Day, William T. m. Mewshaw, Maggie, Miss on 74-Jan-8 [74-Jan-10: 2B].
Dayley, Georgie, Miss m. Uhthoff, J. M. on 71-May-4 [71-May-10: 2B].
Daymon, Jennie m. Hollins, William on 73-Jun-1 [73-Jun-3: 2A].
Dayton, Charles (20 yrs.) d. on 71-Jul-14 Drowned [71-Jul-17: 4D].
Dayton, George W. m. Mercer, Anna E., Miss on 73-Mar-6 [73-Mar-10: 2B].
Dayton, Samuel C. m. Thomas, Martha H., Miss on 73-Nov-19 [73-Nov-21: 2B].
De Barry, Albert m. Gaskins, Alice J. on 71-Feb-4 [71-Feb-7: 2C].

De Baufre, James M. m. Ringrose, Leonora, Miss on 72-Nov-28 [72-Nov-30: 2B].
De Baugh, Mary Theresa, Miss m. Ewing, John T. on 74-Feb-12 [74-Feb-19: 2B].
De Bow, Zackus m. Kemp, Ella C., Miss on 71-Jun-27 [71-Jul-15: 2B].
De Caindry, Daniel Augustin (66 yrs., 1 mo.) d. on 74-Mar-1 [74-Mar-3: 2B].
De Camp, Eva, Miss m. Ross, William A. on 72-Sep-25 [72-Oct-1: 2B].
De Coin, Julia (60 yrs.) d. on 75-Nov-13 [75-Nov-15: 2B].
De Cormis, Edward (69 yrs.) d. on 73-Jul-30 [73-Jul-31: 2B; 73-Aug-1: 2B].
De Ford, Eliza J. m. Cooper, J. F., Gen. on 71-May-9 [71-May-29: 2B].
De Garmendia, Carita (3 yrs., 8 mos.) d. on 72-Nov-15 of Membraneous croup [72-Nov-16: 2A].
De Goey, Lizzie d. on 74-Jun-14 [74-Jun-15: 2B; 74-Jun-16: 2B].
De Groat, George (32 yrs.) d. on 74-Jan-13 Drowned [74-Jan-21: 1H].
De Kinder, Joseph J. m. Cook, Jennie on 74-Feb-12 [74-Feb-19: 2B].
De La Cour, Kate Estelle d. on 73-Oct-23 [73-Oct-25: 2B].
De Lacour, Louis Jerome m. Schad, Kate H., Miss on 72-Jun-6 [72-Jun-15: 2A].
De Mangin, A. M. (60 yrs.) d. on 74-Feb-14 [74-Feb-19: 2C].
De Mott, Lizzie May (3 mos.) d. on 74-Jul-19 [74-Jul-20: 2B].
De Palma, Clementine m. Adair, William Robert on 72-Aug-12 [72-Aug-17: 2A].
De Rojas, Perfecto m. Camejo, Maria M. on 72-Oct-2 [72-Oct-5: 2A].
De Ronceray, Margaret (74 yrs.) d. on 73-Jun-25 [73-Jun-26: 2B; 73-Jun-27: 2A].
De Rosset, John Lord (2 yrs., 5 mos.) d. on 71-May-4 [71-May-9: 2B].
De Soden, Charles S. m. Hopper, Minnie, Miss on 74-Nov-13 [74-Nov-16: 2B].
De Souza, A. m. Weil, Sophia, Miss on 75-Jan-17 [75-Jan-19: 2B].
De Valin, Hugh (74 yrs.) d. on 74-Jul-28 of Apoplexy [74-Jul-29: 1H, 2B; 74-Jul-30: 2B; 74-Aug-1: 4D].
De Westenberg, Bernhardt O. T. H. m. Birckhead, Jane Allen on 74-Feb-26 [74-Feb-28: 2B].
De Witt, A. H. (57 yrs.) d. on 74-Dec-19 [74-Dec-21: 2A].
De Witt, Catharine (68 yrs.) d. on 71-Dec-30 [72-Jan-1: 2C].
De Witt, Charles E. m. Houghson, Ellen, Miss on 73-Oct-23 [73-Oct-29: 2B].
Deacon, Harry Grant (4 yrs.) d. on 72-Apr-24 [72-Apr-25: 2B].
Deacon, Thomas W. m. Sands, Mary H., Miss on 71-Dec-7 [71-Dec-11: 2B].
Deacon, Thomas William (28 yrs.) d. on 75-Sep-10 [75-Sep-16: 2B].
Deacont, Estella (3 yrs., 10 mos.) d. on 72-Nov-16 [72-Nov-18: 2B].
Deady, Esther A. m. Wood, John W. on 71-Oct-1 [71-Nov-1: 2B].
Deagan, William d. on 74-Mar-5 [74-Mar-7: 5H].
Deakins, J. B. m. Lyle, Annie M. on 75-Mar-30 [75-Apr-2: 2B].
Deal, Annie E. (31 yrs.) d. on 74-Jul-23 [74-Jul-24: 2B].
Deal, Charles S. (8 yrs.) d. on 75-Jul-28 Crushed by horse [75-Jul-29: 2B, 4C].
Deal, Elizabeth V., Miss m. Master, Alexander E. on 71-Aug-13 [71-Oct-10: 2B].
Deal, H. Carrie, Miss m. Smith, Amos S. on 71-Dec-21 [71-Dec-23: 4C].
Deal, John F. m. Roycroft, Mary A., Miss on 73-Jan-1 [73-Jan-29: 2B].
Deal, Marcellus d. on 73-Sep-21 [73-Oct-13: 2B].
Deal, Mary (81 yrs.) d. on 73-Jan-9 [73-Jan-10: 2B; 73-Jan-11: 2B].
Deal, Richard H. m. Staum, Amanda J., Miss on 75-Nov-24 [75-Nov-30: 2B; 75-Dec-1: 2B].
Deal, W. E. F. m. Griffith, Bertie on 75-May-4 [75-May-10: 2B].
Deale, E. Fannie, Miss m. Weedon, William H. on 74-Aug-25 [74-Aug-27: 2B].
Deale, James F. m. Collison, Laura B. on 73-Jan-23 [73-Jan-28: 2B].
Dealys, William M. (75 yrs.) d. on 72-Jan-28 of Suffocation [72-Jan-30: 2C, 4E].
Dean, Catharine (74 yrs.) d. on 74-Jul-24 [74-Jul-25: 2B].
Dean, Cornelia A. d. on 74-Jun-9 [74-Jun-10: 2B].
Dean, Emma B. d. [74-May-20: 2B].
Dean, Fanny (17 yrs.) d. on 72-Dec-10 [73-Apr-5: 2B].
Dean, Frances (17 yrs.) d. on 72-Dec-10 of Consumption [72-Dec-11: 2B].

Dean, H. B. d. on 74-May-4 [74-May-5: 2B; 74-May-6: 2B].
Dean, James T. m. Dougherty, Elizabeth E., Miss on 71-Nov-20 [71-Dec-30: 2C].
Dean, John P., Rev. m. Ducker, Catherine E., Miss on 71-Apr-25 [71-Apr-28: 2C].
Dean, Laura J. m. Sollers, James A. on 74-Jan-26 [74-Jan-28: 2B].
Dean, Louisa m. Bosworth, Robert on 75-Aug-13 [75-Aug-24: 2B].
Dean, M. E. J. d. on 72-Dec-13 [72-Dec-14: 2A; 72-Dec-16: 2B].
Dean, Walter D. (4 mos.) d. on 72-Jun-16 [72-Jun-17: 2B].
Dean, William (64 yrs.) d. on 73-Jul-10 of Heart disease [73-Jul-11: 1G, 2B; 73-Jul-12: 2B; 73-Jul-14: 1G].
Deans, Mary Virginia m. Mayer, Lewis on 71-Nov-9 [[71-Nov-13: 2B]; 71-Nov-14: 2B].
Dear, Ella Virginia (7 yrs., 3 mos.) d. on 72-Feb-22 [72-Feb-24: 2C].
Deatel, Ann Maria (2 mos.) d. on 73-Jun-28 [73-Jun-30: 2B].
Deater, Anna m. Fowler, William G. on 73-Feb-5 [73-Feb-8: 2B].
Deatle, Charles m. Linker, Maggie on 72-Apr-21 [72-May-4: 2A].
Deaver, Eliza (82 yrs.) d. on 73-Mar-27 [73-Mar-28: 2B].
Deaver, George Franklin (7 mos.) d. on 74-Aug-29 [74-Aug-31: 2B].
Deaver, James C. (39 yrs.) d. on 72-Oct-2 [72-Oct-3: 2B; 72-Oct-4: 2B].
Deaver, Jane, Miss m. Pollard, James F. on 73-Nov-6 [73-Nov-8: 2B].
Deaver, John H. m. Hartlove, Sarah V. on 72-Aug-6 [72-Aug-10: 2B].
Deaver, Smith N. m. Wallace, Retta M., Miss on 74-Oct-14 [74-Oct-29: 2B].
Deaves, Antoinette Virginia (11 mos.) d. on 73-Dec-9 [73-Dec-10: 2B].
Debes, Charles F. (7 mos.) d. on 73-Sep-1 [73-Sep-2: 2B].
Debes, Mary S., Miss m. Laib, Charles F. on 73-Feb-11 [73-Feb-20: 2B].
DeBow, Carrie m. Smith, William H. on 72-Feb-15 [72-Feb-20: 2C].
DeBow, Charles m. Spangler, Julia on 73-Nov-30 [73-Dec-6: 2B].
DeBow, John Alfred (14 yrs.) d. on 71-Apr-21 of Diptheria [71-Apr-24: 2B].
Debow, Martha A. (33 yrs.) d. on 73-Nov-11 of Brain paralysis [73-Nov-12: 1G; 73-Nov-13: 2B].
DeBow, Mary Letta (1 yr.) d. on 71-Oct-15 [71-Oct-17: 2B].
DeBow, Nicholas G. (8 yrs.) d. on 71-Apr-14 [71-Apr-18: 2C].
DeBow, Norris Tuttel (5 yrs.) d. on 71-Apr-24 [71-Apr-28: 2C].
Debring, John C. (21 yrs., 8 mos.) d. on 73-Nov-30 [73-Dec-1: 2B].
Debus, John (64 yrs.) d. on 72-Nov-27 [72-Nov-29: 1G].
DeCamp, Mollie E., Miss m. Stephens, John W. on 73-Nov-26 [73-Nov-29: 2B].
Deck, William (57 yrs.) d. on 73-Feb-28 [73-Mar-1: 2A].
Decker, Ellen Jane Weston (1 yr., 9 mos.) d. on 74-Jun-28 [74-Jun-29: 2B].
Decker, Francis (38 yrs.) d. on 75-Jan-3 [75-Jan-4: 2B].
Decker, Francis m. Shower, Ray, Miss on 71-Mar-7 [71-Mar-16: 2B].
Decker, Henry (86 yrs.) d. on 71-May-21 [71-May-23: 2C].
Decker, Jacob Forney (79 yrs.) d. on 72-Aug-12 of Paralysis [72-Aug-14: 1H, 2B].
Decker, Mary Agnes (63 yrs.) d. on 74-Mar-4 [74-Mar-5: 2B].
Deckwar, Charles m. Duggan, Annie, Miss on 72-Jun-25 [72-Jul-10: 2B].
Decombs, Annie (83 yrs.) d. on 71-Feb-21 [71-Feb-22: 2C].
Decoursey, John (76 yrs.) d. on 72-Sep-6 [72-Sep-6: 2A].
Dee, Elizabeth m. Diefenbach, Henry on 75-Aug-8 [75-Aug-12: 2B].
Deegan, Thomas (58 yrs.) d. on 75-Dec-17 [75-Dec-18: 2A].
Deegan, William P. (86 yrs.) d. on 73-Feb-7 [73-Feb-8: 2B].
Deem, Harriet A., Miss m. Gibbs, James T. on 73-Feb-11 [73-Aug-27: 2B].
Deemer, Bertha M. A. (3 yrs., 2 mos.) d. on 75-Aug-28 [75-Aug-30: 2B; 75-Aug-31: 2B].
Deemer, Hattie S. (11 mos.) d. on 75-Aug-28 [75-Aug-30: 2B; 75-Aug-31: 2B].
Deems, Alfred Vincent Depaw (18 yrs.) d. on 72-Jul-30 [72-Aug-1: 2C].
Deems, Charles L. m. Anderson, Mary E. on 75-Oct-7 [75-Oct-9: 2B].
Deems, Florence R. m. Young, Thomas on 72-Dec-4 [72-Dec-6: 2B].

Deems, J. Harry m. White, Mollie on 72-Jul-9 [72-Jul-11: 2C; 72-Jul-12: 2C].
Deems, Lewis C. m. Murphy, Mary L. on 72-Sep-30 [72-Oct-24: 2B].
Deems, Sarah Lucille (10 mos.) d. on 72-Aug-8 [72-Aug-10: 2B].
Deems, William Henry d. on 72-Jun-22 [72-Jun-25: 2B].
Deer, Mamie m. Robinson, Wesley on 75-Jan-14 [75-Jan-23: 2B].
Deering, Henry, Jr. m. Wade, Permelia A. on 74-Jun-22 [74-Sep-14: 2B].
DeFalco, George m. McDermott, Ellen, Miss on 72-Sep-8 [72-Sep-16: 2A].
Defford, Peter (54 yrs.) d. on 75-Apr-6 of Suicide (Stabbing) [75-Apr-7: 4C].
Deford, Amanda (26 yrs.) d. on 75-Sep-11 of Suicide (Poison) [75-Sep-13: 4B].
DeFord, Lola, Miss m. Hour, Henry M. on 73-Jul-11 [73-Jul-23: 2B].
DeFord, Luisita (19 yrs.) d. on 74-Feb-25 [74-Mar-10: 2B].
DeFord, M. J., Mrs. m. Faithful, W. E. B. on 73-Dec-4 [73-Dec-6: 2B].
DeFord, Mary F., Mrs. m. Mayhew, Frederick C. on 72-Aug-30 [72-Oct-26: 2A].
Deford, Mary Harriet (6 mos.) d. on 74-Jun-30 [74-Jul-2: 2B].
Deford, Phillippa E. d. on 72-Jan-25 [72-Jan-27: 2B].
DeFord, Thomas G. (65 yrs.) d. on 74-Jun-4 [74-Jun-5: 2B; 74-Jun-6: 2B].
Deford, William E. m. Bradford, Amanda M. on 75-Jun-15 [75-Jun-18: 2B].
DeForest, Margaret (82 yrs.) d. on 72-May-4 [72-May-7: 2B].
DeForest, Mary (72 yrs.) d. on 72-Mar-8 [72-Mar-9: 2B].
Degan, William P. (37 yrs.) d. on 73-Feb-7 [73-Feb-8: 2B].
Degenhard, Lettie (2 yrs.) d. on 72-Jul-20 [72-Jul-22: 2B].
Degenhard, Maggie Dora (5 yrs., 9 mos.) d. on 71-Apr-7 [71-Apr-8: 2B].
Degenhard, William Henry (3 mos.) d. on 73-May-2 [73-May-3: 2A; 73-May-5: 2B].
Degenhart, John T. (9 mos.) d. on 72-Jun-21 [72-Jun-22: 2B].
Degges, Margaret O. (83 yrs.) d. on 72-Nov-26 [72-Nov-27: 2B; 72-Nov-28: 2B].
Degler, Gottlob m. Lindsay, C. E., Mrs. on 75-Sep-12 [75-Sep-25: 2B].
Degnan, Michael H. (28 yrs.) d. on 74-Nov-9 [74-Nov-10: 2B].
DeGraff, Eliza J. m. Phelps, John H. on 73-Sep-14 [73-Sep-16: 2B].
DeGroff, Missouri m. Mitchell, Edward W. on 74-Aug-4 [74-Sep-15: 2B].
DeGrofft, Amelia (83 yrs.) d. on 75-Oct-31 [75-Nov-1: 2B].
Degrough, Mary Ann (20 yrs.) d. on 71-Jun-25 Drowned [71-Jun-29: 2C].
Deguzee, Lucretia, Miss m. Mathieu, Antonio Ma. on 74-Jan-14 [74-Jan-16: 2B].
Dehm, Theodore, Dr. (69 yrs.) d. on 73-Jun-20 [73-Jun-21: 2A].
Dehn, John (69 yrs.) d. on 74-Aug-8 of Paralytic stroke [74-Aug-10: 4D].
Deigal, Mary A. (33 yrs.) d. on 74-May-22 [74-May-23: 2B].
Deihl, Nathan m. Keen, Laura Virginia on 72-Jan-16 [72-Feb-12: 2C].
Deil, Barbara (55 yrs.) d. on 73-Oct-13 of Consumption [73-Oct-17: 2B].
Deiter, Phillip (58 yrs.) d. on 72-Feb-12 [72-Feb-13: 2C].
Deitrick, Daniel (58 yrs.) d. on 73-Dec-21 of Heart paralysis [73-Dec-22: 4C].
Deitz, Annie Belle (3 mos.) d. on 73-Jul-3 [73-Jul-4: 2B].
Deitz, Rachel (81 yrs.) d. on 73-Oct-10 [73-Oct-13: 2B].
Deitzell, Frederick R. (42 yrs.) d. on 71-Jun-26 Crushed by wagon [71-Jun-27: 4D].
Deitzell, Henry d. on 75-May-14 in Railroad accident [75-May-17: 4C].
Delahay, Eliza Jane (35 yrs.) d. on 75-Feb-23 of Suicide (Poison) [75-Feb-24: 4E].
Delahay, Jennie E., Miss m. Woolford, Thomas J. on 74-Dec-22 [74-Dec-24: 2B].
Delahunt, Louis P. m. Scott, Annie C. on 71-Jul-11 [71-Jul-15: 2B].
Delaney, Bridget (48 yrs.) d. on 74-Dec-28 [74-Dec-29: 2B].
Delaney, Charles (64 yrs.) d. on 73-May-31 [73-Jun-2: 2A].
Delaney, Dennis (45 yrs.) d. on 74-Jan-28 [74-Jan-29: 2B].
Delaney, Edwin W. (15 yrs.) d. on 73-Jan-12 [73-Jan-14: 2B].
Delaney, Hannah Agnes d. on 75-Jan-4 [75-Jan-13: 2B].
Delanty, Emma V., Miss m. Holland, William H. on 73-Dec-18 [74-Jan-13: 2B].

Delaplaine, Sophia (80 yrs.) d. on 75-Aug-30 [75-Sep-10: 2B].
Delarue, Zeline (68 yrs.) d. on 72-Jan-27 [72-Jan-29: 2C].
Delays, Louis m. Barmer, Susan G., Miss on 73-Jan-31 [73-Feb-4: 2B].
Delcher, Georgia (21 yrs.) d. on 71-Oct-22 [71-Oct-23: 2B; 71-Oct-24: 2A].
Delcher, Grace Baxter (9 mos.) d. on 71-Feb-8 [71-Feb-9: 2C].
Delcher, John T. (57 yrs.) d. on 74-May-8 [74-May-9: 2C].
Delcher, John W. m. Bodensick, Lulie F. on 75-May-20 [75-Jun-17: 2B].
Delcher, Maggie, Miss m. Peters, Osgrave on 74-Jun-9 [74-Jun-12: 2B].
Delcher, Mary C. (72 yrs.) d. on 73-Aug-15 [73-Aug-16: 2B].
Delcher, William Jessop Ward (3 yrs., 5 mos.) d. on 72-Feb-27 [72-Feb-28: 2C].
DeLeon, Secilias m. Ambach, Gertrude on 71-Jan-12 [71-Feb-13: 2C].
Delevie, Adelane m. Schwartz, H. M. on 74-Nov-8 [74-Nov-9: 2B].
Delevigne, Theodore H. (52 yrs.) d. on 75-Nov-4 in Street railway accident [75-Nov-5: 2B, 4C].
Delino, Debbie m. Anthony, John on 74-Oct-5 [74-Oct-8: 2B].
Delking, Frederick d. on 73-May-22 Crushed [73-May-23: 1G].
Dell, Charles Stinson (4 yrs.) d. on 72-Oct-16 of Croup [72-Oct-17: 2B].
Dell, Eliza (73 yrs.) d. on 72-Jul-2 [72-Jul-4: 2B].
Dell, George E. m. Stephens, Henrietta N. on 75-Sep-20 [75-Sep-22: 2B].
Dell, John Everett (31 yrs.) d. on 73-Jan-27 [73-Jan-28: 2B].
Dell, Mary E. m. Smith, Samuel F. on 72-Apr-2 [72-Apr-15: 2B].
Dell, Thomas E. (56 yrs.) d. on 73-Aug-9 [73-Aug-11: 2B; 73-Aug-12: 2B; 73-Aug-13: 1H].
Della, Laura V., Miss m. Morgan, Charles E. on 75-Nov-22 [75-Nov-29: 2B].
Dellihunt, Mary Olivia (1 yr., 3 mos.) d. on 71-Oct-4 [71-Oct-5: 2C].
Dellwig, Louis A. m. Humberstone, Elizabeth H. on 72-Nov-12 [72-Nov-14: 2B].
Delmas, Theodore (80 yrs.) d. on 71-Nov-8 [71-Nov-13: 2C].
Delmas, Victorine (77 yrs.) d. [72-Aug-3: 2B].
Deloste, Francis (85 yrs.) d. on 74-Apr-29 [74-May-2: 2C, 4D].
Delozier, William G. (30 yrs.) d. on 75-Dec-7 [75-Dec-8: 4E].
Delphey, George (48 yrs.) d. on 75-Sep-29 [75-Sep-30: 2B; 75-Oct-1: 2B].
Delphy, Susie m. Mitchell, John N. on 75-Apr-15 [75-Apr-26: 2B].
Delvinge, Justine F. m. Moore, James A. on 72-Jan-25 [72-Jan-31: 2C].
Deming, Martin m. Brundige, Annie V. on 74-Nov-23 [74-Nov-26: 2B].
Demitz, Henry (5 yrs.) d. on 74-Dec-1 [74-Dec-2: 2B; 74-Dec-3: 2B].
Demme, Margreth (20 yrs.) d. on 72-Aug-26 [72-Aug-27: 2A; 72-Aug-28: 2A].
Demmott, Rachel Rebecca (68 yrs.) d. on 73-May-25 of Nervous shock and internal hemorrhag [73-May-26: 1H; 73-May-27: 2B].
Demory, William H. m. Apsey, Virginia on 73-Nov-11 [73-Nov-13: 2B].
Demoss, James E. m. Howard, Lavinia, Miss on 71-Oct-1 [71-Nov-6: 2A].
Dempsey, A. N. m. Valentine, Ella on 75-Mar-31 [75-Apr-14: 2B].
Dempsey, Ann (68 yrs.) d. on 75-Jan-14 [75-Jan-15: 2B; 75-Jan-16: 2C].
Dempsey, Beulah (65 yrs.) d. on 73-Oct-9 [73-Oct-10: 2B].
Dempsey, John (2 mos.) d. on 75-Sep-26 [75-Sep-27: 2A].
Dempsey, John M. (43 yrs.) d. on 74-Dec-20 [74-Dec-21: 2A].
Dempsey, M. Therese m. Carr, J. Harry on 74-Feb-10 [74-Feb-17: 2B].
Dempsey, Patrick (25 yrs.) d. on 75-Apr-8 [75-Apr-9: 2B].
Dempsey, Patrick (75 yrs.) d. on 75-Jul-17 [75-Jul-19: 2B].
Dempsey, William, Jr. (31 yrs.) d. on 72-Jul-25 [72-Jul-30: 2B].
Dempster, John T. m. Tootell, Elexenia, Miss on 71-Oct-19 [71-Nov-2: 2C].
Dempster, Mary Helen (21 yrs.) d. on 74-Aug-7 [74-Aug-8: 2B].
Demuth, Adolph G. m. Johnson, Josephine on 75-Sep-6 [75-Sep-15: 2B; 75-Sep-16: 2B].
Denbow, Elizabeth (83 yrs.) d. on 72-Mar-7 [72-Mar-22: 2C].
Denges, Margertha, Miss m. Bayer, Leonard F. on 73-Nov-29 [73-Dec-9: 2B].

Denison, Elizabeth (94 yrs.) d. on 71-Aug-24 [71-Aug-26: 2A].
Denison, Elizabeth m. Brett, George Arthur on 74-Nov-5 [74-Nov-28: 2B].
Denison, Frank (2 yrs., 3 mos.) d. on 72-May-9 [72-May-10: 2B].
Denison, Marcus (75 yrs.) d. on 75-Jan-26 of Typhoid pneumonia [75-Jan-27: 1H, 2B; 75-Jan-28: 2B; 75-Jan-29: 2B].
Denison, Sophia Isabel d. on 74-Apr-15 [74-Apr-16: 2B; 74-Apr-17: 2B; 74-Apr-18: 2B].
Denison, Thomas H. (38 yrs.) d. on 75-Mar-7 of Pneumonia [75-Mar-8: 2B; 75-Mar-9: 2B; 75-May-21: 2B; 75-May-22: 4B].
Denkin, Pinkie m. McComas, Harry H. on 73-Apr-29 [73-May-3: 2A].
Denkin, William M. m. Lemmon, Susanna on 73-May-8 [73-May-15: 2B].
Denmead, Aquilla m. Buchman, Maggie J. on 72-Oct-6 [72-Dec-9: 2B].
Denmead, Bertha (2 yrs., 5 mos.) d. on 74-May-9 [74-May-11: 2B].
Denmead, Charles m. Montgomery, Mary F. on 73-Dec-24 [74-Feb-6: 2D].
Denmead, Ella m. Levering, Robert on 72-Oct-1 [72-Oct-11: 2B].
Denmead, Henry d. on 71-Jan-30 [71-Feb-1: 2C].
Denmead, Talbott, Jr. m. Jones, Carrie on 75-Oct-20 [75-Oct-25: 2A].
Denney, Mary Ann (7 mos.) d. [72-Jul-23: 2B].
Denning, Anne (96 yrs.) d. on 75-Jul-27 [75-Jul-28: 2B; 75-Jul-29: 2B].
Denning, Elizabeth (42 yrs.) d. on 75-Jul-14 [75-Jul-15: 2B; 75-Jul-16: 2B].
Dennis, Amelia R. m. Hamill, Robert T. on 71-Jun-11 [71-Jun-11: 2B].
Dennis, Edna d. on 74-Jul-4 [74-Jul-6: 2B].
Dennis, Ella A., Miss m. Rankle, Edward on 72-May-29 [72-May-31: 2B].
Dennis, Emory J. m. Blakey, Adele on 71-Dec-21 [71-Dec-23: 4C].
Dennis, Gatty (63 yrs.) d. on 73-Dec-17 [73-Dec-19: 2B].
Dennis, James M. (36 yrs.) d. on 75-Oct-9 [75-Oct-11: 2B].
Dennis, Julia Lucie m. Bowen, William J. on 73-Jul-29 [73-Jul-31: 2B].
Dennis, Lavinia m. Watson, J. Marshall on 75-Oct-28 [75-Nov-6: 2B].
Dennis, Martha A., Miss m. Hartzell, David C. on 71-Oct-16 [71-Oct-24: 2A].
Dennis, Mary Ann d. on 72-Nov-8 [72-Nov-9: 2A; 72-Nov-11: 2B].
Dennis, Nancy Ann (37 yrs.) d. on 74-Apr-1 [74-Apr-3: 2B].
Dennis, Peter (50 yrs.) d. on 75-Oct-30 in Street railway accident [75-Nov-1: 4C].
Dennis, Rosalie m. Cook, Harry C. on 71-Dec-7 [71-Dec-11: 2B].
Dennis, Sadie m. Griffin, John H. on 72-Dec-5 [72-Dec-9: 2B].
Dennis, Valentine (73 yrs.) d. on 73-Aug-29 [73-Aug-30: 2B].
Dennis, William (78 yrs.) d. on 75-Jan-17 [75-Jan-19: 2B].
Dennison, Mary (5 yrs., 7 mos.) d. on 75-Dec-22 [75-Dec-23: 2B].
Dennison, Matilda d. on 71-Aug-13 of Suicide [71-Aug-15: 4C].
Dennison, Thomas J. m. Thompson, Elenora on 73-Aug-28 [73-Oct-27: 2B].
Denny, Ada M. m. Karsner, D. O. on 73-Jul-3 [73-Jul-14: 2B].
Denny, Elizabeth T. (68 yrs.) d. on 72-Jul-8 [72-Jul-10: 2B; 72-Jul-11: 2C].
Denny, Frances E. (57 yrs.) d. on 74-Sep-10 [74-Sep-15: 2B].
Denny, John E. m. Nunnally, Euphemia on 73-Nov-18 [73-Nov-25: 2B].
Denny, Mary E. d. on 75-Feb-22 [75-Mar-13: 2B].
Denny, Owen W. d. on 74-Nov-24 [74-Nov-25: 2B; 74-Nov-26: 2B].
Denny, Samuella B., Miss m. King, Jack on 75-May-4 [75-May-10: 2B].
Denoe, Laura m. Lassen, John C. on 72-Nov-26 [72-Nov-27: 2B].
Dent, Henry Hatch (57 yrs.) d. on 72-Nov-19 [72-Nov-20: 2B; 72-Nov-21: 2B].
Dent, William m. Johnstone, Fanny E. on 74-Jun-9 [74-Jun-10: 2B].
Denton, John W. m. Hemsley, Mary S. on 73-Oct-2 [73-Oct-6: 2B].
Dentry, George R. m. McCoy, Georgeanna, Miss on 71-Oct-30 [71-Oct-31: 2C].
Dentzel, Sarah (76 yrs.) d. on 71-Jul-2 [71-Jul-3: 2B; 71-Jul-4: 2B].
Depass, Isabella (20 yrs.) d. on 74-Sep-5 [74-Sep-8: 2B; 74-Aug-11: 2B].

Depew, George W. (59 yrs.) d. on 72-Mar-20 [72-Mar-21: 2B].
Depew, V. Susie m. Folger, Charles W. on 75-Nov-24 [75-Nov-29: 2B].
Deppert, Mary Dieter (28 yrs.) d. on 75-Sep-5 Burned [75-Sep-6: 2B, 4C].
Deppish, Elizabeth (62 yrs.) d. on 75-Mar-18 [75-Mar-19: 2B].
Deppish, John m. Sands, Helen Madonna on 71-May-18 [71-Jul-27: 2A].
Deppish, Laura Genevieve d. on 74-Mar-18 [74-Mar-19: 2B].
Deran, James L. (33 yrs.) d. on 73-Nov-27 [73-Nov-28: 2B; 73-Nov-29: 2B].
Dering, Lina, Miss m. Bomm, John on 75-Nov-8 [75-Nov-19: 2B].
Derr, Adolphus B. Corbin (1 yr., 1 mo.) d. on 72-Mar-4 [72-Mar-6: 2B].
Derr, Amanda (15 yrs.) d. on 75-Jul-16 [75-Jul-23: 2C].
Derr, Charles Ramsay (22 yrs.) d. on 73-Feb-18 [73-Feb-19: 2B].
Derr, Emma V., Miss m. Baugher, James P. on 75-Nov-22 [[75-Nov-30: 2B]; 75-Dec-3: 2B].
Derr, Laura V. m. Wall, Charles A. on 73-Jul-29 [73-Jul-31: 2B].
Derr, Margaret Vashti (4 yrs., 7 mos.) d. on 73-Feb-16 [73-Feb-17: 2B].
Derr, Mary J. (41 yrs.) d. on 72-Sep-3 [72-Sep-4: 2B].
Derr, Mary R. (46 yrs., 7 mos.) d. on 75-Jul-16 [75-Jul-23: 2C].
Derr, William (71 yrs.) d. on 75-Apr-8 [75-Apr-9: 2B; 75-Apr-10: 2B].
Derrick, William B. m. Wallace, Delilah W., Miss on 71-Dec-3 [71-Dec-6: 2B].
Derry, Mathias (42 yrs.) d. on 73-Jan-4 [73-Jan-6: 2B].
Dery, Louise m. Beltramini, Charles on 74-Aug-9 [74-Aug-18: 2B].
Des Forges, Mary (18 yrs.) d. on 73-Sep-16 [73-Sep-17: 2B; 73-Sep-18: 2B; 73-Sep-19: 2B].
Desch, Anna Elizabeth (82 yrs.) d. on 74-Aug-13 [74-Aug-14: 2B].
Desch, Harry Moore (3 yrs., 10 mos.) d. on 74-Oct-1 [74-Oct-2: 2B].
Deshon, Mary E. d. on 75-Jun-24 [75-Jun-28: 2B].
Deshon, Welsh (25 yrs.) d. on 72-Sep-28 in Railroad accident [72-Sep-30: 1G; 72-Oct-1: 2B].
Despeaux, Anne (25 yrs.) d. on 72-Jun-12 of Consumption [72-Jun-15: 2A].
Detrick, Bessie (7 mos.) d. on 74-Jan-15 [74-Jan-21: 2B].
Detweiler, William T. m. Fisher, Georgeanna F., Miss on 73-Sep-26 [73-Nov-8: 2B].
DeValin, Sarah (66 yrs.) d. on 71-Apr-8 [71-Apr-10: 2B].
Devalin, Sarah (30 yrs.) d. on 73-Sep-27 [73-Sep-29: 2B].
Devall, John m. Ward, Annie M., Miss on 73-Nov-3 [73-Dec-20: 2A].
Devaughn, Peyton (20 yrs., 8 mos.) d. on 72-May-10 [72-May-13: 2B].
Devaughn, Sallie C., Miss m. Miller, Charles F. on 74-Mar-31 [74-Apr-25: 2B].
Devaus, Louis A. m. Connelly, Annie on 75-Jun-28 [75-Jul-10: 2B].
Devenny, Robert J. m. Lynas, Susan, Miss on 73-Mar-26 [73-Apr-3: 2B].
Devenny, Susan (41 yrs.) d. on 72-Jul-16 [72-Jul-17: 2B; 72-Jul-18: 2B].
Deveny, John Francis (19 yrs.) d. on 73-Aug-22 [73-Aug-23: 2B].
Dever, Gertrude Rebecca m. Esender, William on 71-Dec-26 [72-Jan-6: 2A].
Devese, William George (12 yrs., 5 mos.) d. on 71-Feb-24 [71-Mar-3: 2C].
Devilbiss, Anna M. m. Yeats, James on 74-Jul-9 [74-Jul-11: 2B].
Devine, [male] (18 yrs.) d. on 72-May-15 Murdered [72-May-18: 1F].
Devine, Ellen (28 yrs.) d. on 75-Aug-9 of Consumption [75-Aug-10: 2B; 75-Aug-11: 2B].
Devine, Mary d. on 73-Sep-1 [73-Sep-2: 2B].
Devinney, Willie J. (1 yr.) d. on 75-Aug-15 [75-Aug-16: 2B].
Deviny, Mary (32 yrs.) d. on 75-Apr-26 [75-Apr-27: 2B].
Devire, Alice V. m. Bell, George W. C. on 74-Aug-13 [74-Aug-17: 2B].
Devlin, Frank d. on 73-Nov-25 in Railroad accident [73-Nov-26: 4D].
Devlin, James m. Bourwich, Mary, Miss on 74-Nov-26 [74-Nov-30: 2B].
Devlin, Jerome (6 yrs.) d. on 73-Mar-5 [73-Mar-7: 2C].
Devor, Alice, Miss m. Streett, William H. on 73-Feb-20 [73-Feb-22: 2B].
Devouges, Alphonse (5 yrs.) d. on 75-Nov-28 [75-Dec-1: 2B].
Devries, Annie E. m. Shipley, L. M., Dr. on 73-May-22 [73-May-24: 2B].

Devries, Elias P. m. Owen, Mollie E. on 71-Sep-21 [71-Nov-29: 2C].
DeVries, Laura A. d. on 73-Jul-23 [73-Jul-25: 2B].
Dew, A. B. m. March, Maggie E., Miss on 73-Dec-25 [74-Jan-7: 2B].
Dew, Willie J. d. on 75-Jun-9 [75-Jun-10: 2B].
Dewalt, Eugene S. (21 yrs.) d. on 75-Nov-29 [75-Dec-1: 2B].
Dewdney, Susan, Miss m. Thyson, H. G. on 71-May-23 [71-Jun-2: 2B].
Dewling, Thomas m. Jelley, Adelaide, Mrs. on 74-Apr-12 [74-May-6: 2B].
DeWolff, Henrietta S. (17 yrs., 4 mos.) d. on 72-Mar-6 [72-Mar-8: 2C; 72-Mar-9: 2B].
Dexter, Charles H. m. Murdoch, Lillie W., Miss on 72-Mar-21 [72-Mar-25: 2B].
Dexter, Sarah Ann d. on 75-Jun-23 [75-Jun-25: 2B].
Diamond, Annie J., Miss m. Pate, Richard H. on 75-Nov-20 [[75-Nov-24: 2B]; 75-Nov-25: 2B].
Diamond, Hugh (47 yrs.) d. on 73-Aug-4 [73-Aug-5: 2B].
Diamond, Jessie, Miss m. Helm, Joseph H. on 71-Jan-5 [71-Jan-7: 2C].
Diamond, John m. Adams, Julia, Miss on 72-May-28 [72-Jun-3: 2A].
Diamond, William (38 yrs.) d. on 75-Oct-13 [75-Oct-16: 2B].
Dice, Eliza J., Miss m. Sheffer, Emanuel on 73-Apr-24 [73-May-3: 2A].
Dickel, Charles F. (25 yrs.) d. on 75-Jun-3 [75-Jun-5: 2B].
Dickel, Charles F. m. Austin, Sarah V. on 71-Dec-12 [71-Dec-19: 2B].
Dickel, George H. (64 yrs.) d. on 75-Dec-11 [75-Dec-13: 2B].
Dickel, George T. (33 yrs.) d. on 73-Jul-28 [73-Jul-30: 2B].
Dickerson, Arthur W. (2 yrs., 11 mos.) d. on 74-Feb-7 [74-Feb-9: 2B; 74-Feb-10: 2B].
Dickerson, Emma J. m. Jones, Thomas F. on 74-Oct-8 [74-Oct-10: 2B].
Dickerson, Emma S. (1 yr., 9 mos.) d. on 72-Nov-5 [72-Nov-6: 2B].
Dickerson, George W., Capt. (53 yrs.) d. on 73-Aug-14 [73-Aug-15: 2B; 73-Aug-16: 2B].
Dickerson, Henry N. d. on 73-Jan-18 of Typhoid [73-Jan-20: 2B].
Dickerson, Matilda (60 yrs.) d. on 71-Sep-16 [71-Sep-18: 2B].
Dickerson, Susan m. MacDonald, Alexander on 72-Nov-19 [72-Dec-16: 2B].
Dickey, Ella Eugenia (7 yrs., 1 mo.) d. on 75-Aug-19 of Scarlet fever and consumption [75-Aug-20: 2B].
Dickey, Lizzie A. m. Dorsey, C. W. on 72-Dec-3 [72-Dec-14: 2A].
Dickey, Lydia (1 yr., 5 mos.) d. on 75-Jul-4 of Cholera infantum [75-Jul-5: 2B].
Dickey, M. Josephine (10 yrs.) d. on 71-Feb-25 [71-Feb-27: 2D].
Dickey, Rosa May d. on 71-Jan-14 of Chronic croup [71-Jan-16: 2D].
Dickinson, Ella m. Alberti, Charles A. on 75-Oct-12 [75-Oct-19: 2A].
Dickinson, J. L. (55 yrs.) d. on 74-Jan-3 of Mania-a-potu [74-Jan-5: 4C].
Dickinson, Samuel, Col. d. on 71-Jun-29 [71-Jul-1: 4D].
Dickison, Mamie L., Miss m. Brian, Charles T., Lt. on 74-Mar-6 [74-Mar-27: 2B].
Dickson, Alice J. m. Jones, Thomas L. on 73-Jul-10 [73-Jul-29: 2B].
Dickson, Charles B. (19 yrs.) d. on 72-Aug-22 [72-Aug-23: 2B].
Dickson, I. N., Dr. m. Cockey, Eurie B. on 74-Dec-17 [74-Dec-24: 2B].
Dickson, Issac N., Dr. m. Cockey, Erith R., Miss on 74-Dec-15 [74-Dec-22: 2B].
Dickson, Jeanea Read, Miss m. Armor, George E. on 73-Dec-4 [73-Dec-5: 2B].
Dickson, John C. m. Long, Jennie, Miss on 73-Jan-23 [73-Jan-24: 2B].
Dickson, Lizzie, Miss m. Askew, Charles L. on 72-Sep-12 [72-Sep-20: 2B].
Dickson, Malvina M. d. on 75-Jul-12 [75-Jul-19: 2B].
Dickson, Mary Elizabeth d. on 74-May-18 [74-May-25: 2B].
Dickson, Melvina (8 yrs.) d. on 72-Jun-7 of Consumption [72-Jun-10: 2B].
Dickson, Rebecca C. d. on 71-Mar-12 [71-Mar-13: 2C; 71-Mar-14: 2B].
Dicus, Charlotte C. m. Brady, William H. on 74-May-5 [74-May-12: 2B].
Dicus, Ella, Miss m. Bayley, William on 71-Feb-21 [71-Feb-24: 2C].
Dicus, Maggie A., Miss m. Perkins, Joseph S. on 71-Sep-5 [71-Sep-20: 2B].
Dicus, Margaret A. d. on 73-May-2 [73-May-3: 2A].

Dicus, Sarah d. on 71-Aug-9 [71-Aug-10: 2C].
Didehover, William H. (37 yrs.) d. on 73-Sep-5 [73-Sep-10: 2B].
Didier, Adeline M. d. on 75-Dec-12 [75-Dec-13: 2B; 75-Dec-14: 2B].
Didier, Eugene L. m. Northrop, Mary Louise on 73-Nov-26 [73-Dec-6: 2B].
Didier, Mary (72 yrs.) d. on 72-Feb-29 [72-Mar-1: 2B].
Dieckman, Charlotte R. (57 yrs.) d. on 73-Sep-17 [73-Sep-18: 2B].
Dieckmann, Annie M. m. Casper, Frederick F. on 72-Apr-4 [72-Apr-10: 2B].
Dieckmann, Ottilie, Miss m. Caspari, Frederick H. on 75-Jul-5 [75-Jul-9: 2B].
Diedle, Maggie (23 yrs., 6 mos.) d. on 73-Apr-12 [73-Apr-14: 2B].
Diedrich, Caspar (57 yrs.) d. on 71-Aug-18 of Heart paralysis [71-Aug-21: 4C].
Diefenbach, Henry m. Dee, Elizabeth on 75-Aug-8 [75-Aug-12: 2B].
Diehl, Andrew (25 yrs.) d. on 74-Sep-29 of Typhoid [74-Oct-1: 4B; 74-Oct-3: 2B; 74-Oct-6: 2C].
Diehl, Earnestine E. (1 yr.) d. on 75-Jan-10 [75-Jan-12: 2B].
Diehl, Johanna (52 yrs., 3 mos.) d. on 74-Sep-29 of Typhoid [74-Sep-30: 2B; 74-Oct-1: 4B].
Dielman, Addie J., Miss m. Jourdan, Charles H., Prof. on 71-Jul-6 [71-Jul-11: 2B].
Diem, Johan (33 yrs.) d. on 73-Oct-25 Drowned [73-Oct-30: 4C].
Diering, Anna Elenore (16 yrs., 4 mos.) d. on 75-Mar-6 [75-Mar-8: 2B].
Diering, Charles H. (3 yrs., 11 mos.) d. on 75-Mar-14 [75-Mar-17: 2B].
Diering, John H. (83 yrs.) d. on 75-Mar-8 [75-Mar-10: 2C].
Diering, Mary C. (10 yrs.) d. on 75-Mar-1 [75-Mar-3: 2B].
Dieter, Catharine (55 yrs.) d. on 72-Feb-15 [72-Feb-16: 2C].
Dieter, George m. Tanner, Fannie, Miss on 72-Apr-8 [72-Apr-10: 2B].
Dieter, Mary T. m. Herberman, Charles G. on 73-Jul-8 [73-Jul-10: 2B].
Dieterich, George m. Kitler, Mary E. on 74-Aug-1 [74-Aug-4: 2B].
Dieterich, George m. Armstrong, Minnie L., Miss on 75-Apr-21 [75-Apr-23: 2B].
Dieterich, Julia, Miss m. Reisinger, Frederick P. on 71-May-11 [71-May-24: 2B].
Dieterly, Charles Frederick (61 yrs.) d. on 71-Aug-16 [71-Aug-21: 2B].
Dieterly, Mary Sophia (1 yr., 8 mos.) d. on 72-May-3 [72-May-4: 2B].
Dietrich, Delia m. Cassilly, Thomas A. on 75-Oct-6 [75-Oct-16: 2A].
Dietrich, Henry (64 yrs., 9 mos.) d. on 75-Jun-14 [75-Jun-15: 2B; 75-Jun-16: 2B].
Dietrich, Josephine (38 yrs.) d. on 75-Aug-17 [75-Aug-18: 2B].
Dietz, Adam, Rev. d. on 72-Feb-16 [72-Feb-21: 4E].
Dietz, Annie m. Verleger, Louis on 71-Aug-12 [71-Aug-19: 2A].
Dietz, Elizabeth (35 yrs.) d. on 75-Jan-13 [75-Jan-14: 2B].
Dietz, Elizabeth, Mrs. m. Reichersperg, Charles on 71-Apr-18 [71-Apr-20: 2B].
Dietz, Francis X. (39 yrs.) d. on 74-May-13 [74-May-14: 2B].
Dietz, George (50 yrs., 10 mos.) d. on 72-Jun-20 of Typhus [72-Jun-21: 2B].
Dietz, George W. m. Mehlgarten, Mary C., Miss on 71-Mar-21 [71-Mar-22: 2B].
Dietz, Maggie Elizabeth (1 yr., 1 mo.) d. on 73-Jul-4 [73-Jul-9: 2B].
Dietz, Mary A., Miss m. Mahr, Henry G. on 72-Jul-1 [72-Jul-10: 2B].
Dietzel, M. E., Mrs. m. Weager, Francis A. on 71-Nov-14 [71-Nov-21: 2C].
Dieus, John W. m. Bordly, Mary Ann on 73-May-15 [73-May-17: 2C].
Diffendaffer, Adam d. on 71-Feb-8 in Railroad accident [71-Feb-9: 4F].
Diffenderfer, Henry O. (79 yrs.) d. on 75-Oct-7 [75-Oct-11: 2B].
Diffenderffer, Annie Louisa m. Gibbs, John W. on 71-Jan-19 [71-Feb-11: 2B].
Diffenderffer, Catherine R. (76 yrs.) d. on 74-Jul-14 [74-Jul-15: 2B; 74-Jul-18: 2B].
Diffenderffer, Emma E. d. on 75-Nov-16 [75-Dec-3: 2B].
Diffenderffer, Henry d. on 71-Oct-9 [71-Oct-17: 2B].
Diffenderffer, J. P. m. Smith, Richardetta on 71-Apr-26 [71-Dec-25: 2C].
Diffenderffer, James T. d. on 72-Jul-27 [72-Aug-2: 2C].
Diffenderffer, Maria d. on 74-Sep-10 [74-Sep-11: 2B].
Diffenderffer, Mary E. d. on 73-Sep-11 [73-Sep-16: 2B].

Diffenderffer, Mollie K. (6 yrs., 8 mos.) d. on 74-Jul-6 [74-Jul-7: 2B].
Diffenderffer, William m. Worthington, Sallie on 74-Oct-28 [74-Nov-11: 2B].
Diffey, Emma L. m. Rautmann, E. on 74-Nov-26 [[75-Jun-5: 2B]; 75-Jun-7: 2A].
Digges, Betty B. (63 yrs.) d. on 75-Apr-26 [75-May-1: 2B].
Digges, John T., Dr. m. Mitchell, Cassie, Miss on 74-Jan-15 [74-Jan-19: 2B].
Digges, M. J. F. De Chantal (48 yrs.) d. on 71-Mar-7 [71-Mar-27: 4C].
Diggs, Annie Virginia (23 yrs.) d. on 72-Jul-8 [72-Jul-9: 2C; 72-Jul-10: 2B].
Diggs, Catharine B., Mrs. (53 yrs.) d. on 71-Jan-2 [71-Jan-3: 2C; 71-Jan-4: 2B].
Diggs, Charles E. m. Billups, Ella, Miss on 74-Apr-2 [74-Apr-4: 2B].
Diggs, Charles W. m. Mattison, Maria G. on 75-Nov-15 [75-Nov-23: 2A].
Diggs, Clara Elizabeth (4 mos.) d. on 71-May-30 [71-May-31: 2B; 71-Jun-1: 2B].
Diggs, Harriet Ann d. on 74-Jul-20 [74-Jul-21: 2C].
Diggs, J. Walter (2 yrs., 4 mos.) d. on 72-Mar-15 of Scarlet fever [72-Mar-18: 2A].
Diggs, John Franklin (1 mo.) d. on 72-Jul-6 [72-Aug-7: 2B].
Diggs, John R. m. Cullimore, Gregory H., Miss on 72-Dec-4 [72-Dec-11: 2B].
Diggs, John Ross m. Parr, Mary on 73-Dec-3 [73-Dec-9: 2B].
Diggs, Mary Eliza m. Foster, Daniel Hall on 72-Sep-4 [72-Sep-6: 2A].
Diggs, Oliver S. (3 yrs., 8 mos.) d. on 72-Sep-22 [72-Sep-23: 2B].
Diggs, Rebecca (31 yrs.) d. on 71-Oct-26 [71-Oct-27: 2C].
Diggs, Robert Lee (11 mos.) d. on 71-Sep-23 [71-Sep-25: 2C].
Diggs, Sarah L. (41 yrs.) d. on 72-Jul-2 [72-Jul-3: 2B].
Dignan, James (8 mos.) d. on 75-Jun-28 [75-Jun-29: 2B].
Dill, Edward F. m. Travers, Medora, Mrs. on 75-Sep-28 [75-Oct-9: 2A].
Dill, Frederick Adolph (24 yrs.) d. on 74-Dec-13 [74-Dec-15: 2B].
Dill, George E. m. Shippley, Cuney, Miss on 71-Jun-4 [71-Jun-12: 2B].
Dillehunt, John G. (4 yrs., 10 mos.) d. on 71-Apr-30 [71-May-1: 2C].
Dillehunt, William (63 yrs.) d. on 73-Aug-31 [73-Sep-2: 2B; 73-Sep-3: 1H].
Dillen, Clarence Oliver (9 mos.) d. on 73-Apr-7 [73-Apr-10: 2B].
Diller, Mary E. (44 yrs.) d. on 74-Apr-7 [74-May-27: 2B].
Dilley, Annie Elizabeth (1 yr., 11 mos.) d. on 71-Feb-4 [71-Feb-6: 2C].
Dillon, David m. Maguire, Kate, Miss on 74-Nov-22 [74-Nov-24: 2B].
Dillow, Charles T. (1 yr., 1 mo.) d. on 75-Oct-27 [75-Nov-1: 2B].
Dillow, William, Jr. m. Toulson, Virginia L., Miss on 74-Mar-5 [74-Mar-24: 2B; 74-Mar-25: 2B].
Dilmore, Thomas (33 yrs., 3 mos.) d. on 75-Jan-14 [75-Jan-15: 2B; 75-Jan-16: 2C].
Dilworth, William m. Kirk, Emma E. on 73-Mar-25 [73-Apr-23: 2B].
Dimling, Frederick m. Downey, Emma, Miss on 72-Jul-14 [72-Jul-16: 2B].
Dimmitt, Charles E. m. Shaw, Sadie F. on 75-Aug-17 [75-Aug-27: 2B].
Dinges, Mary C. m. Smith, C. W. on 74-Nov-10 [74-Nov-11: 2B].
Dinnigan, Anne (33 yrs.) d. on 72-Dec-10 [72-Dec-11: 2B].
Dinnigan, Annie (22 yrs.) d. on 72-May-9 [72-May-11: 2A].
Dinnigan, James Emmet (4 yrs., 2 mos.) d. on 74-Jun-7 [74-Jun-8: 2B].
Dinsmore, Nellie m. Dowell, George W. on 75-Mar-25 [75-Mar-29: 2B].
Dippish, Frankie (2 yrs., 2 mos.) d. on 71-Dec-23 [71-Dec-25: 2C].
Dischner, Julius m. Watson, Jane, Mrs. on 72-Nov-22 [72-Dec-4: 2B].
Disney, Aaron (76 yrs.) d. on 73-Dec-7 [73-Dec-8: 2B; 73-Dec-9: 2B].
Disney, Annie E. m. Wheeler, William H. on 71-Nov-15 [71-Nov-27: 2C].
Disney, Arania Ann P. (22 yrs., 1 mo.) d. on 74-Sep-8 [74-Sep-11: 2B].
Disney, Charity E. (1 yr., 5 mos.) d. on 72-Sep-16 [72-Sep-17: 2B].
Disney, Elizabeth G. (30 yrs.) d. on 72-Feb-27 [72-Feb-28: 2B].
Disney, Henrietta Gertrude (2 yrs., 11 mos.) d. on 75-Jul-27 [75-Jul-28: 2B].
Disney, Henry E. m. Audoun, Cornelia L. on 74-Jan-18 [74-Jan-20: 2B].
Disney, Howard d. on 72-May-24 [72-May-31: 2B].

Disney, James Edward (4 yrs., 2 mos.) d. on 71-Apr-8 [71-Apr-10: 2B].
Disney, Joseph Clinton (1 yr.) d. on 75-Apr-14 [75-Apr-16: 2A].
Disney, Katie C. (9 mos.) d. on 74-Feb-5 [74-Feb-7: 2B].
Disney, Mary Emma (4 mos.) d. on 72-Jul-8 [72-Jul-9: 2C].
Disney, Mary K. m. Graves, Samuel T. on 75-Feb-7 [75-Jun-15: 2A].
Disney, Mary M. m. Boyer, George A. on 73-Nov-1 [73-Nov-14: 2B].
Disney, Nelson K. m. Stevens, Georgianna, Miss on 73-Jul-22 [73-Jul-30: 2B].
Disney, William A., Jr. m. Emmart, Nannie L., Miss on 75-Sep-16 [75-Sep-18: 2A].
Disney, William H. (61 yrs.) d. on 71-Mar-10 [71-Mar-11: 2B].
Dissoway, Mark, Capt. (52 yrs.) d. on 74-Mar-20 [74-Apr-1: 2B].
Ditch, Alice, Miss m. Ford, Charles E. on 73-Dec-11 [74-Jan-12: 2B].
Ditch, John S. m. Moore, Florence, Miss on 74-Nov-26 [74-Dec-29: 2B].
Ditman, Maggie H. (7 yrs.) d. on 71-Feb-20 [71-Feb-21: 2C; 71-Feb-22: 2C].
Ditman, Martha Jane (40 yrs.) d. on 71-Nov-14 [71-Nov-15: 2C; 71-Nov-16: 2B].
Dittman, Frederick W. m. Boss, Louisa, Miss on 75-Jul-20 [75-Jul-24: 2B].
Dittman, Henrietta (61 yrs.) d. on 71-Feb-7 [71-Feb-8: 2C; 71-Feb-9: 2C].
Dittman, Jennie (24 yrs.) d. on 72-Sep-5 [72-Sep-6: 2A; 72-Sep-7: 2A].
Dittman, John H. m. Coleman, Jennie, Miss on 71-Jul-27 [71-Aug-18: 2C].
Dittman, Peter d. on 71-Feb-24 of Fall on sidewalk [71-Feb-28: 4E].
Dittmar, Herman (43 yrs.) d. on 72-Dec-24 [72-Dec-25: 2A].
Dittrich, Annie, Miss m. Sanderson, Philip C. on 75-Aug-10 [[75-Aug-12: 2B]; 75-Aug-13: 2B].
Dittus, Charles Lewis (24 yrs.) d. on 74-Apr-6 Drowned [74-Apr-17: 2B].
Dittus, Cillone (24 yrs.) d. on 72-Aug-11 [73-Jan-25: 2B].
Dittus, Emma L. m. Kell, Frederick on 72-Dec-24 [73-Jan-6: 2B].
Dittus, Emma Virginia (6 mos.) d. on 72-Mar-9 [72-Mar-11: 2C].
Dittus, Frederick m. Waitland, Sophia, Miss on 74-Jun-4 [74-Jun-10: 2B].
Dittus, Hester L. (24 yrs.) d. on 73-Sep-26 [73-Sep-29: 2B].
Dittus, William m. Hachtel, Fannie B. on 74-Apr-30 [74-May-13: 2B].
Dittus, William P. m. Ziegler, Isabella Phelps on 71-Dec-5 [72-Jan-13: 2B].
Diven, Alonzia E. (4 yrs.) d. on 71-Nov-4 [71-Nov-7: 2B].
Diven, James W. m. Corns, Ettie Clara on 73-Jan-22 [73-Jan-28: 2B].
Diven, Mary Lizzie, Miss m. Henning, Robert A. on 75-Jun-17 [75-Jun-23: 2B].
Divers, Mary (77 yrs.) d. on 75-May-3 [75-May-4: 2B].
Dix, Octavius m. Knight, Alice A. on 71-Nov-19 [71-Dec-2: 2B].
Dixon, [unnamed] (1 yr., 8 mos.) d. on 75-Aug-1 of Strangulation (accidental) [75-Aug-13: 4B].
Dixon, Elizabeth S. (62 yrs.) d. on 71-Apr-23 [71-Apr-25: 2B].
Dixon, Hannah Jane (1 yr.) d. on 72-Sep-8 [72-Sep-9: 2A].
Dixon, Harry Bushie d. on 74-Aug-8 [74-Aug-19: 2B].
Dixon, Henry m. Leffler, Susan E., Miss on 71-May-22 [71-May-24: 2B].
Dixon, Henry R. W. m. Keene, Charlotte L., Miss on 72-Jun-27 [72-Jun-28: 2B].
Dixon, Issac E. m. McKinstry, Mary M. on 72-Aug-14 [72-Aug-16: 2B].
Dixon, Issac F. (66 yrs.) d. on 73-Jan-5 [73-Jan-6: 2B; 73-Jan-7: 2B].
Dixon, James F. (22 yrs.) d. on 73-Mar-14 [73-Mar-15: 2B].
Dixon, Joseph Augustus (1 yr., 7 mos.) d. on 75-Aug-1 [75-Aug-3: 2B].
Dixon, Joseph T. m. Bushie, Emmie V. on 72-May-9 [72-May-18: 2A].
Dixon, Lydia A. (90 yrs.) d. on 73-Mar-14 [73-Mar-15: 2B].
Dixon, Mary (62 yrs.) d. on 72-Jan-31 [72-Feb-1: 2D].
Dixon, Mary E., Mrs. m. Tyler, John D. on 74-May-18 [74-May-20: 2B].
Dixon, Rebecca d. on 75-Jul-4 of Lamp explosion [75-Jul-5: 4C].
Dixon, Ross T. (6 yrs.) d. on 73-Jun-13 [73-Jun-14: 2B].
Dixon, Sallie P. m. Boggs, Robert J. B. on 72-Nov-27 [72-Dec-2: 2B].
Dixon, Sarah (76 yrs.) d. on 72-Oct-15 [72-Oct-16: 2B].

Dixon, Thomas J. (74 yrs.) d. on 72-Sep-22 [72-Oct-16: 2B].
Dixon, William d. on 71-May-25 Drowned [71-May-26: 4E].
Dixon, William S. m. Boyd, Lottie V. on 75-Mar-30 [75-Apr-3: 2B].
Dixson, William J. m. Burch, Mary I. on 72-Dec-26 [72-Dec-30: 2B].
Dobbin, Annie E. m. Wyatt, Joseph E. on 74-Apr-23 [74-May-19: 2B].
Dobbin, Catharine (89 yrs.) d. on 75-Mar-8 [75-Mar-10: 1G, 2C].
Dobbin, George Washington (18 yrs., 3 mos.) d. on 73-Oct-16 [73-Oct-17: 2B].
Dobbin, R. Joseph (12 yrs.) d. on 75-Nov-11 [75-Nov-12: 2B; 75-Nov-13: 2B].
Dobbins, Eve (49 yrs.) d. on 72-Dec-14 [72-Dec-16: 2B].
Dobbs, Annie E. m. Little, Charles J. on 73-Sep-23 [73-Oct-13: 2B].
Dobbs, George H. m. Muth, Mollie, Miss on 73-Jul-30 [73-Nov-11: 2B].
Dobbs, M. A. (50 yrs.) d. on 72-Oct-23 [72-Oct-24: 2B; 72-Oct-25: 2B].
Dobbs, Mattie A. (24 yrs.) d. on 71-Oct-29 [71-Oct-30: 2B; 71-Oct-31: 2C].
Dobbs, Thomas E. m. Duvall, Addie on 73-Nov-25 [73-Dec-4: 2B].
Doberer, Amelia W. d. on 75-Apr-13 [75-Apr-15: 2B].
Doberer, Annie Maria (1 yr., 4 mos.) d. on 74-Mar-10 [74-Mar-12: 2B].
Doberer, Charles H. m. Linker, Elizabeth C., Miss on 71-Sep-26 [71-Oct-9: 2B].
Dobler, David, Sr. (55 yrs.) d. on 73-Jan-8 [73-Jan-9: 2B].
Dobler, Gustavus A. m. Dobler, Kate, Miss on 74-Dec-17 [74-Dec-24: 2B].
Dobler, John (58 yrs.) d. on 72-Dec-31 [73-Jan-1: 2B; 73-Jan-2: 2B].
Dobler, Kate, Miss m. Dobler, Gustavus A. on 74-Dec-17 [74-Dec-24: 2B].
Dobler, Paulina T., Miss m. Schumacher, James R. on 74-Oct-8 [74-Oct-23: 2B].
Dobler, Walter (19 yrs., 10 mos.) d. on 73-Jan-6 [73-Feb-14: 2B].
Dobmeyer, Mary Agnes d. on 71-May-12 [71-May-15: 2B].
Dobson, Ann G. (72 yrs.) d. on 75-Mar-16 [75-Mar-17: 2B].
Dobson, John (74 yrs.) d. on 75-Apr-22 [75-Apr-23: 2B; 75-Apr-24: 2A].
Dobson, John B. (30 yrs.) d. on 71-Nov-4 Drowned [71-Nov-6: 4D; 71-Nov-10: 4D; 71-Nov-15: 4B].
Dobson, Mary V. m. Clifford, C. K. on 75-Apr-19 [75-Apr-26: 2B].
Dobson, Matilda C. m. Cutts, T. W. on 73-Jul-6 [73-Jul-16: 2B].
Dobson, Robert H. (36 yrs.) d. on 72-Mar-7 of Pneumonia [72-Mar-25: 2B].
Dobson, William m. Tydings, Mary E., Miss on 75-Nov-22 [75-Nov-26: 2B].
Dodd, Alexander (67 yrs.) d. on 75-Apr-4 [75-Apr-5: 2B].
Dodd, Alexander, Jr. m. Robinson, Maria Louisa on 75-Dec-7 [75-Dec-24: 2B].
Dodd, Andrew J. (28 yrs.) d. on 72-Feb-1 [72-Feb-3: 2C].
Dodd, Daniel (4 yrs., 5 mos.) d. on 72-Jun-3 [72-Aug-6: 2B].
Dodd, Daniel (56 yrs., 4 mos.) d. on 75-May-10 [75-May-11: 2B].
Dodd, Emma L. (14 yrs.) d. on 74-Mar-10 [74-Mar-11: 2B; 74-Mar-12: 2B].
Dodd, Frank (11 mos.) d. on 72-Aug-5 [72-Aug-6: 2B].
Dodd, John T. (62 yrs.) d. on 74-Nov-1 [74-Nov-11: 2B].
Dodd, Joseph (6 yrs.) d. on 74-Nov-12 [74-Nov-13: 2B].
Dodd, L. J. m. Blackburn, H. T. on 71-Jun-27 [71-Jul-15: 2B].
Dodd, Maggie E. m. Rowe, Andrew J. on 74-Mar-10 [74-Mar-28: 2B].
Dodd, Martha E. (32 yrs.) d. on 73-Jun-19 [73-Jun-21: 2A].
Dodd, Rebecca (74 yrs.) d. on 75-Dec-25 [75-Dec-27: 2B].
Dodge, Flora F., Miss m. Worley, David on 75-May-9 [75-May-26: 2B].
Dodge, Frank G. (6 mos.) d. on 73-Jul-23 [73-Jul-25: 2B].
Dodson, Coleman R. (38 yrs.) d. on 74-Dec-28 of Fall from roof [74-Dec-29: 2B, 4C].
Dodson, E. (32 yrs.) d. on 72-May-30 [72-May-31: 1H].
Dodson, Martha Pfeltz (11 mos.) d. on 71-Feb-8 [71-Feb-11: 2B].
Dodson, Melancthon J. m. Santmyer, Mary Augusta E., Miss on 74-May-14 [74-May-23: 2B; 74-May-28: 2B].

Dodson, Susan C. (67 yrs.) d. on 72-Apr-15 [72-Apr-16: 2B].
Doenger, Ernest (41 yrs.) d. on 73-Nov-1 [73-Nov-3: 2B].
Doenges, Charles A. m. Bradley, Emma V. on 75-May-3 [75-Jun-22: 2B].
Doenges, Conrad m. Curtis, Sarah A. on 73-Oct-14 [73-Oct-20: 2B].
Doenges, Willie C. (4 yrs., 1 mo.) d. on 75-May-29 [75-May-31: 2B].
Doerr, J. H. m. McCoy, Jennie, Miss on 71-Jul-19 [71-Jul-20: 2B].
Doft, Clara E. (20 yrs., 9 mos.) d. on 73-May-15 [73-May-17: 2C].
Doft, Fanny Olevia (11 yrs., 5 mos.) d. on 74-Jul-10 [74-Jul-11: 2B].
Doft, George N. (19 yrs.) d. on 73-Nov-2 in Railroad accident [73-Nov-3: 2B, 4B].
Doft, Mary E., Miss m. Morse, Joseph H. on 72-Jul-11 [72-Aug-10: 2B].
Doged, Willie G. (18 yrs.) d. on 73-Jan-5 [73-Jan-6: 2B; 73-Jan-7: 2B].
Doggett, Peter (34 yrs.) d. on 71-Sep-25 [71-Sep-27: 2B].
Dogherty, Martha (26 yrs.) d. on 71-May-23 Shot [71-Jul-28: 4C; 71-Jul-31: 4C; 71-Aug-1: 4E; 71-Sep-6: 4C].
Dogler, Frederick m. Watts, Maranda on 73-Feb-23 [73-Feb-25: 2B].
Dohany, Patrick (26 yrs.) d. on 73-Mar-9 of Consumption [73-Mar-10: 2B; 73-Mar-11: 2B].
Doheney, Catherine (85 yrs.) d. on 72-Apr-12 [72-Apr-13: 2A].
Doheny, Kate (15 yrs.) d. on 75-Sep-3 [75-Sep-8: 2B].
Doherty, Annie M., Miss m. Strube, Daniel F. on 74-Jan-6 [74-May-7: 2B].
Doherty, James M., Jr., Col. m. Warner, Josie M., Miss on 72-Feb-26 [72-Feb-28: 2B].
Doherty, Letitia d. on 75-Jun-2 [75-Jun-3: 2B].
Dohler, Mary B. d. on 75-May-16 [75-May-18: 2A].
Dohme, Laura E. (23 yrs.) d. on 74-Jan-7 [74-Jan-7: 2B; 74-Jan-8: 2B].
Dohn, Jane (58 yrs.) d. on 71-Oct-8 [71-Oct-11: 2B].
Dohony, Lawrence (36 yrs.) d. on 71-Apr-19 [71-Apr-20: 2B; 71-Apr-21: 2B].
Dohony, Thomas (38 yrs.) d. on 71-Mar-14 [71-Mar-15: 2B; 71-Mar-16: 2B].
Dolan, Annie Louisa (15 yrs., 2 mos.) d. on 71-Sep-22 [71-Sep-23: 2B].
Dolan, John (50 yrs.) d. on 71-Nov-4 [71-Nov-6: 2A].
Dolan, John (8 yrs., 6 mos.) d. on 75-Sep-6 [75-Sep-8: 2B].
Dolan, Kate A. (22 yrs., 10 mos.) d. on 74-Feb-23 of Consumption [74-Feb-24: 2B].
Dolan, Patrick (3 mos.) d. on 71-Dec-11 [71-Dec-12: 2B, 4D].
Dolan, Patrick (25 yrs.) d. on 72-Apr-17 [72-Apr-18: 2B].
Dolch, William H. m. Levy, Jennie, Miss on 75-Aug-17 [75-Aug-19: 2B].
Doll, Grace Wenonah (2 mos.) d. on 72-May-17 [72-May-18: 2A].
Doll, Isabella, Miss m. Hendrix, Issac [75-May-4: 2B].
Dollard, Nannie (4 mos.) d. on 73-Apr-18 of Brain congestion [73-Apr-21: 2B].
Dolle, Frank m. Rudolf, Kate on 75-Apr-20 [75-Apr-22: 2B].
Dollinger, John (16 yrs., 4 mos.) d. on 71-Jan-8 of Drowning [71-Jan-9: 2C, 4C].
Dollinger, Maggie (13 yrs.) d. on 74-Nov-18 of Heart disease [74-Nov-19: 1G; 74-Nov-20: 4D].
Dolphin, Allison D., Miss m. Thompson, John T. on 71-Apr-13 [71-Jun-6: 2C].
Dolphin, Hannah M. m. Simon, Joseph on 74-May-11 [74-May-27: 2B].
Donahoe, Genevieve (2 mos.) d. on 75-Mar-31 [75-Apr-1: 2B].
Donahoe, Mary (26 yrs.) d. on 74-May-1 [74-May-2: 2C].
Donahue, Anna (69 yrs.) d. on 72-Dec-11 of Intemperance and exposure [72-Dec-13: 1H].
Donahue, Susie V. (25 yrs.) d. on 73-Dec-6 [73-Dec-8: 2B; 73-Dec-9: 2B].
Donaker, Richard G. m. Shipley, Rosette on 74-Mar-19 [74-Mar-27: 2B].
Donaker, S. Rosella (26 yrs., 11 mos.) d. on 75-Feb-15 [75-Feb-22: 2B].
Donald, Willie Howard (10 mos.) d. on 72-Nov-22 [72-Nov-23: 2A].
Donaldson, Alexander (42 yrs.) d. on 71-Apr-21 [71-Apr-24: 2B].
Donaldson, Anna L. m. Lewis, Mord on 72-Oct-10 [72-Oct-15: 2B].
Donaldson, Eliza Rebecca m. Meushaw, William on 74-Dec-24 [75-Jan-8: 2B].
Donaldson, Lola S. m. Wilhelm, Charles H. on 72-Oct-1 [72-Oct-9: 2B].

Donaldson, Lucinda (58 yrs.) d. on 74-Aug-24 [74-Aug-26: 2B].
Donaldson, Mary Augusta (39 yrs.) d. on 71-Mar-7 [71-Mar-10: 2C].
Donaldson, Robert G. (1 yr., 5 mos.) d. on 75-May-11 [75-May-14: 2B].
Donaldson, Samuel C. m. Rogers, Elizabeth T. on 74-May-5 [74-May-8: 2B].
Donaldson, Samuel I., Jr. (38 yrs.) d. on 74-Apr-8 [74-Apr-10: 2B; 74-Apr-11: 2B].
Donavin, Catharine m. Hannah, Robert on 73-Nov-13 [73-Nov-20: 2B].
Done, J. Bayly, Dr. (28 yrs.) d. on 73-Nov-2 [73-Dec-30: 2B; 73-Dec-31: 4D].
Donegan, Owen (53 yrs.) d. on 74-Dec-12 [74-Dec-14: 2B, 4D].
Donehue, John P. m. , [female] on 74-Nov-6 [74-Nov-7: 2A].
Donelly, Bernard (22 yrs.) d. on 71-Jun-6 Drowned [71-Jun-10: 2B, 4B].
Donelly, John (5 mos.) d. on 73-Jul-28 [73-Jul-29: 2B].
Donelson, Emory V. m. Laurence, Annie E. on 72-Jul-20 [72-Jul-25: 2B].
Donevan, Dennis d. on 72-Jul-10 [72-Jul-11: 2C].
Doney, Martha d. [74-Aug-27: 2B].
Donhauser, George d. on 73-Sep-2 in Wagon accident [73-Sep-3: 2B].
Donigan, Mary A. m. Morsell, James N. on 74-May-20 [74-May-22: 2B].
Donlan, James (68 yrs.) d. on 71-Apr-2 [71-Apr-3: 2B].
Donley, Margaret m. Kirk, Jesse on 74-Feb-5 [74-Feb-17: 2B].
Donlop, John (40 yrs.) d. on 74-Jan-1 [74-Jan-3: 2B].
Donn, Annie Boetler (6 yrs., 1 mo.) d. on 74-Mar-16 of Scarlet fever [74-Mar-17: 2B].
Donnan, Henry (76 yrs.) d. on 75-Oct-4 [75-Oct-23: 2B].
Donnelan, Bridget d. on 75-May-12 of Heart disease [75-May-14: 2B].
Donnell, John E. m. Wilcox, Kate, Miss on 74-Dec-21 [75-Jan-4: 2A].
Donnell, John S. (71 yrs.) d. on 72-Jan-4 [72-Jan-6: 2B].
Donnelley, Cornelius A. (37 yrs.) d. on 73-Dec-5 of Consumption [73-Dec-6: 2B, 4E].
Donnelly, Annie E. (28 yrs.) d. on 74-Apr-8 of Consumption [74-Apr-9: 2B; 74-Apr-10: 2B].
Donnelly, Annie E. m. Machen, John W., Jr. on 73-Jan-2 [73-Apr-21: 2B].
Donnelly, Catherine (9 mos.) d. on 71-Jul-27 [71-Jul-28: 2B].
Donnelly, Edward (8 mos.) d. on 75-Aug-18 [75-Aug-19: 2B].
Donnelly, Francis (63 yrs.) d. on 72-Jun-23 [72-Jun-25: 2B].
Donnelly, Frank (6 mos.) d. on 74-Sep-11 [74-Sep-12: 2B].
Donnelly, Frank m. Scheaffer, Mollie R. on 75-Sep-28 [75-Nov-2: 2B].
Donnelly, James (32 yrs., 6 mos.) d. on 73-May-4 [73-May-5: 2B].
Donnelly, James Emmet (3 yrs., 6 mos.) d. on 74-May-9 [74-May-11: 2B].
Donnelly, John (46 yrs.) d. on 71-Jun-25 Drowned [71-Jun-26: 2B, 4C].
Donnelly, John m. Fenneman, Kate, Miss on 75-Nov-25 [75-Nov-27: 2B].
Donnelly, Joseph J. (14 yrs.) d. on 73-Jun-1 of Consumption [73-Jun-2: 2A].
Donnelly, Julia (48 yrs.) d. on 71-May-19 [71-May-20: 2B].
Donnelly, Katy (2 yrs., 8 mos.) d. on 71-Mar-2 of Chronic croup [71-Mar-3: 2C].
Donnelly, Martin O. d. on 71-Nov-18 Drowned [71-Nov-22: 4D].
Donnelly, Mary (66 yrs.) d. on 71-Apr-21 [71-Apr-24: 2B].
Donnelly, Mary (80 yrs.) d. on 75-Sep-29 [75-Sep-30: 2B; 75-Oct-1: 2B].
Donnelly, Mary B. (30 yrs.) d. on 72-Oct-12 [72-Oct-15: 2B].
Donnelly, Mary C. m. Mullin, Francis D. on 71-Jan-4 [71-Jan-9: 2C].
Donnelly, Mary E., Miss m. Myer, G. E. on 74-Aug-31 [74-Sep-18: 2B].
Donnelly, Patrick (69 yrs.) d. on 75-Feb-19 [75-Feb-20: 2B].
Donnelly, William m. Nixon, Mary on 73-Mar-10 [73-Mar-24: 2B].
Donnelson, J. Edgar m. Mann, Laura J. on 75-Sep-24 [75-Dec-10: 2B].
Donoghue, Andrew J. (24 yrs.) d. on 75-Sep-28 [75-Sep-29: 2B; 75-Sep-30: 2B].
Donohoo, Julia (70 yrs.) d. on 71-Mar-28 [71-Mar-29: 2B; 71-Mar-30: 2C].
Donohoo, Patrick (75 yrs.) d. on 72-Apr-25 [72-Apr-26: 2B; 72-Apr-27: 2B].
Donohue, Catharine d. on 74-Nov-29 [74-Dec-1: 2B].

Donohue, Cornelius, Jr. (37 yrs.) d. on 74-Oct-19 [74-Oct-20: 2B; 74-Oct-21: 2B].
Donohue, Daniel Francis (12 yrs., 1 mo.) d. on 75-Oct-28 [75-Oct-29: 2B].
Donohue, Francis M. (20 yrs., 2 mos.) d. on 75-Mar-4 [75-Mar-5: 2B; 75-Mar-6: 2B; 75-Mar-8: 2B].
Donohue, Helen V., Miss m. Gosden, Thomas on 75-Apr-19 [75-Apr-27: 2B].
Donohue, James (28 yrs.) d. on 73-Oct-29 [73-Oct-30: 2B].
Donohue, John (4 yrs.) d. on 73-Jun-13 [73-Jun-14: 2A].
Donohue, John m. Fitzpatrick, Anne, Miss on 72-Apr-22 [72-Apr-30: 2B].
Donohue, Kate V., Miss m. Dudrow, C. Edwin on 70-Sep-29 [71-Jan-31: 2C].
Donohue, Mary Gertrude (2 yrs.) d. on 73-Nov-12 [73-Nov-13: 2B; 73-Nov-14: 2B].
Donohue, Michael (19 yrs., 9 mos.) d. on 75-Jan-11 [75-Jan-12: 2B; 75-Jan-13: 2B].
Donohue, Richard (66 yrs.) d. on 72-Feb-13 [72-Feb-14: 2C; 72-Feb-15: 2C].
Donohue, Sara (35 yrs.) d. on 71-Apr-5 [71-Apr-6: 2B; 71-Apr-7: 2B].
Donohue, William (82 yrs.) d. on 71-Aug-29 [71-Aug-30: 2B].
Donoughue, Mary d. on 72-Jun-21 [72-Jun-22: 2B].
Donovan, Catherine (7 mos.) d. on 71-Apr-30 [71-May-1: 2C].
Donovan, Ellen C., Mrs. (60 yrs.) d. on 71-Jan-13 [71-Jan-16: 2C; 71-Jan-17: 2C].
Donovan, John (64 yrs.) d. on 73-Sep-24 [73-Sep-26: 2B].
Donovan, Julia (11 mos.) d. on 74-Jul-1 [74-Jul-2: 2B].
Donovan, Margaret (35 yrs.) d. [71-Jun-22: 2B].
Donovan, Margaret (20 yrs.) d. on 73-May-17 of Consumption [73-May-20: 2C].
Donovan, Michael (10 yrs.) d. on 75-Oct-9 in Wagon accident [75-Oct-11: 4D].
Donovan, Nellie Eugenia (2 yrs., 7 mos.) d. on 72-Oct-7 [72-Oct-8: 2B].
Donovan, William Thomas (7 mos.) d. on 73-Jul-2 [73-Jul-3: 2B].
Donsee, Sophia F. (90 yrs.) d. on 71-Jun-2 [71-Jun-3: 2B; 71-Jun-6: 2C].
Dooley, Laurence (34 yrs.) d. on 72-Aug-24 [72-Aug-27: 2A].
Dooley, Mary, Miss m. Coughlan, John J. on 72-Nov-26 [73-Jan-27: 2B].
Dooling, Mary (3 yrs., 4 mos.) d. on 74-Oct-2 [74-Oct-3: 2B].
Doonan, Rose d. on 75-Dec-15 in Railroad accident [75-Dec-17: 4D].
Dopman, Anna Julia (52 yrs.) d. on 71-Aug-3 [71-Aug-4: 2C].
Dopman, Henry Herman m. Krater, Elizabeth Dorathea, Miss on 75-Oct-12 [75-Oct-14: 2B].
Dorbacker, John Coates (15 yrs.) d. on 75-May-18 [75-May-19: 2B].
Dorff, Elizabeth (64 yrs.) d. on 75-Sep-29 [75-Oct-2: 2B].
Dorgan, Gustavus A. m. Dowley, Mary E., Mrs. on 73-May-26 [73-May-29: 2B].
Dorgan, Mary J. (43 yrs.) d. on 72-Jul-8 [72-Jul-9: 2C].
Dority, Willie Martin (4 yrs., 1 mo.) d. on 75-Jun-28 [75-Jun-29: 2B].
Dorman, Ann (58 yrs.) d. on 72-Aug-15 [72-Aug-16: 2B; 72-Aug-17: 2A].
Dorman, Elizabeth, Miss m. Williams, Jefferson on 72-Jan-18 [72-Jan-20: 2B].
Dorman, Jane G. (85 yrs.) d. on 75-May-10 [75-May-12: 2B].
Dorman, Kate E. m. McAfee, William L. on 75-Jun-29 [75-Jul-1: 2B].
Dorman, William T. (42 yrs.) d. on 71-Apr-13 [71-Apr-14: 2B; 71-Apr-15: 2B].
Dorn, Catherine (46 yrs.) d. on 73-Dec-6 [73-Dec-8: 2B].
Dorney, Casandra m. Davis, Roswell D. on 73-Jun-22 [73-Jun-24: 2B].
Dorney, Elizabeth J. d. on 72-Feb-25 [72-Feb-27: 2B; 72-Feb-28: 2C].
Dorney, Mary A. (65 yrs.) d. on 72-Dec-31 [73-Jan-15: 2C].
Dorney, Mollie A. m. Walker, L. K. on 72-Oct-21 [72-Oct-24: 2B].
Dorney, Tillie A. m. Cunningham, James A. on 75-Feb-25 [75-Apr-6: 2B].
Dorney, Washington (62 yrs.) d. on 74-Nov-1 [74-Nov-5: 2B].
Dorney, William Jackson m. Pierce, Mary, Miss on 75-Sep-8 [75-Sep-9: 2B].
Dorney, William M. m. Murphy, Fannie on 75-Jan-28 [75-Feb-2: 2B].
Dornin, Anne M. d. on 72-Mar-4 [72-Mar-11: 2C].
Dornin, Thomas A., Capt. (74 yrs.) d. on 74-Apr-22 [74-Apr-27: 2B].

Dorr, Mary E. m. Mateling, Rudolph A. on 72-Apr-18 [72-Apr-24: 2B].
Dorrett, Lilley May (3 yrs., 4 mos.) d. on 73-Jun-16 [73-Jun-17: 2B].
Dorris, Samuel m. Cunningham, Mary Parker on 71-Dec-27 [72-Jan-2: 2C].
Dorrittee, Charles Wesley (51 yrs.) d. on 73-Nov-15 [73-Nov-17: 2B].
Dorrittee, Lorenzo (45 yrs.) d. on 75-Jan-12 [75-Jan-13: 2B; 75-Jan-14: 2B].
Dorschel, Emma Blanche (7 mos.) d. on 72-Jun-15 [72-Jun-18: 2B].
Dorsett, Anna M. d. on 71-Mar-9 [71-Mar-10: 2C; 71-Mar-11: 2B].
Dorsett, John F. (38 yrs.) d. [71-Dec-25: 2C].
Dorsett, W. C., Dr. m. Aarnell, Jane M., Miss on 71-Oct-5 [71-Oct-24: 2A].
Dorsey, Abraham (72 yrs.) d. on 74-Feb-20 [74-Feb-21: 2B].
Dorsey, Alice League (4 yrs., 4 mos.) d. on 71-Sep-23 of Chronic croup [71-Sep-25: 2C].
Dorsey, Annie Burris (4 mos.) d. on 72-Dec-24 [71-Dec-28: 2B].
Dorsey, Annie M., Miss m. Glover, Charles P., Rev. on 73-Dec-9 [73-Dec-11: 2B].
Dorsey, Arthur P. m. Bradfute, Leila on 71-Aug-3 [71-Aug-4: 2C].
Dorsey, C. W. m. Dickey, Lizzie A. on 72-Dec-3 [72-Dec-14: 2A].
Dorsey, Celia Susannah (102 yrs.) d. on 74-Oct-23 of Paralysis [74-Oct-24: 2B; 74-Oct-26: 1H].
Dorsey, Charles E. m. Coughlin, Mary A. on 73-Jun-2 [73-Aug-4: 2B].
Dorsey, Charles R. (40 yrs.) d. on 74-Jul-10 [74-Jul-25: 2B].
Dorsey, Comfort Worthington (83 yrs.) d. on 72-Jan-7 [72-Jan-8: 2C].
Dorsey, Elizabeth (52 yrs.) d. on 72-Sep-19 [72-Sep-20: 2B].
Dorsey, Elizabeth (60 yrs.) d. [75-Nov-30: 2B].
Dorsey, Elizabeth Ann, Miss m. Leach, Thomas on 74-Dec-15 [74-Dec-25: 2B].
Dorsey, Elizabeth H. (8 mos.) d. on 75-Oct-26 [75-Oct-27: 2B].
Dorsey, Ella Frances (2 yrs., 11 mos.) d. on 71-Mar-5 [71-Mar-6: 2C].
Dorsey, Emma C. d. on 71-Jul-1 [71-Jul-3: 2B].
Dorsey, Emma J. m. Ramsburgh, Lewis J. on 72-Feb-8 [72-Feb-9: 2C].
Dorsey, F. G. m. Goslin, Nellie R. on 75-Jun-9 [75-Jun-12: 2B].
Dorsey, Florence Anna m. Shipley, J. Frank on 71-Jan-10 [71-Jan-17: 2C].
Dorsey, Frances Ann, Miss m. Govens, Henry J. on 71-Jan-25 [71-Jan-28: 2B].
Dorsey, Georgiana m. Follin, John M. on 75-Feb-25 [75-Feb-26: 2B].
Dorsey, Grafton Duval (50 yrs.) d. on 75-Jul-16 [75-Jul-17: 2B].
Dorsey, Hammond (68 yrs.) d. on 75-Mar-2 [75-Mar-3: 2B; 75-Mar-4: 2B].
Dorsey, Henrietta (50 yrs.) d. on 73-Aug-15 [73-Aug-16: 1H].
Dorsey, Humphrey (80 yrs.) d. on 72-Dec-28 [73-Jan-1: 2B].
Dorsey, Ida May (3 yrs., 9 mos.) d. on 74-Mar-11 [74-Mar-12: 2B; 74-Mar-13: 2B].
Dorsey, Issac (68 yrs.) d. on 72-Oct-3 [72-Oct-4: 1G].
Dorsey, James E. (63 yrs.) d. on 72-Apr-15 [72-Apr-16: 2B].
Dorsey, James L. m. Vandanniker, Kate, Miss on 74-Apr-9 [74-Apr-14: 2B].
Dorsey, John E. m. McComas, Bell W. on 73-Nov-20 [73-Nov-27: 2B].
Dorsey, John Henry m. Davis, Jane Ann on 74-May-12 [74-May-14: 2B].
Dorsey, John Tolly Worthington (86 yrs.) d. on 71-Aug-15 [71-Aug-17: 2C, 4C].
Dorsey, Joseph (30 yrs.) d. on 71-Apr-27 [71-Apr-28: 2C].
Dorsey, Kate (1 yr., 6 mos.) d. on 71-Aug-8 [71-Aug-9: 2C].
Dorsey, Laura m. Warfield, Thomas O. on 73-Mar-26 [73-Mar-27: 2B].
Dorsey, Laura, Miss m. Tuck, William E. on 72-Apr-30 [72-Jun-26: 2B].
Dorsey, Lizzie, Miss m. Dunn, William A. on 75-Apr-27 [75-Apr-29: 2B].
Dorsey, Lizzie A. d. on 73-Dec-18 [73-Dec-19: 2B; 73-Dec-20: 2B].
Dorsey, Marcellina d. on 71-Nov-4 [71-Nov-14: 2C].
Dorsey, Martha (64 yrs.) d. on 74-Aug-25 [74-Aug-28: 2B].
Dorsey, Mary (55 yrs.) d. on 75-Jan-1 [75-Jan-2: 2B; 75-Jan-4: 2B].
Dorsey, Mary Ann (62 yrs.) d. on 72-Apr-19 [72-Apr-20: 2B].
Dorsey, Mary Eliza d. on 72-Sep-8 [72-Sep-10: 2A].

Dorsey, Mary P. (71 yrs.) d. on 72-Sep-18 [72-Sep-20: 2B].
Dorsey, Matilda J. (60 yrs.) d. on 75-Nov-7 [75-Nov-8: 2B; 75-Nov-9: 2B].
Dorsey, Mattie m. Macomber, George on 74-Jan-5 [74-Jan-7: 2B].
Dorsey, Mollie, Miss m. Reynolds, Nathan H. on 75-Jul-15 [75-Aug-17: 2B].
Dorsey, Noah E. (73 yrs.) d. on 71-Oct-17 in Railroad accident [71-Oct-18: 2B, 4E].
Dorsey, Philip m. Wood, Mary on 71-Sep-14 [71-Sep-16: 2B].
Dorsey, R. Ella m. Parker, A. Edward, Dr. on 74-Oct-5 [74-Oct-22: 2A].
Dorsey, Reuben d. on 72-Nov-28 Drowned [72-Nov-30: 1H; 72-Dec-4: 1H].
Dorsey, Robert, Dr. m. Wilmans, Mildred A. on 72-Nov-5 [72-Nov-23: 2A].
Dorsey, Sallie M. d. on 74-Apr-9 of Dropsy [74-Apr-10: 2B; 74-Apr-11: 2B].
Dorsey, Samuel (77 yrs.) d. on 74-Mar-22 [74-Mar-24: 2B].
Dorsey, Sarah E. d. on 75-May-12 [75-May-13: 2B].
Dorsey, Sarah H. (69 yrs.) d. on 71-Jul-28 [71-Jul-29: 2B].
Dorsey, Sarah M. m. Higgins, Albert M. on 71-Feb-26 [71-Aug-3: 2B].
Dorsey, Sarah W., Miss m. Boston, Jacob on 73-May-29 [73-Jun-2: 2A].
Dorsey, Susan d. on 71-Aug-27 [71-Aug-29: 2C].
Dorsey, Susan Jane (22 yrs.) d. on 74-Oct-23 [74-Oct-24: 2B].
Dorsey, T. H. m. Barnum, Allene S. on 72-Apr-30 [72-May-6: 2B].
Dorsey, Thomas N. (33 yrs.) d. on 75-Nov-12 Drowned [75-Nov-13: 4B; 75-Nov-15: 2B].
Dorsey, Thomas R. (37 yrs.) d. on 73-Feb-5 Drowned [73-Feb-7: 1G; 73-Feb-8: 2B].
Dorsey, William T. m. Snowden, Lizzie W. on 72-Apr-11 [72-Apr-16: 2B].
Dorsky, Rachel A., Miss m. Case, Francis H. on 73-Nov-1 [73-Nov-4: 2B].
Dos Santos, Marie Christine d. on 73-Dec-7 [73-Dec-11: 2B].
Dosh, Carrie, Miss m. Canoles, Thomas on 73-Jul-11 [73-Aug-30: 2A].
Doswell, Gray (28 yrs.) d. on 74-Dec-13 of Suicide (Stabbing) [74-Dec-17: 1H].
Dotterer, Mary (60 yrs.) d. on 71-Dec-3 in Railroad accident [71-Dec-8: 4C].
Dotterweich, Frederick (10 mos.) d. on 71-Apr-17 [71-Apr-18: 2C].
Doub, Eleanor Virginia d. on 71-Jun-14 [71-Jun-16: 2C].
Douch, Mary Bethany (4 yrs., 2 mos.) d. on 74-Aug-3 [74-Aug-11: 2B].
Doud, John (4 yrs., 1 mo.) d. on 74-Sep-29 [74-Sep-30: 2B].
Doud, Maria L., Miss m. Leatherbury, John E. on 74-Feb-2 [74-Feb-12: 2C].
Doud, Mollie L. m. Schaper, Florance E. on 74-Oct-26 [74-Dec-21: 2A].
Doud, Thomas (13 yrs., 2 mos.) d. on 74-Apr-4 [74-Apr-6: 2B].
Doud, Thomas (57 yrs.) d. on 74-Aug-4 [74-Aug-5: 2B].
Dougherty, Bridget (60 yrs.) d. on 75-Aug-21 [75-Aug-23: 2B; 75-Aug-24: 2B].
Dougherty, Edward F. (21 yrs.) d. on 75-Feb-22 of Consumption [75-Feb-24: 4F].
Dougherty, Elena, Miss m. Watts, Charles on 72-Jul-2 [72-Jul-6: 2A].
Dougherty, Elizabeth (76 yrs.) d. on 71-Apr-27 [71-May-2: 2B].
Dougherty, Elizabeth E., Miss m. Dean, James T. on 71-Nov-20 [71-Dec-30: 2C].
Dougherty, Ella (18 yrs.) d. on 75-Jan-24 [75-Jan-25: 2B].
Dougherty, Fanny Estelle (1 yr., 11 mos.) d. on 75-Jul-21 [75-Jul-22: 2B].
Dougherty, James, Capt. (45 yrs.) d. on 75-Feb-14 [75-Feb-16: 2B].
Dougherty, Jennie (18 yrs.) d. on 71-Dec-3 [71-Dec-6: 2B].
Dougherty, Maggie (1 yr., 1 mo.) d. on 75-Jul-29 [75-Jul-30: 2B].
Dougherty, Mamie A., Mrs. m. Crook, Henry on 72-Mar-27 [72-Apr-1: 2A].
Dougherty, Mary (78 yrs.) d. on 75-May-29 [75-May-31: 2B].
Dougherty, Michael J. m. Eagan, Johanna on 74-Oct-13 [74-Oct-20: 2B].
Dougherty, Sarah (9 mos.) d. on 74-Sep-15 [74-Sep-16: 2B; 74-Sep-17: 2B].
Dougherty, William Joseph (1 yr., 3 mos.) d. on 72-Jul-23 [72-Jul-24: 2C].
Doughty, James (33 yrs.) d. on 75-Feb-20 in Railroad accident [75-Feb-22: 1H].
Doughty, Laura J. m. Davenport, Edward A. on 73-Jun-11 [73-Jul-7: 2B].
Douglas, A. B. d. on 75-Jun-26 [75-Jun-28: 2B; 75-Jun-29: 2B].

Douglas, Agnes (5 yrs., 10 mos.) d. on 75-May-26 [75-May-27: 2B].
Douglas, John T. d. on 71-Nov-11 Crushed by wall [71-Nov-13: 4C].
Douglas, Lou A. m. Williams, E. Calvin on 72-Oct-1 [72-Oct-7: 2B].
Douglass, Ann Eliza (43 yrs.) d. on 71-Sep-12 [71-Sep-14: 2B].
Douglass, Benjamin m. Porter, Georgie on 73-Aug-25 [73-Aug-27: 2B].
Douglass, Charles (48 yrs.) d. on 75-Sep-15 [75-Sep-16: 2B].
Douglass, J. T. m. McLaine, Annie E.S., Miss on 71-Feb-22 [71-Mar-8: 2B].
Douglass, James L. d. on 71-Jan-22 of Consumption [71-Jan-24: 2C].
Douglass, John H. (58 yrs.) d. on 71-Aug-27 [71-Aug-29: 2C].
Douglass, John M. m. Nugent, Maggie L. on 72-Jan-2 [72-Feb-24: 2C].
Douglass, Letitia Grace (78 yrs.) d. on 75-Aug-27 [75-Aug-28: 2B].
Douglass, Lizzie m. Goodhue, Fred. on 72-Apr-30 [72-May-14: 2B].
Douglass, Mary A. (55 yrs.) d. on 73-Apr-5 [73-Apr-15: 2B].
Douglass, Sarah E., Mrs. (27 yrs.) d. on 71-Jan-17 [71-Jan-19: 2D].
Douns, Elizabeth (50 yrs.) d. on 73-Aug-4 [73-Aug-5: 2B].
Dove, John McClintock d. on 71-Mar-27 [71-Mar-28: 2B].
Dowden, Sarah L. m. Norris, James H. on 73-Sep-9 [73-Sep-20: 2B].
Dowell, Frances V. (43 yrs.) d. on 73-May-3 [73-May-12: 2B].
Dowell, George W. (71 yrs.) d. on 74-Mar-23 [74-Mar-24: 2B].
Dowell, George W. m. Dinsmore, Nellie on 75-Mar-25 [75-Mar-29: 2B].
Dowell, James H. m. Mosher, Alice on 72-Mar-21 [72-Apr-1: 2A].
Dowell, John T. m. Urquhart, Marian V., Miss on 73-Oct-23 [73-Oct-25: 2B].
Dowell, Richard H. (52 yrs.) d. on 72-Apr-28 of Pneumonia [72-May-18: 2B].
Dowley, Mary E., Mrs. m. Dorgan, Gustavus A. on 73-May-26 [73-May-29: 2B].
Dowling, Catherine (84 yrs.) d. on 73-Sep-12 [73-Sep-17: 2B].
Dowling, Cornelius, Rev. (32 yrs.) d. on 72-Aug-9 of Typhoid [72-Aug-12: 1F; 72-Aug-13: 1H].
Dowling, Jane (83 yrs.) d. on 71-Jul-16 [71-Jul-19: 2B].
Dowling, Michael J. (34 yrs.) d. on 73-Jul-18 [73-Jul-19: 2B; 73-Jul-21: 2B].
Dowling, Robert Platt (2 yrs., 2 mos.) d. on 75-Mar-11 [75-Mar-12: 2B].
Dowling, Thomas J. m. Simonson, Katie C. on 74-Apr-13 [74-Apr-25: 2B].
Downes, Louisa D. (37 yrs.) d. on 72-May-2 [72-May-4: 2B].
Downes, Rebecca, Miss m. Mercer, John T. on 73-Jun-2 [73-Aug-12: 2B].
Downey, David J. (24 yrs., 1 mo.) d. on 74-Sep-10 [74-Sep-11: 2B].
Downey, Edmund (84 yrs.) d. on 73-Feb-11 [73-Feb-13: 1H, 2B; 73-Feb-14: 1G].
Downey, Emma, Miss m. Dimling, Frederick on 72-Jul-14 [72-Jul-16: 2B].
Downey, Joseph m. Stevens, Mary F., Miss on 71-Nov-23 [71-Nov-25: 2A].
Downey, Lizzie F. m. Shipley, Charles H. on 75-Dec-21 [75-Dec-28: 2B].
Downey, Maria (77 yrs.) d. on 72-Jul-3 [72-Jul-4: 2B].
Downey, Mary Frances m. Shane, Franklin Dorsey on 71-May-2 [71-May-9: 2B].
Downey, Samuel K. P. m. Marburger, Ella V. on 75-Nov-16 [75-Nov-20: 2A].
Downey, William T. m. Ayers, Sarah E., Miss on 75-Apr-14 [75-May-1: 2B].
Downing, John B. (36 yrs.) d. on 75-Sep-29 [75-Sep-30: 2B].
Downing, Maria A. (24 yrs.) d. on 72-Apr-17 [72-Apr-18: 2B; 72-Apr-19: 2B].
Downing, T. J. m. Eichelberger, E. J., Miss on 73-Oct-28 [73-Oct-31: 2B].
Downing, Walter W. (29 yrs.) d. on 75-Feb-25 [75-Feb-27: 2B].
Downing, Walter Winfield (1 yr.) d. on 72-May-11 [72-May-11: 2A].
Downs, Azariah m. Gaither, Rachel A., Miss on 73-Feb-27 [73-Feb-28: 2B].
Downs, Bennett m. Slaughter, Kate, Miss on 75-Aug-17 [75-Aug-25: 2B].
Downs, Elizabeth C. m. Wood, James H. on 71-Jan-9 [71-Jan-11: 2C].
Downs, George W. (19 yrs.) d. on 71-Jun-14 [71-Jun-16: 2B].
Downs, James E. (3 yrs.) d. on 71-Apr-23 [71-Apr-24: 2B].
Downs, Mary A. (73 yrs.) d. on 75-Dec-21 [75-Dec-29: 2B].

Downs, Patrick (84 yrs.) d. on 72-Jan-6 [72-Jan-8: 2C].
Downs, Sarah (73 yrs.) d. on 73-Apr-4 [73-Apr-7: 2B].
Downs, W. Bonifant (5 yrs., 7 mos.) d. on 71-Jun-10 of Brain congestion [71-Jun-12: 2C].
Downs, William H. (47 yrs.) d. on 72-Apr-18 [72-Apr-19: 2B].
Downtell, George m. Miller, Frances on 75-Feb-11 [75-Feb-20: 2B].
Dowus, Charles (51 yrs.) d. on 73-Dec-14 of Lung hemorrhage [73-Dec-15: 4D].
Doxen, Kinsey James (47 yrs.) d. on 74-Mar-19 [74-Mar-20: 2B].
Doyle, Alice Flora (26 yrs.) d. on 75-Feb-18 [75-Feb-20: 2B].
Doyle, Augustus J. (44 yrs.) d. on 75-Mar-15 [75-Mar-20: 2B; 75-Mar-22: 4B].
Doyle, Catherine (74 yrs.) d. on 71-Jul-16 [71-Jul-17: 2B].
Doyle, Catherine d. on 75-Oct-2 [75-Oct-4: 2B].
Doyle, Dennis J. (22 yrs.) d. on 75-Mar-21 [75-Mar-22: 2B; 75-Mar-23: 2B].
Doyle, Eliza F. (22 yrs.) d. on 72-May-22 [72-May-24: 2B].
Doyle, Ellen (5 yrs., 4 mos.) d. on 71-Nov-22 [71-Nov-24: 2C].
Doyle, Hugh (46 yrs.) d. on 74-Mar-13 [74-Mar-14: 2B].
Doyle, Hugh (45 yrs.) d. on 75-Oct-13 [75-Oct-15: 2B].
Doyle, James (40 yrs.) d. on 74-Feb-21 [75-Feb-22: 2B].
Doyle, James m. Ward, Fannie, Miss on 73-Feb-18 [73-Mar-1: 2A].
Doyle, James Matthew (5 mos.) d. on 74-Jun-28 [74-Jun-29: 2B].
Doyle, Jane G. (65 yrs.) d. on 71-Dec-8 of Heart disease [71-Dec-9: 2A, 4C].
Doyle, John (76 yrs.) d. on 73-Aug-2 [73-Aug-4: 2B].
Doyle, John A., Dr. (43 yrs.) d. on 71-Jul-18 of Consumption [71-Jul-19: 2B].
Doyle, John B. m. Jackson, Mary F., Miss on 73-Mar-27 [73-Apr-7: 2B].
Doyle, John L. m. Ruff, Addie E. on 71-Oct-11 [72-Apr-9: 2B].
Doyle, John M. (3 mos.) d. on 71-Aug-9 [71-Aug-10: 2C].
Doyle, Joseph d. on 75-Feb-16 [75-Feb-20: 2B].
Doyle, Lawrence m. Brown, Mary E. on 73-May-26 [73-May-29: 2B].
Doyle, Lawrence J. (2 mos.) d. on 72-Jul-7 [72-Jul-9: 2D].
Doyle, Lizzie S., Miss m. Casky, Joseph S. on 71-Sep-26 [71-Sep-29: 2B].
Doyle, Maggie E. d. on 75-Oct-17 [75-Oct-18: 2A; 75-Oct-19: 2A].
Doyle, Mary (36 yrs.) d. on 71-May-5 [71-May-6: 2B].
Doyle, Mary (2 yrs., 6 mos.) d. on 73-Jan-26 [73-Jan-28: 2B].
Doyle, Mary E. (10 yrs.) d. on 72-Jul-18 of Meningitis [72-Jul-20: 2B].
Doyle, Michael (57 yrs.) d. on 74-Mar-2 [74-Mar-4: 2C].
Doyle, Miria (40 yrs.) d. on 71-Nov-15 [71-Nov-16: 2B].
Doyle, Rebecca A. d. on 73-Jun-26 [73-Jun-28: 2B].
Doyle, Robert Lawrence d. on 73-Oct-17 [73-Oct-18: 2B].
Doyle, Thomas (27 yrs.) d. on 75-Aug-11 [75-Aug-12: 2B].
Doyle, Walter J., Capt. (59 yrs.) d. on 74-Sep-19 [74-Sep-21: 2B; 74-Sep-22: 1H].
Doyle, William (4 mos.) d. on 74-Aug-10 [74-Aug-13: 2B].
Doyle, William Francis (5 mos.) d. on 75-Jul-13 [75-Jul-14: 2B].
Dozier, Ann Sibella d. on 75-May-19 [75-May-20: 2B].
Drach, Annie E., Miss m. Black, J. Worthington on 75-Feb-10 [75-Feb-23: 2B].
Drake, Elizabeth d. on 75-Jun-2 [75-Jun-3: 2B; 75-Jun-4: 2B].
Drake, Frances Ann Denny (78 yrs.) d. on 75-Sep-1 [75-Sep-7: 4B].
Drake, George H. m. Fuller, Lizzie, Miss on 75-Jan-6 [75-May-4: 2B].
Drake, Hiel m. Neepier, Mary A. on 72-Feb-7 [72-Feb-17: 2B].
Drakeley, Henry W. (62 yrs.) d. on 73-Sep-25 of Fall from chair [73-Sep-26: 1H; 73-Sep-27: 2B; 73-Sep-29: 2B; 73-Sep-30: 1H].
Drakeley, Mary d. on 75-Jul-15 [75-Jul-16: 2B].
Drane, John M. m. Smith, Priscilla, Mrs. on 71-Sep-12 [71-Sep-16: 2B].
Drane, Margaret (48 yrs.) d. on 74-Jun-17 [74-Jun-18: 2B].

Drane, Paulmary (24 yrs.) d. on 71-Mar-28 [71-Mar-29: 2B].
Dravo, Charles M. m. Miller, Mary F., Miss on 71-Dec-14 [71-Dec-16: 2B].
Drebing, Charles L. m. Crayton, Mary on 73-Nov-27 [73-Dec-6: 2B].
Drechsler, J. Frederick m. Ritter, M. Caroline, Miss on 72-Nov-26 [72-Dec-25: 2A].
Drechsler, Johnnie (6 mos.) d. on 75-Jun-19 [75-Jun-21: 2B].
Drechsler, Julia Ann (36 yrs.) d. on 73-Aug-20 [73-Aug-22: 2B].
Drechsler, Thomas (39 yrs.) d. on 71-Jan-7 [71-Jan-9: 2C].
Dreisbach, George A. m. Marshall, Katie on 74-Jan-22 [74-Mar-6: 2B].
Drening, Mary, Miss m. McClelland, Thomas E. on 74-Dec-14 [[74-Dec-15: 2B]; 74-Dec-16: 2B].
Dreschler, Charles William (2 mos.) d. on 72-Jul-15 [72-Jul-19: 2C].
Dressel, Adam m. Bessel, Mary A., Miss on 74-Sep-6 [74-Sep-24: 2B].
Dressel, Eva K., Miss m. Otto, Andrew on 74-Mar-1 [74-Mar-11: 2B].
Drew, Kate m. Collins, Bartholomew on 72-Oct-2 [72-Oct-5: 2A].
Drew, Margaret (34 yrs., 9 mos.) d. on 75-Oct-25 [75-Oct-27: 2B].
Drewry, Albert S. m. Williams, Sarah E. on 75-Sep-14 [75-Sep-23: 2B].
Drexel, Albert O'Donnell (7 mos.) d. on 72-Jun-10 of Cholera infantum [72-Jun-11: 2A].
Drexel, Florence Regina (5 mos.) d. on 73-Jul-2 of Cholera infantum [73-Jul-4: 2B].
Drexel, Laura Virginia (27 yrs.) d. on 73-Aug-7 [73-Aug-8: 2B; 73-Aug-9: 2B].
Drexel, Walter M. (9 mos.) d. on 71-Jun-3 [71-Jun-6: 2C].
Drey, Abraham (47 yrs.) d. on 74-Aug-20 of Heart disease [74-Aug-21: 2B, 4D; 74-Aug-22: 2B].
Drey, Lina (30 yrs.) d. on 71-Jun-2 [71-Jun-5: 2C].
Dreyer, Ernest G. (62 yrs.) d. on 74-Sep-10 [74-Sep-11: 2B].
Dreyer, Frederick Herman (8 yrs., 1 mo.) d. on 72-Mar-8 [72-Mar-11: 2C].
Drill, Henry C. d. on 73-Sep-7 [73-Sep-8: 2B].
Drill, Nellie (4 yrs., 10 mos.) d. on 75-Jan-5 of Chronic croup [75-Jan-6: 2C].
Drink, Henrietta (49 yrs., 10 mos.) d. on 75-Feb-4 [75-Feb-6: 2B].
Driscol, Mary (47 yrs.) d. on 75-Jul-15 [75-Jul-16: 2B].
Driscoll, Eliza C., Miss m. Ward, James A. on 75-Sep-15 [75-Sep-24: 2B].
Drishman, Catherine A., Miss m. Filling, Henry on 74-Aug-17 [74-Aug-19: 2B].
Droege, Emmmy (10 yrs.) d. on 74-Mar-27 [74-Mar-28: 2B].
Droescher, Adolph m. Schiffner, Lina, Miss on 75-Feb-9 [75-Feb-17: 2B; 75-Feb-18: 2B].
Droesler, John (56 yrs.) d. on 75-Mar-25 [75-Mar-27: 2C].
Drohan, Anne Maria (7 yrs., 3 mos.) d. on 71-Jan-13 [71-Jan-16: 2D].
Drohan, George Miers (1 yr., 6 mos.) d. on 71-Jan-15 [71-Jan-18: 2C].
Drohan, Julia Celeste (2 yrs., 3 mos.) d. on 71-Jan-6 [71-Jan-9: 2D].
Drohan, Kate E. (27 yrs.) d. on 74-Mar-10 [74-Mar-12: 2B].
Drohan, Willie (10 mos.) d. on 72-Dec-29 [72-Dec-30: 2B].
Drought, George (51 yrs.) d. on 73-Oct-20 [73-Oct-21: 2B].
Droutt, John H. (16 yrs.) d. on 73-Dec-22 [73-Dec-23: 2B].
Drugan, Bridget (74 yrs.) d. on 75-Mar-8 [75-Mar-9: 2B; 75-Mar-10: 2C].
Drumgoole, Lizzy (1 yr., 2 mos.) d. on 74-Jul-17 [74-Jul-18: 2B].
Drummond, Sarah, Miss m. Watson, Arthur, Dr. on 74-Jan-8 [74-Jan-12: 2B].
Drury, Ann (65 yrs.) d. on 73-Jan-2 [73-Jan-3: 2B].
Drury, Henry A. m. Lyles, Maggie on 75-Oct-5 [75-Oct-6: 2B].
Drury, Ida L., Miss m. Owens, Nelson W. on 75-Nov-25 [75-Nov-29: 2B].
Drury, John H. m. Carcaud, Bettie J. on 71-Nov-14 [71-Nov-23: 2C].
Drury, Marian M. m. Kelly, William on 74-Nov-12 [74-Nov-13: 2B].
Drury, Virginia W., Miss m. Garner, Benjamin on 75-Nov-25 [75-Nov-29: 2B].
Dryden, Alexander m. Rocub, Julia, Miss on 74-Jul-19 [74-Jul-28: 2B].
Dryden, Alfred Cathell (1 yr., 6 mos.) d. on 72-Aug-31 [72-Sep-4: 2B].
Dryden, Annie M. m. Trundle, W. Burns on 73-Jan-21 [73-Jan-22: 2B].

Dryden, C. Owings m. Fuller, Alice H. on 71-Apr-25 [71-Apr-27: 2C].
Dryden, Florence May (2 yrs., 10 mos.) d. on 71-Nov-19 [71-Nov-20: 2C; 71-Nov-21: 2C].
Dryden, Hannah A. T. m. Simms, James T. on 75-Oct-12 [75-Oct-20: 2A].
Dryden, Robert H. (64 yrs.) d. on 74-Feb-11 [74-Feb-14: 2C].
Dryden, Thomas H. m. Ryan, Mary C., Miss on 73-Oct-12 [73-Oct-17: 2B].
Du Berceau, Margaret A. d. on 75-Oct-8 [75-Oct-12: 2B].
Du Bois, Dora C. (33 yrs., 2 mos.) d. on 75-Mar-10 [75-Mar-11: 2C].
Du Buisson, Fairie R. (4 yrs.) d. on 75-Feb-23 [75-Feb-25: 2B].
Du Laney, Ella Augusta (5 mos.) d. on 72-Jun-20 [72-Jun-24: 2B].
Du Laney, Francis I. m. Stier, Lottie E., Miss on 73-Feb-13 [73-Feb-18: 2B].
DuBois, Rose Theresa Blanche (2 mos.) d. on 73-Jun-7 [73-Jun-9: 2A].
Dubree, Harriet (87 yrs.) d. on 75-Mar-14 [75-Mar-15: 2B].
Dubreuil, Armand H. m. Brunner, Laura V., Miss on 74-Oct-4 [74-Oct-5: 2B].
Ducast, Sophia (80 yrs.) d. on 74-Dec-27 [74-Dec-28: 2B].
Ducatel, Joanna d. on 73-Nov-16 [73-Nov-17: 2B; 73-Nov-18: 2B].
Ducatel, Polymnia d. on 75-Jan-17 [75-Jan-18: 2B; 75-Jan-19: 2B].
Duck, Charles E. m. Sheppard, Susie D. on 74-Apr-23 [74-May-11: 2B].
Duck, Francis J. (31 yrs.) d. on 71-Apr-14 [71-Apr-15: 2B].
Duck, Martha Rush (22 yrs., 5 mos.) d. on 72-Jan-2 [72-Jan-3: 2C; 72-Jan-4: 2B].
Ducker, Catherine E., Miss m. Dean, John P., Rev. on 71-Apr-25 [71-Apr-28: 2C].
Ducker, J. Kate m. Russell, Reister on 71-Sep-14 [71-Sep-21: 2C].
Duckett, Augustus (36 yrs.) d. on 74-Mar-12 of Heart disease [74-Mar-13: 1G; 74-Mar-14: 2B].
Duckett, Joseph (5 mos.) d. on 75-Apr-13 [75-Apr-15: 2B].
Duckett, Judson M. (72 yrs.) d. on 71-Dec-13 [71-Dec-15: 2B; 71-Dec-16: 2B].
Duckett, Thomas Allen, Jr. (8 yrs.) d. on 73-Apr-5 [73-Apr-9: 2B].
Dudley, James Edward (1 yr., 9 mos.) d. on 71-Aug-2 [71-Aug-5: 2C].
Dudley, Robert (43 yrs.) d. on 73-Nov-4 [73-Nov-8: 4C].
Dudley, Virginia Rowland d. on 74-Mar-9 [74-Mar-10: 2B].
Dudley, William m. Flemming, Isabella, Miss on 73-Sep-10 [74-May-14: 2B].
Dudrear, John H. (69 yrs.) d. on 72-May-24 [72-May-25: 2B].
Dudrow, C. Edwin m. Donohue, Kate V., Miss on 70-Sep-29 [71-Jan-31: 2C].
Dudrow, Helen Montrue (10 mos.) d. on 74-Aug-20 [74-Aug-21: 2B; 74-Aug-22: 2B].
Dudrow, Lulu Albertia (5 yrs., 2 mos.) d. on 74-Dec-9 [74-Dec-11: 2B].
Dudrow, Nannie V. (6 mos.) d. on 72-Jun-14 [72-Jun-15: 2A].
Dudrow, T. Clifton m. Bromwell, Alice, Miss on 71-Jan-5 [71-Feb-11: 2B].
Dudrow, Willie Clifton (1 yr., 10 mos.) d. on 74-Dec-23 [74-Dec-25: 2B].
Duer, A. Adgate m. Marshall, Madge L. on 72-Oct-31 [72-Nov-2: 2A].
Duer, Charles (83 yrs.) d. on 73-Jan-21 [73-Jan-23: 2B].
Duer, Charles E. m. Wilson, Cassandra on 73-Nov-12 [73-Nov-14: 2B].
Duer, Edward N. d. on 74-Dec-4 [74-Dec-7: 2B].
Duer, Martha Steptoe (25 yrs.) d. on 74-Sep-24 [74-Sep-30: 2B].
Duer, Samuel (72 yrs.) d. on 72-May-1 [72-May-2: 2B, 4C].
Duering, Edward V. m. Carlin, Annie P. on 74-Nov-26 [75-Apr-3: 2B].
Dufer, Emma m. Wagner, Melford C. on 73-Feb-24 [73-Mar-7: 2C].
Duff, James (48 yrs.) d. on 75-Oct-7 [75-Oct-8: 2B; 75-Oct-9: 2A].
Duff, John W. (34 yrs.) d. on 73-Mar-17 [73-Mar-18: 2B; 73-Mar-19: 2B].
Duff, Maggie E., Miss m. Canfield, Ira C., Jr. on 75-Jan-12 [75-Jan-15: 2B].
Duff, William E. (33 yrs.) d. on 74-Jan-2 [74-Jan-3: 2B].
Duff, William E. m. Fletcher, Minnie on 72-Jan-18 [72-May-24: 2B].
Duffey, James (29 yrs.) d. on 74-May-19 [74-May-21: 2B].
Duffey, John Sherry (16 yrs.) d. on 73-May-15 [73-May-16: 2B].
Duffey, Martin (1 yr., 8 mos.) d. on 74-Mar-14 [74-Mar-16: 2B].

Duffey, Mary E. (1 mo.) d. on 71-Jul-9 [71-Jul-10: 2B].
Duffey, Michael d. on 72-May-9 [72-May-11: 2A].
Duffin, Michael J. m. Kernan, Mary A., Miss on 75-Oct-7 [75-Oct-13: 2B].
Duffy, Anastasia (31 yrs.) d. on 72-Jul-4 [72-Jul-6: 2A].
Duffy, Ann (40 yrs.) d. on 75-Jan-13 [75-Jan-14: 2B].
Duffy, Delia m. Rowan, William on 73-Jul-1 [73-Jul-3: 2B].
Duffy, Edward (6 yrs.) d. on 73-Feb-16 [73-Feb-17: 2B].
Duffy, James (83 yrs.) d. on 71-Dec-5 [71-Dec-6: 2B].
Duffy, John m. Thomas, Annie Marion on 75-Nov-16 [75-Nov-17: 2B].
Duffy, Mary Iva (9 mos.) d. on 72-Jun-22 [72-Jun-25: 2B].
Duffy, Michael m. Clark, Celinda C. on 73-Apr-13 [73-Apr-23: 2B].
Duffy, Nellie (1 yr.) d. on 72-Aug-7 [72-Aug-8: 2B].
Duffy, Thomas (19 yrs.) d. on 74-May-12 Drowned [74-May-14: 1G, 2B].
Duffy, William (7 yrs., 3 mos.) d. on 72-Mar-21 [72-Mar-23: 2B].
Dufur, George J. (8 mos.) d. on 75-Jul-11 [75-Jul-12: 2B].
Dugan, J. Osborn (49 yrs.) d. on 75-Mar-11 [75-Mar-12: 1H, 2B; 75-Mar-13: 2B].
Dugan, James Reed d. on 72-Aug-28 [72-Aug-31: 2B].
Dugan, John (85 yrs.) d. on 75-Jun-29 [75-Jun-30: 2B; 75-Jul-1: 2B].
Dugan, Levinia, Mrs. m. Ware, Elias on 74-Oct-15 [74-Oct-24: 5H].
Dugan, Mary Josephine (4 yrs., 6 mos.) d. [75-Nov-22: 2A].
Dugarie, J. B., Mr. d. [75-Dec-4: 4D].
Dugas, Louis C. (64 yrs.) d. on 72-Jan-15 [72-Jan-16: 2C].
Dugent, Catherine Ann (90 yrs.) d. on 71-Jul-31 [71-Aug-1: 2C].
Dugent, Francis, Sr. (91 yrs.) d. on 75-Jan-24 [75-Jan-25: 2B].
Dugent, William m. Lutz, Emma H., Miss on 72-Nov-28 [72-Dec-6: 2B].
Duggan, Annie, Miss m. Deckwar, Charles on 72-Jun-25 [72-Jul-10: 2B].
Duggan, John (3 yrs., 5 mos.) d. on 72-Nov-14 [72-Nov-15: 2B].
Duggan, Patrick Henry (1 yr.) d. [75-Aug-17: 2B].
Duggan, Stephen (28 yrs.) d. on 74-Mar-5 of Fall from mast [74-Mar-6: 1G].
Duke, Cecilia B. (24 yrs.) d. on 71-Nov-15 of Consumption [71-Nov-17: 2C].
Duke, Mary Ann (1 yr., 2 mos.) d. on 73-Jun-6 [73-Jun-7: 2A].
Duke, Susie E. (Bell) d. on 73-Jun-22 [73-Jun-23: 2A; 73-Jun-24: 2A].
Dukehart, Annie E., Miss m. Bowen, Andrew J. on 72-Dec-24 [72-Dec-30: 2B].
Dukehart, Elizabeth M. Kinsell (33 yrs.) d. on 75-Oct-10 [75-Oct-12: 2B, 4D].
Dukehart, John m. Lecompte, Sarah R. D., Miss on 71-Oct-3 [71-Oct-4: 2B].
Dukehart, John Bain (2 mos.) d. on 73-Feb-20 [73-Mar-6: 2C].
Dukehart, John M., Capt. (36 yrs.) d. on 72-Dec-17 of Pleurisy [72-Dec-18: 1F; 72-Dec-24: 2B; 72-Dec-25: 1H].
Dukehart, John Marion d. on 71-Sep-29 [71-Nov-7: 2B].
Dukehart, Marie E. (17 yrs.) d. on 74-Apr-28 [74-Apr-30: 2B].
Dukehart, Mary (81 yrs.) d. on 74-Jul-14 [74-Jul-15: 2B].
Dukehart, Meta Georgine d. on 71-Oct-23 [71-Nov-7: 2B].
Dukehart, Parthenia (1 yr., 5 mos.) d. on 74-Jan-1 [74-Jan-2: 2B].
Dukehart, Sadie Augusta K. (4 mos.) d. on 74-Aug-4 of Consumption [74-Aug-6: 2B].
Dukehart, Samuel L. m. Kinsella, Elizabeth M. on 70-Dec-27 [71-Jan-10: 2C].
Duker, Alberta (2 yrs., 9 mos.) d. on 71-Jan-2 [71-Jan-3: 2C; 71-Jan-4: 2B].
Duker, J. Hermann m. Grube, Caroline A., Miss on 73-Sep-18 [73-Sep-25: 2B].
Dukes, Mary (68 yrs.) d. on 72-Mar-5 [72-Mar-9: 2B].
Dulaney, Harry S. m. Kennedy, Minnie R. on 74-Jul-2 [74-Jul-13: 2B].
Dulaney, William m. Stevens, C. L. A. on 73-Feb-13 [73-Apr-23: 2B].
Dulaney, William L. (49 yrs., 6 mos.) d. on 75-Jan-28 of Paralysis [75-Feb-2: 2B].
Dulany, Carrie m. Brancker, John Sefton on 74-Jan-27 [74-Feb-3: 2B].

Dulany, Fanny C. m. Lemmon, J. Southgate on 73-Jan-7 [73-Jan-9: 2B].
Dulany, John Mason m. Higinbothom, Emilie Chatard on 71-Jan-17 [71-Jan-21: 2B].
Dulany, John N. (54 yrs.) d. on 72-Sep-6 [72-Sep-7: 2A].
Dulany, Olivia W. d. on 73-Aug-2 [73-Sep-11: 2B].
Dulany, Walter m. Simmons, Eleanor Alston on 74-Oct-27 [74-Nov-3: 2B].
Duley, Emily J. m. Shipley, Thomas N. on 71-May-11 [71-May-22: 2B].
Duley, John C. (65 yrs.) d. on 71-Mar-4 of Paralysis [71-Mar-6: 2C].
Duley, John R. (33 yrs.) d. on 71-Jul-26 [71-Jul-27: 2B].
Duliey, William (54 yrs.) d. on 72-Oct-2 in Wagon accident [72-Oct-3: 1H].
Dulin, Alexander F., Dr. (68 yrs.) d. on 74-Nov-25 of Paralysis [74-Nov-26: 2B; 74-Nov-27: 2B; 74-Nov-28: 4C].
Duling, Charles Frederick (7 yrs., 5 mos.) d. on 71-Jun-13 [71-Jun-14: 2B].
Duling, Charles Oscar (2 mos.) d. on 75-Sep-22 [75-Sep-23: 2B].
Duling, Helen H. (5 yrs., 1 mo.) d. on 72-Nov-9 [72-Nov-11: 2B].
Duling, William H. (2 mos.) d. on 74-Jul-9 [74-Jul-10: 2B].
Dull, Catharine (70 yrs.) d. on 71-Nov-22 [71-Nov-23: 2C].
Dull, Mary C. (18 yrs.) d. on 71-Feb-16 [71-Feb-18: 2C].
Dumas, Eliza A. (69 yrs.) d. on 74-Sep-8 [74-Sep-9: 2B].
Dumax, Martha V., Miss m. Legoe, Z. T. on 75-Jul-4 [75-Jul-17: 2B].
Dumler, John B. (49 yrs.) d. on 73-Sep-11 [73-Sep-13: 2B].
Dumler, Mary Anna (20 yrs.) d. on 74-Aug-20 [74-Aug-21: 2B].
Dunan, Frankie B. (2 yrs., 11 mos.) d. on 75-Jun-27 [75-Jun-28: 2B; 75-Jun-29: 2B].
Dunan, Louis (47 yrs.) d. on 73-Jul-24 of Meningitis [73-Jul-26: 2B].
Dunbar, Harry (4 mos.) d. on 73-Jun-11 [73-Jun-12: 2B].
Dunbar, Henry F. m. Stall, Ann Rebecca on 74-Jun-18 [74-Jun-19: 2B].
Dunbar, John R. W., Dr. (66 yrs.) d. on 71-Jul-3 [71-Jul-4: 2B; 71-Jul-6: 4D].
Dunbar, M. Alice m. Smith, J. Frank on 72-Oct-1 [73-Jan-23: 2B].
Dunbar, M. Louisa d. on 75-Jul-10 [75-Jul-12: 2B].
Dunbracco, Charles W. (1 yr., 1 mo.) d. on 75-May-25 [75-May-26: 2B].
Dunbracco, Eliza m. Roberts, W. Scott on 72-Sep-18 [72-Sep-20: 2B].
Duncan, Alexander C. (1 yr., 1 mo.) d. on 74-Sep-7 [74-Sep-9: 2B].
Duncan, Annie E., Miss m. Veasel, W. B. on 75-Sep-7 [75-Sep-15: 2B].
Duncan, Edwin Lee (2 yrs., 2 mos.) d. on 71-Feb-26 [71-Feb-27: 2D].
Duncan, Ellen (70 yrs.) d. on 73-Mar-8 [73-Mar-10: 2B].
Duncan, Fannie Estelle (6 mos.) d. on 71-Aug-25 [71-Aug-26: 2B].
Duncan, George, Jr. (48 yrs.) d. on 71-Dec-14 [72-Jan-25: 2C].
Duncan, George Washington (8 yrs., 1 mo.) d. on 73-Feb-28 [73-Mar-1: 2A].
Duncan, Georgie N., Miss m. Suter, Andrew J. on 71-May-11 [71-May-23: 2B].
Duncan, Helen Mason d. on 75-Feb-27 [75-Mar-1: 2B].
Duncan, Martha E. d. on 74-Oct-14 [74-Oct-15: 2B; 74-Oct-16: 2B; 74-Oct-17: 2B; 74-Nov-18: 2B].
Duncan, Peter, Capt. (48 yrs.) d. on 75-Jan-27 [75-Feb-24: 1G, 2B].
Duncan, Sallie M. m. Roberts, William E. on 71-Dec-17 [72-Jan-23: 2B].
Duncan, Viola L. D. d. on 73-Jun-11 [73-Jun-13: 2B].
Duncan, William Hiss (5 mos.) d. on 71-Jun-21 [71-Jun-22: 2B].
Duncanson, John Moulder (1 yr., 6 mos.) d. on 73-Aug-11 [73-Aug-13: 2B].
Dundon, Annie, Miss m. O'Donovan, Michael J. on 75-Jun-8 [75-Jul-14: 2B].
Dungan, C. P. m. Burgess, Annie M. on 73-Nov-6 [73-Nov-13: 2B].
Dungan, J. G. m. Frazier, E. O., Mrs. on 72-Feb-13 [72-Feb-20: 2C].
Dungan, Jesse (66 yrs.) d. on 74-Jun-23 [74-Jun-24: 2B].
Dungan, Ruth (75 yrs.) d. on 72-Dec-22 [72-Dec-23: 2B].
Dungan, Sallie (3 yrs.) d. on 71-Jan-13 [71-Jan-16: 2D].

Dunham, Samuel E. m. Sands, Wittie on 73-Jun-10 [73-Jun-16: 2B].
Dunigan, Thomas (8 yrs., 10 mos.) d. on 71-Nov-7 [71-Nov-9: 2C].
Dunkell, George A. m. Pue, Sophia G. on 71-Jul-6 [71-Jul-17: 2B].
Dunkerley, Margaret J. (35 yrs.) d. on 71-Oct-2 [71-Oct-4: 2B].
Dunkerly, Rebecca (75 yrs.) d. on 75-Jul-13 [75-Jul-17: 2B].
Dunkerly, Richard P. (92 yrs.) d. on 75-Feb-25 [75-Feb-27: 2B; 75-Mar-1: 2B].
Dunkinson, Robert (4 yrs., 2 mos.) d. on 74-Mar-10 [74-Mar-12: 2B].
Dunlap, Eliza J. (27 yrs., 6 mos.) d. on 71-Jun-22 [71-Jul-4: 2B].
Dunlap, Hugh (69 yrs.) d. on 72-Feb-19 [72-Feb-20: 4C; 72-Feb-21: 2C].
Dunlevy, Henry De C. (10 yrs., 10 mos.) d. on 71-Feb-7 [71-Feb-9: 2C].
Dunlevy, Kezia H. (75 yrs.) d. on 72-Feb-11 [72-Feb-14: 2C].
Dunlevy, Thomas C. (78 yrs.) d. on 73-Nov-6 [73-Nov-7: 2B; 73-Nov-8: 4B].
Dunlop, Agnes Aitken m. Wight, William H. on 75-Aug-25 [75-Sep-14: 2B].
Dunlop, Anna (60 yrs.) d. on 71-Apr-27 [71-Apr-28: 2C; 71-Apr-29: 2B].
Dunn, Bridget (79 yrs.) d. on 71-Nov-2 of Rheumatism of the heart [71-Nov-3: 2B; 71-Nov-4: 2B; 71-Nov-3: 1H].
Dunn, Bridget (60 yrs.) d. on 72-Dec-8 of Pneumonia [72-Dec-9: 2B].
Dunn, Daniel (56 yrs.) d. on 72-Dec-7 of Pneumonia [72-Dec-9: 2B].
Dunn, Edward (59 yrs.) d. on 74-Mar-25 of Pneumonia [74-Mar-26: 2B; 74-Mar-27: 2B].
Dunn, Elizabeth (24 yrs.) d. on 74-May-18 [74-May-19: 2B; 74-May-20: 2B; 74-May-21: 2B].
Dunn, Francis Pasco (6 yrs., 6 mos.) d. on 75-Apr-13 [75-Apr-19: 2B].
Dunn, George W. m. Funk, Nora V., Miss on 75-Nov-17 [75-Dec-23: 2B].
Dunn, Georgeanna, Miss m. Daugherty, George W. on 74-Apr-8 [74-Apr-11: 2B].
Dunn, Hanorah (9 mos.) d. on 74-Aug-12 [74-Aug-13: 2B].
Dunn, James F. m. Henderson, Sallie, Miss on 74-Oct-20 [74-Oct-28: 2B].
Dunn, James H. m. Krager, Maggie F. on 73-Feb-12 [73-Feb-15: 2B].
Dunn, Jennie m. Samuel, W. T., Jr. on 73-Jul-21 [73-Aug-8: 2B].
Dunn, John (10 mos.) d. on 72-Feb-15 [72-Feb-16: 2C].
Dunn, John (6 mos.) d. on 73-Oct-13 [73-Oct-14: 2A].
Dunn, Joseph (35 yrs.) d. on 72-Feb-4 [72-Feb-5: 2C].
Dunn, Lawrence (4 mos.) d. on 74-Aug-25 [74-Aug-27: 2B].
Dunn, Lizzie d. on 74-Jan-25 [74-Jan-26: 2B].
Dunn, Maggie m. Norris, Stephen E. on 72-Jan-11 [72-Jan-30: 2C].
Dunn, Manie (10 mos.) d. on 74-Jun-3 [74-Jun-4: 2B].
Dunn, Margaret R., Miss m. Gamble, James, Rev. on 73-Sep-4 [73-Sep-8: 2B].
Dunn, Mary Catherine (27 yrs.) d. on 75-Jan-30 of Typhoid pneumonia [75-Feb-1: 2B].
Dunn, Mary Helen (1 yr., 11 mos.) d. on 75-Aug-9 of Brain congestion [75-Aug-11: 2B].
Dunn, Paul (68 yrs.) d. on 75-Dec-29 [75-Dec-30: 2B; 75-Dec-31: 2B].
Dunn, Richard L. m. Lannam, Susannah, Miss on 75-Dec-19 [75-Dec-21: 2B].
Dunn, Thomas (50 yrs.) d. on 71-Nov-9 [71-Nov-11: 2B].
Dunn, Thomas (86 yrs.) d. on 72-Sep-10 [72-Sep-11: 2A].
Dunn, Thomas Richard (10 yrs., 7 mos.) d. on 75-Aug-10 in Railroad accident [75-Aug-11: 2B, 4D].
Dunn, William A. m. Dorsey, Lizzie, Miss on 75-Apr-27 [75-Apr-29: 2B].
Dunn, William R. (19 yrs.) d. on 72-May-4 of Consumption [72-May-6: 2B].
Dunn, William R. J. (17 yrs.) d. on 72-Jan-5 [72-Jan-16: 2C].
Dunnavant, George E. m. Wildman, Thalia F., Miss on 75-Dec-8 [75-Dec-15: 2B].
Dunning, William E. m. Gray, Adelia, Miss on 72-Oct-21 [72-Oct-23: 2B].
Dunnington, Alice Howard, Miss m. Nancrede, C. B., Dr. on 72-Jun-3 [72-Jun-4: 2A].
Dunnock, E. Priscilla, Mrs. m. Webster, Henry W., Jr., Dr. on 73-Apr-22 [73-Apr-29: 2B].
Dunnock, Samuel F. m. Jones, Alice F., Miss on 73-Jan-7 [73-Jan-10: 2B].
Dunphy, Annie Carel d. on 71-Nov-9 [71-Nov-10: 2C].

Dunphy, Margaret (83 yrs.) d. on 74-May-6 [74-May-7: 2B; 74-May-8: 2B].
Duns, John S. (58 yrs.) d. on 72-Jun-1 [72-Jun-8: 2B].
Dunsmore, John M. m. Davis, Minnie on 75-Jan-13 [75-Jan-27: 2B].
Dupuy, Rosalind D., Miss m. Witcher, Charles B. on 71-Jan-5 [71-Jan-6: 2C].
Durand, Amelia H., Miss m. Zimmerman, J. F., Prof. on 72-Sep-26 [72-Oct-3: 2B].
Durand, H. A. m. Plumer, Mary, Miss on 73-Oct-7 [73-Oct-9: 2B].
Durand, William Franklin (18 yrs.) d. on 71-May-25 [71-May-26: 2B; 71-May-27: 2B].
Durding, Laura C. m. Miller, Edwin A. on 71-Nov-14 [71-Nov-24: 2C].
Durding, Leander A. (35 yrs.) d. on 71-Aug-2 [71-Aug-3: 2B; 71-Aug-4: 2C].
Durel, Frederick m. Sohn, Elizabeth on 73-Oct-15 [73-Oct-18: 2B].
Durham, Abraham W. (88 yrs.) d. on 72-Feb-3 [72-Mar-6: 2B].
Durham, Alice, Miss m. Hartley, Thomas on 72-Dec-26 [72-Dec-28: 2B].
Durham, Columbus P. (60 yrs.) d. on 74-Mar-27 [74-Mar-28: 2B].
Durham, Corbin m. Minnick, Maria E. on 74-Apr-2 [74-Apr-7: 2A].
Durham, Frances Cordelia (19 yrs.) d. on 74-Apr-8 [74-Apr-9: 2B; 74-Apr-10: 2B].
Durham, George W. (2 mos.) d. on 73-Aug-3 [73-Aug-4: 2B].
Durham, Henry Taylor (11 mos.) d. on 75-Dec-16 [75-Dec-18: 2A].
Durham, Louisa, Miss m. Hines, John on 75-Feb-15 [75-Feb-17: 2B].
Durham, Margaret (39 yrs.) d. on 75-Jan-28 [75-Jan-30: 2B].
Durham, Martha (39 yrs.) d. on 75-Aug-19 [75-Aug-25: 2B].
Durham, Mary E., Miss m. Pearce, Francis G. on 75-Nov-25 [75-Nov-30: 2B].
Durham, Ruth A. (48 yrs.) d. on 74-Jan-9 [74-Jan-10: 2B].
Durham, Shadrack d. on 75-Oct-16 Drowned [75-Oct-21: 4D].
Durham, Thomas Henry (7 yrs., 2 mos.) d. on 72-Dec-23 [72-Dec-24: 2B].
Durham, W. Abraham (88 yrs.) d. on 72-Feb-3 [72-Feb-8: 2C].
Durham, Walter m. Collins, Mary, Miss on 74-Jan-22 [74-Feb-7: 2B].
Durham, Williamina, Miss m. Liones, Andrew J. on 73-Jun-23 [73-Jun-25: 2B].
Durkee, Mary H., Miss m. Cowman, George W. on 75-Jan-28 [75-Apr-7: 2B].
Durkee, Nannie, Miss m. Potter, John J. on 71-Jan-30 [71-Feb-21: 2C].
Durnell, [female] d. on 74-Jul-27 of Heart disease [74-Jul-31: 1H].
Duro, Justus J. d. on 71-Jan-25 [71-Jan-27: 4C].
Durocher, Auguste H. (78 yrs.) d. on 74-Apr-23 [74-Apr-24: 1H, 2B; 74-Apr-25: 2B; 74-Apr-27: 4C].
Durrenburger, Sarah Catharine, (69 yrs.), 1 mo.) d. on 71-Jan-14 [71-Jan-16: 2C].
Durring, George S. m. Barron, Mary A., Miss on 72-Nov-28 [72-Nov-30: 2B].
Dursse, Eliza (80 yrs.) d. on 72-Aug-5 [72-Aug-16: 2B].
Durst, James G. m. Forestelle, Annie, Miss on 74-May-3 [74-Jun-3: 2B].
Durst, John F. d. on 71-May-21 [71-Jun-28: 2B].
Durst, Mary F. d. on 75-Apr-17 [75-Apr-19: 2B].
Durst, Mary Teresa, Sr. d. on 75-Jan-25 [75-Feb-8: 2B].
Dush, Margaret, Miss m. Riegler, George on 71-Mar-7 [71-Mar-16: 2B].
Dushane, Cornelius (91 yrs.) d. on 75-May-13 [75-May-14: 2B; 75-May-15: 1H, 2B].
Dushane, Harriet A. (79 yrs.) d. on 75-Sep-22 [75-Sep-24: 2B; 75-Sep-25: 2B].
Dushane, Maggie F. m. Reynolds, Henry L. on 75-Feb-4 [75-Feb-10: 2B].
Dushane, Mary C. (25 yrs.) d. on 71-Jan-20 of Scarlet fever [71-Jan-21: 2B].
Duston, W. R. m. Grant, M. K. on 72-May-16 [72-May-20: 2A].
Duthrow, Verda, Miss m. Foley, Presley G. on 71-Dec-19 [72-Jan-6: 2A].
Dutrow, Ellen S., Miss m. Bedenkopf, J. E. on 74-Sep-8 [74-Sep-10: 2B].
Dutton, Annie Page m. Krozer, James W. on 74-Nov-11 [74-Nov-18: 2B].
Dutton, Calvin m. Masson, Margaret Emily, Miss on 73-Dec-4 [73-Dec-18: 2B].
Dutton, Joseph m. Brooks, Annie, Miss on 74-Aug-20 [74-Aug-27: 2B].
Dutton, N. J. m. McLaughlin, Belle on 75-Dec-22 [75-Dec-29: 2B; 75-Dec-31: 2B].

Dutton, Sallie Blanche m. Randall, John T. on 72-Feb-10 [72-Feb-14: 2C].
Duval, E. Augusta m. Hamilton, Samuel H. on 71-Dec-7 [71-Dec-9: 2A].
Duval, Maggie m. Burton, Issac on 74-Sep-29 [74-Oct-10: 2B].
Duval, Maynor L. m. Bussard, Dorothy E. on 75-Sep-5 [75-Nov-5: 2B].
Duvall, Addie m. Dobbs, Thomas E. on 73-Nov-25 [73-Dec-4: 2B].
Duvall, Augusta E., Miss m. Bleakley, Samuel H. on 71-Nov-7 [71-Nov-14: 2B].
Duvall, Benjamin F. (4 yrs.) d. on 72-Nov-7 [72-Nov-9: 2A].
Duvall, Christiana Fredericka d. on 74-Feb-26 [74-Mar-2: 2B].
Duvall, Dennis (83 yrs.) d. on 72-May-18 [72-May-25: 2B; 72-May-27: 2B].
Duvall, Emily A. (53 yrs.) d. on 74-Apr-26 [74-Apr-28: 2B].
Duvall, Emily Fendall d. on 72-Oct-28 [72-Oct-29: 2B; 72-Oct-30: 2B].
Duvall, Emma C. m. Barnes, Harry C. on 74-Apr-14 [74-Apr-24: 2B].
Duvall, Frances P. m. Hagner, Frederick J. on 73-Apr-8 [73-Apr-18: 2B].
Duvall, Frank M. m. Bartell, Annie M. on 74-Jun-18 [74-Jun-20: 2B].
Duvall, Gabriel E. m. Poumairat, Rosalind A. on 74-Jan-20 [74-Jan-22: 2B].
Duvall, George W. d. on 72-Mar-6 [72-Mar-8: 2C].
Duvall, George Wyson (6 yrs., 2 mos.) d. on 72-Nov-11 [72-Nov-12: 2B].
Duvall, Harry Albert (1 mo.) d. on 72-Mar-3 [72-Mar-5: 2B].
Duvall, Henry Lee m. Owens, Lillie E. on 75-Apr-28 [75-May-1: 2B].
Duvall, J. Ijams m. Ijams, Mary Virginia, Miss on 74-Dec-23 [74-Dec-25: 2B].
Duvall, James T. (58 yrs.) d. on 71-May-2 [71-May-3: 2B].
Duvall, Julia d. on 74-Jan-2 [74-Jan-3: 2B].
Duvall, Lizzie m. Haslup, Charles W. on 74-Feb-26 [74-Mar-5: 2B].
Duvall, Lurenzie R. (18 yrs.) d. on 72-Dec-10 of Typhoid [72-Dec-14: 2B].
Duvall, Maggie J. (1 yr., 11 mos.) d. on 74-Nov-10 [74-Nov-11: 2B].
Duvall, Mark (74 yrs.) d. on 75-Dec-19 [75-Dec-21: 2B].
Duvall, Martha Rosela (7 yrs., 2 mos.) d. on 73-Dec-31 [74-Jan-2: 2B].
Duvall, Mary d. on 72-Nov-25 [72-Nov-26: 2B].
Duvall, Mary A. (55 yrs.) d. on 71-Sep-18 [71-Sep-19: 2C].
Duvall, Mary E. (53 yrs.) d. on 74-Dec-29 [74-Dec-30: 2B].
Duvall, Mary E. m. James, Fleming, Rev. on 72-Apr-23 [72-Apr-27: 2A].
Duvall, Mary E. m. Crisp, Robert F., Jr. on 73-Oct-14 [73-Oct-20: 2B].
Duvall, Mary Jane (66 yrs.) d. on 75-Feb-28 [75-Mar-4: 2B].
Duvall, Maud May (7 mos.) d. on 72-Jun-10 [72-Jun-12: 2B].
Duvall, Richard F. m. Starlings, Florence C., Miss on 75-Dec-16 [75-Dec-29: 2B].
Duvall, Ruth A., Miss m. Selby, E. W. on 73-Jan-28 [73-Jan-29: 2B].
Duvall, Samie (4 yrs., 2 mos.) d. on 75-Nov-22 of Scarlet fever [75-Nov-27: 2B].
Duvall, Sarah Ann (56 yrs.) d. on 71-Dec-30 [72-Jan-1: 2B].
Duvall, Violetta m. Hall, T. William on 73-May-13 [[73-May-17: 2C]; 73-May-19: 2B].
Duvall, William A. m. Musselman, Fannie, Miss on 73-Dec-16 [74-Jan-1: 2B].
Duvall, William B. m. Meaher, Carrie on 74-Jan-7 [74-Jan-9: 2C].
Duvall, William Grason d. on 72-Feb-12 of Consumption [72-Feb-19: 2C].
Duvall, William L. m. Baldwin, Maggie E., Miss on 73-Sep-16 [73-Sep-18: 2B].
Duvall, William Wallace m. Sellers, Hester on 74-Nov-24 [74-Nov-26: 2B].
Duve, Anna (37 yrs.) d. on 73-Jun-24 [73-Jun-26: 2B].
Duve, J. J. (38 yrs.) d. on 71-Jan-25 [71-Jan-27: 2C].
Duyer, Elizabeth (82 yrs.) d. on 72-Mar-7 [72-Mar-8: 2C].
Duyer, Susan R. (36 yrs.) d. on 75-Nov-13 [75-Nov-15: 2B].
Dwen, Jennie, Miss m. Wiseman, George A. on 75-Feb-22 [75-Jun-26: 2B].
Dwinelle, Cornelia B. d. on 73-Oct-25 [73-Oct-27: 2B].
Dwinelle, James E. m. Wellslager, Susie E. on 72-Feb-21 [72-Feb-23: 2D].
Dwinelle, Justin, Dr. (49 yrs.) d. on 71-Dec-9 [71-Dec-11: 2C; 71-Dec-12: 2B; 71-Dec-13: 4D].

Dwinelle, Louisa (80 yrs.) d. on 75-Apr-8 [75-Apr-9: 2B].
Dwyer, Annie E. m. Hayden, George E. on 73-Feb-25 [73-Mar-18: 2B].
Dwyer, Ellen (55 yrs.) d. on 72-Mar-28 [72-Mar-29: 2B].
Dwyer, Harry Franklin (8 mos.) d. on 72-Oct-21 [72-Oct-22: 2B].
Dwyer, Henry F. m. Clark, Mary Ellen on 73-Sep-4 [73-Sep-6: 2B].
Dwyer, John O. (33 yrs.) d. on 74-Jul-26 [74-Jul-28: 2B].
Dwyer, Rachel (66 yrs.) d. on 75-Mar-28 [75-Apr-1: 2C].
Dwyer, Wilfrid m. McGee, Virginia on 72-May-9 [72-May-15: 2B].
Dwyer, William C. m. Schultz, Martha A., Miss on 70-Nov-28 [71-Mar-17: 2B].
Dyer, Blanche M. (6 mos.) d. on 74-Jul-27 [74-Jul-28: 2B].
Dyer, Carrie (2 yrs., 1 mo.) d. on 72-Feb-27 [72-Feb-28: 2C].
Dyer, Ida (23 yrs.) d. on 72-Jun-21 [72-Jun-22: 2B].
Dyer, Ida Zimmerman d. on 72-Jul-1 [72-Jul-3: 2B].
Dyer, Thomas J. (46 yrs.) d. on 75-Jul-3 [75-Jul-5: 2B].
Dyer, Walter J. L. m. Frazier, Jennie R. on 73-Nov-26 [73-Nov-29: 2B].
Dykes, John (73 yrs.) d. on 74-Jun-6 [74-Jun-9: 2B].
Dykes, Julia A. (63 yrs.) d. on 74-Oct-31 [74-Nov-2: 2B].
Dyott, Agga, Miss m. Trice, George W. on 71-Dec-5 [72-Feb-2: 2C].
Dyott, Hennie M. (42 yrs.) d. on 74-Mar-5 [74-Mar-13: 2B].
Dysart, Ann (73 yrs.) d. on 73-Jan-26 [73-Jan-27: 2B].
Dysart, Ann (70 yrs.) d. on 75-Jan-26 [75-Jan-27: 2B].
Dyson, Monroe J. m. Wrenn, Orianda, Miss on 71-Oct-12 [71-Oct-13: 2B].
Eachus, Jane (76 yrs.) d. on 71-Sep-23 [71-Sep-25: 2C].
Eagan, Johanna m. Dougherty, Michael J. on 74-Oct-13 [74-Oct-20: 2B].
Eagelson, Mary M. d. on 75-May-3 [75-May-24: 2B].
Eagen, John (16 yrs.) d. on 72-Jun-28 [72-Jun-29: 2B].
Eager, Jno., Capt. (34 yrs.) d. on 73-Mar-4 Drowned [73-Apr-5: 1H].
Eager, Sarah A. (34 yrs.) d. on 72-Jan-24 [72-Jan-25: 2B].
Eagle, Laura H., Miss m. Jones, John on 72-Jul-9 [72-Jul-13: 2A].
Eagle, Mary R., Miss m. Saville, George W. on 71-Aug-9 [71-Sep-25: 2C].
Eagleston, Charles m. Fife, Isabella, Miss on 71-Sep-19 [71-Nov-24: 2C].
Eagleston, John Franklin (1 yr., 4 mos.) d. on 74-Jan-25 [74-Jan-27: 2B].
Eagleston, Mary J. (23 yrs.) d. on 72-Aug-13 [72-Aug-14: 2B; 72-Aug-15: 2C].
Eagleston, Priscilla B. m. Bone, Alexander on 71-Oct-5 [71-Oct-10: 2B].
Eakle, Thomas W. (28 yrs.) d. on 75-May-5 in Railroad accident [75-May-6: 2B, 4D; 75-May-7: 1H].
Eardley, Fanny (9 mos.) d. on 72-Jul-3 [72-Jul-4: 2B].
Eardley, Mary Louisa (2 yrs., 3 mos.) d. on 72-Apr-16 [72-Apr-18: 2B].
Eardman, Martha C. m. Neumayer, Joseph A. on 72-Jun-27 [72-Jul-1: 2B].
Eareckson, Frederica R. (6 yrs., 4 mos.) d. on 74-Jun-23 [74-Jun-30: 2B].
Eareckson, Henrietta (68 yrs.) d. on 72-May-24 [72-May-25: 2B; 72-May-27: 2A; 72-May-28: 2A].
Eareckson, John Charles d. on 71-Jun-18 [71-Jun-21: 2C].
Earhart, Ida d. on 74-Sep-16 [74-Sep-22: 2B].
Earhart, M. Josephine m. Scott, F. Hamilton on 75-Nov-19 [75-Nov-27: 2B].
Earl, Martha, Miss m. Meeks, Joseph on 72-Jun-13 [72-Jun-18: 2B].
Earle, John A. m. Hatton, Laura, Miss on 72-May-31 [72-Jun-1: 2A].
Earlougher, John Michael (32 yrs.) d. on 71-Jan-9 of Consumption [71-Jan-11: 2C, 4D].
Early, Agnes A. d. on 75-Mar-12 [75-Mar-13: 2B; 75-Mar-15: 2B].
Early, Ella V., Mrs. m. Davis, T. Sturgis on 71-Apr-25 [71-Apr-27: 2C].
Early, Laura M., Miss m. Landstreet, Charles on 71-Jan-17 [71-Jan-23: 2C].
Early, M. Alice, Miss m. Bowie, Robert on 73-Jun-10 [73-Jun-12: 2B].

Early, Mollie, Miss m. Millar, James, Jr. on 73-Oct-7 [73-Oct-14: 2A].
Early, William (72 yrs.) d. on 73-Jan-14 [72-Jan-15: 2B].
Earp, Jonathan (43 yrs.) d. on 73-Sep-27 [73-Sep-30: 2B].
Easley, Samuel W. (28 yrs.) d. on 75-Feb-2 [75-Feb-4: 2B].
Easley, Thomas (70 yrs.) d. on 75-Jan-28 [75-Jan-30: 2B; 75-Feb-1: 1G].
East, Clara Ruelma (7 mos.) d. on 73-Jul-11 of Cholera infantum [73-Jul-26: 2B].
East, Eddie d. on 74-Jul-2 [74-Jul-7: 2B].
East, John Henry (4 mos.) d. on 75-Jun-21 [75-Jun-23: 2B].
East, John Wesley (16 yrs.) d. on 72-Apr-11 of Lockjaw [72-Apr-12: 2B; 72-Apr-13: 2A].
Easter, Catherine (79 yrs.) d. on 71-Sep-14 [71-Sep-15: 2B; 71-Sep-16: 2B].
Easter, Charles Ewing m. Brewis, E. Alverda, Mrs. on 72-Feb-7 [72-Feb-13: 2C].
Easter, Hamilton m. Slicer, Sue E. on 72-Apr-16 [72-Apr-18: 2B].
Easter, Linneaus F. (1 yr., 1 mo.) d. on 73-Aug-6 [73-Aug-16: 2B].
Easter, Margaret m. Ott, Philip on 74-Nov-23 [74-Nov-26: 2B].
Easter, Mary F. (17 yrs.) d. on 72-Mar-26 [72-Mar-27: 2B; 72-Apr-23: 2B].
Easter, Robert A. m. Richardson, Mary F. [71-May-18: 2B].
Easter, William Stanley m. Rogers, Ella M. on 73-Nov-19 [73-Nov-24: 2B].
Easter, Willie M. (12 yrs., 6 mos.) d. on 74-Oct-8 [74-Nov-7: 2B].
Easterly, Annie R. m. Stembler, Nicholas on 72-Sep-19 [73-Mar-11: 2B].
Eastlack, Thomas S. m. Chalfant, Mazie E., Miss on 74-Oct-8 [74-Oct-10: 2B].
Eastman, Edith M. m. Stuart, Guy B. on 75-Jan-12 [75-Jan-14: 2B].
Eastman, Eliza Wentz (11 yrs., 6 mos.) d. on 71-Jul-3 [71-Jul-4: 2B].
Easton, Sarah J. m. Myers, G. W. H. on 71-Mar-20 [71-Mar-22: 2B].
Easton, William H. m. Hines, Catherine on 73-Jul-20 [73-Jul-26: 2A].
Eastwood, Noel (52 yrs.) d. on 73-Aug-23 of Congestive chills [73-Aug-25: 2B].
Eaton, Eliza F., Miss m. Fitchett, John V. on 72-Apr-11 [72-Apr-13: 2A].
Eaton, Florence O., Mrs. m. Norris, William M. on 73-May-6 [73-May-17: 2C].
Eaton, George N. (62 yrs.) d. on 74-Jul-15 [74-Jul-17: 1G].
Eaton, Helen m. Perry, I. H. on 71-Nov-22 [71-Nov-28: 2B].
Eaton, Henry (53 yrs.) d. on 73-Oct-16 of Yellow fever [73-Oct-28: 2C].
Eaton, Howard Ames (3 yrs., 1 mo.) d. on 73-Jan-12 [73-Jan-13: 2B].
Eaton, Isham (65 yrs.) d. on 71-Sep-14 of Bowel inflammation [71-Sep-16: 2B].
Eaton, Joseph d. on 73-Jun-12 of Manslaughter [73-Jun-21: 1G].
Eaton, Mollie M. m. Cowen, William A. on 71-Mar-13 [71-May-29: 2B].
Eaton, William, Capt. (41 yrs., 8 mos.) d. on 71-Aug-27 [71-Sep-4: 2B].
Eaton, William P. d. [74-Jun-18: 1G].
Eaverson, Annie B., Miss m. Swoyer, Charles N. on 74-Feb-12 [74-Feb-19: 2B].
Eavins, Lucinda (58 yrs.) d. on 74-Sep-21 [74-Sep-23: 2B].
Ebaugh, Clara M. (7 mos.) d. on 74-Dec-20 [74-Dec-21: 2A].
Ebaugh, Francis T. m. Bowers, Isabella C., Miss on 72-Mar-7 [72-Mar-26: 2B].
Ebaugh, Henry H. m. Rial, Kate A. on 75-Sep-26 [75-Dec-10: 2B].
Ebaugh, Martha E., Miss m. Bailey, Charles M. on 75-Feb-28 [75-Mar-23: 2B].
Ebaugh, Mary C. m. Gill, Thomas E. on 75-Nov-24 [75-Dec-14: 2B].
Ebaugh, Nancy (61 yrs.) d. on 74-Apr-6 [74-Apr-7: 2A; 74-Apr-8: 2B].
Ebaugh, William H. (55 yrs.) d. on 75-May-25 [75-May-26: 2B; 75-May-27: 2B].
Ebberts, Rosabelle, Miss m. Hush, William J. on 75-Sep-9 [75-Sep-27: 2A].
Ebelke, Kate, Miss m. Hines, C. Edward on 73-Feb-9 [73-Feb-20: 2B].
Eben, William Lafevre d. on 72-Jan-25 [72-Jan-26: 2C].
Eberhard, Clara E., Miss m. Ide, J. August, Prof. on 71-Nov-14 [71-Nov-16: 2B].
Eberhardt, John W. m. Merrett, Josephine, Miss on 75-Dec-2 [75-Dec-13: 2B].
Eberhart, Catherine L. m. Six, James E. on 73-May-20 [73-Jul-24: 2B].
Eberhart, Henry m. Wells, Alice Ann, Miss on 73-Feb-20 [73-Feb-22: 2B].

Eberhart, John G. m. Cavano, Lizzie on 73-Dec-30 [74-Jan-10: 2B].
Eberhart, William m. Weaver, Ida, Miss on 72-Sep-1 [72-Sep-3: 2B].
Eberly, Elizabeth H. m. Mueller, George J. on 73-Mar-27 [73-Mar-29: 2B].
Eberly, Mallie B., Miss m. Graefle, Frederick A. on 71-Feb-23 [71-Feb-25: 2B].
Ebert, Laura V., Miss m. Frisby, Edgar on 72-Aug-6 [72-Aug-8: 2B].
Ebsworth, Daniel (33 yrs.) d. on 72-May-18 [72-May-20: 2B; 72-May-21: 2A].
Ebsworth, Nettie Belle (7 yrs., 5 mos.) d. on 74-Nov-7 [74-Nov-9: 2B].
Eccles, Bertha Wallace d. on 71-Aug-28 [71-Aug-30: 2C].
Eccles, William m. Jones, Martha A., Miss on 74-Feb-28 [74-Feb-28: 2B].
Eccleson, William W. m. Graham, Bettie on 75-Dec-14 [75-Dec-17: 2B].
Eccleston, Laura E. m. White, Charles E. on 73-Apr-9 [73-Apr-18: 2B].
Eccleston, Robert Murphy (2 yrs., 6 mos.) d. on 73-Feb-21 of Chronic croup [73-Mar-22: 2B].
Eccleston, Willie, Miss m. Carter, Henry on 72-Oct-24 [72-Oct-29: 2B].
Echemendia, Alejandro m. Grubb, Sarah on 73-Apr-16 [73-Apr-29: 2B].
Echemendia, M. C. m. Companioni, M. C., Miss on 72-Apr-1 [72-Apr-2: 2B].
Echert, Louis (60 yrs.) d. on 75-Jan-31 of Consumption [75-Feb-4: 2B].
Eck, Charles d. on 73-Sep-12 in Machine accident [73-Sep-13: 1G].
Eck, William F. (29 yrs.) d. on 74-Feb-24 [74-Feb-25: 2B].
Eckard, Mary Ann (1 yr., 9 mos.) d. on 74-Apr-9 [74-Apr-10: 2B].
Eckarts, Emma m. Hissey, Frank E. on 72-Feb-26 [72-May-2: 2B].
Eckels, Alfred N. m. Gassaway, Emma, Miss on 75-Feb-4 [75-May-3: 2B].
Eckert, Adam (40 yrs.) d. on 72-Oct-18 [72-Oct-19: 2B].
Eckert, Isabel (12 yrs., 9 mos.) d. on 73-Sep-12 [73-Sep-13: 2B].
Eckert, Laura Grant (6 yrs., 1 mo.) d. on 74-Dec-24 of Scarlet fever [74-Dec-26: 2C].
Eckert, Rosalind M., Miss m. James, John S. on 70-Oct-25 [71-Apr-17: 2C].
Eckhardt, Nettie m. Krause, John L. on 75-Sep-9 [75-Oct-12: 2B].
Eckhart, Harry L. (4 yrs., 8 mos.) d. on 74-Nov-30 [74-Dec-1: 2B].
Eckhart, John W. (63 yrs.) d. on 71-Dec-18 of Heart disease [71-Dec-20: 4E].
Eckstein, C. H. m. Feinour, Mary K., Miss on 75-Jun-3 [75-Jun-7: 2A].
Eckstein, George (74 yrs.) d. on 75-Apr-2 [75-Apr-3: 2B; 75-Apr-5: 4B].
Eckstein, Mary C., Miss m. Koontz, Edward on 72-Oct-10 [73-Feb-25: 2B].
Eddy, Thomas M., Rev. (53 yrs.) d. on 74-Oct-7 of Bowel inflammation [74-Oct-8: 4D].
Edel, August (24 yrs.) d. on 73-Jul-19 of Lockjaw [73-Jul-21: 1H].
Edel, Frances B. (65 yrs.) d. on 73-Nov-9 of Heart disease [73-Nov-11: 1H].
Edel, Josiah (74 yrs.) d. on 71-Oct-14 [71-Oct-16: 2B].
Edel, Laura M., Miss m. Glady, John H. on 75-May-12 [75-Jun-1: 2A].
Edelen, Edmund I. (1 yr., 6 mos.) d. on 72-Jul-29 [72-Aug-15: 2C].
Edeler, George (59 yrs.) d. on 72-Mar-11 [72-Mar-12: 2C].
Edeler, William L. (11 mos.) d. on 71-Mar-28 [71-Mar-30: 2C].
Edelin, Eleanor G. (68 yrs.) d. on 75-Jan-11 of Pneumonia [75-Jan-15: 2B].
Edell, Henry m. Emerine, Eva E., Miss on 72-Oct-15 [72-Nov-2: 2A].
Edelman, Philip m. Jordan, Virginia on 72-Sep-9 [72-Sep-17: 2B].
Edelman, Philip M. (85 yrs.) d. on 72-Feb-1 [72-Feb-2: 2C; 72-Feb-3: 2C].
Edelon, Alice A. m. Ball, Stephen F. on 74-Apr-15 [74-Apr-18: 2B].
Eden, James A. m. Hogue, Joey E. on 71-Sep-7 [71-Sep-15: 2B].
Eden, Mary Ann (31 yrs.) d. on 73-Apr-8 [73-Apr-9: 2B].
Eden, Richard (46 yrs.) d. on 73-Jan-13 [73-Jan-14: 2B; 73-Jan-15: 2B; 73-Jan-25: 2B].
Edes, Mary Ann (89 yrs.) d. on 74-Apr-28 [74-Apr-29: 2B; 74-Apr-30: 2B].
Edgar, Caroline Leroy m. Bonaparte, Jerome Napoleon on 71-Sep-7 [71-Sep-9: 2B].
Edgar, Mary L., Miss m. Harward, Walter on 74-Dec-17 [74-Dec-23: 2B].
Edgar, Roland DeBeet (1 yr., 10 mos.) d. on 74-Aug-31 [74-Sep-9: 2B].
Edgar, William H. (42 yrs.) d. on 75-Sep-27 [75-Oct-15: 2B].

Edger, Thomas J. (38 yrs.) d. on 73-Mar-19 [73-Mar-22: 2B].
Edger, William J. m. Essex, Angie, Miss on 74-Sep-10 [74-Sep-24: 2B].
Edkins, Frances Eleanor (54 yrs.) d. on 74-Mar-11 [74-Mar-12: 2B; 74-Mar-13: 2B].
Edkins, Joseph W. (28 yrs.) d. on 71-Oct-5 [71-Oct-6: 2B; 71-Oct-7: 2B].
Edling, Mary E. (40 yrs.) d. on 73-May-21 [73-May-23: 2B].
Edmeades, Mary A. m. Lamb, James S. C. on 74-Jan-27 [74-Feb-16: 2B].
Edmonds, Texanna, Miss m. Thornton, Samuel on 72-Jul-15 [72-Jul-19: 2C].
Edmondson, Maria E. d. on 75-Jan-30 [75-Feb-1: 2B].
Edmondson, Thomas G., Dr. (84 yrs.) d. on 73-Feb-5 [73-Feb-6: 2B; 73-Feb-7: 2B].
Edmonston, Ann D. (48 yrs.) d. on 73-Mar-23 [73-Mar-24: 2B].
Edmonston, Annie, Miss m. Crozier, William W. on 75-Aug-19 [75-Aug-23: 2B].
Edmonston, Elizabeth (74 yrs.) d. on 73-Oct-25 [73-Oct-27: 2C].
Edmonston, Fannie E. m. Whitworth, Richard H. on 75-Oct-14 [75-Oct-18: 2A].
Edmonston, Kate d. on 73-Nov-2 [73-Nov-4: 2B].
Edmonston, Leonidas H. m. Poole, Ida O., Miss on 72-Feb-19 [72-Apr-16: 2B].
Edmonston, Lizzie, Miss m. Proctor, R. S. on 74-Apr-30 [74-May-15: 2B].
Edmonston, Owen J. (57 yrs.) d. on 72-May-14 [72-May-28: 2B].
Edmunds, James R. m. Keyser, Anna S. on 73-Oct-29 [73-Nov-1: 2B].
Edmundson, Hannah (77 yrs.) d. on 73-Aug-10 [73-Aug-11: 2B; 73-Aug-12: 2B].
Edward, M. Mahala (1 yr., 11 mos.) d. on 75-Dec-20 [75-Dec-22: 2B].
Edwards, Annie R., Miss m. Wheeden, Eugene B. on 73-Nov-3 [73-Nov-7: 2B].
Edwards, Charles F. m. Steadman, Carrie V. on 74-Jul-8 [74-Jul-16: 2B].
Edwards, Charles T. m. Smith, Margaret E. on 73-Apr-22 [73-May-19: 2B].
Edwards, Clara Coleman d. on 71-Dec-30 [72-Jan-1: 2B].
Edwards, David m. Goldsborough, Kate, Miss on 74-Aug-6 [74-Aug-8: 2B].
Edwards, Elizabeth d. on 72-Jun-2 [72-Jun-18: 2B].
Edwards, Frank A. m. Wilson, Ida C. on 73-Oct-9 [73-Oct-11: 2B].
Edwards, H. Florence m. Lyman, J. Augustus on 73-Apr-23 [73-May-26: 2B].
Edwards, Harrie C. m. Webb, Ida H., Miss on 72-Dec-9 [72-Dec-21: 2A].
Edwards, Henry Wilson d. on 75-Jul-25 [75-Jul-26: 2B; 75-Jul-27: 2B].
Edwards, Joseph H. (48 yrs.) d. on 74-May-15 of Paralysis [74-May-18: 1G].
Edwards, Laura Kate m. Riley, George W. on 72-Dec-30 [73-Jan-2: 2B].
Edwards, Marcellus m. Lowery, Mary Blanch, Miss on 73-Feb-18 [73-Feb-27: 2B].
Edwards, Maria C., Miss m. Rollins, John E. on 71-Feb-1 [71-Mar-4: 2B].
Edwards, Mary Alice m. Miller, Walter Hubert on 72-Dec-11 [72-Dec-14: 2A].
Edwards, Mary Anne (66 yrs.) d. on 74-Aug-22 [74-Aug-24: 2B].
Edwards, Mary E. (79 yrs.) d. on 72-Feb-25 [72-Feb-27: 2B].
Edwards, Mary Sutton (93 yrs.) d. on 71-Dec-6 [71-Dec-7: 2C].
Edwards, Mollie (27 yrs.) d. on 73-Apr-3 of Pneumonia [73-Apr-5: 2B].
Edwards, Mollie E. m. Chase, William H. on 73-Sep-2 [73-Sep-4: 2B].
Edwards, Mollie Stewart (1 mo.) d. on 73-May-21 [73-May-23: 2B].
Edwards, Philip m. Biddison, Temperance E., Miss on 74-Dec-3 [74-Dec-5: 2B].
Edwards, Rachel (68 yrs.) d. on 71-Oct-2 [71-Oct-4: 2B].
Edwards, Thomas m. McCleary, Maggie on 75-Apr-14 [75-May-5: 2B].
Edwards, W. A. (46 yrs.) d. on 74-Feb-18 [74-Feb-28: 2B].
Edwards, William B. d. on 75-Jul-31 [75-Aug-2: 2B].
Edwards, Willie (6 mos.) d. on 75-Sep-18 [75-Sep-20: 2B].
Eeley, Avice (74 yrs.) d. on 73-Feb-2 [73-Feb-3: 2B; 73-Feb-4: 2B].
Eeley, Samuel (74 yrs.) d. on 71-Dec-7 [71-Dec-8: 2C; 71-Dec-9: 2A].
Egan, Andrew d. on 74-Dec-5 [74-Dec-8: 2C].
Egan, Andrew A. d. on 71-Feb-4 [71-Feb-6: 2C].
Egan, James Patrick (2 yrs., 3 mos.) d. on 71-Mar-23 [71-Mar-24: 2B].

Egan, Joseph (2 yrs., 5 mos.) d. on 75-Jan-9 [75-Jan-11: 2B].
Egerton, A. Dubois (53 yrs.) d. on 74-Jan-3 [74-Jan-5: 2B].
Egerton, Mary P. m. Reid, J. W. on 71-Jun-6 [71-Jun-9: 2B].
Egerton, Oscar C. m. Hutchins, Ella E. on 75-Feb-2 [75-Feb-9: 2B].
Egerton, Philip A. (51 yrs.) d. on 75-May-14 [75-May-18: 4C; 75-May-19: 2B].
Eggleston, J. Edward (28 yrs.) d. on 72-Dec-25 of Pneumonia [71-Dec-28: 2B].
Eggleston, Mary C., Mrs. m. Robinson, George W. on 71-May-8 [71-May-10: 2B].
Eggleston, Mary L. m. Taylor, George W. on 74-Mar-1 [74-Mar-14: 2B].
Eggleston, Rebecca J. d. on 75-Feb-7 of Pneumonia [75-Feb-16: 2B].
Eggleston, Reuben m. Booze, Mary E., Miss on 71-Nov-30 [71-Dec-2: 2B].
Eggleston, Rose (6 yrs.) d. on 71-Jan-30 [71-Feb-1: 2C].
Eggleston, Sallie E., Miss m. Russell, Issac W. on 71-Nov-23 [71-Nov-28: 2B].
Egner, Louis (46 yrs.) d. on 75-Jul-22 Murdered (Shot) [75-Jul-23: 2C, 4C; 75-Jul-24: 2B; 75-Jul-26: 4D].
Egner, Mollie E. m. Logan, C. Wesley on 73-May-15 [73-Jun-5: 2B].
Ehart, Lena, Miss m. Christopher, Thomas, Capt. on 74-Jan-29 [[74-Jan-31: 2B]; 74-Feb-3: 2B].
Ehlen, Carrie T. (7 yrs.) d. on 73-Jan-4 Burned [73-Jan-6: 2B, 4D].
Ehlen, George A. (36 yrs.) d. on 71-Dec-2 [71-Dec-4: 2C].
Ehlen, Thomas A. (34 yrs.) d. on 74-Oct-4 [74-Oct-6: 2B; 74-Oct-7: 2B].
Ehlers, Bernard H. (40 yrs.) d. on 72-Sep-19 [72-Oct-17: 2B].
Ehlers, George Brown (1 mo.) d. on 73-Jul-15 [73-Jul-22: 2B].
Ehlers, George Conrad (3 mos.) d. on 73-Jun-22 [73-Jun-24: 2B].
Ehlers, John A. m. Hitchcock, Mary E., Miss on 71-May-17 [71-May-20: 2B].
Ehlers, Margaret E., Miss m. Mansfield, Richard L. on 74-Sep-24 [74-Oct-1: 2B].
Ehlies, Henry (78 yrs.) d. on 73-Jul-27 [73-Jul-28: 2B].
Ehrhart, Laura V. m. Councelman, John on 73-Jun-3 [73-Jun-21: 2A].
Ehrlich, Esther (21 yrs.) d. on 75-May-17 [75-May-19: 2B].
Ehrlich, Hannah m. Jacobi, Emanuel H. on 74-Nov-11 [74-Nov-14: 2B].
Ehrlich, Moses (23 yrs., 10 mos.) d. on 74-Apr-25 [74-Apr-27: 2B].
Ehrlich, Moses m. Pike, Esther on 72-Oct-20 [72-Oct-26: 2A].
Ehrman, James Nicholas (1 yr., 5 mos.) d. on 72-Aug-19 [72-Aug-20: 2B].
Ehrman, John (58 yrs.) d. on 74-Dec-1 [74-Dec-2: 2B; 74-Dec-3: 2B].
Ehrman, Joseph L. (26 yrs.) d. on 74-Jun-24 Drowned [74-Jun-25: 1G; 74-Jun-26: 1H; 74-Jun-27: 4C].
Ehrman, Margareth Anna, Miss m. Regner, Charles on 73-Oct-7 [73-Oct-9: 2B].
Ehrman, Odelia, Miss m. Tumbleson, Charles W. on 71-Oct-8 [[71-Oct-31: 2C]; 71-Nov-1: 2B].
Ehrman, William (65 yrs.) d. on 75-Jan-24 [75-Jan-25: 2B; 75-Jan-26: 1G, 2B; 75-Jan-27: 2B].
Eichel, Aaron m. Harburger, Kati, Miss on 71-Apr-25 [71-May-6: 2B].
Eichelberger, Alice (29 yrs.) d. on 74-Oct-20 [74-Oct-22: 2B].
Eichelberger, Blanche Mettee d. on 71-May-5 of Whooping cough [71-May-6: 2B].
Eichelberger, E. J., Miss m. Downing, T. J. on 73-Oct-28 [73-Oct-31: 2B].
Eichelberger, Ellen (68 yrs.) d. on 72-Nov-18 [72-Nov-23: 2B].
Eichelberger, James J. (34 yrs.) d. on 73-Mar-6 [73-Mar-13: 2C].
Eichelberger, Juliett Barry (7 mos.) d. on 71-Apr-24 of Whooping cough [71-Apr-26: 2B].
Eichelberger, Maria (72 yrs.) d. on 75-Oct-15 [75-Oct-19: 2A].
Eichelberger, Mary Ferree m. Gobin, Benjamin P. on 71-Dec-5 [71-Dec-7: 2B].
Eichelberger, William Wirt m. Wheatley, E. H., Miss on 73-May-15 [73-May-19: 2B].
Eichengreen, Caroline d. on 74-May-5 [74-May-6: 2B; 74-May-7: 2B].
Eichhorn, Caroline, Miss m. Welch, George W. on 71-Jan-6 [71-Mar-11: 2B].
Eichman, Lizzie (8 yrs.) d. on 75-Dec-22 of Food contamination [75-Dec-23: 4C; 75-Dec-30: 4C].
Eichner, Franz (66 yrs.) d. on 75-Jan-7 of Fall [75-Jan-8: 4D].

Eichorn, Adam (56 yrs.) d. on 71-Jun-12 Drowned [71-Jun-14: 2B].
Eichorn, Dietrich d. [75-May-10: 4D].
Eickel, Charles F. (1 yr.) d. on 71-Aug-10 [71-Aug-12: 2C].
Eickel, Henry (75 yrs.) d. on 75-Aug-26 of Suicide (Drowning) [75-Aug-28: 2B, 4D].
Eickerman, Casper d. on 73-Jan-1 Shot [73-Jan-2: 4C].
Eierman, George W. m. Mitchell, Lucy J. on 75-Nov-24 [75-Dec-7: 2B].
Eigenbrot, Amelia (25 yrs.) d. on 73-May-10 [73-May-12: 2B].
Eigner, Johanny (1 yr., 8 mos.) d. on 75-Mar-16 [75-Mar-17: 2B].
Einhorn, Stephen (74 yrs.) d. on 74-Apr-3 [74-Apr-4: 2B].
Einstein, Cecilia, Miss m. Pfefferkorn, Louis on 74-Feb-15 [74-Feb-21: 2B].
Einstein, Mollie, Miss m. Whitehill, A. on 73-Mar-2 [73-Mar-4: 2B].
Eisenbach, Catherine m. Hink, John on 74-Mar-31 [74-Apr-8: 2B].
Eisenbach, John (52 yrs.) d. on 74-Apr-6 [74-Apr-8: 2B].
Eisenhardt, Johnney William (3 yrs., 7 mos.) d. on 72-Jan-24 [72-Jan-25: 2B].
Eisenhardt, Kate Elizabeth (7 yrs., 6 mos.) d. on 73-Oct-12 [73-Oct-14: 2A].
Eisenhut, Charles (15 yrs.) d. on 75-Jan-4 of Gunshot wound [75-Jan-5: 4E].
Eisler, Ellen (71 yrs.) d. on 72-Aug-10 [72-Aug-12: 2B; 72-Aug-13: 2B].
Eisman, George S. (27 yrs.) d. on 75-Mar-14 of Suicide (Hanging) [75-Mar-15: 4C].
Eisman, Jacob Henry (1 yr., 6 mos.) d. on 72-Apr-21 [72-Apr-22: 2B].
Eitel, Mary E., Miss m. Royston, John W. on 74-Nov-30 [74-Dec-1: 2B].
Ekas, Marcy Ann d. [71-Sep-27: 2B].
Elder, Alexis Joseph, Rev. (79 yrs.) d. on 71-Jan-19 [71-Jan-23: 4D; 71-Jan-24: 4F].
Elder, Elizabeth m. Spencer, Jervis on 75-Nov-9 [75-Nov-11: 2B].
Elder, Elizabeth Rebecca d. on 75-Dec-8 [75-Dec-11: 2B].
Elder, Frances M. m. Shipley, William M. on 71-Aug-29 [71-Sep-2: 2B].
Elder, Hester Ann (96 yrs.) d. on 73-Apr-4 [73-Apr-14: 2B].
Elder, Maggie Rebecca (8 mos.) d. on 71-Nov-3 [71-Nov-10: 2C].
Elder, Mary A. (37 yrs.) d. on 75-Mar-1 [75-Mar-2: 2B].
Elder, Matilda d. on 75-Feb-1 [75-Feb-9: 2B].
Elder, S. d. on 74-Jun-12 [74-Jun-13: 2B].
Elder, Zachariah R. m. Weigner, Kate, Miss on 75-Nov-11 [75-Dec-2: 2B].
Elderkin, David C. m. Gettinger, Bettie K. on 75-May-11 [75-May-14: 2B].
Elderkin, William (90 yrs.) d. on 75-Aug-22 [75-Aug-25: 2B, 4D].
Eldridge, Addie D. (7 yrs.) d. on 75-Feb-23 [75-Feb-24: 2B].
Eldridge, Robert, Jr. (26 yrs.) d. on 72-Oct-7 [72-Oct-8: 2B].
Eldridge, Robert Oliver (4 yrs.) d. on 75-Jan-27 of Scarlet fever [75-Jan-28: 2B].
Eleclip, Amelia d. on 75-Sep-23 [75-Sep-24: 2B].
Eliason, William E. B. m. Husselbaugh, Maggie A., Miss on 72-May-16 [72-Jun-4: 2A].
Eliau, Eliza C. m. Davis, Henry on 73-Jul-27 [73-Aug-16: 2B].
Elkins, Stephen B., Hon. m. Davis, Hallie on 75-Apr-14 [75-Apr-16: 2A].
Elleimyer, Emma F. m. Hesse, Christian F. on 73-Dec-9 [74-Jan-28: 2B].
Ellender, Charles F. m. Rollins, Lizzie on 75-Jan-28 [75-Feb-13: 2C].
Ellender, Frederick (62 yrs.) d. on 74-Feb-6 [74-Feb-7: 2B; 74-Feb-9: 1H].
Ellenger, Rosa Lee, Miss m. Straus, Solomon on 72-Nov-26 [72-Nov-29: 2B].
Ellenwood, Emma, Miss m. Williams, Thomas on 72-Jul-18 [72-Jul-29: 2B].
Ellerbrock, Mary Anna Josephin (1 yr., 2 mos.) d. on 73-Jul-3 [73-Jul-4: 2B].
Ellerman, George (48 yrs.) d. on 75-Jan-2 of Apoplexy [75-Jan-4: 4D].
Ellicks, William (45 yrs.) d. on 75-Feb-9 of Exposure [75-Feb-11: 4D].
Ellicott, Elias (65 yrs.) d. on 73-Sep-4 [73-Sep-6: 2B].
Ellicott, James P. (47 yrs.) d. on 73-Apr-10 [73-Apr-11: 2B].
Ellicott, Joseph S. (13 yrs.) d. on 73-Dec-20 [73-Dec-23: 2C].
Ellicott, Louisa d. on 72-Feb-18 [72-Feb-19: 2B].

Ellicott, Mary Louisa d. on 73-May-12 [73-May-13: 2B; 73-May-14: 2B].
Ellicott, Mary M. m. Roberts, John B. on 71-Jun-20 [71-Jun-26: 2B].
Ellicott, Mary S. (84 yrs.) d. on 72-Mar-28 [72-Mar-29: 2B].
Ellicott, Richard W., Jr. m. Heisner, Etta, Miss on 74-Oct-27 [74-Oct-30: 2B].
Ellicott, Samuel (65 yrs.) d. on 72-Feb-10 [72-Feb-12: 2C].
Ellinger, Amanda, Miss m. Oppheimer, Henry on 72-Feb-28 [72-Feb-29: 2B].
Ellinger, Fannie R. m. Marx, Adolphus on 72-Oct-22 [72-Oct-25: 2B].
Ellinger, John A. m. McKenna, Cecilia, Miss on 71-Aug-28 [71-Aug-31: 2C].
Elliott, Allie V., Miss m. Rullman, Frederic H. on 73-Jan-23 [73-Jan-30: 2B].
Elliott, Amelia d. on 71-Mar-13 [71-Mar-14: 2B; 71-Mar-15: 2B].
Elliott, Amelia Grace (1 mo.) d. on 71-Mar-27 [71-Mar-29: 2B].
Elliott, Annie E. m. Weaver, Joseph F. on 73-Jul-3 [73-Jul-12: 2B].
Elliott, Charles A. m. Elliott, Sarah W., Miss on 73-Mar-10 [73-Mar-17: 2B].
Elliott, Charles M. m. Jenness, Manie A. on 74-Jul-8 [74-Jul-11: 2B].
Elliott, Clara Virginia (5 yrs.) d. on 72-Jun-28 [72-Jul-2: 2B].
Elliott, Curtis E. m. Crowe, Nettie M. on 73-Jun-26 [73-Jun-30: 2B].
Elliott, Edward T. (63 yrs.) d. on 74-Nov-12 [74-Nov-13: 2B].
Elliott, Elizabeth (78 yrs.) d. on 72-Dec-11 [72-Dec-12: 2B; 72-Dec-13: 2B].
Elliott, Elizabeth Cecilia (22 yrs.) d. on 71-Jul-29 [71-Jul-31: 2C].
Elliott, Emma m. McGregor, Joseph C. on 71-May-16 [71-May-30: 2B].
Elliott, Emma E. m. Umbrage, Arnold on 72-May-30 [72-Jul-6: 2A].
Elliott, Estelle (5 mos.) d. on 75-Jan-30 [75-Feb-1: 2B].
Elliott, George T. m. Jones, Annie E., Mrs. on 72-Aug-20 [72-Nov-12: 2B].
Elliott, Georgia J., Miss m. Scott, William R. on 74-Feb-15 [74-Mar-21: 2B].
Elliott, Gideon B. m. Addison, Sarah on 72-Dec-23 [73-Feb-15: 2B].
Elliott, Hattie E., Miss m. Gerhardt, William F. C. on 71-Oct-10 [71-Oct-14: 2A].
Elliott, Hubbard (75 yrs.) d. on 72-Jan-12 [72-Jan-16: 2C].
Elliott, J. Joseph m. Fisher, Evelyn M., Miss on 73-Dec-21 [73-Dec-23: 2B].
Elliott, J. Thomas d. on 72-Nov-13 [72-Nov-21: 2B].
Elliott, James B. m. Brown, Sananah J., Miss on 74-May-7 [74-May-23: 2B].
Elliott, James Hugh d. on 71-Nov-8 [71-Nov-9: 2C].
Elliott, James I. (37 yrs.) d. on 71-Jan-11 [71-Jan-13: 2C].
Elliott, John L. m. Soran, Frances A. on 71-Jan-10 [71-Jan-13: 2C].
Elliott, John Thomas m. Smith, Hannah Elizabeth, Miss on 74-Aug-11 [74-Aug-21: 2B].
Elliott, John Wesley Somers (37 yrs.) d. on 75-May-11 [75-May-13: 2B].
Elliott, Johnny (4 mos.) d. on 74-Jul-10 [74-Jul-11: 2B].
Elliott, Joseph (45 yrs.) d. on 73-Feb-16 [73-Feb-18: 2B].
Elliott, Joseph (18 yrs.) d. on 75-May-18 Drowned [75-May-20: 1H].
Elliott, Laura E., Miss m. Whitmor, Joshua on 74-Oct-13 [[74-Oct-16: 2B]; 74-Oct-20: 2B].
Elliott, Mary m. McElwee, Samuel on 71-Dec-6 [71-Dec-9: 2A].
Elliott, Mary C., Miss m. Nunnally, C. D. on 73-Jul-10 [73-Jul-26: 2A].
Elliott, Mary E. m. Hogg, William on 72-Apr-2 [72-Apr-9: 2B].
Elliott, Mary R. d. on 74-Sep-26 of Consumption [74-Sep-29: 2B].
Elliott, Matilda (16 yrs.) d. on 72-Mar-3 [72-Mar-6: 2B].
Elliott, Mollie (4 mos.) d. on 75-Mar-24 [75-Mar-25: 2B].
Elliott, Rebecca J. m. Wolff, David W. on 71-Apr-10 [71-Apr-22: 2C].
Elliott, Robert m. Philpott, Kate, Miss on 72-Aug-5 [72-Oct-5: 2A].
Elliott, Robert C. (17 yrs.) d. on 71-Sep-28 [71-Sep-29: 2B].
Elliott, Robert O. (44 yrs.) d. on 71-Dec-29 [71-Dec-30: 2C].
Elliott, Sarah E. (23 yrs.) d. on 73-Apr-10 [73-Apr-12: 2A].
Elliott, Sarah E., Miss m. Work, George H. on 73-May-20 [73-Jul-17: 2B].
Elliott, Sarah Olevia d. on 71-Mar-4 of Scarlet fever [71-Mar-7: 2C].

Elliott, Sarah W., Miss m. Elliott, Charles A. on 73-Mar-10 [73-Mar-17: 2B].
Elliott, T. Morgan, Dr. d. on 72-Nov-21 [72-Nov-23: 2A].
Elliott, Thomas m. Wilson, Sallie A. on 74-Jun-11 [74-Jun-12: 2B].
Elliott, Thomas C. (63 yrs.) d. on 75-Nov-20 [75-Nov-22: 2A].
Elliott, Viola May (4 mos.) d. on 75-Jul-17 [75-Jul-19: 2B].
Elliott, William d. on 73-Jan-24 of Yellow fever [73-Apr-16: 2B].
Elliott, William, Rev. (55 yrs.) d. on 75-Mar-14 of Consumption [75-Mar-15: 1H, 2B; 75-Mar-16: 2B].
Elliott, William B. m. Warner, Kate on 75-Jun-9 [75-Jun-15: 2A].
Elliott, William H. (45 yrs.) d. on 71-Nov-18 [71-Nov-20: 2C].
Elliott, William H. m. Barwick, Julia on 74-Oct-1 [74-Oct-14: 2C].
Ellis, Alexander B. (47 yrs.) d. on 75-Sep-16 of Typhoid [75-Sep-17: 2B, 4D; 75-Sep-18: 2A; 75-Sep-20: 4D].
Ellis, Amelia m. Best, Frederick on 71-Sep-19 [71-Sep-19: 2C].
Ellis, Ann Quincy (44 yrs.) d. on 73-Jun-3 [73-Jun-5: 2B].
Ellis, Annie M. m. Hess, Lewis on 74-Dec-27 [74-Dec-31: 2B].
Ellis, Elizabeth Jane m. McKee, James on 73-Dec-28 [75-Apr-1: 2B].
Ellis, George (60 yrs.) d. on 74-May-25 of Collapse of barn [74-May-27: 1H].
Ellis, Harrison m. Slaughter, Sophia L., Miss on 73-Jun-19 [73-Jun-21: 2A].
Ellis, Henry m. Chesney, Helen L. on 73-Nov-2 [73-Dec-2: 2B].
Ellis, John T. (42 yrs., 8 mos.) d. on 72-Apr-18 [72-Apr-19: 2B].
Ellis, Josephine (28 yrs.) d. on 74-May-25 of Collapse of barn [74-May-27: 1H].
Ellis, Louis A. m. Curley, Sarah E., Miss on 75-Jun-3 [75-Jun-5: 2A].
Ellis, Maria d. on 74-Nov-11 [74-Nov-12: 2B].
Ellis, Samuel H. m. Harrison, Sadie on 72-Oct-1 [72-Oct-3: 2B].
Ellison, Elnoria (34 yrs.) d. on 75-Jan-27 [75-Jan-28: 2B].
Ellison, Mary A., Miss m. Pridgeon, John on 73-Feb-18 [73-Mar-13: 2B].
Ellison, Susan E. (7 mos.) d. on 75-Jun-11 [75-Jun-12: 2B].
Ellit, Laura V. (26 yrs.) d. on 72-May-24 [72-May-27: 2B].
Ellot, George m. Kane, Mary Ann on 71-Feb-7 [71-Feb-11: 2B].
Elmer, George H. m. Langrell, Hennie on 72-Dec-12 [72-Dec-24: 2B].
Elmer, Mary A. (56 yrs.) d. on 71-Nov-9 [71-Nov-10: 2C; 71-Nov-11: 2B].
Elmer, Walter F. m. Ruth, Eliza E. on 71-Dec-21 [72-Jan-3: 2B].
Elmer, William Addison (4 yrs.) d. on 72-Jan-16 [72-Jan-17: 2C].
Elmore, James (88 yrs.) d. on 74-Jul-2 [74-Jul-3: 2B; 74-Jul-4: 4C, 2B].
Elphring, William H. m. Fisher, Adelaide on 75-Apr-27 [75-May-5: 2B].
Els, Lizzie, Miss m. Atkinson, C. on 71-Dec-3 [71-Dec-5: 2C].
Elsby, Mary A., Miss m. Askey, William on 74-Jul-7 [74-Jul-11: 2B].
Elsner, Carl F. R. (50 yrs.) d. on 75-Feb-23 of Heart disease [75-Feb-26: 1H, 2B].
Elson, Frank (18 yrs.) d. on 73-Aug-22 Drowned [73-Aug-23: 1H; 73-Aug-26: 1H].
Elsroad, John T. m. Hallock, Ella C., Miss on 74-Jun-30 [74-Jul-4: 2B].
Elton, Birdie Avalon (1 yr.) d. on 75-Jun-24 [75-Jun-25: 2B].
Elton, Charles m. Ludwig, Amelia on 73-Oct-12 [73-Oct-15: 2B].
Eltonhead, Anna Polk (4 yrs., 11 mos.) d. on 74-Mar-23 [74-Mar-24: 2B].
Ely, Bessie (3 yrs., 6 mos.) d. on 74-Jan-10 [74-Jan-12: 2B; 74-Jan-13: 2B].
Ely, Carrie E. d. on 71-Feb-10 of Consumption [71-Feb-17: 2D].
Ely, Charles H. m. Volland, Catherine, Miss on 74-Dec-2 [74-Dec-5: 2B].
Ely, Christina Magdalen (71 yrs.) d. on 71-Oct-29 [71-Oct-30: 2C].
Ely, Elizabeth (67 yrs.) d. on 72-Mar-29 [72-Mar-30: 2B].
Ely, Enoch Noyes (11 mos.) d. on 72-Aug-21 [72-Aug-22: 2C; 72-Aug-23: 2B].
Ely, Eunice Eugenia (1 yr., 7 mos.) d. on 75-Feb-23 [75-Feb-25: 2B].
Ely, George D. (29 yrs., 2 mos.) d. on 73-Mar-17 [73-Mar-18: 2B].

Ely, George Fletcher d. on 72-Apr-20 of Consumption [72-Apr-22: 2B].
Ely, James L. m. Williams, Bertie, Mrs. on 71-Sep-30 [71-Oct-9: 2B].
Ely, John N. (61 yrs.) d. on 72-Jun-19 [72-Jun-20: 2B; 72-Jun-21: 2B, 4B].
Ely, Laura J. d. on 71-Feb-6 [71-Feb-8: 2C].
Ely, Margaret J. m. Haugherty, James on 72-Mar-3 [72-Mar-8: 2B].
Ely, Mary J. m. McKee, William S. on 71-Dec-30 [72-Jan-19: 2C].
Elzey, Arnold, Gen. (54 yrs.) d. on 71-Feb-21 [71-Feb-22: 2C; 71-Feb-23: 2C; 71-Feb-24: 4E; 71-Feb-25: 4E].
Elzey, George W. m. Bennett, Elizabeth E. on 73-Sep-4 [73-Oct-15: 2B].
Emach, Charles S. m. Wallach, Alice on 73-Nov-5 [73-Nov-8: 2B].
Embert, Thomas A. m. Mills, Hattie E. on 73-Nov-25 [73-Nov-29: 2B].
Emerich, Cornelius m. Atkinson, Sallie Sliver on 75-Nov-18 [75-Nov-27: 2B].
Emerich, Flora (4 mos.) d. on 75-Jun-26 [75-Jun-28: 2B].
Emerich, Martin m. Straus, Lena on 71-Sep-27 [71-Oct-7: 2B].
Emerich, Rosa, Miss m. Weglein, M. on 72-May-19 [72-May-20: 2A].
Emerich, Rudolph m. Mackenheimer, Mary on 73-Sep-2 [73-Sep-4: 2B].
Emerick, David L. (30 yrs.) d. on 73-Aug-3 [73-Aug-5: 2B].
Emerick, Grace (2 yrs., 6 mos.) d. on 71-Aug-15 [71-Aug-15: 2B].
Emerick, Maggie E. m. Stierhoff, Frederick on 75-Aug-31 [75-Sep-7: 2B].
Emerine, Eva E., Miss m. Edell, Henry on 72-Oct-15 [72-Nov-2: 2A].
Emerson, George W. d. on 73-Jun-2 [73-Jun-3: 2A].
Emerson, John P. m. McDaniel, Sarah R. Frances on 72-Apr-22 [72-Apr-29: 2B].
Emery, Hattie V. (19 yrs.) d. on 74-Oct-6 [74-Oct-7: 2B].
Emery, John H. m. Trego, Kate I. on 75-Jun-8 [75-Jun-11: 2B; 75-Jun-12: 2B].
Emery, Sophia C. (18 yrs.) d. on 70-Dec-29 [71-Jan-3: 2C].
Emich, Daniel (75 yrs.) d. on 75-Mar-5 [75-Mar-10: 2C].
Emich, Isabella M. m. Davis, Robert on 74-Jun-30 [74-Jul-4: 2B].
Emmart, Ann Amelia (2 yrs., 1 mo.) d. on 71-Sep-27 [71-Oct-14: 2B].
Emmart, Clara, Miss m. Forrester, George F. on 75-Sep-15 [75-Sep-24: 2B].
Emmart, Clara R. (5 yrs.) d. on 71-Apr-13 [71-Apr-14: 2B].
Emmart, Ella May (2 yrs., 4 mos.) d. on 75-Jul-15 [75-Jul-20: 2B].
Emmart, Joseph m. Lyeth, Ida, Miss on 73-Nov-13 [73-Nov-17: 2B].
Emmart, Mary J. m. Allen, David L. on 73-May-22 [73-Jul-1: 2A].
Emmart, Nannie L., Miss m. Disney, William A., Jr. on 75-Sep-16 [75-Sep-18: 2A].
Emmart, Sarah, Mrs. m. Swainscott, Jonathan on 75-Feb-8 [75-Mar-16: 2B].
Emmart, Sarah C. (23 yrs.) d. on 72-Jun-6 [72-Jun-7: 2B; 72-Jun-8: 2B].
Emmart, William H. m. Timanus, Laura V. on 73-May-21 [73-May-31: 2A].
Emmerich, Emma Virginia m. Sharetts, George W. on 73-Nov-13 [73-Nov-21: 2B].
Emmerich, George E. m. Shepherd, Mary Lizzie on 72-Apr-18 [72-Apr-25: 2B].
Emmler, Mary M. d. on 75-Feb-15 [75-May-15: 2B].
Emory, Ann Wells d. on 71-Jun-26 [71-Jun-27: 2B].
Emory, Blanche (4 mos.) d. on 75-Aug-7 [75-Aug-9: 2B].
Emory, Caroline M. (68 yrs.) d. on 73-Aug-30 [73-Sep-2: 2B].
Emory, Catherine D. (75 yrs.) d. on 72-May-8 [72-May-9: 2B].
Emory, Clarence Howard (7 mos.) d. on 71-Jun-15 [71-Jun-16: 2C].
Emory, Elizabeth, Miss m. Morse, F. W. on 72-Apr-4 [72-Apr-12: 2B].
Emory, Fannie Tilghman (6 mos.) d. on 73-Sep-8 [73-Sep-9: 2B].
Emory, Frank m. Leonard, Nellie, Miss on 73-Jul-31 [73-Sep-15: 2B].
Emory, Frederick B. (30 yrs.) d. on 74-Feb-21 [74-Feb-23: 2B].
Emory, John m. Nichols, Francina, Miss on 73-Aug-14 [73-Aug-29: 2B].
Emory, John, Jr. (32 yrs., 11 mos.) d. on 75-May-27 of Consumption [75-May-28: 2A; 75-May-29: 2A].

Emory, John K. B., Dr. (75 yrs.) d. on 73-Jan-2 [73-Jan-4: 2B].
Emory, John W. (53 yrs.) d. on 75-Mar-24 [75-Mar-27: 2C].
Emory, Julianna d. on 74-May-11 [74-May-14: 2B].
Emory, Lucie Tennille m. McKenzie, George N., Jr. on 74-Apr-15 [74-Apr-22: 2B].
Emory, Maria Louise (3 yrs., 5 mos.) d. on 71-May-5 [71-May-6: 2B].
Emory, Mary d. on 74-Jun-7 [74-Jun-9: 2B].
Emory, Sarah L., Miss m. Nicholson, Hopper E. on 75-Sep-30 [75-Oct-2: 2B].
Emory, Virginia m. Carter, George R. on 73-Feb-5 [73-Feb-11: 2B].
Emory, William H. (73 yrs.) d. on 74-Nov-27 of Cholera morbus [74-Nov-28: 2C, 4C; 74-Nov-30: 4C].
Emory, William H., Jr. m. Grimes, Mittie B. on 72-Jun-26 [72-Jul-1: 2B].
Emrich, Emma J., Miss m. Greener, Henry on 71-Nov-28 [71-Dec-4: 2C].
Emrich, J. P., Jr. m. McGinley, Lizzie on 74-Oct-8 [74-Oct-26: 2B].
Emrich, Melea m. Yager, J. P. on 73-Jan-7 [73-Jan-8: 2B].
Emrich, W. H. m. Schaefer, Lany M. on 74-May-21 [74-May-23: 2B].
Enells, Perry (15 yrs.) d. on 72-Jun-19 Drowned [72-Jun-20: 4D].
Eney, Annie Hosking (4 mos.) d. on 74-Oct-8 [74-Oct-9: 2B].
Eney, Benjamin F. m. Taylor, Annie M., Miss on 71-Jul-16 [71-Jul-22: 2B].
Eney, Edward Stowman (6 mos.) d. on 74-Jun-28 [74-Jun-29: 2B; 74-Jun-30: 2B].
Eney, Hannah E., Miss m. MacSweeney, Daniel on 73-Feb-18 [73-Feb-26: 2B].
Eney, Julia A. (70 yrs.) d. on 72-Nov-17 [72-Nov-18: 2B].
Eney, Mary E., Miss m. Willis, William M. on 73-Sep-11 [73-Oct-14: 2A].
Eney, Robert Edmund (6 mos.) d. on 74-Jun-29 [74-Jun-30: 2B].
Eney, William Meads (7 yrs., 3 mos.) d. on 75-Jun-21 Drowned [75-Jun-22: 2B].
Engel, David (55 yrs.) d. on 75-May-25 [75-May-26: 2B].
Engel, Hannah (70 yrs.) d. on 75-Nov-5 [75-Nov-6: 2B].
Engel, Philip (49 yrs.) d. on 71-Jan-29 [71-Jan-30: 2C; 71-Jan-31: 2C].
Engelhaupt, Maggie (22 yrs.) d. on 74-Jun-6 [74-Jun-8: 2B].
England, E. J. (63 yrs., 2 mos.) d. on 73-Apr-22 [73-Apr-23: 2B].
England, Eliza J., Miss m. Spence, John H. on 72-Nov-26 [73-Jan-21: 2B].
England, Frank F., Dr. m. Caples, Georgie on 73-May-20 [73-Jun-12: 2B].
England, Ida May (4 yrs., 1 mo.) d. on 71-Dec-28 [71-Dec-30: 2C; 72-Jan-1: 2C; 72-May-16: 2B].
England, Mary A. (57 yrs.) d. on 71-Jul-10 [71-Jul-11: 2B; 71-Jul-12: 2B].
England, Robert m. Firth, Jennie on 72-Jan-16 [72-Jan-19: 2C].
England, William (2 mos.) d. on 72-Aug-4 [72-Aug-8: 2B].
Engle, Louisa C., Miss m. Green, George W. on 75-May-18 [75-May-22: 2B].
Englehart, Annie d. on 74-Apr-25 of Lamp explosion [74-Apr-27: 4C].
Englehart, Michael (40 yrs.) d. on 74-Jan-31 [74-Feb-2: 4F].
Englehaupt, Francis Theodore (36 yrs.) d. on 74-Nov-2 of Suicide (Shooting) [74-Nov-3: 1G].
Engler, Adolph m. Brauns, Lizzie on 75-Apr-13 [75-Apr-22: 2B].
Engler, Julia E. d. on 73-Mar-2 [73-Mar-4: 2B].
Engler, Sallie E., Miss m. Smith, Thomas B. on 72-Oct-15 [72-Oct-17: 2B].
Engles, John m. Sauers, Kate, Miss on 75-Apr-22 [75-Apr-27: 2B].
English, Mary Jane (61 yrs.) d. on 75-Jan-7 [75-Jan-8: 2B; 75-Jan-9: 2B].
English, Robert E. m. Healy, Mary on 73-Aug-13 [73-Aug-20: 2B].
English, Zephaniah (47 yrs.) d. on 75-Sep-10 [75-Sep-13: 2B, 4B].
Ennis, James H. m. Oveiman, Ella R., Miss on 71-Jan-3 [71-Jan-7: 2C].
Ennis, Joseph T. m. Kessler, Sallie E., Miss on 72-Oct-17 [72-Oct-23: 2B].
Ennis, William m. Lepson, Emma M. on 73-Nov-27 [73-Dec-4: 2B].
Enos, Charles H. m. McDonald, Lee, Miss on 71-Aug-17 [71-Aug-19: 2A].
Enos, Laura A., Miss m. Harrison, William K. on 75-Jan-27 [75-Feb-2: 2B].

Enright, Charles m. Kellogg, Jenetta M. on 72-Sep-19 [72-Sep-25: 2B].
Enright, Frank (1 yr., 4 mos.) d. on 72-Jun-13 [72-Jun-14: 2A].
Enright, Odelia B., Miss m. Von Holton, George F. on 72-Jan-18 [72-Jan-26: 2C].
Ensor, Achsah A., Miss m. Weeks, Henry on 73-Jul-22 [73-Aug-4: 2B].
Ensor, Agnes Rebecca d. on 74-Jan-26 [74-Jan-29: 2B].
Ensor, Edward m. Carlton, Susan on 74-Apr-2 [74-May-25: 2B].
Ensor, Flora J. m. Bertram, William A. on 73-Apr-30 [73-May-9: 2B].
Ensor, Jacob m. Haines, Martha N., Miss on 71-Apr-27 [71-Apr-29: 2B].
Ensor, Laura Emma m. Haines, Levi W. on 73-May-21 [73-May-23: 2B].
Ensor, Mary (75 yrs., 10 mos.) d. on 74-Feb-20 [74-Mar-18: 2B].
Entler, Catherine (69 yrs.) d. on 71-Jul-13 [71-Jul-15: 2B].
Entz, Mary A. d. on 72-Sep-28 [72-Sep-30: 2B].
Entz, Willie Orrick (2 yrs., 9 mos.) d. on 71-Jan-11 [71-Jan-12: 2C].
Enwright, Mary d. on 71-Dec-11 [71-Dec-12: 2B].
Eppes, Susan A. (69 yrs.) d. on 71-Mar-7 [71-Mar-11: 2B].
Epple, William (32 yrs.) d. on 72-Jul-3 of Apoplexy [72-Jul-4: 1H, 2B].
Eppler, Jacob (44 yrs.) d. on 73-Nov-4 [73-Nov-6: 2B].
Eppley, Lizzie m. Norman, Henry A. on 72-Nov-14 [72-Dec-9: 2B].
Epron, M. Louise, Miss m. Hackney, John R. on 75-May-25 [75-May-28: 2A].
Erdbrink, Herman (53 yrs.) d. on 71-Jul-5 [71-Jul-6: 2B; 71-Jul-7: 2C].
Erdman, Anna R. m. Lloyd, Josiah E. on 71-Apr-6 [71-Apr-24: 2B].
Erdman, David C. m. Rusk, Eliza J., Miss on 72-Nov-7 [72-Nov-9: 2A].
Erdman, Elizabeth Barbara (4 yrs.) d. on 71-Apr-30 [71-May-2: 2B].
Erdman, John C. m. Snyder, Mollie J. on 73-Jun-18 [73-Jun-21: 2A].
Erdman, John James (1 mo.) d. on 75-Feb-26 [75-Feb-27: 2B].
Erdman, Louisa (65 yrs.) d. on 73-Mar-17 [73-Mar-18: 2B; 73-Mar-19: 2B].
Erdman, Mamie E. (9 mos.) d. on 73-Sep-5 [73-Sep-6: 2B].
Erdman, Peter G. (2 yrs.) d. on 71-Jan-30 [71-Jan-31: 2C; 71-Feb-1: 2C].
Erdman, Sarah Elizabeth (1 yr., 6 mos.) d. on 73-Sep-9 [73-Sep-10: 2B].
Erdmann, Frank Graves d. on 75-Aug-15 [75-Aug-16: 2B; 75-Aug-17: 2B].
Erdmann, H. L. m. Hoddinott, C. A., Miss on 74-May-6 [74-May-14: 2B].
Erek, Sarah A. T., Miss m. Martin, John A. on 71-Nov-9 [72-Feb-26: 2C].
Erek, William C. (21 yrs.) d. on 72-Jan-27 [72-Jan-29: 2C].
Erich, Annie L. (7 yrs., 5 mos.) d. on 74-Jun-4 [74-Jun-5: 2B].
Erich, Charles A. m. Brown, Rosanna, Miss on 73-Mar-27 [73-Mar-29: 2B].
Ermer, H. F. Charles (1 yr., 10 mos.) d. on 71-Apr-29 [71-May-4: 2B].
Erney, Kate M. (49 yrs.) d. on 75-Feb-10 [75-Feb-13: 2C].
Erpenbeck, Henry (55 yrs., 2 mos.) d. on 72-Nov-17 [72-Nov-18: 2B].
Erskine, Margaret (35 yrs.) d. on 75-Dec-16 [75-Dec-21: 2B].
Erving, Mary C. (72 yrs.) d. on 75-Feb-24 [75-Feb-25: 2B].
Erwin, Jane, Mrs. m. Smith, Thomas on 71-Oct-17 [71-Nov-1: 2B].
Escaville, Joseph B. (45 yrs.) d. on 70-Dec-31 [71-Jan-2: 2C, 4D; 71-Jan-3: 2C, 4B].
Escaville, Susanna B. (48 yrs.) d. on 75-Mar-11 [75-Mar-12: 2B; 75-Mar-13: 2B].
Eschbach, Cora Lee d. on 75-Sep-22 [75-Sep-23: 2B].
Eschbach, George A. (1 mo.) d. on 74-Nov-28 [74-Nov-30: 2B].
Eschbach, J. Richard m. Davis, Florence J. on 72-Jan-3 [72-Jan-9: 2C].
Eschbach, Julia Maud (2 yrs., 7 mos.) d. on 75-Jul-15 [75-Jul-16: 2B].
Eschbach, Mollie, Miss m. Bottomer, Harry H. on 73-May-27 [73-May-30: 2B].
Eschbach, Susie R. m. Lennon, William H. on 72-Jan-3 [72-Jan-9: 2C].
Esche, Ella, Miss m. Hilgert, Henry on 71-Jun-8 [71-Jun-10: 2A].
Esender, Catherine (73 yrs.) d. on 74-Apr-14 of Heart disease [74-Apr-15: 1H, 2B; 74-Apr-16: 2B].

Esender, Elizabeth (62 yrs.) d. on 72-Apr-25 [72-Apr-26: 2B; 72-Apr-27: 2B].
Esender, George T. d. on 74-Aug-10 [74-Nov-14: 2B].
Esender, William m. Dever, Gertrude Rebecca on 71-Dec-26 [72-Jan-6: 2A].
Eshbach, Susan E. d. on 71-Aug-17 [71-Aug-18: 2C].
Esherick, Amanda W. m. Armiger, Thomas B. on 73-Apr-17 [73-Apr-21: 2B].
Esherick, Thomas (66 yrs.) d. on 71-Jul-26 [71-Jul-27: 2B; 71-Jul-28: 2B].
Eshrick, George W. (23 yrs.) d. on 71-Apr-3 [71-Apr-5: 2B].
Eskridge, Harriet m. Snead, E. H. on 72-Nov-7 [72-Nov-9: 2A].
Esler, Alexander (40 yrs.) d. on 75-Sep-9 [75-Sep-11: 2B].
Esler, Matilda (38 yrs.) d. on 74-Oct-13 [74-Oct-15: 2B].
Eslinger, John d. on 72-Apr-16 in Railroad accident [72-Apr-19: 4C].
Esmer, Gustav A. m. Fladung, Lisetti on 73-Jun-5 [73-Jun-19: 2B].
Esmer, Mary P.J., Miss m. Vorndran, Richard A. on 71-Jan-25 [71-Jan-31: 2C].
Esome, Annie E., Miss m. Burton, Robert J. on 74-Mar-1 [74-Apr-22: 2B].
Esome, John H. (39 yrs.) d. on 73-Aug-6 [73-Aug-8: 2B; 73-Aug-11: 4E].
Espey, Lily L. (9 mos.) d. on 73-Sep-8 [73-Sep-9: 2B].
Espey, Sallie J. m. Sunderland, Beverly W. on 73-Oct-6 [73-Oct-11: 2B].
Essender, Catherine d. on 72-May-18 [72-May-27: 2B].
Essender, Charles m. Owens, Ella, Miss on 74-Nov-24 [74-Dec-16: 2B].
Essex, Angie, Miss m. Edger, William J. on 74-Sep-10 [74-Sep-24: 2B].
Essex, George D. m. Essex, Mary E. on 71-Dec-6 [71-Dec-14: 2B].
Essex, Mary E. m. Essex, George D. on 71-Dec-6 [71-Dec-14: 2B].
Essex, Mary E., Miss m. Smith, John on 72-Sep-5 [72-Sep-11: 2A].
Est, Jennie d. on 72-Aug-16 of Fall from portico [72-Aug-20: 1G].
Estabrook, Ida K. m. Stehl, Rudolph on 73-Oct-28 [73-Oct-31: 2B].
Estlack, Mary (26 yrs.) d. on 74-Oct-4 [74-Oct-6: 2B; 74-Oct-7: 2B].
Estlack, Samuel (24 yrs.) d. on 74-Aug-22 [74-Aug-24: 2B].
Estlin, Robert W. (64 yrs.) d. of Heart disease [71-Sep-5: 2C].
Etris, John T. (22 yrs.) d. on 73-Dec-4 [73-Dec-5: 2B].
Ettele, Cora T., Miss m. Briel, John, Sr. on 75-Feb-27 [75-Mar-10: 2C].
Ettele, Ida M., Miss m. Clark, Benjamin F. on 73-Mar-18 [73-Apr-15: 2B].
Ettinger, J. M., Rev. m. Boas, Ella, Miss on 75-Sep-23 [75-Sep-25: 2B].
Eubank, Annie E., Mrs. m. Knight, George H. on 74-Feb-3 [74-Feb-5: 2B].
Eubank, Nora T., Miss m. Parker, R. E. on 75-Mar-3 [75-Mar-18: 2B].
Evans, Abel (60 yrs., 2 mos.) d. on 74-Aug-29 [74-Aug-31: 2B].
Evans, Albert C. m. Baker, Jennie, Miss on 73-Apr-29 [73-May-13: 2B].
Evans, Annie d. on 75-Feb-14 [75-Feb-15: 2B].
Evans, Annie, Miss m. Morrison, Arthur P. on 71-May-11 [71-May-15: 2B].
Evans, Annie B. D. m. Burton, Robert F. on 71-May-30 [71-Jun-6: 2C].
Evans, Annie May d. on 71-May-13 [71-May-15: 2B].
Evans, Belle M. m. Lafevre, William A. on 70-Nov-28 [71-Jan-4: 2B].
Evans, Bettie Ruth (5 mos.) d. on 73-Jun-10 [73-Jun-12: 2B].
Evans, Charles E. m. Clark, Clara V., Miss on 75-Nov-4 [75-Nov-16: 2B].
Evans, Charles H. m. Cox, Elizabeth L. on 75-Nov-24 [75-Dec-14: 2B].
Evans, Charles L. F. (24 yrs.) d. on 73-Aug-29 [73-Aug-30: 2A].
Evans, Charles L. F. m. Server, Florence on 71-Oct-12 [71-Oct-16: 2B].
Evans, Clifton Winfield (1 yr., 8 mos.) d. on 74-Sep-9 [74-Sep-10: 2B].
Evans, Cornelia B. m. Fornshil, Nelson C. on 73-Oct-15 [73-Oct-20: 2B].
Evans, Daniel Archer (4 mos.) d. on 72-Jul-3 [72-Jul-4: 2B].
Evans, Ellen Cecilia (1 yr.) d. on 72-Jul-3 of Brain congestion [72-Jul-6: 2B].
Evans, Emma E. m. Clotworthy, George W. on 71-Dec-21 [72-Feb-5: 2C].
Evans, Fannie Elma (9 yrs.) d. on 73-Jul-31 [73-Aug-1: 2B].

Evans, Francis L. m. Grimes, Elizabeth J., Miss on 74-Mar-26 [74-Aug-14: 2B].
Evans, Franklin (40 yrs.) d. on 72-Mar-13 [72-Mar-15: 2C; 72-Mar-16: 2B].
Evans, George Dashiell (24 yrs.) d. on 74-Aug-5 of Consumption [74-Aug-6: 2B; 74-Aug-7: 2B].
Evans, George W. m. Cowan, Annie on 71-Dec-28 [71-Dec-30: 2C].
Evans, George W., Sr. (56 yrs.) d. on 72-Mar-17 [72-Mar-18: 2A].
Evans, J. B. m. O'Brien, Maggie, Miss on 72-Jul-17 [72-Aug-31: 2A].
Evans, Jane, Miss m. Lloyd, John W. on 74-Sep-29 [74-Oct-6: 2B].
Evans, John (55 yrs.) d. on 71-Apr-9 of Apoplexy [71-Apr-10: 2B, 4A; 71-Apr-11: 2B].
Evans, John (69 yrs.) d. on 71-Mar-16 of Apoplexy [71-Mar-18: 2B].
Evans, John d. of Apoplexy [73-Dec-5: 2B].
Evans, John H. m. Morrison, Mary E. on 72-Apr-16 [72-Apr-23: 2B].
Evans, Joseph (70 yrs.) d. on 72-Dec-11 of Brain congestion [72-Dec-14: 2B].
Evans, Joseph Henry (40 yrs.) d. on 73-Dec-30 [73-Dec-31: 2B].
Evans, Joshua m. Hepburn, Mary, Miss on 71-Mar-12 [71-Apr-1: 2B].
Evans, Leah d. on 75-Apr-26 [75-Apr-27: 2B].
Evans, Lewis (56 yrs.) d. on 74-Jul-23 [74-Jul-24: 2B].
Evans, Lizzie A. m. Stolpp, William A. on 74-Nov-25 [74-Dec-1: 2B].
Evans, Loyal Cowles (11 yrs.) d. on 71-Jul-1 [71-Jul-6: 2B].
Evans, M. F., Miss m. Zimmerman, George H., Jr. on 74-Oct-28 [74-Oct-29: 2B].
Evans, Margaret d. on 75-Apr-30 [75-May-1: 2B].
Evans, Margaret A. (36 yrs.) d. on 72-Feb-25 of Pneumonia [72-Feb-29: 2C].
Evans, Margaret A. (4 mos.) d. on 72-Jul-5 [72-Jul-9: 2D].
Evans, Mary (86 yrs.) d. on 73-Mar-4 [73-Mar-6: 2C].
Evans, Mary E. m. Haha, James on 72-Apr-15 [72-Apr-17: 2B].
Evans, Mary E. m. Ford, John on 73-Feb-13 [73-Feb-21: 2B].
Evans, Mary Jane (42 yrs.) d. on 72-Jan-30 [72-Jan-31: 2C].
Evans, Matilda (23 yrs.) d. on 72-Apr-28 [72-Apr-30: 2B].
Evans, Miranda m. Cullimore, John E. on 71-Dec-19 [72-May-24: 2B].
Evans, Nannie E., Miss m. Bond, William H. on 73-Nov-6 [73-Nov-8: 2B].
Evans, Nathan W., Capt. m. Phipps, Sarah P. on 75-Jul-5 [75-Jul-7: 2B].
Evans, Nellie (1 yr., 3 mos.) d. on 74-Aug-25 [74-Aug-27: 2B].
Evans, Nora d. on 75-Dec-19 [75-Dec-23: 2B].
Evans, Rebecca (93 yrs.) d. on 72-Jul-10 [72-Jul-12: 2C].
Evans, Rebecca K. (69 yrs.) d. [72-Sep-28: 2B].
Evans, Ruth I., Miss m. Jillard, W. H. on 71-Nov-18 [71-Dec-11: 2B].
Evans, Sallie, Miss m. Webb, William on 75-May-20 [75-May-29: 2A].
Evans, Sarah J. m. Biddle, Thomas W. on 75-Oct-14 [75-Oct-26: 2A].
Evans, Toppie m. Ward, Frank X. on 74-Nov-11 [74-Nov-21: 2B].
Evans, William R. (26 yrs.) d. on 73-Feb-5 [73-Feb-7: 2B; 73-Feb-8: 2B].
Evatt, Mary m. Hults, Robert M. on 75-Nov-9 [75-Dec-1: 2B].
Evatt, Willie J. (2 yrs., 3 mos.) d. on 72-Mar-3 of Scarlet fever [72-Mar-4: 2B].
Everett, Francis R. m. Brown, Brittania, Miss on 71-Jul-4 [71-Jul-11: 2B].
Everett, George L. (36 yrs.) d. on 73-Jul-23 of Consumption [73-Jul-24: 2B; 73-Jul-25: 2B; 73-Jul-26: 2A].
Everett, Joanna C. (73 yrs.) d. on 71-Dec-3 [71-Dec-15: 2B].
Everett, Sallie J., Miss m. Rehberger, John H., Dr. on 73-May-29 [73-May-31: 2A].
Everetts, Mary E. m. Morrow, John F. on 73-Feb-14 [73-Feb-17: 2B].
Everhardt, John (40 yrs.) d. on 73-Dec-2 Drowned [73-Dec-3: 4D; 73-Dec-4: 4D].
Everhart, Charles F. m. Miller, Caroline on 74-Sep-3 [74-Sep-12: 2B].
Everhart, Cora E., Miss m. Leber, Charles L. on 74-Jun-9 [74-Jun-19: 2B].
Everhart, Martin (59 yrs.) d. on 73-Feb-18 [73-Feb-19: 2B].
Everhart, Nancy d. on 74-Jul-30 [74-Jul-31: 2B; 74-Aug-1: 2B].

Everhart, Sarah Ann (82 yrs.) d. on 72-Jan-20 [72-Jan-23: 2C].
Everist, Alice, Miss m. Meredith, Frank S. on 72-Jan-9 [72-Jan-17: 2C].
Everitt, Robert B. m. Wingate, Willie E., Miss on 72-May-2 [72-May-6: 2B].
Everly, Lizzie (8 mos.) d. on 75-Aug-23 [75-Aug-25: 2B].
Evers, Catharina, Miss m. Grubbs, James B. on 74-Jun-4 [74-Jun-11: 2B].
Evers, W. H. (7 yrs.) d. on 75-Nov-8 [75-Nov-10: 2B].
Eversfield, Nannie W. m. Brown, C. H. on 71-Sep-20 [71-Sep-28: 2B].
Eversman, Minnie E. (24 yrs.) d. on 74-Jun-10 [74-Jun-11: 2B; 74-Jun-12: 2B].
Eversmann, Lewis m. Layer, Minnie E. on 72-Jan-12 [72-Jan-29: 2C].
Everwin, Ellen Sophia d. on 73-Feb-9 of Heart disease [73-Feb-11: 1H, 2B].
Evitts, Margaret (86 yrs.) d. on 72-Nov-3 [72-Nov-4: 2B].
Evoy, John Martin (22 yrs.) d. on 74-Oct-17 [74-Oct-19: 2B].
Evoy, Richard (18 yrs.) d. on 73-Sep-22 [73-Sep-23: 2B].
Ewalt, George Edwin (2 yrs., 8 mos.) d. on 73-Jul-30 [73-Aug-1: 2B].
Ewalt, James B. McCurley d. on 73-Aug-12 [73-Aug-15: 2B].
Ewell, Sallie E., Miss m. Williams, R. Douglas on 74-Jul-9 [74-Jul-18: 2B].
Ewens, Gracie E. m. White, Walter W., Dr. on 74-May-27 [74-May-30: 2B].
Ewing, Amelia A. d. on 71-May-22 [71-May-24: 2B].
Ewing, Ann Elizabeth (41 yrs.) d. on 75-Jul-14 [75-Jul-15: 2B].
Ewing, John T. m. De Baugh, Mary Theresa, Miss on 74-Feb-12 [74-Feb-19: 2B].
Ewing, Louisa (1 yr., 4 mos.) d. on 75-Jan-10 [75-Jan-11: 2B].
Ewing, Mary E. m. Gardiner, Robert, Jr. on 73-Mar-20 [73-Mar-29: 2B].
Ewing, Samuel W. (53 yrs.) d. on 71-Dec-5 [71-Dec-7: 2C].
Ewing, Thomas (48 yrs.) d. on 74-May-23 Murdered (Assaulted) [74-May-25: 1H].
Ewing, William Oliver m. Hinkle, Alice, Miss on 72-Dec-12 [72-Dec-14: 2A].
Ewings, Isabelle (16 yrs.) d. on 72-Jun-7 [72-Jun-13: 2B; 72-Jul-8: 2C].
Eyerly, Robert William (4 mos.) d. on 73-Aug-18 [73-Aug-19: 2B].
Eyester, Anna M. m. Senseney, Charles H. on 73-Dec-16 [73-Dec-18: 2B].
Eyll, George P. m. Hoengen, Louisa, Miss on 71-Mar-16 [71-Apr-3: 2B].
Eytinge, Henry m. Nachman, Bertha on 72-Sep-25 [72-Sep-28: 2B].
Fabens, Benjamin H. m. Chamberlaine, Rebecca Loney on 75-Dec-9 [75-Dec-14: 2B].
Fabian, Brother (18 yrs.) d. on 73-Aug-22 Drowned [73-Aug-23: 1H; 73-Aug-26: 1H].
Fabrill, Charles Wallace (5 yrs., 1 mo.) d. on 75-Nov-18 [75-Nov-19: 2B].
Fabrill, Sarah, Miss m. Brayden, William W., Jr. on 75-Jan-27 [75-Feb-15: 2B].
Faden, Mary d. on 74-Jul-26 [74-Jul-27: 2B].
Fagan, Robert (43 yrs.) d. on 74-Feb-6 [74-Feb-7: 2B].
Fagen, Alice (63 yrs.) d. on 72-Sep-9 [72-Sep-10: 2A].
Fager, Roseanna (9 mos.) d. on 71-Sep-3 [71-Sep-5: 2B].
Fagret, Anais F. (82 yrs.) d. on 74-Jun-17 [74-Jun-18: 2B].
Faherty, Ellen (48 yrs.) d. on 75-Nov-26 [75-Nov-27: 2B].
Faherty, Michael (28 yrs.) d. on 72-Oct-10 [72-Oct-11: 2B].
Faherty, Sarah (85 yrs.) d. on 73-Apr-21 [73-Apr-23: 2B].
Fahey, Annie (7 mos.) d. on 73-Jun-13 [73-Jun-14: 2B].
Fahey, Catherine (21 yrs.) d. on 74-Jan-14 [74-Jan-15: 2B].
Fahey, John F. (47 yrs.) d. on 71-Jun-25 [71-Jun-28: 2B].
Fahey, Mary (77 yrs.) d. on 75-Jan-31 [75-Feb-1: 2B].
Fahey, Michael (85 yrs.) d. on 73-Oct-8 [73-Oct-9: 2B].
Fahey, Patrick (53 yrs.) d. on 73-Oct-13 [73-Oct-14: 2B].
Fahlen, Johanna d. on 72-May-26 [72-May-27: 2A].
Fahs, Louisa S. d. on 74-Mar-24 [74-Mar-25: 2B; 74-Mar-26: 2B].
Fahy, Thomas (24 yrs.) d. [75-Jul-23: 2C].
Faid, Charles Franklin (1 yr., 1 mo.) d. on 71-Oct-31 [71-Nov-2: 2C].

Faid, Henry (61 yrs.) d. on 73-Sep-13 [73-Sep-15: 2B].
Fairall, Ella Nora m. Jones, Owen F. on 73-Apr-15 [73-Apr-29: 2B].
Fairall, Florence W. m. Hoover, George A. on 73-Nov-26 [73-Nov-29: 2B].
Fairall, G. Edwin m. Banks, Ella M. on 74-May-7 [74-May-14: 2B].
Fairall, Lizzie P. (1 yr., 9 mos.) d. on 73-Jun-20 [73-Jul-1: 2B; 73-Jul-2: 2B].
Fairbank, C. Alex. m. Sinclair, Sallie S. on 73-Apr-9 [73-Apr-12: 2A].
Fairbank, Charity (89 yrs.) d. on 72-Oct-13 [72-Oct-14: 2B].
Fairbank, George W. m. Clemmons, Sallie K. on 75-Oct-7 [75-Oct-11: 2B].
Fairbank, J. Randolph m. Black, Laura M. on 75-Jul-20 [75-Jul-29: 2B].
Fairbank, John F. m. Wilkinson, Kate C., Miss on 72-Dec-26 [73-Jan-6: 2B].
Fairbank, Theodore M. (5 yrs., 4 mos.) d. on 72-Feb-25 [72-Mar-4: 2B].
Fairbanks, James D. (29 yrs.) d. on 72-Jan-10 [72-Jan-11: 2B; 72-Jan-12: 2C].
Fairbanks, Maggie May (2 yrs., 2 mos.) d. on 71-Apr-6 [71-Apr-8: 2B].
Fairbanks, Martha J., Mrs. m. Jean, David on 71-May-11 [71-May-19: 2C].
Fairbanks, Mary Ann (1 mo.) d. on 72-Jul-28 [72-Jul-30: 2B].
Fairbanks, Samuel H. m. Bruff, Martha B. on 73-Feb-19 [73-Apr-1: 2B].
Fairbanks, Sarah R. (21 yrs.) d. on 74-Aug-4 of Typhoid [74-Aug-10: 2B].
Fairchild, Lydia (77 yrs.) d. on 75-Jun-12 [75-Jun-14: 2B].
Fairchild, Mary A., Miss m. Griggs, John J. on 73-May-6 [73-May-9: 2B].
Fairchild, Virginia, Miss m. Carver, Frank T. on 75-May-19 [75-May-27: 2B].
Fairell, Henry Alfred (1 mo.) d. on 71-Oct-18 [71-Oct-20: 2B].
Fairfax, A. Carlyle m. Redwood, Virginia Caroline on 73-Apr-30 [73-May-3: 2A].
Fairfax, Julian (33 yrs.) d. on 75-Jan-23 [75-Jan-26: 2B].
Fairweather, Lottie M. m. Ames, Franklin A. on 73-Nov-18 [73-Nov-22: 2B].
Faith, John Mathias Philip (55 yrs.) d. on 74-May-19 [74-May-21: 2B].
Faithful, Clara A. (6 yrs.) d. on 72-Jan-28 of Pneumonia [72-Jan-29: 2C].
Faithful, Joseph (1 yr., 1 mo.) d. on 71-Aug-11 [71-Aug-12: 2C].
Faithful, Sarah Elizabeth (46 yrs.) d. on 71-Sep-15 [71-Sep-21: 2C].
Faithful, W. E. B. m. DeFord, M. J., Mrs. on 73-Dec-4 [73-Dec-6: 2B].
Falconar, Edward W. m. Goodyear, E. Josephine, Mrs. on 72-May-30 [72-Jun-3: 2A].
Falconer, Alexander (85 yrs.) d. on 75-Nov-10 [75-Nov-11: 2B; 75-Nov-12: 2B].
Falconer, Margaret T. m. Murdoch, Russell, Dr. on 72-Nov-21 [72-Nov-23: 2A].
Fales, Alexander B. d. on 75-Nov-28 [75-Nov-29: 2B].
Fales, James Albert (23 yrs.) d. on 74-Aug-8 [74-Aug-10: 2B].
Fales, James T. (31 yrs., 5 mos.) d. on 72-Jul-5 [72-Jul-6: 2A].
Fales, M. C. m. Lauer, M. J. [71-Sep-15: 2B].
Fales, Nida S., Miss m. Vesper, O. M. on 71-Apr-19 [71-Apr-24: 2B].
Falk, Louis (15 yrs., 1 mo.) d. on 73-Feb-14 of Pneumonia [73-Feb-17: 2B].
Falk, W. C. m. Kimmel, Lena on 71-Oct-18 [71-Oct-28: 2B].
Fallan, Annie (53 yrs.) d. on 72-Jul-7 [72-Jul-8: 2C; 72-Jul-9: 2C].
Fallan, Mamie (4 yrs.) d. on 72-Apr-11 [72-Apr-12: 2B; 72-Apr-13: 2A].
Fallen, Fanny H., Miss m. Shenton, Moses A. on 73-Dec-11 [74-Jan-16: 2B].
Fallen, Francis Joseph (2 yrs., 5 mos.) d. on 72-May-25 [72-May-27: 2A].
Fallen, Maggie, Miss m. Fallen, Thomas J. on 72-Jan-22 [72-Jan-29: 2C].
Fallen, Michael James (4 yrs., 3 mos.) d. on 71-Feb-28 [71-Mar-2: 2C].
Fallen, Thomas J. m. Fallen, Maggie, Miss on 72-Jan-22 [72-Jan-29: 2C].
Fallon, Mary (9 mos.) d. on 72-May-9 [72-May-10: 2B; 72-May-11: 2B].
Fallon, Mary (68 yrs.) d. on 75-Dec-10 [75-Dec-11: 2A; 75-Dec-13: 2B].
Fallon, Patrick (57 yrs.) d. on 71-Feb-27 [71-Feb-28: 2C; 71-Mar-1: 2C].
Fallon, Patrick (35 yrs.) d. on 75-May-22 of Consumption [75-May-24: 2A].
Fallon, Thomas (40 yrs.) d. on 72-Feb-28 in Wagon accident [72-Mar-1: 1G].
Fallon, Thomas (5 mos.) d. on 73-Jul-21 [73-Jul-22: 2B].

Fallon, William (77 yrs.) d. on 71-Oct-10 [71-Oct-12: 2B].
Falls, Margaret Krebs d. on 72-Feb-24 [72-Feb-26: 2C; 72-Feb-27: 2B].
Falls, Moor S. (40 yrs.) d. on 75-Feb-8 [75-Feb-10: 2B].
Falls, Rebecca (76 yrs.) d. on 75-May-22 [75-May-24: 2A].
Falls, Stephen Wilson (75 yrs.) d. on 71-May-19 [71-May-20: 2B].
Falvey, Michael (47 yrs.) d. on 72-Dec-21 [72-Dec-23: 2B].
Fanning, Joseph (1 yr.) d. on 73-Aug-10 [73-Aug-12: 2B].
Fanshaw, T. F. m. Weaver, Emma on 73-Mar-5 [73-Mar-11: 2B].
Fanwell, Jacob (74 yrs.) d. on 73-Jun-17 [73-Jun-28: 2B].
Faringer, Charles (64 yrs.) d. on 74-Feb-18 [74-Feb-19: 2B; 74-Feb-20: 2C].
Farinholt, Maria (72 yrs.) d. on 73-Dec-10 of Consumption [74-Jan-10: 2B].
Farlan, Charles (17 yrs.) d. on 73-Sep-4 in Railroad accident [73-Sep-12: 1H, 2B].
Farland, Ella (1 mo.) d. on 71-Jul-23 [71-Jul-25: 2B].
Farlow, Hattie E. (1 yr., 3 mos.) d. on 74-Sep-5 [74-Sep-7: 2B].
Farlow, Hugh m. Getner, Lizzie, Miss on 73-Jan-6 [73-Jan-20: 2B].
Farlow, Sophie A. m. Mallory, J. D. on 73-Oct-8 [73-Oct-10: 2B].
Farmer, James F. m. Maxwell, Eupha T., Miss on 75-Feb-1 [75-Feb-12: 2B].
Farmer, Lizzie (5 mos.) d. on 74-Jun-26 [74-Jun-27: 2B].
Farnan, Ann Logue d. on 71-Oct-5 [71-Oct-7: 2B].
Farnen, Charles T. m. Collins, Alice, Miss on 70-Dec-27 [71-Jan-5: 2C].
Farnen, Mary J. (20 yrs.) d. on 75-Apr-13 [75-Apr-15: 2B; 75-Apr-16: 2A].
Farnsworth, Joseph m. Johnson, Annie V. on 75-Oct-21 [75-Nov-3: 2B].
Farquhar, Eleanora Haines (11 mos.) d. on 74-Jun-8 [74-Jun-10: 2B; 74-Jun-11: 2B].
Farquhar, George Augustin (2 yrs., 3 mos.) d. on 72-Sep-7 [72-Sep-9: 2A].
Farquhar, Malinda (51 yrs.) d. on 74-Jan-9 [74-Jan-12: 2B].
Farquhar, William P. (38 yrs.) d. on 72-Jun-9 [72-Jun-11: 2B].
Farquharson, J. F. (25 yrs.) d. on 75-Jul-2 [75-Jul-3: 2A].
Farquharson, John W. m. Jones, Annie M., Miss on 74-Jan-15 [74-Jan-17: 2B].
Farquharson, Kate m. Woollen, Thomas on 71-Aug-10 [71-Aug-17: 2C].
Farquharson, William Edwin (26 yrs., 5 mos.) d. on 71-Mar-5 [71-Mar-11: 2B].
Farr, Lillie (8 yrs.) d. on 75-Feb-5 of Scarlet fever [75-Feb-9: 2B].
Farr, Mary, Miss m. Gray, James on 75-Feb-9 [75-Feb-17: 2B].
Farrall, Josie Clara m. Radigan, Edward, Jr. on 73-Jan-8 [73-Jan-29: 2B].
Farrell, Annie (30 yrs.) d. on 72-Apr-26 [72-Apr-27: 2B].
Farrell, Bolivar D. D. (1 yr., 4 mos.) d. on 71-Sep-19 [71-Sep-22: 2C].
Farrell, Catherine (3 yrs., 3 mos.) d. on 72-Jul-30 [72-Jul-31: 2B].
Farrell, Catherine m. Mackill, Hugh on 73-Jan-19 [73-Feb-11: 2B].
Farrell, Hannah d. on 75-Nov-24 Burned [75-Nov-25: 4C].
Farrell, John (60 yrs.) d. on 72-Sep-10 [72-Sep-11: 2A; 72-Sep-12: 2B].
Farrell, John (44 yrs.) d. on 74-Feb-12 [74-Feb-13: 2C].
Farrell, John Danels (23 yrs.) d. on 74-May-27 of Brain disease [74-Jun-1: 4D].
Farrell, Maggie (23 yrs.) d. on 73-Jun-26 [73-Jun-27: 2A; 73-Jun-28: 2C].
Farrell, Margaret (35 yrs.) d. on 73-Aug-13 [73-Aug-14: 2B].
Farrell, William (1 yr., 6 mos.) d. on 73-Mar-24 [73-Mar-26: 2B].
Farring, Alexander (3 yrs., 2 mos.) d. on 71-Dec-31 [72-Jan-2: 2C].
Farring, Augustus H. (77 yrs.) d. on 72-Jun-8 [72-Jun-10: 1H, 2B; 72-Jun-11: 2A].
Farrow, Maggie A., Miss m. Carroll, A. M. on 71-Feb-2 [71-Feb-3: 2C].
Farrow, Sallie M., Miss m. Clarke, W. E. on 72-May-30 [72-Jun-3: 2A].
Farrow, William H. d. on 72-Sep-9 [72-Sep-11: 2B].
Fasbender, Charles P. (58 yrs.) d. on 72-Jan-10 [72-Jan-11: 2B; 72-Jan-12: 2C].
Fasbender, Emma I. m. Sexton, Samuel B., Jr. on 75-Jul-20 [75-Jul-22: 2B].
Fasbender, Mary (54 yrs.) d. on 72-Sep-21 [72-Sep-23: 2B].

Fasbender, Mary J., Miss m. Strong, Morris F. on 75-May-4 [75-May-18: 2A].
Fasqua, John T. m. Sewell, Annie M., Miss on 75-Jan-27 [75-Feb-2: 2B].
Fast, Alexis Guy (8 mos.) d. on 72-Jul-25 [72-Jul-30: 2B].
Faucett, James H. (47 yrs.) d. on 75-Dec-1 [75-Dec-2: 2B].
Faulkner, Benjamin (35 yrs.) d. on 72-Apr-10 [72-Apr-16: 2B].
Faulkner, Rebecca (66 yrs.) d. on 72-May-2 [72-Jun-8: 2B].
Faulkner, Reuben C. m. George, Jennie C., Miss on 74-Oct-6 [74-Oct-8: 2B; 74-Oct-9: 2B].
Faupel, Louis Conrad (14 yrs.) d. on 75-Sep-2 of Manslaughter (Assault) [75-Sep-3: 4B; 75-Sep-4: 1H; 75-Sep-6: 4D].
Faust, Catherine (33 yrs.) d. on 75-Sep-28 [75-Sep-30: 2B; 75-Oct-1: 2B].
Favour, John B., Jr. m. Guyton, Elizabeth A., Miss on 74-Aug-11 [74-Aug-14: 2B].
Favour, Maud (6 mos.) d. on 75-Feb-14 of Pneumonia [75-Feb-16: 2B].
Fawcett, Harry J. S. m. Bragg, Mary L., Miss [74-Dec-16: 2B].
Fawcett, Sarah Jane (74 yrs.) d. on 74-Nov-6 [74-Nov-7: 2A].
Fawcus, John W. (31 yrs.) d. on 74-Oct-26 [74-Oct-27: 2B].
Fawn, Julia, Miss m. O'Brien, Thomas on 71-May-6 [71-May-10: 2B].
Fay, Adaline (19 yrs., 5 mos.) d. on 74-Jun-30 [74-Jul-1: 2B; 74-Jul-3: 2B].
Fay, George W., Dr. (40 yrs.) d. on 72-May-2 of Consumption [72-May-4: 2A; 72-May-6: 1H, 2B].
Fay, George W. m. Cullen, Ettie H., Miss on 73-Aug-6 [73-Aug-13: 2B].
Fay, John C. m. Smith, Eva M., Miss on 73-Sep-22 [73-Sep-27: 2B].
Fay, Lawrence m. Norton, Mary on 75-Nov-11 [75-Nov-26: 2B].
Fealy, John W. d. on 73-Jan-19 [73-Jan-21: 2B].
Feast, Elizabeth (40 yrs.) d. on 74-Dec-16 [74-Dec-18: 2B].
Feast, Samuel, Jr. (47 yrs.) d. on 71-Aug-29 [71-Aug-31: 2C; 71-Sep-1: 2B].
Fechtig, James A. m. McHenry, Bettie, Miss on 71-Oct-10 [71-Nov-10: 2C].
Feddeman, Richard C. (2 yrs.) d. on 72-Dec-2 [72-Dec-4: 2B].
Fedden, J. W. m. Manger, Lena on 75-May-5 [75-May-18: 2A].
Fedderson, Christian V. m. Hall, Joanna Cornelia on 73-Aug-31 [73-Sep-2: 2B].
Fedou, Ellen d. on 74-Nov-15 [74-Nov-16: 2B; 74-Nov-17: 2C].
Fee, Alfred Jacob (11 mos.) d. on 71-Aug-1 [71-Aug-2: 2C].
Fee, Charles Edwards (2 yrs., 11 mos.) d. on 72-May-11 [72-May-13: 2B].
Fee, Florence (2 yrs., 1 mo.) d. on 74-Nov-6 [74-Nov-7: 2A].
Fee, Ida Emily (1 yr., 4 mos.) d. on 75-Aug-26 [75-Aug-27: 2B].
Fee, Laura Elizabeth (1 yr.) d. on 73-Jul-6 [73-Jul-7: 2B].
Feedman, Frederick (52 yrs.) d. on 71-Sep-13 in Sawmill accident [71-Sep-14: 4D].
Feehan, Susannah, Miss m. Hopkins, Daniel on 73-Sep-20 [73-Nov-6: 2B].
Feehely, Mary (73 yrs.) d. on 71-Jan-10 [71-Jan-12: 2C].
Feehely, Mary Ann d. on 71-Sep-1 [71-Sep-2: 2B].
Feelay, Michael (75 yrs.) d. on 74-Oct-15 [74-Oct-16: 2B].
Feelemyer, Joseph F. m. Merican, Charlotte on 75-Dec-16 [75-Dec-18: 2A].
Feelemyer, Laura V. m. Brown, Alfred J. on 72-Jan-23 [72-Jan-29: 2C].
Feelemyer, Nannie Blanche (1 yr., 7 mos.) d. on 74-Feb-28 [74-Mar-5: 2B].
Feely, John (3 mos.) d. on 73-Dec-9 [73-Dec-10: 2B].
Feely, John (14 yrs.) d. on 75-Nov-24 [75-Nov-25: 2B].
Feely, Patrick J. m. Madigan, Annie Theresa on 72-Nov-19 [72-Nov-22: 2B].
Feeney, Eleanor (56 yrs.) d. on 74-Sep-8 [74-Sep-9: 2B; 74-Sep-10: 2B].
Feeney, John Joseph (3 mos.) d. on 73-Jul-2 of Cholera infantum [73-Jul-3: 2B].
Feeney, Rosanna d. on 73-Apr-5 [73-Apr-7: 2B].
Feeny, Nicholas (25 yrs.) d. on 71-May-2 [71-May-3: 2B].
Feige, Arthur Edgar (1 yr., 3 mos.) d. on 74-May-20 [74-May-21: 2B].
Feige, Frederick, Sr. d. on 73-Apr-3 [73-Apr-4: 2B; 73-Apr-5: 2B].

Feige, Louis M. (1 yr., 9 mos.) d. on 73-Jan-14 [72-Jan-15: 2B].
Feige, Louise R. (71 yrs.) d. [73-Apr-8: 2B].
Feinour, Maggie (31 yrs.) d. on 72-Mar-14 [72-Mar-16: 2B].
Feinour, Mary K., Miss m. Eckstein, C. H. on 75-Jun-3 [75-Jun-7: 2A].
Feinour, Robert (65 yrs.) d. on 75-Oct-13 [75-Oct-18: 2B].
Felber, Louis (48 yrs.) d. on 73-Oct-4 [73-Oct-6: 2B; 73-Oct-7: 2B, 4C].
Felber, Simon L. m. Schmidt, Lina L., Miss on 72-Jun-18 [72-Jun-20: 2B].
Feldhaus, Ferdinand H. (23 yrs., 6 mos.) d. on 72-Jul-15 [72-Jul-16: 1F, 2B].
Felgner, Edward L. m. Hooper, Grace on 73-Nov-13 [73-Nov-17: 2B].
Feller, Mary Pauline, Miss m. Roberts, Thomas on 71-Nov-5 [71-Nov-8: 2C].
Fells, Sarah E. (38 yrs.) d. on 73-Jun-1 [73-Jun-2: 2A].
Felthouse, John (30 yrs.) d. on 71-Mar-18 of Drowning [71-Mar-20: 4E; 71-Mar-21: 4D].
Felts, Elias m. Wilson, Mary G. on 71-Dec-28 [72-Jan-3: 2B].
Fenby, A. M. (51 yrs.) d. on 72-Jan-22 [72-Feb-5: 2C; 72-Feb-10: 2B].
Fenby, Richard D. (55 yrs.) d. on 72-Feb-3 [72-Feb-10: 2B].
Fendall, Frances T. (80 yrs.) d. on 73-Dec-28 [73-Dec-29: 2B; 73-Dec-30: 2B].
Fendall, S. E. (64 yrs.) d. on 73-Sep-20 [73-Sep-23: 2B].
Fendrich, Charles m. Clark, Margaret A., Miss on 73-Oct-23 [73-Nov-14: 2B].
Fendrich, Fannie m. Smick, William Otis on 75-Aug-12 [75-Aug-14: 2B].
Fendrich, Mary A. (56 yrs.) d. on 71-Oct-3 [71-Oct-5: 2B].
Fenemore, Clara Church (2 yrs., 1 mo.) d. on 71-Aug-26 [71-Aug-31: 2C].
Fenerty, Margaret (1 yr.) d. on 72-Jul-15 [72-Jul-16: 2B].
Fenessy, Pierce M. d. on 75-Jan-5 [75-Jan-6: 2C].
Fenhagen, Charles D. m. Corner, Janie D. on 74-Oct-13 [74-Oct-17: 2B].
Fenhagen, Elizabeth A. (45 yrs.) d. on 72-Feb-19 [72-Feb-20: 2C].
Fenhagen, Emma Cathell (8 yrs.) d. on 71-Apr-5 [71-Apr-6: 2B].
Fenhagen, John O. m. Riley, Kate L. on 73-Jun-5 [73-Jun-12: 2B].
Fenimore, Willie D. S. (1 yr., 9 mos.) d. on 72-Oct-4 [72-Oct-9: 2B].
Fennell, Maurice (76 yrs.) d. on 75-Jun-14 of Consumption [75-Jun-15: 2B].
Fennell, Thomas F. (55 yrs.) d. on 75-Mar-27 [75-Mar-29: 2B].
Fenneman, Kate, Miss m. Donnelly, John on 75-Nov-25 [75-Nov-27: 2B].
Fenneman, Mary E., Miss m. Schmeckebier, Theodore on 73-May-22 [73-Jun-19: 2B].
Fenner, Philip (26 yrs.) d. on 72-Nov-13 [72-Nov-14: 2B].
Fennimore, Issac J. (32 yrs.) d. on 72-Mar-5 of Typhoid pneumonia [72-Mar-7: 2B].
Fenton, James J. (30 yrs.) d. on 75-Dec-5 of Fall from window [75-Dec-6: 2B, 4E].
Fenton, Mary F. m. Lawlor, Joseph J. on 72-Nov-25 [72-Dec-2: 2B].
Fenton, Tempe m. Boggs, F. Henry on 71-Oct-31 [71-Nov-1: 2B].
Fentress, Lizzie, Miss m. Quinn, Charles L. on 72-Dec-3 [72-Dec-6: 2B].
Ferciot, Emilie P., Miss m. Ferrandini, C. on 73-Oct-8 [73-Oct-17: 2B].
Ferguson, Anna E. m. Barger, Joseph on 71-Jun-13 [71-Aug-15: 2B].
Ferguson, Arabella Wootten d. on 74-May-12 [74-May-13: 2B].
Ferguson, Charles, Jr. (24 yrs.) d. on 72-Mar-4 [72-Mar-5: 2B].
Ferguson, Elizabeth (49 yrs.) d. on 73-Oct-23 [73-Oct-24: 2B].
Ferguson, Elizabeth (79 yrs.) d. on 74-Oct-14 [74-Oct-15: 2B; 74-Oct-16: 2B].
Ferguson, George C. m. Norris, Alice, Miss on 73-Mar-11 [73-Mar-13: 2B].
Ferguson, Harriet A. m. Buck, George W. on 73-Oct-14 [73-Feb-27: 2C].
Ferguson, Harriet Boyd (7 mos.) d. on 74-Aug-1 [74-Aug-3: 2B].
Ferguson, James, Col. (90 yrs.) d. on 74-Mar-4 [74-Mar-6: 2B].
Ferguson, James D. m. Wrightson, Mary C. on 74-Jun-11 [74-Jul-3: 2B].
Ferguson, James P. m. Pyle, Minnie on 71-Sep-14 [71-Nov-22: 2C].
Ferguson, James R. H. m. Brown, Jennie on 72-Jan-9 [72-Feb-29: 2B].
Ferguson, John H. m. Rathell, M. Ida on 75-Apr-20 [75-Apr-24: 2A].

Ferguson, John J. (62 yrs.) d. on 71-Nov-10 [71-Nov-13: 2C].
Ferguson, Margaret (51 yrs.) d. on 73-Mar-5 [73-Mar-6: 2C].
Ferguson, Margaret (77 yrs.) d. on 74-Sep-29 [74-Sep-30: 2B].
Ferguson, Robert O. (26 yrs.) d. on 74-Jan-19 Murdered (Clubbed) [74-Jan-23: 1H; 74-Jan-24: 2B].
Ferguson, Samuel T., Rev. m. Cromwell, Emma R. on 71-Dec-21 [71-Dec-27: 2C].
Ferguson, W. M. m. Coggins, Tillie on 73-Oct-22 [73-Oct-25: 2B].
Ferrandini, C. m. Ferciot, Emilie P., Miss on 73-Oct-8 [73-Oct-17: 2B].
Ferrandini, Francisco L. (27 yrs.) d. on 71-Nov-10 [71-Nov-11: 2B].
Ferrat, Norman O. (2 yrs., 7 mos.) d. on 71-Aug-2 [71-Aug-3: 2B].
Ferrell, Charity (77 yrs.) d. on 74-Dec-15 [74-Dec-17: 2B].
Ferrell, Margaret (75 yrs.) d. on 74-Apr-15 [74-Apr-16: 2B].
Ferrey, Emma J. M. (19 yrs.) d. on 73-Oct-7 [73-Oct-9: 2B].
Ferrey, Viola (1 yr.) d. on 71-Jul-18 [71-Jul-20: 2B].
Ferris, John (27 yrs.) d. on 73-Feb-27 [73-Feb-28: 2B; 73-Mar-1: 2A].
Ferris, Joseph S. m. Vansant, Laura J., Miss on 71-May-25 [71-Jun-27: 2B].
Ferris, Virginia Simms (1 yr.) d. on 71-Aug-3 [71-Aug-11: 2C].
Ferron, Kate (9 yrs.) d. on 71-Mar-1 [71-Mar-2: 2C].
Ferry, Alverda E. (32 yrs.) d. on 75-May-6 [75-May-8: 2B].
Ferry, Daniel (5 yrs.) d. on 71-Nov-3 [71-Nov-4: 2B].
Ferry, David E. (29 yrs.) d. on 75-Mar-24 [75-Mar-26: 2B].
Ferry, John W. (41 yrs.) d. on 74-Jun-3 [74-Jun-4: 2B; 74-Jun-5: 2B].
Fester, David m. Spencer, Kate on 71-Nov-30 [72-Sep-10: 2A].
Fester, Ester Ellen (4 yrs., 5 mos.) d. on 72-Mar-11 [72-Mar-12: 2C].
Fester, William F. (9 mos.) d. on 73-Jul-17 [73-Jul-29: 2B].
Fetsch, Mary Elizabeth (44 yrs., 9 mos.) d. on 71-Dec-1 [71-Dec-2: 2B].
Fetting, Anthony m. Rivers, Ellie, Miss on 74-Jan-14 [74-Jan-17: 2B].
Feuerstein, Mary E., Miss m. Chambers, Charles C. on 75-Apr-25 [75-May-5: 2B].
Feurst, George S. m. Heimiller, Kate, Miss on 74-Jan-1 [74-Jan-21: 2B].
Fewster, Richard m. O'Donnell, Mary A., Miss on 73-Oct-2 [73-Oct-4: 2B].
Ficke, Henry (51 yrs.) d. on 73-Oct-2 [73-Oct-3: 2B].
Fiddis, Levi, Jr. m. Williams, Provine A. on 71-Dec-21 [71-Dec-30: 2C].
Fiddis, Raymond W. (7 yrs., 6 mos.) d. on 75-Mar-21 [75-Apr-1: 2C].
Fiefel, Cordelia m. Hosefrous, Alfred on 72-Dec-5 [72-Dec-10: 2B].
Field, George (1 yr., 1 mo.) d. on 73-Jun-25 [73-Jul-2: 2B].
Field, Harriet B. (60 yrs.) d. on 72-Feb-26 [72-Feb-27: 2B; 72-Feb-28: 2C].
Field, James W. m. Levey, Sabra A. F., Miss on 74-Jul-29 [74-Sep-8: 2B].
Field, Mary (66 yrs.) d. on 72-Mar-14 [72-Mar-16: 2B].
Fielding, Ella Agnes (17 yrs.) d. on 71-Nov-3 [71-Nov-13: 2C].
Fielding, Mary Elizabeth m. Noonan, Peter Joseph on 72-Oct-20 [72-Oct-31: 2B].
Fields, Alexander H. m. Valentine, Mary J. C. on 71-Oct-19 [71-Oct-21: 2B].
Fields, Alice, Miss m. Genett, Wallace R. on 75-Dec-20 [75-Dec-23: 2B].
Fields, Eliza J., Miss m. Bloxham, Richard J. on 73-Mar-3 [73-Mar-6: 2B].
Fields, Elizabeth (40 yrs.) d. on 74-Nov-15 [74-Nov-16: 2B].
Fields, Henrietta (32 yrs.) d. on 73-Sep-13 [73-Sep-15: 2B].
Fields, Ida Sedalia (10 yrs., 8 mos.) d. on 72-Oct-11 [72-Oct-12: 2B].
Fields, James (35 yrs.) d. on 75-Apr-20 [75-Apr-21: 2B].
Fields, James E. m. Hooper, Maria on 74-Sep-20 [74-Oct-14: 2C].
Fields, Robert Lewis (4 yrs., 3 mos.) d. on 74-May-19 [74-May-20: 2B].
Fields, Thompson, Lt. (42 yrs.) d. on 74-May-24 of Paralysis [74-May-25: 1H; 74-May-26: 2B; 74-May-27: 4D].
Fields, William H. m. Rose, Dora on 74-Oct-28 [74-Nov-6: 2B].

Fields, William T. m. Barnes, Georgie T., Miss on 72-May-8 [72-May-28: 2A].
Fife, Isabella, Miss m. Eagleston, Charles on 71-Sep-19 [71-Nov-24: 2C].
Fife, Susan (78 yrs., 2 mos.) d. on 72-Jul-4 [72-Jul-6: 2B].
Fifer, Ella N., Miss m. Little, George W. on 72-May-17 [72-May-21: 2A].
Fifer, J. m. Tanzy, Kate C. on 71-Dec-28 [72-Jan-5: 2B].
Fifer, J. N. m. Full, Hattie E. on 74-Dec-24 [74-Dec-26: 2C].
Fifer, Mary (50 yrs.) d. on 71-Apr-20 [71-Apr-21: 2B].
Files, Mary (23 yrs.) d. on 72-Jul-3 [72-Jul-8: 2C].
Filling, George Henry d. on 74-May-12 [74-May-14: 2B].
Filling, Henry m. Drishman, Catherine A., Miss on 74-Aug-17 [74-Aug-19: 2B].
Fillinger, Clara Virginia (7 mos.) d. on 72-Jul-20 [72-Jul-26: 2C].
Filz, Jeannette d. on 73-Dec-13 [73-Dec-15: 2B].
Fimister, Rhoda (87 yrs.) d. on 72-Jul-18 [72-Jul-19: 2C].
Findlay, Charles d. on 74-Dec-27 [74-Dec-28: 2B].
Findlay, Emma d. on 73-Mar-5 [73-Mar-6: 2C].
Findlay, Robert Smith (5 mos.) d. on 72-Nov-20 [72-Nov-21: 2B].
Fink, Anna Mary Spengemann (23 yrs.) d. on 71-Jan-31 [71-Feb-2: 2C].
Fink, Georgia m. Sinsabaugh, A. M. on 75-Jan-5 [75-Jan-12: 2B].
Fink, Lewis J. (4 yrs., 3 mos.) d. on 74-May-14 [74-May-16: 2B].
Finke, Dora M., Miss m. Theye, John H. on 71-Dec-28 [72-Jan-16: 2C].
Finlay, Clara Virginia m. Geiselman, Jacob C. on 75-Jan-14 [75-Mar-27: 2C].
Finlay, E. V., Miss m. Ruff, James H. on 74-Oct-6 [74-Oct-21: 2B].
Finlay, Rose (45 yrs.) d. on 71-Oct-31 [71-Nov-1: 2B].
Finley, Ann (65 yrs.) d. on 72-Nov-27 [72-Dec-2: 2B].
Finley, Annie d. on 75-Aug-25 [75-Aug-26: 2B].
Finley, Charles m. Tucker, Jane Matilda on 71-Dec-6 [71-Dec-14: 2B].
Finley, Elizabeth (28 yrs.) d. on 72-Jul-11 of Diarrhea and intemperance [72-Jul-12: 1H].
Finley, James J. (49 yrs.) d. on 73-Jan-14 [72-Jan-15: 2B; 73-Jan-16: 2B].
Finley, Levi B. (72 yrs., 6 mos.) d. on 73-Apr-12 [73-May-2: 2B].
Finley, Mary Ellen (45 yrs.) d. on 71-Feb-23 [71-Feb-24: 2C; 71-Feb-25: 2B].
Finn, Ellen (5 yrs.) d. on 71-Mar-26 [71-Mar-27: 2C].
Finn, Kate, Miss m. Birmingham, Andrew on 72-Jan-16 [72-Jan-18: 2C].
Finn, Margaret, Miss m. Hyman, William H. on 73-Feb-2 [73-Feb-11: 2B].
Finn, Mary (80 yrs.) d. on 72-Dec-9 [72-Dec-10: 2B].
Finn, William (1 yr., 7 mos.) d. on 72-Mar-7 [72-Mar-8: 2C].
Finnagan, Sarah (1 yr., 2 mos.) d. on 72-Mar-12 [72-Mar-13: 2C].
Finnagen, Sarah (33 yrs.) d. on 72-Jun-16 [72-Jun-17: 2B].
Finnegan, Maggie (1 yr.) d. on 72-Jun-10 [72-Jun-11: 2A].
Finneran, Celie (9 yrs.) d. on 73-Feb-1 [73-Feb-3: 2B].
Finneran, Mary (7 yrs., 6 mos.) d. on 72-Jun-13 [72-Jun-14: 2A].
Finnerty, John (54 yrs.) d. on 72-Jan-19 [72-Jan-20: 2B].
Finney, E. D., Rev. m. McCormick, Elizabeth on 74-May-7 [74-May-18: 2B].
Finney, James (45 yrs.) d. on 74-Nov-24 [74-Nov-27: 2B].
Finney, William, Rev. d. on 73-Jul-31 [73-Aug-1: 2B].
Finnigan, Agnes (3 mos.) d. on 72-Jul-19 [72-Jul-20: 2B].
Finnigan, John (45 yrs.) d. on 72-Sep-30 [72-Oct-1: 2B].
Fireng, J. Philip m. Ince, Emilie V., Miss on 71-Oct-19 [71-Oct-20: 2B].
Firman, Mary A. (38 yrs.) d. on 71-Feb-13 [71-Feb-15: 2C].
Firoved, Benjamin K. (40 yrs.) d. on 73-Mar-10 [73-Mar-13: 2C].
Firoved, David m. Myers, Martha A., Miss on 71-Dec-12 [71-Dec-15: 2B].
Firth, Jennie m. England, Robert on 72-Jan-16 [72-Jan-19: 2C].
Fischer, Anna Elizabeth (1 yr., 3 mos.) d. on 74-Feb-5 [74-Feb-6: 2D].

Fischer, Emma V. (1 yr., 8 mos.) d. on 74-Jan-28 [74-Jan-29: 2B].
Fischer, Francis d. on 73-Aug-28 of Paralysis [73-Aug-30: 1H].
Fischer, George (37 yrs.) d. on 71-Aug-1 in Construction accident [71-Aug-2: 4D].
Fischer, Henry (7 yrs., 4 mos.) d. on 74-Mar-12 [74-Mar-13: 2B].
Fischer, Karl, Capt. (37 yrs.) d. on 72-Apr-26 [72-Apr-29: 1F].
Fischer, Kate, Miss m. Boswell, William on 70-Dec-25 [71-Jan-4: 2B].
Fischer, William Louis m. Warner, Annie S., Miss on 75-Nov-11 [75-Nov-23: 2A].
Fish, Allen W. (1 yr., 1 mo.) d. on 71-Jul-26 [71-Jul-27: 2B].
Fish, Ellen Virginia (1 yr., 6 mos.) d. on 71-Sep-21 [71-Sep-22: 2C].
Fish, Nora Morgan (2 mos.) d. on 72-Feb-26 of Lung congestion [72-Feb-28: 2C].
Fish, Sally A. m. Bohannon, J. Frank on 73-Jan-7 [73-Jan-16: 2B].
Fish, Sarah J. d. on 75-Sep-21 of Heart disease [75-Sep-24: 2B].
Fish, William T. (14 yrs.) d. on 71-Sep-12 [71-Sep-13: 2B; 71-Sep-14: 2B].
Fishach, David m. Horner, Lizzie R., Miss on 75-Sep-23 [75-Oct-9: 2A].
Fishbaugh, Nicholas H. m. Adams, Martha E. on 73-Nov-19 [73-Nov-22: 2B].
Fishbaugh, Willie J. (6 mos.) d. on 74-Sep-29 [74-Oct-1: 2B].
Fisher, [male] (1 mo.) d. on 74-Nov-27 Murdered (Dropped on floor) [74-Nov-30: 4C].
Fisher, A. E. M., Mrs. m. Maulsby, William P., Hon. on 72-Mar-20 [72-Mar-26: 2B].
Fisher, Abraham (89 yrs.) d. on 71-May-13 [71-May-15: 4E].
Fisher, Abram H. (28 yrs., 2 mos.) d. on 73-Feb-22 [73-Feb-24: 2A].
Fisher, Adelaide m. Elphring, William H. on 75-Apr-27 [75-May-5: 2B].
Fisher, Alfred C. (5 yrs., 1 mo.) d. on 72-Sep-14 [72-Sep-16: 2A].
Fisher, Amelia, Miss m. Yung, Theodore on 74-Dec-9 [74-Dec-22: 2B].
Fisher, Anne Eliza (28 yrs.) d. on 75-May-29 [75-Jun-5: 2B].
Fisher, Bettie E., Miss m. Read, George H. on 74-Dec-10 [74-Dec-14: 2B].
Fisher, Caroline (65 yrs.) d. on 71-Apr-2 [71-Apr-17: 2C].
Fisher, Caroline (67 yrs.) d. on 74-Sep-27 [74-Sep-28: 2B].
Fisher, Catharine (29 yrs.) d. on 74-Sep-6 [74-Sep-7: 2B].
Fisher, Charles Fenwick (9 mos.) d. on 71-Jun-18 [71-Jun-23: 2B].
Fisher, Christopher m. Harper, Laura, Miss on 75-Oct-21 [75-Nov-29: 2B].
Fisher, Clay V. m. Arnold, S. Reece on 74-Feb-5 [74-Mar-6: 2B].
Fisher, Daniel (59 yrs.) d. on 73-Aug-21 [73-Aug-23: 2B].
Fisher, David T. m. Bryan, Mary on 71-Oct-9 [71-Oct-12: 2B].
Fisher, Edward J. m. Vansant, Laura J., Miss on 72-Feb-21 [72-Mar-6: 2B].
Fisher, Elizabeth Jane (4 yrs., 3 mos.) d. on 73-Jun-21 [73-Jun-23: 2A].
Fisher, Emma L. (44 yrs.) d. on 72-May-29 [72-May-30: 2A].
Fisher, Evelyn M., Miss m. Elliott, J. Joseph on 73-Dec-21 [73-Dec-23: 2B].
Fisher, Frances A. d. on 74-Jan-11 [74-Jan-12: 2B].
Fisher, Frank Washington (6 mos.) d. on 73-Sep-19 [73-Sep-23: 2B].
Fisher, George W. (50 yrs.) d. on 71-Sep-11 [71-Sep-19: 2C].
Fisher, Georgeanna F., Miss m. Detweiler, William T. on 73-Sep-26 [73-Nov-8: 2B].
Fisher, Harry Clay (6 yrs., 7 mos.) d. [73-Jul-8: 2B].
Fisher, Herman E. m. Carter, Virginia E. on 71-Apr-26 [71-May-3: 2B].
Fisher, Ida m. Gettier, John F. on 75-Nov-17 [75-Dec-2: 2B].
Fisher, Joanna (33 yrs.) d. on 75-Oct-3 [75-Oct-5: 2B].
Fisher, John (44 yrs.) d. on 71-Jan-2 [71-Jan-3: 2C].
Fisher, John C. (28 yrs.) d. on 74-Jan-25 [74-Jan-27: 2B].
Fisher, John H. m. Schuch, Martha H. on 73-Jun-1 [73-Jun-5: 2B].
Fisher, John W. (63 yrs.) d. on 74-Oct-20 [74-Oct-22: 2B].
Fisher, John W. m. Walters, Eleanor, Miss on 72-Apr-30 [72-May-9: 2B].
Fisher, Lake Henry (1 yr., 3 mos.) d. on 72-Jan-8 [72-Jan-9: 2C].
Fisher, Lillie Jane (15 yrs.) d. on 72-Nov-3 [72-Nov-4: 2B].

Fisher, Maggie A. (9 mos.) d. on 73-Jul-27 [73-Jul-28: 2B].
Fisher, Maria (69 yrs., 11 mos.) d. on 74-Aug-31 [74-Sep-1: 2B].
Fisher, Mary M. m. Wagner, Basil on 75-Jun-15 [75-Jun-17: 2B].
Fisher, Mary Miller (3 yrs., 6 mos.) d. on 74-May-31 [74-Jun-1: 2B].
Fisher, Rebecca E., Miss m. Koons, Andrew on 72-Aug-4 [72-Aug-7: 2B].
Fisher, Robert A. m. Preston, Emily on 71-Nov-14 [71-Nov-16: 2B].
Fisher, Rosina C., Miss m. Lefevre, Charles A. on 73-Jan-1 [73-Jan-4: 2B].
Fisher, Virginia Lee (5 yrs., 4 mos.) d. on 75-Nov-26 [75-Nov-27: 2B].
Fisher, Walter A. F. m. Horner, Mary E., Miss on 75-Dec-14 [75-Dec-25: 2B].
Fisher, William C. T. (1 yr., 10 mos.) d. on 72-May-7 [72-May-10: 2B].
Fishpaugh, Aquilla (63 yrs.) d. on 73-May-12 [73-May-13: 2B].
Fishpaugh, Henry (73 yrs.) d. on 73-Nov-2 [73-Nov-4: 2B].
Fishpaugh, Rebecca J., Mrs. m. Scheckells, John O. on 72-Apr-25 [72-Apr-27: 2A].
Fishpaw, John G. (39 yrs.) d. [72-May-11: 2A; 72-May-13: 2B].
Fisk, Ada Campbell m. Reynolds, George B., Dr. on 75-Jun-15 [75-Jun-18: 2B].
Fisk, Mary E. m. Morfit, Charles M., Dr. on 72-Jun-20 [72-Jun-27: 2B].
Fiske, Charles F. m. Stewart, Roberta R. on 73-Oct-16 [73-Oct-30: 2B].
Fiske, Louise m. Bryson, Gilbert E. on 74-Sep-30 [74-Oct-7: 2B].
Fiske, Rosa Eda (1 yr., 6 mos.) d. on 73-Jul-23 [73-Jul-24: 2B].
Fiske, Samuel White (39 yrs.) d. on 72-Aug-28 [72-Sep-2: 2B].
Fissel, Henry (69 yrs.) d. on 72-May-19 [72-May-20: 2B].
Fitch, Jonathan (83 yrs.) d. on 75-Apr-2 [75-Apr-5: 2B].
Fitch, Louisa C. m. Councilman, Robert on 72-Apr-16 [72-Apr-24: 2B].
Fitch, Mary A., Miss m. Young, F. H. W. on 73-Jan-15 [[73-Jan-17: 2B]; 73-Jan-18: 2B].
Fitch, Sarah Rebecca m. Lampley, Oliver Owen on 74-Mar-16 [74-May-18: 2B].
Fitchett, John V. m. Eaton, Eliza F., Miss on 72-Apr-11 [72-Apr-13: 2A].
Fitchett, Maggie, Miss m. Ward, R. H. on 74-Dec-16 [74-Dec-28: 2B].
Fithian, Sarah E. m. Higdon, Thomas on 73-Aug-17 [73-Aug-19: 2B].
Fitz, Ann (72 yrs.) d. on 72-Nov-18 [72-Nov-20: 2B].
Fitzgerald, Annie Cecilia (1 yr.) d. on 72-Mar-8 [72-Mar-9: 2B].
Fitzgerald, Caroline A. d. on 72-Aug-26 [72-Aug-29: 2B].
Fitzgerald, Charles H. m. Lawrason, Alice Riggs on 72-Jun-4 [72-Jun-7: 2A].
Fitzgerald, Edward (10 mos.) d. on 73-Aug-8 [73-Aug-9: 2B].
Fitzgerald, Estelle (1 mo.) d. on 73-Jul-23 [73-Jul-26: 2B].
Fitzgerald, George W. (49 yrs.) d. on 72-Feb-13 [72-Feb-14: 2C].
Fitzgerald, James m. Gildea, Lucie, Miss on 73-Aug-7 [73-Aug-15: 2B].
Fitzgerald, James Carroll (1 mo.) d. on 72-Jun-28 [72-Jul-1: 2B].
Fitzgerald, Susan L. d. on 71-Sep-24 [71-Sep-25: 2C; 71-Sep-26: 2C; 71-Sep-27: 2B].
Fitzgerald, Thomas d. on 74-Feb-21 in Railroad accident [74-Feb-23: 6D].
Fitzgerald, Thomas m. Kettlewell, Fannie R., Miss on 75-Jan-12 [75-Jan-23: 2B].
Fitzgibbons, Kate (31 yrs.) d. on 72-Jul-2 [72-Jul-3: 2B].
Fitzgibbons, Maggie, Miss m. Parrott, George W. on 71-Oct-24 [71-Oct-31: 2C].
Fitzgibbons, Sarah (70 yrs.) d. on 72-Apr-4 [72-Apr-6: 2B].
Fitzgibon, Michael E. m. McLaughlin, Katie C., Miss on 74-Nov-17 [74-Dec-1: 2B].
Fitzhugh, Anna M. d. on 74-Apr-17 [74-Apr-20: 2B].
Fitzhugh, Flora M., Miss m. Hamill, Joshua on 75-Feb-17 [75-Feb-23: 2B].
Fitzhugh, Henry M. m. Tyson, Lucy on 72-Feb-1 [72-Feb-6: 2C].
Fitzhugh, Thomas J. (42 yrs.) d. on 72-Jul-9 [72-Jul-10: 2B].
Fitzmaurice, Julia (45 yrs.) d. on 72-Sep-22 [72-Sep-23: 2B].
Fitzmaurice, Sarah (16 yrs., 4 mos.) d. on 74-Jan-20 [74-Jan-21: 2B].
Fitzpatrick, Alice (63 yrs.) d. on 72-May-6 [72-May-7: 2B].
Fitzpatrick, Anne, Miss m. Donohue, John on 72-Apr-22 [72-Apr-30: 2B].

Fitzpatrick, Annie C., Miss m. Carroll, John P. on 72-Sep-18 [72-Sep-27: 2B].
Fitzpatrick, Bessie m. Weimer, William Harrison on 72-Feb-6 [72-Feb-27: 2B].
Fitzpatrick, Frances Agnes (4 mos.) d. on 73-Nov-17 [73-Nov-18: 2B].
Fitzpatrick, George Henry (4 yrs., 10 mos.) d. on 72-Aug-22 [72-Aug-27: 2B].
Fitzpatrick, George W. Benson (4 yrs., 8 mos.) d. on 71-Oct-23 of Dropsy [71-Oct-25: 2B].
Fitzpatrick, John (84 yrs.) d. on 74-Oct-4 [74-Oct-6: 2B].
Fitzpatrick, Margaret T. (54 yrs.) d. on 73-May-5 of Consumption [73-May-13: 2B].
Fitzpatrick, Mary (45 yrs.) d. on 71-Jun-28 [71-Jun-29: 2C].
Fitzpatrick, Mary (33 yrs.) d. on 74-May-4 [74-May-5: 2B].
Fitzpatrick, Mary (78 yrs.) d. on 75-Nov-4 [75-Nov-5: 2B; 75-Nov-6: 2B].
Fitzpatrick, Mary A. (15 yrs., 11 mos.) d. on 74-Aug-2 [74-Aug-4: 2B].
Fitzpatrick, Mary J., Miss m. Liemann, George W. on 73-Jan-22 [73-Jun-20: 2B].
Fitzsimmons, John D. (23 yrs.) d. on 74-Feb-22 [74-Feb-27: 2C; 74-Mar-6: 2B].
Fitzsimmons, Mary (70 yrs.) d. on 71-Aug-31 [71-Sep-1: 2B].
Fitzsimmons, Richard S. (17 yrs.) d. on 72-Apr-14 of Congestive chills [72-Apr-24: 2B].
Flack, Carrie May m. Sansbury, Theodore T. on 73-Jul-2 [74-Jan-3: 2B].
Flack, David Hudson d. on 72-Jun-23 [72-Jun-24: 2B].
Flack, M. Grace m. Hogendorp, Charles on 75-Jun-9 [75-Jun-15: 2A].
Flack, Thomas Jefferson (71 yrs.) d. on 74-Mar-6 [74-Mar-9: 1H, 2B].
Fladung, Lisetti m. Esmer, Gustav A. on 73-Jun-5 [73-Jun-19: 2B].
Flage, Jennie, Miss m. Knapp, John S. on 72-Aug-22 [72-Oct-19: 2B].
Flagget, August (20 yrs.) d. on 74-Aug-21 Drowned [74-Aug-22: 4E; 74-Aug-24: 4C].
Flaharty, Martha E. (43 yrs.) d. on 73-Feb-13 [73-Feb-14: 2B; 73-Feb-15: 2B].
Flaherty, Barbara (46 yrs.) d. on 75-Jun-4 [75-Jun-5: 2B].
Flaherty, Charlotta A. m. Gilbert, Joseph J. on 75-Jan-28 [75-Feb-3: 2B].
Flaherty, Clara May (8 yrs., 7 mos.) d. on 75-Jul-11 [75-Jul-12: 2B].
Flaherty, John (7 yrs., 2 mos.) d. on 74-Dec-20 [74-Dec-22: 2B].
Flaherty, Julia Ann (42 yrs.) d. on 72-Nov-15 [72-Nov-18: 2B; 72-Nov-19: 2B].
Flaherty, Lillie Theresa (10 mos.) d. on 72-Dec-24 [71-Dec-28: 2B].
Flaherty, Maggie (14 yrs., 5 mos.) d. on 74-Jan-21 [74-Jan-22: 2B].
Flaherty, Matilda J. (21 yrs., 6 mos.) d. on 71-Oct-29 [71-Oct-30: 2B; 71-Oct-31: 2C; 71-Nov-1: 2B].
Flaherty, Thomas (69 yrs.) d. on 73-Jan-19 [73-Jan-20: 2B; 73-Jan-21: 2B; 73-Jan-22: 2B].
Flaherty, Thomas C. (2 yrs., 10 mos.) d. on 74-Aug-30 [74-Sep-1: 2B].
Flaherty, Virginia J. (27 yrs.) d. on 73-Dec-28 of Consumption [73-Dec-29: 2B; 73-Dec-30: 2B].
Flaherty, William Edward (6 yrs., 3 mos.) d. on 71-May-23 of Scarlet fever [71-May-30: 2B].
Flaherty, William T. m. Wherret, Kate, Miss on 75-Jul-1 [75-Jul-10: 2B].
Flaherty, Winifred (6 mos.) d. on 72-Jan-18 [72-Jan-20: 2B].
Flamm, Alice Gertrude (2 mos.) d. on 72-Apr-18 [72-Apr-19: 2B].
Flamm, Emma, Miss m. Hutchins, Charles J. on 71-Oct-4 [71-Oct-7: 2B].
Flamm, George A. m. Thomas, Magdalena, Miss on 71-Sep-21 [71-Sep-29: 2B].
Flamm, George Carroll (2 yrs., 6 mos.) d. on 72-Apr-10 [72-Apr-12: 2B].
Flamm, Mary Alice (29 yrs.) d. on 74-Nov-1 [74-Nov-2: 2B; 74-Nov-3: 2B; 74-Nov-4: 2B].
Flanagan, James m. Cassidy, Annie T. on 72-Feb-1 [72-Feb-9: 2C].
Flanagan, John (45 yrs.) d. on 73-Jun-27 [73-Jun-28: 2B].
Flanagan, Mary Jane d. on 74-Aug-25 [74-Sep-12: 2B].
Flanagan, William (34 yrs.) d. on 73-May-28 of Brain disease [73-May-31: 2B].
Flanigan, Francis d. on 72-Mar-22 of Brain inflammation [72-Mar-23: 2B].
Flanigan, James P. (1 yr., 10 mos.) d. on 75-Sep-2 [75-Sep-3: 2B].
Flanigan, John (23 yrs.) d. on 73-Feb-16 [73-Feb-17: 2B].
Flannery, Bridget (35 yrs.) d. on 73-Feb-26 [73-Feb-27: 2B].
Flannery, John Edward (1 yr., 2 mos.) d. on 73-May-18 [73-May-19: 2B].

Flannery, Mary (1 yr., 5 mos.) d. on 75-Oct-20 [75-Oct-21: 2B].
Flannigain, Virginia, Miss m. Myers, W. G. H. on 75-Oct-20 [75-Oct-25: 2A].
Flannigan, John (45 yrs.) d. on 73-Dec-10 [73-Dec-12: 2B].
Flannigan, William m. McNally, Ella, Miss on 73-Oct-30 [73-Nov-14: 2B].
Flarty, Mary Ann (51 yrs.) d. on 71-Jul-30 [71-Jul-31: 2C].
Flashell, Nellie Virginia (1 yr., 5 mos.) d. on 74-Jul-1 [74-Jul-2: 2B].
Flather, John T. m. Sebald, Lizzie D. on 75-May-26 [75-Jun-7: 2A].
Flatley, James (11 mos.) d. on 74-Jul-17 [74-Jul-18: 2B].
Flatley, Thomas (10 yrs.) d. on 74-Apr-14 [74-Apr-15: 2B].
Flaxcomb, Charles H. m. Frey, Mary E., Miss on 72-Jan-25 [72-Jan-27: 2B].
Flayhart, Charles Edward (2 yrs., 1 mo.) d. on 72-Aug-21 [72-Aug-22: 2B].
Flayhart, Joshua (39 yrs., 5 mos.) d. on 74-Nov-3 [74-Nov-5: 2B].
Fleehearty, Maria (70 yrs.) d. on 75-Sep-30 [75-Oct-2: 2B].
Flegal, Mattie Belle (13 yrs., 4 mos.) d. on 73-May-28 [73-Jun-2: 2A].
Fleischer, Margaret C. (20 yrs.) d. on 75-Jun-28 of Consumption [75-Jun-30: 2B].
Fleischman, Henry m. May, Fannie, Miss on 74-Aug-12 [74-Aug-15: 2B].
Fleishell, John F. (50 yrs.) d. on 72-Feb-5 [72-Feb-6: 2C].
Fleishell, William H. (1 yr., 2 mos.) d. on 72-Dec-17 [72-Dec-18: 2B].
Fleishman, Bertha, Miss m. Turk, Issac on 72-Dec-29 [72-Dec-31: 2B].
Fleming, Brunette Thomas (1 yr., 4 mos.) d. on 72-Sep-2 [72-Sep-4: 2B].
Fleming, Elizabeth T. m. Airey, James K. on 71-Nov-9 [71-Nov-30: 2B].
Fleming, James Washington (3 yrs., 8 mos.) d. on 74-Sep-12 [74-Sep-14: 2B].
Fleming, Lizzie B. m. Ashmead, George L., Jr. on 71-Mar-28 [71-Mar-30: 2C].
Fleming, Mary m. Repp, Albert W. on 71-Apr-20 [71-Apr-22: 2C].
Fleming, Nancy, Miss m. Grove, William H. on 72-Apr-11 [72-Apr-13: 2A].
Fleming, William m. Curtain, Mary V. on 74-Sep-30 [74-Oct-21: 2B].
Flemming, Alicia (61 yrs.) d. on 74-Aug-20 [74-Aug-21: 2B; 74-Aug-22: 2B].
Flemming, Catherine A. (45 yrs.) d. on 72-Apr-5 [72-Apr-6: 2B].
Flemming, Charles H. m. Chase, Emma B. on 73-Apr-6 [73-Jul-11: 2B].
Flemming, Ella V. m. Von Holten, William on 74-Dec-8 [74-Dec-15: 2B].
Flemming, Isabella, Miss m. Dudley, William on 73-Sep-10 [74-May-14: 2B].
Flemming, James (74 yrs.) d. on 71-Apr-16 of Cancer [71-Apr-17: 2C, 4B; 71-Apr-18: 2C; 71-Apr-19: 2B].
Flemming, John (73 yrs.) d. on 74-Sep-27 [74-Sep-29: 2B].
Flemming, John H. m. Brown, Elizabeth on 75-Oct-21 [75-Oct-29: 2B].
Flemming, William (60 yrs.) d. on 73-Oct-12 [73-Oct-13: 2B].
Flemming, William H. (54 yrs.) d. on 75-May-24 of Apoplexy [75-May-25: 2A, 4C].
Flescher, Julius m. Hable, Carrie, Miss on 75-Mar-2 [75-Mar-10: 2C].
Fletcher, Charles (57 yrs.) d. on 74-Jul-8 Drowned [74-Jul-10: 1H].
Fletcher, F. G. m. Hennaman, Martha M., Miss on 75-Jan-31 [75-Feb-26: 2B].
Fletcher, Harry D. (24 yrs.) d. on 73-Aug-23 [73-Aug-28: 2B].
Fletcher, Henrietta m. Crump, Henry on 73-Mar-13 [73-Apr-5: 2B].
Fletcher, John Nelson m. Suits, Lina, Miss on 73-Oct-9 [73-Oct-29: 2B].
Fletcher, Lizzie E., Miss m. Buck, Joseph W. on 71-Aug-2 [71-Sep-6: 2B].
Fletcher, Mary E. m. Silver, Henry Z. on 71-Jan-11 [71-Jan-17: 2C].
Fletcher, Minnie m. Duff, William E. on 72-Jan-18 [72-May-24: 2B].
Fleurrey, George (44 yrs.) d. on 71-Oct-1 [71-Oct-2: 2B].
Fleury, E. George (43 yrs., 6 mos.) d. on 71-Oct-1 [71-Oct-6: 2B].
Fleury, Joseph (59 yrs.) d. on 73-Apr-21 [73-Apr-22: 2B].
Fliester, Rose F., Miss m. Peppler, George on 74-Jan-27 [74-Feb-10: 2B].
Flinchum, Mary (76 yrs.) d. on 74-Jan-27 [74-Feb-13: 2C].
Flinn, Mary (55 yrs.) d. on 75-Jul-17 [75-Jul-19: 2B].

Flint, James A. m. Weies, Mary M. on 74-Sep-10 [74-Sep-12: 2B].
Flint, S. Christie m. Jackson, Harry M. on 74-Dec-31 [75-Jan-4: 2A].
Flint, William H. d. on 71-Oct-18 [71-Oct-19: 2C; 71-Oct-20: 2B].
Flippo, Poxie Eulalie (11 mos.) d. on 74-Jan-9 [74-Jan-10: 2B].
Flippo, Roxie (38 yrs.) d. on 74-May-1 [74-May-2: 2C].
Flood, Annie E. d. on 75-May-4 [75-May-11: 2B].
Flood, Maggie J., Miss m. Watkins, John L. on 75-Aug-10 [75-Aug-14: 2B].
Florence, Elizabeth d. on 72-Jun-27 [72-Jun-28: 2B].
Florentian, Brother d. on 71-Feb-24 [71-Mar-27: 4C].
Flower, Maggie R., Miss m. Shipley, Benjamin F. on 72-Dec-19 [72-Dec-31: 2B].
Flowers, Annie E. (21 yrs.) d. on 75-Oct-13 [75-Oct-15: 2B].
Flowers, Eliza (85 yrs.) d. on 71-Mar-4 [71-Mar-6: 2C].
Flowers, Elizabeth, Miss m. Collyer, William on 71-Sep-6 [71-Dec-27: 2C].
Floyd, Amanda (44 yrs.) d. on 74-Dec-5 of Consumption [74-Dec-7: 2B].
Floyd, Clement C. (64 yrs.) d. on 74-Sep-1 [74-Sep-2: 2B].
Floyd, Emma F., Miss m. Clark, Alexander on 74-Nov-8 [74-Nov-12: 2B].
Floyd, Emma V., Miss m. Graham, John V. on 71-Dec-26 [71-Dec-29: 2C].
Floyd, Kate A. (32 yrs.) d. on 75-Dec-24 [75-Dec-28: 2B].
Floyd, Martha Ann (31 yrs.) d. on 75-Sep-17 [75-Sep-18: 2A; 75-Sep-20: 2B].
Fluck, Mary (24 yrs.) d. on 71-Aug-28 of Ague [71-Aug-30: 4D].
Flynn, Ella (9 mos.) d. on 72-Jul-2 [72-Jul-3: 2B].
Flynn, Ellen (35 yrs.) d. on 71-Aug-4 [71-Aug-5: 2C].
Flynn, Ellen d. on 74-Jul-8 [74-Jul-9: 2B].
Flynn, George W. (26 yrs.) d. on 75-Mar-12 [75-Mar-13: 2B].
Flynn, James (16 yrs., 6 mos.) d. on 75-Mar-27 [75-Mar-29: 2B].
Flynn, John C. (35 yrs.) d. on 73-Jun-26 [73-Jun-27: 2A].
Flynn, John M. m. Harman, Mollie H., Miss on 75-Feb-8 [75-Mar-29: 2B].
Flynn, Kate F., Miss m. Joyce, William N. on 75-Mar-30 [75-Apr-13: 2B].
Flynn, Margaret (80 yrs.) d. on 74-Dec-29 [74-Dec-30: 2B].
Flynn, Margaret Ellen (1 yr., 4 mos.) d. on 74-May-10 [74-May-11: 2B].
Flynn, Mary (1 yr., 11 mos.) d. on 71-Jan-6 [71-Jan-7: 2C].
Flynn, Mary (76 yrs.) d. on 74-Oct-26 [74-Oct-27: 2B].
Flynn, Mary (40 yrs.) d. on 74-Oct-8 [74-Oct-9: 2B].
Flynn, Mary Agatha, Sr. (29 yrs.) d. on 73-Nov-10 [73-Nov-11: 1H].
Flynn, Mary E., Miss m. Gartland, Francis P. on 74-Nov-11 [74-Nov-25: 2B].
Flynn, Patrick m. Cain, Mary A. on 74-Apr-5 [74-Apr-9: 2B].
Flynn, Patrick, Jr. (23 yrs.) d. on 75-Mar-28 [75-Mar-29: 2B; 75-Mar-30: 2B].
Flynn, Sarah, Miss m. Harkin, John on 73-Nov-6 [[73-Nov-22: 2B]; 73-Nov-24: 2B].
Flynn, William (9 yrs.) d. on 72-Jun-30 [72-Jul-1: 2B].
Flynn, William (29 yrs.) d. on 74-Nov-9 [74-Nov-10: 2B].
Foard, A. J., Dr. m. Todd, Ella R., Miss on 71-Nov-2 [71-Nov-7: 2A].
Foard, Alice J. m. Gettrust, William F. on 71-Nov-16 [72-Jan-6: 2A].
Foard, Francis A. (59 yrs.) d. on 71-Dec-29 [72-Jan-4: 2B].
Foard, Henry Worthington (3 mos.) d. on 71-Nov-9 [71-Nov-13: 2C].
Foard, John B. (5 mos.) d. on 74-Feb-11 [74-Feb-16: 2C].
Foard, John W. (3 yrs.) d. on 73-Sep-2 [73-Sep-5: 2B].
Foard, Kitty (86 yrs.) d. on 71-Nov-8 [71-Nov-11: 2B].
Foard, Mollie E., Miss m. Wright, W. O. B. on 75-Nov-25 [75-Dec-1: 2B].
Foard, Olivia m. Martin, Thomas H. on 73-Jun-3 [73-Jun-6: 2B].
Foard, Stephen A. (11 yrs., 6 mos.) d. on 71-Jan-15 [71-Feb-16: 2C].
Foard, Zipporah, Mrs. m. Brown, William E. on 72-Dec-31 [73-Jan-4: 2B].
Foble, Caroline D. (61 yrs.) d. on 73-Apr-30 [73-May-1: 2B; 73-May-2: 2B].

Focke, Regina R. (69 yrs.) d. on 74-Jun-11 [74-Jun-13: 2B].
Focke, William F. m. Slade, Mittie H. on 74-Nov-10 [74-Nov-12: 2B].
Fogarty, John (54 yrs.) d. on 70-Dec-31 [71-Jan-2: 2C].
Fogarty, Katie (2 yrs., 5 mos.) d. on 75-Aug-27 of Scarlet fever [75-Aug-28: 2B].
Fogarty, Maggie Teresa (17 yrs.) d. on 75-Feb-3 [75-Feb-4: 2B; 75-Feb-5: 2B].
Fogle, H. H. (33 yrs.) d. on 73-Apr-7 [73-Apr-11: 2B].
Fogle, Lottie Hough (6 mos.) d. on 74-Apr-22 of Pneumonia [74-Apr-23: 2B].
Fogle, Lottie M. (1 yr.) d. on 75-Jun-23 [75-Jun-24: 2B].
Fogler, Annie R. (18 yrs., 6 mos.) d. on 75-Aug-4 [75-Aug-5: 2B].
Fohner, Jacob (34 yrs., 4 mos.) d. on 75-Nov-7 [75-Nov-9: 2B].
Foley, Ann M. d. on 75-Dec-27 [75-Dec-28: 2B, 4E; 75-Dec-29: 2B; 75-Dec-30: 4E].
Foley, Bridget (75 yrs.) d. on 75-Feb-6 [75-Feb-8: 2B].
Foley, Charles (25 yrs.) d. on 75-Oct-29 Drowned [75-Nov-1: 4B; 75-Nov-13: 4D].
Foley, James S. (29 yrs.) d. on 74-Sep-19 of Yellow fever [74-Oct-3: 4C].
Foley, Margaret (51 yrs.) d. on 74-May-3 [74-May-5: 2B].
Foley, Maria (60 yrs.) d. on 75-May-24 [75-May-25: 2A].
Foley, Mary d. on 71-Mar-9 [71-Mar-10: 2C; 71-Mar-11: 2B].
Foley, Mary Ann (2 mos.) d. on 74-Jul-28 [74-Jul-30: 2B].
Foley, Mary Elizabeth (8 mos.) d. on 74-Jul-3 [74-Jul-4: 2B].
Foley, Mary Tiemay (37 yrs.) d. on 74-May-18 [74-May-19: 2B; 74-May-20: 2B].
Foley, Michael (45 yrs.) d. on 71-Dec-3 [71-Dec-5: 2C].
Foley, Presley G. m. Duthrow, Verda, Miss on 71-Dec-19 [72-Jan-6: 2A].
Foley, Sarsfield James (61 yrs.) d. on 72-Sep-6 of Brain paralysis [72-Sep-7: 2A; 72-Sep-9: 2A; 72-Sep-10: 2A].
Folger, Charles W. m. Depew, V. Susie on 75-Nov-24 [75-Nov-29: 2B].
Folger, Edward F., Capt. (52 yrs.) d. on 75-Jun-3 of Consumption [75-Jun-4: 2B, 4C; 75-Jun-5: 2B].
Folk, Margaret d. on 74-Mar-17 of Lamp explosion [74-Mar-18: 4E].
Folkes, Augustus N. m. Whitaker, Ruth M., Miss on 73-Aug-6 [73-Aug-15: 2B].
Folks, Elizabeth (71 yrs.) d. on 73-Oct-13 [73-Oct-14: 2B].
Folks, George W. (23 yrs.) d. on 72-Jan-10 [72-Jan-11: 2B].
Folks, Ira M. m. Barringer, Mary A., Miss on 75-Mar-30 [75-Apr-12: 2B].
Follin, Eliza (69 yrs.) d. on 71-Oct-17 [71-Oct-19: 2C].
Follin, John M. m. Dorsey, Georgiana on 75-Feb-25 [75-Feb-26: 2B].
Follmars, Lewis (38 yrs.) d. on 71-May-7 of Suicide [71-May-8: 4C].
Foltz, Jacob O. (52 yrs., 8 mos.) d. on 72-Nov-21 [72-Nov-23: 2B; 72-Dec-3: 2C].
Fonder, Agnes D. (66 yrs.) d. on 73-May-7 [73-May-8: 2B; 73-May-9: 2B].
Fontaine, Harry L. d. on 71-Nov-16 [71-Nov-17: 2C].
Fontaine, John L. (43 yrs.) d. on 72-Jun-19 [72-Jun-20: 2B; 72-Jun-21: 2B; 72-Jun-22: 2B].
Fooks, F. E. m. Startzman, Ella, Miss on 74-Jun-11 [74-Jun-18: 2B].
Foos, Algeria V., Miss m. Powder, M. Hines on 72-Jul-9 [72-Jul-22: 2B].
Foos, Charles H. (1 yr., 5 mos.) d. on 75-Feb-4 [75-Feb-5: 2B].
Foos, Dealia A. (63 yrs.) d. on 71-Jul-10 [71-Jul-12: 2B].
Foos, Frank E. (5 yrs., 2 mos.) d. on 71-Apr-19 of Scarlet fever [71-Apr-21: 2B].
Foos, George W. (33 yrs.) d. on 71-Feb-7 [71-Feb-9: 2C].
Foos, Kate (2 yrs., 3 mos.) d. on 74-May-26 [74-May-27: 2B; 74-May-28: 2B].
Foos, Mary B., Miss m. Lewis, Joseph F. on 74-Sep-24 [74-Oct-27: 2B].
Foos, Tillie M. m. Meads, William H. on 71-Nov-30 [71-Dec-19: 2B].
Foos, Willie Allers (2 yrs., 1 mo.) d. on 72-Sep-5 [72-Sep-6: 2A].
Foos, Willie James (3 yrs., 8 mos.) d. on 71-May-27 [71-May-29: 2B].
Foose, Carrie F., Miss m. Sennott, John H. on 71-Feb-2 [71-Feb-6: 2C].
Foose, Charley A. (39 yrs.) d. on 71-Jul-9 [71-Jul-10: 2B].

Foote, Frederick H. m. Stansbury, Mattie A., Miss on 75-Apr-8 [75-May-15: 2A].
Foote, George A. m. Stansbury, Rebecca T., Miss on 71-Jul-20 [71-Aug-29: 2C].
Foote, J. F. m. Ludington, Addie, Miss on 72-Feb-1 [72-Feb-2: 2C].
Fopless, James S. m. Wooden, Eliza R., Miss on 70-Sep-19 [71-Jan-30: 2C].
Fopless, Jeannette A. d. on 74-Sep-26 [74-Sep-28: 2B].
Forbes, Celia S. m. Waters, John H., Jr. on 75-Sep-22 [75-Sep-29: 2B].
Forbes, Elise W. m. Choiseul-Prasli, [male] on 74-Dec-17 [74-Dec-22: 2B].
Forbes, M. L., Rev. m. Gardner, M. A., Miss on 73-Oct-16 [73-Oct-20: 2B].
Forbes, S. H. m. Weems, Tillie S., Miss on 73-Apr-15 [73-Apr-16: 2B].
Forbes, Sarah Elizabeth (51 yrs.) d. on 71-Jul-2 [71-Jul-3: 2B].
Ford, Achilles m. Carrick, Susan on 73-Nov-17 [73-Nov-22: 2B].
Ford, Addie (4 yrs.) d. on 73-Oct-20 [73-Oct-21: 2B].
Ford, Agnes (2 yrs., 3 mos.) d. on 71-Sep-28 [71-Sep-29: 2B].
Ford, Albert C. d. on 75-Mar-30 [75-Mar-31: 2B; 75-Apr-1: 2B; 75-Apr-7: 2B].
Ford, Anna Augusta (24 yrs.) d. on 73-Feb-23 [73-Feb-26: 2B].
Ford, Annie Teresa m. Aldridge, John H., Dr. on 75-Apr-8 [75-Apr-12: 2B].
Ford, Charles E. m. Ditch, Alice, Miss on 73-Dec-11 [74-Jan-12: 2B].
Ford, Charles Elias m. Hardcastle, Annie Alexander, Miss on 74-Apr-8 [74-Apr-11: 2B].
Ford, Charles T. (53 yrs.) d. on 71-Oct-9 of Hydrophobia [71-Oct-6: 4D; 71-Oct-7: 4C; 71-Oct-9: 4D; 71-Oct-10: 2B].
Ford, D. R. m. Thomson, Emma Eldredge on 73-Apr-16 [73-Apr-19: 2B].
Ford, E. R. (58 yrs.) d. on 71-Nov-26 of Paralysis [71-Nov-30: 2B].
Ford, Elizabeth Jane (3 yrs., 9 mos.) d. on 75-Jan-14 [75-Jan-16: 2C].
Ford, Florence d. on 73-Dec-6 [73-Dec-9: 2B].
Ford, Frederick P. m. Miller, Anna Augusta on 71-Dec-12 [71-Dec-25: 2C].
Ford, Henry J. m. Batory, Bertha, Miss on 75-Feb-18 [75-Mar-8: 2B].
Ford, Hester A. R., Miss m. Warren, John on 73-Apr-23 [73-May-8: 2B].
Ford, Hettie, Miss m. Maxwell, Robert on 72-Sep-26 [[72-Oct-4: 2B]; 72-Oct-5: 2A].
Ford, J. Harrison (31 yrs.) d. on 73-Jul-29 [73-Jul-30: 2B].
Ford, James (82 yrs.) d. on 73-Aug-20 [73-Aug-22: 2B].
Ford, John m. Evans, Mary E. on 73-Feb-13 [73-Feb-21: 2B].
Ford, John D. (35 yrs.) d. on 75-Feb-28 of Drug overdose [75-Mar-1: 1G, 2B].
Ford, John T. (47 yrs.) d. on 75-Jul-31 of Murder (Assault) [75-Sep-1: 3D; 75-Sep-3: 4C].
Ford, Mary (63 yrs.) d. on 74-Apr-5 [74-Apr-7: 2A].
Ford, Mary Ann (1 yr., 11 mos.) d. on 72-Feb-15 [72-Feb-16: 2C].
Ford, Mary E. m. Marshall, Thomas B. on 71-May-4 [71-May-6: 2B].
Ford, Mary Keating (54 yrs.) d. on 71-Sep-28 [71-Sep-29: 2B; 71-Sep-30: 2C].
Ford, Mary L., Miss m. Hennisee, Argalus G., Lt. on 73-May-7 [73-May-23: 2B].
Ford, Mollie S. (19 yrs.) d. on 75-May-10 [75-May-11: 2B].
Ford, Richard C. (80 yrs.) d. on 73-Jan-20 [73-Feb-6: 2B].
Ford, Samuel C. m. Redner, Annie C. on 74-Oct-1 [74-Oct-9: 2B].
Ford, Thomas (75 yrs.) d. on 75-Oct-31 [75-Nov-2: 2B].
Ford, Thomas James (42 yrs., 1 mo.) d. on 73-Nov-24 of Consumption [73-Nov-26: 2B; 73-Nov-28: 4G].
Ford, Walter F. (84 yrs.) d. on 74-Dec-6 [74-Dec-24: 4D].
Ford, William McClellan (3 mos.) d. on 75-Jan-7 [75-Jan-8: 2B].
Foreman, Annie E., Miss m. Cole, Richard S. on 74-Mar-4 [74-Mar-7: 2B].
Foreman, Charles Wallace (3 yrs., 9 mos.) d. on 71-Sep-16 Burned [71-Sep-18: 2B, 4D].
Foreman, Elizabeth (88 yrs.) d. on 74-Jan-12 [74-Jan-13: 2B].
Foreman, Ella, Miss m. Tydings, Henry on 75-Oct-21 [75-Oct-22: 2A].
Foreman, Fannie F. (1 yr., 9 mos.) d. on 75-Jan-3 [75-Jan-11: 2B].
Foreman, George A. m. King, Emma V., Miss on 74-Jul-22 [74-Aug-18: 2B].

Foreman, Julia (29 yrs.) d. on 74-Oct-29 [74-Oct-30: 2B].
Foreman, Mollie E., Miss m. Hartlove, Walter H. on 71-Oct-31 [71-Nov-8: 2C].
Foreman, Rachel Ann (20 yrs.) d. on 75-May-26 of Consumption [75-May-28: 2A].
Foreman, Rebecca E., Miss m. Comegys, William on 72-Dec-31 [[73-Jan-9: 2B]; 73-Jan-10: 2B].
Foreman, Ros. m. Rector, Fannie, Miss on 72-Jan-25 [72-Feb-7: 2C].
Foreman, Sarah Stewart (11 yrs.) d. on 73-May-17 [73-May-19: 2B].
Foreman, Valentine (60 yrs., 9 mos.) d. on 75-May-13 of Typhoid pneumonia [75-May-15: 2B, 4C].
Foreman, Valentine, Jr. m. Loftus, Mary J., Miss on 71-Apr-25 [71-May-5: 2B].
Foreman, William H. m. Funk, Mary E. on 72-Jun-16 [72-Jun-18: 2B].
Forestelle, Annie, Miss m. Durst, James G. on 74-May-3 [74-Jun-3: 2B].
Forester, Robert (67 yrs.) d. on 73-Mar-1 [73-Mar-4: 2B].
Forman, Ann Elizabeth (91 yrs.) d. on 75-Jun-24 [75-Jun-25: 2B; 75-Jun-26: 2B, 4C].
Forman, Eliza (79 yrs.) d. on 72-Mar-1 [72-Mar-6: 2B].
Forman, John (59 yrs.) d. on 71-Sep-11 [71-Sep-19: 2C].
Forman, Joseph H. m. Greer, Janie on 74-Dec-10 [74-Dec-12: 2B].
Forman, Joseph L. m. McDow, Fannie, Mrs. on 71-Nov-22 [72-Jan-10: 2B].
Formley, John (36 yrs.) d. on 74-Mar-26 Drowned [74-Mar-28: 4D].
Forney, A. J. m. Hurley, Mary J., Miss on 71-Aug-30 [71-Sep-2: 2B].
Forney, Eliza B. m. Gaither, Frank on 75-Sep-1 [75-Nov-25: 2B].
Forney, George M., Jr. (4 yrs.) d. on 71-Dec-2 [71-Dec-4: 2C].
Forney, Rebecca (66 yrs.) d. on 73-Jan-7 [73-Jan-9: 2B].
Forney, Sarah d. on 72-Nov-29 [72-Nov-30: 2B].
Forns, Joseph F. m. Sisselberger, Maggie on 73-Oct-1 [73-Oct-4: 2B].
Fornshil, Nelson C. m. Evans, Cornelia B. on 73-Oct-15 [73-Oct-20: 2B].
Fornshill, Margaret E., Mrs. m. Coulter, Alexander on 73-Dec-22 [74-Apr-20: 2A].
Forrest, Elizabeth (77 yrs.) d. on 75-Jan-29 [75-Jan-30: 2B].
Forrest, Elizabeth Frances (7 yrs., 2 mos.) d. on 71-Mar-13 [71-Mar-14: 2B].
Forrest, Emma C. m. Stone, John P. on 75-Apr-20 [75-May-17: 2A].
Forrest, George W. (38 yrs.) d. on 71-Oct-24 [71-Nov-18: 2B].
Forrest, John Andrew (18 yrs.) d. on 75-Jun-28 [75-Jun-30: 2B].
Forrest, John M. d. on 75-Mar-25 [75-Mar-26: 2B].
Forrest, Mathias (3 yrs., 3 mos.) d. on 71-Mar-26 [71-Mar-27: 2C].
Forrest, Sarah Emma (1 yr.) d. on 72-Aug-15 of Cholera infantum [72-Aug-16: 2B].
Forrest, William H. d. on 73-Jul-19 Drowned [73-Jul-21: 1G; 73-Jul-22: 1G].
Forrest, Willie (4 mos.) d. on 73-Jul-30 [73-Aug-1: 2B].
Forrester, Ella May (4 mos.) d. on 72-Sep-22 [72-Sep-24: 2B].
Forrester, Fannie L., Miss m. Carter, Thomas G. on 74-Oct-27 [74-Oct-31: 2B].
Forrester, George F. m. Emmart, Clara, Miss on 75-Sep-15 [75-Sep-24: 2B].
Forrester, Hester A., Miss m. Warfield, Adam on 75-Oct-7 [75-Oct-9: 2A].
Forrester, Joseph A. m. Smith, Mary E. on 73-Dec-23 [74-Jan-1: 2B].
Forrester, Lydia Jane (1 yr., 8 mos.) d. on 75-Sep-29 [75-Oct-16: 2B].
Forrester, Margaret A. m. Morrison, George P. on 74-Oct-14 [74-Oct-28: 2B].
Forrester, Nicholas G. m. Talbot, Annie on 71-May-25 [71-May-27: 2B].
Forrester, Rachel (82 yrs.) d. on 75-Sep-7 [75-Sep-9: 2B].
Forrester, Ruth (75 yrs., 8 mos.) d. on 74-May-7 [74-May-8: 2B; 74-May-9: 2C].
Forster, John George (55 yrs.) d. on 71-Jun-8 [71-Jun-9: 2B].
Forsyth, Clara m. Godwin, John W. on 75-Sep-16 [75-Oct-2: 2B].
Forsyth, Hetty (83 yrs.) d. on 74-Nov-22 [74-Nov-23: 2B; 74-Nov-24: 2B].
Forsyth, Ida Berch (6 mos.) d. on 72-May-3 [72-May-4: 2A].
Forsyth, J. Falconer m. Taliaferro, Mary M. on 72-Dec-9 [72-Dec-16: 2B].

Forsyth, J. T. d. on 74-Oct-19 [74-Oct-28: 2B].
Forsyth, John A. (52 yrs.) d. on 75-Feb-23 of Fall [75-Feb-26: 1H; 75-Feb-27: 2B; 75-Mar-1: 4E].
Forsyth, Lillie (70 yrs.) d. on 75-Jul-15 [75-Jul-16: 2B; 75-Jul-17: 2B].
Forsyth, P.A. O., Miss m. Little, C. A., Jr. on 71-Jul-11 [71-Jul-15: 2B].
Forsythe, Amelia F. (38 yrs.) d. on 75-Jul-24 [75-Jul-26: 2B].
Forsythe, James Joseph m. Jenkins, Jane D., Mrs. on 74-Dec-15 [74-Dec-19: 2B].
Forsythe, John d. [75-Apr-27: 2B].
Forsythe, Joseph (8 yrs.) d. on 71-Jun-17 Drowned [71-Jun-19: 4C].
Forsythe, Lemuel P. (63 yrs.) d. on 73-Mar-2 [73-Mar-8: 2B].
Forsythe, Lillie m. Garside, J. W. on 73-Jul-8 [[73-Sep-2: 2B]; 73-Sep-3: 2B].
Forsythe, Louis Edward (41 yrs.) d. on 72-Jun-11 [72-Jun-13: 2B].
Fort, Elizabeth Ellen (29 yrs.) d. on 73-Jan-11 [73-Jan-14: 2B].
Fort, Laura R. d. on 71-Jan-23 [71-Feb-16: 2C].
Fort, Leander D. d. on 72-Sep-10 [72-Sep-11: 2B; 72-Sep-12: 2B].
Fort, Marietta, Miss m. Wheary, W. O. on 72-Mar-22 [72-Apr-4: 2B].
Fortenbaugh, Albert (1 yr., 10 mos.) d. on 75-Feb-10 [75-Feb-11: 2B; 75-Feb-12: 2B].
Fortier, Marie, Miss m. Conway, Bradfute on 75-Aug-11 [75-Aug-31: 2B].
Fortling, Sadie L. (14 yrs., 3 mos.) d. on 71-Jul-4 [71-Jul-6: 2B].
Fortman, Edward C. (48 yrs.) d. on 74-Oct-21 [74-Oct-22: 2A].
Fortmann, John M. (7 yrs.) d. on 71-May-12 [71-May-13: 2B].
Fortune, Elizabeth d. on 72-Mar-21 [72-Mar-22: 2B; 72-Mar-23: 2B].
Fortune, Mary E. m. Jones, William on 75-Jan-25 [75-Jan-27: 2B].
Fortune, Rachel A., Miss m. Thompson, G. S., Rev. on 71-Feb-21 [71-Mar-6: 2C].
Forwood, Sylvester d. on 71-Oct-19 of Suffocation [71-Oct-28: 4C].
Forwood, William L. (70 yrs.) d. on 75-Jun-28 [75-Jun-29: 2B].
Fosler, Ella Matilda (3 yrs., 9 mos.) d. on 71-Sep-29 [71-Sep-30: 2C].
Fosler, Emma Elmira, Miss (5 mos.) d. on 71-Jan-1 [71-Jan-3: 2B].
Fosler, Kate Eugene (6 yrs., 8 mos.) d. on 71-Jan-4 [71-Jan-5: 2C; 71-Jan-6: 2C].
Fosnocht, Issac G., Rev. m. Burke, Charlotte, Miss on 75-Jan-26 [75-Jan-28: 2B].
Foss, Benjamin F. (11 yrs.) d. on 71-Oct-16 [71-Oct-17: 2B].
Foss, Charles M. m. McClane, Ellen T., Mrs. on 74-Aug-25 [74-Sep-1: 2A].
Foss, Florence Estella (3 yrs., 2 mos.) d. on 72-Feb-11 of Brain fever [72-Feb-12: 2C].
Foss, Jacob (66 yrs.) d. on 71-Apr-15 [71-Apr-17: 2C].
Foss, John H. m. Rogers, Mary Olevia on 73-Dec-16 [74-Jan-21: 2B].
Foss, Kate (14 yrs.) d. on 72-Feb-15 [72-Feb-16: 2C].
Fossett, Francis C., Jr. (25 yrs., 1 mo.) d. on 72-Aug-12 of Construction cave-in [72-Aug-13: 2B; 72-Aug-14: 1F, 2B; 72-Aug-17: 4E].
Fossett, J. Elwood m. Gettier, Emma G. on 75-Oct-28 [75-Nov-3: 2B].
Fossett, Maria, Miss m. McGaw, Thomas H. on 74-Nov-19 [74-Nov-26: 2B].
Fossett, Mary E. m. Williams, Isaiah O. B. on 72-Nov-28 [72-Dec-4: 2B].
Fossett, Miranda (34 yrs.) d. on 71-Aug-28 [71-Aug-29: 2C].
Foster, Ambrose (77 yrs.) d. on 75-Jun-28 [75-Jun-29: 2B].
Foster, Daniel Hall m. Diggs, Mary Eliza on 72-Sep-4 [72-Sep-6: 2A].
Foster, Edward Darby (1 yr., 11 mos.) d. on 72-Apr-1 [72-Apr-2: 2B].
Foster, Eldridge M. m. Parrish, Ella, Miss on 72-Nov-21 [72-Nov-26: 2A].
Foster, Emma m. Gartside, Henry Clay on 72-Sep-19 [72-Oct-23: 2B].
Foster, Florence B. (8 yrs., 1 mo.) d. on 72-May-27 [72-May-29: 2B].
Foster, George Wesley (10 mos.) d. on 72-Oct-5 [72-Oct-8: 2B].
Foster, Grace (3 yrs., 3 mos.) d. on 72-Apr-24 [72-Apr-29: 2B].
Foster, Howard Lee (2 yrs., 3 mos.) d. on 73-Apr-4 [73-Apr-9: 2B].
Foster, I. W. m. Slater, Bettie F. on 74-Oct-1 [74-Oct-8: 2B].

Foster, James K. (52 yrs.) d. on 75-Feb-17 [75-Feb-19: 2B].
Foster, John Noble (7 mos.) d. on 71-May-31 [71-Jun-1: 2B].
Foster, Lina, Miss m. Weeks, Frank M. on 73-Dec-16 [73-Dec-18: 2B].
Foster, Louis T. m. Henshaw, Mary on 72-Nov-20 [72-Dec-10: 2B].
Foster, Mary F. d. on 75-Sep-21 [75-Sep-23: 2B].
Foster, Mary S. Moale d. on 71-Jun-6 [71-Jun-7: 2B; 71-Jun-8: 2B, 4C].
Foster, Thomas E. m. McLean, Jennie on 74-Oct-15 [74-Nov-3: 2B].
Foster, Thomas S. (31 yrs.) d. on 71-Nov-12 [71-Nov-13: 2B].
Foster, Walter L. m. Collins, Emma J., Miss on 71-Jun-11 [71-Jun-13: 2B].
Foster, William John (53 yrs.) d. on 73-Sep-19 [73-Sep-20: 2B].
Foster, William R. m. Wright, Virginia F., Miss on 72-Mar-26 [72-Apr-30: 2B].
Foudriat, Pierre (69 yrs.) d. on 75-Apr-20 [75-Apr-21: 2B; 75-Apr-22: 2B].
Fouke, Robert Lee (1 mo.) d. on 71-Jul-30 [71-Jul-31: 2C].
Foulke, Anna C., Miss m. Alexander, Amos A. on 71-Oct-1 [71-Oct-7: 2B].
Foulke, Emma, Miss m. Campbell, Robert on 72-Nov-10 [72-Nov-12: 2B].
Foulkes, Mary (73 yrs.) d. on 74-Dec-8 [74-Dec-9: 2B].
Fountain, Annie d. on 73-Jan-28 of Suicide (Poison) [73-Jan-29: 4E; 73-Jan-30: 4C].
Fountain, John R. m. Fountain, Rebecca C., Miss on 75-May-18 [75-Jul-27: 2B].
Fountain, Rebecca C., Miss m. Fountain, John R. on 75-May-18 [75-Jul-27: 2B].
Fountain, Rose E. m. Winter, Philip, Jr. on 75-Sep-2 [75-Nov-17: 2B].
Fountain, Sadie E., Miss m. Church, Levi B. on 74-Apr-22 [[74-Apr-28: 2B]; 74-Apr-29: 2B].
Fountain, Thomas H. m. Davis, Eunice C., Miss on 73-May-7 [73-May-13: 2B].
Fouse, Ida T., Miss m. Lyon, John on 75-Jun-3 [75-Jun-23: 2B].
Foust, Lina d. on 74-Oct-31 [74-Nov-2: 2B].
Foust, Mary M. m. Moyston, J. C. [73-May-24: 2B].
Fout, George C. (30 yrs.) d. on 73-Mar-26 [73-Mar-27: 2B].
Fout, Lillie E., Miss m. Cooksey, William T. on 73-Dec-17 [73-Dec-19: 2B].
Foutz, David E. (7 mos.) d. on 72-Apr-6 [72-Apr-8: 2B].
Fowble, Miriam, Miss m. Albaugh, David F. on 72-Oct-15 [72-Oct-17: 2A].
Fowble, Sonnie, Miss m. Cover, William L. on 72-Feb-15 [72-Feb-23: 2D].
Fowble, Sovena A., Miss m. Smith, George A. on 72-Feb-20 [72-Feb-28: 2B].
Fowler, [female] d. on 73-Oct-11 of Lamp explosion [73-Oct-13: 4E].
Fowler, Adaline C. (39 yrs.) d. on 73-Dec-28 [73-Dec-29: 2B].
Fowler, Alice D., Miss m. North, John J. S. on 74-Sep-2 [74-Sep-8: 2B].
Fowler, Amanda d. on 75-May-12 [75-May-13: 2B; 75-May-14: 2B].
Fowler, Anna Mary (3 yrs., 6 mos.) d. on 71-Jul-18 [71-Jul-19: 2B].
Fowler, Annie E. m. Day, Nicholas on 72-May-16 [72-Jun-1: 2A].
Fowler, Catherine (86 yrs.) d. on 73-Mar-23 [73-Mar-24: 2B; 73-Mar-25: 2B].
Fowler, Charles H. m. Jarboe, Mettie, Miss on 74-Sep-3 [74-Sep-5: 2B].
Fowler, Cordelia (85 yrs.) d. on 74-Sep-20 [74-Sep-21: 2B].
Fowler, David m. Brinkley, Mary on 75-Nov-23 [75-Nov-27: 2B].
Fowler, David Q. d. on 73-Nov-10 [73-Nov-11: 2B].
Fowler, Edward H. m. Ambrose, Annie S., Miss on 75-Mar-11 [75-Mar-18: 2B].
Fowler, Eliza R. (79 yrs.) d. on 71-Nov-30 [71-Dec-2: 2B].
Fowler, Elizabeth Amelia (6 mos.) d. on 72-Jun-19 [72-Jun-20: 2B].
Fowler, Emma F. m. Linthicum, William S. on 74-Nov-3 [74-Nov-9: 2B].
Fowler, Francis (62 yrs.) d. on 72-Sep-10 [72-Sep-11: 2B].
Fowler, Genevieve (6 mos.) d. on 75-Mar-29 [75-Apr-1: 2C].
Fowler, George B. McClellan (13 yrs.) d. on 74-Jan-5 [74-Jan-7: 2B].
Fowler, George S. (15 yrs., 2 mos.) d. on 75-May-31 [75-Jun-1: 2B].
Fowler, George W. d. on 74-Jul-29 [74-Jul-31: 2B].
Fowler, George Wallace (4 mos.) d. on 75-Dec-1 [75-Dec-3: 2B].

Fowler, Ida V., Miss m. North, Gustavus B. on 71-Nov-30 [71-Dec-7: 2B].
Fowler, Issac D. (85 yrs.) d. on 75-Aug-14 [75-Aug-16: 2B].
Fowler, J. Morse (9 mos.) d. on 71-Jul-8 [71-Jul-19: 2B].
Fowler, Jennie, Miss m. Pumphrey, Aquilla J. on 75-Jul-11 [75-Jul-27: 2B].
Fowler, John (54 yrs.) d. on 75-Apr-16 [75-Apr-19: 2B].
Fowler, John P. m. Higby, Laura V. on 72-Nov-3 [72-Nov-12: 2B].
Fowler, John Thomas (9 mos.) d. on 74-Jun-19 [74-Jun-20: 2B].
Fowler, Joseph H. (20 yrs.) d. on 73-Nov-5 of Lamp explosion [73-Nov-6: 2B, 4A].
Fowler, Kate d. on 75-May-18 [75-May-28: 2A].
Fowler, Kate, Miss m. Kensett, Edward W. on 75-Feb-9 [75-Mar-2: 2B].
Fowler, Katie A. m. Hardie, James G. on 73-Nov-6 [73-Nov-10: 2B].
Fowler, Laura m. Miller, Albert P. on 74-Dec-10 [74-Dec-14: 2B].
Fowler, Laura V., Miss m. Wilson, H. Clay on 73-Apr-3 [73-Apr-7: 2B].
Fowler, Lemuel M. m. Schad, Johannah on 72-Apr-18 [72-Apr-20: 2B].
Fowler, M. Louisa, Miss m. Alton, Walter H. on 71-Jun-8 [71-Jun-10: 2A].
Fowler, Margaret (74 yrs.) d. on 74-Feb-21 [74-Feb-24: 2B].
Fowler, Mary Elizabeth, Miss m. Foxwell, William W. on 71-Nov-7 [[71-Nov-9: 2C]; 71-Nov-13: 2B].
Fowler, Mary L. d. on 74-Apr-3 [74-Apr-4: 2B].
Fowler, Mary L. C. m. Spear, D. M., Capt. on 75-Jul-7 [75-Jul-12: 2B].
Fowler, Randolph (30 yrs., 3 mos.) d. on 72-Aug-24 in Railroad accident [72-Aug-26: 1H, 2B].
Fowler, Richard (69 yrs.) d. on 72-May-3 [72-May-4: 2A].
Fowler, Robert S., Hon. (62 yrs.) d. on 74-Mar-3 of Pneumonia [74-Mar-4: 1H; 74-Mar-5: 2B; 74-Mar-6: 1G].
Fowler, Robert S. m. Thomas, Louisa May, Miss on 72-Apr-24 [72-May-1: 2B].
Fowler, Rose E. d. on 75-May-18 [75-May-20: 2B].
Fowler, Samuel B. (25 yrs.) d. on 71-Apr-16 of Fall [71-Apr-17: 2C, 4C].
Fowler, Sarah d. on 71-Oct-30 of Apoplexy [71-Nov-1: 2B].
Fowler, Sarah (61 yrs.) d. on 73-May-28 [73-May-30: 2B].
Fowler, Sarah E. m. Clark, Benjamin F. [74-Jul-29: 2B].
Fowler, Sophia M., Miss m. Robison, James M. on 73-Jul-1 [73-Jul-16: 2B].
Fowler, Thomas (66 yrs.) d. on 72-Nov-27 [72-Nov-30: 1G, 2B].
Fowler, William G. m. Deater, Anna on 73-Feb-5 [73-Feb-8: 2B].
Fowler, William Theodore (1 mo.) d. on 75-Jan-21 [75-Jan-28: 2B].
Fowler, Willie (1 yr., 11 mos.) d. on 75-Feb-10 [75-Feb-11: 2B].
Fowler, Winfield S. (24 yrs., 2 mos.) d. on 71-Dec-26 [71-Dec-27: 2C].
Fowler, Yetville, Mrs. m. Ickes, Frederick N. on 72-Aug-18 [72-Sep-4: 2B].
Fowlkes, S. A. m. Cobb, Pinkie M., Miss on 72-Sep-12 [72-Sep-13: 2B].
Fowman, Sarah A. (59 yrs.) d. on 74-Aug-12 [74-Aug-13: 2B].
Fowner, William H. (42 yrs.) d. on 75-Mar-20 [75-Mar-22: 2B].
Fox, Carrie H. d. on 73-Apr-18 [73-Apr-19: 2B].
Fox, Charles G. m. Copper, Lizzie H. on 74-Feb-4 [74-Feb-12: 2C].
Fox, Charles K. (42 yrs.) d. on 75-Jan-17 of Typhoid [75-Jan-21: 1G].
Fox, Charlotte (64 yrs.) d. on 75-Sep-29 [75-Oct-1: 2B].
Fox, Conrad m. Reiter, Ann Eliza, Miss on 74-Apr-27 [74-May-8: 2B].
Fox, Cornelia m. Walter, J. W. on 75-Dec-20 [75-Dec-27: 2B].
Fox, Edwin H. (8 yrs., 11 mos.) d. on 75-Jul-22 [75-Jul-24: 2B].
Fox, Eliza d. of Suicide (Drowning) [74-May-13: 1G].
Fox, Emma Florence (2 yrs., 2 mos.) d. on 72-May-22 [72-May-23: 2B].
Fox, Eunice C. d. on 74-Jul-18 [74-Jul-23: 2B].
Fox, F. W. m. Watkins, Lucy, Miss on 71-Nov-15 [71-Nov-17: 2C; 71-Nov-18: 2A].
Fox, Harriet (85 yrs.) d. on 73-Mar-20 [73-Mar-22: 2B].

Fox, Hiram E. (54 yrs.) d. on 72-May-23 [72-May-24: 2B; 72-May-25: 2B].
Fox, James J. (35 yrs.) d. on 74-Feb-5 of Pneumonia [74-Feb-9: 2B].
Fox, John Sidney (16 yrs., 7 mos.) d. on 71-Sep-11 [71-Sep-13: 2B].
Fox, Lyttleton Tazewell d. on 71-Aug-4 [71-Aug-5: 2C].
Fox, Maggie, Miss m. Stallings, Peter on 71-Jan-1 [71-Apr-10: 2B].
Fox, Maggie, Miss m. Gaddess, John B. on 73-Oct-27 [74-Jan-27: 2B].
Fox, Mary Carter (1 yr., 4 mos.) d. on 73-Aug-20 [73-Aug-22: 2B].
Fox, Olivia E., Miss m. King, Orlando C. on 72-Sep-26 [72-Oct-8: 2B].
Fox, Sadie L. (2 mos.) d. on 72-Oct-22 [72-Oct-23: 2B].
Foxcroft, Nicholas m. Martin, Lavinia W. on 72-Dec-16 [72-Dec-24: 2B].
Foxwell, Alonzo T. m. Gilbert, Mary E. on 73-Jul-8 [73-Jul-11: 2B].
Foxwell, Charles (2 yrs., 3 mos.) d. on 72-Apr-18 [72-Apr-20: 2B].
Foxwell, Charles W. (17 yrs.) d. on 73-Feb-24 [73-Feb-26: 2B].
Foxwell, Lida (1 yr., 8 mos.) d. on 72-Aug-3 [72-Aug-5: 2B].
Foxwell, Margaret (71 yrs.) d. on 75-Mar-21 [75-Mar-22: 2B].
Foxwell, Sarah N., Miss m. Marchant, Seth A. on 73-Jul-16 [[73-Jul-18: 2B]; 73-Jul-19: 2A].
Foxwell, William W. m. Fowler, Mary Elizabeth, Miss on 71-Nov-7 [71-Nov-9: 2C; 71-Nov-13: 2B].
Foxwell, Zachariah T. H. m. Pindell, Laura A. T. on 71-Nov-1 [71-Nov-3: 2B].
Foy, Adeline Virginia (12 yrs., 11 mos.) d. on 71-Jul-17 [71-Jul-18: 2B].
Foy, Frederick (65 yrs.) d. on 71-Jun-17 [71-Jun-22: 2C].
Foy, J. Henry (33 yrs.) d. on 71-Apr-24 of Suicide [71-Apr-26: 2B, 4B].
Foy, James P. (62 yrs.) d. on 74-Nov-30 of Heart paralysis [74-Dec-2: 2B, 4E; 74-Dec-3: 2B; 74-Dec-4: 2B].
Foy, John B. (55 yrs.) d. on 75-Jan-21 in Railroad accident [75-Jan-23: 4E].
Foy, Mary (49 yrs.) d. on 75-Jun-30 [75-Jul-2: 2B; 75-Jul-3: 2A].
Foy, Mary Theresa (43 yrs.) d. on 74-Mar-1 [74-Mar-3: 2B].
Frahley, Elizabeth, Miss m. Neenan, Jeremiah on 75-Aug-15 [75-Sep-29: 2B].
Frampton, Charles W. m. Bucher, Charlotte, Miss on 72-Mar-12 [72-May-4: 2A].
Frampton, Johnson m. Hyde, Mary Ellen, Miss on 71-Feb-5 [71-Feb-9: 2C].
Frampton, W. B. (18 yrs.) d. on 71-Aug-25 Drowned [71-Aug-25: 4D].
France, Charles D. (32 yrs., 11 mos.) d. on 75-Apr-5 of Lung hemorrhage [75-Apr-6: 2B, 4C; 75-Apr-7: 2B].
France, H. C. m. McNulty, Annie, Miss on 71-Nov-27 [72-Feb-21: 2C].
France, Isabella B. d. on 73-Sep-28 [73-Sep-29: 2B].
France, John Ambrose (2 yrs., 1 mo.) d. on 73-Jul-1 [73-Jul-2: 2B; 73-Jul-3: 2B].
France, Nellie E. (1 yr.) d. on 73-Sep-23 [73-Sep-24: 2B].
France, Sarah A. d. on 71-Oct-18 [71-Oct-21: 2B].
France, Spencer L., Jr. d. on 73-Jan-25 of Fall from tree [73-Jan-28: 2B; 73-Jan-29: 4E; 73-Feb-3: 4D].
France, Thomas (77 yrs.) d. on 72-Feb-8 [72-Feb-9: 2C; 72-Feb-10: 2B].
Frances, Sarah E., Miss m. Pearce, William S. on 71-Sep-14 [71-Sep-16: 2B].
Franchisie, Dominick, Mr. (37 yrs.) d. on 73-Jul-17 of Consumption [73-Jul-22: 1H].
Francis, Fleetwood (81 yrs.) d. on 72-Jun-18 [72-Jun-20: 2B].
Francis, George (10 mos.) d. on 73-Jul-23 [73-Jul-24: 2B].
Francis, Grace Lillian (2 mos.) d. on 72-Jul-8 of Cholera infantum [72-Jul-13: 2C].
Francis, Issac H. m. Cunningham, Laura V. on 70-Dec-27 [71-Jan-6: 2C].
Francis, Jennie, Miss m. Sutter, William H. [75-Apr-1: 2B].
Francis, Robert (69 yrs.) d. on 73-Jul-15 [73-Jul-16: 2B; 73-Jul-17: 2B].
Francis, Susanna (87 yrs.) d. on 71-Jan-30 [71-Feb-1: 2C; 71-Feb-2: 2C].
Francis, Thomas Fleetwood (9 yrs., 11 mos.) d. on 74-Nov-2 [74-Nov-3: 2B].
Francis, Thomas H. (33 yrs.) d. on 72-Mar-3 [72-Mar-4: 2B; 72-Mar-5: 2B].

Francisco, Samuel P. (57 yrs.) d. on 74-Mar-28 [74-Mar-30: 2B].
Franck, Charles E. m. Brant, Annie M., Miss on 72-Sep-11 [72-Sep-24: 2B].
Franck, Emma m. Girvin, John H. on 72-Nov-13 [72-Nov-21: 2B].
Franck, John (66 yrs.) d. on 73-Feb-6 [73-Feb-7: 2B].
Franck, John L. m. Meekins, Mary A. on 72-Jul-18 [72-Jul-20: 2B].
Frank, Amanda Matilda (11 yrs., 9 mos.) d. on 73-Mar-29 [73-Mar-31: 2B].
Frank, Annie, Miss m. Danenberg, Robert L. on 73-Dec-3 [73-Dec-6: 2B].
Frank, Barbara (53 yrs.) d. on 72-Aug-19 of Fall [72-Aug-20: 1H].
Frank, Barbara (64 yrs.) d. on 74-Jun-27 [74-Jun-29: 2B].
Frank, Emily Colbert (1 yr.) d. on 73-Jul-23 [73-Jul-24: 2B].
Frank, Emma, Miss m. Frankenstein, Simon on 71-Dec-13 [71-Dec-16: 2B].
Frank, Grace H. (3 mos.) d. on 72-Jul-2 [72-Jul-3: 2B].
Frank, Helen (3 yrs., 2 mos.) d. [75-Dec-22: 2B].
Frank, Henry (26 yrs., 2 mos.) d. on 73-Dec-2 [73-Dec-3: 2C; 73-Dec-4: 2B; 73-Dec-5: 4D].
Frank, Henry L. m. Straus, Rosalinde on 72-Jan-10 [72-Jan-12: 2C].
Frank, Issac d. on 73-Jan-23 [73-Jan-25: 2B].
Frank, Jacob (82 yrs., 10 mos.) d. on 75-Jan-26 [75-Jan-27: 2B; 75-Jan-28: 2B].
Frank, John F. (4 mos.) d. on 75-Jun-28 [75-Jun-30: 2B].
Frank, Katie (21 yrs.) d. on 72-Jan-3 [72-Jan-4: 2B].
Frank, Lizzie F. m. Louis, H. Frederick on 73-Oct-19 [73-Oct-21: 2B].
Frank, Margaret A. m. Richardson, Thomas C. on 75-Dec-23 [75-Dec-25: 2B].
Frank, Mary W. m. Weller, Henry on 71-Mar-5 [71-Mar-8: 2B].
Frank, Ruth A., Miss m. Klinefelter, William M. on 73-Nov-27 [73-Nov-29: 2B].
Frank, Sophie (32 yrs., 2 mos.) d. on 75-Feb-13 [75-Feb-15: 2B].
Franke, Augustus d. on 74-Jun-10 of Heatstroke [74-Jun-11: 1H].
Franke, Emma Kate d. on 74-May-28 [74-May-29: 2B].
Franke, Gerhard F. m. Travers, E. Kate, Miss on 73-Feb-27 [73-Mar-7: 2C].
Frankel, Ette Helen (14 yrs.) d. on 73-Oct-5 [73-Oct-7: 2B].
Frankenstein, Simon m. Frank, Emma, Miss on 71-Dec-13 [71-Dec-16: 2B].
Franklin, Adaline H., Miss m. Sale, L. D. on 74-Dec-24 [75-Jan-2: 2B].
Franklin, Anna E. d. on 72-Aug-24 of Consumption [72-Aug-26: 1G, 2B].
Franklin, Anna Lynn (1 yr., 2 mos.) d. on 72-Mar-8 [72-Mar-9: 2B].
Franklin, Benjamin P. m. Gray, Idie E. on 73-Oct-29 [73-Nov-4: 2B].
Franklin, E. Jennie m. Blake, Charles W. on 71-Jun-21 [71-Jun-24: 2A].
Franklin, George W. m. O'Neal, Emma V. on 74-Jun-10 [74-Oct-9: 2B].
Franklin, John E. (33 yrs.) d. on 72-Dec-2 [72-Dec-4: 2B; 72-Dec-5: 2B].
Franklin, John J. (26 yrs.) d. on 75-Jul-28 [75-Aug-5: 2B].
Franklin, Joshua (75 yrs.) d. on 74-Jul-23 [74-Jul-24: 2B].
Franklin, Reuben S. (28 yrs., 3 mos.) d. on 74-Jun-17 [74-Jun-18: 2B].
Franklin, Thomas A. (55 yrs.) d. on 72-Dec-17 [72-Dec-19: 2B].
Franklin, Tom Heyer m. Weems, Mary A., Miss on 74-Jul-23 [74-Jul-30: 2B].
Franklin, Walter m. Milnor, Maggie E. on 75-Nov-4 [75-Nov-13: 2B].
Frantom, Richard (24 yrs.) d. on 75-Feb-19 [75-Feb-20: 2B].
Frantz, Henry (60 yrs.) d. on 74-Oct-29 of Heart disease [74-Nov-9: 4C].
Frantz, William m. James, Eliza on 72-Aug-15 [72-Aug-17: 2A].
Franz, Anna, Mrs. m. Kuhn, Charles F. on 71-Nov-2 [71-Nov-4: 2B].
Franz, Charles m. Kaufman, Mary Virginia, Miss on 72-Aug-26 [72-Sep-10: 2A].
Franz, Jacob m. Reuter, Ellenora on 75-Sep-28 [75-Oct-2: 2B].
Fraser, Helen, Miss m. Schwarzman, Adolph J. on 71-Nov-9 [71-Nov-10: 2C].
Fraser, Kate A. (26 yrs.) d. on 72-Jun-3 [72-Jun-4: 2A; 72-Jun-5: 2B].
Fraser, Mary C. m. Oldfield, David on 71-Apr-12 [71-Apr-24: 2B].
Fraser, Sarah A. (34 yrs.) d. on 75-Dec-10 [75-Dec-11: 2A].

Fraser, Walter (76 yrs.) d. on 73-Jan-28 of Paralysis [73-Jan-29: 2B; 73-Jan-30: 2B; 73-Jan-31: 2C].
Fraser, William m. Linderman, Mary, Miss on 75-May-18 [75-May-31: 2B].
Frater, Mary J. m. Britton, O. P. on 73-Jun-10 [73-Jun-13: 2B].
Frater, Richard (38 yrs.) d. on 72-Jul-29 [72-Jul-30: 2B].
Fravers, Eliza (75 yrs.) d. on 75-Oct-14 [75-Oct-15: 4D].
Fray, Anna (1 yr., 9 mos.) d. on 72-Jan-19 [72-Jan-23: 2C].
Fray, Charles (7 mos.) d. on 72-Aug-13 [72-Aug-14: 2B].
Frazer, Alexander (59 yrs.) d. on 72-Oct-9 of Pneumonia [72-Oct-15: 2B].
Frazier, [male] d. on 73-Jul-11 Drowned [73-Jul-12: 1H].
Frazier, Ann (72 yrs.) d. on 75-Jun-29 [75-Jul-8: 2C].
Frazier, Annie M. (19 yrs., 2 mos.) d. on 74-Jan-12 [74-Jan-15: 2B].
Frazier, Carrie E. m. Seager, Edward Roy on 72-Nov-21 [72-Nov-28: 2B].
Frazier, Carrie May (2 yrs.) d. on 75-Jul-8 of Scarlet fever [75-Jul-9: 2B].
Frazier, Charles E. m. Frisby, Martha, Mrs. on 73-Jun-17 [73-Jun-19: 2B].
Frazier, Charles G. (48 yrs., 6 mos.) d. on 74-May-31 [74-Jun-2: 2B].
Frazier, Charles H. (39 yrs.) d. on 73-Mar-12 of Consumption [73-Mar-13: 2C; 73-Mar-14: 2B].
Frazier, Cornelius S. m. Herring, Mary M., Miss on 73-Jan-30 [73-Feb-4: 2B].
Frazier, David (63 yrs.) d. on 75-Apr-11 [75-Apr-12: 2B].
Frazier, E. Hinton (41 yrs.) d. on 72-Dec-18 of Smallpox [72-Dec-20: 2B].
Frazier, E. O., Mrs. m. Dungan, J. G. on 72-Feb-13 [72-Feb-20: 2C].
Frazier, Edwin H. (19 yrs., 2 mos.) d. on 74-Jan-13 [74-Jan-14: 2B].
Frazier, Ella V., Miss m. Magee, Samuel C. on 72-Mar-21 [[72-Mar-25: 2B]; 72-Mar-26: 2B].
Frazier, Fannie (73 yrs.) d. on 72-Jun-17 [72-Jun-18: 2B].
Frazier, George H. (10 mos.) d. on 75-Oct-30 [75-Nov-1: 2B].
Frazier, Jennie R. m. Dyer, Walter J. L. on 73-Nov-26 [73-Nov-29: 2B].
Frazier, Lillian Estelle (8 mos.) d. on 71-Jun-27 [71-Jun-29: 2C].
Frazier, Lizzie A., Miss m. Gawthorp, Alfred S. on 71-Aug-1 [71-Aug-31: 2C].
Frazier, Lucy L., Miss m. Moss, Charles D. on 74-Mar-4 [74-Mar-9: 2B].
Frazier, Martha A. d. on 75-Jul-14 [75-Jul-21: 2B].
Frazier, Mary Jane (22 yrs.) d. on 74-Sep-11 [74-Sep-18: 2B].
Frazier, Matilda E. m. Timanus, Edward T. on 73-Apr-13 [73-Apr-29: 2B].
Frazier, Mollie C. m. Davidson, George on 75-Mar-23 [75-Apr-27: 2B].
Frazier, Rebecca (72 yrs.) d. on 71-Nov-2 [71-Nov-3: 2C].
Frazier, Thomas J. m. Gingling, Nellie G., Miss on 75-Nov-25 [75-Dec-21: 2B].
Freburger, Andrew L. (53 yrs.) d. on 74-Mar-19 of Heart disease [74-Mar-20: 2B, 4D; 74-Mar-21: 2B].
Freburger, Elenora C. (1 yr., 10 mos.) d. on 75-Dec-18 [75-Dec-21: 2B].
Freburger, Solomon H. m. Haggerty, Mary on 73-Aug-12 [73-Oct-4: 2B].
Frederick, Elizabeth (65 yrs.) d. on 71-Apr-9 [71-Apr-11: 2B].
Frederick, Elizabeth, Miss m. Lambdin, Henry F. P. on 75-Mar-18 [75-Mar-19: 2B].
Frederick, Harry Carver (14 yrs., 5 mos.) d. on 73-Feb-15 [73-Feb-17: 2B; 73-Feb-18: 2B].
Frederick, Henry (47 yrs.) d. on 72-Nov-30 [72-Dec-2: 2B; 72-Dec-3: 2C].
Frederick, Jesse A. (67 yrs.) d. on 75-May-9 [75-Jun-8: 2A].
Frederick, Kate, Miss m. Hutchins, Francis on 74-Nov-26 [74-Nov-30: 2B].
Frederick, Lawrence (84 yrs.) d. on 73-May-15 [73-May-16: 2B; 73-May-17: 2C].
Frederick, Martha Ann (1 yr., 8 mos.) d. on 71-Dec-15 [71-Dec-18: 2B].
Frederick, Martha E. m. Taylor, William H. on 73-Jun-5 [73-Jun-7: 2A].
Frederick, Morris Kemp (7 yrs., 3 mos.) d. on 73-Jan-22 [73-Jan-23: 2B; 73-Jan-24: 2B].
Frederick, Sarah (62 yrs.) d. on 71-Oct-27 [71-Oct-28: 2B].
Frederick, Thomas m. Belt, Lucy, Miss on 71-Dec-4 [71-Dec-18: 2B; 71-Dec-19: 2B].
Frederick, Walter Prescot (5 mos.) d. on 73-May-14 [73-May-15: 2B].

Frederick, William Alexander (3 mos.) d. on 72-Apr-23 [72-Apr-24: 2B].
Fredericks, Frederick d. on 73-Apr-6 of Gunshot wound [73-Apr-7: 4B].
Free, Alice Ann, Miss m. Justice, James Lemuel on 71-Jan-12 [71-Jan-21: 2B].
Free, John G. (37 yrs.) d. on 74-Jun-1 [74-Jun-3: 2B].
Free, Josephine A. m. Mitchell, James on 71-Apr-13 [71-Apr-17: 2C].
Freebird, Elizabeth (72 yrs.) d. on 74-Nov-1 [74-Nov-2: 2B; 74-Nov-3: 2B].
Freeburger, Eliza (67 yrs.) d. on 71-Dec-1 of Pneumonia [71-Dec-2: 2B].
Freeburger, Emma J. (3 yrs., 3 mos.) d. on 74-Jan-24 [74-Jan-29: 2B].
Freeburger, M. A. m. Harrington, P. C. on 73-Oct-30 [73-Nov-10: 2B].
Freeburger, Mary Ann (38 yrs.) d. on 72-Aug-15 [72-Aug-17: 2A].
Freedy, Anna (1 yr., 3 mos.) d. on 72-Apr-28 [72-Apr-29: 2B].
Freeland, Blanche Estelle (2 mos.) d. on 71-Jan-6 [71-Jan-10: 2D].
Freeland, Daniel (58 yrs.) d. on 71-Aug-26 [71-Aug-28: 2C].
Freeland, Joseph S. m. Mackey, E. Edith on 72-Nov-28 [72-Dec-7: 2A].
Freeman, Ada C., Miss m. Blume, J. A. on 71-Oct-17 [71-Oct-20: 2B].
Freeman, Clara C., Miss m. Hurdle, Edward M. on 73-Jul-10 [73-Aug-8: 2B].
Freeman, Edwardina d. on 71-Jun-13 [71-Jun-19: 2B].
Freeman, James Edgar (1 yr., 11 mos.) d. on 74-Aug-30 [74-Sep-1: 2B].
Freeman, John A. m. Moore, Mary E., Miss on 71-Aug-15 [71-Aug-18: 2C].
Freeman, Laura V. M. m. Walker, N. C., Capt. on 73-Nov-13 [73-Nov-19: 2B].
Freeman, Leon (5 yrs., 2 mos.) d. on 75-Oct-12 [75-Oct-15: 2B].
Freeman, Mary Ann (76 yrs.) d. on 73-Mar-12 [73-Mar-14: 2B].
Freeman, R. E. m. Riley, C. J., Miss on 74-Oct-20 [74-Oct-21: 2B].
Freeman, Richard Thomas (20 yrs., 6 mos.) d. on 74-Oct-1 of Typhoid [74-Oct-2: 2B; 74-Oct-3: 4C].
Freeman, Robert Edward (10 mos.) d. on 74-Aug-15 [74-Aug-19: 2B].
Freeman, Solomon d. on 75-Oct-27 Drowned [75-Oct-29: 4E].
Freeman, Thomas (40 yrs.) d. on 72-Apr-12 Drowned [72-Apr-15: 4C].
Freeman, Thomas (15 yrs., 9 mos.) d. on 74-Sep-19 [74-Sep-21: 2B].
Freeman, William A. (18 yrs.) d. on 74-Sep-20 [74-Sep-21: 2B].
Freeston, William m. Holland, Jennie A. on 71-Dec-21 [72-Jan-9: 2C].
Freidenrich, Fannie, Miss m. Dalsheimer, Leon on 72-Jan-24 [72-Jan-25: 2B].
Freidheim, Arnold m. Stengel, Sophia, Miss on 71-Mar-22 [71-Mar-25: 2B].
French, Anita R., Miss m. Clem, J. R., Lt. on 75-May-24 [75-May-27: 2B].
French, Charles F. m. Gaunt, Laura V., Miss on 73-Jun-12 [73-Jun-23: 2A].
French, Charlotte C. d. on 71-Apr-16 [71-Apr-20: 2B].
French, Ella F., Miss m. Hazard, William E. on 75-Jun-1 [75-Jun-5: 2A].
French, Gertrude (6 mos.) d. on 71-Dec-27 of Catarrh [71-Dec-28: 2C].
French, Harry Arthur (1 yr.) d. on 73-Mar-15 [73-Mar-17: 2B].
French, Helen D. (75 yrs.) d. on 74-Mar-29 [74-Mar-30: 2B].
French, Laura Virginia, Miss m. Pool, Arthur A. on 71-Oct-24 [71-Oct-27: 2C].
French, Maggie May (1 yr., 8 mos.) d. on 74-Dec-10 [74-Dec-11: 2B].
French, Margaret (26 yrs.) d. on 74-Aug-29 [74-Aug-31: 2B].
French, Mary (29 yrs.) d. on 71-Aug-20 [71-Aug-22: 2B].
French, Mary (50 yrs.) d. [75-Dec-28: 2B].
French, Mary E. m. Davis, Richard on 71-May-16 [71-May-20: 2B].
French, Richard m. Baynes, Mary W. on 73-Feb-4 [73-Feb-6: 2B].
French, Sarah Butler d. on 73-Apr-9 of Apoplexy [73-Apr-17: 2B].
French, Willie Edward d. on 73-Jun-20 [73-Jun-21: 2A].
Freund, Charles m. Herrman, Elizabeth, Miss on 74-Jul-9 [74-Jul-13: 2B].
Freund, Henry m. Rever, Elizabeth E., Miss on 72-Aug-18 [72-Aug-27: 2A].
Frey, Blanch (10 mos.) d. on 71-Sep-2 [71-Sep-4: 2B].

Frey, Charlotte L. (35 yrs., 2 mos.) d. on 73-Apr-29 [73-Apr-30: 2B; 73-May-1: 2B].
Frey, Emma Rebecca d. on 72-Jul-5 [72-Jul-6: 2A].
Frey, Josephine (20 yrs.) d. on 73-Dec-26 [73-Dec-29: 2C].
Frey, Mary E., Miss m. Flaxcomb, Charles H. on 72-Jan-25 [72-Jan-27: 2B].
Freybe, Charles (19 yrs.) d. on 73-Jun-4 of Hydrophobia [73-Jun-5: 1G, 2B; 73-Jun-6: 2B].
Freyburger, John (18 yrs.) d. on 75-Oct-24 of Gunshot wound [75-Oct-25: 4B].
Freyer, Elizabeth (84 yrs.) d. on 71-Apr-13 [71-Apr-21: 2C].
Frick, Annie E. d. on 75-May-27 [75-May-28: 2A].
Frick, J. Hershey (3 yrs.) d. on 75-Jul-16 [75-Jul-17: 2B].
Frick, Nellie B. (3 mos.) d. on 75-Feb-7 [75-Feb-8: 2B].
Fricker, Edward (11 mos.) d. on 75-Feb-14 [75-Feb-15: 2B].
Fricker, Mary V. (23 yrs.) d. on 75-Jan-20 [75-Jan-21: 2B; 75-Jan-22: 2B].
Friedberger, Lena m. Hecht, Abraham on 72-Feb-14 [72-Feb-20: 2C].
Friedrich, John (52 yrs.) d. on 75-May-22 [75-May-24: 2A].
Friedrichs, Christian H. (62 yrs.) d. on 73-Mar-18 [73-Mar-20: 2B; 73-Mar-21: 2B].
Friel, Jimmie (7 yrs.) d. on 72-May-12 [72-May-20: 2B].
Friel, Lizzie (12 yrs.) d. on 72-May-9 [72-May-20: 2B].
Friel, Mollie (14 yrs.) d. on 72-Apr-17 [72-Apr-20: 2B; 72-May-20: 2B].
Friend, Alfred (60 yrs.) d. on 73-Sep-18 of Typhoid [73-Sep-19: 1H; 73-Sep-20: 2B].
Friese, Mary, Miss m. Marcks, George H. on 75-May-2 [75-May-7: 2B].
Frinter, Adam (43 yrs.) d. on 71-Aug-27 of Bowel inflammation [71-Aug-28: 2C].
Frisbey, Joseph T. (11 yrs.) d. on 75-Oct-3 [75-Oct-6: 2B].
Frisby, Ann M. (56 yrs.) d. on 72-Feb-21 [72-Mar-2: 2B].
Frisby, Edgar m. Ebert, Laura V., Miss on 72-Aug-6 [72-Aug-8: 2B].
Frisby, Martha, Mrs. m. Frazier, Charles E. on 73-Jun-17 [73-Jun-19: 2B].
Frisby, Mary A. (77 yrs.) d. on 74-May-17 [74-May-20: 2B].
Frisch, Michael m. Blizzard, Martha E. on 75-Nov-25 [75-Dec-3: 2B].
Frisius, Sophia Louisa (6 mos.) d. on 71-Apr-26 [71-Apr-27: 2C].
Frissell, Charles M. m. Poulton, Maggie E. on 75-Oct-20 [75-Oct-23: 2A].
Frissell, Frank W. (6 mos.) d. on 74-Aug-19 [74-Aug-21: 2B].
Frissell, George L. m. Norris, Louisa on 75-Nov-24 [75-Dec-8: 2B].
Frissell, Mary J. (29 yrs.) d. on 74-Jun-26 [74-Jun-27: 2B].
Frissell, Nellie M. (7 mos.) d. on 73-Mar-20 [73-Mar-21: 2B].
Frist, Thomas (43 yrs.) d. on 73-Jan-21 [73-Apr-7: 2B].
Frist, William (39 yrs.) d. on 73-Mar-24 [73-Apr-7: 2B].
Fritchey, Willie W. d. on 74-Nov-3 [74-Nov-5: 2B].
Frithian, George m. Morey, Lizzie, Miss on 73-Jun-29 [73-Jul-19: 2A].
Fritsch, Reinhold m. Gienger, Annie Margaret, Miss on 72-Mar-12 [72-Mar-14: 2C].
Fritz, Catherine A. (56 yrs.) d. on 71-Mar-16 [71-Mar-17: 2B; 71-Mar-18: 2B].
Fritz, Elizabeth m. Collins, George C. on 74-Jun-19 [74-Jun-19: 2B].
Fritz, Henry C. d. on 72-Nov-22 in Railroad accident [72-Nov-23: 4C].
Fritz, Jacob (40 yrs.) d. on 72-Jul-20 of Heatstroke [72-Jul-22: 1H].
Fritz, Philomena (27 yrs., 5 mos.) d. on 73-Apr-29 [73-Apr-30: 2B].
Fritz, Sarah Tatham (70 yrs.) d. on 71-Jun-7 [71-Jun-13: 2B].
Frizell, Ellen Beck, Miss m. Vance, William, Jr. on 73-Feb-17 [73-Apr-16: 2B].
Frizell, Walter C. (1 yr., 11 mos.) d. on 72-Mar-21 [72-Mar-22: 2B].
Frizzell, Annie, Miss m. Frizzell, J. W. on 74-Apr-16 [74-Apr-22: 2B].
Frizzell, Ary A., Miss m. Lucas, Thomas J. on 73-Feb-25 [73-Mar-3: 2B].
Frizzell, Emma (11 yrs.) d. on 75-Dec-18 of Scarlet fever [75-Dec-22: 2B].
Frizzell, George R. (17 yrs.) d. on 71-Nov-14 [71-Nov-15: 2C; 71-Nov-16: 2B].
Frizzell, J. W. m. Frizzell, Annie, Miss on 74-Apr-16 [74-Apr-22: 2B].
Frizzell, W. D. d. on 75-Mar-24 of Apoplexy [75-Mar-25: 4B; 75-Mar-26: 4C].

Frock, Samuel (64 yrs.) d. on 73-Mar-12 [73-Mar-13: 2C].
Froelich, Henry m. Reiman, Catharina on 73-May-8 [73-May-14: 2B].
Frost, Charles Klassen d. on 73-Apr-1 [73-Apr-5: 2B].
Frost, Hulda R. m. Laubheimer, Lewis on 73-Jun-2 [73-Jun-6: 2B].
Frost, John W. d. on 71-Dec-23 in Railroad accident [71-Dec-27: 4D].
Frost, Margaret (63 yrs.) d. on 74-Oct-26 [74-Oct-27: 2B; 74-Oct-28: 2B].
Frost, Mollie V., Miss m. Shipley, Albert E. on 73-Nov-25 [73-Dec-17: 2B].
Frost, S. Milton, Rev. m. Klassen, Juliet P., Miss on 71-Jan-5 [71-Jan-7: 2C; 71-Jan-10: 2C].
Frost, Samuel Milton d. on 73-Apr-1 [73-Apr-5: 2B].
Frost, Thomas Spencer (76 yrs.) d. on 72-May-27 [72-May-28: 2A; 72-May-29: 2B].
Frush, Julia Ann (63 yrs.) d. on 74-Feb-15 [74-Feb-16: 2B].
Frush, Marion Frances (49 yrs.) d. on 73-Jul-4 [73-Jul-5: 2B].
Frush, Mary F., Miss m. Young, Charles M. on 74-Sep-18 [74-Sep-19: 2B].
Fry, J. B. m. Beatley, Kate V., Miss on 73-Jul-8 [73-Jul-10: 2B; 73-Jul-15: 2B].
Fry, Robert G. m. Lentz, Lizzie, Miss on 71-May-11 [71-May-13: 2B].
Fry, Wall H. m. Crey, Virginia E. on 71-Feb-16 [71-Feb-23: 2C].
Fry, William S. m. Mainley, Mary E., Miss on 73-Nov-26 [73-Dec-22: 2B].
Fuchs, Berthold F. J. J. F. K. d. on 75-Jun-30 [75-Jul-2: 2B].
Fuchs, John (63 yrs.) d. on 72-Mar-29 [72-Apr-2: 2B].
Fuchsen, Mary K. (75 yrs.) d. on 74-Feb-18 [74-Feb-20: 2C].
Fueller, Augustus m. Neuffer, Sallie A. on 75-Jul-19 [75-Jul-22: 2B].
Fugate, William m. Houck, Annie E., Miss on 73-Dec-30 [74-Jan-12: 2B].
Fugett, Annie Virginia d. on 75-Apr-9 [75-Apr-10: 2B].
Fugitt, Jane d. on 72-Sep-4 [72-Sep-9: 2B].
Fuhr, Adam (58 yrs.) d. on 73-Sep-30 [73-Oct-2: 2B].
Fuhr, Elizabeth, Mrs. m. Reiter, Hammond H. on 75-Jan-28 [75-Feb-18: 2B].
Fuhr, Michael (66 yrs.) d. on 73-May-21 [73-May-23: 2B].
Fuld, Fanny (47 yrs.) d. on 75-Sep-7 [75-Sep-9: 2B].
Fuld, Issac (22 yrs.) d. on 74-Jul-2 [74-Jul-3: 2B].
Fulda, Henrietta d. on 72-Aug-1 [72-Aug-3: 2B].
Fulford, Alexander M. m. Fulford, Elizabeth H. on 73-Dec-9 [73-Dec-12: 2B].
Fulford, Elizabeth H. m. Fulford, Alexander M. on 73-Dec-9 [73-Dec-12: 2B].
Fulford, John R. (62 yrs.) d. on 74-Aug-26 [74-Aug-27: 2B; 74-Aug-28: 2B].
Fulford, Mary F. (95 yrs.) d. on 72-Mar-28 [72-Mar-29: 2B; 72-Mar-30: 2B].
Full, Hattie E. m. Fifer, J. N. on 74-Dec-24 [74-Dec-26: 2C].
Fullem, John J. m. Garvey, Maggie on 73-Nov-27 [73-Dec-11: 2B].
Fuller, Alice H. m. Dryden, C. Owings on 71-Apr-25 [71-Apr-27: 2C].
Fuller, Charles F. m. Watts, Emma A. G. on 75-Dec-16 [75-Dec-24: 2B].
Fuller, Emily C. (38 yrs.) d. on 72-Apr-6 [72-Apr-8: 2B].
Fuller, Emma May (2 mos.) d. on 74-Dec-2 [74-Dec-5: 2B].
Fuller, Ida G. m. Loane, Harry C. on 75-Apr-28 [75-May-15: 2A].
Fuller, James (48 yrs.) d. on 71-Jan-5 [71-Jan-7: 2C].
Fuller, James m. Wonn, Mary, Miss on 74-Jan-8 [74-Jan-22: 2B].
Fuller, John B. (54 yrs.) d. on 73-Oct-6 [73-Oct-7: 2B].
Fuller, Lizzie, Miss m. Drake, George H. on 75-Jan-6 [75-May-4: 2B].
Fuller, Lyda (6 yrs., 2 mos.) d. on 75-May-24 [75-May-25: 2A; 75-May-26: 2B].
Fuller, Maggie Taylor d. on 72-May-11 [72-May-15: 2B].
Fuller, Robert H. (34 yrs.) d. on 71-Feb-3 [71-Feb-4: 2B].
Fuller, Sudie M. d. on 74-Nov-8 [74-Nov-9: 2B].
Fuller, Thompson Mott (4 mos.) d. on 72-Jun-17 [72-Jun-18: 2B].
Fuller, William Franklin (2 yrs., 8 mos.) d. on 74-Jul-5 [74-Jul-6: 2B; 74-Jul-7: 2B].
Fullerton, Alverda m. Schumacher, E. R. on 71-Mar-8 [71-Mar-20: 2B].

Fullerton, John A. m. Quinn, Kate, Miss on 74-Dec-4 [74-Dec-7: 2B].
Fullum, Florence (6 yrs., 10 mos.) d. on 74-Oct-19 [74-Oct-20: 2B].
Fullum, Francis J. (39 yrs.) d. on 72-Nov-22 of Smallpox [72-Nov-25: 2B; 72-Nov-26: 1F].
Fullwood, Charles H. m. Hopkins, Lizzie A. on 73-Mar-18 [73-Jul-18: 2B].
Fulton, James (64 yrs.) d. on 74-Jul-30 [74-Aug-3: 2B].
Fulton, Joseph Foard (35 yrs.) d. on 75-Feb-27 [75-Mar-13: 2B].
Fulton, Margaret Ann, Miss m. Burnham, James on 71-Jul-12 [71-Jul-28: 2B].
Fulton, Robert, Dr. m. Starr, Caroline on 72-Jul-23 [72-Jul-30: 2B].
Fulton, Robert H., Rev. m. Gibbons, Carrie R., Miss on 72-May-30 [72-Jun-6: 2B].
Fulton, Sarah M.H. m. Hoopper, J. W. on 71-Apr-6 [71-Apr-8: 2B].
Funk, Amy (4 yrs., 1 mo.) d. on 75-Feb-28 [75-Mar-2: 2B].
Funk, Charles m. Carr, Ellen, Miss on 71-Dec-3 [71-Dec-11: 2B].
Funk, Charles m. Nagel, Mary Christina, Miss on 74-Jul-19 [74-Jul-29: 2B].
Funk, Charles Henry m. Vickery, Emma E., Miss on 70-Jul-18 [71-May-17: 2C].
Funk, Christina (64 yrs.) d. on 73-Nov-10 [73-Dec-11: 2B; 73-Dec-12: 2B].
Funk, Edward m. Hazellman, Elizabeth on 72-Apr-30 [72-May-2: 2B].
Funk, Jacob (58 yrs.) d. on 71-Jan-18 [71-Jan-19: 2D; 71-Jan-20: 2C].
Funk, Jacob D. m. Stewart, Helen M. on 72-Sep-25 [72-Sep-27: 2B].
Funk, Laura Frances (10 mos.) d. on 75-Jun-8 [75-Jun-10: 2B].
Funk, Mary E. m. Foreman, William H. on 72-Jun-16 [72-Jun-18: 2B].
Funk, Nora V., Miss m. Dunn, George W. on 75-Nov-17 [75-Dec-23: 2B].
Funk, Peter (10 yrs.) d. on 71-Jun-1 Drowned [71-Jun-3: 4D].
Funk, Sarah Ellen (1 yr., 9 mos.) d. on 74-Oct-5 [74-Oct-6: 2B].
Funk, William Howard (10 mos.) d. on 74-Aug-16 [74-Aug-18: 2B].
Funk, Willie (2 mos.) d. on 72-Jun-9 [72-Jun-11: 2B].
Furguson, Mary (65 yrs.) d. on 71-Mar-17 [71-Mar-22: 2B].
Furgusson, Ella M., Miss m. Ray, Benjamin F. on 74-Jan-27 [74-Jan-28: 2B].
Furhman, George P. m. Murray, Ida Virginia, Miss on 73-Jun-26 [73-Jul-5: 2B].
Furlong, Elizabeth (90 yrs.) d. on 75-Jan-21 [75-Jan-22: 2B].
Furlong, Henry, Rev. (78 yrs.) d. on 74-Aug-29 [74-Aug-31: 2B, 4C; 74-Sep-1: 2A, 4C].
Furlong, J. Miller m. Guyton, Eugenia S. on 73-May-15 [73-May-21: 2B].
Furlong, Mary A. (19 yrs.) d. on 73-Aug-13 [73-Aug-14: 2B; 73-Aug-15: 2B].
Furlong, McKendree C. (28 yrs.) d. on 71-Mar-30 [71-Mar-31: 2B; 71-Apr-1: 2B].
Furlong, Sarah, Mrs. (97 yrs.) d. on 70-Dec-30 of Heart failure [71-Jan-3: 4C].
Furlong, Sarah A. H. d. on 73-Mar-11 [73-Apr-14: 2B].
Furlong, Willie Clarence (4 yrs., 4 mos.) d. on 72-Feb-18 [72-Mar-21: 2B].
Furstenberg, Mollie m. Wolfe, Jacob on 72-Sep-11 [72-Sep-16: 2A].
Fusting, Charles F. m. Albert, Lily on 72-Jun-12 [72-Jun-13: 2B].
Fusting, Joseph P. (63 yrs.) d. on 71-Sep-12 [71-Sep-14: 2B].
Gable, Aristello m. Spamer, Sarah Elizabeth, Miss [72-Dec-14: 2B].
Gable, Eliza (69 yrs.) d. on 74-Jan-18 [74-Jan-20: 2B].
Gable, Harry A. m. Beacham, Annie S. on 74-Feb-12 [74-Feb-14: 2C].
Gable, John C. (35 yrs.) d. on 74-Jan-30 [74-Jan-31: 2B].
Gable, Lizzie m. Harris, Lee S. on 73-Oct-7 [73-Oct-13: 2B].
Gable, Louisa W. (7 mos.) d. on 73-Apr-26 [73-May-1: 2B].
Gabler, Henrietta Margaretta (81 yrs., 4 mos.) d. on 71-Aug-7 [71-Aug-8: 2C].
Gabrio, Anna Charlotta, Miss m. Becker, Philip on 75-Feb-16 [75-Feb-20: 2B].
Gadd, Luther C. (69 yrs.) d. on 74-Jun-30 [74-Jul-2: 2B; 74-Jul-3: 2B].
Gadd, Luther H. m. Turner, M. Eugenia, Miss on 74-Nov-26 [74-Nov-28: 2B].
Gadd, Samuel H. m. Bell, Maggie A., Miss on 74-Jan-19 [74-Jan-26: 2B].
Gadd, Thomas J. m. Perkins, Sarah R., Miss on 71-Apr-11 [71-Apr-29: 2B].
Gaddess, Alexander (74 yrs.) d. on 73-Apr-9 of Heart disease [73-Apr-10: 2B; 73-Apr-11: 1H,

2B].
Gaddess, Anna E. (29 yrs.) d. on 74-Jan-13 [74-Jan-14: 2B; 74-Jan-15: 2B; 74-Jan-16: 2B].
Gaddess, Charles Edgar (8 mos.) d. on 71-Aug-6 [71-Aug-7: 2B; 71-Aug-8: 2C].
Gaddess, Grace, Miss m. Veazey, I. Parker on 75-Apr-13 [75-Apr-16: 2A].
Gaddess, Irene A. m. Whitter, William E. on 72-Jan-1 [72-Jan-9: 2C].
Gaddess, John B. m. Fox, Maggie, Miss on 73-Oct-27 [74-Jan-27: 2B].
Gaddess, Virginius m. Merryman, Mary Lizzie on 75-Feb-2 [75-Feb-6: 2B].
Gaddess, Winfield S. (19 yrs.) d. on 71-Apr-6 [71-Apr-8: 2B].
Gaddis, William m. Young, Maggie L. on 73-Jun-12 [73-Jun-16: 2B].
Gade, Ann (66 yrs.) d. on 75-Mar-3 of Pneumonia [75-Mar-4: 2B; 75-Mar-5: 2B; 75-Mar-6: 2B].
Gaebler, Charles J. m. Lauterbach, Christiana R. on 75-Mar-4 [75-Mar-6: 2B].
Gaff, Joseph (1 yr., 9 mos.) d. on 71-Aug-28 [71-Aug-29: 2C].
Gaff, William m. Goldsborough, Alice W., Miss on 72-Oct-1 [72-Oct-2: 2B].
Gagan, Catharine (48 yrs.) d. on 71-Dec-25 [71-Dec-27: 2C].
Gage, Daniel Ridgeway (1 yr.) d. on 74-Jul-2 [74-Jul-3: 2B].
Gage, Fanny Bell (10 mos.) d. on 72-Jul-7 [72-Jul-8: 2C].
Gagean, Honor (47 yrs.) d. on 73-Dec-17 [73-Dec-18: 2B].
Gahagan, John (54 yrs.) d. on 75-May-25 [75-May-26: 2B; 75-May-27: 2B].
Gahagan, Lizzie F. m. Barry, William F. on 71-Sep-26 [71-Sep-27: 2B].
Gahagan, Mary A.J. m. Keen, Edward E. on 70-Sep-15 [71-Jan-24: 2C].
Gahart, Sallie (40 yrs.) d. on 72-Apr-24 of Suicide (Poison) [72-Apr-25: 4C; 72-Apr-26: 1H].
Gailey, Francis, Rev. d. on 72-May-21 [72-Jul-8: 2C].
Gaines, Annie (1 mo.) d. on 71-Dec-31 [72-Jan-1: 2B].
Gaines, Arabella H. d. on 73-Nov-26 [73-Nov-29: 2B].
Gaines, Joseph R. (25 yrs.) d. on 75-Nov-11 [75-Nov-12: 2B].
Gaines, William R. (76 yrs.) d. on 74-Mar-20 [74-Mar-21: 2B].
Gainor, Albert W. m. Michel, Theresa A. on 71-Dec-12 [71-Dec-18: 2B].
Gainor, Charles T. m. Pouder, Mary J. on 74-Jul-8 [74-Jul-11: 2B].
Gainor, William E. (28 yrs.) d. on 72-Oct-14 [72-Oct-16: 2B; 72-Oct-22: 2B].
Gaitheid, Nancy (55 yrs.) d. on 72-Mar-9 of Heart disease [72-Mar-12: 4D].
Gaither, Alverda, Miss m. Hicks, Columbus on 75-Dec-9 [75-Dec-15: 2B].
Gaither, Fletcher (69 yrs.) d. on 72-Feb-18 [72-Feb-19: 2B].
Gaither, Frank m. Forney, Eliza B. on 75-Sep-1 [75-Nov-25: 2B].
Gaither, George R. (80 yrs.) d. on 75-Sep-18 [75-Sep-20: 2B, 4C; 75-Sep-21: 2B].
Gaither, Hannah (74 yrs.) d. on 73-Jun-27 [73-Jun-28: 2B].
Gaither, Margaret E. (43 yrs.) d. on 72-Nov-18 [72-Nov-19: 2B].
Gaither, Octavia m. Loflin, Franklin C. on 74-Dec-23 [74-Dec-30: 2B].
Gaither, Rachel A., Miss m. Downs, Azariah on 73-Feb-27 [73-Feb-28: 2B].
Gaither, Sarah E. (73 yrs.) d. on 72-Mar-23 [72-Apr-6: 2B].
Gaither, Scott Fillebrown (1 yr., 7 mos.) d. on 75-Feb-3 [75-Feb-4: 2B].
Galbreath, Mary A. (47 yrs., 1 mo.) d. on 75-Oct-21 [75-Oct-22: 2A; 75-Oct-23: 2B].
Galbreath, William E. m. Davies, Mary A., Miss on 71-Jun-28 [71-Jul-22: 2B].
Gale, Ada V. m. Oakman, Frank P. on 75-Oct-26 [75-Nov-4: 2A].
Gale, Caroline A. (72 yrs.) d. on 71-Dec-8 [71-Dec-16: 2B].
Gale, Grace Knight Templar (10 mos.) d. on 72-Jul-31 [72-Aug-1: 2C].
Gale, Levin (51 yrs.) d. on 75-Apr-28 [75-Apr-29: 2B; 75-Apr-30: 2B; 75-May-1: 4D].
Gale, May Theresa d. on 73-Jun-5 [73-Jun-6: 2B].
Gale, William Adams m. Hamilton, Susan Julia on 73-Dec-2 [73-Dec-6: 2B].
Galey, Adam m. Segenhein, Annie C., Miss on 73-Sep-6 [73-Sep-10: 2B].
Galey, Anna Katherine (20 yrs., 4 mos.) d. on 75-Mar-13 [75-Mar-15: 2B].
Galilee, Patrick (48 yrs.) d. on 72-Sep-19 [72-Sep-20: 2B].
Gallagher, Agnes V. m. McGlannan, Alexius W. on 71-Nov-9 [71-Nov-11: 2B].

Gallagher, Ann (92 yrs.) d. on 73-Sep-4 [73-Sep-6: 2B].
Gallagher, Bernard (5 yrs., 3 mos.) d. on 72-Nov-27 [72-Nov-28: 2B].
Gallagher, Charles M. m. Handley, Annie M. on 75-Oct-5 [75-Oct-21: 2B].
Gallagher, E. Tillie, Miss m. Sappington, F. R. on 73-Jan-27 [73-Jan-28: 2B].
Gallagher, Elizabeth A. (45 yrs.) d. on 72-Aug-7 of Consumption [72-Aug-9: 2C].
Gallagher, Ella A., Miss m. Lampkin, James J. on 74-Sep-4 [74-Sep-5: 2B].
Gallagher, Ferdinand H. (60 yrs.) d. on 72-Mar-31 of Heart disease [72-Apr-1: 2A, 4C; 72-Apr-2: 2B].
Gallagher, James (48 yrs.) d. on 72-Mar-30 [72-Apr-2: 2B].
Gallagher, James Francis (15 yrs., 9 mos.) d. on 72-Jul-1 [72-Jul-3: 2B].
Gallagher, Jane (79 yrs.) d. on 75-Jan-10 [75-Jan-11: 2B; 75-Jan-12: 2B].
Gallagher, John (38 yrs.) d. on 73-Jun-23 [73-Jun-24: 2B].
Gallagher, John B. d. on 71-Jun-9 [71-Jun-10: 2B; 71-Jun-14: 4C].
Gallagher, Joseph Thomas (11 yrs., 6 mos.) d. on 71-Mar-12 of Drowning [71-Mar-14: 2B, 4D].
Gallagher, Mary m. Blaney, Frank M. on 72-Aug-27 [72-Oct-22: 2B].
Gallagher, Mary A. d. on 71-Apr-20 [71-Apr-22: 2C].
Gallagher, Mary A. d. on 74-Dec-29 of Pneumonia [75-Jan-1: 2B].
Gallagher, Mary Helen (15 yrs.) d. on 75-Feb-27 [75-Mar-1: 2B].
Gallagher, Philip J. (51 yrs.) d. on 75-Sep-2 of Dysentery [75-Sep-4: 1H, 2B; 75-Sep-6: 1H].
Gallagher, Thomas (71 yrs.) d. on 71-Sep-4 [71-Sep-5: 2B].
Gallaher, John H. m. Nyman, Eleanora V. on 75-Nov-10 [75-Nov-11: 2B].
Gallaway, Ella G. m. Wicks, William A. on 75-Nov-17 [75-Nov-23: 2A].
Gallaway, Mary H. m. Richards, Charles H. on 73-Sep-16 [73-Sep-18: 2B].
Gallivan, James m. Williams, Isabella on 72-Aug-19 [72-Aug-27: 2A].
Galloway, Amanda M. (50 yrs.) d. on 75-Mar-24 [75-Mar-26: 2B].
Galloway, Emma m. Davis, George A. on 73-Apr-29 [73-Jun-5: 2B].
Galloway, George A. m. Morrow, Lida E., Miss on 73-Oct-21 [73-Oct-28: 2B].
Galloway, Lida A., Miss m. Raymo, Louis H. on 75-Apr-7 [75-Apr-15: 2B].
Galloway, Lizzie W. m. Jarrett, A. Bond on 72-Dec-26 [72-Dec-30: 2B].
Galloway, Lydia A. (40 yrs.) d. on 73-Jul-19 [73-Jul-21: 2B].
Galloway, Rebecca A. d. on 71-Jan-19 [71-Jan-21: 2B].
Galloway, Thomas (74 yrs.) d. on 72-Jun-27 [72-Jun-29: 2B].
Galloway, William m. Richardson, Margaret S., Mrs. on 73-Mar-19 [73-Mar-29: 2B; 73-Apr-2: 2B].
Gallup, John O. (40 yrs.) d. on 73-May-17 [73-May-19: 2B].
Galt, Sue A., Miss m. Birnie, Upton on 74-Apr-29 [74-May-2: 2B].
Galvin, Hattie A. (3 yrs., 5 mos.) d. on 72-Feb-18 [72-Feb-19: 2B].
Galway, Martin William (11 mos.) d. on 75-Oct-12 [75-Oct-14: 2B].
Gambel, Ann (60 yrs.) d. on 72-Mar-11 [72-Mar-12: 2C].
Gambel, David R., Maj. (48 yrs.) d. on 74-Feb-2 [74-Mar-14: 2B].
Gambel, Thomas B., Jr. m. Ashton, Isabelle M. on 74-Dec-16 [75-Jan-1: 2B].
Gamble, Andrew (38 yrs.) d. on 71-Dec-14 of Fall from hayloft [71-Dec-16: 2B, 4B].
Gamble, Annie R., Mrs. m. Speck, J. Frank, Dr. on 71-Feb-8 [71-Apr-27: 2C].
Gamble, James, Rev. m. Dunn, Margaret R., Miss on 73-Sep-4 [73-Sep-8: 2B].
Gamble, Robert H., Col. m. Robinson, Angelica E., Miss on 71-Jun-1 [71-Jun-8: 2B].
Gambrall, Eliza (63 yrs.) d. on 72-Dec-23 [72-Dec-27: 2B].
Gambrall, Florence (22 yrs.) d. on 71-Oct-25 [71-Oct-27: 2C].
Gambrall, Thomas C. m. Birckhead, Susan on 71-Nov-28 [71-Dec-13: 2B].
Gambrell, Edward (10 yrs.) d. on 73-Aug-2 Drowned [73-Aug-4: 1H, 2B].
Gambrell, Emma J. m. Powell, Charles Sidney on 74-Sep-17 [74-Sep-19: 2B].
Gambrell, George T. m. Smith, Maggie on 75-Oct-21 [75-Oct-28: 2B].
Gambril, Ella m. Billingsley, William H. H. on 71-Mar-2 [71-Mar-7: 2B].

Gambrill, B. F. m. Phillips, Carrie C. on 73-Oct-7 [73-Oct-25: 2B].
Gambrill, Emma H. d. on 75-Jul-8 [75-Jul-9: 2B; 75-Jul-10: 2B].
Gambrill, Emma V. (1 yr., 11 mos.) d. on 72-Sep-11 [72-Sep-13: 2B].
Gambrill, Ernest (2 mos.) d. on 75-Jul-23 [75-Jul-27: 2B].
Gambrill, Grace W. (6 yrs.) d. on 73-Jan-2 [73-Jan-3: 2B].
Gambrill, Harry Webster (11 mos.) d. on 74-Jun-28 [74-Jun-29: 2B; 74-Jun-30: 2B].
Gambrill, James S. (22 yrs.) d. on 72-May-3 [72-May-11: 2A].
Gambrill, Laura (2 yrs.) d. on 72-Aug-29 [72-Sep-3: 2B].
Gambrill, M. L. m. Macgill, P. H. on 74-Dec-24 [75-Jan-14: 2B].
Gambrill, Mary d. on 72-Jan-2 [72-Jan-4: 2B].
Gambrill, Mary J. (68 yrs.) d. on 73-Aug-1 [73-Aug-5: 2B].
Gambrill, Mary Louisa (12 yrs., 4 mos.) d. on 73-Jan-30 of Meningitis [73-Feb-28: 2B].
Gambrill, Nelson Turner (1 yr.) d. on 75-Aug-6 [75-Aug-7: 2B].
Gambrill, Sallie d. on 74-Aug-11 [74-Aug-29: 2B].
Gambroth, George H. m. Wise, Mary, Miss on 72-Jul-2 [72-Jul-6: 2A].
Gannan, Emma R. W. (2 yrs., 1 mo.) d. on 74-Aug-21 [74-Aug-22: 2B].
Gannon, Annie (8 yrs., 4 mos.) d. on 74-Jan-10 [74-Jan-12: 2B].
Gannon, Isabella d. on 74-Sep-15 of Lamp explosion [74-Sep-16: 4D].
Gannon, John (41 yrs.) d. on 72-Feb-9 [72-Feb-10: 2B].
Gannon, Margaret (89 yrs.) d. on 75-Jul-6 [75-Jul-7: 2B].
Gant, Caroline (57 yrs.) d. on 75-Oct-31 [75-Nov-1: 2B].
Gantenbine, [female] (68 yrs.) d. on 72-Aug-24 of Heart disease [72-Aug-26: 1H].
Gantt, Benjamin E. (67 yrs.) d. on 71-May-12 [71-May-13: 2B; 71-May-15: 4E; 71-May-16: 4C].
Gantt, James L. m. Winter, Mary J., Mrs. on 71-Jul-26 [71-Jul-27: 2A].
Gantt, Katie m. Blaire, Charles Xavier on 74-Nov-25 [74-Dec-5: 2B].
Gantt, Mollie Worthington m. Turton, Henry F. on 75-Jul-15 [75-Jul-19: 2B].
Ganty, George d. on 72-Aug-7 Drowned [72-Aug-9: 1H].
Gantz, Fred M. m. Hantz, Marie Kate on 74-Sep-3 [74-Sep-5: 2B].
Gantz, William N. m. Morgan, Annie J. on 74-Sep-15 [74-Sep-21: 2B].
Garber, J. Lindley A. m. Pendleton, Sophie F. on 72-Oct-8 [72-Oct-9: 2B; 72-Oct-10: 2B].
Garber, S. Jones, Jr. (5 mos.) d. on 74-Jan-19 [74-Jan-20: 2B; 74-Jan-21: 2B].
Gard, Sarepta A., Miss m. Herman, B. F., Dr. on 72-Feb-1 [72-Feb-6: 2C].
Gardener, Margaret m. Clark, J. S. on 72-Feb-20 [72-Feb-26: 2C].
Gardiner, [male] m. Burley, Alice E. on 72-Sep-14 [72-Sep-28: 2B].
Gardiner, Alfred W. m. Gwynn, Maria R., Miss on 73-Sep-4 [73-Sep-6: 2B].
Gardiner, Anna B. m. Turner, William A. on 74-Sep-23 [74-Sep-26: 2B].
Gardiner, Eliza C. d. on 74-Dec-10 [74-Dec-30: 2B].
Gardiner, Emma May (6 yrs., 7 mos.) d. on 70-Dec-31 [71-Jan-14: 2B].
Gardiner, Joshua Register (9 yrs.) d. on 70-Feb-10 [71-Jan-14: 2B].
Gardiner, L. DeBarth m. Wilson, Emma on 71-Oct-12 [71-Oct-14: 2A].
Gardiner, Maggie J. m. Wigley, Edward O. on 74-Sep-23 [74-Sep-26: 2B].
Gardiner, Maggie J. m. Glenn, Samuel J., Jr. on 75-Mar-16 [75-Mar-23: 2B].
Gardiner, Robert, Jr. m. Ewing, Mary E. on 73-Mar-20 [73-Mar-29: 2B].
Gardiner, Sophia A. (65 yrs.) d. on 74-May-31 [74-Jun-2: 2B].
Gardner, Andrew J. m. Westjohn, Annie E. on 70-Oct-17 [71-Oct-18: 2B; 71-Oct-20: 2B].
Gardner, Arthur d. on 72-Dec-28 [72-Dec-30: 2C].
Gardner, Barbara Ellen (57 yrs.) d. on 75-May-4 of Pneumonia [75-May-5: 2B; 75-May-6: 2B].
Gardner, Catherine E. Buckingh (74 yrs.) d. on 75-Aug-4 [75-Aug-5: 2B].
Gardner, Clara (41 yrs.) d. on 71-May-10 [71-May-11: 2B].
Gardner, Emily L., Miss m. Biggs, John T. on 75-Apr-27 [75-Jul-27: 2B].
Gardner, Emma (1 yr.) d. on 75-Nov-1 [75-Nov-2: 2B].
Gardner, Florence (5 mos.) d. on 73-Jun-21 [73-Jun-24: 2B].

Gardner, Florence Virginia m. Brandt, John B. on 72-Apr-9 [72-Apr-10: 2B].
Gardner, George W. m. Reinick, Maria L., Miss on 72-May-20 [72-May-25: 2B].
Gardner, Helen May (11 mos.) d. on 72-Jun-28 [72-Jun-29: 2B].
Gardner, Ida, Miss m. Clarke, Sylvester on 72-Jul-29 [72-Aug-13: 2B].
Gardner, Isaiah, Capt. (61 yrs.) d. on 73-Jan-29 of Brain fever [73-Jan-30: 2B, 4E; 73-Jan-31: 4E].
Gardner, James (43 yrs.) d. on 72-Jun-22 [72-Jun-24: 2B; 72-Jun-25: 2B].
Gardner, James W. m. Miller, Ruth, Miss on 72-Aug-15 [72-Aug-20: 2B].
Gardner, John (19 yrs.) d. on 72-Oct-7 [72-Oct-8: 2B].
Gardner, John L. m. McKensie, Annie, Miss on 71-Apr-20 [71-May-9: 2B].
Gardner, John T. (4 mos.) d. on 75-Aug-3 [75-Aug-4: 2B].
Gardner, Joseph H. m. Storm, Elizabeth A. on 74-Nov-17 [75-Jan-16: 2C].
Gardner, Kate E. m. Records, George J. on 73-Nov-11 [73-Nov-27: 2B].
Gardner, Laura Virginia, Miss m. Allison, James B. on 71-Feb-2 [71-Feb-8: 2C].
Gardner, Leanora V. m. Lawson, William L. on 75-Jun-10 [75-Jun-30: 2B].
Gardner, M. A., Miss m. Forbes, M. L., Rev. on 73-Oct-16 [73-Oct-20: 2B].
Gardner, Maggie M., Miss m. Neighoff, E. P. on 72-Aug-27 [72-Aug-29: 2B].
Gardner, Malinda J. m. Warren, Aaron on 74-Jan-23 [74-Feb-3: 2B].
Gardner, Margaret (68 yrs.) d. on 75-Oct-3 [75-Oct-4: 2B].
Gardner, Martha, Miss m. Bayliss, George W. on 73-Jan-9 [73-Jan-10: 2B].
Gardner, Mary Elizabeth (9 mos.) d. on 72-May-25 [72-May-27: 2A].
Gardner, Mary Elma (42 yrs.) d. on 72-Dec-15 [72-Dec-19: 2B; 72-Dec-20: 2B].
Gardner, Mary Harlan (2 yrs., 7 mos.) d. on 71-Sep-4 [71-Sep-5: 2B].
Gardner, Mary Jane, Miss m. Woodward, John Samuel on 73-Jul-15 [73-Aug-5: 2B].
Gardner, Nicholas (65 yrs.) d. on 74-Nov-13 [74-Nov-28: 2C].
Gardner, Sarah (77 yrs.) d. on 74-Oct-21 [74-Oct-23: 2C].
Gardner, Sarah m. Snyder, William on 73-Nov-16 [73-Nov-29: 2B].
Gardner, Thomas L. P. (30 yrs.) d. on 74-Nov-30 of Consumption [74-Dec-9: 2B].
Gareis, Mary Elizabeth (4 mos.) d. on 73-Feb-5 [73-Feb-6: 2B].
Garges, William H. m. Mullen, Mary A. on 71-Oct-24 [71-Oct-30: 2B].
Garing, James H. C. m. Jones, Agnes G., Miss on 73-Oct-14 [73-Nov-3: 2B].
Garish, Margaret (2 yrs., 6 mos.) d. on 72-Mar-21 [72-Mar-22: 2B].
Garland, Caroline (64 yrs.) d. on 75-Apr-24 [75-Apr-26: 2B; 75-Apr-27: 2B].
Garner, Benjamin m. Drury, Virginia W., Miss on 75-Nov-25 [75-Nov-29: 2B].
Garner, H. G., Dr. m. Marshall, R. Roberta on 75-Apr-27 [75-Apr-28: 2B].
Garner, Josephine (43 yrs.) d. on 71-Mar-20 [71-Mar-22: 2B].
Garnett, Henry T. (69 yrs.) d. on 71-Aug-8 [71-Aug-9: 2C].
Garnett, James M. m. Noland, Kate Huntington on 71-Apr-19 [71-Apr-24: 2B].
Garret, Annie (70 yrs.) d. on 71-Aug-1 [71-Aug-3: 2B].
Garretson, Catharine (78 yrs.) d. on 73-Dec-31 [74-Jan-1: 2C].
Garretson, Frederic, Dr. m. Chivrel, Helen E., Miss on 73-Aug-30 [73-Sep-13: 2B].
Garrett, Ann (51 yrs.) d. on 72-Jan-24 Burned [72-Jan-26: 4D].
Garrett, J. Warren m. Warner, Mary L. on 71-Apr-11 [71-Apr-19: 2B].
Garrett, John (17 yrs.) d. on 72-Oct-18 Drowned [72-Oct-22: 1H].
Garrett, John F. m. Black, Annie L., Miss on 74-Jun-2 [74-Jun-6: 2B].
Garrett, Josephine m. York, Charles E. on 75-Sep-1 [[75-Sep-2: 2B]; 75-Sep-3: 2B].
Garrett, Julian Herbert (5 mos.) d. on 74-Jul-6 [74-Jul-7: 2B].
Garrett, Margaret Ellen (26 yrs., 3 mos.) d. on 73-Dec-15 [73-Dec-17: 2B; 73-Dec-18: 2B].
Garrett, Martha (75 yrs.) d. on 75-Jan-29 [75-Jan-30: 2B].
Garrett, Mary, Miss m. Griffiths, William on 73-Jun-25 [73-Jun-28: 2B].
Garrett, Richard F. (3 mos.) d. on 75-Jun-16 [75-Jun-17: 2B].
Garrett, Thomas m. Colton, Annie, Miss on 72-Jul-22 [72-Nov-29: 2B].

Garrett, Winter (3 yrs.) d. on 71-Dec-17 [71-Dec-20: 2B].
Garrettson, James A. (54 yrs.) d. on 72-May-25 [72-May-30: 2B].
Garrettson, Mary P., Miss m. Brierwood, Thomas H. on 72-Jul-24 [72-Aug-16: 2B].
Garrick, Job (3 yrs.) d. on 71-Jul-23 [71-Jul-24: 2B].
Garrison, Annie M., Miss m. Beideman, Moore on 72-May-16 [72-Jun-6: 2B].
Garrison, Edwin F. m. Curry, Lotta E., Miss on 71-Apr-16 [71-May-16: 2B].
Garrison, Elizabeth A., Miss m. Curry, William on 74-Feb-16 [74-Feb-19: 2B].
Garrison, Mary (89 yrs.) d. on 75-Jul-25 [75-Aug-9: 2B].
Garrison, Mary C. (42 yrs.) d. on 75-Dec-22 [75-Dec-23: 2B].
Garrison, Mollie A. m. Lamb, Robert H. on 72-Dec-2 [73-Jan-17: 2B].
Garrison, Samuel (44 yrs.) d. on 72-Dec-17 [72-Dec-31: 2B].
Garrison, Susanna (67 yrs.) d. on 73-Aug-30 [73-Sep-9: 2B].
Garrittson, George m. Kindle, Matilda, Miss on 73-Nov-26 [73-Nov-29: 2B].
Garrott, Willie (5 yrs.) d. on 74-Apr-12 of Whooping cough [74-Apr-21: 2B].
Garside, J. W. m. Forsythe, Lillie on 73-Jul-8 [73-Sep-2: 2B; 73-Sep-3: 2B].
Gartland, Francis P. m. Flynn, Mary E., Miss on 74-Nov-11 [74-Nov-25: 2B].
Garton, Ellen S. (46 yrs.) d. on 73-Sep-19 [73-Sep-20: 2B].
Garton, William M. m. Giles, Nora on 74-Nov-26 [74-Nov-28: 2B].
Gartside, Henry Clay m. Foster, Emma on 72-Sep-19 [72-Oct-23: 2B].
Gartside, James (71 yrs.) d. on 71-Feb-14 [71-Feb-15: 2C].
Gartside, Mary m. Rand, John N. on 75-Sep-22 [75-Sep-23: 2B].
Gartside, Silas L. (30 yrs.) d. on 73-Aug-5 [73-Aug-6: 2B; 73-Aug-7: 2B].
Garver, Henry (73 yrs.) d. on 73-Mar-19 of Suicide (Hanging) [73-Mar-20: 1E].
Garvey, Ann Loretto (1 yr., 6 mos.) d. on 75-Aug-10 [75-Aug-11: 2B].
Garvey, Ellen (65 yrs.) d. on 75-Nov-5 [75-Nov-5: 2B].
Garvey, Frances (2 yrs., 10 mos.) d. on 71-Oct-11 [71-Oct-12: 2B].
Garvey, James (36 yrs.) d. on 73-Jun-23 [73-Jun-24: 2B; 73-Jun-25: 2B].
Garvey, Jane d. on 75-Jun-5 of Paralysis [75-Jun-7: 2A; 75-Jun-12: 1H].
Garvey, Maggie m. Fullem, John J. on 73-Nov-27 [73-Dec-11: 2B].
Gaskins, Alice J. m. De Barry, Albert on 71-Feb-4 [71-Feb-7: 2C].
Gaskins, Charles H. (35 yrs.) d. on 72-Dec-18 of Consumption [72-Dec-19: 2B; 72-Dec-20: 2A].
Gaskins, Claude Irving (5 mos.) d. on 71-Jul-1 [71-Jul-3: 2B].
Gaskins, Lucius R. m. Treakle, Judith T. on 71-Feb-4 [71-Feb-7: 2C].
Gaspari, Etrenne M. G. (5 mos.) d. on 74-Jun-5 [74-Jun-6: 2B].
Gaspari, P. G. m. Preston, Mary, Miss on 73-May-5 [73-May-31: 2A].
Gassaway, Emma, Miss m. Eckels, Alfred N. on 75-Feb-4 [75-May-3: 2B].
Gassaway, Harry (5 yrs., 5 mos.) d. on 75-Aug-30 [75-Sep-13: 2B].
Gaston, Agnes V. d. on 75-May-9 [75-May-12: 2B].
Gatch, Anna A. d. on 75-Aug-16 [75-Aug-17: 2B; 75-Aug-18: 2B].
Gatch, Edward D. (54 yrs.) d. on 74-Apr-13 [74-Apr-15: 2B].
Gatch, Elizabeth (75 yrs.) d. on 74-Dec-31 [75-Jan-1: 2B].
Gatch, Thomas C. (67 yrs.) d. on 73-Jul-31 [73-Aug-1: 2B].
Gatechair, Selina F. m. Thomas, Edwin on 71-Dec-21 [71-Dec-28: 2C].
Gately, Maggie S., Miss m. Corcoran, M. J. on 74-Aug-22 [74-Aug-31: 2B].
Gately, Mary Josephine (5 mos.) d. on 73-Aug-5 [73-Aug-7: 2B].
Gately, Perry (45 yrs.) d. on 72-Sep-1 Drowned [72-Sep-2: 1G].
Gately, Thomas (31 yrs.) d. on 73-Oct-24 [73-Oct-25: 2B].
Gates, Franklin Ezra d. on 72-Jul-31 [72-Aug-1: 2C].
Gates, Lizzie m. Gillaspey, George W. on 75-Nov-24 [75-Dec-4: 2B].
Gates, Mary Rebecca (8 yrs., 5 mos.) d. on 74-Nov-18 [74-Nov-20: 2B].
Gathright, George Edward (1 yr., 3 mos.) d. on 72-Aug-22 [72-Aug-24: 2B].
Gaul, May Nettie m. Collison, A. J., Capt. on 73-Jun-10 [73-Jul-17: 2B].

Gauline, Anne Rice d. on 73-Feb-7 [73-Feb-12: 2B].
Gauline, Augustus (15 yrs.) d. on 72-Jul-30 [72-Aug-3: 2B].
Gauline, Susan A. (72 yrs.) d. on 75-Aug-17 [75-Aug-20: 2B].
Gault, J. Emory, Rev. m. Carswell, Lizzie M., Miss on 73-Jun-10 [73-Jun-12: 2B; 73-Jun-20: 2B].
Gault, Laura m. Shipley, H. L. on 73-Nov-11 [73-Nov-19: 2B].
Gault, Maggie A. m. Curley, Charles H. on 74-Oct-20 [74-Oct-23: 2B].
Gault, S. Louisa m. Applegarth, Rufus W. on 75-Sep-29 [75-Oct-8: 2B].
Gaunt, Laura V., Miss m. French, Charles F. on 73-Jun-12 [73-Jun-23: 2A].
Gauss, H. Frederick m. Stengel, E. Katie, Miss on 72-Oct-22 [72-Oct-31: 2B].
Gautrou, A. F. m. Hennaman, Mary R., Miss on 74-Feb-10 [74-Feb-18: 2C].
Gavagan, Annie S., Miss m. Milliron, Samuel W. on 70-Dec-29 [71-Jan-2: 2C].
Gavet, James, Capt. d. on 73-Jan-17 [73-Feb-22: 2B].
Gavin, Lucy C. d. on 72-Sep-8 [72-Sep-9: 2A].
Gaw, Jane (86 yrs.) d. on 72-Jun-5 [72-Jun-6: 2B; 72-Jun-7: 2B].
Gawne, Annie, Miss m. Crockett, H. on 72-Jun-17 [72-Jun-19: 2B].
Gawthorp, Alfred S. m. Frazier, Lizzie A., Miss on 71-Aug-1 [71-Aug-31: 2C].
Gawthrop, Charlotte (75 yrs.) d. on 75-Feb-4 [75-Feb-9: 2B; 75-Feb-10: 2B].
Gawthrop, Sarah A. d. on 74-Oct-6 of Heart disease [74-Oct-7: 2B; 74-Oct-8: 2B].
Gawthrop, William H. m. Smith, Mollie E., Miss on 74-May-17 [74-Jul-4: 2B].
Gaylard, Sarah R., Miss m. Houck, Joshua on 71-Nov-23 [71-Dec-4: 2C].
Gayle, Archie Elmore (5 yrs., 1 mo.) d. on 75-Jan-8 [75-Jan-13: 2B].
Gayle, Benjamin R., Capt. (66 yrs.) d. on 74-May-14 [74-May-15: 2B; 74-May-16: 2B; 74-May-18: 2B].
Gayle, Elizabeth (48 yrs.) d. on 73-Aug-2 [73-Aug-4: 2B].
Gayle, Paulina (81 yrs.) d. on 71-Sep-20 [71-Sep-29: 2C].
Gayle, V. M., Dr. m. Henderson, Ellen M. on 75-Oct-25 [75-Oct-29: 2B].
Gayleard, Sarah (71 yrs.) d. on 74-Sep-11 [74-Sep-15: 2B].
Gaynor, Martin J. Spalding (3 mos.) d. on 71-Dec-1 [71-Dec-12: 2B].
Gaynor, Mary (84 yrs.) d. on 74-Dec-21 [74-Dec-23: 2B].
Gazan, Frances (67 yrs.) d. on 73-Mar-7 [73-Mar-10: 2B].
Geary, G. H. (33 yrs.) d. on 73-Jun-4 [73-Jun-26: 2B].
Gebelein, George (44 yrs.) d. on 75-Dec-9 [75-Dec-10: 2B; 75-Dec-11: 2A].
Gebhardt, John G. (20 yrs.) d. on 74-Aug-3 [74-Aug-4: 2B].
Gebhardt, Mary (50 yrs.) d. on 71-Aug-30 [71-Aug-31: 2C].
Gebhart, Catharine m. Gertsmyer, Henry on 72-Feb-11 [72-Feb-14: 2C].
Gebhart, James, Sr. (75 yrs.) d. on 71-Oct-25 [71-Oct-28: 2B].
Gebhart, Katie Olevia (17 yrs.) d. on 75-Feb-14 [75-Feb-16: 2B].
Gebhart, Maggie I. (17 yrs.) d. on 74-Nov-17 [74-Nov-18: 2B].
Gebhart, Mary M. (75 yrs.) d. on 71-Sep-26 [71-Sep-29: 2B].
Geddes, George W. m. Sauter, Mary A. B., Miss on 75-Mar-24 [75-Mar-27: 2C].
Geddes, John (33 yrs.) d. on 73-Nov-17 [73-Dec-2: 2B].
Gee, Henry (45 yrs.) d. on 71-Jul-2 [71-Jul-3: 2B].
Geercken, Charles L. (39 yrs., 6 mos.) d. on 73-Nov-14 [73-Nov-15: 2B].
Gees, Caroline V. m. Whorton, William on 73-Jan-28 [73-Feb-3: 2B].
Gegan, Joseph, Sr. m. Booker, Nannie on 71-Jun-20 [71-Jun-24: 2A; 71-Jun-26: 2B].
Gegnan, Joseph, Jr. (31 yrs.) d. on 72-May-15 of Suicide (Shooting) [72-May-16: 1G, 2B; 72-May-18: 1H].
Gehrmann, Amealia C. m. Wilson, James C. on 72-Oct-7 [72-Oct-26: 2A].
Gehrmann, J. Albert (30 yrs.) d. on 73-Jun-26 [73-Jun-27: 2A].
Gehrmann, J. Alonzo m. Tucker, Emma T. on 75-Sep-13 [75-Sep-24: 2B].
Geiger, Alice Alethea (1 yr.) d. on 75-Mar-23 [75-Mar-24: 2B].

Geiger, J. John G., Dr. (36 yrs., 1 mo.) d. on 73-Jun-13 [73-Jun-21: 2A].
Geiger, Jennie, Mrs. m. Gettier, Charles A. on 73-Apr-17 [73-Apr-23: 2B].
Geiger, Joseph C. m. Stewart, Mary E. on 74-May-5 [74-May-7: 2B].
Geiger, Julia C. m. Lucke, Rudolph H. on 74-Jun-10 [74-Jun-18: 2B].
Geiger, Margaret Elizabeth m. Staib, Adolph on 74-Sep-10 [74-Sep-24: 2B].
Geiger, Mary E. m. Boyle, Junius I. on 73-Apr-23 [73-Apr-25: 2B].
Geiger, Mary Helen m. Harmyer, Lawrence on 71-Oct-24 [71-Oct-26: 2B].
Geigler, Jacob (22 yrs.) d. on 71-Oct-22 [71-Oct-23: 2B].
Geigler, Katie, Miss m. Kenly, John A. on 75-Jun-1 [75-Jun-22: 2B].
Geisel, Christian m. Gernaud, J. C., Miss on 75-Aug-19 [75-Aug-30: 2B].
Geiselman, Jacob C. m. Finlay, Clara Virginia on 75-Jan-14 [75-Mar-27: 2C].
Geisendaffer, Frances M. (22 yrs., 6 mos.) d. on 73-Mar-7 [73-Mar-8: 2B].
Geiss, Christian Frederick (14 yrs., 9 mos.) d. on 74-May-6 of Suicide (Poison) [74-May-6: 1H, 2B; 74-May-7: 2B; 74-May-8: 1F].
Geisz, Andrew (4 yrs.) d. on 71-Feb-26 [71-Feb-28: 2C].
Geisz, Henry (41 yrs.) d. on 74-Sep-15 [74-Sep-16: 2B; 74-Sep-17: 2B].
Geitz, William m. Reuting, Maggie, Miss on 74-May-3 [74-May-5: 2B].
Gelbach, Anna (61 yrs.) d. on 73-Mar-10 of Pneumonia [73-Mar-12: 2B].
Gelispy, Antony d. on 74-Feb-18 [74-Feb-19: 2B].
Gellerman, Christian (36 yrs.) d. on 71-Nov-9 [71-Nov-10: 2C].
Gelston, Edward H. m. Morris, Georgie on 74-Jul-16 [74-Jul-18: 2B].
Gelston, Hugh (79 yrs.) d. on 73-Aug-5 of Heart disease [73-Aug-6: 1G, 2B; 73-Aug-7: 2B; 73-Aug-8: 1F].
Gelston, R. Elise m. Machado, John M. on 74-Jun-9 [74-Jun-11: 2B].
Gelston, Victor DeLaunay m. Belt, Florence, Miss on 75-Feb-25 [75-Mar-2: 2B].
Gemmell, Alexander (27 yrs.) d. on 71-Aug-25 [71-Aug-28: 2C].
Gemmell, Sarah F. m. Richardson, Charles J. on 72-May-9 [72-May-11: 2A].
Gemmill, Maggie E. m. Merriken, P. L. on 75-Feb-16 [75-Feb-19: 2B].
Gempp, Frederick m. Keller, Eliza on 73-Nov-19 [73-Dec-6: 2B].
Gempp, Lena S. (11 mos.) d. on 72-Aug-19 [72-Aug-20: 2B].
Gendinger, Theodore d. on 71-Nov-1 of Fall from bridge [71-Nov-3: 1H].
Genett, Wallace R. m. Fields, Alice, Miss on 75-Dec-20 [75-Dec-23: 2B].
Gent, Annie Laurie (1 yr., 2 mos.) d. on 71-Apr-9 of Scarlet fever [71-Apr-15: 2B].
Gent, Cora Virginia (11 mos.) d. on 73-Aug-29 [73-Aug-30: 2A].
Gentlemin, Eliza C. (22 yrs.) d. on 71-Oct-21 [71-Oct-24: 2B].
Geogh, Robert m. Gilpin, Anna Maria on 75-Dec-8 [75-Dec-14: 2B].
Geoghegan, Harry Edgar (5 mos.) d. on 73-May-13 [73-May-14: 2B].
George, Ann Berret (1 yr., 4 mos.) d. on 73-Mar-26 [73-Mar-29: 2C].
George, Anna Kate (17 yrs.) d. on 74-Feb-15 [74-Feb-16: 2B; 74-Feb-17: 2B].
George, Archibald, Dr. (42 yrs.) d. on 73-Jun-28 of Blood disease [73-Jun-30: 2B, 4C].
George, Charles W. (57 yrs.) d. on 74-Aug-6 Drowned [74-Aug-7: 1H; 74-Aug-8: 2B, 4D; 74-Aug-10: 4D].
George, Edwin E. m. Stevens, Sarah E. on 73-Nov-4 [73-Nov-8: 2B].
George, Elea Calvert d. on 71-Aug-3 [71-Aug-4: 2C].
George, Emily Jane m. Sipes, Mongell on 75-Feb-4 [75-Feb-6: 2B].
George, George Washington (48 yrs.) d. on 74-Aug-27 of Consumption [74-Aug-28: 1H; 74-Aug-29: 2B].
George, Grace Berrett d. on 71-Feb-8 [71-Feb-9: 2C].
George, Henrietta D. m. Bowie, William D., Jr. on 75-Jan-14 [75-Jan-21: 2B].
George, Jennie C., Miss m. Faulkner, Reuben C. on 74-Oct-6 [[74-Oct-8: 2B]; 74-Oct-9: 2B].
George, Joseph F. m. Tongue, Mary J., Miss on 71-Sep-7 [71-Sep-22: 2B].
George, Lou-Emma L., Miss m. Mitchell, Samuel S. on 72-Dec-24 [72-Dec-28: 2B].

George, Mary m. Hanson, George C. on 71-Jan-11 [71-Jan-14: 2B].
George, Mary Elizabeth (1 yr., 5 mos.) d. on 73-Jul-14 [73-Jul-15: 2B].
George, Sallie, Miss m. Cromwell, Richard on 74-Jul-15 [74-Jul-17: 2B].
George, Samuel K. (62 yrs.) d. on 71-Jun-30 [71-Jul-1: 2A, 4D; 71-Jul-3: 4D].
George, Sarah M. m. Wolf, Marcus W. on 72-Nov-12 [72-Nov-23: 2A].
George, Thomas Calvert (10 mos.) d. on 72-Sep-7 [72-Sep-9: 2B].
George, William C. m. Thompson, Maria Ella, Miss on 73-Dec-4 [73-Dec-6: 2B].
George, William C. m. White, Maria Ella, Miss on 73-Dec-4 [73-Dec-5: 2B].
George, Willie Edward (13 yrs.) d. on 75-Feb-11 [75-Feb-12: 2B].
George, Winfield S. (14 yrs.) d. on 74-Nov-27 [74-Nov-28: 2C].
Georgians, William S. (5 yrs.) d. on 75-Jan-17 [75-Jan-19: 2B].
Gephart, John m. Conkling, Fannie S., Miss on 75-Nov-23 [75-Dec-2: 2B].
Gerahty, Sarah Ellenora (1 mo.) d. on 72-May-15 [72-May-17: 2B].
Gerahty, William Albert (5 yrs.) d. on 74-Aug-22 [74-Aug-24: 2B].
Gerber, Anna B. (69 yrs., 1 mo.) d. on 75-Nov-5 [75-Nov-6: 2B].
Gerbrick, Emma J. m. Nelson, Charles P. on 71-Aug-22 [71-Sep-6: 2B].
Gerbrick, Kate, Miss m. Bevard, Charles on 74-Aug-9 [74-Oct-3: 2B].
Gerbrick, Mary F. m. Sands, Joseph A. on 73-Sep-2 [73-Sep-15: 2B].
Gerbrick, William H. m. Wellford, M. Byrd, Miss on 71-Oct-23 [71-Oct-31: 2C].
Gere, John A., Rev. (76 yrs.) d. on 74-Jun-3 of Pneumonia [74-Jun-8: 1G, 2B].
Gergler, Jacob (22 yrs.) d. on 71-Oct-22 of Paralysis [71-Oct-24: 4D].
Gerhard, William (81 yrs.) d. on 74-Mar-29 [74-Mar-30: 2B].
Gerhardt, William F. C. m. Elliott, Hattie E., Miss on 71-Oct-10 [71-Oct-14: 2A].
Gerhart, George W. m. Gerhart, Regina, Miss on 73-May-25 [73-May-27: 2B].
Gerhart, Regina, Miss m. Gerhart, George W. on 73-May-25 [73-May-27: 2B].
Gerlach, Frederick W. (3 mos.) d. on 72-Feb-16 [72-Feb-17: 2C].
Gerlicher, John G. (67 yrs.) d. on 75-Mar-30 [75-Apr-1: 2B; 75-Apr-2: 2B].
German, Annie C. (1 yr.) d. on 74-Aug-4 [74-Aug-5: 2B].
German, Benjamin (83 yrs.) d. on 74-Oct-18 [74-Oct-20: 2B, 4D; 74-Oct-22: 2A; 74-Oct-23: 2B].
German, Catharine (72 yrs.) d. on 71-Nov-12 [71-Nov-13: 2C].
German, Catherine (72 yrs.) d. on 73-Dec-4 [73-Dec-5: 2B; 73-Dec-6: 2B].
German, Charles d. on 73-Jan-9 [73-Jan-10: 2B].
German, Ida V. (1 yr., 10 mos.) d. on 72-Mar-2 [72-Mar-4: 2B].
German, Joseph H. (2 mos.) d. on 74-Oct-6 [74-Oct-7: 2B].
German, Joseph H. m. Snyder, Lydia on 72-Dec-5 [72-Dec-14: 2A].
German, Mary, Mrs. m. Corns, William on 73-Sep-4 [73-Sep-9: 2B].
German, Richard Price (3 mos.) d. on 73-Jun-21 [73-Jun-23: 2A].
Germanhausen, Francis m. Wheatbread, Mary, Miss on 73-Apr-29 [73-May-23: 2B].
Germon, Herbert Lawson (1 yr.) d. on 74-Sep-12 [74-Sep-14: 2B].
Gernand, R. Harry m. Soldan, Lizzie, Miss on 71-Feb-16 [71-Feb-21: 2C].
Gernaud, J. C., Miss m. Geisel, Christian on 75-Aug-19 [75-Aug-30: 2B].
Gernhardt, John William (72 yrs.) d. on 72-May-12 [72-May-13: 2B].
Gerrard, James m. Bartley, Indiana, Miss on 73-Jan-15 [73-Jan-18: 2B].
Gerrety, Ellen (37 yrs.) d. on 72-Feb-28 [72-Feb-29: 2B; 72-Mar-1: 2C].
Gerry, Alice m. Patterson, A. Melville on 74-Jun-9 [74-Jul-1: 2B].
Gerry, E. H. d. on 71-Mar-7 [71-Mar-8: 2B].
Gerry, James, Hon. (77 yrs.) d. on 73-Jul-19 [73-Jul-22: 1F].
Gerry, Omie (1 yr., 8 mos.) d. on 71-Feb-27 [71-Feb-28: 2C].
Gertsmyer, Henry m. Gebhart, Catharine on 72-Feb-11 [72-Feb-14: 2C].
Gerwig, Emma C. (13 yrs., 9 mos.) d. on 73-Dec-26 [73-Dec-27: 2B].
Gerwig, Mary Alberty (2 yrs.) d. on 75-Mar-25 [75-Mar-27: 2C].
Gesell, Chrissie, Miss m. Iams, Franklin P. on 73-Aug-26 [73-Oct-9: 2B].

Getman, Emil m. Gregory, Annie L., Miss on 71-Apr-25 [71-May-13: 2B].
Getman, Suzie Blanche (3 mos.) d. on 72-Jun-11 [72-Jun-13: 2B].
Getner, Lizzie, Miss m. Farlow, Hugh on 73-Jan-6 [73-Jan-20: 2B].
Gettemiller, Henry J. m. Merle, Amelia, Miss on 71-Jul-27 [71-Aug-8: 2C].
Gettier, Bell V. m. Schutz, W. H. on 72-Nov-20 [72-Nov-26: 2A].
Gettier, Charles A. m. Geiger, Jennie, Mrs. on 73-Apr-17 [73-Apr-23: 2B].
Gettier, Emma G. m. Fossett, J. Elwood on 75-Oct-28 [75-Nov-3: 2B].
Gettier, John F. m. Fisher, Ida on 75-Nov-17 [75-Dec-2: 2B].
Gettier, Laura d. on 71-Apr-15 [71-Apr-17: 2C].
Gettier, Margaret (81 yrs.) d. on 75-Aug-12 [75-Aug-13: 2B].
Gettier, Maurice J. (2 yrs., 3 mos.) d. on 71-Apr-26 [71-Apr-28: 2C].
Gettier, Michael (75 yrs.) d. on 74-Jul-4 [74-Jul-9: 2B].
Gettier, Sarah Ann (37 yrs.) d. on 72-May-8 [72-May-9: 2B].
Gettier, Susan, Mrs. (69 yrs.) d. on 71-Jan-12 [71-Jan-14: 2B].
Gettier, Wilbert Norris (1 yr., 1 mo.) d. on 74-Aug-31 [74-Sep-3: 2B].
Gettinger, Bettie K. m. Elderkin, David C. on 75-May-11 [75-May-14: 2B].
Gettins, John G. (61 yrs.) d. on 73-Nov-25 [73-Nov-26: 2B; 73-Nov-27: 2B].
Gettman, John m. Scaggs, Carrie, Miss on 71-Mar-9 [71-Mar-15: 2B].
Gettrust, William F. m. Foard, Alice J. on 71-Nov-16 [72-Jan-6: 2A].
Gettslich, Emma Josephine d. on 71-Jan-2 [71-Jan-3: 2C; 71-Jan-4: 2B].
Getty, Alice m. Gillespie, George H. on 75-Feb-14 [75-Feb-19: 2B].
Getty, Annie Maud (6 mos.) d. on 74-Mar-19 [74-Mar-20: 2B; 74-Mar-21: 2B].
Getty, Edmund Wolf (6 mos.) d. on 75-Aug-3 [75-Aug-5: 2B].
Getty, George A. m. Wolf, Annie B., Miss on 71-Feb-21 [71-Feb-23: 2C].
Getty, Maggie B. m. Tudor, Joseph O. on 71-Nov-9 [71-Nov-10: 2C].
Getz, Adam (23 yrs.) d. on 72-Feb-19 in Railroad accident [72-Feb-20: 4D].
Getz, Beulah (5 mos.) d. on 74-Jun-26 [74-Jun-27: 2B].
Getz, Carrie (6 yrs., 4 mos.) d. on 72-Apr-4 [72-Apr-5: 2B; 72-Apr-6: 2B].
Getz, Christian (40 yrs.) d. on 71-Nov-16 in Distillery accident [71-Nov-18: 4E].
Getz, Christian (58 yrs., 2 mos.) d. on 75-Jun-7 [75-Jun-8: 2A].
Getz, John A. (1 yr., 10 mos.) d. on 71-Apr-3 [71-Apr-4: 2B].
Getz, John L. (65 yrs.) d. on 74-Oct-22 of Paralysis [74-Oct-24: 4F].
Getz, Louie (4 yrs., 6 mos.) d. on 72-Apr-1 [72-Apr-2: 2B; 72-Apr-3: 2B].
Getz, Mary E. m. Oliver, William B. on 74-Dec-29 [75-Jan-4: 2A].
Getzendanner, Katie m. Clark, George F. on 74-Sep-23 [74-Sep-26: 2B].
Getzendanner, Mary E. m. Waidner, Francis B. on 73-Jan-1 [73-Jan-16: 2B].
Getzendanner, Mary Grace (2 yrs., 8 mos.) d. on 75-Feb-13 [75-Feb-20: 2C].
Geuder, G. Charles m. Wheat, Katie on 72-Nov-14 [72-Nov-19: 2B; 72-Nov-20: 2B].
Geumple, John F. (58 yrs.) d. on 73-Feb-17 [73-Feb-19: 1H, 2B].
Gewecke, Rosine (25 yrs.) d. on 74-Mar-16 [74-Mar-17: 2B; 74-Mar-18: 2B].
Geyer, John F. m. Torrington, Ada, Miss on 73-Sep-9 [73-Oct-4: 2B].
Geyer, Katy (10 mos.) d. on 73-Jun-20 [73-Jun-21: 2A].
Geyer, Marion J. (11 mos.) d. on 71-Jul-13 [71-Jul-14: 2B].
Ghiselin, William, Dr. (64 yrs.) d. on 75-Dec-19 [75-Dec-21: 2B].
Gibb, Robert (43 yrs.) d. on 73-May-14 [73-May-15: 2B].
Gibb, William Leary (4 yrs.) d. on 75-Apr-11 [75-Apr-13: 2B].
Gibbins, Elizabeth (72 yrs.) d. on 75-Mar-27 [75-Mar-29: 2B].
Gibbins, Emma L. m. Clark, Noah on 75-Oct-14 [75-Oct-27: 2B].
Gibbins, Oliver (36 yrs.) d. on 73-Mar-25 [73-Mar-26: 2B].
Gibbon, Unity (74 yrs.) d. on 74-Mar-29 [74-Mar-30: 2B].
Gibbons, Carrie R., Miss m. Fulton, Robert H., Rev. on 72-May-30 [72-Jun-6: 2B].
Gibbons, Charles (39 yrs.) d. on 75-Mar-16 [75-Mar-17: 2B, 4E; 75-Mar-18: 2B].

Gibbons, Charles Edward (2 yrs.) d. on 73-Sep-1 [73-Sep-2: 2B; 73-Sep-3: 2B].
Gibbons, Elizabeth d. on 75-Jul-18 [75-Jul-19: 2B].
Gibbons, Emily F. m. Thompson, James W. on 71-Sep-19 [71-Oct-7: 2B].
Gibbons, James H. S., Jr. m. Smith, Clara M. on 72-Oct-3 [72-Oct-9: 2B].
Gibbons, John H. m. Hayward, E. Nora on 74-Oct-20 [74-Oct-24: 2B].
Gibbons, John L., Rev. (70 yrs.) d. on 71-Jun-23 [71-Jun-24: 2B].
Gibbons, Joseph (31 yrs.) d. on 73-Dec-31 [74-Jan-1: 2C; 74-Jan-2: 2B].
Gibbons, Peter W. (74 yrs.) d. on 73-Nov-20 of Apoplexy [73-Nov-22: 2B, 4E].
Gibbons, W. Howard (1 yr., 3 mos.) d. on 74-Oct-1 [74-Oct-2: 2B].
Gibbs, Eliza E. d. on 72-Apr-1 [72-Apr-2: 2B; 72-Apr-3: 2B].
Gibbs, Frank Snowden (1 mo.) d. on 74-Jun-22 [74-Jun-23: 2B].
Gibbs, James T. m. Deem, Harriet A., Miss on 73-Feb-11 [73-Aug-27: 2B].
Gibbs, John W. m. Diffenderffer, Annie Louisa on 71-Jan-19 [71-Feb-11: 2B].
Gibbs, Mary d. on 71-Feb-14 [71-Feb-16: 2C].
Gibney, Richard, Dr. (70 yrs.) d. on 75-Apr-25 [75-Apr-26: 1G, 2B; 75-Apr-27: 2B].
Gibson, [male] (3 mos.) d. on 73-May-10 of Spasms [73-May-12: 1F].
Gibson, Albert O. m. Wren, Malinda T. on 72-Oct-1 [72-Oct-4: 2B].
Gibson, Annie d. on 73-Mar-17 Murdered (Hatchet) [73-Mar-18: 4D; 73-Mar-19: 1F].
Gibson, Bridget Dunn d. on 74-Oct-9 of Heart disease [74-Oct-10: 2B].
Gibson, Charles E. m. Williams, Annie E., Miss on 74-Mar-14 [74-Mar-27: 2B].
Gibson, Eliza C. d. on 75-Jan-14 [75-Jan-16: 2C].
Gibson, Eliza Theresa (77 yrs.) d. on 71-Mar-16 [71-Mar-17: 2B].
Gibson, Elizabeth A., Miss m. Thompson, J. P. on 74-Oct-17 [74-Oct-23: 2B].
Gibson, Ella Blair (2 yrs., 8 mos.) d. on 75-Nov-24 [75-Nov-30: 2C].
Gibson, Ella J. m. Barton, Bolling W., Dr. on 72-Nov-26 [72-Nov-30: 2B].
Gibson, Ella M. m. Stork, William H. on 73-Oct-30 [73-Nov-17: 2B].
Gibson, Frances R., Miss m. Smith, James H. on 73-May-27 [73-Jun-3: 2A].
Gibson, Garrison m. Issacs, Harriet A., Mrs. on 72-Sep-24 [72-Sep-26: 2B].
Gibson, George G. m. Hambleton, Emma M., Miss on 71-Mar-16 [71-Mar-24: 2B].
Gibson, George R. m. Loane, Sallie B. on 72-Apr-30 [72-May-2: 2B].
Gibson, George S., Dr. (71 yrs.) d. on 72-Jan-30 [72-Feb-1: 4F].
Gibson, Gustavus m. Kirwan, Lizzie, Miss on 73-Oct-28 [73-Nov-18: 2B].
Gibson, James (80 yrs.) d. on 72-Apr-7 [72-Apr-8: 2B].
Gibson, James A. d. on 74-Nov-5 [74-Nov-6: 2B].
Gibson, John R. (58 yrs.) d. on 73-Jan-20 [73-Jan-21: 2B, 4F; 73-Jan-22: 2B].
Gibson, Kate, Miss m. Belt, Charles T. on 71-Sep-21 [71-Sep-23: 2B].
Gibson, Margaret Ann (52 yrs.) d. on 71-Jan-31 [71-Feb-1: 2C].
Gibson, Mary (1 yr., 2 mos.) d. on 71-Sep-29 [71-Sep-30: 2C].
Gibson, Richard F., Capt. m. Blizzard, Emma T., Miss on 72-Mar-6 [72-Mar-14: 2C].
Gibson, Robert W. (17 yrs.) d. on 75-Dec-28 [75-Dec-29: 2B].
Gibson, Rowland G. m. Stever, Mary Virginia, Miss on 75-Apr-13 [75-Jun-15: 2A].
Gibson, S. Elizabeth (29 yrs.) d. on 75-Oct-20 [75-Oct-21: 2B; 75-Oct-22: 2A; 75-Oct-23: 2B].
Gibson, Samuel L. m. Lyons, Maggie A., Miss on 75-Dec-15 [75-Dec-20: 2B].
Gibson, William I., Dr. m. Curtin, Annie A., Miss on 74-Feb-18 [74-Feb-20: 2C].
Gibson, Willie (10 yrs., 2 mos.) d. on 72-May-23 [72-May-27: 2B; 72-May-28: 2B].
Giddings, James (74 yrs.) d. on 72-Mar-6 [72-Mar-8: 2C].
Gienger, Annie Margaret, Miss m. Fritsch, Reinhold on 72-Mar-12 [72-Mar-14: 2C].
Gienger, Samuel d. on 75-Dec-9 [75-Dec-11: 2B].
Gierone, Anna m. Gourley, Moses on 73-Sep-16 [73-Oct-8: 2B].
Gies, Elizabeth, Miss m. Kline, Henry A. on 74-Sep-1 [74-Sep-24: 2B].
Gies, John, Jr. (37 yrs., 6 mos.) d. on 74-May-11 [74-May-26: 2B].
Giesendaffer, John H. m. Grubb, Annie O., Miss on 71-Oct-18 [71-Oct-21: 2B].

Gieske, Louis (30 yrs.) d. on 73-Jun-20 [73-Aug-15: 2B].
Giesler, John A. (36 yrs.) d. on 71-Jan-30 [71-Jan-31: 2C; 71-Feb-1: 2C].
Gifford, Alexander (65 yrs.) d. on 75-Aug-6 [75-Aug-7: 4E].
Gifford, Thomas m. Stevens, Irene on 75-Aug-3 [75-Aug-24: 2B].
Gilbert, Albert M. m. Jenkins, Mollie J., Miss on 74-Jun-11 [74-Jun-19: 2B].
Gilbert, Annie E. m. Russell, Thomas H. on 72-Apr-30 [72-May-2: 2B].
Gilbert, Coleman S. m. March, Ella A. on 72-Jan-13 [72-Jan-16: 2C].
Gilbert, Daniel M. m. Burke, Anna Mary, Miss on 74-May-7 [74-Oct-16: 2B].
Gilbert, Delma (7 mos.) d. on 73-Aug-20 [73-Aug-23: 2B].
Gilbert, Elizabeth A. (41 yrs.) d. on 75-Apr-1 of Consumption [75-Apr-3: 2B].
Gilbert, George Alexander m. Osborn, M. Silver, Miss on 74-Nov-21 [74-Nov-25: 2B].
Gilbert, H. Clay m. Watkins, Carrie C. on 74-Jan-29 [74-Feb-13: 2C].
Gilbert, H. Scott m. Ashton, Susan F. on 72-Nov-26 [72-Nov-30: 2B].
Gilbert, James L. m. Kaufman, Emma J., Miss on 74-Dec-23 [74-Dec-25: 2B].
Gilbert, Joseph J. m. Flaherty, Charlotta A. on 75-Jan-28 [75-Feb-3: 2B].
Gilbert, Mary E. m. Foxwell, Alonzo T. on 73-Jul-8 [73-Jul-11: 2B].
Gilbert, Milton R. (4 mos.) d. on 75-Sep-8 [75-Sep-10: 2B].
Gilbert, Mollie V. m. Stiltz, George R. on 71-Nov-16 [71-Nov-21: 2C].
Gilbert, Roberta Jeannette d. on 75-Nov-30 [75-Dec-1: 2B].
Gilbert, William (27 yrs.) d. on 74-Mar-2 of Fall from mast [74-Mar-3: 1G].
Gilberthorp, May S. (7 yrs., 6 mos.) d. on 73-Apr-26 of Typhoid pneumonia [73-Apr-29: 2B].
Gilberthorp, Ruth Anna (2 mos.) d. on 71-Jul-27 of Cholera infantum [71-Jul-29: 2B].
Gilchriest, John (1 yr., 1 mo.) d. on 74-Jan-6 [74-Jan-7: 2B].
Gilchriest, Mary Ann (1 yr., 3 mos.) d. on 75-Mar-12 [75-Mar-13: 2B].
Gilchriest, Thomas (36 yrs.) d. on 75-Feb-12 [75-Feb-13: 2C].
Gilchrist, Michael (5 yrs., 5 mos.) d. on 74-Mar-2 [74-Mar-3: 2B].
Gildea, David m. Meeks, Maggie E., Miss on 70-Sep-6 [71-Apr-1: 2B].
Gildea, Fannie, Miss m. Watkins, John T. on 75-Apr-15 [[75-May-3: 2B]; 75-May-4: 2B].
Gildea, Lucie, Miss m. Fitzgerald, James on 73-Aug-7 [73-Aug-15: 2B].
Gildea, M. Rebecca m. Jones, Edward on 73-Feb-18 [73-Feb-26: 2B].
Gildea, Michael (53 yrs.) d. on 74-Nov-9 [74-Nov-21: 2C].
Giles, Alice Ann (63 yrs.) d. on 75-Oct-31 [75-Nov-2: 2B].
Giles, Catherine W. (59 yrs.) d. on 74-Oct-11 [74-Oct-12: 1F, 2B].
Giles, Deborah (57 yrs.) d. on 72-May-9 [72-May-11: 2A].
Giles, Henrietta M. m. Hennick, Jesse H. on 75-Jun-3 [75-Jun-9: 2A].
Giles, John B. m. Hays, Mary A., Miss on 72-Feb-29 [72-Mar-1: 2B].
Giles, M. E., Miss m. Cheney, James A. on 74-Sep-29 [74-Oct-26: 2B].
Giles, Mary d. on 73-Mar-5 [73-Mar-14: 2B].
Giles, Nora m. Garton, William M. on 74-Nov-26 [74-Nov-28: 2B].
Giles, William (47 yrs.) d. on 72-Jun-26 [72-Jun-27: 2B].
Gill, A. J., Rev. m. Luman, Kate on 74-Feb-12 [74-Feb-14: 2C].
Gill, Absalom (67 yrs.) d. on 71-Apr-6 of Dropsy and heart disease [71-Apr-7: 2B].
Gill, Addie (3 yrs., 8 mos.) d. on 74-Dec-5 [74-Dec-7: 2B].
Gill, Anita McKim m. Schaefer, Harry on 73-Nov-18 [73-Nov-20: 2B].
Gill, Bridget (15 yrs., 7 mos.) d. on 72-Jul-29 [72-Jul-30: 2B].
Gill, Charlotte Virginia (34 yrs.) d. on 72-Mar-20 [72-Mar-23: 2B; 72-Mar-25: 2B; 72-Mar-26: 2B].
Gill, Daniel Delozier (67 yrs.) d. on 73-Dec-30 [74-Jan-1: 2C].
Gill, Elisha M. (48 yrs.) d. on 73-Jun-13 [73-Jun-14: 2B].
Gill, Elizabeth E. d. on 73-May-22 [73-May-23: 2B; 73-May-24: 2B; 73-May-31: 2B].
Gill, Ely A., Dr. m. McCann, Florence Pauline on 75-Jul-1 [75-Jul-5: 2B].
Gill, Henry (43 yrs.) d. on 71-Mar-29 [71-Mar-31: 2B; 71-Apr-1: 2B].

Gill, J. Douglas m. Jones, Hannah M., Miss on 72-Aug-22 [72-Aug-23: 2B].
Gill, James H. (42 yrs.) d. on 71-Feb-3 [71-Feb-7: 2C].
Gill, James L. D. d. on 72-Feb-23 of Brain congestion [72-Feb-27: 4E].
Gill, John (19 yrs.) d. on 72-Aug-23 [72-Aug-26: 2B].
Gill, John Hayward (6 yrs.) d. on 71-Jan-13 [71-Jan-16: 2D].
Gill, Laura V., Miss m. Connolly, William T. on 71-Aug-7 [71-Aug-23: 2C].
Gill, Louisa Wallace (4 yrs., 11 mos.) d. on 74-Sep-9 [74-Sep-11: 2B].
Gill, Luther Griffin, Sr. (74 yrs.) d. on 74-May-1 of Pneumonia [74-May-2: 2C, 4E].
Gill, M. Gillet m. Warfield, Alice M. on 75-Apr-15 [75-Apr-22: 2B].
Gill, Maggie m. Chew, William O. on 74-May-27 [74-Jun-11: 2B].
Gill, Margaret (61 yrs.) d. on 71-Aug-21 [71-Aug-23: 2C].
Gill, Margaret C. (54 yrs.) d. on 71-Sep-6 [71-Sep-7: 2B].
Gill, Mary E., Miss m. Worthington, Walter on 72-May-2 [72-May-4: 2A].
Gill, Naomi (10 mos.) d. on 74-Dec-10 [74-Dec-12: 2B].
Gill, Owen A. (65 yrs.) d. on 74-Oct-29 of Heart disease [74-Oct-30: 1G, 2B; 74-Oct-31: 2B].
Gill, Thomas E. m. Ebaugh, Mary C. on 75-Nov-24 [75-Dec-14: 2B].
Gillard, James (58 yrs.) d. on 72-Mar-18 [72-Mar-19: 2B].
Gillaspey, Alverda, Miss m. Neale, Frank P. on 72-Dec-16 [73-Feb-7: 2B].
Gillaspey, George W. m. Gates, Lizzie on 75-Nov-24 [75-Dec-4: 2B].
Gillegan, Rosalind (1 yr., 9 mos.) d. on 72-Jan-3 [72-Jan-5: 2B].
Gillen, Bridget (76 yrs.) d. on 74-Oct-16 [74-Oct-17: 2B].
Gillen, James (49 yrs.) d. on 74-Jun-14 [74-Jun-15: 2B].
Gillerlain, Teresa (19 yrs.) d. on 74-Oct-2 [74-Oct-5: 2B].
Gillespie, Bethany Ann d. on 74-Jan-23 [74-Feb-11: 2B].
Gillespie, George H. m. Getty, Alice on 75-Feb-14 [75-Feb-19: 2B].
Gillespie, N. H., Mr. (40 yrs.) d. on 74-Nov-12 [74-Nov-14: 4D].
Gillespie, William A. (44 yrs.) d. on 72-Jun-12 [72-Jun-13: 2B].
Gillespie, William A. (4 yrs., 4 mos.) d. on 73-Jun-3 [73-Jun-6: 2B].
Gillet, N. Halleck (50 yrs.) d. on 74-Apr-19 [74-Apr-21: 2B].
Gilley, Martha A. m. Beacham, Charles Ln. on 72-Dec-11 [73-Jan-2: 2B].
Gilliam, Hannah S. m. McEnery, John E. on 73-Feb-25 [73-Mar-21: 2B].
Gilliard, Julia Ann (64 yrs.) d. on 75-May-25 [75-May-26: 2B].
Gilligan, Ann (60 yrs.) d. on 73-Sep-11 [73-Sep-12: 2B; 73-Sep-13: 2B].
Gilligan, Bridget (33 yrs.) d. on 74-May-9 [74-May-14: 2B].
Gilligan, Michael Edward (2 yrs., 1 mo.) d. on 74-Sep-18 [74-Sep-19: 2B].
Gilligan, Patrick (38 yrs.) d. on 75-Apr-15 [75-Apr-16: 2A; 75-Apr-17: 2B].
Gillin, Charles P. (2 yrs., 4 mos.) d. on 72-Dec-17 of Whooping cough [72-Dec-18: 2B].
Gillin, James T. m. Rial, Maggie J. on 75-Aug-15 [75-Aug-30: 2B].
Gillin, Michael (1 yr., 4 mos.) d. on 71-Feb-8 [71-Feb-9: 2C].
Gillingham, Annie (59 yrs.) d. on 73-Aug-24 of Consumption [73-Aug-25: 1G].
Gillingham, Charles C. (22 yrs.) d. on 75-Feb-9 [75-Feb-23: 2B].
Gillingham, Eliza J. (24 yrs.) d. on 72-Jun-22 of Consumption [72-Jun-24: 2B].
Gillingham, Ella R., Miss m. Regester, Wilson G., Dr. on 71-Dec-13 [71-Dec-21: 2B].
Gillispie, Susanna (27 yrs.) d. on 74-Mar-20 [74-Mar-21: 2B].
Gilliss, James Edgar (1 yr., 3 mos.) d. on 74-Jun-23 [74-Jun-24: 2B].
Gillman, Howard M. m. Magne, Lizzie on 72-Feb-1 [72-Feb-9: 2C].
Gillmyer, Emma Regina (2 yrs., 8 mos.) d. on 71-Jan-24 [71-Jan-26: 2D].
Gillooly, Mary (34 yrs.) d. on 72-Aug-27 [72-Aug-28: 2A].
Gilmor, Casilda Mannella d. on 71-May-26 [71-May-27: 2B].
Gilmor, Robert, Sr. (67 yrs.) d. on 75-Jan-30 [75-Feb-1: 1G, 2B; 75-Feb-2: 4D].
Gilmor, W. T. m. Rogers, Mary M. on 75-Apr-17 [75-Apr-23: 2B].
Gilmor, William m. Key, Mary Lloyd on 74-Apr-23 [74-Apr-29: 2B].

Gilmore, James m. Young, Agnes V., Miss on 75-Dec-14 [75-Dec-16: 2B].
Gilmore, Margaret (60 yrs.) d. on 75-Sep-16 [75-Sep-17: 2B; 75-Sep-18: 2A].
Gilmore, Mary (42 yrs.) d. on 72-Dec-18 [72-Dec-19: 2B].
Gilmore, Mary Ann (2 yrs.) d. on 71-Jun-8 [71-Jun-10: 2B].
Gilmore, Robert m. Scott, Mary A. on 73-Dec-25 [74-Feb-24: 2B].
Gilmore, Sallie E., Miss m. Hewitt, John C. on 74-Apr-30 [74-May-8: 2B].
Gilmore, Sarah, Miss m. Wehn, George on 73-Jun-1 [73-Jun-3: 2A].
Gilmour, Charles H. (1 yr., 10 mos.) d. on 75-Sep-20 [75-Sep-21: 2B].
Gilmour, George Payton d. on 75-Apr-17 [75-Apr-19: 2B; 75-Apr-20: 2B; 75-Apr-21: 2B].
Gilmour, Henry Clay (2 yrs.) d. on 72-Dec-19 [72-Dec-20: 2A; 72-Dec-21: 2A].
Gilmour, J. Madison m. Cate, Florence B., Miss on 74-Aug-12 [74-Aug-18: 2B].
Gilmour, William W. (26 yrs.) d. on 75-Dec-12 [75-Dec-13: 2B].
Gilmyer, Frederick d. on 71-Sep-30 of Rheumatism of the heart [71-Oct-2: 4F].
Gilner, Mary (10 mos.) d. on 74-Jun-4 [74-Jun-5: 2B].
Gilpin, Anna Maria m. Geogh, Robert on 75-Dec-8 [75-Dec-14: 2B].
Gilpin, Ella P., Miss m. Chesley, Joseph on 72-May-30 [72-Jun-4: 2A].
Gilpin, Emilie H. m. Turnbull, John on 74-Nov-12 [74-Nov-18: 2B].
Gilpin, Rachel G. (65 yrs.) d. on 71-Apr-7 [71-Apr-8: 2B].
Gilpin, William (46 yrs.) d. on 74-Jul-3 of Apoplexy [74-Jul-4: 2B, 4D; 74-Jul-6: 2B].
Gilpin, William m. Hancock, Elizabeth, Mrs. on 73-Jan-6 [73-Jan-21: 2B].
Gilty, William m. Kyne, Mary, Miss on 74-Jul-5 [74-Sep-19: 2B].
Ginder, Annie M. m. Marshall, William H. on 74-Aug-25 [75-Jan-25: 2B].
Gingling, Nellie G., Miss m. Frazier, Thomas J. on 75-Nov-25 [75-Dec-21: 2B].
Ginn, Ada (9 yrs.) d. on 75-Jul-17 [75-Jul-20: 2B].
Ginn, Shirwood B., Jr. (3 mos.) d. on 74-Aug-27 [74-Aug-29: 2B].
Ginnamon, Malinda (60 yrs.) d. on 72-Jan-28 [72-Feb-15: 2C].
Ginnavan, Andrew Jackson (8 mos.) d. on 74-Jul-18 [74-Jul-21: 2C].
Ginnavan, Samuel Thomas (5 yrs., 2 mos.) d. on 72-Sep-13 of Diptheria [72-Sep-18: 2B].
Ginnavan, Sarah Elizabeth (8 yrs., 3 mos.) d. on 72-Aug-30 [72-Sep-3: 2B].
Gipe, Annie E. (26 yrs.) d. on 74-Dec-16 [74-Dec-17: 2B].
Girvin, John H. m. Franck, Emma on 72-Nov-13 [72-Nov-21: 2B].
Gise, Levi (55 yrs.) d. on 75-Mar-22 [75-Mar-23: 2B; 75-Mar-24: 2B; 75-Mar-25: 1G].
Gisriel, John J. (12 yrs.) d. on 71-Oct-18 [71-Oct-19: 2C].
Gist, Edward R. (52 yrs.) d. on 74-Jan-16 [74-Jan-17: 2B].
Gist, John W. m. Morfoot, Martha E., Miss on 73-Oct-26 [73-Nov-13: 2B].
Gist, Mary Cecilia, Miss m. Turner, Joseph on 72-Apr-30 [72-May-4: 2A].
Gist, Nellie R., Miss m. Search, Casper F. on 74-Nov-17 [74-Nov-19: 2B].
Gittings, Alice M. d. on 73-May-26 [73-May-27: 2B; 73-May-28: 2B].
Gittings, Harriet S. (73 yrs.) d. on 71-Jan-29 of Pneumonia [71-Jan-31: 2C; 71-Feb-1: 2C].
Gittings, James (47 yrs.) d. on 73-Mar-3 [73-Mar-10: 2B].
Gittings, Julia E. d. on 75-Jan-12 [75-Jan-14: 2B].
Gittings, Loundes Pinkney d. [74-Jul-7: 2B].
Gittings, Mary Archer d. on 72-Jan-9 [72-Jan-11: 2C].
Gittings, R. M. m. Gore, M. C., Miss on 72-Jul-25 [72-Aug-21: 2B].
Gittings, Rebecca N. m. Connolly, Thomas F. on 71-Nov-14 [72-Feb-1: 2C].
Gittings, Richard James (9 mos.) d. on 71-Aug-3 [71-Aug-4: 2C].
Gittings, Victoria S. (2 yrs., 8 mos.) d. on 71-May-17 of Scarlet fever [71-May-18: 2B].
Gittings, William Sands (7 mos.) d. on 74-Dec-23 [74-Dec-24: 2B].
Givens, John W. m. Young, Elizabeth A. on 75-Feb-17 [75-Feb-18: 2B].
Givvines, Willie L. (2 yrs., 8 mos.) d. on 72-Apr-15 [72-Apr-16: 2B].
Gladding, Charles A. m. Ward, Olevia S. on 75-Jul-7 [75-Jul-9: 2B].
Gladding, Lizzie, Miss m. Hall, Anthony L. on 71-Jan-25 [71-Feb-2: 2C].

Gladding, Mamie Lee (3 mos.) d. on 75-Feb-13 [75-Feb-15: 2B].
Gladding, Michael W. m. Meekins, Sarah R. on 71-Nov-16 [71-Nov-23: 2C].
Gladfelter, Joseph H. m. Morton, Ida, Miss on 71-Aug-6 [71-Aug-29: 2C].
Gladson, Andrew J. m. Haley, Emma, Miss on 74-Apr-21 [74-May-1: 2B].
Gladson, Mary A. (40 yrs.) d. on 74-Dec-21 [74-Dec-22: 2B].
Glady, John H. m. Edel, Laura M., Miss on 75-May-12 [75-Jun-1: 2A].
Glaenzer, Catharine (42 yrs., 3 mos.) d. on 73-Jun-23 [73-Jun-24: 2B].
Glaenzer, Charles F. m. Wagner, Pauline, Miss on 74-Feb-1 [74-Feb-3: 2B].
Glaeser, John (48 yrs.) d. on 72-Mar-6 [72-Mar-7: 2B].
Glaiser, Henry (9 yrs., 5 mos.) d. on 75-Oct-10 [75-Oct-11: 2B; 75-Oct-12: 2B].
Glanding, Thomas m. Hildebrandt, Almira V., Miss on 72-Feb-22 [72-Feb-26: 2C].
Glann, Louise L. (16 yrs.) d. on 75-Apr-22 [75-Apr-23: 2B].
Glantz, Kate (25 yrs.) d. on 72-Feb-20 [72-Feb-21: 2C].
Glanville, Charles m. Kulm, Henrietta on 73-Jun-17 [73-Jun-28: 2B].
Glanville, Ellenora (1 yr., 5 mos.) d. on 71-Aug-30 [71-Aug-31: 2C; 71-Sep-1: 2B].
Glanville, Issac m. Armstrong, Ellen, Miss on 74-Dec-20 [74-Dec-26: 2C].
Glass, Annie M. d. on 75-Sep-26 [75-Sep-27: 2B; 75-Sep-28: 2B].
Glass, James A. (49 yrs.) d. on 74-Mar-8 [74-Mar-10: 2B].
Glass, Rebecca B. (31 yrs.) d. on 75-Jul-5 [75-Jul-6: 2B].
Glass, Sarah Annie, Miss m. Blanks, Henry W. on 71-Apr-27 [71-Apr-28: 2C].
Glass, Sophia S. m. Newton, T. Edward on 75-Oct-28 [75-Nov-4: 2A].
Glass, Walter (5 yrs.) d. on 72-Apr-14 of Scarlet fever [72-Apr-16: 2B].
Glasser, Frederick (41 yrs.) d. on 75-Nov-16 of Fall on stairs [75-Nov-17: 4E].
Gleason, Dennis (68 yrs.) d. on 72-Jan-16 [72-Jan-25: 2C].
Gleen, Lizzie m. Wright, Charles R. on 72-Jan-8 [72-Jan-16: 2C].
Gleeson, Julia T. R., Miss m. Haynes, James A., Capt. on 75-Jul-14 [75-Jul-19: 2B].
Gleghorn, John m. Milroy, Annie on 75-Nov-4 [75-Nov-9: 2B].
Glendy, William M. (72 yrs.) d. on 73-Jul-16 [73-Jul-17: 1G, 2B; 73-Jul-18: 2B; 73-Jul-19: 1H].
Glenn, Andrew Durett (1 yr.) d. on 71-Mar-12 [71-Mar-13: 2C].
Glenn, Bridget (70 yrs.) d. on 75-Jan-29 [75-Jan-30: 2B].
Glenn, Catherine E. m. Ross, John G. on 71-Jul-18 [71-Jul-20: 2B].
Glenn, Emma H. (4 mos.) d. on 74-Jun-26 [74-Jun-27: 2B].
Glenn, John (29 yrs.) d. on 71-Mar-14 of Quarry explosion [71-Mar-15: 2B, 4D; 71-Mar-16: 2B].
Glenn, John (28 yrs.) d. on 75-Nov-6 Drowned [75-Nov-8: 4C].
Glenn, Maggie (23 yrs.) d. on 75-Jan-19 [75-Jan-20: 2B; 75-Jan-21: 2B].
Glenn, Margarita Virginia (2 yrs., 5 mos.) d. on 75-Jan-10 [75-Jan-11: 2B; 75-Jan-12: 2B].
Glenn, Maria A., Miss m. Vincent, William E. on 71-Oct-25 [71-Nov-25: 2A].
Glenn, Mary d. on 73-Sep-6 [73-Sep-8: 2B].
Glenn, Mary Lenora (1 yr., 6 mos.) d. on 75-Nov-8 [75-Nov-10: 2B].
Glenn, Robert M. m. Hevner, Emma S. on 71-May-7 [71-May-11: 2B].
Glenn, Samuel D. (7 mos.) d. on 75-May-5 [75-May-7: 2B].
Glenn, Samuel J., Jr. m. Gardiner, Maggie J. on 75-Mar-16 [75-Mar-23: 2B].
Glenn, Samuel T. (81 yrs.) d. on 75-Jan-10 [75-Jan-13: 1H, 2B].
Glenn, Sarah C., Miss m. Miller, George H. on 75-Sep-20 [75-Sep-21: 2B].
Glenn, Sarah E., Miss m. Hooker, Benjamin F. on 71-Mar-9 [71-Mar-15: 2B].
Glenn, Thomas (54 yrs.) d. on 72-Jan-5 [72-Jan-9: 2C].
Glenn, William m. Blackman, Evaline Constantia on 71-Jun-1 [71-Jun-8: 2B].
Glennan, John (31 yrs.) d. on 72-Nov-4 [72-Nov-8: 2B].
Glennan, Thomas (64 yrs.) d. on 75-Jul-31 [75-Aug-13: 2B].
Glespy, Milliken (38 yrs.) d. on 73-Jul-21 [73-Jul-23: 2B].
Glocker, Emanuel J. (38 yrs.) d. on 75-May-3 [75-May-5: 2B; 75-May-6: 2B].
Glodel, Imogene, Miss m. Albaugh, George on 73-Dec-28 [73-Dec-29: 2B].

Glover, Charles P., Rev. m. Dorsey, Annie M., Miss on 73-Dec-9 [73-Dec-11: 2B].
Gluck, Emma Foust (2 yrs., 6 mos.) d. [72-Oct-5: 2A].
Gluck, J. C. m. Gravenstine, Elocia, Miss on 72-Oct-29 [72-Dec-16: 2B].
Gluck, William J. H. m. Jackson, Lucia M. M. on 75-Jan-27 [75-Feb-16: 2B].
Gluckstein, John C. m. Vollmayer, Mary A. on 74-May-12 [74-May-25: 2B].
Gluer, John (7 yrs.) d. on 73-Apr-5 in Railroad accident [73-Apr-7: 4B].
Glynn, Eliza (8 yrs.) d. on 72-Dec-15 [72-Dec-17: 2B].
Gobel, Warner (61 yrs.) d. on 74-May-22 in Railroad accident [74-May-23: 2C, 4D].
Gobin, Benjamin P. m. Eichelberger, Mary Ferree on 71-Dec-5 [71-Dec-7: 2B].
Gobright, Harry m. Conway, Statia, Miss on 74-May-19 [74-Jun-8: 2B].
Gobright, Josie M. m. Habighurst, George C. on 73-Sep-25 [73-Oct-17: 2B].
Gobright, Matilda (48 yrs.) d. on 73-Jul-21 [73-Jul-22: 2B; 73-Jul-23: 2B].
Gobright, William H. (59 yrs.) d. on 75-Jan-23 [75-Jan-25: 2B, 4B; 75-Jan-26: 2B; 75-Jan-27: 2B].
Goddard, Charles (78 yrs.) d. on 72-Nov-15 [72-Nov-16: 1H, 2A; 72-Nov-18: 2B].
Godey, Harry m. Wilson, M. Louie on 75-Nov-3 [75-Nov-6: 2B].
Godey, R. Norris (9 yrs.) d. on 73-Jun-9 [73-Jun-10: 2A; 73-Jun-11: 2B].
Godfrey, Alice J. m. Channell, William F. on 73-Oct-16 [73-Oct-28: 2B].
Godfrey, Catharine (36 yrs.) d. on 73-Oct-5 of Consumption [73-Oct-6: 2B].
Godfrey, Fannie L. m. McGinnis, James on 72-Feb-6 [72-Feb-15: 2C].
Godfrey, George Wesley (2 yrs., 5 mos.) d. on 72-Apr-3 [72-Apr-4: 2B].
Godfrey, James (14 yrs.) d. on 74-Jun-24 in Wagon accident [74-Jun-25: 1H, 2B].
Godfrey, Mary Ann (11 yrs., 4 mos.) d. on 71-Jan-8 of Scarlet fever [71-Jan-10: 2C].
Godfrey, Nellie C., Miss m. Grady, Richard on 74-Dec-29 [75-Jan-4: 2A].
Godfrey, Samuel (39 yrs.) d. on 71-Jul-6 [71-Jul-7: 2C; 71-Jul-8: 2C].
Godman, John Walter (3 mos.) d. on 74-May-9 [74-May-13: 2B].
Godman, Minnie (1 yr., 1 mo.) d. on 72-Aug-21 [72-Aug-23: 2B].
Godman, Rosanna (74 yrs.) d. on 75-Jul-25 [75-Jul-30: 2B].
Godman, Sarah A., Mrs. m. Hudgins, John W. on 72-Aug-18 [72-Aug-20: 2B].
Godwin, Harry (4 yrs., 6 mos.) d. on 73-Jul-13 [73-Jul-14: 2B].
Godwin, James Langhorne (26 yrs.) d. on 73-Jan-28 [73-Jan-31: 2C].
Godwin, John W. m. Forsyth, Clara on 75-Sep-16 [75-Oct-2: 2B].
Godwin, Kate m. Albert, Jacob B. on 73-Oct-7 [73-Oct-10: 2B].
Godwin, Mary V. L. (6 yrs.) d. on 73-Sep-3 [73-Sep-11: 2B].
Godwin, W. Frank m. Banks, Annie W. on 72-Feb-20 [72-Feb-21: 2C].
Goeble, George C. T. m. Hotze, Louisa, Miss on 74-Feb-2 [74-Feb-4: 2B].
Goens, Susan Anna (80 yrs.) d. on 75-Apr-28 [75-Apr-30: 2B].
Goettman, John (40 yrs.) d. on 72-Jun-14 [72-Jun-25: 2B].
Goetz, Henrietta P. E. (42 yrs., 11 mos.) d. on 75-Jul-30 [75-Jul-31: 2B].
Goetz, William H. (4 yrs., 7 mos.) d. on 71-Apr-4 [71-Apr-5: 2B].
Gohlinghorst, Herman m. Kuhst, Amelia, Miss on 73-Oct-23 [73-Nov-1: 2B].
Gohlinghorst, John G. (51 yrs.) d. on 72-Aug-20 [72-Aug-21: 2B].
Going, Hosea F. m. Hoff, Laura A. on 72-Apr-18 [72-Apr-24: 2B].
Gold, Julia A. m. Patrick, Albert D. on 75-Jan-28 [75-Feb-1: 2B].
Gold, Sprinz (83 yrs., 11 mos.) d. on 73-Jun-29 [73-Jun-30: 2B; 73-Jul-1: 2B].
Goldeisen, William Henry (1 yr., 2 mos.) d. on 72-Mar-12 [72-Mar-14: 2C].
Golden, Bernard (75 yrs.) d. on 75-Mar-11 [75-Mar-13: 2B].
Golden, Lettia, Miss m. Achey, Thomas S. on 71-Dec-21 [72-Jan-15: 2C].
Goldenberg, Lena m. Blumenthal, Julius on 74-Oct-18 [74-Oct-20: 2B].
Goldenberg, Moses m. Hecht, Rosa, Miss on 75-Aug-11 [75-Aug-14: 2B].
Goldenberg, Ricka, Miss m. Heyn, Samuel on 71-Mar-26 [71-Mar-30: 2C].
Golder, Raphael Paul (2 yrs., 11 mos.) d. on 74-Jul-24 [74-Jul-27: 2B].

Goldsborough, Alice W., Miss m. Gaff, William on 72-Oct-1 [72-Oct-2: 2B].
Goldsborough, Anna W., Miss m. Jacobson, E. P. on 72-Mar-26 [72-Mar-27: 2B].
Goldsborough, Carrie E. (7 yrs., 2 mos.) d. on 75-Apr-2 [75-Apr-6: 2B].
Goldsborough, Dorsey Baker (11 mos.) d. on 71-Jan-2 [71-Jan-14: 2C].
Goldsborough, Ellen Lloyd m. Pitts, Sullivan on 71-Jan-26 [71-Feb-7: 2C].
Goldsborough, Euphemia M. m. Willson, Charles F. on 74-Jun-29 [74-Jul-16: 2B].
Goldsborough, Frank Y. m. Weathers, Sydney V. on 74-Nov-19 [74-Nov-21: 2B].
Goldsborough, Henry F. (22 yrs., 10 mos.) d. on 74-Apr-20 [74-Apr-21: 2A].
Goldsborough, Kate, Miss m. Edwards, David on 74-Aug-6 [74-Aug-8: 2B].
Goldsborough, Louis S. (1 yr., 6 mos.) d. on 72-Feb-16 [72-Feb-19: 2C].
Goldsborough, Malvern W. (9 yrs., 6 mos.) d. on 73-Jan-11 [73-Jan-14: 2C].
Goldsborough, Martin (68 yrs.) d. on 73-Apr-27 [73-Apr-28: 2B; 73-Apr-29: 1G; 73-Apr-30: 2B; 73-May-2: 1G].
Goldsborough, Richard A. m. Hooper, Mollie C., Miss on 75-Nov-24 [75-Dec-2: 2B].
Goldsborough, Robert Gedney (22 yrs.) d. on 73-Feb-18 [73-Feb-22: 2B].
Goldsborough, Robert Yerbury (17 yrs.) d. on 73-May-24 of Bowel inflammation [73-May-28: 2B].
Goldsborough, Zoe m. Trail, Louis W. on 71-Jan-17 [71-Jan-20: 2C].
Goldsmith, Egbert Earl (1 yr., 7 mos.) d. on 75-Aug-19 [75-Aug-20: 2B].
Goldsmith, Ida V. m. Welsh, Charles M. on 75-Dec-1 [75-Dec-8: 2B].
Goldsmith, Rebecca, Miss m. Lowenthal, Daniel on 71-Feb-22 [71-Mar-8: 2B].
Goldstein, Laura, Miss m. Lehman, Aaron on 75-Feb-21 [75-Feb-25: 2B].
Goldthwait, Mary (93 yrs.) d. on 72-Jul-25 [72-Jul-26: 2C].
Goldy, Caroline d. on 72-Nov-21 [72-Nov-26: 2B].
Golibart, Esther J. (18 yrs.) d. on 75-Jun-29 [75-Jun-30: 2B; 75-Jul-2: 2B].
Golibart, Joseph R. (40 yrs.) d. on 72-Aug-24 [72-Aug-26: 2B; 72-Aug-27: 2B].
Golibart, Mary (6 yrs.) d. on 72-Jul-23 [72-Jul-24: 2C; 72-Jul-25: 2B].
Golibart, Mary Olivia (36 yrs.) d. on 71-Aug-18 of Consumption [71-Aug-19: 2A].
Goll, Elizabeth (71 yrs.) d. on 75-Feb-22 [75-Feb-24: 2B; 75-Feb-25: 2B].
Gollinghurst, H. (51 yrs.) d. on 75-Aug-21 [75-Aug-23: 2B].
Golsberry, Robert R. (18 yrs., 10 mos.) d. on 75-Jan-10 [75-Jan-11: 2B].
Gonder, Cornelius m. Nicholson, Ella P., Miss on 72-May-2 [72-May-16: 2B].
Gonder, Katie I., Miss m. Stewart, Cornelius W. on 73-Jun-5 [73-Jun-10: 2A].
Gontrum, Henry H. m. Claridge, Sarah F., Miss on 74-Oct-21 [74-Oct-28: 2B].
Goodall, Joseph P. J. (47 yrs.) d. on 71-May-26 [71-May-27: 2B].
Goode, George Henry (4 mos.) d. on 72-Jul-24 [72-Jul-30: 2B].
Goode, John Aloysius (23 yrs., 7 mos.) d. on 71-Sep-8 of Pulmonary consumption [71-Sep-11: 2B].
Goode, Marie V., Miss m. Lucas, Fielding H. on 73-Nov-5 [73-Nov-11: 2B].
Goodhand, Florence, Miss m. Wilcox, Thomas S., Rev. on 75-Apr-22 [75-Apr-28: 2B].
Goodhand, John Ferry (2 mos.) d. on 71-Aug-25 [71-Sep-1: 2B; 71-Sep-12: 2B].
Goodhue, Fred. m. Douglass, Lizzie on 72-Apr-30 [72-May-14: 2B].
Goodhue, Josephine, Miss m. Moran, Thomas on 73-May-9 [73-May-27: 2B].
Gooding, Charles E. d. on 71-Aug-31 [71-Sep-2: 2B].
Gooding, Mary E. m. Sparklin, Thomas on 71-Jan-9 [71-Jan-12: 2C].
Goodloe, Charlie (8 mos.) d. on 71-May-1 [71-May-2: 2B].
Goodman, Ellenora G. m. Mill, John D. on 73-Oct-28 [73-Dec-1: 2B].
Goodman, Richard R. m. Richardson, Rachel A. on 73-Jan-9 [73-Jan-25: 2B].
Goodman, Solomon m. Rider, Susie, Miss on 73-Mar-2 [73-Mar-7: 2C; 73-Mar-8: 2B].
Goodrich, Eliza (29 yrs.) d. on 73-Oct-7 of Lamp explosion [73-Oct-8: 1H; 73-Oct-9: 2B; 73-Oct-10: 2B].
Goodrick, George W. (53 yrs.) d. on 73-Sep-29 [73-Oct-14: 2B].

Goodrick, J. W. m. Beard, Ida Estelle on 74-Jan-21 [74-Jan-27: 2B].
Goodrick, Thomas J. m. Nixson, Anna on 73-Oct-30 [73-Nov-5: 2B].
Goodwater, Karoline Virginie, Miss m. Beck, John, Jr. on 72-May-12 [72-May-14: 2B].
Goodwin, Achsah W. (62 yrs.) d. on 75-Sep-7 [75-Sep-10: 2B].
Goodwin, Charles (4 yrs.) d. on 73-Sep-10 [73-Sep-13: 2B].
Goodwin, Charles (77 yrs.) d. on 74-Aug-7 of Apoplexy [74-Aug-8: 4D; 74-Aug-10: 4D].
Goodwin, Charlotte E. m. Smith, William H. on 71-Jan-15 [71-Sep-12: 2B].
Goodwin, Emma C., Miss m. Norris, Clinton B. on 74-Jun-4 [74-Sep-3: 2B].
Goodwin, Ethel (11 mos.) d. on 74-Jul-21 [74-Jul-22: 2B].
Goodwin, Herbert d. on 73-Jun-25 [73-Jun-30: 2B].
Goodwin, James Robert (23 yrs., 3 mos.) d. on 72-Dec-27 [72-Dec-31: 2B].
Goodwin, John Patrick (11 mos.) d. on 75-Feb-19 [75-Feb-20: 2B].
Goodwin, Joseph Cornelius (1 yr., 4 mos.) d. on 72-Jul-16 [72-Jul-18: 2B].
Goodwin, Julia, Miss m. Ireland, John on 73-Dec-11 [73-Dec-12: 2B].
Goodwin, Madge (6 mos.) d. on 75-Jul-20 [75-Jul-22: 2B].
Goodwin, Martha J. (23 yrs.) d. on 72-Mar-5 [72-Mar-6: 2B].
Goodwin, Penelope Deye d. on 75-Jan-21 [75-Jan-23: 2C].
Goodwin, W. K. m. Brown, Laura J., Miss on 71-May-18 [71-May-24: 2B].
Goodyear, E. Josephine, Mrs. m. Falconar, Edward W. on 72-May-30 [72-Jun-3: 2A].
Goolrick, Jennie Meade d. on 72-Jun-30 of Cholera infantum [72-Jul-6: 2B].
Gootee, Frances M., Miss m. Stone, Richard on 72-Dec-24 [72-Dec-30: 2B].
Gootee, George S. (45 yrs.) d. on 72-Feb-7 [72-Feb-9: 2C; 72-Feb-10: 2B].
Gootyar, Henry (30 yrs.) d. on 74-Dec-27 of Suicide (Poison) [74-Dec-28: 4D; 74-Dec-29: 4A].
Gordon, Anna E. (44 yrs.) d. on 72-Aug-24 of Heart disease [72-Aug-26: 1G; 72-Aug-28: 2A].
Gordon, Anna E. d. on 75-Jun-14 [75-Jun-19: 2B].
Gordon, Anna E. d. on 75-Nov-17 [75-Nov-18: 2B].
Gordon, Charles G. m. Worden, Fannie on 74-Jun-3 [74-Jun-10: 2B].
Gordon, Charles Samuel (5 yrs., 5 mos.) d. on 71-Jan-19 [71-Jan-20: 2C].
Gordon, David (78 yrs.) d. on 75-Dec-9 [75-Dec-11: 2B; 75-Dec-13: 4D].
Gordon, Eliza (11 mos.) d. on 72-Jul-26 [72-Jul-27: 2B].
Gordon, Eliza (1 yr., 3 mos.) d. on 75-Dec-8 of Croup [75-Dec-10: 2B].
Gordon, George P. m. Harrod, Emily J., Miss on 72-May-28 [72-Jun-17: 2B].
Gordon, Helen, Miss m. Silk, William H. on 71-Dec-3 [71-Dec-9: 2A].
Gordon, J. N., Dr. m. McCoy, Kate on 72-Feb-13 [72-Feb-17: 2B].
Gordon, James A. E. m. Leary, Kate W. on 71-Sep-11 [75-Apr-12: 2B].
Gordon, James W. W., Dr. d. on 72-Apr-12 [72-May-2: 2B].
Gordon, John (49 yrs.) d. on 71-Oct-24 of Rheumatism of the heart [71-Oct-26: 4D].
Gordon, John F. (53 yrs.) d. on 71-Oct-26 [71-Oct-27: 2C].
Gordon, John H. (25 yrs.) d. on 71-Oct-24 [71-Oct-26: 2B, 4D].
Gordon, John H. (44 yrs., 5 mos.) d. on 73-Nov-16 [73-Nov-17: 2B].
Gordon, John H. (67 yrs.) d. on 75-Jan-22 of Pneumonia [75-Jan-23: 2C].
Gordon, John H. m. Stinchcomb, R. Lavanah on 75-Jan-27 [75-Feb-20: 2B].
Gordon, Lilly M. (11 yrs., 5 mos.) d. on 74-May-26 [74-May-28: 2B].
Gordon, Lizzie, Miss m. Jones, George W. on 74-Jan-15 [74-Jan-23: 2B].
Gordon, Lizzie m. Guildener, Frank on 74-Dec-29 [75-Jan-5: 2B].
Gordon, Mary (65 yrs.) d. on 71-Dec-4 [71-Dec-6: 2B].
Gordon, Mary A., Miss m. Jones, Planner on 71-Jan-1 [71-Jan-4: 2B].
Gordon, Mary E. (38 yrs.) d. on 75-May-22 of Consumption [75-May-24: 1H].
Gordon, Mary Elizabeth (23 yrs.) d. on 74-Sep-18 [74-Sep-19: 2B].
Gordon, Mary E. S. m. Whorton, Theodore F. on 71-Oct-22 [71-Nov-6: 2A].
Gordon, Mollie J., Miss m. Lindsey, Christopher C. D. on 72-Jun-13 [72-Jun-22: 2B].
Gordon, William H. (56 yrs.) d. on 73-Sep-4 of Kidney disease [73-Sep-5: 1G; 73-Sep-6: 2B].

Gordshell, Frederick (52 yrs.) d. on 71-Apr-18 of Pleurisy [71-Apr-19: 4C; 71-Apr-20: 2B].
Gordshell, James E. (29 yrs.) d. on 75-Dec-3 of Gunshot wound [75-Dec-4: 2B; 75-Dec-13: 4C].
Gordshell, James E. m. Poineer, Louisa, Miss on 74-Jan-12 [74-Feb-4: 2B].
Gore, Ada, Miss m. Coleman, George E. on 73-Feb-5 [73-Feb-7: 2B].
Gore, Charles Eclipse (8 mos.) d. on 75-Jun-27 [75-Jun-28: 2B].
Gore, Fisher (21 yrs., 1 mo.) d. on 72-Oct-14 [72-Oct-25: 2B; 72-Oct-26: 2A].
Gore, John W. m. Hobbs, Laura V., Miss on 71-Feb-5 [71-Feb-9: 2C].
Gore, M. C., Miss m. Gittings, R. M. on 72-Jul-25 [72-Aug-21: 2B].
Gore, Marshall C. (27 yrs.) d. on 71-Dec-19 [71-Dec-22: 2C].
Gore, Marshall C. m. Smith, Alice on 71-Jan-12 [71-Jan-19: 2D].
Gore, Orson (77 yrs.) d. on 71-Apr-25 [71-Apr-26: 2B; 71-Apr-27: 2C].
Gore, Sarah Jane (41 yrs.) d. on 73-Jul-22 [73-Jul-23: 2B; 73-Jul-24: 2B].
Gore, T. B. C. m. Saunders, Bertha V. on 75-Nov-11 [75-Nov-23: 2A].
Gorgas, Willie Roberts Newham (5 yrs., 6 mos.) d. on 71-Aug-25 [71-Aug-26: 2B].
Gorman, [male] (1 yr., 1 mo.) d. on 74-Aug-4 of Cholera infantum [74-Aug-5: 4C].
Gorman, Frank (28 yrs.) d. on 75-May-5 [75-Jun-28: 2B].
Gorman, James J. (12 yrs.) d. on 73-Jan-8 [73-Feb-10: 2B].
Gorman, John (27 yrs.) d. on 74-Aug-30 [74-Sep-1: 2B].
Gorman, John J. m. Lally, Mary J. on 75-Feb-4 [75-Feb-13: 2C].
Gorman, Mary Lizzie, Miss m. Huber, John on 74-Nov-17 [74-Nov-23: 2B].
Gorman, William E. (41 yrs.) d. on 72-Jul-3 of Heatstroke [72-Jul-4: 1F; 72-Jul-8: 2C].
Gornall, E. A. Lizzie, Miss m. Sheffield, Byron R. on 73-Nov-6 [73-Nov-22: 2B].
Gornall, Mary J., Miss m. Tansley, Thomas S., Jr. on 73-Oct-8 [73-Oct-10: 2B].
Gorsuch, Ann (56 yrs.) d. on 71-Jun-9 [71-Jun-12: 2C].
Gorsuch, Birdie (6 yrs., 6 mos.) d. on 75-Mar-20 of Chronic croup [75-Mar-22: 2B].
Gorsuch, Elizabeth d. on 71-May-19 [71-May-22: 2B].
Gorsuch, Elizabeth A. (64 yrs.) d. on 74-Oct-4 [74-Oct-5: 2B].
Gorsuch, Emma A. m. Buckingham, Harry F. T. on 75-Oct-27 [75-Nov-4: 2A].
Gorsuch, Eva A., Miss m. March, Madison G. on 72-Apr-10 [72-Apr-15: 2B].
Gorsuch, Fannie C. m. Ullrich, Charles on 73-Jan-21 [73-Jan-22: 2B].
Gorsuch, Jacob m. Theary, Katie, Miss on 73-Jun-23 [73-Jul-1: 2A].
Gorsuch, Jessie W. m. Campbell, William H. H., Dr. on 72-Jan-31 [72-Feb-3: 2C].
Gorsuch, John C. m. Chilcoat, Lariah Julia, Miss on 71-Jun-22 [71-Jul-22: 2B].
Gorsuch, Leven W. (59 yrs.) d. on 75-Jan-26 [75-Jan-29: 2B; 75-Jan-30: 2B; 75-Feb-1: 1G].
Gorsuch, Marian, Miss m. King, William F. McC. on 71-Nov-22 [71-Nov-28: 2B].
Gorsuch, Rebecca, Miss m. Cole, Franklin on 72-Jun-13 [72-Jun-22: 2B].
Gorsuch, Ruth Holton (1 yr., 1 mo.) d. on 71-Jan-25 [71-Jan-26: 2D].
Gorsuch, S. L. d. on 71-Dec-29 [71-Dec-30: 2C].
Gorsuch, S. Virginia m. Henderson, Upton B. on 71-Dec-21 [71-Dec-28: 2C].
Gorsuch, Sallie (60 yrs.) d. on 75-Aug-2 [75-Aug-28: 2B].
Gorsuch, Sallie J., Miss m. Young, James, Jr. on 71-Mar-30 [71-Apr-7: 2B].
Gorsuch, Thomas (86 yrs.) d. on 74-Sep-18 [74-Oct-28: 2B].
Gorsuch, Thomas d. [75-Feb-25: 1H].
Gorsuch, W. J. m. Mallaney, Kate, Miss on 74-Oct-3 [75-Jan-4: 2A].
Gorsutch, Mamie E. m. Bentley, Frank W. on 75-Sep-6 [75-Sep-15: 2B].
Gorter, Gosse Onno (1 yr., 3 mos.) d. on 71-Mar-6 [71-Mar-7: 2C].
Gorton, Caroline Marion (69 yrs.) d. on 73-Nov-1 [73-Nov-3: 2B].
Gosden, Thomas m. Donohue, Helen V., Miss on 75-Apr-19 [75-Apr-27: 2B].
Goshell, Annie, Miss m. Randolph, Lewis W. on 75-Nov-24 [[75-Dec-3: 2B]; 75-Dec-4: 2B].
Goshell, William H. m. Arthur, Lizzie A. on 73-Jun-2 [73-Jul-1: 2A].
Goslee, M. Virginia, Miss m. Nicol, John W. on 71-Oct-18 [71-Oct-23: 2B].
Goslin, Mary A. d. on 74-Aug-19 of Typhoid [74-Aug-21: 2B].

Goslin, Nellie R. m. Dorsey, F. G. on 75-Jun-9 [75-Jun-12: 2B].
Gosman, A. J. m. Hoover, Louisa, Mrs. [75-May-10: 2B].
Gosman, Elizabeth (47 yrs.) d. on 73-Oct-12 [73-Oct-14: 2B; 73-Oct-15: 2B].
Gosnell, Adeline (34 yrs.) d. on 72-Jan-1 [72-Jan-3: 2C].
Gosnell, Alice F., Miss m. Worthington, Rezin H., Jr. on 71-May-25 [71-May-29: 2B].
Gosnell, Amos (73 yrs.) d. on 75-Jul-14 [75-Jul-15: 2B].
Gosnell, Elizabeth Ann (78 yrs.) d. on 74-Feb-16 [74-Feb-18: 2C].
Gosnell, George (54 yrs.) d. on 71-Nov-1 [71-Nov-2: 2C].
Gosnell, George H., Jr. m. Conaway, Sarah Lizzie on 71-Nov-9 [71-Dec-20: 2B].
Gosnell, Harry Knowling (3 mos.) d. on 72-Jul-5 of Cholera infantum [72-Jul-17: 2B].
Gosnell, Herbert A. (1 yr., 2 mos.) d. on 73-Sep-11 [73-Sep-12: 2B].
Gosnell, Janie, Miss m. McLean, John W. on 72-Sep-6 [72-Sep-11: 2A].
Gosnell, John S. m. Kranz, Lola W., Miss on 75-Oct-14 [75-Oct-27: 2B].
Gosnell, John T. m. Talbert, Mary F., Miss on 71-Feb-9 [71-Feb-14: 2C].
Gosnell, L. Grace m. Wells, William A. on 73-Apr-3 [73-Apr-5: 2B].
Gosnell, Lemuel T. (3 mos.) d. on 74-Jul-30 [74-Jul-31: 2B].
Gosnell, Lucinda d. on 75-Nov-20 [75-Nov-22: 2A].
Gosnell, Mary L. (35 yrs.) d. on 74-Sep-5 [74-Sep-7: 2B].
Gosnell, Rebecca (82 yrs.) d. on 75-Feb-17 [75-Feb-18: 2B; 75-Feb-19: 2B].
Gosnell, Talbott T. m. Harvey, Emma V., Miss on 73-Sep-1 [73-Dec-23: 2B].
Gosnell, William Prescott (1 yr., 1 mo.) d. on 71-Aug-18 [71-Aug-21: 2B].
Gosnell, Willie E. (11 mos.) d. on 75-Jul-20 [75-Jul-31: 2B].
Gosnell, Willie H. C. (1 yr., 6 mos.) d. on 72-Jul-31 [72-Aug-1: 2C].
Gosnoll, Anna M., Miss m. Shirley, William H. on 73-Jan-23 [73-Jan-27: 2C].
Gosnoll, George W. m. Gosnoll, Kesiah E., Miss on 73-Feb-13 [73-Feb-17: 2B].
Gosnoll, Kesiah E., Miss m. Gosnoll, George W. on 73-Feb-13 [73-Feb-17: 2B].
Goss, Thomas (46 yrs.) d. on 73-Jul-25 [73-Jul-30: 2B].
Goss, W. S. (37 yrs.) d. on 72-Feb-2 Burned [72-Feb-5: 2C, 4D].
Goss, Winfield S. d. on 73-Feb-2 Burned [73-May-29: 1F].
Gossage, Charles Edwin (11 mos.) d. on 74-Sep-11 of Whooping cough [74-Sep-12: 2B].
Gosson, Mary m. Guyton, Joseph on 71-Jan-19 [71-Jan-31: 2C].
Gott, Catharine d. on 71-Jan-29 [71-Feb-2: 2C].
Gott, John Robert (69 yrs.) d. on 72-Jul-1 [72-Jul-2: 2B].
Gottert, Anna B. m. Lentz, George W. on 75-Jan-26 [75-Jan-30: 2B].
Gottschalk, Charles (25 yrs.) d. on 72-Aug-23 [72-Aug-24: 2B].
Goudy, Mollie m. Kolb, George on 72-Apr-4 [72-Apr-13: 2A].
Gough, Arthur m. McCaig, Mary on 73-May-20 [73-Dec-8: 2B].
Gough, Ellen (28 yrs.) d. on 72-Apr-1 [72-Apr-2: 2B].
Gough, Ellen (29 yrs.) d. on 73-Oct-23 [73-Oct-24: 2B].
Gough, Elzey L. T. (7 mos.) d. on 72-Jul-27 [72-Jul-29: 2C].
Gough, George T. m. Powell, Hattie, Miss on 71-Jan-5 [71-Jan-7: 2C].
Gough, Joseph Bernard d. on 73-Nov-12 [73-Nov-13: 2B].
Gough, Joseph H. (2 yrs., 9 mos.) d. on 71-Jul-6 [71-Jul-7: 2C].
Gough, Joseph H. m. Hamilton, Letitia E. on 73-Sep-15 [74-May-6: 2B].
Gough, Lydia S., Mrs. (26 yrs.) d. on 71-Jan-13 [71-Jan-14: 2B; 71-Jan-16: 2C].
Gough, Roseanna (30 yrs.) d. on 73-Sep-8 [73-Sep-9: 2B].
Gough, Sarah C. d. on 73-Nov-16 [73-Nov-18: 2B].
Gough, William (60 yrs.) d. on 73-Dec-15 [73-Dec-16: 2B].
Gould, Edmund G. (54 yrs.) d. on 74-May-23 [74-May-25: 2B; 74-May-26: 2B].
Gould, Emily E. d. on 71-Jul-12 [71-Jul-13: 2C].
Gould, John G. (81 yrs.) d. on 72-May-11 [72-May-13: 2B].
Gould, Lizzie H. m. Sellman, Robert, Jr. on 72-Jun-12 [72-Jun-17: 2B].

Gould, M. A. m. Carrow, Laura Ridgely on 72-Nov-19 [72-Dec-3: 2C].
Gould, Mary Ann (74 yrs.) d. on 73-Jan-4 [74-Jan-5: 2B; 74-Jan-6: 2B; 74-Jan-7: 2B].
Gould, Mary Ellen (19 yrs.) d. on 72-Feb-22 [72-Feb-23: 2D].
Gould, Robert (38 yrs.) d. on 75-Apr-29 [75-May-1: 2B].
Gould, Susie, Miss m. Travers, Samuel C. on 74-Jan-21 [74-Feb-6: 2D].
Goulden, Mamie (1 yr., 11 mos.) d. on 75-Oct-2 [75-Oct-4: 2B].
Gourdon, John (82 yrs.) d. on 73-Sep-24 [73-Sep-26: 2B].
Gourley, Alexander Harrison (2 yrs., 2 mos.) d. on 72-Jan-6 [72-Jan-8: 2C].
Gourley, Eliza P. (22 yrs.) d. on 72-Mar-17 of Consumption [72-Mar-19: 2B].
Gourley, Elizabeth (64 yrs.) d. on 72-Jul-4 [72-Jul-6: 2A].
Gourley, John (77 yrs.) d. on 74-Jun-28 [74-Jun-29: 2B; 74-Jun-30: 2B].
Gourley, Moses m. Gierone, Anna on 73-Sep-16 [73-Oct-8: 2B].
Govens, Henry J. m. Dorsey, Frances Ann, Miss on 71-Jan-25 [71-Jan-28: 2B].
Gover, Emily J. m. Omelea, William on 73-Nov-6 [73-Nov-13: 2B].
Gover, Emily Jane (63 yrs.) d. on 74-Oct-26 [74-Oct-27: 2B; 74-Oct-28: 2B; 74-Oct-29: 4E].
Gover, Samuel H., Col. (73 yrs.) d. on 75-Apr-5 of Lung congestion [75-Apr-6: 1H, 2B; 75-Apr-7: 2B; 75-Apr-8: 4C].
Gowran, Ann (77 yrs.) d. on 75-Oct-2 [75-Oct-4: 2B].
Grace, Georgie (1 yr., 4 mos.) d. on 73-Apr-12 [73-Apr-15: 2B].
Grace, Jeanie M., Miss m. Thomas, Edward Scott on 72-Dec-5 [72-Dec-10: 2B].
Grace, Louisa d. on 73-Mar-31 [73-Apr-1: 2B].
Grace, Mary Ella (7 yrs.) d. on 74-Feb-25 [74-Mar-10: 2B].
Grace, Sarah (84 yrs.) d. on 73-Jun-24 [73-Jun-26: 2B].
Gracey, Christopher Vincent (4 yrs.) d. on 71-Apr-11 of Scarlet fever [71-Apr-12: 2B].
Gracey, Jane Markland (7 yrs.) d. on 71-Apr-9 of Scarlet fever [71-Apr-10: 2B].
Gracey, John d. on 72-Nov-9 [72-Nov-11: 2B].
Gracy, William (80 yrs.) d. on 73-Feb-28 of Fall from window [73-Mar-1: 1H, 2A].
Grady, B. Frank m. Beall, Maggie A. on 75-Feb-18 [75-Feb-23: 2B].
Grady, Cyrus m. Beall, Fannie, Miss on 71-Feb-27 [71-Mar-14: 2B].
Grady, Emily A. (20 yrs.) d. on 72-Mar-5 Burned [72-Mar-6: 4E; 72-Mar-7: 2B].
Grady, Richard m. Godfrey, Nellie C., Miss on 74-Dec-29 [75-Jan-4: 2A].
Graef, Charles H. m. Shaw, Mary E. on 74-Jun-10 [74-Jun-27: 2B].
Graefle, Frederick A. m. Eberly, Mallie B., Miss on 71-Feb-23 [71-Feb-25: 2B].
Graff, Apolina d. on 72-Oct-25 of Pneumonia [72-Oct-28: 2B].
Graff, Charles N. m. Richard, Clara C., Miss on 75-Nov-9 [75-Nov-11: 2B].
Graff, Mary L. C., Miss m. Bloxham, John Lloyd on 73-Feb-4 [73-Nov-27: 2B].
Graff, R. P. m. Billingslea, Blanche on 74-Dec-23 [75-Jan-7: 2B].
Grafflin, Charles Congreve (1 yr., 3 mos.) d. on 74-Sep-26 [74-Sep-28: 2B].
Grafflin, Elma m. Buck, R. B. on 73-Jan-9 [73-Jan-31: 2C].
Grafton, Keziah (74 yrs.) d. on 73-Feb-22 [73-Feb-24: 2A; 73-Feb-25: 2B].
Grafton, S. Howell m. Long, Alice, Miss on 75-Jan-14 [75-Feb-15: 2B].
Graham, Bettie m. Eccleson, William W. on 75-Dec-14 [75-Dec-17: 2B].
Graham, Cassie E. m. Warner, C. A., Rev. on 74-Aug-11 [74-Aug-29: 2A].
Graham, Daniel William (3 mos.) d. on 71-Aug-29 [71-Aug-30: 2B].
Graham, Eddie L. (2 yrs., 2 mos.) d. on 74-Oct-8 of Brain fever [74-Oct-9: 2B; 74-Oct-10: 2B].
Graham, Eliza Gaston (57 yrs.) d. on 74-Apr-6 [74-Apr-10: 1G; 74-Apr-11: 2B].
Graham, Florence (2 yrs., 7 mos.) d. on 74-Feb-22 of Brain congestion [74-Feb-23: 2B].
Graham, G. W., Rev. m. Myers, Mollie E., Miss on 74-Feb-12 [74-Feb-16: 2B].
Graham, George R. m. Brashears, Hannah A. [71-Sep-25: 2C].
Graham, Hannah A. (25 yrs.) d. on 75-Jul-31 of Heart disease [75-Aug-2: 2B].
Graham, J. Bell, Miss m. Stacher, Samuel M. [72-May-30: 2A].
Graham, James (11 mos.) d. on 71-Oct-4 [71-Oct-5: 2B].

Graham, James (53 yrs.) d. on 73-May-7 of Pneumonia [73-May-13: 2B].
Graham, James A. m. Proctor, Carrie D., Miss on 73-Jan-29 [73-Feb-18: 2B].
Graham, Jane (32 yrs.) d. on 73-Oct-26 [73-Oct-28: 2C].
Graham, John (41 yrs.) d. on 71-Feb-20 Crushed in cave-in [71-Feb-21: 4D; 71-Feb-22: 2C].
Graham, John C. (30 yrs.) d. on 71-Feb-16 [71-Feb-20: 2C].
Graham, John V. m. Floyd, Emma V., Miss on 71-Dec-26 [71-Dec-29: 2C].
Graham, Louisa P., Miss m. Budd, George T. on 74-Jul-23 [74-Aug-14: 2B].
Graham, Mark H. (1 yr., 1 mo.) d. on 72-Jul-24 [72-Jul-26: 2C].
Graham, Mary d. on 75-Dec-2 [75-Dec-3: 2B; 75-Dec-4: 2B].
Graham, Mary E. (22 yrs.) d. on 75-Aug-6 [75-Aug-19: 2B].
Graham, Maryetta, Miss m. Smith, Joseph B. on 72-Apr-16 [72-May-20: 2A].
Graham, Maryetta W. (55 yrs.) d. on 71-Jul-2 [71-Jul-6: 2B].
Graham, Mattie E. m. Latrobe, Henry B. on 75-Jun-3 [75-Jun-11: 2B].
Graham, Michael (35 yrs.) d. on 73-Aug-9 Drowned [73-Aug-11: 4E].
Graham, Minnie Jane (4 yrs., 4 mos.) d. on 75-Sep-19 [75-Sep-21: 2B].
Graham, Mollie A., Miss m. Malambre, James E. on 72-Aug-6 [72-Aug-14: 2B].
Graham, Sallie J., Miss m. Mead, Erastus on 71-Feb-5 [71-Mar-21: 2B].
Graham, Sarah A. d. on 74-Nov-16 [74-Nov-20: 2B].
Graham, William m. Ross, Mary on 72-Apr-11 [72-Apr-19: 2B].
Grammer, Louis M. (29 yrs.) d. on 71-Mar-25 [71-Mar-27: 2C].
Grandleese, William (57 yrs.) d. on 75-Jun-15 [75-Jun-16: 2B].
Grange, William d. on 73-Mar-19 [73-Mar-22: 1G].
Granger, Edwin W. m. Saunders, Annie J., Miss on 71-May-25 [71-May-29: 2B].
Granger, George F. (37 yrs.) d. on 73-Apr-5 of Heart disease [73-Apr-7: 2B, 4B].
Granger, James W. m. Kidwell, Josephine, Miss on 74-Apr-26 [74-May-1: 2B].
Granger, John F., Sr. (71 yrs.) d. on 75-Jan-19 [75-Jan-21: 2B].
Granger, Joseph W. m. Mason, Rosa V., Miss on 75-Aug-15 [75-Nov-9: 2B].
Granger, Laura V., Miss m. Creswell, Charles E. on 73-Feb-23 [73-Mar-3: 2B].
Granger, Levin (10 mos.) d. on 71-Jun-24 [71-Jun-26: 2B].
Granger, Sarah J. (31 yrs.) d. on 71-Mar-11 [71-Mar-13: 2C].
Granger, William H. (41 yrs.) d. on 75-Feb-20 of Consumption [75-Feb-22: 2B, 4F; 75-Feb-23: 2B].
Granger, William H., Jr. m. Seeger, Louise M., Miss on 72-Nov-27 [72-Dec-17: 2A].
Graninger, Mary C., Miss m. Henkus, Henry on 73-Nov-17 [[73-Nov-18: 2B]; 73-Nov-19: 2B].
Graniss, Charles W. m. Irwin, Annie C. on 74-Feb-24 [74-Feb-28: 2B].
Grannan, Maggie, Miss m. Meads, Columbus on 73-Jun-12 [73-Jun-13: 2B].
Grannis, A. J. m. Irwin, Honoria E. on 71-Dec-25 [72-Jan-1: 2B].
Grannis, Alva H. m. Murphy, Elizabeth M., Miss on 71-Dec-24 [71-Dec-27: 2C].
Granruth, Ida (2 yrs., 7 mos.) d. on 72-Sep-17 of Diptheria [72-Sep-19: 2B].
Granruth, Mary Catherine (1 yr., 1 mo.) d. on 74-Mar-26 [74-Mar-28: 2B].
Grant, Araminta Ruth, Miss m. Marrow, Henry on 72-Mar-6 [72-Mar-14: 2C].
Grant, Carrie May (9 mos.) d. on 73-Jul-24 [73-Jul-25: 2B; 73-Jul-26: 2A].
Grant, Etta, Miss m. Nelson, William W. on 74-Aug-6 [74-Aug-8: 2B].
Grant, Jane Frances, Miss m. Prichard, James Wesley on 75-Sep-9 [75-Sep-11: 2A].
Grant, Joseph W. (5 yrs., 1 mo.) d. on 75-Mar-14 [75-Mar-15: 2B].
Grant, Josie, Miss m. Baylies, William T. on 71-Mar-29 [71-Apr-10: 2B].
Grant, Kate Vincent (22 yrs.) d. on 74-Jan-27 [74-Jan-28: 2B].
Grant, M. K. m. Duston, W. R. on 72-May-16 [72-May-20: 2A].
Grant, Xenephon d. on 72-Jun-15 [72-Jun-18: 2B].
Grape, George S. (3 mos.) d. on 71-Jun-25 [71-Jun-27: 2B].
Grape, Harry (9 mos.) d. on 71-Jan-23 of Catarrh [71-Jan-24: 2C].
Grape, John (71 yrs.) d. on 72-Jul-21 [72-Jul-22: 2B; 72-Jul-23: 2B].

Grape, Lottie J. m. Massey, William W. on 72-Jun-6 [72-Jun-13: 2B].
Grape, Virginia R. (2 yrs., 2 mos.) d. on 72-Jul-22 [72-Jul-23: 2B].
Grasbinder, Mary C., Miss m. Schmidt, Adam on 74-Mar-31 [74-Apr-21: 2A].
Grason, Ann d. on 75-Jun-11 [75-Jun-14: 2B].
Grason, John m. Brown, Ida May, Miss on 74-Sep-10 [74-Sep-21: 2B].
Grason, Susan d. on 74-Jul-23 [74-Jul-24: 2B].
Grason, William m. Chew, Nannie S. P. on 75-Oct-14 [75-Oct-21: 2B].
Grattan, John (1 yr., 1 mo.) d. on 74-Aug-9 [74-Aug-10: 2B].
Grauer, Charles (20 yrs.) d. on 73-Aug-10 of Manslaughter (Shot) [73-Aug-11: 1H; 73-Aug-12: 1D; 73-Oct-8: 4C; 74-Feb-10: 1H].
Grauer, Rosalie (42 yrs.) d. on 75-Aug-18 [75-Aug-21: 2B].
Gravenstine, Elocia, Miss m. Gluck, J. C. on 72-Oct-29 [72-Dec-16: 2B].
Graves, Bettie m. Seuman, Samuel M. on 74-Sep-15 [74-Sep-23: 2B].
Graves, Emma Margaret d. on 72-Dec-4 [72-Dec-9: 2B].
Graves, J. W. C. m. Smith, Maggie W., Miss on 75-Jun-10 [75-Jun-12: 2B].
Graves, James m. Jones, Florence, Miss on 74-Feb-26 [74-Mar-13: 2B].
Graves, John M. d. on 75-Feb-23 [75-Feb-24: 1G].
Graves, Lewis W. m. Baldwin, Frances A. on 72-Nov-28 [72-Dec-23: 2B].
Graves, Mary J., Miss m. Huett, John on 72-Dec-14 [72-Dec-17: 2A].
Graves, Roswell H., Dr. m. Norris, Jane W., Miss on 72-Jan-16 [72-Jan-24: 2C].
Graves, Samuel T. m. Disney, Mary K. on 75-Feb-7 [75-Jun-15: 2A].
Graves, William B. m. Wight, Emily C. on 74-Oct-8 [74-Oct-20: 2B].
Grawe, Harry (33 yrs.) d. on 72-Feb-12 of Fall from mast [72-Feb-14: 4E].
Gray, A. J., Mrs. m. Pearce, W. H. on 72-Jun-18 [72-Jun-21: 2B].
Gray, Adelia, Miss m. Dunning, William E. on 72-Oct-21 [72-Oct-23: 2B].
Gray, Alice Lauretta (3 mos.) d. on 72-Jul-20 [72-Jul-22: 2B].
Gray, Alice S. (20 yrs., 3 mos.) d. on 72-Apr-10 [72-Apr-11: 2B; 72-Apr-12: 2B].
Gray, Andrew m. Pinkney, Sophie on 72-Nov-26 [72-Nov-28: 2B].
Gray, Ann (41 yrs.) d. on 71-Dec-14 [71-Dec-15: 2B; 71-Dec-16: 2B].
Gray, Ann R. (40 yrs., 10 mos.) d. on 74-Jul-11 [74-Jul-24: 2B].
Gray, Benjamin Francis (1 yr., 11 mos.) d. on 74-Dec-20 [74-Dec-21: 2B].
Gray, Corrilla (75 yrs.) d. [74-Oct-28: 2B].
Gray, Elijah H. m. Cole, Ida Amelia on 71-Apr-19 [71-Apr-27: 2C].
Gray, Elizabeth (67 yrs.) d. on 75-Feb-21 [75-Feb-23: 2B].
Gray, Elizabeth Jane (22 yrs.) d. on 74-Jan-18 [74-Jan-19: 2B; 74-Jan-20: 2B].
Gray, Ellen (64 yrs.) d. on 73-Nov-11 [73-Nov-12: 2B].
Gray, Ellen m. Beach, William J. on 71-Feb-2 [71-Feb-11: 2B].
Gray, Florence A. m. Hann, Jacob, Jr. on 74-Dec-10 [74-Dec-15: 2B].
Gray, Frances H. (9 mos.) d. on 72-Dec-3 [72-Dec-4: 2B].
Gray, Frank M. m. Rowe, Mattie C., Miss on 74-Oct-6 [74-Oct-19: 2B].
Gray, Frank Thompson (7 mos.) d. on 71-Jun-14 [71-Jun-17: 2B].
Gray, Grace d. on 73-Jun-29 [73-Jul-1: 2B].
Gray, Henry W. m. Ashton, Agatha, Miss on 71-Sep-13 [71-Sep-27: 2B].
Gray, Ida Virginia (7 yrs., 6 mos.) d. on 72-Sep-5 [72-Sep-6: 2A; 72-Sep-7: 2A].
Gray, Idie E. m. Franklin, Benjamin P. on 73-Oct-29 [73-Nov-4: 2B].
Gray, James m. Farr, Mary, Miss on 75-Feb-9 [75-Feb-17: 2B].
Gray, John Thomas (2 yrs., 8 mos.) d. on 71-May-2 [71-May-3: 2B].
Gray, John W. m. Bobie, Ellen, Miss on 72-May-26 [72-May-28: 2A].
Gray, Jonathan J. (42 yrs.) d. on 73-Feb-1 [73-Feb-3: 2B].
Gray, Lida A., Miss m. Jones, John T. on 72-Feb-18 [72-Feb-20: 2C].
Gray, Lizzie P., Miss m. McCoy, Harry, Col. on 71-Nov-22 [71-Nov-24: 2C].
Gray, Margaret (1 yr.) d. on 73-Aug-7 [73-Aug-8: 2B].

Gray, Martha M. (26 yrs.) d. on 71-Nov-20 [71-Nov-21: 2C].
Gray, Mary Emeline (3 yrs., 3 mos.) d. on 74-Dec-8 [74-Dec-9: 2B].
Gray, Richard (72 yrs.) d. on 72-Aug-26 [72-Aug-27: 2A].
Gray, Sadie Harris (7 mos.) d. on 74-Aug-27 [74-Aug-28: 2B; 74-Aug-29: 2B].
Gray, Sallie W. d. on 74-Oct-7 [74-Oct-8: 2B].
Gray, Sarah (110 yrs.) d. on 73-Jan-20 [73-Jan-21: 2B, 4G; 73-Jan-28: 4D].
Gray, Sarah Elizabeth, Miss m. Boone, Milton Hermon on 72-Dec-12 [72-Dec-24: 2B].
Gray, Sarah J., Miss m. Greenwell, Joseph A. on 75-Oct-27 [75-Nov-8: 2B].
Gray, Sydnea m. Hicks, Isaiah on 74-Nov-30 [74-Dec-12: 2B].
Gray, William F. (34 yrs.) d. on 71-Dec-13 of Chronic bronchitis [72-Jan-6: 2B].
Gray, William M. m. Bennett, Lizzie G., Miss on 73-Oct-21 [73-Oct-27: 2B].
Gray, Willie E. (8 yrs., 10 mos.) d. on 74-Jul-30 of Fall from roof [74-Jul-31: 2B, 4D].
Grayden, Katie (2 yrs., 7 mos.) d. on 73-Sep-16 [73-Sep-17: 2B].
Grayson, Henry W. C. (26 yrs.) d. on 75-Jul-29 [75-Jul-30: 2B].
Grayson, John R. (16 yrs.) d. on 71-Aug-8 Drowned [71-Aug-11: 4D].
Grayson, Lizzie Lee (32 yrs.) d. on 75-Dec-2 [75-Dec-3: 2B].
Greacen, Catherine d. on 74-Nov-12 [74-Nov-13: 2B; 74-Nov-14: 2B].
Greacen, Freddie (1 mo.) d. on 73-May-13 [73-May-14: 2B].
Greacen, Katie d. on 72-Sep-19 [72-Sep-20: 2B].
Greaney, John Martin (2 yrs., 3 mos.) d. [75-Jun-17: 2B].
Greason, John (33 yrs.) d. on 75-Feb-28 [75-Mar-5: 2B].
Greason, Robert M. (43 yrs.) d. on 75-Jul-2 [75-Jul-6: 2B].
Greason, Walter Woodville (4 mos.) d. on 71-Apr-5 [71-Apr-8: 2B].
Greay, Alice, Miss m. Ross, Moss on 73-May-1 [73-May-3: 2A].
Greb, M. Elizabeth (65 yrs.) d. on 72-Jul-25 [72-Jul-26: 2C; 72-Jul-27: 2B].
Greb, Peter (56 yrs.) d. on 73-May-30 [73-May-31: 2A].
Greek, Harriet d. on 75-Jun-23 Burned [75-Jun-24: 4D].
Greeley, Bridget (35 yrs.) d. on 73-Jan-10 [73-Jan-11: 2B].
Greeley, Mary Jane m. Buckless, Thomas E. on 73-Jan-15 [73-Jan-27: 2B].
Greely, Patrick (42 yrs.) d. on 72-May-19 [72-May-21: 2A].
Greely, Thomas m. Wrightson, Maggie M. on 74-Jun-14 [74-Jul-3: 2B].
Green, Abraham (69 yrs.) d. on 71-Dec-27 [72-Jan-4: 2C].
Green, Alice Gore (5 mos.) d. on 72-Jul-19 [72-Jul-24: 2C].
Green, Amelia S. d. on 73-Aug-25 [73-Sep-2: 2B].
Green, Ann (81 yrs.) d. on 73-Jan-18 [73-Jan-27: 2B].
Green, Ann Eliza (70 yrs.) d. on 74-Nov-7 [74-Nov-11: 2B].
Green, Annie A. m. Siebert, Charles F. on 72-Jan-23 [72-Apr-1: 2A].
Green, Annie E., Miss m. Wiegand, Edward on 72-Nov-6 [72-Nov-12: 2B].
Green, Annie E. m. Horner, Albert H. on 74-Jan-6 [74-Jan-9: 2C].
Green, Annie E. Virginia (24 yrs.) d. on 71-Jul-19 [71-Jul-21: 2C].
Green, Arthur Van Leer (2 yrs., 4 mos.) d. on 71-Jun-30 [71-Jul-1: 2A].
Green, Bennett (62 yrs.) d. on 71-Mar-28 [71-Mar-30: 2C].
Green, Catharine (80 yrs.) d. on 75-Feb-14 of Old age [75-Feb-15: 4C].
Green, Charles, Dr. (75 yrs.) d. on 71-May-21 [71-May-22: 2B].
Green, Charles B. (77 yrs.) d. on 71-Mar-28 [71-Mar-29: 2B, 4E].
Green, Charles F. m. Sellene, Josie on 71-Dec-28 [71-Dec-30: 2C].
Green, Charles Wesley (3 yrs.) d. on 74-Jan-9 [74-Jan-10: 2B].
Green, Clara (1 yr., 5 mos.) d. on 71-Feb-15 [71-Feb-16: 2C].
Green, David Sumwalt (1 yr.) d. on 71-Sep-19 [71-Sep-22: 2C].
Green, E. (76 yrs.) d. on 75-Oct-16 [75-Oct-18: 2B].
Green, Elizabeth (40 yrs.) d. on 73-Dec-25 [73-Dec-27: 2B].
Green, Elizabeth A., Miss m. Sparks, Charles H. on 73-May-29 [73-Jun-3: 2A].

Green, Emily Thomas (1 yr.) d. on 75-Aug-31 [75-Sep-1: 2B].
Green, Emma m. Holladay, John [71-Sep-8: 2B].
Green, Fannie m. Price, Evan M. on 75-Oct-5 [75-Oct-14: 2B].
Green, Fannie N. m. Smith, H. Tillard on 73-Apr-29 [73-May-1: 2B].
Green, Fletcher m. Higgins, Emma E. on 74-Dec-15 [74-Dec-19: 2B].
Green, Florence Eugenia (20 yrs.) d. on 72-Mar-23 [72-Mar-27: 2B].
Green, Francis W. (34 yrs.) d. on 75-Feb-28 of Consumption [75-Mar-2: 2B; 75-Mar-3: 1G].
Green, George W. m. Engle, Louisa C., Miss on 75-May-18 [75-May-22: 2B].
Green, Gordon W. m. Steuart, Mary Rosalie on 73-Nov-18 [73-Nov-29: 2B].
Green, Gustavus, Capt. (51 yrs.) d. on 72-Mar-2 [72-Mar-4: 2B].
Green, James (44 yrs.) d. on 71-Apr-24 [71-Apr-26: 2B].
Green, John O. (25 yrs.) d. on 72-Oct-25 of Yellow fever [72-Dec-5: 2B].
Green, John W. (26 yrs.) d. on 73-Nov-21 [73-Nov-22: 2B].
Green, John W., Rev. (27 yrs.) d. on 74-Jul-30 [74-Jul-31: 2B].
Green, John W. (28 yrs.) d. on 75-Dec-16 [75-Dec-17: 2B].
Green, John Wesley (10 mos.) d. on 74-Jul-29 [74-Jul-30: 2B].
Green, Joshua (50 yrs.) d. on 74-Feb-2 [74-Feb-3: 2B].
Green, Joshua H. m. Burns, Mary Ellen on 75-Sep-12 [75-Sep-28: 2B].
Green, Julia (40 yrs.) d. on 74-Mar-15 Burned [74-Mar-16: 4E].
Green, Kirk d. on 74-Aug-3 Drowned [74-Aug-7: 1H].
Green, Leonard Foster (8 mos.) d. on 71-Feb-27 of Scarlet fever [71-Mar-1: 2C].
Green, Lizzie, Miss m. Davidson, James on 72-Mar-28 [72-Apr-1: 2A].
Green, Lizzie G., Miss m. Kirkland, Ogden A. on 75-Jun-23 [75-Jun-26: 2B].
Green, Lydia A. (70 yrs.) d. on 72-Mar-20 [72-Mar-21: 2B; 72-Mar-22: 2B].
Green, M. M. m. Weiser, Millie S., Miss on 72-Oct-29 [72-Nov-28: 2B].
Green, Maggie S., Mrs. m. Schaffer, Jonathan on 75-Jul-8 [75-Jul-13: 2B].
Green, Marcilla, Miss m. McCready, Samuel E. on 72-Dec-3 [73-Feb-24: 2A].
Green, Margaret d. on 75-Jan-5 [75-Jan-6: 2C].
Green, Marsillah (46 yrs.) d. on 74-Jul-4 [74-Jul-6: 2B].
Green, Martin (30 yrs.) d. on 75-Nov-27 of Fall on ship [75-Nov-29: 1H].
Green, Mary E. (17 yrs., 4 mos.) d. on 74-Nov-20 [74-Mar-24: 2B].
Green, Mary E. (38 yrs.) d. on 75-Sep-27 [75-Sep-28: 2B].
Green, Mary Eliza (41 yrs.) d. on 75-Jul-1 [75-Jul-2: 2B].
Green, Mary Ellen d. on 73-Dec-8 [73-Dec-9: 2B].
Green, Mary Ellen (1 yr., 1 mo.) d. on 74-Apr-14 [74-Apr-15: 2B; 74-Apr-16: 2B].
Green, Mary Frances d. on 75-Nov-20 [75-Nov-22: 2B; 75-Nov-23: 2A].
Green, Mary J., Miss m. Weidner, Leo on 72-Aug-6 [72-Sep-7: 2A].
Green, Mary Rebecca (36 yrs.) d. on 75-May-24 [75-May-26: 2B].
Green, Matilda E. (64 yrs.) d. on 71-Jul-29 [71-Aug-2: 2C].
Green, Mollie H., Miss m. Claypoole, James Y., Capt. on 73-Nov-18 [73-Nov-26: 2B].
Green, Permelia (23 yrs.) d. on 73-Jul-26 [73-Aug-2: 2C].
Green, Perry d. on 73-May-12 in Wagon accident [73-May-14: 1G].
Green, Robert Milton (2 yrs., 2 mos.) d. on 75-May-26 [75-May-27: 2B].
Green, S. Emma, Miss m. Anderson, David on 73-Jun-24 [73-Jul-1: 2A].
Green, Samuel Edgar d. on 74-Aug-24 [74-Aug-26: 2B].
Green, Samuel G. M. (7 mos.) d. on 75-Jul-6 [75-Jul-8: 2B].
Green, Sarah A. d. on 73-Jan-29 [73-Jan-30: 2B; 73-Jan-31: 2C].
Green, Sarah F. (42 yrs.) d. on 72-Apr-30 [72-May-2: 2B].
Green, Sylvester (63 yrs.) d. on 73-Oct-11 [73-Oct-27: 2C].
Green, Thomas, Capt. (56 yrs.) d. on 72-Oct-1 [72-Oct-2: 1H, 2B; 72-Oct-3: 2B].
Green, Washington Booth (9 yrs.) d. on 71-Nov-1 [71-Nov-8: 2C].
Green, William (60 yrs.) d. on 72-Jan-27 of Exposure [72-Jan-29: 4D].

Green, William C. m. Tharp, Mary Howard on 73-Feb-28 [73-Mar-4: 2B].
Green, William H. (58 yrs.) d. on 71-Jul-19 [71-Jul-20: 2B].
Greenbaum, Issac (68 yrs.) d. on 75-Sep-15 [75-Sep-16: 2B, 4E; 75-Sep-17: 2B].
Greenbaum, Meyer (63 yrs.) d. on 71-Feb-7 of Heart disease [71-Feb-8: 2C, 4C].
Greene, Adeline D., Mrs. m. Miller, Oliver, Hon. on 74-Oct-27 [74-Oct-28: 4C].
Greene, Elizabeth (83 yrs.) d. on 74-May-23 [74-May-29: 2B].
Greene, James F. (41 yrs.) d. on 75-Mar-2 [75-Mar-5: 2B].
Greene, John H. m. Barrett, Eliza Jane on 72-Dec-26 [72-Dec-28: 2B].
Greene, Mamie E., Miss m. Willis, T. T. on 71-Sep-26 [71-Oct-9: 2B].
Greener, Frederick m. Silljacks, Wilhelmine on 71-Mar-15 [71-Mar-17: 2B].
Greener, George Frederic Silve (5 mos.) d. on 72-Jun-14 [72-Jun-18: 2B].
Greener, Henry m. Emrich, Emma J., Miss on 71-Nov-28 [71-Dec-4: 2C].
Greenfield, Caleb (71 yrs.) d. [71-Sep-23: 2B].
Greenfield, Harriet M. (70 yrs.) d. on 72-Mar-17 [72-Mar-18: 2A; 72-Mar-19: 2B].
Greenfield, Jane Hawkins Young (72 yrs.) d. [74-Feb-4: 2B].
Greenfield, William S. (42 yrs.) d. on 72-Oct-8 [72-Oct-12: 2B].
Greenlee, Margaret (53 yrs.) d. on 72-Apr-13 [72-Apr-20: 2B].
Greenlee, Susie C., Miss m. Baldwin, Jarrett T. on 74-Nov-10 [74-Nov-18: 2B].
Greenstein, Simon (65 yrs.) d. on 71-May-13 of Heart disease [71-May-15: 2B, 2D].
Greenstreet, James L. m. Chambers, Cordelia on 75-Sep-21 [75-Sep-25: 2B].
Greentree, Andrew m. Blackstone, Mary C. on 75-Apr-6 [75-Apr-7: 2B].
Greentree, Florence Davis (20 yrs., 2 mos.) d. on 75-Aug-11 [75-Aug-13: 2B].
Greentree, Hannah, Miss m. Rich, Meyer on 71-Aug-1 [71-Aug-4: 2C].
Greenwald, Sarah (4 yrs., 10 mos.) d. on 71-Mar-10 [71-Mar-27: 2C].
Greenwell, Eleanor (71 yrs., 3 mos.) d. on 74-Nov-6 [74-Nov-7: 2A].
Greenwell, Joseph A. m. Gray, Sarah J., Miss on 75-Oct-27 [75-Nov-8: 2B].
Greenwell, Sallie T., Miss m. Hardisty, George W. on 74-Oct-20 [74-Oct-30: 2B].
Greenwiler, Catherine (76 yrs.) d. on 74-Jan-25 Burned [74-Jan-26: 4E].
Greenwood, Betty (79 yrs.) d. on 75-Sep-19 [75-Sep-20: 2B].
Greenwood, George Z. (1 mo.) d. on 72-Apr-19 [72-Apr-20: 2B].
Greenwood, Mary, Miss m. Taylor, William on 74-Jun-28 [74-Aug-7: 2B].
Greenwood, Sarah A. A. (56 yrs.) d. on 72-Mar-29 [72-Mar-30: 2B; 72-Apr-1: 2A].
Greenwood, William S. (4 mos.) d. on 74-Aug-19 [74-Aug-20: 2B].
Greer, Elizabeth (50 yrs.) d. on 74-Jan-11 [74-Jan-12: 2B].
Greer, George Andrew (4 yrs., 7 mos.) d. on 74-Oct-15 [74-Oct-17: 2B].
Greer, Isabella (64 yrs.) d. on 74-Jan-9 [74-Jan-10: 2B].
Greer, Janie m. Forman, Joseph H. on 74-Dec-10 [74-Dec-12: 2B].
Greer, John (69 yrs.) d. on 74-Sep-11 [74-Sep-12: 2B].
Greer, Juliet O. (4 yrs.) d. on 71-Jan-31 [71-Feb-2: 2C].
Greer, Richard (44 yrs.) d. on 72-Oct-8 [72-Oct-9: 2B].
Grefe, William d. on 74-May-7 [74-May-8: 2B; 74-May-9: 2C].
Gregg, Harriet Virginia d. on 75-Dec-5 [75-Dec-6: 2B; 75-Dec-7: 2B].
Gregg, J. Newton m. Bilson, Lizzie on 71-Nov-23 [71-Dec-5: 2C].
Gregg, Margaret Guthrie (56 yrs.) d. on 71-Sep-22 [71-Sep-26: 2C].
Gregg, William Henry m. Myers, Marie Teresa, Miss on 71-Nov-21 [71-Dec-12: 2B].
Gregory, A. J. m. Nunnally, Celeste, Miss on 72-May-26 [72-May-29: 2B].
Gregory, Alife, Miss m. Matthews, John H. on 71-Feb-9 [71-Feb-11: 2B].
Gregory, Annie L., Miss m. Getman, Emil on 71-Apr-25 [71-May-13: 2B].
Gregory, Joseph (87 yrs.) d. on 72-Aug-4 [72-Aug-8: 2B; 72-Aug-9: 2C].
Gregory, Mary A. (56 yrs.) d. on 75-Feb-4 [75-Feb-6: 2B; 75-Feb-9: 2B].
Gregory, Susanna C. (55 yrs.) d. on 74-Feb-26 [74-Feb-28: 2B].
Gregory, Thomas Owens (45 yrs.) d. on 74-Aug-30 [74-Sep-1: 2B].

Gregory, William Wilcox (82 yrs.) d. on 71-May-11 [71-May-13: 2B].
Greine, Agnes m. Kalb, William Henry on 74-Feb-3 [74-Feb-6: 2D].
Greis, Eva (3 yrs.) d. on 72-Sep-17 Shot [72-Sep-18: 1F; 72-Sep-19: 1G].
Grenzer, Frederick m. Rehling, Christine, Miss on 71-Apr-24 [71-May-1: 2C].
Gresham, Minnie m. Machen, Arthur W. on 73-Feb-13 [73-Mar-5: 2C].
Grew, William m. Aubry, Marie C. L. on 75-Nov-9 [75-Nov-10: 2B].
Gribbon, Alice (85 yrs.) d. on 72-Oct-17 [72-Oct-19: 2B].
Grice, Edward G. (32 yrs.) d. on 73-Mar-18 [73-Mar-19: 2B; 73-Mar-20: 2B].
Grice, Lottie (9 mos.) d. on 74-Dec-4 [74-Dec-5: 2B].
Grier, Eleanor (42 yrs.) d. on 73-Apr-10 [73-Apr-14: 2B].
Grier, Sallie R. (26 yrs.) d. on 73-Jun-26 [73-Jun-28: 2B].
Grierson, Robert J. (48 yrs.) d. on 72-Jan-22 [72-Jan-26: 2C].
Grierson, William A. m. Shipley, B. J., Miss on 73-Nov-27 [73-Dec-5: 2B].
Gries, George W. (8 mos.) d. on 74-May-29 [74-May-30: 2B].
Gries, John F. m. Kaeser, Rosa on 72-Dec-5 [72-Dec-10: 2B].
Griese, Eleanor (92 yrs.) d. on 73-Apr-10 [73-Apr-12: 2A].
Griest, Mary V. Seabrook (8 mos.) d. on 71-May-31 [71-Jun-3: 2B].
Griffin, Abraham (80 yrs.) d. on 72-Jan-1 of Paralysis [73-Jun-18: 2B].
Griffin, Ambrose (30 yrs.) d. on 73-May-2 of Heart disease [73-May-14: 2B].
Griffin, Andrew J., Jr. (11 yrs., 9 mos.) d. on 73-Sep-21 [73-Oct-10: 2B].
Griffin, Ann (82 yrs.) d. on 73-Jul-25 [73-Jul-26: 2A].
Griffin, Bridget (88 yrs.) d. on 71-Jun-10 [71-Jun-15: 2B].
Griffin, Catharine (56 yrs.) d. on 71-Oct-24 [71-Oct-25: 2B].
Griffin, Edith Maud (3 yrs.) d. on 71-Mar-29 [71-Mar-30: 2C].
Griffin, Edwin J. m. Ringrose, Alice A. on 75-Aug-19 [75-Aug-28: 2B].
Griffin, Ella Cordelia (13 yrs., 6 mos.) d. on 71-Mar-10 [71-Mar-11: 2B].
Griffin, George (87 yrs.) d. on 72-Apr-9 of Paralysis [72-Apr-10: 2B].
Griffin, George W. (56 yrs.) d. on 74-Aug-4 [74-Aug-5: 2B].
Griffin, George Walter (2 yrs., 8 mos.) d. on 72-Sep-22 [72-Sep-23: 2B; 72-Sep-24: 2B].
Griffin, Gerald (5 yrs.) d. on 72-Aug-25 [72-Aug-30: 2B].
Griffin, Harrison C. d. on 74-Feb-10 [74-Feb-12: 2C].
Griffin, Helen J. m. Reilly, J. W. on 75-Nov-4 [75-Nov-13: 2B].
Griffin, Henry (54 yrs.) d. on 73-Jul-19 [73-Jul-21: 2B].
Griffin, Hester A., Miss m. Banks, William M. on 74-Nov-26 [74-Nov-28: 2B].
Griffin, Ida W., Miss m. Moore, John B. on 73-Jul-31 [73-Sep-16: 2B].
Griffin, James (68 yrs.) d. on 71-Feb-10 [71-Feb-11: 2B].
Griffin, James (21 yrs.) d. on 71-May-14 of Typhus [71-May-16: 4D].
Griffin, John H. m. Dennis, Sadie on 72-Dec-5 [72-Dec-9: 2B].
Griffin, John J. (25 yrs.) d. on 71-Mar-9 [71-Mar-10: 2C].
Griffin, Joshua (25 yrs.) d. on 75-Mar-12 of Execution (Hanging) [75-Mar-13: 1D].
Griffin, Maria (9 yrs., 3 mos.) d. on 73-Jan-11 [73-Jan-13: 2B].
Griffin, Mary A. E. (69 yrs.) d. on 73-Feb-10 [73-Feb-11: 2B].
Griffin, Mary C. (23 yrs.) d. on 71-May-14 [71-May-15: 2B; 71-May-16: 2B].
Griffin, Mary E., Miss m. Burman, George L. on 74-Nov-11 [74-Nov-25: 2B].
Griffin, Mary J., Miss m. Thomas, Seth B. on 75-Sep-16 [75-Oct-22: 2A].
Griffin, Matilda J. d. on 73-May-8 [73-May-9: 2B; 73-May-10: 2B].
Griffin, Michael (7 mos.) d. on 74-Apr-7 [74-Apr-8: 2B].
Griffin, Patrick (28 yrs.) d. on 75-Jul-27 of Fall from porch [75-Jul-29: 4D].
Griffin, Richard S. m. Bell, Jessie S. on 74-Dec-3 [74-Dec-11: 2B].
Griffin, Rose (9 mos.) d. on 74-May-30 [74-Jun-1: 2B].
Griffin, Sarah Catherine (12 yrs., 2 mos.) d. on 72-Jun-4 [72-Jun-5: 2B].
Griffin, Teresa Agnes (21 yrs.) d. on 74-Feb-1 [74-Feb-2: 2B].

Griffin, William W. m. Stoakes, Florence T., Miss on 72-Nov-5 [72-Nov-11: 2B].
Griffith, Allen (68 yrs.) d. on 75-Apr-2 [75-Apr-3: 2B].
Griffith, Allen (74 yrs.) d. on 75-Apr-18 [75-Apr-19: 2B; 75-Apr-20: 4E].
Griffith, Allie B. m. Smith, Alfred K. on 72-Oct-29 [72-Oct-30: 2B].
Griffith, Amanda S. m. Bartlett, George W. B. on 72-Nov-26 [72-Dec-3: 2C].
Griffith, Ann E. (77 yrs.) d. on 73-Aug-29 [73-Aug-30: 2A].
Griffith, Anna M. d. on 71-Apr-23 [71-Apr-26: 2B].
Griffith, Annie C. m. Hook, R. Bruce on 75-Oct-21 [75-Nov-8: 2B].
Griffith, Arthur T. m. Hines, Virginia V. on 71-Aug-1 [71-Aug-2: 2C].
Griffith, Augusta, Miss m. Rogers, Willis on 72-Feb-15 [72-Feb-22: 2C].
Griffith, Bertie m. Deal, W. E. F. on 75-May-4 [75-May-10: 2B].
Griffith, Charles F. m. Smith, Annie L., Miss on 71-Aug-24 [71-Aug-26: 2A].
Griffith, Clara V. m. Malcolm, J. C. on 73-Jan-2 [73-Jan-4: 2B].
Griffith, Doctor, Mrs. m. Cole, Abraham on 71-Feb-4 [71-Feb-17: 2C].
Griffith, Emma S., Miss m. Moores, Edwin G. on 72-Jan-31 [72-Feb-3: 2C].
Griffith, Frances R. (80 yrs.) d. on 75-Jan-23 [75-Jan-25: 2B].
Griffith, Harry G. m. Taylor, Julia C. on 73-Nov-18 [73-Nov-20: 2B].
Griffith, Israel (76 yrs.) d. on 75-Jan-19 of Typhoid pneumonia [75-Jan-20: 2B, 4D; 75-Jan-21: 2B].
Griffith, John J. m. Reigart, Emma T. on 73-Jul-3 [73-Sep-18: 2B].
Griffith, John R., Capt. (57 yrs.) d. on 75-Apr-19 [75-Apr-20: 2B, 4E; 75-Apr-21: 1H].
Griffith, Katie m. Abbott, Thomas O. on 72-Jul-11 [72-Jul-13: 2A].
Griffith, Louis V. m. White, Mary E. on 74-Mar-19 [74-May-2: 2B].
Griffith, M. Isabella m. Wallis, William H. on 73-Jul-9 [73-Jul-14: 2B].
Griffith, Margaret A., Mrs. m. Munroe, R. L. on 72-Mar-31 [72-Apr-9: 2B].
Griffith, Mary A. (67 yrs.) d. on 75-Jul-6 [75-Jul-21: 2B].
Griffith, Mary A., Miss m. Lansdale, R. H. on 71-Jun-6 [71-Jun-15: 2B].
Griffith, Mary E. m. Corns, J. D. on 72-Apr-3 [72-Apr-13: 2A].
Griffith, Mary Elizabeth d. on 73-Mar-21 [73-Mar-22: 2B; 73-Mar-24: 2B].
Griffith, Max Victor Joseph (1 yr., 8 mos.) d. on 75-Jun-17 [75-Jun-19: 2B].
Griffith, Mollie F., Miss m. Anderson, J. Hopkins on 74-Apr-16 [74-Apr-24: 2B].
Griffith, Pauline, Miss m. McIntire, James D. on 73-Oct-14 [73-Oct-20: 2B].
Griffith, Philemon d. on 73-Oct-8 [73-Oct-9: 2B].
Griffith, R. C. m. Hall, Ella on 71-Jun-15 [71-Jun-20: 2B].
Griffith, Romulus Riggs, Sr. (70 yrs.) d. on 72-Jul-5 [72-Jul-6: 1H, 2B].
Griffith, Sallie A., Miss m. Hodge, John D. on 73-Mar-19 [73-Mar-31: 2B].
Griffith, Selina d. on 73-Jun-1 [73-Jun-4: 2B].
Griffith, T. McGee, Rev. m. Myers, Isabella, Miss on 75-Jan-26 [75-Mar-1: 2B].
Griffith, Thomas (33 yrs.) d. on 72-Jan-24 [72-Jan-25: 2B; 72-Jan-26: 2C].
Griffith, Thomas T. (82 yrs., 11 mos.) d. on 71-Aug-15 [71-Aug-19: 2B].
Griffith, William (55 yrs.) d. on 72-Sep-19 in Wagon accident [72-Sep-20: 1H].
Griffith, William M. m. Connellee, Ella C. on 75-Nov-11 [75-Nov-18: 2B].
Griffith, William Vernon (1 yr., 1 mo.) d. on 74-Sep-8 [74-Sep-12: 2B].
Griffiths, William m. Garrett, Mary, Miss on 73-Jun-25 [73-Jun-28: 2B].
Griggs, Charles D. m. Robinson, Mary E. A. on 73-Sep-29 [73-Oct-10: 2B].
Griggs, George, Capt. (78 yrs.) d. on 73-Sep-15 [73-Sep-16: 2B, 4D].
Griggs, John J. m. Fairchild, Mary A., Miss on 73-May-6 [73-May-9: 2B].
Griggs, Mary, Miss m. Crider, Daniel H. on 71-Aug-27 [71-Sep-1: 2B].
Griggs, Mary Ann (66 yrs.) d. on 71-Nov-28 [71-Nov-29: 2C].
Griggs, Mary T. d. [71-Jul-26: 2B].
Griggs, Mary Virginia d. on 71-Jun-4 of Pneumonia [71-Jun-6: 2C].
Griggs, Mary Virginia (30 yrs.) d. on 71-Jul-9 [71-Jul-10: 2B; 71-Jul-11: 2B].

Griggs, William (70 yrs.) d. on 72-Sep-13 [72-Sep-14: 2A, 4A; 72-Sep-16: 4B].
Griggs, William W. (9 mos.) d. on 75-Mar-1 [75-Mar-3: 2B].
Grillet, Samuel E. (28 yrs.) d. on 73-Aug-2 [73-Aug-5: 2B].
Grillmeyer, Frederick R. (64 yrs.) d. on 75-Dec-16 of Suicide (Poison) [75-Dec-17: 4D; 75-Dec-18: 4D].
Grim, Charles C. (22 yrs., 10 mos.) d. on 71-Dec-6 [71-Dec-7: 2C].
Grim, Thomas C. m. Kaufman, Emma A. on 75-Jun-10 [75-Jun-12: 2B].
Grim, Willie, Miss m. Hamilton, John L. on 75-Apr-29 [75-May-27: 2B].
Grimes, Ann (50 yrs.) d. on 71-Apr-10 [71-Apr-12: 2B].
Grimes, Charles (79 yrs.) d. on 72-Aug-19 [72-Sep-23: 2B; 72-Sep-24: 1G, 2B].
Grimes, Eliza (72 yrs.) d. on 72-Feb-29 of Smallpox [72-Mar-19: 2B].
Grimes, Elizabeth (88 yrs.) d. on 74-Nov-21 [74-Nov-23: 2B].
Grimes, Elizabeth (79 yrs.) d. on 74-Dec-3 [74-Dec-4: 2B].
Grimes, Elizabeth J., Miss m. Evans, Francis L. on 74-Mar-26 [74-Aug-14: 2B].
Grimes, George A. m. Mobley, Mary B., Miss on 75-Jan-28 [75-Feb-3: 2B].
Grimes, Hannah m. Holt, Robert on 73-Jun-17 [73-Jun-21: 2A].
Grimes, Helen (16 yrs.) d. on 74-Jul-5 [74-Jul-7: 2B].
Grimes, Hugh (69 yrs.) d. on 75-Feb-1 [75-Feb-3: 2B].
Grimes, J. H., Dr. m. Butler, Mary Maxwell on 74-Oct-21 [74-Oct-27: 2B].
Grimes, L. Louise m. Mann, George on 75-Oct-28 [75-Nov-1: 2B].
Grimes, Mary d. on 74-Jun-6 of Lamp explosion [74-Jun-9: 1E].
Grimes, Mary L., Miss m. Sipple, Charles O. on 73-Jul-5 [73-Jul-26: 2A].
Grimes, Mittie B. m. Emory, William H., Jr. on 72-Jun-26 [72-Jul-1: 2B].
Grimes, Rebecca (73 yrs.) d. on 73-Jan-7 [73-Jan-14: 2C].
Grimm, Hilda T. m. Linden, Ernest C. on 74-Nov-10 [74-Nov-26: 2B].
Grimm, John C. (3 yrs., 6 mos.) d. on 72-Apr-27 [72-Apr-29: 2B].
Grimm, John C. (39 yrs.) d. on 75-Jan-9 of Fall on ice [75-Jan-11: 2B, 4C].
Grimm, Sophie (20 yrs., 9 mos.) d. on 72-Sep-7 [72-Sep-9: 2B].
Grinage, Eddie (2 yrs., 1 mo.) d. [75-Apr-23: 2B].
Grindall, John H. d. on 73-May-5 of Lung congestion [73-May-20: 2C].
Grine, Henry m. Rublick, Mary, Miss on 74-Apr-8 [74-Apr-10: 2B].
Grine, Louisa (57 yrs., 5 mos.) d. on 73-Apr-8 [73-Apr-9: 2B].
Grisner, Martin (10 yrs.) d. on 71-Nov-4 Drowned [71-Nov-15: 4C].
Grisom, Mary Ann (72 yrs.) d. on 73-Mar-16 [73-Mar-18: 2B].
Griswold, B. Howell m. Robertson, Carrie on 71-Dec-21 [71-Dec-25: 2C].
Griswold, Elizabeth M. d. on 74-Jul-22 [74-Jul-24: 2B].
Griswold, Levi m. Triplett, Florence, Miss on 71-Mar-7 [71-Mar-15: 2B].
Griswold, Maude m. Harrison, Murray on 71-Feb-13 [71-Feb-15: 2C].
Griswold, William T. (27 yrs., 5 mos.) d. on 72-Nov-18 [72-Nov-20: 2B].
Griswould, Susan A. (25 yrs.) d. on 72-May-20 [72-May-21: 2A].
Groat, Eliza Jane (43 yrs.) d. on 74-Dec-7 [74-Dec-8: 2B].
Grobaker, Arthur Valentine (1 yr., 1 mo.) d. on 72-Jul-7 [72-Jul-8: 2C].
Groeninger, Joseph (50 yrs.) d. on 71-Feb-19 [71-Feb-21: 2C].
Groff, James T. m. Broadrick, Catharine A. M. on 73-Dec-10 [73-Dec-27: 2B].
Groff, Mollie V., Miss m. Bordley, Robert G. on 72-Jun-27 [72-Jul-2: 2B].
Groft, James Augustus (24 yrs.) d. on 75-Jul-11 of Typhoid [75-Jul-19: 2B].
Grogan, Hannorah (32 yrs.) d. on 74-Apr-28 [74-Apr-29: 2B].
Grogan, Mary (79 yrs.) d. on 75-Mar-23 [75-Mar-24: 2B; 75-Mar-25: 2B].
Groh, Peter (24 yrs., 2 mos.) d. [74-Nov-25: 2C].
Grohe, Mary Josephine (4 yrs., 5 mos.) d. on 71-Nov-24 of Brain congestion [71-Dec-15: 2B].
Groman, Williamina (50 yrs.) d. on 74-Aug-10 of Intemperance [74-Aug-11: 4C].
Gronewell, Annie E. (4 yrs.) d. on 75-Jun-22 [75-Jun-24: 2B].

Gronewell, Katie Virginia (10 mos.) d. on 71-Jul-5 [71-Jul-6: 2B].
Gronewell, Marcus (2 yrs., 3 mos.) d. on 71-Jun-11 [71-Jun-13: 2B].
Gronewell, Robert F. m. Curley, Ella V. on 74-Jul-9 [74-Sep-28: 2B].
Gronloh, Anna M. (31 yrs.) d. on 75-Jun-5 [75-Jun-7: 2A].
Groom, Annie Catherine d. on 72-Nov-24 [72-Nov-25: 2B].
Groom, Henry (63 yrs.) d. on 73-Nov-30 [73-Dec-1: 2B].
Groome, Jeanie m. Black, John J., Dr. on 72-Jan-31 [72-Feb-15: 2C].
Groome, R. W. m. Trippe, Elizabeth E. on 71-Sep-28 [71-Oct-9: 2B].
Groome, Rachel, Miss m. Sparrow, John K. on 75-Oct-5 [[75-Oct-16: 2B]; 75-Oct-19: 2A].
Groomes, Ellen R., Miss m. Cashell, William L. on 72-Apr-25 [72-May-3: 2B].
Groomes, Thomas S. m. Lattimore, Mary L. on 74-Jun-30 [74-Jul-7: 2B].
Grooms, Catharine (72 yrs.) d. on 72-Jan-7 [72-Jan-8: 2C].
Grooms, Edwin T. m. Wimley, Annie E., Miss on 75-Oct-24 [75-Oct-30: 2A].
Grooms, Eliza (83 yrs.) d. on 75-Mar-10 [75-Mar-11: 2C; 75-Mar-12: 2B].
Grooms, Thomas (73 yrs.) d. on 73-Oct-26 [73-Oct-28: 2C].
Groscup, Ann Jane (67 yrs.) d. on 75-Jan-2 [75-Jan-4: 2B].
Groscup, Anna M., Miss m. Peddicord, J. Alfred on 75-Oct-18 [75-Oct-23: 2A].
Groscup, Frederick (59 yrs.) d. on 73-Aug-5 [73-Aug-16: 2B].
Groscup, Frederick J. (28 yrs.) d. on 73-Apr-17 [73-Apr-18: 2B].
Groscup, Sophie E. m. Hall, John on 73-Nov-12 [73-Nov-18: 2B].
Groscup, William m. Weber, Mary L. on 75-Mar-2 [75-Mar-20: 2B].
Grosh, Elizabeth (80 yrs.) d. on 72-Jul-6 [72-Jul-8: 2C].
Grosh, Harry Edgar d. on 71-Apr-21 [71-Apr-22: 2C].
Gross, Dorotha (75 yrs.) d. on 71-May-9 [71-May-11: 2B].
Gross, F. Josephine m. Kelly, Thomas, Dr. on 72-Sep-26 [72-Oct-4: 2B].
Gross, Francis X. m. Hilger, Victorine S., Miss on 73-Jan-14 [73-Jan-20: 2B].
Gross, Frederick (40 yrs.) d. on 72-Aug-7 [72-Aug-8: 2B; 72-Aug-9: 2C].
Gross, George (35 yrs.) d. on 75-Jul-27 in Construction accident [75-Jul-28: 4D].
Gross, George W. (32 yrs.) d. on 73-Nov-29 of Suicide (Poison) [73-Dec-1: 4B].
Gross, Jacob (63 yrs.) d. on 72-Sep-13 [72-Sep-14: 2B].
Gross, John m. Mercier, Cassandra T. on 72-Sep-5 [72-Sep-7: 2A].
Gross, Nancy (84 yrs.) d. on 73-May-2 [73-May-6: 2B].
Gross, Rosa E. m. Cunningham, E. H. on 75-Jul-27 [75-Aug-9: 2B].
Gross, Sarah A. (58 yrs.) d. on 73-Jul-22 [73-Jul-23: 2B].
Gross, William B. m. Hope, Kate, Miss on 71-May-18 [71-May-22: 2B].
Gross, William H. m. Clash, Mary E. on 74-Jan-7 [74-Jan-14: 2B].
Grosskoph, Emma, Miss m. Holle, Wiliam on 74-Jan-20 [74-Jan-22: 2B].
Grossman, George (51 yrs.) d. on 71-Jan-13 of Heart disease [71-Jan-14: 2B; 71-Jan-16: 2C].
Grossman, Mamie m. Klotz, Charles F. on 72-Feb-20 [72-Mar-11: 2C].
Grote, Herman m. Hinternesch, Maggie, Miss on 71-Jul-13 [71-Jul-22: 2B].
Grote, Maggie Hinternesch (24 yrs., 11 mos.) d. on 72-Apr-29 [72-Apr-30: 2B; 72-May-1: 2B].
Grote, Martin (59 yrs.) d. on 75-Apr-2 of Consumption [75-Apr-3: 1G].
Grotjan, A. (65 yrs., 8 mos.) d. on 73-Apr-27 [73-May-3: 2B; 73-May-5: 2B].
Grotto, Lizzie, Miss m. Kapfer, John T. on 72-May-30 [72-Jul-2: 2B].
Ground, John F. (35 yrs.) d. on 75-Apr-14 [75-Apr-15: 2B; 75-Apr-16: 2A].
Ground, John F. m. Peduzzi, Alice A. S. on 75-Mar-30 [75-Apr-10: 2B].
Grove, Adam H. (34 yrs.) d. on 74-Jan-20 in Railroad accident [74-Jan-23: 1H, 2B].
Grove, Alice, Miss m. McCoy, John Morrison, Rev. on 72-May-29 [72-May-25: 2B].
Grove, Catharine (53 yrs.) d. on 75-Apr-6 [75-Apr-12: 2B].
Grove, Charlotte (80 yrs.) d. on 73-Sep-21 [73-Sep-24: 2B].
Grove, James J. (45 yrs.) d. on 75-Jan-28 of Consumption [75-Jan-29: 2B; 75-Jan-30: 2B].
Grove, Kate A., Mrs. m. Browning, Charles H., Col. on 71-Feb-24 [71-Mar-1: 2C].

Grove, Lorenzo J., Dr. d. on 72-Aug-28 of Heart disease [72-Aug-29: 1H].
Grove, Walter (5 yrs., 2 mos.) d. on 73-May-26 of Brain congestion [73-May-27: 2B].
Grove, William H. m. Fleming, Nancy, Miss on 72-Apr-11 [72-Apr-13: 2A].
Grover, John J. m. Stevens, Lizzie C. on 72-Apr-4 [72-Apr-27: 2A].
Grover, Robert R. m. Wells, Mollie E., Miss on 73-May-21 [73-May-28: 2B].
Grover, Walter Josiah m. Armstrong, Susannah on 71-Sep-3 [71-Oct-3: 2B].
Groverman, Caroline Selden (10 mos.) d. on 74-Jul-20 [74-Jul-22: 2B].
Groverman, Henry (68 yrs.) d. on 71-Aug-31 [71-Sep-2: 2B].
Groverman, M. D. m. Heald, Alice H. on 72-Apr-17 [72-Apr-26: 2B].
Groves, Alice Grace Nelson d. on 71-Aug-23 [71-Sep-9: 2B].
Groves, E. Janie m. Linthicum, Edwin on 73-Dec-31 [74-Jan-17: 2B].
Groves, George W. (50 yrs.) d. on 71-Sep-7 [71-Sep-9: 2B].
Groves, John H. m. Young, Emma J. on 72-Apr-7 [72-Apr-11: 2B].
Groves, Lorinda (73 yrs.) d. on 71-Sep-4 [71-Sep-6: 2B].
Grubb, Annie O., Miss m. Giesendaffer, John H. on 71-Oct-18 [71-Oct-21: 2B].
Grubb, Caroline F. d. on 74-May-22 [74-May-26: 2B].
Grubb, Charles Carroll (11 mos.) d. on 71-Aug-25 [71-Aug-26: 2B].
Grubb, Cora Virginia (21 yrs., 5 mos.) d. on 71-Jan-14 of Suicide by poison [71-Jan-16: 2D, 4D].
Grubb, Ella May d. on 75-Aug-17 [75-Aug-19: 2B].
Grubb, Maggie, Miss m. Barnes, Edwin F. on 75-May-29 [75-May-31: 2B].
Grubb, Sadie H. m. Morton, Alexander on 75-Apr-22 [75-Apr-23: 2B].
Grubb, Sarah m. Echemendia, Alejandro on 73-Apr-16 [73-Apr-29: 2B].
Grubbs, James B. m. Evers, Catharina, Miss on 74-Jun-4 [74-Jun-11: 2B].
Grubbs, Susannah (59 yrs., 1 mo.) d. on 73-May-3 [73-May-5: 2B; 73-May-6: 2B].
Grube, Caroline A., Miss m. Duker, J. Hermann on 73-Sep-18 [73-Sep-25: 2B].
Gruber, Mary E., Miss m. Wiechert, William F. on 74-Mar-2 [74-Apr-6: 2B].
Grubert, Gertrude (73 yrs., 7 mos.) d. [74-Feb-24: 2B].
Gruebel, George (65 yrs.) d. on 75-Mar-6 [75-Mar-8: 2B].
Gruetter, George Frederick (22 yrs.) d. on 71-Apr-27 [71-Apr-28: 2C; 71-Apr-29: 2B].
Gruigan, John J. (17 yrs.) d. on 73-Oct-19 [73-Oct-21: 2B].
Grund, Henry E. (2 yrs., 4 mos.) d. on 71-Dec-18 [71-Dec-20: 2B; 71-Dec-21: 2B].
Grund, Minnie (22 yrs.) d. on 71-Nov-19 [71-Nov-20: 2C; 71-Nov-21: 2C].
Gruner, John m. Brandel, Emily, Miss on 73-Nov-25 [73-Dec-16: 2B].
Gruner, Kate, Miss m. Cooper, John T. on 75-Jan-13 [75-Feb-24: 2B].
Grupy, Eliza Amoss (23 yrs.) d. on 74-Dec-11 [75-Mar-1: 2B].
Grupy, Eliza J. m. Maynard, John A., Jr. on 74-Jun-15 [74-Jun-18: 2B].
Grupy, Francis H. (48 yrs.) d. on 71-Nov-18 [71-Nov-20: 2C; 71-Nov-25: 4D].
Grupy, William H. m. McMillen, Eliza A., Miss on 74-Mar-26 [74-Apr-3: 2B].
Grymes, Edmonia H. m. Tolson, Francis A. on 73-Nov-5 [73-Nov-10: 2B].
Gude, Elizabeth M. (78 yrs.) d. on 72-May-10 [72-May-11: 2A].
Gude, Ella M. (2 yrs., 7 mos.) d. on 71-May-12 [71-May-20: 2B].
Gude, Julius G. J. m. Stahl, Anna M., Miss on 73-May-27 [73-Jun-3: 2A].
Gude, Justus C. (48 yrs.) d. on 75-Feb-24 [75-Feb-25: 2B; 75-Feb-27: 2B; 75-Mar-1: 4E].
Guerand, Leonide M., Miss m. Courtney, James T. on 71-Feb-2 [71-Feb-4: 2B].
Guest, Bessie K. (2 yrs., 7 mos.) d. on 75-Apr-29 [75-Apr-30: 2B; 75-May-1: 2B].
Guest, Emily K. m. White, George P. on 75-Jan-7 [75-Jan-13: 2B].
Guest, Emily R. (38 yrs.) d. on 75-Dec-17 [75-Dec-18: 2C].
Guest, George d. on 71-Apr-20 of Mania-a-potu [71-Apr-21: 4C].
Guest, George, Jr. m. Campbell, Sallie M., Miss on 74-Apr-22 [74-Apr-28: 2B].
Guest, Jonathan (77 yrs.) d. on 72-Jan-27 [72-Jan-29: 2C].
Guest, Lutie C. A. (10 yrs.) d. on 72-Apr-29 [72-Apr-30: 2B].
Guest, M. C. (74 yrs.) d. on 72-Nov-8 [72-Nov-9: 2A].

Guest, Mary S. H. (71 yrs.) d. on 72-Mar-21 [72-Mar-23: 2B].
Guest, Sallie C. d. on 72-Oct-25 of Typhoid [72-Oct-26: 2A].
Guggenheimer, Alvan H. (2 mos.) d. on 74-Aug-6 [74-Aug-10: 2B].
Guggenheimer, Ceasar (15 yrs.) d. on 75-Nov-23 [75-Nov-24: 2B].
Guggenheimer, Cillie d. on 72-Aug-8 [72-Aug-14: 2B].
Guienot, Charles (1 yr., 1 mo.) d. on 72-Jun-27 [72-Jun-28: 2B].
Guild, Charles S. m. Mason, Clara E., Miss on 75-Aug-10 [75-Sep-27: 2A].
Guildener, Frank m. Gordon, Lizzie on 74-Dec-29 [75-Jan-5: 2B].
Guilfoy, Catherine Coyle (1 yr., 4 mos.) d. on 75-Mar-11 [75-Mar-12: 2B].
Guinzburg, Adolph m. Janowitz, Leontine, Miss on 72-Feb-25 [72-Feb-26: 2C].
Guise, M. Teresa m. Scharf, Robert A. on 72-Apr-23 [72-Apr-27: 2A].
Guise, Mary Eva m. Peters, William H., Jr. on 72-Apr-9 [72-Apr-27: 2A].
Guise, Samuel Montgomery m. Moltz, Maggie L., Miss on 75-Aug-22 [75-Sep-3: 2B].
Guiteau, Stephen, Rev. (70 yrs.) d. on 72-Oct-10 [72-Oct-11: 2B, 4B; 72-Oct-12: 2B; 72-Oct-14: 4D].
Gullick, Matthew (73 yrs., 8 mos.) d. on 74-Jan-28 [74-Jan-31: 2B].
Gumbs, Joseph (45 yrs.) d. on 72-Apr-29 of Suicide (Poison) [72-Apr-30: 1H; 72-May-1: 1H].
Gun, Edward (46 yrs.) d. on 73-Mar-30 [73-Mar-31: 2B].
Gunby, James F. m. Thirkel, Harriet on 72-Sep-12 [72-Sep-30: 2B].
Gunby, John, Dr. d. on 74-Dec-28 of Angina pectoris [74-Dec-29: 2B, 4C].
Gundersdorff, Charles H. m. Krager, Maggie A., Miss on 75-May-27 [75-Jun-5: 2A].
Gundersdorff, Chr. m. Rappold, Mary A. C., Miss on 73-Jan-7 [73-Jan-13: 2B].
Gunn, Hugh (69 yrs.) d. on 72-Jul-18 [72-Jul-19: 2C].
Gunn, Joseph (28 yrs.) d. on 72-Sep-26 Drowned [72-Sep-27: 1H].
Gunther, Annie (9 mos.) d. on 72-Jun-24 [72-Jul-9: 2D].
Gunther, Helen (2 yrs., 2 mos.) d. [75-Feb-2: 2B].
Gunther, Katharina (52 yrs.) d. on 74-Jul-23 [74-Jul-24: 2B; 74-Jul-25: 2B].
Gunther, Louis (44 yrs., 9 mos.) d. on 73-Feb-20 of Gastric fever [73-Feb-28: 2B].
Gunther, Mary Ann d. on 71-Jul-17 [71-Sep-5: 2C; 71-Sep-6: 2C].
Gunther, Mary Ella (1 mo.) d. on 75-Oct-14 [75-Oct-16: 2B].
Gunther, Otto (66 yrs.) d. on 71-Oct-2 [71-Oct-3: 2B].
Gunther, Wilhelmina m. Murray, Peter on 72-Jan-18 [72-Jan-20: 2B].
Gunton, Mary M. m. Carter, Henry H. on 73-Oct-15 [73-Oct-20: 2B].
Gurney, William Henry (2 yrs., 2 mos.) d. on 71-May-25 [71-May-26: 2B].
Gurry, Joseph (2 mos.) d. on 71-May-8 [71-May-9: 2B].
Gurry, Rose (2 yrs., 9 mos.) d. on 71-May-28 of Scarlet fever [71-May-30: 2B].
Guthrie, John A. m. Price, Addie P., Miss on 71-Aug-21 [71-Aug-29: 2C].
Guthrow, Ann E. d. on 74-Sep-10 [74-Sep-12: 2B].
Guthruff, William (38 yrs.) d. on 72-Apr-6 of Intemperance [72-Apr-8: 1F].
Gutman, Ella (5 yrs.) d. on 75-Feb-4 [75-Feb-5: 2B].
Gutman, Ella J. m. Hutzler, David on 74-Feb-25 [74-Feb-27: 2C].
Gutman, Emanuel (53 yrs.) d. on 75-Nov-29 [75-Nov-30: 2B].
Gutman, Nathan (2 yrs., 6 mos.) d. on 73-Jan-6 [73-Jan-7: 2B; 73-Jan-8: 2B].
Gutmann, Katie m. Boenzl, John H. on 74-Oct-8 [75-Apr-9: 2B].
Guy, H. Matilda (38 yrs.) d. on 74-Dec-12 of Consumption [74-Dec-14: 2B].
Guy, Kate D. d. on 72-Dec-24 [72-Dec-25: 2A].
Guy, Lizzie d. on 74-Jul-4 [74-Jul-6: 2B].
Guy, Samuel Pattison (13 yrs.) d. on 71-Dec-25 [72-Jan-2: 2C].
Guyther, Henry (64 yrs.) d. on 72-Jul-30 [72-Jul-31: 1H, 2B; 72-Aug-1: 2C; 72-Aug-2: 2C].
Guyther, William H. W. (32 yrs.) d. on 71-Jan-31 [71-Feb-4: 2C].
Guyton, A. J. m. Hobbs, Ann Eliza, Miss on 71-Jan-30 [71-Jan-31: 2C].
Guyton, Alice Taylor (8 yrs., 10 mos.) d. on 72-Feb-6 [72-Feb-7: 2C].

Guyton, B. A., Dr. m. Lee, Ellen C. on 72-Jan-25 [72-Jan-26: 2C; 72-Jan-29: 2C].
Guyton, Dannie Shipton (5 mos.) d. on 71-Apr-10 of Lung congestion [71-Apr-14: 2B].
Guyton, Eliza A., Miss m. Cassidy, J. S., Dr. on 73-Feb-11 [73-Feb-13: 2B].
Guyton, Elizabeth A., Miss m. Favour, John B., Jr. on 74-Aug-11 [74-Aug-14: 2B].
Guyton, Eugenia S. m. Furlong, J. Miller on 73-May-15 [73-May-21: 2B].
Guyton, Frances (5 yrs.) d. on 72-Feb-20 [72-Feb-21: 2C].
Guyton, Joseph m. Gosson, Mary on 71-Jan-19 [71-Jan-31: 2C].
Guyton, Mary m. Reyley, John on 73-Jan-8 [73-Jan-22: 2B].
Guyton, Ruth (80 yrs.) d. on 73-Feb-25 [73-Mar-5: 2C].
Guyton, Sallie A., Miss m. Moore, H. C., Dr. on 71-Jun-14 [71-Jun-21: 2C].
Gwilliam, Thomas m. Adams, Nelley, Miss on 70-Oct-24 [71-Jan-18: 2C].
Gwin, Elizabeth Presly (78 yrs.) d. on 71-Apr-1 [71-Apr-4: 2B].
Gwin, Fannie Grigsby (2 yrs., 5 mos.) d. on 71-Mar-5 of Scarlet fever [71-Mar-8: 2C].
Gwinn, Ann E., Miss m. McCammon, Thomas S. on 72-Oct-29 [72-Oct-31: 2B].
Gwyn, George E. d. on 73-Jan-12 [73-Jan-13: 2B].
Gwynn, Elizabeth Frances (26 yrs.) d. on 75-Oct-15 [75-Oct-16: 2B].
Gwynn, Maria R., Miss m. Gardiner, Alfred W. on 73-Sep-4 [73-Sep-6: 2B].
Haas, [female] (65 yrs.) d. on 75-Mar-29 of Consumption [75-Mar-30: 4D; 75-Mar-31: 1H].
Haas, Eliza Bertha m. Meade, W. M. on 72-Nov-3 [73-Jan-4: 2B].
Haas, Mary Alice, Miss m. Martin, Charles M., Dr. on 73-Feb-18 [[73-Feb-20: 2B]; 73-Feb-21: 2B].
Haase, Julia E. (28 yrs.) d. on 74-May-17 [74-May-18: 2B].
Habbersett, John (76 yrs.) d. on 75-Mar-23 [75-Mar-25: 2B].
Habighurst, George C. m. Gobright, Josie M. on 73-Sep-25 [73-Oct-17: 2B].
Hable, Carrie, Miss m. Flescher, Julius on 75-Mar-2 [75-Mar-10: 2C].
Hable, Theresa (69 yrs.) d. on 75-Dec-6 [75-Dec-8: 2B].
Habliston, Charles B. (57 yrs.) d. on 74-Jul-24 of Stomach cancer [74-Jul-27: 1H].
Habliston, Issac H. (27 yrs.) d. on 74-Mar-22 of Pleuro-pneumonia [74-Mar-23: 2B; 74-Mar-24: 2B, 4D].
Hachtel, Anna C., Miss m. Schmick, Henry on 73-Nov-26 [73-Dec-9: 2B].
Hachtel, Fannie B. m. Dittus, William on 74-Apr-30 [74-May-13: 2B].
Hack, Andrew A. (66 yrs.) d. on 75-Dec-18 of Consumption [75-Dec-20: 2B, 4C; 75-Dec-21: 4D].
Hack, Annie E. m. Chilton, Harris J. on 71-Dec-27 [71-Dec-28: 2C].
Hack, Fannie Alverta (7 mos.) d. on 71-Mar-25 [71-Mar-28: 2B].
Hack, Harry d. on 74-May-1 [74-May-4: 2C].
Hack, Henry Clay (2 mos.) d. on 75-Oct-19 [75-Oct-22: 2A].
Hacker, C. Lewis m. Oetter, Mary on 73-Nov-9 [73-Nov-13: 2B].
Hacker, Charles Lewis (33 yrs.) d. on 74-Nov-8 [74-Nov-9: 2B; 74-Nov-10: 2B].
Hacker, Elizabeth (69 yrs.) d. on 74-Feb-3 [74-Feb-5: 2B].
Hacker, John m. Boon, Sarah R. on 75-Nov-11 [75-Dec-13: 2B].
Hacker, John A. (67 yrs.) d. on 73-Mar-21 [73-Mar-22: 2B; 73-Mar-24: 1H].
Hacker, Mary (20 yrs.) d. on 71-Jan-26 of Cruel treatment [71-Jan-30: 4E].
Hackett, Annie, Miss m. Reese, William on 75-Nov-24 [75-Nov-26: 2B].
Hackett, Isabel M. (44 yrs.) d. on 74-Jan-4 [74-Jan-6: 2B].
Hackett, John A. (47 yrs.) d. on 75-Jun-17 [75-Jun-19: 2A].
Hackett, Mary Ann (43 yrs.) d. on 71-Jan-14 [71-Jan-16: 2C].
Hackett, Mary J. m. Brown, George W. on 71-Oct-2 [71-Oct-10: 2B].
Hackett, Richard Allen (5 yrs., 3 mos.) d. on 72-Sep-25 [72-Sep-26: 2B].
Hackner, Michael (30 yrs.) d. on 74-Feb-8 [74-Feb-10: 2B].
Hackney, J. Walter m. Heffner, Emma on 73-Jun-19 [73-Jun-21: 2A].
Hackney, John R. m. Epron, M. Louise, Miss on 75-May-25 [75-May-28: 2A].
Hackney, Mary Emma, Miss m. McConkey, William H. on 72-May-7 [72-May-16: 2B].

Hadaway, Emma, Miss m. Davis, William E. on 72-Feb-21 [72-Mar-2: 2B].
Haddaway, Emma V., Miss m. Slaughter, Samuel M. on 71-Mar-21 [71-Mar-24: 2B].
Haddaway, Maggie A. (35 yrs.) d. on 74-Jan-19 [74-Jan-20: 2B].
Haddaway, Rhoda C. m. Coburn, Joseph F. on 74-Feb-25 [74-Mar-21: 2B].
Haddaway, S. W., Rev. m. Thompson, Mollie on 75-Feb-24 [75-Feb-27: 2B].
Haddaway, Sarah A. m. Weakley, James P. on 71-Jul-19 [71-Jul-21: 2C].
Haddaway, Susan (66 yrs.) d. on 75-Feb-28 [75-Mar-11: 2C].
Hadden, Robert M. m. Perrin, Hannah T. on 74-Apr-6 [74-May-2: 2B].
Hadley, Deborah (77 yrs., 9 mos.) d. on 75-Apr-1 [75-Apr-12: 2B].
Hadley, James (84 yrs.) d. on 73-Mar-21 [73-Mar-24: 1G, 2B].
Hadley, John D. (26 yrs.) d. on 74-Jan-27 [74-Jan-29: 2B].
Haefner, C. A. (74 yrs.) d. on 75-May-29 [75-May-31: 2B].
Haefner, G. A., Dr. m. Brickman, Lizzie J., Miss on 73-Oct-15 [73-Oct-24: 2B].
Hagan, Amanda L., Miss m. Wonder, Lewis on 73-Jul-4 [73-Jul-11: 2B].
Hagan, Andreas (68 yrs.) d. on 71-Jun-22 [71-Jun-23: 2B].
Hagan, Ann (56 yrs.) d. on 74-Nov-11 [74-Nov-12: 2B; 74-Nov-13: 2B].
Hagan, Ella S., Miss m. McTeer, Richard P. on 73-Apr-15 [73-May-3: 2A].
Hagan, James (12 yrs.) d. on 72-Mar-8 [72-Mar-9: 2B].
Hagan, James (45 yrs.) d. on 73-May-20 [73-May-21: 2B].
Hagan, James H. (38 yrs.) d. on 74-May-3 of Consumption [74-May-4: 2B].
Hagan, Katie (2 yrs.) d. on 75-Jul-13 [75-Jul-14: 2B].
Hagan, Loulie M. m. Smith, James A. on 75-Jun-21 [75-Jun-23: 2B].
Hagelin, Charles M. m. Shenton, Laura A. on 71-Mar-9 [71-Mar-13: 2C].
Hagen, Charles (67 yrs.) d. on 74-Mar-29 [74-Apr-1: 2B].
Hagerman, Idella Marie (2 yrs., 3 mos.) d. on 71-Nov-28 of Brain congestion [71-Nov-30: 2B].
Hagerman, Margaret (71 yrs.) d. on 74-Dec-26 [74-Dec-28: 2B].
Hagerty, Esther (83 yrs.) d. on 74-Apr-19 [74-Apr-20: 2A; 74-Apr-21: 2A].
Hagerty, Martha, Miss m. Murphy, Daniel on 72-Feb-12 [72-Feb-17: 2B].
Hagerty, Martin (32 yrs.) d. on 73-Mar-13 [73-Mar-14: 2B; 73-Mar-15: 2B].
Hagerty, Mollie m. Krager, Frank H. H. on 74-Oct-15 [74-Oct-21: 2B].
Hagerty, Patrick (42 yrs.) d. on 74-Jan-28 [74-Jan-29: 2B; 74-Jan-30: 2B].
Hagerty, Susan J. d. on 72-Jul-10 [72-Jul-11: 2C].
Hagerty, Thomas (65 yrs.) d. on 73-Oct-22 [73-Oct-23: 2B].
Hagerty, William T. (37 yrs.) d. on 75-Apr-14 [75-Apr-15: 2B; 75-Apr-16: 2A].
Hagger, Charles Louis (4 mos.) d. on 75-May-2 [75-May-3: 2B].
Hagger, Joseph B. m. Allen, Sarah, Miss on 72-Oct-15 [72-Oct-29: 2B].
Haggerty, James m. Mullen, Elizabeth on 73-Apr-29 [73-May-9: 2B].
Haggerty, John (62 yrs.) d. on 73-Jun-20 [73-Jun-21: 2A].
Haggerty, Levi (81 yrs.) d. on 71-Sep-11 [71-Sep-12: 4D; 71-Sep-18: 2C].
Haggerty, Mary m. Freburger, Solomon H. on 73-Aug-12 [73-Oct-4: 2B].
Hagner, Frederick J. m. Duvall, Frances P. on 73-Apr-8 [73-Apr-18: 2B].
Hagner, William M. m. Madden, Sarah F., Miss on 73-Feb-12 [73-Aug-27: 2B].
Hagthrope, Juliaetta (28 yrs.) d. on 73-May-19 [73-Aug-2: 2C].
Hague, Augustine (72 yrs.) d. on 72-May-2 [72-May-3: 2B].
Haha, James m. Evans, Mary E. on 72-Apr-15 [72-Apr-17: 2B].
Hahn, Carrie E., Miss m. Piel, Herman L. on 72-Sep-17 [72-Sep-23: 2B].
Hahn, Hannah Edith (1 mo.) d. on 74-Jul-3 [74-Jul-4: 2B].
Hahn, Henry (91 yrs.) d. on 75-Mar-9 [75-Mar-10: 2C].
Hahn, J. Frank m. Ward, Lin, Miss on 74-Apr-1 [74-Apr-9: 2B].
Hahn, Jennie d. on 75-Mar-8 of Catarrh [75-Mar-10: 1H].
Hahn, John Daniel (43 yrs.) d. on 74-Sep-5 [74-Sep-7: 2B].
Hahn, Katie (5 mos.) d. on 75-Jul-16 of Whooping cough [75-Jul-17: 4D].

Hahn, Lewis (1 mo.) d. on 75-Jul-21 [75-Jul-22: 2B].
Hahn, Lucy A. (80 yrs.) d. on 72-Jul-13 [72-Jul-16: 2B].
Hahn, Maggie (10 yrs., 10 mos.) d. on 74-Jan-23 of Lamp explosion [74-Jan-24: 1H, 2B].
Hahn, Mary (27 yrs.) d. on 75-Mar-5 [75-Mar-6: 2B].
Hahn, Sarah (1 mo.) d. on 75-Mar-21 [75-Mar-23: 2B].
Hahn, Sarah A. m. Staib, Charles H. on 71-Jul-17 [71-Jul-22: 2B].
Hahn, Sarah B. d. on 72-Apr-12 [72-Apr-15: 2B].
Hahn, William A. m. Chenoweth, Kate I. on 75-Nov-25 [75-Nov-30: 2B].
Hahnemann, Frederick V. m. Warner, Mary E. on 75-Jul-18 [75-Aug-31: 2B].
Haight, William B. (36 yrs.) d. on 71-May-23 [71-May-24: 2B].
Haigley, Susie E. (12 yrs., 3 mos.) d. on 74-Jun-18 [74-Jun-19: 2B].
Haines, Clinton Winfield (8 mos.) d. on 75-May-23 [75-May-24: 2B].
Haines, Eliza d. on 71-Jan-23 [71-Jan-25: 2C].
Haines, Ephraim (34 yrs.) d. on 73-Mar-7 [73-Mar-8: 2B].
Haines, H. B., Miss m. Hess, Joseph on 75-Jun-21 [75-Jun-23: 2B].
Haines, H. W. m. Leber, Mary E., Miss on 71-Feb-16 [71-Mar-11: 2B].
Haines, Henry (23 yrs.) d. on 74-Aug-10 Drowned [74-Aug-12: 4E].
Haines, J. M., Rev. (55 yrs.) d. on 74-Nov-13 [74-Nov-18: 2B].
Haines, Levi W. m. Ensor, Laura Emma on 73-May-21 [73-May-23: 2B].
Haines, Margaret d. on 74-Oct-22 [74-Oct-23: 2B; 74-Oct-24: 2B].
Haines, Martha Alice (18 yrs., 10 mos.) d. on 75-Oct-12 [75-Oct-19: 2A].
Haines, Martha Ann (38 yrs.) d. on 72-Jan-22 [72-Jan-24: 2C].
Haines, Martha N., Miss m. Ensor, Jacob on 71-Apr-27 [71-Apr-29: 2B].
Haines, Martin T. (30 yrs.) d. on 75-Mar-3 [75-Mar-4: 2B].
Haines, Mary E. m. Rehbein, Adam T. F. on 73-May-18 [73-May-20: 2B].
Haines, Sarah C. m. Collins, David on 72-Oct-10 [72-Oct-21: 2B].
Haines, Tabitha A. m. Sunderland, Samuel on 72-Jan-11 [72-Jan-13: 2B].
Haines, Thomas Rudolph (4 yrs.) d. on 71-Apr-12 [71-Apr-13: 2B].
Haines, W. T. m. McNeal, Laura V. on 72-Jan-11 [72-Jan-15: 2C].
Hains, Amelia m. Kirwan, Edward W. on 71-Dec-18 [71-Dec-21: 2B].
Hairston, Samuel (87 yrs.) d. [75-Mar-23: 2B].
Hakesley, William J. (64 yrs.) d. on 71-Sep-13 [71-Sep-14: 2B; 71-Sep-15: 2B].
Halbert, Harry Lee (2 yrs.) d. on 75-Jul-5 of Scarlet fever [75-Jul-7: 2B].
Halbert, Kate, Miss m. Bayler, Albert on 75-Nov-4 [75-Nov-11: 2B].
Haldeman, Sarah m. Robbins, Edward H., Rev. on 73-Oct-9 [73-Oct-16: 2B].
Halderman, Elizabeth (34 yrs.) d. on 74-Apr-2 [74-Apr-3: 2B].
Hale, Adelle (1 yr., 3 mos.) d. on 71-Mar-13 [71-Mar-14: 2B].
Hale, Alfred T. (38 yrs.) d. on 72-Aug-21 [72-Aug-23: 2C].
Hale, Harry W. m. Collett, Sarah, Miss on 75-Mar-7 [75-Mar-9: 2B; 75-Mar-10: 2C].
Hale, James Amos m. McIntire, Theresa on 73-Apr-27 [73-Jun-14: 2A; 73-Jun-16: 2B].
Hale, Joseph A. (42 yrs.) d. on 73-Feb-9 of Pneumonia [73-Feb-11: 2B].
Hale, Keziah S. (58 yrs.) d. on 75-Sep-6 [75-Sep-11: 2B].
Hale, Mary d. on 74-Apr-14 [74-Apr-15: 2B; 74-Apr-16: 2B].
Hales, Herbert Stewart (1 yr., 1 mo.) d. on 75-Oct-5 [75-Oct-6: 2B; 75-Oct-7: 2B].
Haley, Elizabeth A. (61 yrs.) d. on 75-Nov-17 [75-Nov-22: 2B].
Haley, Emma, Miss m. Gladson, Andrew J. on 74-Apr-21 [74-May-1: 2B].
Haley, Henrietta (63 yrs.) d. on 74-Jun-14 of Heart disease [74-Jun-15: 1G].
Halfpenny, George m. Winks, Helen, Miss on 73-Oct-28 [73-Nov-4: 2B].
Halfpenny, Robert m. Kirby, Maggie, Miss on 71-Jan-1 [71-Feb-18: 2B].
Halfpenny, Samuel C. m. Hosman, Mary V., Miss on 71-Dec-7 [71-Dec-15: 2B].
Hall, Adelia M. d. on 73-Dec-13 [73-Dec-22: 2B].
Hall, Adelle (1 yr., 3 mos.) d. on 71-Mar-13 [71-Mar-15: 2B].

Hall, Agnes Wirt d. on 71-Aug-23 [71-Aug-24: 2B; 71-Aug-25: 2C].
Hall, Amanda Virginia, Miss m. Hutson, James E. on 71-Feb-28 [71-Mar-4: 2B].
Hall, Amy Catherine (1 mo.) d. on 71-Jun-27 [71-Jul-4: 2B].
Hall, Andrew J. (20 yrs.) d. on 75-Jul-2 [75-Jul-3: 2A].
Hall, Ann Eliza (11 mos.) d. on 71-Oct-19 [71-Oct-21: 2B].
Hall, Ann G. (78 yrs.) d. on 73-Aug-26 [73-Aug-29: 2B].
Hall, Anne E. (1 yr., 8 mos.) d. on 75-Aug-13 [75-Aug-21: 2B].
Hall, Annie, Miss m. Howard, William on 71-Apr-26 [71-May-5: 2B].
Hall, Annie, Miss m. Taylor, John C. on 72-Jul-21 [72-Jul-23: 2B].
Hall, Anthony L. m. Gladding, Lizzie, Miss on 71-Jan-25 [71-Feb-2: 2C].
Hall, Basil D. (78 yrs.) d. on 75-May-5 [75-May-12: 2B].
Hall, C. Carter m. Todd, Maggie E. on 73-May-5 [73-May-13: 2B].
Hall, C. Francis (5 yrs., 8 mos.) d. on 72-Jan-27 [72-Jan-29: 2C].
Hall, Carrie G. m. Sindall, S. M. on 74-Sep-15 [74-Sep-16: 2B].
Hall, Carter A. (80 yrs.) d. on 74-Oct-13 [74-Oct-14: 2C; 74-Oct-15: 2B].
Hall, Catharine (85 yrs.) d. on 72-Jul-3 [72-Jul-8: 2C].
Hall, Catherine C. d. on 73-Feb-5 [73-Feb-8: 2B].
Hall, Charles L. m. Myland, Henrietta on 74-Aug-6 [74-Aug-7: 2B].
Hall, Charles Leonard (6 yrs., 8 mos.) d. on 72-Jun-3 [72-Jun-4: 2A].
Hall, Charles T. (25 yrs.) d. on 74-Jul-7 [74-Jul-10: 2B; 74-Jul-11: 4B; 74-Jul-13: 4B].
Hall, Charles W. (11 yrs.) d. on 72-Jul-18 [72-Jul-20: 2C].
Hall, D. Sprigg (41 yrs.) d. on 72-Jun-10 Shot himself accidentally [72-Jun-11: 1G, 2A].
Hall, Edward (21 yrs.) d. on 72-Feb-27 [72-Feb-28: 2C].
Hall, Edward Wyatt (45 yrs.) d. on 72-May-27 [72-Jun-25: 2B].
Hall, Eliza (35 yrs.) d. on 72-Aug-11 [72-Aug-13: 2B].
Hall, Eliza M. (71 yrs.) d. on 71-Jan-7 [71-Jan-21: 2C].
Hall, Elizabeth G. d. on 73-Sep-1 [73-Sep-2: 2B; 73-Sep-3: 2B].
Hall, Elizabeth S. d. on 74-Jul-6 [74-Jul-7: 2B; 74-Jul-8: 2B].
Hall, Ella m. Griffith, R. C. on 71-Jun-15 [71-Jun-20: 2B].
Hall, Ella B. m. Cleaveland, Charles P. on 74-Jun-10 [74-Jun-24: 2B].
Hall, Ellen (55 yrs.) d. on 71-Dec-23 of Childbirth [71-Dec-25: 4E].
Hall, Emily L. m. Maccubbin, George D. on 73-Oct-9 [73-Oct-15: 2B].
Hall, Emma F. m. Bloss, George on 73-Dec-31 [74-Jan-14: 2B].
Hall, Etienne (66 yrs.) d. on 72-Mar-30 of Paralysis [72-Apr-5: 1H].
Hall, F. T., Capt. d. on 73-Feb-23 Drowned [73-Mar-5: 4B].
Hall, Frederick (77 yrs.) d. on 74-Oct-4 [74-Oct-5: 2B].
Hall, George Washington (36 yrs.) d. on 74-Jun-13 [74-Jun-15: 2B].
Hall, Grace Cowles (2 yrs., 6 mos.) d. on 73-Jan-6 [73-Jan-8: 2B].
Hall, Harriet P. m. Marine, William M. on 71-Nov-9 [71-Nov-13: 2B].
Hall, Henry m. Husan, Letitia on 72-May-21 [72-May-30: 2A].
Hall, Hester (87 yrs.) d. on 72-Feb-14 [72-Feb-16: 2C].
Hall, Isabel, Miss m. Weed, William B. on 72-Apr-11 [72-Apr-13: 2A].
Hall, Isabella P. (71 yrs.) d. on 71-Jan-29 [71-Jan-31: 2C].
Hall, J. Thomas, Dr. (48 yrs.) d. on 74-Sep-15 [74-Sep-17: 2B, 4B].
Hall, James E. m. McGee, Jennie Morrison, Miss on 74-Jun-4 [74-Jul-1: 2B].
Hall, Jennie d. on 72-Jul-3 [72-Jul-4: 2B].
Hall, Joanna Cornelia m. Fedderson, Christian V. on 73-Aug-31 [73-Sep-2: 2B].
Hall, John m. Groscup, Sophie E. on 73-Nov-12 [73-Nov-18: 2B].
Hall, John H. d. on 75-Jul-15 [75-Jul-16: 2B; 75-Jul-17: 2B].
Hall, John W. m. Loveday, Alice G. on 72-Dec-4 [72-Dec-5: 2B].
Hall, John W. m. Charles, Maggie P., Miss on 72-Mar-26 [72-Mar-28: 2C].
Hall, John W. m. Brown, Eliza A., Miss on 74-Feb-10 [74-Feb-12: 2C].

Hall, Joseph S., Jr. m. Krebs, Emma F. on 73-Sep-25 [74-Mar-30: 2B].
Hall, Josephine (65 yrs.) d. on 72-Mar-13 of Pneumonia [72-Mar-14: 2C; 72-Mar-15: 2C].
Hall, Julia Vansant d. on 75-Jun-23 [75-Jun-26: 2B].
Hall, Julianna (83 yrs.) d. on 73-Oct-18 [73-Oct-20: 2B].
Hall, Juliet W. m. Olmstead, Walter G. on 74-Sep-22 [74-Sep-26: 2B].
Hall, Kate Elizabeth (1 yr., 8 mos.) d. on 73-Nov-28 [73-Nov-29: 2B].
Hall, Lilie H., Miss m. Kleckner, James R. on 75-Sep-2 [[75-Sep-6: 2B]; 75-Sep-7: 2B].
Hall, Lizzie A. m. Stallings, Wiliam V. on 75-Oct-26 [75-Nov-2: 2B].
Hall, Maggie P. (25 yrs., 2 mos.) d. on 74-Dec-13 [74-Dec-14: 2B; 74-Dec-15: 2B; 74-Dec-16: 2B].
Hall, Marcella Elizabeth (27 yrs.) d. on 74-Jan-2 [74-Jan-3: 2B].
Hall, Margaret (84 yrs.) d. on 73-Oct-11 [73-Oct-13: 2B].
Hall, Margaret Worthington (17 yrs.) d. on 72-Dec-22 [72-Dec-23: 2B].
Hall, Maria Wharton d. on 71-May-21 [71-May-22: 2B; 71-May-23: 2B].
Hall, Martha H. m. Jory, B. M. on 74-Dec-10 [74-Dec-11: 2B].
Hall, Mary (42 yrs.) d. on 74-Sep-13 [74-Sep-14: 2B].
Hall, Mary E. (30 yrs.) d. on 74-Jul-9 [74-Jul-11: 2B].
Hall, Mary Rebecca (25 yrs.) d. on 72-Oct-11 [72-Oct-12: 2B].
Hall, Mary Theresa d. on 75-Jun-19 [75-Jun-28: 2B].
Hall, McClure William (3 mos.) d. on 72-Feb-1 [72-Feb-3: 2C].
Hall, Minnie (1 yr., 6 mos.) d. on 74-Aug-11 [74-Aug-15: 2B; 74-Aug-17: 2B].
Hall, Nannie (5 yrs., 7 mos.) d. on 72-Feb-1 [72-Feb-5: 2C].
Hall, Nannie m. Harris, Randolph on 75-Feb-18 [75-Feb-19: 4D].
Hall, Nathan (70 yrs.) d. on 75-Feb-26 [75-Feb-27: 2B].
Hall, Ora m. Helmling, John V. on 72-Feb-29 [72-Mar-12: 2C].
Hall, Owen D. (53 yrs.) d. on 74-Mar-16 [74-Mar-17: 2B].
Hall, Priscilla (80 yrs.) d. on 73-Oct-8 [73-Oct-9: 2B].
Hall, Rebecca J. m. Sheckells, Richard H. on 75-Jul-13 [75-Jul-21: 2B].
Hall, Richard Henry m. Spalding, Henrietta Kerr on 75-Mar-30 [75-Apr-1: 2B].
Hall, Richard B. Willis d. on 72-Aug-2 [72-Aug-3: 2A].
Hall, Robert Lyon (18 yrs.) d. on 74-Jun-16 [74-Jun-17: 2B; 74-Jun-18: 2B].
Hall, Rosa Wirt d. on 71-Jul-5 [71-Jul-6: 2B].
Hall, Rosalie Eugenia (44 yrs.) d. on 75-Sep-19 [75-Sep-22: 2B].
Hall, S. Fannie m. Walter, Charles H. on 74-Jun-3 [74-Jun-9: 2B].
Hall, Sallie Frances (5 yrs., 7 mos.) d. on 72-May-23 of Scarlet fever [72-May-24: 2B].
Hall, Sallie T. d. on 75-May-23 [75-May-25: 2A; 75-May-29: 2A].
Hall, Samuel F. m. Norwood, Emma R. on 71-Jun-20 [71-Jun-24: 2A; 71-Jun-26: 2B].
Hall, Samuel W. (8 mos.) d. on 73-Jan-13 [73-Jan-14: 2B].
Hall, Sarah C. (40 yrs.) d. on 75-Aug-18 [75-Aug-19: 2B; 75-Aug-20: 2B].
Hall, Sarah Helen, Miss m. Matthews, Joseph S. on 71-Feb-7 [71-Feb-11: 2B].
Hall, Sarah Jane (29 yrs.) d. on 72-Jul-17 [72-Jul-18: 2C].
Hall, Sarah Ryland, Miss m. McDonald, William A. on 72-Jun-18 [72-Jun-22: 2B].
Hall, Sophia Olivet (11 mos.) d. on 74-Jun-22 [74-Jun-23: 2B].
Hall, Sophia S. d. on 73-Feb-10 [73-Mar-3: 2B].
Hall, Susan (38 yrs., 3 mos.) d. on 74-Jul-25 [74-Jul-27: 2B].
Hall, T. William m. Duvall, Violetta on 73-May-13 [73-May-17: 2C; 73-May-19: 2B].
Hall, Thomas (64 yrs.) d. on 71-Oct-23 [71-Oct-24: 2A].
Hall, Thomas m. Taylor, Mollie A., Miss [72-Dec-4: 2B].
Hall, Thomas Leonidas (1 yr., 1 mo.) d. on 75-Sep-24 [75-Sep-25: 2B].
Hall, Thomas William, Sr. (80 yrs.) d. on 72-Oct-13 of Paralysis [72-Oct-14: 2B; 72-Oct-15: 1G, 2B; 72-Oct-16: 1E].
Hall, Virginia m. Crane, James C. on 75-Apr-15 [75-Apr-21: 2B].

Hall, W. H. D., Dr. (62 yrs.) d. on 72-Jan-14 [72-Jan-17: 2C].
Hall, William (40 yrs.) d. on 71-Jun-25 of Brain concussion [71-Jun-26: 4C].
Hall, William (52 yrs.) d. on 74-Jan-26 of Lung hemorrhage [74-Jan-27: 4E].
Hall, William K. (44 yrs.) d. on 73-Feb-14 [73-Feb-15: 2B].
Hall, William S. m. Regan, Annie, Miss on 73-Jul-15 [73-Jul-19: 2A].
Hall, Willie A., Miss m. Wilson, Edwin W. on 71-Oct-4 [71-Oct-9: 2B].
Hall, Willoughby N. m. Boyle, Helen N. on 74-Aug-5 [74-Aug-27: 2B].
Hallaran, Annie d. on 73-Apr-3 [73-Apr-4: 2B].
Hallen, Elizabeth A. d. on 73-Jul-6 [73-Jul-8: 2B].
Hallenbeck, B. R. m. Schoolfield, E. D. on 74-Sep-6 [74-Sep-28: 2B].
Haller, Mary M. (74 yrs.) d. on 72-May-6 [72-May-7: 2B].
Haller, Michael (55 yrs.) d. on 74-Nov-4 [74-Nov-5: 2B].
Haller, William H. (27 yrs.) d. on 74-Nov-3 [74-Nov-5: 2B].
Halleron, Alice (25 yrs.) d. on 72-Dec-11 [72-Dec-12: 2B].
Hallett, John T. (56 yrs.) d. [73-Nov-11: 2B].
Hallett, William R. m. Bruff, Sue A., Miss on 71-Feb-7 [71-Feb-9: 2C].
Halley, Sadie Cecilia (11 mos.) d. on 75-Dec-10 [75-Dec-11: 2A].
Halliday, Mary J. m. Thomas, Daniel L. on 73-Oct-29 [73-Nov-1: 2B].
Halliday, Robert J. m. Stewart, Emma, Miss on 75-Mar-4 [75-Mar-6: 2B].
Hallock, Ella C., Miss m. Elsroad, John T. on 74-Jun-30 [74-Jul-4: 2B].
Halloran, Margaret (45 yrs.) d. on 73-Oct-8 of Heart disease [73-Oct-9: 4D; 73-Oct-10: 2B].
Halloway, Maurice Lambert d. on 73-Apr-19 [73-May-8: 2C].
Hallowell, Emma d. on 75-Mar-26 [75-Apr-7: 2B].
Hallsworth, Martha, Miss m. Rheim, William G. on 73-Oct-12 [73-Oct-16: 2B].
Hallwig, Emma (2 yrs., 8 mos.) d. on 71-Jan-19 [71-Jan-21: 2B].
Halm, Julie d. on 73-Jan-31 [73-Feb-4: 2B].
Halpin, Elizabeth m. Lyons, Martin on 71-Jun-22 [71-Jun-23: 2B].
Halpin, Joseph G. (29 yrs.) d. on 72-Dec-27 [72-Dec-28: 2B].
Halstead, Bertha P., Miss m. Meiser, Charles C. on 73-Dec-16 [74-Mar-3: 2B].
Halstead, Edwin G. m. Cline, Amelia on 71-Apr-11 [71-Apr-15: 2B].
Halstead, John (54 yrs.) d. on 75-Jun-2 [75-Jun-3: 2B; 75-Jun-4: 2B, 4D; 75-Jun-5: 2B].
Halsted, Eliza (78 yrs.) d. on 73-Feb-10 [73-Feb-12: 2B].
Halsted, Eugene DeLacy m. Shurtz, H. O. Virginia, Miss on 73-Sep-3 [73-Sep-4: 2B].
Halton, Joseph W. (26 yrs.) d. on 74-Sep-23 [74-Sep-24: 2B].
Halwadt, Sarah (86 yrs.) d. on 73-Aug-11 [73-Aug-12: 2B; 73-Aug-13: 2B].
Haly, Katie (6 yrs.) d. on 71-Jul-11 [71-Jul-12: 2B].
Ham, Carrie Irene (1 yr., 3 mos.) d. on 72-Jan-6 [72-Jan-8: 2C].
Ham, Cecilia d. on 75-Sep-12 [75-Sep-15: 2B].
Ham, Edward Moore d. on 71-Jul-16 [71-Jul-19: 2B].
Ham, Ida C. (2 mos.) d. on 75-Jul-12 [75-Jul-15: 2B].
Haman, Charles J. (1 yr., 1 mo.) d. on 74-Aug-25 [74-Aug-27: 2B].
Haman, James, Dr. (48 yrs.) d. on 74-Oct-29 of Consumption [74-Oct-30: 1H, 2C].
Hamann, John (52 yrs.) d. on 73-Jan-13 [73-Jan-14: 2B].
Hambleton, E. W. m. Stout, Bertha M., Miss on 74-Feb-17 [74-Mar-3: 2B].
Hambleton, Emma M., Miss m. Gibson, George G. on 71-Mar-16 [71-Mar-24: 2B].
Hambleton, Hugh A. (53 yrs.) d. on 72-May-2 [72-May-9: 2B].
Hambleton, James P. m. Jones, Anna, Miss on 71-Dec-14 [71-Dec-15: 2B].
Hambleton, John A. m. Ober, Kate on 74-Dec-15 [74-Dec-24: 2B].
Hambleton, Mary Elizabeth d. on 72-Aug-31 [72-Sep-2: 2B].
Hamburger, Fannie (2 yrs., 2 mos.) d. [74-Jul-7: 2B].
Hamburger, Joshua (7 yrs., 4 mos.) d. on 71-Oct-24 [71-Oct-26: 2B].
Hamburger, Kaufman (67 yrs.) d. on 73-May-22 [73-May-24: 2B].

Hamburger, Matilda, Miss m. Bachrach, Henry on 73-Jan-15 [73-Jan-17: 2B].
Hamel, George L. m. Henderson, Mary, Miss on 75-Nov-18 [75-Nov-20: 2A].
Hamel, John Edward (28 yrs., 8 mos.) d. on 73-Jun-5 [73-Jun-6: 2B].
Hamel, Lizzie (23 yrs.) d. on 72-May-16 [72-May-17: 2B].
Hamel, Lizzie R. (4 mos.) d. on 72-Jul-1 [72-Jul-4: 2B].
Hamelin, George F. (5 mos.) d. on 74-Apr-12 [74-Apr-13: 2B].
Hamenstafer, Annie C. (68 yrs., 4 mos.) d. on 74-Jul-13 [74-Jul-14: 2B].
Hamenstafer, Charles m. Sears, Martha, Miss on 71-Jul-6 [71-Jul-12: 2B].
Hamenstafer, Martha (20 yrs., 7 mos.) d. on 75-Nov-9 [75-Dec-4: 2B].
Hamer, Mary (88 yrs.) d. on 75-Jun-27 [75-Jun-28: 2B, 4D].
Hamil, John (36 yrs., 1 mo.) d. on 75-Mar-28 [75-Mar-30: 2B].
Hamil, Margaret d. on 74-Sep-21 [74-Sep-23: 2B].
Hamill, Catherine (87 yrs.) d. on 73-Oct-23 [73-Oct-24: 2B].
Hamill, Charles W. m. Wellener, Lizzie, Miss on 73-Apr-2 [73-Apr-4: 2B].
Hamill, Elizabeth (75 yrs.) d. on 75-May-3 [75-May-4: 2B].
Hamill, Joshua m. Fitzhugh, Flora M., Miss on 75-Feb-17 [75-Feb-23: 2B].
Hamill, Kate W., Miss m. Wellener, Bazil S., Jr. on 73-May-7 [73-May-9: 2B].
Hamill, Lillie m. Baseman, Sylvester on 75-Sep-28 [75-Nov-1: 2B].
Hamill, Mary Alexander (3 yrs.) d. on 74-Dec-10 of Scarlet fever [74-Dec-11: 2B].
Hamill, Robert T. m. Dennis, Amelia R. on 71-Jun-11 [71-Jun-11: 2B].
Hamill, Rosa (2 yrs., 5 mos.) d. on 71-Aug-14 [71-Aug-16: 2C].
Hamilton, Alexander D., Dr. (40 yrs.) d. on 74-Dec-24 of Heart disease [74-Dec-26: 2C, 4D].
Hamilton, Allan McLane m. Craig, Florence Rutgers on 74-May-21 [74-May-23: 2B].
Hamilton, Annie J. m. Trembly, Leslie R. on 75-Nov-11 [75-Nov-23: 2A].
Hamilton, Beckie, Miss m. Tully, J. E. on 73-Feb-6 [73-Feb-18: 2B].
Hamilton, Caroline (64 yrs.) d. on 71-Oct-27 [71-Nov-17: 2C].
Hamilton, Charles L. m. Philips, Lillie G., Miss on 73-Nov-13 [73-Nov-19: 2B].
Hamilton, Edward W. m. Hutton, Mary A., Miss on 74-Nov-12 [74-Nov-16: 2B].
Hamilton, Ellen M. d. on 75-Sep-6 [75-Sep-9: 2B].
Hamilton, Fannie, Miss m. Miller, Arthur on 73-Oct-30 [73-Nov-1: 2B].
Hamilton, George A., Mr. d. [75-Apr-14: 4C].
Hamilton, Henry (44 yrs.) d. on 72-Jul-12 [72-Jul-25: 2C].
Hamilton, James W. (24 yrs.) d. on 72-Aug-19 [72-Aug-21: 2B; 72-Aug-22: 2B].
Hamilton, Jerome (24 yrs.) d. on 75-Jan-25 [75-Jan-26: 2B].
Hamilton, John (26 yrs.) d. on 73-Sep-13 in Quarry accident [73-Sep-15: 1G].
Hamilton, John L. m. Grim, Willie, Miss on 75-Apr-29 [75-May-27: 2B].
Hamilton, Letitia E. m. Gough, Joseph H. on 73-Sep-15 [74-May-6: 2B].
Hamilton, Mahlon m. Burnett, Ruby on 75-Apr-29 [75-May-7: 2B].
Hamilton, Mary A. (29 yrs.) d. on 74-Jan-17 [74-Jan-21: 2B].
Hamilton, Mary Ann (50 yrs.) d. on 74-Mar-21 [74-Mar-23: 2B; 74-Mar-24: 2B].
Hamilton, Mary E., Miss m. Davis, Edgar O. on 72-Mar-11 [72-Mar-12: 2C].
Hamilton, Mary Elizabeth (64 yrs.) d. on 75-Oct-6 [75-Oct-7: 2B].
Hamilton, Mary Frances (10 yrs.) d. on 71-Aug-22 [71-Aug-24: 2B].
Hamilton, Mary Julia (1 yr., 7 mos.) d. on 71-Sep-27 [71-Sep-29: 2B].
Hamilton, Mattie W. m. Bierbower, Charles E. on 75-Apr-6 [75-Apr-24: 2A].
Hamilton, Rebecca d. on 72-May-24 [72-May-28: 2B].
Hamilton, Richard m. Merker, Luella C. on 71-Sep-7 [71-Sep-8: 2B].
Hamilton, Robbie (5 yrs., 7 mos.) d. on 74-Jul-5 [74-Jul-6: 2B].
Hamilton, Robert (28 yrs.) d. on 75-Dec-5 Drowned [75-Dec-7: 4D; 75-Dec-8: 2B].
Hamilton, Samuel H. (9 mos.) d. on 73-Jul-30 [73-Aug-5: 2B].
Hamilton, Samuel H. m. Duval, E. Augusta on 71-Dec-7 [71-Dec-9: 2A].
Hamilton, Sarah Jane (21 yrs., 6 mos.) d. on 72-Nov-7 of Consumption [72-Nov-9: 2A].

Hamilton, Stewart (28 yrs.) d. on 73-Mar-26 [73-Mar-27: 2C].
Hamilton, Susan Julia m. Gale, William Adams on 73-Dec-2 [73-Dec-6: 2B].
Hamilton, Susie Sheppard (1 yr., 7 mos.) d. on 73-Aug-2 [73-Aug-6: 2B].
Hamilton, William P. m. Webb, Evelyn H. on 75-Dec-23 [75-Dec-31: 2B].
Hamlin, Joseph E. (1 yr., 4 mos.) d. on 73-Feb-15 [73-Feb-18: 2B].
Hamlin, Martha E. (32 yrs.) d. on 72-Jun-22 [72-Jun-24: 2B].
Hamlin, Willie T. (2 yrs., 10 mos.) d. on 71-Jun-19 [71-Jun-20: 2B].
Hamm, Peter d. on 75-Apr-28 of Boiler explosion [75-Apr-29: 4C].
Hamman, Harry G. (2 yrs., 1 mo.) d. on 71-Dec-18 [71-Dec-19: 2B].
Hamman, Margaret C. (32 yrs.) d. on 74-Aug-24 [74-Aug-25: 2B; 74-Aug-26: 2B].
Hamman, Mary S. C. (27 yrs.) d. on 72-May-23 [72-May-23: 2B].
Hammann, Pena, Miss m. Starr, Henry on 72-Sep-20 [73-May-27: 2B].
Hammel, Edward (32 yrs.) d. on 72-Jun-21 [72-Jun-24: 2B].
Hammel, Jacob B. m. Hook, Mary J. on 74-Mar-23 [74-Mar-30: 2B].
Hammen, Ida Maria (6 mos.) d. on 74-Feb-25 [74-Feb-26: 2B].
Hammen, John T. m. Hughes, Angenora F on 73-Jan-30 [73-Feb-1: 2B].
Hammen, Mary, Miss m. Schriner, Leonard on 72-Jan-25 [72-Jan-27: 2B].
Hammer, Marselah d. on 71-May-31 [71-Jun-1: 2B].
Hammer, Mary A. d. on 72-Apr-5 [72-Apr-6: 2B].
Hammer, W. C., Capt. (49 yrs.) d. on 71-Dec-10 [71-Dec-14: 2B].
Hammerbacher, Joseph (21 yrs.) d. on 72-Aug-12 [72-Aug-13: 2B; 72-Aug-14: 2B].
Hammersley, Mollie W. d. on 71-Apr-16 [71-Apr-18: 2C].
Hammersley, Willie Martindale (4 yrs., 3 mos.) d. on 72-Feb-9 [72-Feb-10: 2B].
Hammerslough, Isidore m. Bamberger, Rosa on 72-Nov-6 [72-Nov-15: 2B].
Hammerslough, Solomon m. Ruben, Rose on 75-Jan-20 [75-Jan-22: 2B].
Hammett, Annie Victoria, Miss m. Leitch, W. A., Capt. on 71-May-25 [71-Jun-10: 2A].
Hammett, Henry m. Campbell, Eliza C. on 71-Sep-7 [71-Sep-8: 2B].
Hammil, Rose A. m. Kidd, James J. on 72-Apr-2 [72-Apr-17: 2B].
Hammill, Maggie V. d. on 72-Jan-18 [72-Jan-19: 2C; 72-Jan-20: 2B].
Hammitt, S. m. Bowen, Clara J., Miss on 74-Mar-26 [74-Mar-28: 2B].
Hammond, Adele C. Burke d. on 73-Apr-2 [73-Apr-7: 2B].
Hammond, Alice m. Hammond, William Allen on 72-Jan-2 [72-Jan-5: 2B].
Hammond, Ann L. d. on 73-Mar-22 [73-Mar-24: 2B].
Hammond, Annie C. (4 yrs., 8 mos.) d. on 73-Mar-26 [73-Mar-28: 2B].
Hammond, Caroline (36 yrs.) d. on 75-Dec-17 [75-Dec-18: 2B].
Hammond, Eliza Ann (72 yrs.) d. on 73-Jul-14 [73-Jul-15: 2B].
Hammond, Emily Frances (4 yrs., 10 mos.) d. on 71-Feb-25 [71-Feb-27: 2D].
Hammond, Fanny Jackson (64 yrs.) d. on 71-Mar-19 [71-Mar-23: 2C].
Hammond, Frances (79 yrs., 5 mos.) d. on 73-Mar-6 [73-Mar-7: 2C; 73-Mar-8: 2B].
Hammond, Henry D. m. Walsh, Rosalie, Miss on 71-Dec-5 [71-Dec-9: 2A].
Hammond, Ida d. [72-Aug-17: 2B].
Hammond, John R. m. Bishop, Rebecca A. on 72-Aug-1 [72-Aug-6: 2B].
Hammond, Lizzie E. J. d. on 73-Jul-5 [73-Jul-12: 2B].
Hammond, Mary Catharine (7 yrs., 4 mos.) d. on 71-Feb-1 [71-Feb-3: 2C].
Hammond, Mary E., Miss m. Cooke, William on 71-Nov-21 [71-Nov-23: 2C].
Hammond, Mathia (51 yrs.) d. on 72-Mar-11 [72-Mar-16: 2B].
Hammond, Philip A. (57 yrs.) d. on 75-Dec-11 [75-Dec-15: 2B].
Hammond, Rittie C. m. Kelly, I. M. on 72-Jan-30 [72-May-14: 2B].
Hammond, S. L., Rev. (63 yrs.) d. on 73-Aug-22 [73-Aug-23: 2B].
Hammond, Susan L. (46 yrs.) d. on 72-Nov-20 [72-Nov-22: 2B].
Hammond, William Allen m. Hammond, Alice on 72-Jan-2 [72-Jan-5: 2B].
Hamner, Jane (67 yrs.) d. on 71-Aug-8 [71-Aug-10: 2C].

Hamp, John H. m. Schaefer, Anna M., Miss on 72-Oct-17 [72-Oct-22: 2B].
Hamp, John H. m. Jacobs, Elizabeth on 75-Jun-9 [75-Jun-11: 2B].
Hampson, A. J. m. Childress, Alice on 73-Apr-10 [73-Apr-12: 2A].
Hampson, Annie d. on 71-Jan-31 [71-Feb-1: 2C].
Hampson, Annie E. (22 yrs.) d. on 72-Sep-25 [72-Sep-27: 2B].
Hampson, Clara E. m. Brown, John B. on 71-Sep-13 [71-Sep-15: 2B].
Hampson, George E. d. on 72-Sep-29 [72-Oct-1: 2B].
Hampson, James S. d. on 74-Aug-23 [74-Aug-25: 2B].
Hampson, William A. m. Weyforth, Mary C. on 75-Jun-30 [75-Jul-6: 2B].
Hampson, William Hall (2 yrs., 9 mos.) d. on 72-Oct-20 of Croup [72-Oct-21: 2B].
Hampton, Alice Daisy (7 yrs., 11 mos.) d. on 75-Dec-21 [75-Dec-22: 2B; 75-Dec-23: 2B].
Hampton, Harry Clay (2 yrs., 7 mos.) d. on 72-Sep-28 [72-Oct-1: 2B].
Hampton, Howard Lee (2 mos.) d. on 73-Jul-3 [73-Jul-4: 2B].
Hampton, Jesse F. m. Kanely, Hettie, Miss on 72-Jan-2 [72-Jan-9: 2C].
Hamson, Johanna Henrietta (40 yrs.) d. on 73-Mar-17 [73-Mar-19: 2B].
Hamsteder, Barbara (47 yrs.) d. on 72-Oct-6 of Heart disease [72-Oct-7: 1H].
Hanan, Emily Pinkney d. on 72-Feb-9 [72-Feb-10: 2B].
Hanan, Hetty d. on 75-Oct-31 [75-Nov-1: 2B; 75-Nov-2: 2B; 75-Nov-3: 2B].
Hanan, Jacob William (8 yrs.) d. on 71-Jul-6 [71-Jul-7: 2C].
Hanan, John S. (36 yrs.) d. on 72-May-27 of Consumption [72-May-28: 1G, 2A; 72-May-29: 2B].
Hanand, Sarah (37 yrs.) d. on 73-Aug-9 [73-Aug-25: 2B].
Hanaway, James H. m. Reilly, Susie M. on 74-Jan-27 [74-Feb-2: 2B].
Hanaway, Mary Ann (15 yrs.) d. on 73-Feb-23 [73-Feb-24: 2A].
Hanaway, Patrick (52 yrs.) d. on 75-Nov-27 [75-Nov-29: 2B].
Hance, C. Virginia, Miss m. Allnutt, Henry on 73-Dec-11 [73-Dec-13: 2A].
Hance, Jeanie G., Miss m. Lyles, D. Clinton on 72-Oct-22 [72-Oct-25: 2B].
Hance, John A. C. (41 yrs.) d. on 72-Feb-21 [72-Feb-27: 2C].
Hancock, Dorcas G. (60 yrs.) d. on 75-Jul-22 [75-Jul-23: 2C; 75-Jul-24: 2B].
Hancock, Elizabeth, Mrs. m. Gilpin, William on 73-Jan-6 [73-Jan-21: 2B].
Hancock, Fannie A. (37 yrs.) d. on 72-Jun-27 [72-Jul-2: 2B].
Hancock, Fanny Estelle (1 yr.) d. on 72-Jul-4 [72-Jul-16: 2B].
Hancock, H. F. (45 yrs.) d. on 74-Jan-26 [74-Jan-28: 2B].
Hancock, J. H. m. Arnold, Emma on 74-Jan-15 [74-Jan-17: 2B].
Hancock, James A. m. Wilkinson, Addie R., Miss on 73-May-1 [73-May-3: 2A].
Hancock, Martha A. (1 yr., 2 mos.) d. on 72-Aug-27 [72-Sep-3: 2B].
Hancock, Rachel (18 yrs.) d. on 73-Oct-28 [73-Oct-30: 2B].
Hancock, Rosalie C., Miss m. Storm, S. W. on 73-Jan-30 [73-Feb-4: 2B].
Hancock, Susanne (78 yrs.) d. on 73-Jul-11 [73-Jul-12: 2B].
Hand, Anna (79 yrs.) d. on 71-Dec-20 [71-Dec-21: 2B; 71-Dec-22: 2B].
Hand, Emanuel K. J., Dr. (72 yrs.) d. on 73-Apr-10 [73-Apr-11: 2B].
Hand, Henry m. King, [unnamed], Mrs. on 74-Aug-13 [74-Sep-14: 2B].
Hand, Josephine m. Altvater, John A. on 71-Oct-26 [71-Nov-11: 2B].
Hand, Lizzie m. McCormick, Peter J. on 71-Oct-2 [71-Oct-3: 2B].
Handley, Annie M. m. Gallagher, Charles M. on 75-Oct-5 [75-Oct-21: 2B].
Handley, George T. (24 yrs.) d. on 75-Jan-26 [75-Jan-27: 2B].
Handlind, Sophia m. McKenzie, William on 73-Oct-12 [74-Jan-22: 2B].
Hands, Annie m. Poole, John H. on 74-Feb-12 [74-Feb-23: 2B].
Handy, A. Ward (34 yrs.) d. on 74-Jan-29 [74-Jan-31: 2B; 74-Feb-2: 4E].
Handy, Ann H. (71 yrs.) d. on 75-Jan-30 [75-Feb-1: 2B].
Handy, Charles Henry d. on 72-Jun-26 [72-Jun-29: 2B].
Handy, Edward J. d. on 75-Apr-9 in Street railway accident [75-Apr-10: 1G; 75-Apr-12: 4A].
Handy, Georgie (2 yrs., 9 mos.) d. on 71-Apr-24 of Scarlet fever [71-Apr-25: 2B].

Handy, Joseph Samuel m. Bailey, Sarah on 73-Dec-10 [73-Dec-13: 2A].
Handy, M. D., Mrs. m. Ould, Robert on 72-Oct-31 [72-Nov-12: 2B].
Handy, S. J. K. (65 yrs.) d. on 71-Apr-3 of Paralysis [71-Apr-4: 4E].
Haney, Frank (24 yrs.) d. on 72-Dec-4 [72-Dec-5: 2B].
Haney, Hester A. (22 yrs.) d. on 73-Jun-27 [73-Jun-28: 2B].
Hankey, Agnes (65 yrs.) d. on 72-Dec-23 [72-Dec-24: 2B].
Hankinson, Charles (25 yrs.) d. on 73-Sep-4 in Railroad accident [73-Sep-5: 4A].
Hanley, Mary Ann (14 yrs., 7 mos.) d. on 71-May-1 [71-May-3: 2B].
Hanley, Patrick (67 yrs.) d. on 72-Aug-27 of Brain congestion [72-Aug-28: 1G, 2A].
Hanlon, Alice J. (1 yr., 10 mos.) d. on 71-Apr-24 [71-Apr-25: 2B].
Hanly, Annie (1 yr., 1 mo.) d. on 72-Sep-10 [72-Sep-12: 2B].
Hann, Jacob, Jr. m. Gray, Florence A. on 74-Dec-10 [74-Dec-15: 2B].
Hann, James H., Capt. (52 yrs.) d. on 74-Aug-27 [74-Aug-29: 2B].
Hann, Julia Ann (70 yrs.) d. on 75-Apr-29 [75-Apr-30: 2B; 75-May-1: 2B].
Hann, Mary Elizabeth (1 yr.) d. on 74-Oct-17 [74-Oct-19: 2B].
Hanna, Alexander B. m. Chase, Kate on 72-Dec-16 [72-Dec-20: 2A].
Hanna, Emma M. d. on 75-Jan-6 [75-Jan-7: 2B].
Hanna, Henry W. m. Medairy, Annie, Miss on 74-Aug-5 [74-Aug-7: 2B].
Hanna, Hugh B. m. Lindsay, Letitia E. on 71-Oct-10 [71-Oct-24: 2A].
Hanna, J. Marshall (38 yrs.) d. on 71-Apr-30 [71-May-2: 4D].
Hanna, James A. m. Seitz, Mary Louisa on 74-Oct-8 [74-Oct-14: 2C; 74-Oct-15: 2B].
Hannagan, Thomas (74 yrs.) d. on 74-Jan-8 [74-Jan-10: 2B].
Hannah, Robert m. Donavin, Catharine on 73-Nov-13 [73-Nov-20: 2B].
Hannan, Amelia m. Harvey, William A. on 75-Apr-7 [75-Apr-16: 2A].
Hannan, James Sylvester (15 yrs., 1 mo.) d. on 74-Jul-5 Drowned [74-Jul-6: 2B, 4E].
Hannan, John Joseph (22 yrs., 8 mos.) d. on 74-Sep-18 [74-Sep-19: 2B].
Hannan, Owen (73 yrs.) d. on 74-Mar-23 [74-Mar-24: 2B; 74-Mar-25: 2B].
Hannan, Rose Eden (7 mos.) d. on 75-Sep-10 [75-Sep-11: 2A].
Hannigan, Laura m. Chance, Theodore P. on 73-Mar-1 [73-Mar-29: 2B].
Hannon, Catharine (31 yrs.) d. on 72-Feb-1 of Intemperance [72-Mar-2: 1G].
Hans, Barbara, Miss m. Williams, Charles on 72-Jul-9 [72-Jul-11: 2C].
Hans, Evan T. m. Scott, Marion E., Miss on 72-Feb-28 [72-Mar-9: 2B].
Hanshaw, Ann (80 yrs.) d. on 71-Jul-22 [71-Jul-24: 2C].
Hanson, A. B. (11 mos.) d. on 74-Jul-17 [74-Jul-24: 2B].
Hanson, Alice O., Miss m. Whitaker, Howard on 71-Sep-12 [71-Sep-16: 2B].
Hanson, Alick Meakin (7 mos.) d. on 72-Jun-14 [72-Jun-18: 2B].
Hanson, Anna Maria (52 yrs.) d. on 73-Mar-11 [73-Mar-12: 2B].
Hanson, Bridget (30 yrs.) d. on 71-May-22 [71-May-23: 2B].
Hanson, Charles Barnard (4 mos.) d. on 74-Jul-4 [74-Jul-28: 2B].
Hanson, Charles Edgar (8 mos.) d. on 74-Jul-21 of Cholera infantum [74-Jul-22: 2B].
Hanson, Charles F. m. Adams, Mary Augusta on 75-May-11 [75-May-20: 2B].
Hanson, Elizabeth R. d. on 73-Jun-4 [73-Jun-5: 2B].
Hanson, Frances A. E. (16 yrs.) d. on 74-Oct-16 [74-Oct-19: 2B].
Hanson, Francis R., Rev. (65 yrs.) d. on 73-Oct-21 of Heart disease [73-Oct-22: 2B; 73-Oct-23: 1H, 2B; 73-Oct-24: 4C].
Hanson, George C. m. George, Mary on 71-Jan-11 [71-Jan-14: 2B].
Hanson, George H. (65 yrs.) d. on 74-Jul-28 [74-Jul-29: 2B; 74-Jul-31: 2B].
Hanson, Homer (5 mos.) d. on 72-Aug-27 [72-Aug-29: 2B].
Hanson, Howard S. (1 yr., 11 mos.) d. on 74-Jun-12 [74-Jun-13: 2B].
Hanson, James H. (28 yrs.) d. on 72-Dec-17 [72-Dec-20: 2A; 72-Dec-21: 2A; 72-Dec-23: 1H].
Hanson, John H. m. Sauner, Tennie E. on 71-Aug-6 [71-Aug-12: 2C].
Hanson, Lottie (2 yrs., 4 mos.) d. on 74-Jan-12 [74-Jan-13: 2B].

Hanson, M. Louisa d. on 75-Nov-6 [75-Nov-8: 2B].
Hanson, Mary (77 yrs., 4 mos.) d. on 74-Oct-20 [74-Oct-23: 2C].
Hanson, Mary E. m. Jackson, Samuel R. on 75-May-27 [75-Jun-3: 2B].
Hanson, Michael Patrick (1 yr., 6 mos.) d. on 71-Aug-17 [71-Aug-18: 2C].
Hanson, Oley (2 mos.) d. on 73-Jun-26 [73-Jun-27: 2A].
Hanson, Pere Wilmer (1 yr., 4 mos.) d. on 72-Feb-9 [72-Feb-10: 2B].
Hanson, Rachel (78 yrs.) d. on 73-Dec-28 [73-Dec-30: 2B].
Hanson, Susie Slicer (8 yrs.) d. on 71-Sep-19 [71-Sep-21: 2C].
Hanson, William N. m. Peirson, Alice A. on 71-Apr-6 [71-Apr-11: 2B].
Hantz, Marie Kate m. Gantz, Fred M. on 74-Sep-3 [74-Sep-5: 2B].
Hanway, Ella m. Ahrens, Adolph, Jr. on 73-Oct-16 [73-Oct-21: 2B].
Hanway, Mary A. (33 yrs.) d. on 71-Aug-10 [71-Aug-12: 2C].
Hanway, Mary C. m. Painter, Samuel G. on 72-Apr-11 [72-Apr-15: 2B].
Hanway, T. L. m. Morgan, Libbie on 75-Jan-12 [75-Jan-20: 2B].
Hanway, Washington (77 yrs.) d. on 71-Jan-22 [71-Jan-25: 2C].
Hanzsche, Theodore G. m. Shaw, Carrie J. on 72-Oct-16 [73-Jul-9: 2B].
Happel, Henry m. Bennett, Susie, Miss on 74-Oct-20 [74-Nov-13: 2B].
Happoldt, Eleanora A. m. Booker, John T. on 71-Jul-26 [71-Jul-29: 2B].
Haragan, John d. on 73-Sep-9 [73-Sep-11: 2B].
Harback, Charles Adrian (9 yrs.) d. on 73-Apr-20 of Brain fever [73-Apr-21: 2B].
Harbaugh, F. W. m. Hayes, Kate E. on 71-Oct-31 [71-Nov-4: 2B].
Harbeck, John S. (50 yrs.) d. on 74-Jun-11 of Suicide (Hanging) [74-Jun-12: 1G; 74-Jun-13: 4E].
Harbert, M. Amanda, Miss m. Turner, J. Berry on 74-Jan-1 [74-Jan-3: 2B].
Harburger, Kati, Miss m. Eichel, Aaron on 71-Apr-25 [71-May-6: 2B].
Harcourt, Nellie d. on 74-Jul-3 [74-Jul-4: 2B].
Harcum, Lucy d. on 73-Nov-5 [73-Nov-6: 2B].
Hard, Frances C., Miss m. Lippy, Richard J. on 75-Sep-1 [75-Sep-20: 2B].
Hardcastle, Annie Alexander, Miss m. Ford, Charles Elias on 74-Apr-8 [74-Apr-11: 2B].
Hardcastle, John (63 yrs.) d. on 71-Jan-4 [71-Jan-5: 2C; 71-Jan-6: 2C].
Hardcastle, Markes (68 yrs.) d. on 71-Dec-12 [71-Dec-13: 2B].
Harden, Charles John (4 yrs., 6 mos.) d. on 74-Feb-24 Burned [74-Feb-26: 4E].
Harden, Florence Estelle (1 yr., 5 mos.) d. on 73-Dec-2 [73-Dec-3: 2C].
Harden, Jeremiah (36 yrs.) d. on 75-Jul-12 [75-Jul-13: 2B].
Harden, Jesse M. m. Baugher, Hallie C., Miss on 71-Sep-5 [71-Sep-16: 2B].
Harden, Maranda (28 yrs.) d. on 72-Aug-26 [72-Aug-27: 2A].
Harden, Matilda M. (1 yr., 6 mos.) d. on 71-Dec-7 [71-Dec-8: 2C].
Harden, Moses m. Boyce, Martha, Miss on 71-Sep-21 [71-Sep-25: 2C].
Harden, Nellie Crever d. on 72-Mar-28 [72-Apr-2: 2B].
Harden, Rachel, Miss m. Bordley, John on 72-Oct-1 [72-Oct-17: 2A].
Harden, William, Rev. (45 yrs.) d. on 73-Nov-9 of Typhoid [73-Nov-10: 2C; 73-Nov-11: 1G, 2B; 73-Nov-12: 1G].
Hardester, C. C. m. Mitchell, Ann M. on 71-May-3 [71-May-10: 2B].
Hardester, David, Jr. (42 yrs.) d. on 75-Dec-5 [75-Dec-7: 2B].
Hardesty, Annie Grafton (4 mos.) d. on 74-Jul-2 [74-Jul-4: 2B].
Hardesty, E. Belle d. on 74-Oct-26 [74-Oct-27: 2B; 74-Oct-28: 2B].
Hardesty, Hannah Ann (44 yrs.) d. on 72-Nov-13 [72-Nov-14: 2B; 72-Nov-15: 2B; 72-Nov-16: 2A].
Hardesty, Ida, Miss m. Jones, Edward on 75-Jun-16 [75-Sep-28: 2B].
Hardesty, James A. m. Harwood, Laura A. F., Miss on 73-Sep-18 [73-Oct-17: 2B].
Hardesty, James M. m. Prout, Bettie E., Miss on 74-Nov-24 [74-Nov-25: 2B].
Hardesty, Mary Alice (2 yrs., 11 mos.) d. on 71-Mar-31 [71-Apr-1: 2B].

Hardesty, Mary C. m. Sparklin, Eugene L. on 75-Oct-28 [75-Nov-18: 2B].
Hardesty, Sallie V. m. Thompson, Charles R. on 74-Dec-17 [74-Dec-19: 2B].
Hardesty, Sarah L. (79 yrs.) d. on 73-Apr-27 [73-Apr-28: 2B].
Hardey, Carrie E. (38 yrs.) d. on 75-Dec-16 [75-Dec-17: 2B; 75-Dec-18: 2A].
Hardey, Catharine (80 yrs.) d. on 72-Mar-18 [72-Mar-25: 2B].
Hardey, Eleanor (74 yrs.) d. on 71-Nov-6 [71-Nov-10: 2C].
Hardey, Lizzie d. on 75-Oct-5 [75-Oct-7: 2B].
Hardie, Carleton M. (2 yrs., 9 mos.) d. on 71-Apr-21 [71-Apr-25: 2C].
Hardie, James G. m. Fowler, Katie A. on 73-Nov-6 [73-Nov-10: 2B].
Hardin, Charles (44 yrs.) d. on 73-Aug-27 in Construction accident [73-Aug-28: 1H].
Harding, Betsy H. (61 yrs.) d. on 73-Sep-5 [73-Sep-6: 2B].
Harding, F. A. (59 yrs.) d. on 72-Jul-29 [72-Jul-30: 2B].
Harding, Ira France (1 yr., 3 mos.) d. on 73-Jun-28 [73-Jul-2: 2B].
Harding, John d. on 71-Sep-5 [71-Sep-30: 2C].
Harding, N. B. d. on 73-Mar-24 of Pneumonia [73-Mar-25: 1H, 2C].
Harding, Rachel (65 yrs.) d. on 71-Aug-20 [71-Aug-23: 2C].
Harding, T. Franklin m. Waters, Anne R., Miss on 73-Dec-4 [73-Dec-9: 2B].
Harding, William W. (11 mos.) d. on 71-May-30 of Inflammation of the bowels [71-May-31: 2B].
Hardisty, George W. m. Greenwell, Sallie T., Miss on 74-Oct-20 [74-Oct-30: 2B].
Hardisty, Richard C. d. on 71-Jan-2 [71-Jan-4: 2B].
Hardtner, Jacob (72 yrs.) d. on 75-Jul-10 [75-Jul-12: 2B].
Hardtner, Mary m. Snyder, Daniel on 71-Feb-28 [71-Mar-4: 2B].
Hardwick, Harry W. m. Ottey, Phoebe A., Miss on 74-Apr-29 [74-May-2: 2B].
Hardy, [baby Girl] d. on 71-Dec-30 [72-Jan-1: 2C].
Hardy, Albert (58 yrs.) d. on 74-Jan-23 [74-Jan-24: 2B].
Hardy, Anna V., Miss m. Broadbeck, James A. on 74-May-13 [74-May-19: 2B].
Hardy, Annie Rebecca m. Barnes, Francis Marion on 75-Mar-11 [75-Mar-30: 2B].
Hardy, Benjamin, Capt. (35 yrs.) d. on 73-Feb-26 [73-Feb-27: 2B; 73-Feb-28: 2B].
Hardy, Charles H. m. Warfield, Maranda E., Mrs. on 74-Feb-5 [74-Feb-14: 2C].
Hardy, Charles W. d. on 71-Mar-31 [71-Apr-3: 2B].
Hardy, Elizabeth (71 yrs.) d. on 72-Apr-10 [72-Apr-12: 2B].
Hardy, Elizabeth A. (57 yrs.) d. on 72-Dec-6 [72-Dec-12: 2B].
Hardy, George (40 yrs.) d. on 72-Aug-5 [72-Aug-6: 1H, 2B].
Hardy, George (74 yrs.) d. on 72-Dec-2 [72-Dec-4: 2B].
Hardy, Joshua Regester (5 yrs., 2 mos.) d. on 74-Oct-16 [74-Oct-17: 2B].
Hardy, Katie H., Miss m. Holt, George F. on 75-Feb-8 [75-Feb-16: 2B].
Hardy, Leslie T., Capt. m. Miller, Kate A., Miss on 71-Jan-19 [71-Jan-20: 2C].
Hardy, M. Jessie m. Talliaferro, James P. on 71-Nov-15 [71-Nov-17: 2C].
Hardy, Matilda C. (31 yrs.) d. on 71-Aug-3 [71-Aug-5: 2C].
Hardy, Rebecca D., Miss m. Meeks, George O. on 74-Nov-10 [74-Nov-23: 2B].
Hardy, Sabelle (10 mos.) d. on 71-Jul-27 [71-Jul-29: 2B].
Hardy, William Jarvis (76 yrs.) d. on 74-Feb-13 [74-Feb-26: 2B].
Hare, Ella Brice d. on 75-Jun-24 of Cholera infantum [75-Jun-26: 2B].
Hare, George A. m. Markey, Joanna, Miss on 71-Oct-19 [71-Oct-24: 2A].
Hare, Mary A. (46 yrs.) d. on 74-Feb-10 [74-Feb-21: 2B].
Harford, Helen May (2 mos.) d. of Cholera infantum [74-Jul-10: 2B].
Harford, Nannie M., Miss m. McClure, Charles P. on 71-Nov-30 [71-Dec-6: 2B].
Harford, Washington (70 yrs.) d. on 75-Jun-28 [75-Jun-29: 2B].
Hargadine, Robert W., Dr. m. Carter, Mary Evelyn on 72-Oct-30 [72-Nov-1: 2B].
Hargadon, Harriet H. (11 mos.) d. on 72-Nov-8 [72-Nov-9: 2A].
Hargadon, John Thomas (4 yrs.) d. on 74-Feb-6 [74-Feb-7: 2B].
Hargest, William E. (54 yrs.) d. on 71-Nov-12 [71-Nov-20: 2C].

Hargraves, Catharine (55 yrs.) d. on 75-Sep-9 [75-Sep-10: 2B].
Hargrove, Maggie Estelle (5 yrs.) d. on 72-Jan-10 [72-Jan-11: 2C].
Harian, Dolphine d. on 72-Jan-6 of Fall [72-Jan-8: 4E].
Harig, Anna E. m. Wentzel, Martin on 71-Mar-12 [71-Apr-21: 2B].
Harig, George W. m. Hollor, Elizabeth on 71-Aug-28 [71-Sep-5: 2B].
Harig, William F. m. Pontier, Sarah F., Miss on 75-Apr-13 [75-Sep-15: 2B].
Harigan, Michael (29 yrs.) d. on 73-Apr-7 [73-Apr-8: 2B].
Harison, Anna Matilda Steair (1 yr., 4 mos.) d. on 75-Oct-19 [75-Oct-20: 2A].
Hariss, Alexina C., Miss m. Harmeyer, John on 72-Jun-18 [72-Jun-26: 2B].
Harkens, Neal (76 yrs.) d. on 74-Jan-19 [74-Jan-19: 2B].
Harker, Charles E. m. Craig, Ellen F. on 73-Dec-10 [73-Dec-17: 2B].
Harker, Hannah (72 yrs.) d. on 72-May-22 [72-May-23: 2B].
Harker, James (of William) (56 yrs.) d. on 72-Dec-28 [72-Dec-30: 2B; 72-Dec-31: 2B].
Harkin, John m. Flynn, Sarah, Miss on 73-Nov-6 [73-Nov-22: 2B; 73-Nov-24: 2B].
Harkins, John H. (38 yrs.) d. on 73-Feb-18 [73-Feb-25: 2B].
Harkins, Thomas A. m. Mechem, Annie S. on 72-Jun-12 [72-Jun-18: 2B].
Harkness, Agnes Matilda (7 mos.) d. on 73-Jul-2 [73-Jul-3: 2B].
Harkness, Andrew J. (35 yrs.) d. on 72-Feb-22 [72-Feb-23: 2D].
Harkness, George M. m. Baitzell, Sallie E., Miss on 73-Nov-27 [73-Nov-29: 2B].
Harkness, George Musgrave (23 yrs.) d. on 74-Jun-7 [74-Jun-8: 2B; 74-Jun-9: 2B].
Harkness, Sarah (64 yrs.) d. on 74-Oct-5 [74-Oct-6: 2B; 74-Oct-7: 2B].
Harkness, Sarah I. m. Colton, John on 74-Nov-17 [74-Nov-21: 2B].
Harkness, Tillie m. Kahler, Jacob on 74-Nov-17 [74-Nov-21: 2B].
Harkora, Eliza E. m. Starck, Edward L. on 73-Aug-23 [73-Aug-25: 2B].
Harlon, Michael Bernard m. McCracken, Helen Chantal on 73-May-13 [73-May-17: 2C].
Harman, Andrew L. m. Thearle, Emma V. on 73-Aug-7 [73-Aug-11: 2B].
Harman, Edwin C. m. Weaver, Louisa C. on 72-Oct-10 [72-Oct-14: 2B].
Harman, Elias (63 yrs.) d. on 71-Sep-7 [71-Sep-8: 2B].
Harman, Elizabeth (67 yrs.) d. on 71-Oct-2 of Apoplexy [71-Oct-4: 2B].
Harman, George m. O'Grady, Mary E., Miss on 74-Jan-21 [74-Jan-28: 2B].
Harman, Henry M. m. Davis, Hannah Virginia, Miss on 72-Aug-14 [72-Aug-16: 2B].
Harman, Hiram L. (32 yrs.) d. on 71-Nov-29 [71-Dec-1: 2C].
Harman, John H. (51 yrs.) d. on 71-Oct-2 of Typhoid [71-Oct-9: 2B].
Harman, Joseph M. (65 yrs.) d. on 72-Mar-11 [72-Mar-30: 2B].
Harman, K. Francesca m. James, William H. on 73-Oct-2 [73-Oct-21: 2B].
Harman, Lottie Estelle (10 mos.) d. on 74-Jul-22 [74-Jul-23: 2B].
Harman, Louisa A. B. (35 yrs.) d. on 74-Mar-7 of Lung hemorrhage [74-Mar-9: 2B].
Harman, Mary C., Miss m. Anderson, Charles D., Dr. on 71-Mar-14 [71-Mar-16: 2B].
Harman, Mollie H., Miss m. Flynn, John M. on 75-Feb-8 [75-Mar-29: 2B].
Harman, Philip A. m. Hopkins, Mary A., Miss on 71-Jun-29 [71-Jul-10: 2B].
Harman, Samuel W. m. Bond, Rebecca on 73-Apr-10 [73-Apr-12: 2A].
Harman, Sarah G. A., Miss m. Maddux, Thomas M. on 72-May-30 [72-Jun-5: 2B].
Harmans, Ebenezer m. Bartholomew, Betty, Miss on 75-Jun-10 [75-Jun-11: 2B].
Harmer, Annie C., Miss m. Sapp, John F. on 75-Jan-21 [75-Mar-9: 2B].
Harmer, Mary T. m. Walker, Benjamin F. on 72-Oct-9 [72-Oct-16: 2B].
Harmeyer, John m. Hariss, Alexina C., Miss on 72-Jun-18 [72-Jun-26: 2B].
Harmison, Frank J., Col. m. Wilson, Emma L., Mrs. on 73-Jun-25 [73-Jun-26: 2B].
Harmon, Ann (81 yrs.) d. on 75-Feb-23 [75-Feb-24: 2B; 75-Feb-25: 2B].
Harmon, Eliza (17 yrs., 3 mos.) d. on 74-Jan-25 of Consumption [74-Jan-27: 2B].
Harms, Unidentified Further (23 yrs., 1 mo.) d. on 71-Sep-1 [71-Sep-4: 2B].
Harmyer, Lawrence m. Geiger, Mary Helen on 71-Oct-24 [71-Oct-26: 2B].
Harn, A., Miss m. Burgee, T. M. on 71-Dec-24 [72-Jan-6: 2A].

Harnickell, Conrad C. d. on 75-Jun-24 [75-Jun-26: 2B].
Harp, Edward (45 yrs.) d. on 72-Aug-22 of Heatstroke [72-Aug-23: 1H, 2B; 72-Aug-24: 2B].
Harp, George Edward (17 yrs., 11 mos.) d. on 74-Mar-3 [74-Mar-4: 2C; 74-Mar-5: 2B].
Harp, Mary A., Miss m. Broom, Lewis E. on 74-Jul-1 [74-Jul-24: 2B].
Harp, Mary E., Mrs. m. Matthews, John on 74-Oct-22 [74-Oct-24: 2B].
Harp, Sarah Lizzie (3 yrs., 2 mos.) d. on 72-Mar-12 of Water on the brain [72-Mar-13: 2C].
Harp, William John (6 yrs., 4 mos.) d. on 72-Feb-13 [72-Feb-14: 2C].
Harper, Charlotte d. on 71-Nov-18 [71-Nov-20: 2C].
Harper, Emma (18 yrs.) d. on 71-Apr-23 [71-Apr-24: 2B; 71-Apr-25: 2B].
Harper, George Alfred (1 yr., 4 mos.) d. on 74-Aug-26 [74-Aug-28: 2B].
Harper, George Thomas (9 yrs.) d. on 73-Jul-26 Drowned [73-Jul-28: 4E; 73-Jul-29: 2B].
Harper, Joshua A. (37 yrs.) d. on 71-Sep-24 [71-Sep-25: 2C].
Harper, Laura, Miss m. Fisher, Christopher on 75-Oct-21 [75-Nov-29: 2B].
Harper, Martha (58 yrs.) d. on 71-Dec-13 [71-Dec-14: 2B].
Harper, William (27 yrs.) d. on 73-Feb-26 in Construction accident [73-Feb-27: 1F, 2B].
Harpper, Elizabeth Ann (58 yrs.) d. on 73-Sep-27 [73-Sep-29: 2B].
Harr, Adam (26 yrs.) d. on 72-Sep-15 [72-Sep-16: 2A].
Harr, Hannah (77 yrs.) d. on 73-Mar-14 [73-Mar-15: 2B].
Harr, Jacob m. Waterhouse, Belle, Miss on 75-Aug-17 [75-Aug-21: 2B].
Harr, Jesse M. m. Wood, Annie E. on 72-Jun-6 [72-Jun-25: 2B].
Harr, Nicholas (63 yrs.) d. on 71-May-19 [71-May-20: 2B].
Harr, Oliver R. m. Browning, Mary R., Miss on 73-Jun-24 [73-Jun-26: 2B].
Harr, William E. (68 yrs.) d. on 71-Dec-18 [71-Dec-19: 2B].
Harregal, John G. (86 yrs.) d. on 75-Feb-26 [75-Feb-27: 2B].
Harrigal, Elizabeth (60 yrs.) d. on 75-Apr-8 [75-Apr-10: 2B].
Harrigan, Peter (55 yrs.) d. on 72-Jun-3 in Railroad accident [72-Jun-5: 1H, 2B].
Harrigan, Thomas Wildey d. on 75-Oct-8 [75-Oct-9: 2A, 4C].
Harriman, Hannah (69 yrs.) d. on 74-Nov-20 [74-Nov-21: 2B].
Harriman, Horace M. m. Roberts, Ella D., Miss on 75-Feb-9 [75-Feb-13: 2C].
Harriman, Joab (72 yrs.) d. on 74-Jun-15 [74-Jun-17: 2B; 74-Jun-18: 2B].
Harriman, Margaret (7 yrs.) d. on 75-Jan-11 Burned [75-Jan-13: 1H].
Harrington, A. M. (76 yrs.) d. on 71-Dec-11 [71-Dec-13: 2B].
Harrington, Fannie (5 yrs., 4 mos.) d. on 74-Dec-25 of Scarlet fever [74-Dec-26: 2C].
Harrington, Francis K. (21 yrs.) d. on 71-Oct-5 [71-Oct-6: 2B].
Harrington, Manie (4 yrs., 9 mos.) d. on 71-Jan-25 of Scarlet fever [71-Jan-26: 2D].
Harrington, Margaret (65 yrs.) d. on 71-Feb-6 [71-Feb-7: 2C; 71-Feb-8: 2C].
Harrington, Mary E., Miss m. Balman, Frederic W. on 71-Apr-17 [71-Apr-19: 2B].
Harrington, Mary E. m. Nicholson, George T. on 73-Apr-30 [73-May-7: 2B].
Harrington, P. C. m. Freeburger, M. A. on 73-Oct-30 [73-Nov-10: 2B].
Harrington, Sarah E., Miss m. Pritchard, Arthur J. on 71-Oct-19 [71-Oct-20: 2B].
Harrington, Silas W. (26 yrs.) d. on 71-Jun-26 [71-Jun-27: 2B; 71-Jun-30: 2B].
Harrington, William T. (40 yrs.) d. on 71-Dec-29 of Boiler explosion [71-Dec-30: 2C, 4C].
Harris, Abraham (92 yrs.) d. on 73-Dec-22 [73-Dec-23: 2B, 4D].
Harris, Abraham m. Blum, Rosina, Mrs. on 71-Jul-29 [71-Aug-1: 2C].
Harris, Alfred m. Crain, Elizabeth A., Mrs. on 72-Sep-24 [72-Sep-26: 2B].
Harris, Alice Josephine d. on 72-Mar-24 [72-Mar-25: 2B].
Harris, Anna Rebecca (1 yr.) d. on 73-Sep-17 [73-Sep-18: 2B].
Harris, Annie M. (40 yrs.) d. on 73-Jan-21 [73-Jan-23: 2B].
Harris, Annie M., Miss m. Murray, William A. on 75-Feb-3 [75-Jun-7: 2A].
Harris, Benjamin d. on 70-Dec-30 of Congestive chills [71-Jan-2: 1C].
Harris, Charles H. m. Wright, Laura V., Miss on 75-Sep-9 [75-Sep-21: 2B].
Harris, Charles W. m. Meek, Amanda J., Miss on 73-Jul-8 [73-Jul-22: 2B].

Harris, Daniel M. (8 yrs.) d. on 72-Jun-21 Drowned [72-Jun-22: 4C].
Harris, E. N., Col. m. Rowland, Ida F., Mrs. on 73-Jun-10 [73-Jun-13: 2B].
Harris, Edward B. (55 yrs.) d. on 72-Jul-12 [72-Jul-13: 2B].
Harris, Ella Leslie, Miss m. Lanphear, W. K. on 72-Jul-18 [72-Jul-19: 2C].
Harris, Emily (40 yrs.) d. on 75-Oct-10 [75-Oct-13: 2B].
Harris, Emma Elizabeth (1 yr., 3 mos.) d. on 71-Mar-29 [71-Mar-31: 2B].
Harris, Emma V. d. on 74-Jul-29 [74-Jul-31: 2B].
Harris, Fanny, Miss m. Moon, Joseph W. on 73-Nov-11 [73-Nov-17: 2B].
Harris, G., Maj. m. Walker, Maggie E. S., Miss on 72-Sep-9 [72-Sep-21: 2A].
Harris, George, Dr. (75 yrs.) d. on 72-Feb-9 [72-Feb-10: 2B].
Harris, George (60 yrs.) d. on 75-Sep-18 [75-Sep-20: 2B].
Harris, George W. m. Rowe, Alice J., Miss on 71-Jan-12 [71-Jan-14: 2B].
Harris, Gertrude Shannon (2 yrs., 6 mos.) d. on 73-Mar-8 [73-Mar-10: 2B].
Harris, Grace E. (4 mos.) d. on 73-Mar-2 [73-Mar-3: 2B; 73-Mar-4: 2B].
Harris, Harry R. m. Cox, Emma F., Miss on 74-Mar-19 [74-Apr-20: 2A].
Harris, Henrietta (45 yrs.) d. on 72-Apr-28 of Apoplexy [72-Apr-29: 1F].
Harris, Ida Virginia m. Rutter, John H. on 74-May-5 [74-Jun-2: 2B].
Harris, James d. on 75-Jul-27 of Fall from window [75-Jul-28: 4D].
Harris, James C. (9 yrs., 1 mo.) d. on 71-Sep-30 [71-Oct-4: 2B].
Harris, Jennie L., Miss m. Blake, J. H., Dr. on 73-Mar-13 [73-Mar-29: 2B].
Harris, John d. on 73-Jul-6 Drowned [73-Jul-7: 1H].
Harris, John Edwin (1 yr., 2 mos.) d. on 75-May-15 [75-May-18: 2A].
Harris, John Henry m. Townsell, Sarah, Miss on 73-Feb-24 [73-Feb-26: 2B].
Harris, John P. (29 yrs.) d. on 74-Jul-18 [74-Aug-1: 2B].
Harris, Judson D. m. Campbell, Sarah J., Miss on 73-Nov-30 [73-Dec-2: 2B].
Harris, Kate (17 yrs.) d. on 74-Feb-28 Burned [74-Mar-2: 4D].
Harris, Katie (7 yrs., 10 mos.) d. on 71-Oct-12 [71-Oct-13: 2B].
Harris, Lee S. m. Gable, Lizzie on 73-Oct-7 [73-Oct-13: 2B].
Harris, Louisa A. (75 yrs.) d. on 75-Sep-29 [75-Oct-6: 2B].
Harris, Margaret A. (63 yrs.) d. on 73-May-24 [73-May-26: 2B].
Harris, Martha A. (25 yrs.) d. on 72-May-11 of Heart disease [72-May-13: 1H].
Harris, Mary d. on 73-Mar-3 [73-Mar-4: 2B].
Harris, Mary Blanch (1 yr.) d. on 71-Mar-14 [71-Mar-16: 2B].
Harris, Mary E. m. Beeler, Charles on 75-Jan-18 [75-Jan-22: 2B].
Harris, Mary P. (34 yrs., 8 mos.) d. on 71-Nov-24 [71-Nov-27: 2C].
Harris, May d. on 72-Jun-8 [72-Jun-10: 2B].
Harris, Nancy A. (85 yrs.) d. on 74-Feb-11 of Paralysis [74-Feb-13: 2C; 74-Feb-14: 2C].
Harris, Nannie C., Miss m. Mallinckrodt, W. on 72-Jun-11 [72-Jun-21: 2B].
Harris, Nelson (9 yrs.) d. on 72-Oct-1 Drowned [72-Oct-2: 1H].
Harris, Rachel M. m. Bushy, Peter H. on 71-May-3 [71-May-20: 2B].
Harris, Randolph m. Hall, Nannie on 75-Feb-18 [75-Feb-19: 4D].
Harris, Rebecca F. m. Binyon, Thomas on 74-Apr-7 [74-Apr-25: 2B].
Harris, Richard Hopkins (10 mos.) d. on 73-Jul-2 [73-Jul-4: 2B].
Harris, Samuel (78 yrs.) d. on 73-Feb-14 [73-Feb-15: 2B].
Harris, Susan (49 yrs.) d. on 73-May-22 [73-May-23: 2B; 73-May-24: 2B].
Harris, Thomas m. Smith, Sarah E. on 72-Aug-4 [72-Oct-28: 2B].
Harris, Thomas H. m. Hildebrand, Joannah, Miss on 74-Oct-14 [74-Oct-19: 2B].
Harris, Walter (35 yrs.) d. on 74-Nov-2 Suffocated and burned [74-Nov-3: 1H].
Harris, William (58 yrs.) d. on 75-Sep-30 of Heart disease [75-Oct-1: 2B; 75-Oct-2: 2B; 75-Oct-4: 4C].
Harris, William (64 yrs.) d. on 75-Aug-18 [75-Aug-19: 2B].
Harris, William D. (75 yrs.) d. on 75-Jul-18 [75-Jul-20: 2B].

Harris, William H. m. Side, Emma A., Miss on 70-Nov-17 [71-Jan-7: 2C].
Harris, William M. (19 yrs.) d. on 71-Aug-30 [71-Sep-4: 2B].
Harrison, Ann Maria m. Horton, Jesse on 71-Aug-19 [71-Oct-13: 2B].
Harrison, Anna Amanda (23 yrs.) d. on 71-May-12 [71-May-13: 2B; 71-May-31: 2B].
Harrison, Annie D. m. Bailey, John Edward on 71-Mar-14 [71-Mar-22: 2B].
Harrison, Annie J. m. Collins, Charles T. on 72-Sep-10 [72-Sep-17: 2B].
Harrison, B. B. m. Chewning, Helen M., Miss on 72-Mar-4 [72-Mar-7: 2B].
Harrison, Catharine (41 yrs.) d. on 74-Jul-11 [74-Jul-13: 2B].
Harrison, Catherine d. on 75-Aug-5 [75-Aug-7: 2B].
Harrison, Catherine Connor (21 yrs.) d. on 73-Feb-4 [73-Feb-5: 2B].
Harrison, Charles, Jr. (64 yrs.) d. on 73-Nov-24 [73-Nov-26: 2B].
Harrison, Charles Oliver (4 mos.) d. on 72-Dec-26 [72-Dec-28: 2B].
Harrison, Clarinda S. d. on 75-May-21 [75-May-22: 2B].
Harrison, Edward H. (40 yrs.) d. on 72-Feb-11 [72-Feb-13: 2C].
Harrison, Edwin J. m. Cline, Rebecca S., Miss on 71-Mar-8 [71-Mar-11: 2B].
Harrison, Eliza (39 yrs.) d. [75-Jun-14: 2B].
Harrison, Elizabeth (43 yrs.) d. on 72-Jun-13 of Consumption [72-Jun-25: 2B].
Harrison, F. A. m. Maccubbin, Anna A. on 71-Apr-25 [71-May-1: 2C].
Harrison, Frank Benjamin (7 mos.) d. on 73-Jun-30 [73-Jul-3: 2C].
Harrison, George H. m. Johnson, Alice O., Miss on 73-Jun-25 [73-Aug-29: 2B].
Harrison, Harriet (70 yrs.) d. on 71-Dec-8 [71-Dec-9: 2B].
Harrison, Harriet A. d. on 74-Mar-3 [74-Mar-4: 2C].
Harrison, Hugh T., Rev. (63 yrs.) d. on 72-Jun-21 [72-Jun-22: 2B, 4B].
Harrison, J. Duncan m. Roberts, Lou L., Miss on 74-Aug-4 [74-Aug-8: 2B; 74-Aug-11: 2B].
Harrison, James Henry (8 yrs., 9 mos.) d. on 71-Oct-1 [71-Oct-3: 2B].
Harrison, James Robert (3 mos.) d. on 74-Jun-21 [74-Jun-25: 2B].
Harrison, James T. (33 yrs., 7 mos.) d. on 75-Sep-10 [75-Sep-11: 2A].
Harrison, John (33 yrs.) d. on 75-Jun-27 [75-Jun-28: 2B].
Harrison, John m. Buckmiller, Lottie J. on 72-Dec-25 [72-Dec-30: 2B].
Harrison, John Summerfield d. on 73-Dec-11 [73-Dec-12: 2B].
Harrison, Kate (3 yrs., 1 mo.) d. on 72-Oct-23 [72-Oct-25: 2B].
Harrison, Keziah (86 yrs.) d. on 73-Sep-12 [73-Sep-25: 2B].
Harrison, Lottie (2 yrs., 4 mos.) d. on 74-Jan-12 [74-Jan-14: 2B].
Harrison, Lucretia (75 yrs.) d. on 75-Feb-1 [75-Feb-2: 2B].
Harrison, Mary (88 yrs.) d. [74-Sep-9: 2B; 74-Sep-10: 2B].
Harrison, Mary A. (47 yrs., 10 mos.) d. on 75-Nov-13 [75-Nov-15: 2B; 75-Nov-16: 2B].
Harrison, Mary Ann (71 yrs.) d. on 71-May-14 [71-May-15: 2B].
Harrison, Mary Dorsey (53 yrs.) d. on 71-Aug-20 [71-Aug-22: 2B].
Harrison, Mary E. (18 yrs., 2 mos.) d. on 74-Dec-4 [74-Dec-8: 2C].
Harrison, Mary J., Miss m. Jones, Lawrence R. on 74-Apr-16 [74-May-9: 2C].
Harrison, Mary Skipwith m. Kock, Edward on 75-Feb-9 [75-Feb-13: 2C].
Harrison, Matilda B. (76 yrs.) d. on 74-Sep-29 [74-Oct-3: 2B].
Harrison, Murray m. Griswold, Maude on 71-Feb-13 [71-Feb-15: 2C].
Harrison, Patrick Henry (32 yrs.) d. on 75-Jan-19 of Apoplexy [75-Jan-20: 1G; 75-Jan-21: 2B; 75-Jan-22: 4C].
Harrison, Robert G. m. Newton, Ella V., Miss on 74-Nov-11 [74-Nov-19: 2B].
Harrison, Sadie m. Ellis, Samuel H. on 72-Oct-1 [72-Oct-3: 2B].
Harrison, Sallie E. m. Dashiell, Richard H. on 70-Dec-25 [71-Jan-11: 2C].
Harrison, Samuel F. (26 yrs.) d. on 73-Sep-13 [73-Sep-15: 2B].
Harrison, Sarah Amelia (6 mos.) d. on 72-Jun-17 [72-Jun-18: 2B].
Harrison, Sarah Ann (54 yrs.) d. on 72-Feb-5 [72-Feb-20: 2C].
Harrison, Thomas (86 yrs.) d. on 74-Mar-7 of Paralysis [74-Mar-9: 1G, 2B; 74-Mar-10: 2B; 74-

Mar-11: 1H].
Harrison, Thomas H. (42 yrs.) d. on 73-Jan-27 of Consumption [73-Jan-29: 2B].
Harrison, Thomas J. m. Baker, Mary A. on 75-Oct-24 [75-Oct-25: 2A].
Harrison, Virginia m. Kelly, Jackson on 74-Mar-30 [74-Apr-2: 2B].
Harrison, William H. m. Latchford, Belle, Miss on 71-Nov-15 [71-Nov-16: 2B].
Harrison, William K. m. Enos, Laura A., Miss on 75-Jan-27 [75-Feb-2: 2B].
Harrison, William Wilson (4 yrs., 1 mo.) d. on 71-Sep-4 of Scarlet fever [71-Sep-6: 2C].
Harrisson, Robert Edward Lee (2 yrs., 2 mos.) d. on 71-May-11 [71-May-19: 2C].
Harrod, Emily J., Miss m. Gordon, George P. on 72-May-28 [72-Jun-17: 2B].
Harrow, Penelope A. m. Ames, Daniel R. on 73-May-14 [73-Jul-12: 2B].
Harryman, Alexander J. (25 yrs.) d. on 70-Dec-31 [71-Jan-2: 2C].
Harryman, Alice E. m. Taylor, Charles R. on 74-Sep-27 [74-Oct-10: 2B].
Harryman, Annie E., Miss m. Moore, John N. on 75-Feb-4 [75-Feb-19: 2B].
Harryman, Aquila A. m. Carrow, Mollie L., Miss on 75-Feb-17 [75-Feb-19: 2B].
Harryman, Clara, Miss m. Poole, R. A. [71-Sep-15: 2B].
Harryman, Lila M. (18 yrs., 1 mo.) d. on 75-Oct-18 [75-Oct-19: 2A; 75-Oct-20: 2A].
Harryman, Sabret (82 yrs.) d. on 75-Jun-27 [75-Jun-28: 2B].
Harsell, Annie (32 yrs.) d. on 74-Jun-17 of Epilepsy [74-Jun-18: 1G].
Hart, Archibald (84 yrs.) d. on 75-May-13 of Pneumonia [75-May-14: 2B].
Hart, Arthur J. m. Marshall, Martha L., Miss on 75-Jan-7 [75-Jan-9: 2B].
Hart, Barnet (60 yrs.) d. on 74-Aug-19 [74-Aug-20: 2B].
Hart, Charles L. (7 yrs., 9 mos.) d. on 72-Jan-4 [72-Jan-6: 2B].
Hart, Charley (1 yr., 1 mo.) d. on 74-Mar-2 [74-Mar-3: 2B].
Hart, Edward (58 yrs.) d. on 73-Jun-14 of Pneumonia [73-Jun-18: 2B].
Hart, Eleanor d. on 71-Feb-7 [71-Feb-18: 2C].
Hart, Frank (2 yrs., 2 mos.) d. on 72-Jul-5 [72-Jul-6: 2B].
Hart, George, Sr. d. on 75-Jan-22 [75-Feb-1: 2B].
Hart, George A. (28 yrs.) d. on 72-Dec-14 [72-Dec-16: 2B].
Hart, Isabella W. d. on 73-Aug-19 [73-Aug-20: 2B].
Hart, John A. m. Barron, Ida, Miss on 71-Aug-21 [71-Aug-29: 2C].
Hart, Laura M. (27 yrs.) d. on 73-Apr-6 [73-Apr-8: 2B].
Hart, Lewis C. m. Davis, Nellie, Miss on 75-Jun-29 [75-Aug-11: 2B].
Hart, Marion, Miss m. Reynolds, John on 74-Jul-5 [74-Jul-7: 2B].
Hart, Mary Isabella (1 yr., 9 mos.) d. on 75-Jun-24 of Cholera infantum [75-Jun-25: 2B].
Hart, Moses (67 yrs.) d. on 74-Apr-16 [74-Apr-17: 2B; 74-Apr-18: 2B].
Harten, Ellen Russell, Miss m. Logan, Hugh on 72-Nov-21 [[72-Nov-25: 2B]; 72-Nov-26: 2A].
Hartge, Emile O. (49 yrs.) d. on 75-Dec-5 [75-Dec-11: 2B; 75-Dec-13: 2C].
Hartigan, Alice d. on 71-Apr-16 [71-Apr-17: 2C].
Hartigan, Mary Teresa (26 yrs.) d. on 72-Jun-10 of Consumption [72-Jun-11: 2A].
Hartigan, Sarah A., Miss m. Roche, James E. on 73-Jan-12 [73-Jan-15: 2B].
Hartigan, Thomas (35 yrs.) d. on 73-Jul-4 [73-Jul-7: 2B].
Harting, Margaret M. d. on 72-Jul-4 [72-Jul-12: 2C].
Hartjens, Christopher (51 yrs.) d. on 75-Jul-29 [75-Jul-30: 2B].
Hartjens, Mollie A. m. Coleman, Charles M. on 75-Dec-21 [[75-Dec-27: 2B]; 75-Dec-28: 2B].
Hartley, Edward L. (17 yrs.) d. on 74-Feb-14 [74-Feb-16: 2B; 74-Feb-17: 2C].
Hartley, Florida m. Benson, William H. on 74-Sep-16 [74-Sep-25: 2B].
Hartley, Lizzie, Miss m. Bailey, Warner on 72-Nov-28 [72-Dec-28: 2B].
Hartley, Thomas m. Durham, Alice, Miss on 72-Dec-26 [72-Dec-28: 2B].
Hartline, Caroline (38 yrs.) d. on 74-Jan-19 [74-Jan-21: 2B].
Hartline, Catherine (24 yrs., 6 mos.) d. on 75-Feb-27 [75-Mar-2: 2B].
Hartline, Michael (38 yrs.) d. on 72-Jan-16 [72-Jan-19: 2C].
Hartlove, Annie A. m. Baitzell, William E. on 72-Jun-5 [72-Jun-10: 2B].

Hartlove, Annie E. (5 mos.) d. on 74-Mar-5 [74-Mar-18: 2B; 74-Mar-21: 2B].
Hartlove, Annie Elizabeth (24 yrs.) d. on 73-Oct-8 [73-Oct-10: 2B].
Hartlove, Eddy Templer (9 mos.) d. on 72-Jul-10 [72-Jul-11: 2C].
Hartlove, Elizabeth (28 yrs.) d. on 73-Feb-23 of Consumption [73-Feb-24: 2A].
Hartlove, Emma E. m. Leach, James M. on 75-Aug-24 [75-Aug-30: 2B].
Hartlove, Enoch G. m. McCotter, Ella A., Miss on 74-Mar-29 [74-Apr-1: 2B].
Hartlove, James E. m. Mix, Caroline, Miss on 73-Feb-11 [73-Mar-4: 2B].
Hartlove, John Wesley (3 yrs., 6 mos.) d. on 73-Apr-20 of Chronic croup [73-Apr-22: 2B].
Hartlove, Lara A. m. Moon, J. P. on 73-Apr-10 [73-Apr-18: 2B].
Hartlove, Sarah V. m. Deaver, John H. on 72-Aug-6 [72-Aug-10: 2B].
Hartlove, Walter H. m. Foreman, Mollie E., Miss on 71-Oct-31 [71-Nov-8: 2C].
Hartlove, William Wesley (1 yr., 1 mo.) d. on 72-Sep-15 [72-Sep-21: 2A].
Hartmaier, Emma Rita (2 yrs., 3 mos.) d. on 73-Jul-1 [73-Jul-7: 2B].
Hartman, [male] (6 yrs.) d. on 74-May-23 Poisoned [74-May-25: 1G].
Hartman, Adam B. (50 yrs.) d. on 72-Sep-21 of Heart disease [72-Sep-24: 1H].
Hartman, Augustus m. Shertzer, Kate E., Miss on 72-Apr-1 [72-Apr-5: 2B].
Hartman, Elizabeth V. m. Ogle, Francis on 72-Feb-13 [72-Feb-17: 2B].
Hartman, F. C. m. Patrick, Fannie E., Miss on 73-Sep-23 [73-Sep-29: 2B].
Hartman, Frederick m. Reichwein, Christina on 72-Mar-21 [72-Apr-15: 2B].
Hartman, George Aloysius (7 mos.) d. on 73-Jun-28 [73-Jun-30: 2B].
Hartman, Jacob m. Jamison, Annie, Miss on 73-Feb-23 [73-Feb-26: 2B].
Hartman, Jennie E. m. Miller, Michael T. on 71-Jun-20 [71-Jun-24: 2A].
Hartman, John (28 yrs.) d. on 75-Apr-8 [75-Apr-9: 2B; 75-Apr-10: 2B].
Hartman, John m. Heisel, Lena, Miss on 74-Nov-15 [74-Dec-15: 2B].
Hartman, Lida, Miss m. Swingley, J. Albert on 75-Apr-27 [75-May-18: 2A].
Hartman, Maggie, Miss m. Brown, William O. on 71-Apr-20 [71-May-1: 2C].
Hartman, Mary Elizabeth (1 yr., 8 mos.) d. on 72-Dec-5 of Chronic croup [72-Dec-6: 2B].
Hartman, Mary K. d. on 74-Jan-29 [74-Jan-30: 2B; 74-Jan-31: 2B].
Hartman, Rosa m. Shonfield, Alexander on 74-Sep-24 [74-Sep-26: 2B].
Hartman, Sallie C., Miss m. Haskell, Joseph E. on 72-Nov-13 [72-Nov-16: 2A].
Hartman, William (27 yrs.) d. on 72-Jun-19 Drowned [72-Jun-21: 4C].
Hartshorne, Annie H. m. Magraw, Adam R. on 75-Oct-21 [75-Oct-25: 2A].
Hartshorne, F. A. m. Love, Nora L. on 73-Aug-13 [73-Oct-20: 2B; 73-Oct-21: 2B].
Hartung, Adolph m. Bolte, Mary, Miss on 75-Oct-4 [75-Oct-27: 2B].
Hartung, Charles H. m. Bode, Emelie, Miss on 71-Feb-21 [71-Apr-3: 2B].
Hartupee, Florence A., Miss m. Burke, William B. on 72-Jan-1 [72-Jan-8: 2C].
Hartz, John George (25 yrs.) d. on 73-Sep-5 of Heatstroke [73-Sep-6: 1F].
Hartz, Moses m. Adler, Rebecca, Miss on 74-May-26 [74-Jun-3: 2B].
Hartzell, Alfred Cookman d. on 72-Sep-10 [72-Sep-12: 2B].
Hartzell, Anna Celia (6 mos.) d. on 75-May-24 [75-May-25: 2A].
Hartzell, Blanche Estelle (5 mos.) d. on 72-Aug-5 [72-Aug-6: 2B].
Hartzell, Clarence Clifton (1 yr., 1 mo.) d. on 72-Sep-26 [72-Sep-27: 2B].
Hartzell, Cornelia Virginia (3 yrs., 3 mos.) d. on 71-Nov-15 [71-Nov-16: 2B].
Hartzell, David C. m. Dennis, Martha A., Miss on 71-Oct-16 [71-Oct-24: 2A].
Hartzell, Eugene Carroll d. on 74-May-3 [74-May-4: 2C].
Hartzell, George (70 yrs.) d. on 72-Jun-2 [72-Jun-3: 2A; 72-Jun-4: 2A].
Hartzell, Leonard (46 yrs.) d. on 74-May-18 of Heart spasm [74-May-19: 1H; 74-May-20: 2B].
Hartzell, Mary A. (49 yrs., 8 mos.) d. on 75-Dec-26 [75-Dec-27: 2B; 75-Dec-28: 2B].
Hartzell, Sarah (91 yrs.) d. on 72-Nov-24 [72-Nov-25: 2B; 72-Nov-26: 2B].
Hartzell, Thomas Jenkins (1 yr., 4 mos.) d. on 72-Jun-23 [72-Jun-25: 2B].
Hartzog, George (67 yrs.) d. on 72-Dec-15 [72-Dec-17: 2B].
Harvey, Albert (1 yr., 7 mos.) d. on 75-Mar-5 [75-Mar-8: 2B].

Harvey, Ann Maria (48 yrs.) d. on 73-Nov-13 [73-Nov-19: 2B].
Harvey, Annie R. m. Beaver, George Frank on 75-Dec-14 [75-Dec-17: 2B].
Harvey, Charles m. Pendleton, Virginia Marshall on 73-Nov-5 [73-Nov-7: 2B].
Harvey, E. E. m. Carson, Martha, Miss on 74-Mar-5 [74-Oct-29: 2B].
Harvey, Elizabeth (72 yrs.) d. on 75-Mar-2 in Railroad accident [75-Mar-5: 4D].
Harvey, Emma V., Miss m. Gosnell, Talbott T. on 73-Sep-1 [73-Dec-23: 2B].
Harvey, Francis Beehler (2 yrs., 4 mos.) d. on 74-Jan-6 [74-Jan-7: 2B; 74-Jan-8: 2C].
Harvey, Henry Onderdonk (23 yrs.) d. on 72-Jul-1 [72-Jul-3: 2B; 72-Jul-4: 2B].
Harvey, J. Clarence m. Cadow, Tillie S., Miss on 73-Oct-22 [73-Oct-27: 2B].
Harvey, J. W. m. Wise, Rose A., Miss on 71-Dec-28 [72-Jan-9: 2C].
Harvey, James m. Cleghorn, Maggie, Miss [72-Sep-28: 2B].
Harvey, James T. (28 yrs.) d. on 73-Jan-12 of Smallpox [73-Jan-14: 1H].
Harvey, John (59 yrs.) d. on 71-Sep-6 [71-Sep-7: 2B].
Harvey, John Edward (43 yrs.) d. on 74-Nov-11 [74-Nov-12: 2B].
Harvey, Maggie Bryson (8 mos.) d. on 73-Jan-10 [73-Jan-11: 2B].
Harvey, Nancy (117 yrs.) d. on 73-Jun-25 [73-Jun-28: 4B].
Harvey, Thomas A. m. Warner, Virginia, Miss on 73-Jun-26 [73-Jul-1: 2A].
Harvey, Thomas M. (43 yrs.) d. on 72-Dec-12 [72-Dec-13: 2B; 72-Dec-14: 2A].
Harvey, Thomas P. (72 yrs.) d. on 74-May-14 [74-May-15: 1H, 2B].
Harvey, Thomas P. m. Smith, M. Vertie on 73-Aug-29 [73-Aug-30: 2A].
Harvey, Virginia Marshall (22 yrs.) d. on 75-Apr-2 [75-Apr-3: 2B].
Harvey, William (13 yrs.) d. on 73-Jul-3 Crushed by mast [73-Jul-5: 4D].
Harvey, William A. m. Hannan, Amelia on 75-Apr-7 [75-Apr-16: 2A].
Harward, Charles H. m. Norris, Sidney C. on 73-Jan-23 [73-Feb-1: 2B].
Harward, Walter m. Edgar, Mary L., Miss on 74-Dec-17 [74-Dec-23: 2B].
Harwood, Allen (8 yrs.) d. on 75-Sep-22 [75-Oct-1: 2B].
Harwood, Julian Carlyle Herber d. on 75-Oct-15 [75-Oct-16: 2B].
Harwood, Laura A. F., Miss m. Hardesty, James A. on 73-Sep-18 [73-Oct-17: 2B].
Harwood, Mary A. (68 yrs.) d. on 71-Jul-6 [71-Jul-8: 2C].
Harwood, Mary Elder m. Beebe, Charles H. on 75-Sep-16 [75-Sep-20: 2B].
Harwood, Rebecca Louise d. on 73-Sep-22 of Brain paralysis [73-Sep-25: 2B].
Haschert, George (35 yrs., 4 mos.) d. on 71-Nov-14 [71-Nov-16: 2B].
Haseltine, Emma A., Miss m. Collins, J. H., Dr. on 72-Jan-4 [72-Jan-15: 2C].
Hasetton, Aurelia (70 yrs.) d. on 73-Jan-10 [73-Jan-11: 2B].
Haskell, Charles C. m. Baitzell, Annie M. on 75-Jun-1 [75-Jul-21: 2B].
Haskell, John T. m. Ward, Alice A. on 71-Apr-23 [71-Apr-29: 2B].
Haskell, Joseph E. m. Hartman, Sallie C., Miss on 72-Nov-13 [72-Nov-16: 2A].
Haskell, Mary (89 yrs.) d. on 74-Apr-23 [74-Apr-24: 2B].
Haslam, Jefferson H. m. Williamson, Laura V., Miss on 73-Jan-10 [73-Jan-25: 2B].
Haslett, George d. on 75-Mar-17 [75-Apr-17: 2B].
Haslup, Charles W. m. Duvall, Lizzie on 74-Feb-26 [74-Mar-5: 2B].
Haslup, F. M. McGee (6 yrs., 10 mos.) d. on 72-Jul-20 of Meningitis [72-Jul-27: 2B].
Haslup, Henrietta M., Miss m. Hunter, Thomas J. on 75-Apr-7 [75-May-3: 2B].
Haslup, John Thomas (1 yr., 3 mos.) d. on 72-Feb-21 [72-Feb-23: 2D].
Haslup, Rezin, Rev. (74 yrs.) d. on 74-Apr-12 [74-Apr-14: 2B; 74-Apr-16: 4D].
Haslup, Rezin C., Rev. (34 yrs.) d. on 74-Jun-2 [74-Jun-3: 2B; 74-Jun-4: 2B; 74-Jun-5: 1G].
Haslup, S. Lavinia m. Medcalf, J. A. J. on 74-Oct-1 [74-Oct-6: 2B].
Hassan, Elizabeth d. [75-Apr-13: 2B; 75-Apr-14: 2B].
Hassan, Freddie B. (7 yrs.) d. [72-Jul-18: 2B].
Hassauer, Kate, Miss m. Scheffer, Charles on 75-Jul-27 [75-Aug-3: 2B].
Hasselberger, Apollonia (64 yrs.) d. on 72-Jul-3 [72-Jul-6: 2B].
Hasselhorst, Maria Louisa (5 yrs., 8 mos.) d. on 72-Aug-23 [72-Aug-24: 2B].

Hassen, [unnamed] d. on 75-Mar-24 Burned [75-Mar-25: 1F].
Hasson, James (67 yrs.) d. on 71-Apr-28 [71-May-2: 2B].
Hasson, John d. [75-Dec-29: 4E].
Hasson, William C. (55 yrs.) d. on 72-Jul-3 of Heatstroke [72-Jul-4: 1F, 2B].
Hastings, Jennie M. m. Canfield, Edward on 74-Sep-17 [74-Sep-18: 2B].
Hastings, Robert J. m. Heilig, Ada C. on 72-Oct-23 [72-Nov-7: 2B].
Hastings, V. B. m. Murray, Laura Virginia, Mrs. on 75-Sep-19 [75-Nov-9: 2B].
Haswell, Alice H. m. Williams, Douglas S. on 74-Dec-22 [74-Dec-25: 2B].
Haswell, Ann (65 yrs.) d. on 72-May-27 of Paralysis [72-May-30: 2B].
Haswell, Emory H. m. Rae, Mary V. on 74-Oct-22 [74-Nov-3: 2B].
Hatch, Emma B. m. Powell, William M. on 71-Apr-19 [71-Apr-22: 2C].
Hatch, M. Leila m. Brown, Kirk on 73-Apr-10 [73-Apr-12: 2A].
Hatch, Mary Ann (69 yrs.) d. on 74-Feb-21 [74-Feb-23: 2B; 74-Feb-24: 2B].
Hatch, Nathaniel T. (65 yrs.) d. on 72-May-9 [72-May-11: 2A].
Hatcheson, Ann Elizabeth (66 yrs.) d. on 72-Mar-17 [72-Mar-19: 2B].
Hatcheson, Averrella S. m. Bean, George W. on 71-Jan-12 [71-Jan-18: 2C].
Hatcheson, Benjamin O. m. Chase, Fanny A., Miss on 73-Sep-30 [73-Oct-9: 2B].
Hatcheson, W. F. (34 yrs., 9 mos.) d. on 71-Aug-27 [71-Aug-30: 2C].
Hatfield, William F. m. Bates, Belle, Miss on 71-Oct-18 [71-Oct-20: 2B].
Hatheway, Warren Thomas m. Walstrum, Mary R., Miss on 74-Aug-19 [74-Aug-22: 2B].
Hatton, Abrilla (86 yrs.) d. on 72-Nov-14 of Pneumonia [72-Nov-15: 2B; 72-Nov-16: 2A].
Hatton, Harriet A. m. Morgan, Charles W. on 74-Oct-12 [74-Oct-16: 2B].
Hatton, Henry (59 yrs.) d. on 71-Apr-24 [71-Apr-25: 2B; 71-Apr-26: 2B].
Hatton, Joanna m. Courtney, John on 72-Sep-19 [72-Sep-21: 2A].
Hatton, Laura, Miss m. Earle, John A. on 72-May-31 [72-Jun-1: 2A].
Hatton, Mollie A. m. Johnson, Charles A. on 74-Feb-16 [74-Feb-20: 2C].
Hauck, Babette (57 yrs.) d. on 75-Oct-2 [75-Oct-4: 2B; 75-Oct-5: 2B].
Haueisen, Mary R. P., Miss m. Watts, John, Rev. on 73-Jul-17 [73-Sep-16: 2B].
Hauer, John William (1 yr., 5 mos.) d. on 71-Feb-27 [71-Feb-28: 2C].
Haugh, William (5 yrs., 3 mos.) d. on 71-Aug-29 [71-Aug-31: 2C].
Haugherty, Effie Alberta (1 yr., 5 mos.) d. on 74-Jul-14 [74-Jul-16: 2B].
Haugherty, James m. Ely, Margaret J. on 72-Mar-3 [72-Mar-8: 2B].
Haughey, Annie, Miss m. Smith, Edward A. on 73-Oct-2 [73-Oct-6: 2B].
Haughey, Minnie, Miss m. Stringer, Thomas C. on 74-Mar-31 [74-Apr-8: 2B].
Haughey, Robert Wylie (8 yrs.) d. on 71-Feb-9 [71-Feb-13: 2C].
Haughy, T. K. (75 yrs.) d. on 74-Oct-29 [74-Oct-31: 2B].
Hauksnack, Rose (24 yrs., 3 mos.) d. on 74-Oct-28 [74-Oct-30: 2B].
Haupt, John M. (39 yrs.) d. on 72-Nov-9 in Machine accident [72-Nov-11: 2B, 4F].
Haupt, John M., Jr. m. Bauer, Kate H., Miss on 71-Aug-21 [71-Sep-1: 2B].
Haupt, John Richard (5 mos.) d. on 71-Jun-16 [71-Jun-17: 2B].
Haupt, Marietta (81 yrs.) d. on 73-Jan-1 [73-Jan-2: 2B].
Hauptman, Daniel (83 yrs.) d. on 73-Oct-9 [73-Oct-10: 2B, 4D; 73-Oct-11: 2B].
Haurand, Caroline, Mrs. m. Christiansen, John A. on 72-Oct-7 [72-Nov-2: 2A].
Hausdaffer, John Edward (1 yr., 2 mos.) d. on 72-Oct-27 [72-Oct-28: 2B].
Hause, Ella M. m. White, William C. on 75-Mar-11 [75-Apr-22: 2B].
Hause, Florence A. (4 mos.) d. on 75-Jun-19 [75-Jun-21: 2B].
Hause, Franklin T. (18 yrs.) d. on 73-Mar-9 [73-Mar-10: 2B].
Hause, Frederick, Sr. (82 yrs.) d. on 75-Mar-8 [75-Mar-13: 1H, 2B].
Hause, Irvine Ashby (4 yrs., 2 mos.) d. on 72-Feb-5 [72-Feb-7: 2C].
Hause, Rosa, Miss m. Voneiff, John on 71-Sep-18 [71-Sep-21: 2C].
Hause, William L. m. Shipley, Emma on 71-Feb-9 [71-Feb-14: 2C].
Hause, William Pouder (16 yrs., 5 mos.) d. on 73-Feb-5 [73-Feb-7: 2B].

Hausenvald, Annie C. (17 yrs.) d. on 73-Apr-16 [73-Apr-17: 2B; 73-Apr-18: 2B].
Hausenwald, John D. m. Stewart, Alice R., Miss on 73-May-6 [73-May-13: 2B].
Havener, Mary Lizzie (3 yrs., 4 mos.) d. on 74-Mar-7 [74-Mar-9: 2B].
Havenner, Thomas (84 yrs.) d. on 71-Sep-15 [71-Sep-18: 2B].
Hawk, August (53 yrs.) d. on 71-Sep-26 [71-Sep-27: 2B].
Hawk, August (21 yrs.) d. on 71-Aug-28 [71-Aug-29: 2C].
Hawk, Catherine (49 yrs.) d. on 75-May-19 [75-May-21: 2B].
Hawk, Edward W. m. Lee, Sarah J., Miss on 74-Nov-11 [74-Nov-12: 2B].
Hawk, Joseph Thomas m. Miller, E. L., Miss on 75-May-16 [75-May-21: 2B].
Hawkins, Anne Hampton (20 yrs.) d. on 75-Jul-29 [75-Jul-31: 2B].
Hawkins, Charles (75 yrs.) d. on 75-Jan-23 [75-Jan-26: 2B].
Hawkins, Emma C. (15 yrs.) d. on 75-Jun-29 of Consumption [75-Jun-30: 2B].
Hawkins, F. P. m. Schultz, Lizzie S. on 74-Apr-29 [74-Jul-2: 2B].
Hawkins, Fannie (27 yrs.) d. on 75-Jan-10 [75-Jan-11: 2B].
Hawkins, Lucy (74 yrs.) d. on 75-Jul-16 [75-Jul-21: 2B].
Hawkins, Mary A. (22 yrs.) d. on 75-Apr-1 of Consumption [75-Apr-3: 2B].
Hawkins, Mary E., Mrs. m. Dawson, John L. on 73-Feb-3 [73-Feb-21: 2B].
Hawkins, Mollie L., Miss m. Turner, William J., Capt. on 72-Nov-13 [72-Nov-29: 2B].
Hawkins, Sarah E. m. Whittington, Joseph James on 75-Jun-29 [75-Jul-8: 2B].
Hawkins, Sarah J. (44 yrs.) d. on 74-Nov-26 of Consumption [74-Nov-28: 2C].
Hawks, Hannah Gaston d. on 74-Apr-22 [74-Apr-24: 2B, 4D].
Hawley, Kate B. m. Platt, James B. on 71-Jun-13 [71-Jun-16: 2B].
Hawthorne, Emily d. on 75-May-28 [75-May-29: 2A; 75-May-31: 2B].
Hawthorne, Emily m. Rogers, Henry W. on 71-Nov-16 [71-Nov-18: 2B].
Hax, A. Christina m. Rossing, J. D. on 72-May-21 [72-May-24: 2B].
Hax, Anna Mary (82 yrs., 8 mos.) d. on 74-Feb-12 [74-Feb-13: 2C; 74-Feb-14: 2C].
Hax, Henry B. (1 yr., 6 mos.) d. on 72-May-1 [72-May-8: 2B].
Hax, Mary C., Miss m. Nickles, Lewis on 72-Jan-9 [72-Jan-24: 2C].
Haxel, Philipp m. Schwing, Appollonia, Miss on 73-Nov-27 [73-Dec-10: 2B].
Hay, Jesse R. m. Wells, Florence M. on 74-Jan-7 [74-Jan-10: 2B].
Hay, Mary Louisa (1 yr., 8 mos.) d. on 74-Apr-18 [74-Apr-20: 2A].
Hay, Roxanna L. (64 yrs.) d. on 75-May-28 [75-May-29: 2A].
Hayden, Annie R. d. on 74-Feb-23 [74-Feb-25: 2B].
Hayden, Bridget (14 yrs.) d. on 73-Apr-26 [73-Apr-28: 2B].
Hayden, Elizabeth (97 yrs.) d. on 75-Jul-6 [75-Jul-7: 2B].
Hayden, Ellen, Miss m. Kelly, William on 71-Sep-25 [71-Oct-3: 2B].
Hayden, George E. m. Dwyer, Annie E. on 73-Feb-25 [73-Mar-18: 2B].
Hayden, Kate, Miss m. McGinn, Bernard on 71-Feb-14 [71-Feb-18: 2B].
Hayden, Kate m. Collins, B. H. on 74-Jan-8 [74-Jan-10: 2B].
Hayden, Kate H. m. Cosby, William H. on 74-Jun-3 [74-Jun-5: 2B].
Hayden, Michael J. m. Hohlbein, Ginnie E. on 73-May-26 [73-Jun-9: 2A].
Hayden, Thomas m. Price, Annie, Miss on 75-Feb-8 [75-Feb-10: 2B].
Hayes, Agnes B. (52 yrs.) d. on 72-Feb-5 [72-Feb-13: 2C].
Hayes, Amelia (80 yrs.) d. on 74-Jun-12 [74-Jun-16: 2B].
Hayes, Amelia, Miss m. Chandler, P. T. on 71-Aug-9 [71-Sep-2: 2B].
Hayes, Catherine (83 yrs.) d. on 75-Oct-16 [75-Oct-19: 2A].
Hayes, Edward m. Coursey, Margaret on 73-Dec-18 [73-Dec-19: 2B].
Hayes, Elmor Wayson d. on 72-Feb-5 [72-Feb-7: 2C].
Hayes, George C. m. Taylor, Leah G., Miss on 71-May-23 [71-Jun-14: 2B].
Hayes, Jane (77 yrs.) d. on 74-May-19 [74-May-20: 2B].
Hayes, John (3 mos.) d. on 71-Jun-13 [71-Jun-14: 2B].
Hayes, Kate E. m. Harbaugh, F. W. on 71-Oct-31 [71-Nov-4: 2B].

Hayes, Margaret McKim (8 mos.) d. on 75-Jun-16 [75-Jun-17: 2B].
Hayes, Martha Jane d. on 71-Oct-20 [71-Oct-24: 2B; 71-Oct-25: 2B].
Hayes, Mary Elizabeth d. on 75-Jul-18 [75-Jul-19: 2B].
Hayes, Robert F. m. Simonson, Mary A. on 74-May-10 [74-May-26: 2B].
Hayes, Thomas m. Nougues, Alice on 75-Nov-11 [75-Nov-27: 2B].
Hayes, Walter C. (53 yrs.) d. on 72-Jun-17 [72-Jun-18: 2B].
Hayghe, Henry C., Rev. (28 yrs.) d. on 71-Dec-17 [71-Dec-22: 2C].
Haynes, Charles Douglas d. on 72-Mar-4 [72-Mar-6: 2B].
Haynes, D. F. m. Davis, Sarah E., Miss on 71-Dec-8 [71-Dec-9: 2A].
Haynes, James A., Capt. m. Gleeson, Julia T. R., Miss on 75-Jul-14 [75-Jul-19: 2B].
Haynie, Alice B., Miss m. Milburn, S. C. on 71-Nov-22 [71-Nov-23: 2C].
Haynie, George Edward (22 yrs.) d. on 72-Oct-16 of Consumption [72-Oct-19: 2B].
Haynie, John A. m. Bullock, Kate S. on 75-Nov-25 [75-Dec-8: 2B].
Haynie, Mary E., Miss m. Myers, Washington on 73-Oct-27 [73-Nov-1: 2B].
Haynie, Sophronia B. m. McDonnal, Samuel W. on 75-Jun-22 [75-Oct-27: 2B].
Hays, Catherine (63 yrs.) d. on 71-Jul-2 [71-Jul-12: 2B].
Hays, Catherine (67 yrs.) d. on 71-Sep-13 [71-Sep-14: 2B].
Hays, Catherine Darling (7 mos.) d. on 75-Jun-26 [75-Jun-28: 2B].
Hays, Charlotte (69 yrs.) d. on 73-Jun-14 [73-Jun-18: 2B].
Hays, George A. (25 yrs.) d. on 72-Sep-25 [72-Oct-2: 2B].
Hays, James S. m. Core, Anna M. on 71-Feb-23 [71-Feb-25: 2B].
Hays, Joseph Henry (9 mos.) d. on 72-Mar-16 [72-Mar-18: 2A].
Hays, M. P., Miss m. Sappington, J., Dr. on 74-Apr-29 [74-May-8: 2B].
Hays, Mary (84 yrs.) d. on 72-May-2 [72-May-3: 2B; 72-May-4: 2B].
Hays, Mary A., Miss m. Giles, John B. on 72-Feb-29 [72-Mar-1: 2B].
Hays, Mary E. (1 yr., 4 mos.) d. on 71-Dec-31 [72-Jan-1: 2C].
Hays, Mary Ellen (3 yrs., 4 mos.) d. on 75-Dec-24 of Chronic croup [75-Dec-25: 2B].
Hays, Michael (13 yrs.) d. on 71-Jun-7 [71-Jun-8: 2B].
Hays, Pamelia H. d. on 75-Jan-15 of Apoplexy [75-Jan-20: 2B].
Hays, Peter D. (52 yrs.) d. on 71-May-4 of Consumption [71-May-5: 2B].
Hays, Thomas A. m. Allen, Mamie W., Miss on 72-Oct-22 [72-Nov-20: 2B].
Hayward, Christiana S. H. m. Clark, Duncan C. on 75-Nov-24 [75-Nov-27: 2B].
Hayward, E. Nora m. Gibbons, John H. on 74-Oct-20 [74-Oct-24: 2B].
Hayward, Elizabeth (76 yrs.) d. on 71-Apr-10 [71-Apr-11: 2B; 71-Apr-12: 2B].
Hayward, Franklin B. (21 yrs.) d. on 75-Aug-23 [75-Aug-24: 1H, 2B; 75-Aug-26: 4B].
Hayward, Harry A. (3 yrs., 3 mos.) d. on 75-May-9 [75-May-10: 2B].
Hayward, Mary R. d. on 75-Jun-3 [75-Jun-4: 2B; 75-Jun-5: 2B].
Hayward, Winnia G. (1 yr., 9 mos.) d. on 73-Feb-23 [73-Feb-25: 2B].
Haywood, John B. (68 yrs.) d. on 73-Jun-8 of Fall from window [73-Jun-10: 2A; 73-Jun-11: 1H].
Hazard, Mary A. (1 mo.) d. on 75-Mar-7 [75-Mar-8: 2B].
Hazard, William E. m. French, Ella F., Miss on 75-Jun-1 [75-Jun-5: 2A].
Hazelip, Florence d. on 72-Jun-12 [72-Jun-13: 2B].
Hazelip, Laura V. (4 yrs., 3 mos.) d. on 75-Oct-4 [75-Oct-6: 2B].
Hazell, Issac, Capt. (40 yrs.) d. on 72-Feb-18 Drowned [72-Feb-24: 4D].
Hazellman, Elizabeth m. Funk, Edward on 72-Apr-30 [72-May-2: 2B].
Hazelton, Jeremiah m. Moore, Margaret on 72-May-16 [72-May-18: 2A].
Hazlehurst, Charles Robbins d. on 72-Jun-17 [72-Jun-18: 2B].
Hazlehurst, John B. m. Robbins, Louisa M. on 71-Apr-11 [71-Apr-14: 2B].
Hazlehurst, Louisa M. (25 yrs.) d. on 72-Jan-8 [72-Jan-9: 2C; 72-Jan-10: 2C].
Hazleton, Enoch m. Johnson, Fredoner on 75-May-18 [75-May-22: 2B].
Hazlett, Sarah (74 yrs.) d. on 74-Jun-10 [74-Jun-11: 2B].
Hazzard, Mary E. m. White, J. Charles on 74-Oct-7 [74-Oct-8: 2B].

Headington, Mattie W., Miss m. Black, James B. on 73-Oct-9 [73-Oct-11: 2B].
Headley, Cordelia (25 yrs.) d. on 72-Feb-18 [72-Feb-22: 2C].
Headley, Vernon Martin (9 mos.) d. on 75-Jul-4 [75-Jul-7: 2B].
Heafleich, Lillie C. m. Bennett, G. R. on 73-Nov-19 [73-Nov-20: 2B].
Heagy, Katie (3 yrs., 2 mos.) d. on 72-Jan-20 [72-Jan-22: 2C].
Heald, Alice H. m. Groverman, M. D. on 72-Apr-17 [72-Apr-26: 2B].
Heald, Charles M. m. Clark, Lizzie L. on 71-Dec-12 [71-Dec-27: 2C].
Heald, Howard (40 yrs.) d. on 71-Jan-8 [71-Jan-10: 2C; 71-Jan-11: 2C].
Heald, J. M. D. m. Armitage, Bettie, Miss on 74-Nov-12 [74-Nov-14: 2B].
Heald, John R. (42 yrs.) d. on 71-Jan-10 [71-Jan-11: 2C; 71-Jan-12: 2C].
Healey, Edward J. m. Curran, Clara E., Miss on 75-May-25 [75-Jun-11: 2B].
Healey, Patrick (50 yrs.) d. on 71-Nov-5 Drowned [71-Nov-6: 2A, 4C].
Healey, R. Glarisa (5 yrs., 8 mos.) d. on 73-Dec-6 [73-Dec-8: 2B].
Healy, Bridget (5 yrs., 10 mos.) d. on 71-Apr-17 [71-Apr-18: 2C].
Healy, Catharine (2 yrs., 4 mos.) d. on 75-Jul-15 [75-Jul-16: 2B].
Healy, Dennis (55 yrs.) d. on 75-Apr-28 [75-Apr-29: 2B; 75-Apr-30: 2B].
Healy, E. A. S., Miss m. Savin, M. J. D. on 75-Jun-8 [[75-Jun-22: 2B]; 75-Jun-23: 2B].
Healy, Edward A. m. Bradley, Maggie A., Miss on 71-May-25 [71-Jun-8: 2B].
Healy, Edward T. (39 yrs.) d. on 73-Mar-10 [73-Mar-11: 2B].
Healy, Estelle May (5 mos.) d. on 75-Oct-21 [75-Oct-22: 2A].
Healy, J. Agnes (6 yrs., 5 mos.) d. on 71-Sep-14 [71-Sep-15: 2B; 71-Sep-16: 2B].
Healy, Mary m. English, Robert E. on 73-Aug-13 [73-Aug-20: 2B].
Healy, Mary C. (4 yrs., 1 mo.) d. on 72-May-19 [72-May-20: 2B].
Healy, William Henry (33 yrs.) d. on 73-Nov-11 of Consumption [73-Nov-12: 1G, 2B; 73-Nov-13: 1G, 2B].
Heaney, James, Sr. (85 yrs.) d. on 72-May-31 [72-Jun-1: 2A].
Heaney, Susan (73 yrs.) d. on 73-Oct-29 [73-Oct-30: 2B; 73-Oct-31: 2B].
Heaphy, Joannah M., Miss m. Casey, John H. on 73-Aug-26 [73-Dec-5: 2B].
Heaphy, Michael (1 yr., 5 mos.) d. on 71-Jun-25 [71-Jun-27: 2B].
Heaphy, Minnie m. McNamara, Michael on 75-Sep-30 [75-Dec-1: 2B].
Heaps, Eliza, Miss m. Heffner, George R. on 73-Oct-8 [73-Oct-13: 2B].
Heard, Sarah Ann (68 yrs.) d. on 73-Oct-5 [73-Oct-6: 2B].
Heart, Katie (1 yr., 6 mos.) d. on 73-Jul-1 [73-Jul-3: 2C].
Heath, Alfred A. m. Saniker, Alice M., Miss on 72-Oct-3 [72-Oct-15: 2B].
Heath, Almira E. m. Snowden, Wilton Bowie on 73-Jul-30 [73-Sep-2: 2B].
Heath, Bolling G. m. Porter, Margaret G. on 74-Dec-31 [75-Mar-6: 2B].
Heath, E. B. m. Shorb, E. F., Dr. on 71-Jan-4 [71-Jan-6: 2C].
Heath, Edward Bower (1 yr., 5 mos.) d. on 72-May-21 [72-May-25: 2B].
Heath, George T. m. Lutton, Eliza J., Miss on 71-Jan-1 [71-Jan-4: 2B].
Heath, J. R. m. Osbourn, A. V. on 74-Oct-8 [74-Oct-22: 2A].
Heath, John Samuel (14 yrs., 1 mo.) d. on 72-Mar-20 [72-Mar-22: 2C].
Heath, Stephen P., Sr. (66 yrs.) d. on 74-Aug-1 [74-Aug-3: 2B].
Heaton, Howard G. (20 yrs., 10 mos.) d. on 73-Aug-12 [73-Aug-14: 2B; 73-Aug-15: 2B].
Hebb, Griffin m. Thompson, Bettie C. on 71-Dec-6 [71-Dec-9: 2A].
Hebb, H. J., Dr. m. Jean, Annie E. on 75-Jul-6 [75-Jul-13: 2B].
Hebb, Joseph Henry (1 yr., 2 mos.) d. on 74-Nov-15 [74-Nov-16: 2B].
Hebb, Leila (19 yrs.) d. on 75-Jul-7 Struck by lightning [75-Jul-12: 4B; 75-Jul-13: 4D].
Hebb, Mary E. m. Methany, Daniel T. on 74-Jun-7 [74-Jun-15: 2B].
Hebb, Sallie Topping m. Ash, Thomas G. on 71-Dec-21 [71-Dec-25: 2C].
Hebb, Sarah C. (42 yrs.) d. on 75-May-9 [75-May-10: 2B; 75-May-11: 2B].
Hebb, Sarah Catharine (6 yrs., 5 mos.) d. on 74-Nov-8 [74-Nov-9: 2B; 74-Nov-10: 2B].
Hebbel, C. m. Stevens, Elizabeth, Miss on 73-May-19 [73-May-26: 2B].

Hebbel, Elizabeth, Miss m. Hiehle, A. G. on 73-Oct-28 [73-Nov-3: 2B].
Hebden, Sarah (42 yrs.) d. on 75-Jul-12 [75-Jul-13: 2B].
Hebner, Christina (13 yrs., 4 mos.) d. on 74-Oct-24 [74-Oct-26: 2B].
Hechinger, Wilhelmina (1 yr., 7 mos.) d. on 75-Sep-1 [75-Sep-2: 2B].
Hecht, Abe E. m. Kaufman, Amelia T. on 74-Mar-25 [74-Mar-27: 2B].
Hecht, Abraham m. Friedberger, Lena on 72-Feb-14 [72-Feb-20: 2C].
Hecht, Elias (78 yrs.) d. on 73-Apr-1 [73-Apr-3: 2B].
Hecht, Florence Hilda (7 mos.) d. on 73-Jul-7 [73-Jul-8: 2B].
Hecht, Heffa (78 yrs.) d. on 75-Jun-30 [75-Jul-1: 2B; 75-Jul-2: 2B].
Hecht, Rosa, Miss m. Goldenberg, Moses on 75-Aug-11 [75-Aug-14: 2B].
Heck, George H. L. (45 yrs.) d. on 75-Mar-11 in Railroad accident [75-Mar-12: 1H, 2B; 75-Mar-13: 1H].
Heck, John d. on 73-Nov-3 [73-Nov-4: 4C].
Heckart, J. J. (69 yrs.) d. on 72-Jul-3 [72-Jul-4: 2B].
Heckathorn, William (58 yrs.) d. on 72-Jan-15 [72-Jan-17: 2C].
Heckrotte, Charles Henry m. Weaver, Clara Virginia on 75-Nov-2 [75-Nov-15: 2B].
Heckrotte, William (81 yrs.) d. on 75-Feb-27 of Heart rheumatism [75-Mar-2: 2B].
Hedden, Electa d. on 72-Aug-13 [72-Aug-16: 2B].
Hedges, Amy C., Miss m. Simpson, Ernest J. on 75-Oct-28 [75-Nov-13: 2B].
Hedges, Edward M. m. Camper, Alice S., Miss on 75-Jun-24 [75-Sep-14: 2B].
Hedges, Ernest Lightner (5 yrs.) d. [75-Feb-8: 2B].
Hedges, Henry Bedenger d. on 71-Jun-11 [71-Jun-12: 2C].
Hedian, Martin (41 yrs.) d. on 75-Feb-20 of Pneumonia [75-Feb-22: 2B; 75-Feb-23: 2B; 75-Feb-27: 1H].
Hedley, Alverda (5 mos.) d. on 73-Aug-14 [73-Aug-15: 2B].
Hedrick, Ella N., Miss m. Clapp, William E. on 75-Jun-1 [75-Jun-5: 2A].
Hedrick, Julia A., Mrs. m. Webb, Milton on 73-Jun-11 [73-Jun-13: 2B].
Heer, Annis Sophie (11 yrs., 9 mos.) d. on 73-Dec-2 [73-Dec-3: 2C].
Heesh, Katie, Miss m. Pontier, Lamartine on 75-Jun-30 [75-Jul-9: 2B].
Heffelfinger, Jacob m. Whiting, Louise F. on 72-Oct-10 [72-Oct-15: 2B].
Heffenar, Michael (25 yrs.) d. on 74-Dec-31 [75-Jan-1: 2B].
Heffernen, Mathew (59 yrs.) d. on 74-Sep-15 [74-Sep-16: 2B].
Heffler, Peter d. on 73-Mar-24 Drowned [73-Mar-25: 1G; 73-Apr-16: 1G].
Heffner, Emma m. Hackney, J. Walter on 73-Jun-19 [73-Jun-21: 2A].
Heffner, George R. m. Heaps, Eliza, Miss on 73-Oct-8 [73-Oct-13: 2B].
Heflebower, John N. m. Turnbull, Frances Emily on 72-Jan-11 [72-Jan-15: 2C].
Hegarty, Bridget (61 yrs.) d. [75-Jan-4: 2B].
Heibeck, [male] d. on 75-Nov-21 [75-Nov-22: 4C].
Heibner, Alexandria (66 yrs.) d. on 74-May-27 [74-May-29: 2B].
Heidelberger, Annie, Miss m. Stein, Samuel on 71-Dec-3 [71-Dec-5: 2C].
Heiderich, Anton, Capt. (49 yrs., 6 mos.) d. on 74-Aug-2 of Consumption [74-Aug-3: 4E; 74-Aug-4: 2B; 74-Aug-5: 4D].
Heiderich, William m. Bayer, Maggie on 75-Nov-13 [75-Nov-22: 2A].
Heiderman, W. T. m. Merklon, Emma J., Miss on 74-Jul-13 [74-Jul-16: 2B].
Heidrick, [female] (68 yrs.) d. on 74-Apr-13 Burned [74-Apr-15: 1H].
Heidtke, Augustus (29 yrs.) d. on 75-Aug-29 Drowned [75-Aug-30: 4E].
Heigesheimer, John H. (1 yr., 6 mos.) d. on 74-Jul-2 [74-Jul-3: 2B].
Heighe, Jane d. on 71-Oct-29 of Pneumonia [71-Nov-3: 2C].
Height, James (72 yrs., 1 mo.) d. on 73-May-24 [73-May-28: 2B].
Heigle, John J. d. on 74-Jun-7 of Fever [74-Jul-25: 2B].
Heil, Henry m. Redemann, Mary, Miss on 73-May-1 [73-Jun-12: 2B].
Heil, Mary (20 yrs.) d. on 74-Jan-11 [74-Jan-12: 2B].

Heilbrun, Maggie d. on 75-Nov-19 [75-Nov-20: 2B; 75-Dec-11: 2B].
Heilbrun, Samuel m. Sonnehill, Mollie on 75-Apr-4 [75-Apr-6: 2B].
Heilig, Ada C. m. Hastings, Robert J. on 72-Oct-23 [72-Nov-7: 2B].
Heilig, Mary Virginia m. Little, [male] on 73-May-20 [73-May-22: 2B].
Heim, William G. m. Bay, Fannie, Miss on 74-Nov-16 [74-Nov-18: 2B].
Heimiller, Godfrey (43 yrs., 8 mos.) d. on 74-Aug-19 [74-Aug-20: 2B; 74-Aug-21: 2B].
Heimiller, Henry (51 yrs., 3 mos.) d. on 71-Nov-1 [71-Nov-2: 2C; 71-Nov-3: 2C].
Heimiller, Kate, Miss m. Feurst, George S. on 74-Jan-1 [74-Jan-21: 2B].
Heimiller, Sophia (46 yrs.) d. on 72-Mar-29 [72-Mar-30: 2B].
Heimiller, William m. Niller, Mary, Miss on 71-Apr-10 [71-May-10: 2B].
Heinbuch, Eliza M. (22 yrs.) d. on 74-Jan-11 [74-Jan-12: 2B].
Heindle, Burdett W. (1 yr., 1 mo.) d. on 73-Mar-26 of Meningitis [73-Mar-31: 2B].
Heine, Francis (47 yrs.) d. on 72-Mar-3 of Apoplexy [72-Mar-5: 2B, 4C; 72-Mar-6: 2B].
Heinekamp, Amelia, Miss m. Waldeck, John on 73-Nov-27 [73-Dec-1: 2B].
Heineken, Gustav m. Price, Marion on 71-Apr-20 [71-Apr-22: 2C].
Heinemann, Anna Catherine (33 yrs., 1 mo.) d. on 74-Mar-6 [74-Mar-7: 2B].
Heiner, Ella, Mrs. m. Hopkins, Charles M. on 73-Jun-3 [73-Jun-11: 2B].
Heiner, Florence E. m. Winner, J. Gibson on 74-Aug-12 [74-Aug-18: 2B].
Heinesch, Lizzie, Mrs. m. Robert, Charles on 71-Nov-9 [71-Nov-15: 2C].
Heinichen, Leslie V., Miss m. Caspari, Charles on 74-Jun-4 [74-Jun-6: 2B].
Heinmiller, Henry m. Hoffman, Bell F., Miss on 74-Apr-22 [74-May-12: 2B].
Heinold, [female] (3 mos.) d. on 74-Apr-2 Suffocated [74-Apr-3: 1H].
Heintzelman, Louisa m. Konze, John W. on 72-Feb-22 [72-Feb-23: 2D].
Heinz, Henry m. Altvater, Annie on 71-Nov-28 [71-Dec-11: 2B].
Heinz, Philip P. m. Herrmann, Christiana W. on 74-Nov-3 [74-Nov-10: 2B; 74-Nov-12: 2B].
Heinzerling, Anna Louisa (6 yrs., 3 mos.) d. on 75-Nov-22 [75-Nov-24: 2B].
Heinzerling, George Edward (1 yr., 7 mos.) d. on 75-Nov-22 [75-Nov-24: 2B].
Heinzerling, Willie (11 mos.) d. on 73-Jul-1 [73-Jul-2: 2B].
Heinzmann, Lena, Miss m. Schwinn, Conrad on 72-Feb-12 [72-Feb-19: 2B].
Heird, Andrew J. m. Carter, Narcissa V., Miss on 71-Jun-6 [71-Jun-22: 2B].
Heird, Carrie May (9 mos.) d. on 75-Feb-7 [75-Feb-17: 2B].
Heise, Adolph m. Waicker, Mollie on 73-Apr-29 [73-May-12: 2B].
Heise, Charles (27 yrs.) d. on 71-May-16 [71-May-17: 2C].
Heise, Katie S. F. m. Parrott, John C. on 75-Jul-18 [75-Aug-10: 2B].
Heisel, Lena, Miss m. Hartman, John on 74-Nov-15 [74-Dec-15: 2B].
Heiser, Henry (38 yrs.) d. on 73-Oct-16 of Manslaughter (Gunshot) [73-Oct-17: 1H].
Heiskell, Carrie C. m. Westmoreland, Preston C. on 74-Dec-16 [74-Dec-22: 2B].
Heiskell, Esther Fairfax (25 yrs.) d. on 73-Jul-18 of Consumption [73-Jul-19: 2B; 73-Jul-21: 2B].
Heiskell, Frances m. Ridout, John on 75-Jun-1 [75-Jun-3: 2B].
Heiskell, J. Monroe (1 yr., 5 mos.) d. on 73-Oct-3 [73-Oct-6: 2B].
Heisler, Adam d. on 71-Jun-7 Drowned [71-Jun-8: 4C].
Heisler, Blanche Beatrice (2 yrs., 6 mos.) d. on 74-Apr-1 [74-Apr-10: 2B].
Heisner, Andrew (9 yrs.) d. on 71-Jul-31 Drowned [71-Aug-1: 4F].
Heisner, Etta, Miss m. Ellicott, Richard W., Jr. on 74-Oct-27 [74-Oct-30: 2B].
Heisner, Mary, Miss m. Bowling, William on 74-Feb-8 [74-Feb-13: 2C].
Heisterman, Augustus m. Pindle, Rosa, Miss on 72-May-30 [72-Jun-20: 2B].
Heithaus, Bernard (54 yrs.) d. on 72-Jun-11 Drowned [72-Jun-12: 1F].
Helbig, Fred W. m. Berger, Amelia A., Miss on 71-Mar-5 [71-Mar-8: 2B].
Helbig, Lillie (1 yr., 9 mos.) d. on 75-Aug-16 [75-Aug-18: 2B].
Held, H. Georgie, Miss m. Rosan, S. D., Col. on 71-May-9 [71-May-23: 2B].
Heldmann, Elizabeth d. on 73-Oct-13 [73-Oct-15: 2B].
Heldmann, Henry J., Jr. (28 yrs.) d. on 74-Nov-30 [74-Dec-2: 2B].

Helfrich, Bessie Goll (11 mos.) d. on 73-Jul-4 [73-Jul-5: 2B].
Helgenstadt, Mary S., Miss m. Martin, Thomas F. on 73-Feb-4 [73-Feb-20: 2B].
Helland, John m. Jamison, Deborah on 75-Jan-26 [75-Mar-15: 2B].
Helleary, Edgar W. (26 yrs.) d. on 72-Jun-6 [72-Jun-7: 2B].
Hellen, Alexander Eugene (1 mo.) d. on 74-Jul-27 [74-Aug-4: 2B].
Hellen, Ann (63 yrs.) d. on 74-Mar-4 of Consumption [74-Mar-26: 2B; 74-Mar-27: 2B].
Hellen, Leonora A. (9 mos.) d. on 73-Jul-19 [73-Jul-23: 2B].
Hellen, Mary A. m. Woods, William L. on 73-Dec-16 [73-Dec-24: 2B].
Hellen, Mollie J., Miss m. Coster, Thomas J. on 72-Jan-2 [72-Jan-22: 2C].
Hellen, Sarah J. (67 yrs.) d. on 75-Sep-29 [75-Oct-1: 2B].
Hellings, [male] (1 yr., 2 mos.) d. on 72-Apr-27 of Brain congestion [72-Apr-29: 2B].
Hellman, Joseph B. m. Kress, Annie A. on 72-Oct-4 [73-Jun-5: 2B].
Hellmann, F. T. m. Wallace, Annie E., Miss on 73-Nov-18 [73-Nov-27: 2B].
Hellmann, Joseph, Sr. (73 yrs., 7 mos.) d. on 74-Jan-16 [74-Jan-17: 2B; 74-Jan-19: 2B].
Helm, Frances A. (51 yrs.) d. on 74-Dec-29 [74-Dec-30: 2B; 74-Dec-31: 2B; 75-Jan-1: 2B].
Helm, Issac M. m. Jefferson, Emma on 75-Feb-17 [75-Mar-2: 2B].
Helm, James L. m. Cannon, Adaline, Miss on 74-Apr-29 [74-May-6: 2B].
Helm, John (70 yrs.) d. [73-Dec-20: 4D].
Helm, Joseph H. m. Diamond, Jessie, Miss on 71-Jan-5 [71-Jan-7: 2C].
Helmling, Anne d. on 73-Jul-15 [73-Jul-17: 2B].
Helmling, Anthony (56 yrs.) d. on 71-Apr-2 [71-Apr-3: 2B].
Helmling, Edgar Lynch (2 mos.) d. on 71-Sep-29 [71-Oct-6: 2B].
Helmling, George R. (36 yrs.) d. on 74-Jul-22 [74-Jul-23: 2B].
Helmling, Gertrude (10 mos.) d. on 73-Jul-23 [73-Jul-31: 2B].
Helmling, John V. m. Hall, Ora on 72-Feb-29 [72-Mar-12: 2C].
Helms, Anna, Miss m. Bierly, James T. on 75-Nov-18 [75-Nov-20: 2A].
Helmus, John m. Becht, Mary on 71-May-14 [72-Apr-4: 2B].
Helsby, Pamelia J., Miss m. Stokes, N. McComas, Rev. on 72-Oct-22 [72-Oct-24: 2B].
Helstein, Issac (19 yrs.) d. [75-Oct-19: 2A].
Hemling, Mary S. m. Robertson, Jesse on 73-Aug-20 [73-Aug-22: 2B].
Hemmel, Elizabeth Waite (79 yrs.) d. on 71-Oct-2 [71-Oct-4: 2B].
Hemmell, Josephine A. (50 yrs.) d. on 74-Jun-5 [74-Jun-6: 2B; 74-Jun-8: 2B].
Hemmethouse, August (23 yrs.) d. of Consumption [71-Sep-18: 4C].
Hemmick, George C. m. Sanderson, Ella S., Miss on 72-Oct-23 [72-Oct-26: 2A].
Hemmick, Helen M. m. Moxley, Kendrick P. on 73-Oct-9 [73-Oct-13: 2B].
Hemminger, George, Dr. m. Powell, Annie E., Miss on 71-Feb-7 [71-Feb-9: 2C].
Hemmings, Lewis m. Winfield, Marion on 72-Oct-31 [72-Nov-16: 2A].
Hempel, Catherine d. on 75-Nov-12 [75-Nov-13: 2B; 75-Nov-15: 2B].
Hemsley, Mary S. m. Denton, John W. on 73-Oct-2 [73-Oct-6: 2B].
Hemsley, Nannie, Miss m. Mathiot, James H. on 73-Nov-19 [73-Nov-24: 2B].
Henck, Eva (1 yr., 1 mo.) d. on 72-Aug-24 [72-Aug-26: 2B; 72-Aug-31: 2B].
Henck, George L., Rev. (24 yrs.) d. on 72-Aug-30 [72-Aug-31: 2B].
Henck, George L. m. Watson, Emma V. on 71-Jan-9 [71-Mar-6: 2C].
Henderson, Adele, Miss m. Henritze, Richard H. on 71-Nov-6 [71-Dec-15: 2B].
Henderson, Alice Isabella (2 yrs., 4 mos.) d. on 74-Dec-31 of Scarlet fever [75-Jan-1: 2B; 75-Jan-2: 2B].
Henderson, Andrew (65 yrs.) d. on 73-Jul-16 [73-Jul-23: 2B].
Henderson, Benjamin B. m. Mask, Annie F. on 72-Nov-26 [72-Nov-28: 2B; 72-Nov-29: 2B].
Henderson, Catherine L. (46 yrs.) d. on 71-Sep-10 [71-Sep-12: 2B].
Henderson, Charlotte A. (23 yrs., 3 mos.) d. on 72-Feb-9 [72-Feb-14: 2C].
Henderson, Ellen M. m. Gayle, V. M., Dr. on 75-Oct-25 [75-Oct-29: 2B].
Henderson, George A. (4 yrs., 1 mo.) d. on 71-Jun-14 [71-Jun-15: 2B].

Henderson, Isabella McK. d. on 73-Nov-9 [73-Nov-10: 2C; 73-Nov-11: 2B].
Henderson, J. Augustine m. Watson, Laura B., Miss on 70-Dec-20 [71-Jan-23: 2C].
Henderson, John (69 yrs.) d. on 74-Oct-15 [74-Oct-17: 2B].
Henderson, John, Sr. (68 yrs.) d. on 72-Feb-3 of Paralysis [72-Feb-5: 2C, 4E; 72-Feb-6: 4F].
Henderson, M. E. R., Miss m. Pearce, W. A. on 73-May-15 [73-May-21: 2B].
Henderson, Margaret E., Miss m. Ireland, Caldwell, Dr. on 71-Jun-29 [71-Jul-1: 2A].
Henderson, Mary, Miss m. Hamel, George L. on 75-Nov-18 [75-Nov-20: 2A].
Henderson, Mary E., Miss m. Orr, William C. on 71-Mar-29 [71-Mar-31: 2B].
Henderson, Sallie, Miss m. Dunn, James F. on 74-Oct-20 [74-Oct-28: 2B].
Henderson, Sarah E., Miss m. Howard, Joseph A. on 72-Sep-25 [72-Sep-30: 2B].
Henderson, Sebra E. m. Parrish, Edward on 73-Feb-25 [73-Mar-1: 2A].
Henderson, Susan E. (41 yrs.) d. on 72-Nov-21 [72-Nov-23: 2A].
Henderson, T. Frisby m. Kelsey, Charlotte C. on 75-Mar-9 [75-Mar-10: 2C].
Henderson, Upton B. m. Gorsuch, S. Virginia on 71-Dec-21 [71-Dec-28: 2C].
Henderson, W. P., Capt. (58 yrs.) d. on 71-Nov-18 [71-Nov-20: 2C].
Henderson, William H. (23 yrs.) d. on 72-Apr-15 [72-Apr-23: 2B].
Hendrick, Bridget (47 yrs.) d. on 74-Sep-20 [74-Sep-22: 2B].
Hendrickson, J. C. m. Keach, Alverda E. on 72-Jan-30 [72-Feb-1: 2C].
Hendrickson, William F. m. Miller, P. on 71-Sep-7 [71-Sep-21: 2C].
Hendrix, Issac m. Doll, Isabella, Miss [71-May-4: 2B].
Hendry, Emma C. m. Shipley, George E. on 73-Dec-3 [73-Dec-8: 2B].
Heniston, Issie D., Miss m. Wright, Joseph R. on 71-May-25 [71-May-30: 2B].
Henke, Henry (37 yrs.) d. on 72-Apr-2 [72-Apr-6: 2B].
Henkel, August d. on 71-Oct-11 [71-Oct-12: 2B].
Henkel, Charles L. (5 mos.) d. on 74-Jun-21 [74-Jun-23: 2B].
Henkel, Georgeanna Elizabeth (20 yrs.) d. on 75-Dec-6 [75-Dec-9: 2B].
Henkell, Lizzie m. Quandt, Charles on 72-Sep-8 [72-Oct-4: 2B].
Henkell, Peter P. m. Binkley, Laura V., Miss on 72-Dec-26 [73-Jan-6: 2B].
Henkle, Eliza C. d. on 71-May-19 [71-May-20: 2B].
Henkle, Julia Biddison (2 yrs., 4 mos.) d. on 73-Feb-14 [73-Feb-15: 2B].
Henkle, Robert H. (32 yrs.) d. on 75-Jan-9 [75-Jan-11: 2B].
Henkle, Samuel T. m. McClelland, Maggie E. on 72-Sep-27 [73-Jan-30: 2B; 73-Feb-1: 2B].
Henkus, Henry m. Graninger, Mary C., Miss on 73-Nov-17 [73-Nov-18: 2B; 73-Nov-19: 2B].
Henley, Lewis, Rev. d. on 74-Jan-19 [74-Jan-22: 4F].
Henley, Mary Ann m. on 71-May-1 [71-May-2: 2B].
Henline, John (70 yrs.) d. on 71-Sep-8 [71-Sep-9: 4C].
Henly, David (28 yrs.) d. on 73-Mar-31 of Consumption [73-Apr-1: 1H, 2B; 73-Apr-2: 2B; 73-Apr-4: 2B].
Henly, George A. (32 yrs.) d. on 74-Nov-24 of Consumption [74-Nov-25: 2C, 4F].
Henly, Isabel, Miss m. Orem, Charles A. on 73-Sep-25 [73-Oct-4: 2B].
Henly, Sarah G. (26 yrs.) d. on 73-Apr-28 of Consumption [73-Apr-30: 2B; 73-May-1: 2B].
Hennaman, Belle M., Miss m. Atkinson, M. Dudley on 74-Feb-12 [74-Feb-18: 2C].
Hennaman, Martha M., Miss m. Fletcher, F. G. on 75-Jan-31 [75-Feb-26: 2B].
Hennaman, Mary R., Miss m. Gautrou, A. F. on 74-Feb-10 [74-Feb-18: 2C].
Hennaman, William H. (51 yrs.) d. on 71-Oct-17 [71-Oct-18: 2B].
Hennessey, Mary (21 yrs.) d. on 73-Dec-15 [73-Dec-16: 2B; 73-Dec-17: 2B].
Hennick, Francis M. (63 yrs.) d. on 74-May-5 [74-May-7: 2B].
Hennick, Ida Virginia (11 mos.) d. on 73-Jul-30 [73-Aug-5: 2B].
Hennick, Jennie, Miss m. Prosser, Taylor on 75-Nov-24 [75-Dec-1: 2B].
Hennick, Jesse H. m. Giles, Henrietta M. on 75-Jun-3 [75-Jun-9: 2A].
Hennick, Lizzie A. (25 yrs.) d. on 74-Jan-23 [74-Jan-24: 2B].
Hennick, Louis A. m. Daffin, Bettie D., Miss on 71-Nov-29 [71-Dec-4: 2C].

Hennighausen, George d. on 73-Aug-25 of Suicide (Shooting) [73-Aug-27: 1H].
Henning, Bennett (57 yrs.) d. on 73-Oct-11 [73-Oct-14: 2B].
Henning, Robert A. m. Diven, Mary Lizzie, Miss on 75-Jun-17 [75-Jun-23: 2B].
Hennisee, Argalus G., Lt. m. Ford, Mary L., Miss on 73-May-7 [73-May-23: 2B].
Henratty, Mary Catharine (30 yrs.) d. on 72-Nov-12 [72-Nov-14: 2B].
Henrickle, George W. (68 yrs.) d. on 71-Jul-26 [71-Jul-27: 2B; 71-Jul-28: 2B].
Henrie, Annie P., Miss m. Mules, Charles L. on 74-Dec-3 [74-Dec-5: 2B].
Henriques, Peter H. (9 yrs., 3 mos.) d. on 73-Nov-24 [73-Nov-26: 2B].
Henritz, Katherine m. Maisch, Michael on 73-Sep-30 [73-Oct-2: 2B].
Henritze, Richard H. m. Henderson, Adele, Miss on 71-Nov-6 [71-Dec-15: 2B].
Henrix, Thomas D. (23 yrs.) d. on 74-Jan-15 [74-Jan-16: 2B].
Henrott, Alexander d. on 71-Nov-23 in Railroad accident [71-Nov-24: 4C].
Henry, Alice E. (21 yrs., 6 mos.) d. on 74-Dec-31 [75-Jan-1: 2B].
Henry, Anna M. d. on 71-Mar-17 [71-Mar-20: 2B].
Henry, Caleb Edward (1 yr., 4 mos.) d. on 73-Aug-8 [73-Aug-9: 2B].
Henry, Charles d. on 72-Oct-3 Drowned [72-Oct-4: 1H].
Henry, Charles Wesley d. on 75-Aug-29 [75-Aug-30: 2B].
Henry, Edward J. d. on 72-Sep-4 [72-Sep-6: 2A].
Henry, Ella L. m. Berry, William E. on 75-Nov-11 [75-Nov-13: 2B].
Henry, George B. (1 yr., 6 mos.) d. on 75-Jan-23 [75-Jan-25: 2B; 75-Jan-26: 2B].
Henry, Isabel, Miss m. Reel, Otho H. on 75-Oct-28 [75-Oct-30: 2A].
Henry, James (35 yrs.) d. on 72-Oct-14 [72-Oct-15: 1H].
Henry, John W. m. Christopher, Mary E. on 75-Jun-29 [75-Jul-1: 2B].
Henry, Laura Gertrude (3 yrs., 3 mos.) d. on 72-Jan-8 [72-Jan-9: 2C].
Henry, M. J., Miss m. Rogers, M. W. on 74-Jul-30 [74-Aug-3: 2B].
Henry, Mary (71 yrs.) d. on 75-Mar-1 [75-Mar-3: 2B].
Henry, Mary Leonora (4 mos.) d. on 71-Mar-3 [71-Mar-4: 2B].
Henry, Mary Lucy m. Crothers, Joseph on 73-May-6 [73-May-13: 2B].
Henry, May Estelle (2 mos.) d. on 72-Jul-25 [72-Jul-26: 2C].
Henry, Moses d. on 73-Dec-1 [73-Dec-2: 4E].
Henry, Rachel A., Miss m. Badger, Joseph on 73-Feb-11 [73-Feb-19: 2B].
Henry, Robert J., Capt. (26 yrs.) d. on 73-Aug-6 Drowned [73-Aug-8: 1H; 73-Aug-9: 1H, 2B].
Henry, Samuel (4 yrs., 3 mos.) d. on 75-Jan-25 [75-Jan-26: 2B].
Henry, Sarah R. m. Shields, Thomas F. on 71-Dec-31 [72-Jan-16: 2C].
Henry, Thomas, Sr. (78 yrs.) d. on 72-Jul-11 [72-Jul-13: 2A].
Henry, William Grove (20 yrs.) d. on 74-Feb-7 [74-Feb-9: 2B].
Henry, William T. m. Martin, Maggie E., Miss on 72-Sep-5 [72-Sep-14: 2A].
Henry, William Walter (3 yrs., 11 mos.) d. on 74-Jul-24 [74-Jul-25: 2B].
Hensel, Philip Bradford (4 yrs., 3 mos.) d. on 72-Jan-14 of Scarlet fever [72-Jan-16: 2C].
Henshaw, M. Blanche m. Jones, Hugh H. on 75-Aug-10 [75-Aug-30: 2B].
Henshaw, Mary m. Foster, Louis T. on 72-Nov-20 [72-Dec-10: 2B].
Henson, Alexander (34 yrs.) d. on 72-Jul-12 of Fall from roof [72-Jul-12: 1H].
Henson, Amelia (79 yrs.) d. on 75-Jun-8 of Asthma [75-Jun-9: 2A].
Henson, Edward d. on 74-Aug-10 of Apoplexy [74-Aug-11: 4C].
Henson, Indiana (49 yrs.) d. on 75-Jul-18 [75-Jul-19: 2B].
Henson, Nancy (58 yrs.) d. on 74-Nov-14 [74-Nov-16: 2B].
Henson, Samuel (64 yrs.) d. on 72-Mar-21 [72-Mar-22: 2B].
Hentz, Rachel (80 yrs.) d. on 71-Sep-8 [71-Sep-13: 2B].
Henze, Augustus m. McConnell, Elizabeth on 75-Aug-22 [75-Aug-24: 2B].
Henze, Charles A. m. Keys, Emma P. on 72-Aug-6 [72-Aug-27: 2A].
Henze, Charles Henry (10 mos.) d. on 74-May-1 [74-May-2: 2C].
Henze, Mary D. (61 yrs.) d. on 74-Jan-6 [74-Jan-7: 2B; 74-Jan-8: 2B].

Hepburn, Charles H. m. Wilmer, Laura F., Miss on 74-Mar-26 [74-Mar-28: 2B; 74-Mar-30: 2B].
Hepburn, Ida Fowler (29 yrs.) d. on 71-Feb-21 [71-Feb-25: 2B].
Hepburn, Mary, Miss m. Evans, Joshua on 71-Mar-12 [71-Apr-1: 2B].
Hepburn, Thomas (53 yrs.) d. on 73-Aug-8 [73-Aug-9: 2B].
Hepsley, Margaret m. Sullivan, Benjamin on 73-Jun-15 [73-Jul-1: 2A].
Herberman, Charles G. m. Dieter, Mary T. on 73-Jul-8 [73-Jul-10: 2B].
Herberson, Sarah m. McCurley, Felix on 71-Jun-18 [71-Dec-1: 2C].
Herbert, Addie E.H. m. Slicer, Thomas R., Rev. on 71-Apr-5 [71-Apr-8: 2B].
Herbert, Alice Amanda (6 mos.) d. on 73-Jun-21 [73-Jun-23: 2A].
Herbert, Elizabeth (73 yrs.) d. on 75-Feb-15 [75-Feb-16: 2B; 75-Feb-17: 2B].
Herbert, Felix McCurley (2 yrs., 6 mos.) d. on 71-Apr-4 [71-Apr-5: 2B].
Herbert, Francetta (61 yrs.) d. [75-Feb-3: 2B].
Herbert, James H. (58 yrs., 6 mos.) d. on 71-Sep-27 [71-Sep-29: 2C].
Herbert, Jere m. Springsteen, Maggie, Miss on 73-May-19 [73-Jun-14: 2A].
Herbert, John Lee (9 mos.) d. on 75-Aug-7 [75-Aug-9: 2B].
Herbert, Mary L. m. Shockley, William Wilson on 73-Apr-29 [73-Jul-8: 2B].
Herbert, Matilda Elizabeth (3 mos.) d. on 75-Aug-18 [75-Aug-19: 2B].
Herbert, Sarah A. (88 yrs.) d. on 75-Aug-9 [75-Aug-14: 2B].
Herbert, William E. m. Smith, Mary F., Miss on 71-Nov-30 [71-Dec-2: 2B].
Herbst, A. C., Dr. (38 yrs.) d. on 75-May-13 of Suicide (Poison) [75-May-14: 1H; 75-May-15: 1H; 75-May-17: 1H].
Herder, Martin (24 yrs.) d. on 72-Mar-5 of Pneumonia [72-Mar-7: 2B].
Herder, Nicholas m. Trainor, Mary J. on 75-Apr-13 [75-Apr-14: 2B].
Hergesheimer, Sarah (7 yrs.) d. on 72-Oct-28 [72-Oct-30: 2B].
Herget, Ella m. Armiger, Josiah C. on 73-Sep-9 [73-Sep-19: 2B].
Hering, Emma d. on 71-Sep-10 [71-Sep-11: 2B; 71-Sep-12: 2B].
Hering, Julius W., Dr. m. Jahnke, Ulricke C. W., Miss on 72-Apr-14 [72-Apr-17: 2B; 72-Apr-18: 2B; 72-Apr-19: 2B].
Herkins, Rosannah (74 yrs.) d. on 71-May-14 [71-May-16: 2B].
Herman, B. F., Dr. m. Gard, Sarepta A., Miss on 72-Feb-1 [72-Feb-6: 2C].
Herman, Emma M. m. Stine, Thomas S. on 74-Jun-10 [74-Jun-12: 2B].
Herman, Sophia (43 yrs., 1 mo.) d. on 74-Mar-17 [74-Mar-18: 2B; 74-Mar-19: 2B].
Hermann, Louisa Christine (19 yrs., 8 mos.) d. on 75-Apr-21 [75-Apr-23: 2B; 75-Apr-24: 2A].
Herold, A. J. (28 yrs.) d. on 75-Aug-21 [75-Aug-23: 2B].
Herold, Emma, Miss m. Underhill, J. J. on 71-Apr-19 [71-Apr-22: 2C].
Herold, Frederick (72 yrs., 6 mos.) d. on 72-Jul-30 [72-Jul-31: 2B; 72-Aug-1: 2C].
Herold, George m. Murdock, Fannie on 75-Oct-12 [75-Oct-23: 2A].
Herpel, Conrad m. Lintner, Lizzie on 75-Jun-13 [75-Jun-24: 2B].
Herpel, Mary Elizabeth (26 yrs.) d. on 74-Nov-1 [74-Nov-3: 2B].
Herr, Michael (56 yrs.) d. on 72-Dec-12 of Apoplexy [72-Dec-21: 2B].
Herrera, John m. Smith, Susanna on 73-Nov-6 [73-Nov-11: 2B].
Herring, Charles E. (41 yrs.) d. on 75-Jul-6 [75-Jul-7: 2B; 75-Jul-8: 2B].
Herring, Clifford P. m. Ripley, Mollie V. on 74-Jul-11 [74-Jul-15: 2B].
Herring, Emma V. m. Carlow, Smith, Capt. on 71-Dec-24 [72-Jan-9: 2C].
Herring, Grace m. Turnbull, John on 73-Jun-30 [73-Jul-1: 2A].
Herring, John Alford (8 yrs., 1 mo.) d. on 74-Aug-11 [74-Aug-12: 2C].
Herring, John Christopher (32 yrs.) d. on 74-Aug-26 [74-Aug-27: 2B].
Herring, Luther W. m. Black, Annie M. on 75-Jan-14 [75-Jan-16: 2C; 75-Jan-21: 2B].
Herring, Maggie (24 yrs.) d. on 72-Mar-1 [72-Mar-2: 2B; 72-Mar-4: 2B].
Herring, Maggie L. m. Beckenbaugh, Willie O. on 73-Nov-26 [73-Dec-2: 2B].
Herring, Mary Florence (2 mos.) d. on 72-Apr-30 [72-May-1: 2B].

Herring, Mary M., Miss m. Frazier, Cornelius S. on 73-Jan-30 [73-Feb-4: 2B].
Herring, Rosina M. m. Jones, Charles S. on 75-Jan-12 [75-Jan-15: 2B].
Herrington, Walter Leland (33 yrs.) d. on 74-Apr-17 [74-Apr-21: 2B].
Herrman, Elizabeth, Miss m. Freund, Charles on 74-Jul-9 [74-Jul-13: 2B].
Herrmann, Christiana W. m. Heinz, Philip P. on 74-Nov-3 [[74-Nov-10: 2B]; 74-Nov-12: 2B].
Herron, James (1 yr., 6 mos.) d. on 75-Sep-3 [75-Sep-4: 2B].
Herron, William A. (32 yrs.) d. on 74-Jan-20 [74-Jan-21: 2B; 74-Jan-22: 2B].
Hersch, Mary C. m. Linder, August R. on 73-Sep-16 [73-Sep-25: 2B].
Hersh, Delphine m. Baker, Wesley on 75-Aug-19 [75-Sep-15: 2B].
Hersh, George (80 yrs.) d. on 71-Jun-22 [71-Jun-23: 2B].
Hersh, H. Alice, Miss m. Spurrier, Joseph W. on 71-Oct-23 [71-Oct-28: 2B].
Hersh, William (61 yrs.) d. on 73-Mar-27 [73-Mar-28: 2B; 73-Mar-29: 2B].
Hershman, George C. m. Reiman, Louisa on 73-Jun-1 [73-Jun-4: 2B].
Hertel, Charles (43 yrs.) d. on 74-Nov-13 [74-Nov-14: 2B].
Hertel, Frederick m. Allers, Cassie, Miss on 73-Jan-16 [73-Jan-22: 2B].
Hertenstein, Magdalene m. Sapp, John Wesley on 73-Feb-11 [73-Mar-13: 2B].
Herzberg, Issac (71 yrs.) d. on 71-Aug-2 of Bowel congestion [71-Aug-4: 2C, 4D].
Herzhberger, Dora (46 yrs.) d. on 74-Sep-27 [74-Sep-28: 2B; 74-Sep-29: 2B].
Herzog, A. H. d. on 73-Jul-6 Drowned [73-Jul-7: 1H].
Herzog, Ferdinand Maximilian (1 yr.) d. on 74-Nov-4 [74-Nov-5: 2B].
Herzog, Mary P. m. Huthwelker, Adam C. on 75-Sep-22 [75-Sep-29: 2B].
Heslop, William C. m. Inloes, Carrie H. on 73-Dec-30 [73-Dec-31: 2B].
Hesmar, Gennie B. m. Thurn, Peter H. on 74-May-31 [74-Jun-26: 2B].
Hesmar, Salina (54 yrs.) d. on 73-Jul-22 [73-Jul-24: 2B].
Hess, Aaron T. m. Staub, Elizabeth C., Miss on 74-Feb-18 [74-Feb-21: 2B].
Hess, Charles B. m. Jarvis, Annie D., Miss on 72-Sep-26 [72-Oct-12: 2A].
Hess, Christiana (67 yrs.) d. on 71-Apr-6 [71-Apr-8: 2B].
Hess, E. Antoinette (30 yrs.) d. on 71-Apr-9 [71-Apr-11: 2B].
Hess, Emma, Miss m. Sunner, Joseph H. on 75-Jan-28 [75-Feb-12: 2B].
Hess, George m. Peppler, Annie C., Miss on 73-Oct-28 [73-Oct-31: 2B].
Hess, J. Edwin m. Kramer, Alverta on 73-Jun-21 [74-Feb-24: 2B].
Hess, John B. m. Linton, Molly F., Miss on 71-Sep-11 [71-Oct-4: 2B].
Hess, Joseph m. Haines, H. B., Miss on 75-Jun-21 [75-Jun-23: 2B].
Hess, Lewis m. Ellis, Annie M. on 74-Dec-27 [74-Dec-31: 2B].
Hess, Louis Phillippi (3 mos.) d. on 72-Sep-21 of Cholera infantum [72-Oct-4: 2B].
Hess, Magdalene (28 yrs.) d. on 75-Sep-3 [75-Sep-4: 2B].
Hess, Mary E. d. on 71-Sep-21 [71-Sep-22: 2B].
Hess, Samuel (72 yrs.) d. on 73-Aug-2 [73-Aug-7: 2B; 73-Aug-8: 2B].
Hess, Sarah m. Wiel, Moses on 75-Feb-4 [75-Feb-10: 2B].
Hess, Solomon (76 yrs.) d. on 75-Dec-16 [75-Dec-17: 2B; 75-Dec-18: 2A; 75-Dec-21: 2B].
Hesse, Christian F. m. Elleimyer, Emma F. on 73-Dec-9 [74-Jan-28: 2B].
Hesse, William G. (5 yrs.) d. on 71-Apr-12 [71-Apr-13: 2B].
Hessemer, Edwin (27 yrs.) d. on 73-Jun-20 [73-Jun-28: 2B].
Hession, James (40 yrs.) d. on 75-Aug-24 [75-Aug-26: 2B].
Hession, James Henry d. on 75-Mar-17 [75-Mar-18: 2B].
Hession, John Joseph (2 yrs., 5 mos.) d. on 71-Dec-18 [71-Dec-20: 2B].
Hessler, John m. Wheltle, Mary A. on 73-Feb-17 [73-Feb-22: 2B].
Heston, A. E. m. Waldron, Florence E., Miss on 75-Feb-3 [75-Feb-18: 2B].
Hetzell, Nettie L., Miss m. Matthews, John W. on 71-Nov-6 [71-Nov-7: 2A].
Hetzler, Martha Jane (41 yrs.) d. on 73-Aug-19 [73-Aug-20: 2B].
Hetzler, Rosabel (7 mos.) d. on 75-Feb-19 [75-Feb-22: 2B].
Hetzler, Susan d. on 71-Jan-25 [71-Jan-27: 2C].

Heubeck, Rina (8 mos.) d. on 74-Jan-15 [74-Jan-16: 2C; 74-Jan-17: 2B].
Heuisler, Alexina (29 yrs.) d. on 71-Feb-17 [71-Feb-18: 2C].
Heuisler, Katie E. (4 yrs., 10 mos.) d. on 74-Feb-21 of Brain inflammation [74-Feb-23: 2B].
Heuisler, Louisa m. Poole, James on 75-Jan-12 [75-Jan-20: 2B].
Heussler, Henry A. d. on 71-Jun-6 Drowned [71-Jun-10: 2B].
Hevell, Ross (51 yrs.) d. on 75-Oct-25 [75-Oct-26: 2A; 75-Oct-27: 2B].
Hevener, Samuel S. (42 yrs.) d. on 72-Feb-21 of Consumption [72-Feb-22: 2C, 4E; 72-Feb-23: 2D].
Heveren, Lucy E. (7 yrs., 5 mos.) d. on 74-Dec-24 of Meningitis [74-Dec-25: 2B].
Hevern, Harry (9 mos.) d. on 73-Oct-7 [73-Oct-9: 2B].
Hevern, Laura F. (17 yrs.) d. on 74-Jan-7 [74-Jan-9: 2C].
Hevner, Emma S. m. Glenn, Robert M. on 71-May-7 [71-May-11: 2B].
Hewell, Juliet A. m. Bowen, Albert M. on 74-Dec-29 [75-Jan-5: 2B].
Hewes, Arnold Elzey d. on 75-Mar-1 [75-Mar-4: 2B].
Hewett, George W. d. on 73-Oct-15 [73-Oct-17: 2B].
Hewitt, Alexander P. (6 mos.) d. on 72-Jul-22 [72-Jul-30: 2B].
Hewitt, F. W. (53 yrs., 8 mos.) d. on 75-Jul-13 [75-Jul-14: 2B].
Hewitt, Franklin W. (53 yrs., 8 mos.) d. on 75-Jul-13 of Bright's disease [75-Jul-14: 4C; 75-Jul-15: 2B].
Hewitt, Franklin W., Jr. (23 yrs., 1 mo.) d. on 73-Mar-2 [73-Mar-3: 2B].
Hewitt, Horace Pearson (4 yrs.) d. on 75-Aug-1 [75-Aug-9: 2B].
Hewitt, James G. (50 yrs.) d. on 75-Nov-20 of Consumption [75-Nov-25: 2B].
Hewitt, John B. m. Busey, Mary L. on 75-Nov-17 [75-Nov-23: 2A].
Hewitt, John C. m. Gilmore, Sallie E., Miss on 74-Apr-30 [74-May-8: 2B].
Hewitt, Laura (2 yrs., 4 mos.) d. on 75-Jul-28 [75-Aug-2: 2B].
Hewitt, Maria Louisa d. on 75-Mar-9 of Pneumonia [75-Mar-10: 2C; 75-Mar-11: 2C].
Hewitt, Mary Elizabeth (55 yrs.) d. on 75-Aug-4 [75-Aug-4: 2B; 75-Aug-5: 2B].
Hewlet, Elizabeth (57 yrs.) d. on 73-Apr-2 [73-Apr-3: 2B; 73-Apr-4: 2B].
Hewlett, Annie m. Belt, John S. on 72-Feb-18 [72-Feb-20: 2C].
Hewlett, E. Augusta (35 yrs.) d. [74-Sep-14: 2B].
Hewlett, J. Q. m. Tatem, Mary L., Miss on 74-Sep-30 [74-Oct-6: 2B].
Hexter, Hannah (23 yrs.) d. on 73-Jun-5 [73-Jul-10: 2B].
Hexter, Meyer (88 yrs.) d. on 72-Sep-13 [72-Sep-21: 2A].
Hey, John F., Rev. (74 yrs.) d. on 74-Sep-5 of Paralysis [74-Sep-7: 2B; 74-Sep-9: 4D].
Heyden, Sarah, Mrs. m. Oliver, George on 71-Jun-4 [71-Jun-6: 2C].
Heyen, Ibo T. (66 yrs.) d. on 75-Dec-21 [75-Dec-23: 2B, 4D; 75-Dec-24: 2B].
Heyn, B. M., Rev. m. Owen, Sarah on 71-Mar-2 [71-Mar-23: 2B].
Heyn, Samuel m. Goldenberg, Ricka, Miss on 71-Mar-26 [71-Mar-30: 2C].
Heyward, Willie (20 yrs.) d. on 74-Jul-27 [74-Oct-24: 2B].
Heywood, Edwin F. m. Myers, Annie B. on 74-Sep-23 [74-Sep-28: 2B].
Hibner, Louisa (67 yrs.) d. on 71-Oct-19 [71-Oct-21: 2B].
Hichew, Dora m. Cooper, Philip H. on 71-May-23 [71-May-29: 2B].
Hickcox, Elizabeth (70 yrs.) d. on 73-Jun-10 [73-Jun-11: 2B].
Hickey, Annie E. (6 yrs.) d. on 71-Mar-9 [71-Mar-10: 2C].
Hickey, Edward C. (5 mos.) d. on 75-Jul-15 [75-Jul-16: 2B].
Hickey, Ellen (40 yrs., 1 mo.) d. [72-Jul-29: 2B].
Hickey, James (48 yrs.) d. on 72-Jun-3 [72-Jun-4: 2A].
Hickey, Josephine C. (23 yrs., 6 mos.) d. on 75-Feb-19 [75-Feb-20: 2B].
Hickey, M. Of St. Ignatiu, Sr. d. on 75-Jul-18 [75-Jul-19: 2B].
Hickey, Mary E. (26 yrs.) d. on 75-Sep-21 [75-Sep-22: 2B; 75-Sep-23: 2B].
Hickley, Eleanor (86 yrs.) d. on 74-Nov-28 [74-Nov-30: 2B].
Hickley, George T. m. McCroden, Annie on 72-Jun-24 [72-Jul-6: 2A].

Hickman, Emma E., Miss m. Horton, Henry P., Jr. on 73-Feb-9 [73-Feb-19: 2B].
Hickman, Florence Pernelie (4 yrs., 2 mos.) d. on 72-Aug-22 [72-Aug-23: 2B].
Hickman, George Edward John (4 yrs., 7 mos.) d. on 72-Jan-5 [72-Jan-6: 2B].
Hickman, Lulie (1 mo.) d. [71-Jul-1: 2B].
Hickman, Margaret m. Childs, John [71-Feb-4: 2B].
Hickman, Sarah E. (41 yrs.) d. on 73-Nov-29 of Consumption [73-Dec-1: 2B; 73-Dec-3: 2C].
Hickman, William Alonzo (1 yr.) d. on 73-Aug-24 [73-Aug-25: 2B].
Hicks, Ann D. (71 yrs.) d. on 72-Feb-3 [72-Mar-5: 2B].
Hicks, Clara L. m. Woolford, Roger on 74-Oct-13 [74-Oct-15: 2B].
Hicks, Columbus m. Gaither, Alverda, Miss on 75-Dec-9 [75-Dec-15: 2B].
Hicks, Horace (77 yrs.) d. on 73-Feb-15 [73-Feb-17: 2B].
Hicks, Isaiah m. Gray, Sydnea on 74-Nov-30 [74-Dec-12: 2B].
Hicks, Lucretia A. (30 yrs., 7 mos.) d. on 71-Jun-29 of Paralysis [71-Jul-13: 2C].
Hicks, Nehemiah (79 yrs.) d. on 74-Dec-17 [74-Dec-19: 2B].
Hickson, Dorcas (78 yrs.) d. on 71-Jul-12 [71-Jul-13: 2C].
Hickson, Eliza (69 yrs.) d. on 73-Oct-3 [73-Oct-4: 2B].
Hickson, Mary E. (84 yrs., 6 mos.) d. on 75-Oct-31 [75-Nov-2: 2B].
Hidden, Eunice P. (7 mos.) d. on 74-May-7 [74-May-8: 2B].
Hidzelberger, Charles J. (30 yrs.) d. on 72-Feb-17 [72-Feb-21: 2C].
Hiehle, A. G. m. Hebbel, Elizabeth, Miss on 73-Oct-28 [73-Nov-3: 2B].
Hiestand, John (75 yrs.) d. on 72-Jan-2 [72-Jan-10: 2C].
Higbee, Fanny Henley d. on 73-Jul-10 [73-Jul-14: 2B].
Higby, Laura V. m. Fowler, John P. on 72-Nov-3 [72-Nov-12: 2B].
Higby, Mary Florence (3 yrs.) d. on 74-Dec-22 [74-Dec-24: 2B].
Higdon, Harriet (68 yrs.) d. on 71-May-21 [71-May-23: 2B].
Higdon, Joseph m. Turner, Margaret, Mrs. on 72-Nov-27 [72-Dec-2: 2B].
Higdon, Joseph Henry d. on 71-Apr-28 [71-May-1: 2C].
Higdon, Nancy (9 mos.) d. on 73-Jul-17 [73-Jul-18: 2B].
Higdon, Robert W. (5 yrs.) d. on 71-Mar-23 [71-Mar-25: 2C].
Higdon, Thomas m. Fithian, Sarah E. on 73-Aug-17 [73-Aug-19: 2B].
Higgins, Albert M. m. Dorsey, Sarah M. on 71-Feb-26 [71-Aug-3: 2B].
Higgins, Alice J. (26 yrs.) d. on 74-Mar-16 of Consumption [74-Mar-18: 2B].
Higgins, Annie W. m. Davis, Eldred R. on 71-Jun-22 [71-Jun-29: 2C].
Higgins, Daniel Carroll (11 yrs., 9 mos.) d. on 71-May-4 [71-May-5: 2B].
Higgins, Edward d. on 71-Jul-17 [71-Jul-20: 2B].
Higgins, Eleanor (80 yrs.) d. on 74-Jul-31 [74-Aug-15: 2B].
Higgins, Emma E. m. Green, Fletcher on 74-Dec-15 [74-Dec-19: 2B].
Higgins, Emma L. m. Latta, Robert F. on 73-Apr-9 [73-Jul-21: 2B].
Higgins, Hanorah Teresa (74 yrs.) d. on 73-Aug-23 [73-Aug-26: 2B].
Higgins, Ida Lee (5 yrs., 7 mos.) d. on 71-Nov-7 [71-Nov-8: 2C].
Higgins, Jacob, Capt. (67 yrs.) d. on 73-Aug-25 of Lung hemorrhage [73-Aug-26: 1H, 2B; 73-Aug-27: 2B].
Higgins, John (31 yrs.) d. on 73-Jul-3 [73-Jul-4: 2B].
Higgins, Joseph W. (29 yrs.) d. on 74-Mar-18 of Suicide (Poison) [74-Mar-19: 2B, 4E].
Higgins, Maggie, Miss m. Welsh, William W. on 75-Nov-8 [75-Nov-11: 2B].
Higgins, Margaret A. (27 yrs.) d. on 73-Oct-17 [73-Oct-18: 2B].
Higgins, Mary Bertha (1 mo.) d. on 71-Jul-22 [71-Jul-24: 2C].
Higgins, Mary E. m. Bouic, David H. on 75-Oct-26 [75-Oct-28: 2B].
Higgins, Michael (75 yrs.) d. on 74-May-17 [74-May-18: 2B].
Higgins, Michael J. m. Bush, Mary A., Miss on 71-Apr-30 [71-Sep-18: 2B].
Higgins, Pauline (4 yrs., 10 mos.) d. on 72-Aug-24 [72-Aug-26: 2B].
Higgins, Rebecca Gaither (11 mos.) d. on 74-Feb-26 [74-Feb-27: 2C].

Higgins, Sadie (20 yrs.) d. on 74-Aug-31 [74-Sep-2: 2B].
Higgins, William M. (26 yrs.) d. on 73-Jan-21 [73-Jan-22: 2B].
Higginson, Maria J., Mrs. m. Hodgson, Wilmer, Dr. on 71-Oct-5 [71-Oct-9: 2B].
High, Amanda M. d. on 72-May-20 [72-May-21: 2A].
High, Ann Eliza (38 yrs.) d. on 72-Oct-9 [72-Oct-10: 2B].
High, Benjamin d. on 71-Mar-14 of Drowning [71-Mar-16: 4D; 71-Mar-20: 4D].
High, Edith Kate m. Spicknall, Charles A. on 71-Aug-1 [71-Dec-15: 2B].
High, Ezekiel D. (26 yrs.) d. on 75-Aug-2 [75-Aug-3: 2B].
High, Florence E. (5 yrs.) d. on 75-Apr-19 [75-Apr-21: 2B].
High, Margaret J. (31 yrs.) d. on 75-Aug-17 [75-Aug-19: 2B].
High, Mary (73 yrs.) d. on 74-Dec-1 [74-Dec-2: 2B; 74-Dec-3: 2B].
High, Mary J. m. Davis, Amos J. on 74-Apr-23 [74-Apr-25: 2B].
High, Mary Louisa (13 yrs., 11 mos.) d. on 73-Sep-17 [73-Sep-19: 2B].
High, Rebecca, Miss m. Chamberlain, Edward on 71-May-25 [71-Sep-4: 2B].
High, Sarah C. m. Brown, Lewis E. on 73-Jun-3 [73-Jun-7: 2A].
High, W. J. (39 yrs.) d. on 71-Jun-15 [71-Jun-17: 2B].
Highley, Laura S., Miss m. Morris, J. W. on 73-Mar-26 [73-Mar-29: 2B].
Highly, M. E., Miss m. Horton, Charles W. on 75-Jan-5 [75-Jan-16: 2C].
Higinbothom, Emilie Chatard m. Dulany, John Mason on 71-Jan-17 [71-Jan-21: 2B].
Higinbothom, John (57 yrs.) d. on 73-Jun-12 [73-Jun-14: 2B].
Higle, Kate (30 yrs.) d. on 72-Dec-12 [72-Dec-14: 2A].
Hilberg, F. L., Jr. m. Batchelor, Mary on 71-Jun-27 [71-Jul-1: 2A].
Hilberg, Mary Virginia m. Macatee, Samuel J. on 73-Dec-30 [74-Feb-17: 2B].
Hilbert, Adam (54 yrs.) d. on 72-Dec-10 [72-Dec-12: 2B].
Hilbert, Elizabeth (62 yrs.) d. on 73-Jan-31 [73-Feb-1: 2B].
Hilbert, George m. Conradus, Mary, Miss on 73-Dec-4 [73-Dec-9: 2B].
Hilbert, Mary Jane d. on 72-Sep-19 [72-Sep-20: 2B].
Hild, Annie Cecilia (1 mo.) d. on 71-Mar-16 [71-Mar-25: 2C].
Hild, Mary J. (29 yrs.) d. on 72-Feb-5 [72-Feb-6: 2C; 72-Feb-7: 2C].
Hild, Philip A. m. Nolan, Sarah, Mrs. on 71-Oct-31 [71-Nov-15: 2C; 71-Nov-16: 2B].
Hildebrand, Ann (70 yrs., 4 mos.) d. on 75-Jul-20 [75-Jul-23: 2C].
Hildebrand, Elizabeth (27 yrs.) d. on 72-Dec-12 [72-Dec-14: 2B].
Hildebrand, Joannah, Miss m. Harris, Thomas H. on 74-Oct-14 [74-Oct-19: 2B].
Hildebrand, John George (1 yr., 1 mo.) d. on 72-Mar-11 [72-Mar-13: 2C].
Hildebrandt, Almira V., Miss m. Glanding, Thomas on 72-Feb-22 [72-Feb-26: 2C].
Hildebrandt, Annie d. on 74-Jan-1 [74-Jan-3: 2B].
Hildebrandt, Emma V. m. Cox, Oliver P. on 72-Jun-6 [72-Jul-9: 2C].
Hilditch, Alfred m. Carrigan, Minnie E., Miss on 73-Feb-21 [73-Feb-22: 2B].
Hilditch, Laura V., Miss m. Morris, J. D. on 72-Jan-9 [72-Jan-29: 2C].
Hilditch, Mary A. m. Selby, Frederick T. on 73-Oct-21 [73-Oct-25: 2B].
Hildt, George C. m. Thomas, Katie, Miss on 74-Apr-14 [74-Apr-29: 2B].
Hilger, Victorine S., Miss m. Gross, Francis X. on 73-Jan-14 [73-Jan-20: 2B].
Hilgert, Henry m. Esche, Ella, Miss on 71-Jun-8 [71-Jun-10: 2A].
Hill, Agnes Ann d. on 72-Apr-1 [72-Apr-2: 2B].
Hill, Alice P. m. Mann, John, Jr. on 74-Jun-8 [74-Jun-10: 2B].
Hill, Anna S. (76 yrs.) d. on 75-Jul-19 [75-Jul-20: 2B].
Hill, C. W. (37 yrs.) d. on 73-Oct-10 of Pneumonia [73-Oct-14: 1F, 2B].
Hill, Catharine B. d. on 74-Aug-22 [74-Aug-25: 2B].
Hill, Charles Edgar d. on 71-Jul-8 [71-Jul-12: 2B].
Hill, Charles W. m. Miles, Eleonora on 73-Jan-21 [73-Apr-16: 2B].
Hill, Charles Westcott (1 yr.) d. on 75-Jun-30 [75-Jul-1: 2B].
Hill, Elizabeth Ann (69 yrs.) d. on 73-Nov-18 [73-Nov-19: 2B].

Hill, Georgie (1 yr., 9 mos.) d. on 73-Feb-5 [73-Feb-6: 2B].
Hill, J. Shelton, Dr. m. Russell, Kate E. on 74-Dec-11 [74-Dec-21: 2A; 74-Dec-22: 2B].
Hill, James (2 yrs., 3 mos.) d. on 75-Nov-5 [75-Nov-6: 2B].
Hill, James m. Covert, Virginia F., Miss on 75-Jul-29 [75-Aug-2: 2B].
Hill, James Howard McHenry (6 mos.) d. on 72-Jul-1 [72-Jul-2: 2B].
Hill, Jeremiah (29 yrs., 6 mos.) d. [72-Oct-28: 2B].
Hill, Jesse m. Binnix, Elizabeth, Mrs. on 74-Mar-15 [74-Mar-23: 2B].
Hill, John (50 yrs.) d. on 74-Aug-28 [74-Aug-31: 2B].
Hill, John, Sr. (63 yrs.) d. on 73-Nov-22 [73-Nov-24: 2B].
Hill, John Vancott (2 yrs., 6 mos.) d. on 75-Feb-18 [75-Feb-20: 2B].
Hill, Katie (22 yrs.) d. on 73-Oct-4 [73-Oct-6: 2B].
Hill, Lollie m. Brandie, P. James on 73-May-22 [73-Jun-4: 2B].
Hill, Louisa d. on 72-Feb-19 [72-Feb-20: 4C].
Hill, Martha A. (49 yrs.) d. on 73-Jan-17 [73-Jan-25: 2B].
Hill, Mary, Miss m. Williams, C. Nelson on 72-Apr-30 [72-May-2: 2B].
Hill, Mary Frances m. Shaffar, Harry I. on 73-Oct-20 [73-Nov-1: 2B].
Hill, Reuben D. (72 yrs.) d. on 74-Aug-30 [74-Sep-8: 2B].
Hill, Sarah J., Miss m. Wright, George R. on 71-Oct-5 [71-Nov-4: 2B].
Hill, Thomas Gardner (4 yrs.) d. on 74-Jun-15 [74-Jun-16: 2B].
Hill, Victoria m. Craig, Noah on 75-May-16 [75-May-18: 2A].
Hillabridel, Sarah C., Miss m. Lachford, Joseph L. on 74-Sep-8 [74-Oct-27: 2B].
Hillary, Lizzie, Miss m. Kinsey, William D. on 75-Nov-30 [75-Dec-9: 2B].
Hilleary, Maria L. (35 yrs.) d. on 74-Aug-19 [74-Aug-20: 2B].
Hilleary, Thornton Edgar (1 yr., 5 mos.) d. on 74-Apr-23 [74-Apr-24: 2B].
Hilleary, Thornton L. (34 yrs.) d. on 75-May-14 [75-May-15: 2B].
Hilleary, Thornton L. m. Merrick, Alice M., Miss on 72-Feb-27 [72-Feb-29: 2B].
Hillegeist, Alice M. (27 yrs.) d. on 74-Oct-22 [74-Oct-23: 2B; 74-Oct-24: 2B].
Hillegeist, Edmond, Dr. (81 yrs.) d. on 75-Dec-8 [75-Dec-9: 1H, 2B; 75-Dec-10: 2B].
Hillen, Mary F., Miss m. Clarkley, David H. on 72-May-6 [72-May-21: 2A].
Hillen, Solomon, Col. (63 yrs.) d. on 73-Jun-26 of Apoplexy [73-Jun-28: 1G, 2B; 73-Jun-30: 1H].
Hillidge, Samuel m. Powell, Eliza A. on 72-Mar-7 [72-Mar-11: 2C].
Hills, Annie B. d. on 71-Oct-20 [71-Nov-2: 2C].
Hiltner, John H. m. Vineyard, Louisa on 73-Aug-3 [73-Aug-9: 2B].
Hilton, Andrew J. m. Neilson, Permelia J., Miss on 74-Jun-2 [74-Jun-5: 2B].
Hilton, Annie M., Miss m. Snyder, Oliver P. on 71-Feb-21 [71-Mar-2: 2C].
Hilton, Emma H. m. Smith, Elias M. on 73-Aug-10 [73-Aug-28: 2B].
Hilton, James A. m. Livesay, Florie V. on 74-Nov-12 [74-Dec-12: 2B].
Hilton, James F. (47 yrs.) d. [75-Sep-25: 2B].
Himes, Annie M. m. Burck, Charles E. on 72-Jan-4 [72-Jan-12: 2C].
Himmelrich, Mary m. Lewyt, Henry S. on 72-May-8 [72-May-9: 2B].
Hindes, Annie R., Miss m. Kennedy, John W. on 74-Sep-3 [74-Sep-9: 2B].
Hindes, Benjamin F. (54 yrs.) d. on 74-Nov-9 [74-Nov-10: 2B].
Hindes, Clara J. d. on 74-Jan-26 [74-Jan-27: 2B; 74-Jan-28: 2B].
Hindes, Lizzie P. m. Atkinson, John P. on 75-Dec-8 [75-Dec-22: 2B].
Hindes, Margaret (66 yrs.) d. on 73-Jul-13 [73-Jul-15: 2B].
Hindes, Rebecca (87 yrs.) d. on 74-Jul-22 [74-Jul-23: 2B].
Hindes, Samuel B. m. Hook, Clara J. on 73-Sep-12 [73-Sep-16: 2B].
Hindle, George W. (54 yrs.) d. on 73-Jul-28 [73-Jul-29: 2B].
Hindrey, John A. (7 yrs.) d. on 71-Feb-19 [71-Feb-23: 2C].
Hinea, Kate, Miss m. Otto, Thomas G. on 75-Feb-25 [75-Mar-8: 2B].
Hinehean, Kate (21 yrs.) d. on 73-Aug-22 [73-Aug-23: 2B].
Hineker, William H. (18 yrs.) d. on 73-Aug-5 [73-Aug-9: 2B].

Hiner, Ann Eliza m. Hitchens, Henry W. on 71-May-11 [[71-May-13: 2B]; 71-May-20: 2B].
Hines, C. Edward m. Ebelke, Kate, Miss on 73-Feb-9 [73-Feb-20: 2B].
Hines, Catherine m. Easton, William H. on 73-Jul-20 [73-Jul-26: 2A].
Hines, Cecilia, Miss m. Ritter, John A. on 72-May-23 [72-May-28: 2A].
Hines, Ellen d. on 75-Aug-8 [75-Aug-9: 2B].
Hines, Fannie C. (22 yrs., 3 mos.) d. on 73-May-28 [73-May-31: 2B].
Hines, John m. Durham, Louisa, Miss on 75-Feb-15 [75-Feb-17: 2B].
Hines, Peter m. Holloway, Margaret W., Mrs. on 73-Dec-3 [73-Dec-5: 2B].
Hines, Rachel d. on 72-May-11 [72-May-13: 1H].
Hines, Sarah A. m. Hood, Sylvester on 74-Dec-31 [75-Jan-9: 2B].
Hines, Sarah E., Miss m. Maynard, Edward W. on 72-Apr-24 [72-Apr-30: 2B].
Hines, Sarah Ellen (50 yrs.) d. on 73-Mar-12 of Heart disease [73-Mar-13: 1G, 2C].
Hines, Virginia V. m. Griffith, Arthur T. on 71-Aug-1 [71-Aug-2: 2C].
Hines, William M., Jr. m. Webster, Anna M. on 75-May-26 [75-Jun-15: 2A].
Hiney, Henry m. Ray, Fannie E., Miss on 75-Jan-27 [75-Mar-1: 2B].
Hink, John m. Eisenbach, Catherine on 74-Mar-31 [74-Apr-8: 2B].
Hinkel, Emilie (46 yrs., 4 mos.) d. [75-Feb-1: 2B; 75-Feb-2: 2B].
Hinkelman, John (32 yrs.) d. on 75-Mar-16 [75-Mar-17: 2B].
Hinkelmann, Louise d. on 72-Sep-29 [72-Oct-1: 2B].
Hinkle, Alice, Miss m. Ewing, William Oliver on 72-Dec-12 [72-Dec-14: 2A].
Hinkle, Julia C., Miss m. West, Columbus on 71-May-3 [71-Sep-15: 2B].
Hinkle, Mary m. Simms, Thomas J. on 75-Jun-22 [75-Jul-3: 2A].
Hinkleman, Frederick (18 yrs.) d. on 71-Jul-8 of Heatstroke [71-Jul-10: 4D].
Hinks, Mary V. m. Keefer, Michael C. on 71-Mar-9 [71-Mar-11: 2B].
Hinman, George (24 yrs.) d. on 72-Sep-20 of Consumption [72-Sep-26: 2B].
Hinman, Lillie m. Sirich, J. Henry on 73-Nov-12 [73-Nov-14: 2B].
Hinners, Sophia, Miss m. Lauman, Henry on 73-Oct-5 [73-Nov-27: 2B].
Hinnia, Frederick W. (35 yrs., 2 mos.) d. on 71-Apr-6 [71-Apr-7: 2B; 71-Apr-8: 2B].
Hinsdale, Horace, Rev. (22 yrs.) d. on 71-Oct-29 [71-Nov-2: 2C].
Hinsley, Mary A., Mrs. m. Lutz, Charles A. on 71-Sep-28 [71-Oct-6: 2B].
Hinson, Laura L d. on 71-Dec-7 [71-Dec-9: 2B].
Hinternesch, Maggie, Miss m. Grote, Herman on 71-Jul-13 [71-Jul-22: 2B].
Hinton, Emma S. m. Stevens, George W. on 72-Feb-28 [72-Apr-2: 2B].
Hinton, Ida May (1 yr., 1 mo.) d. on 72-Nov-12 [72-Nov-14: 2B].
Hinton, Lydia E., Miss m. Kain, Thomas J. on 71-Nov-16 [71-Dec-13: 2B].
Hinze, Adolph W. (46 yrs.) d. on 75-Dec-14 of Blood vessel rupture [75-Dec-16: 1G, 2B].
Hipkins, C., Miss m. Squires, George W. on 71-May-28 [[72-Nov-9: 2A]; 72-Nov-13: 2B].
Hipkins, Ellenora, Miss m. Oram, William B. on 73-Nov-27 [73-Nov-29: 2B].
Hipsley, Adolphus (21 yrs.) d. on 72-Apr-15 [72-Apr-19: 2B].
Hipsley, Carrie T. m. Brian, Henry T. on 72-Jun-26 [72-Jul-3: 2B].
Hipsley, Georgia, Miss m. Kugler, Frank on 72-Nov-26 [[72-Nov-30: 2B]; 72-Dec-2: 2B].
Hipsley, Levi, Sr. (78 yrs.) d. on 74-Jan-20 [74-Jan-21: 2B].
Hirsch, Anna M. d. on 73-Aug-5 of Teething [73-Aug-6: 2B].
Hirsch, John W. (3 mos.) d. on 72-Apr-5 [72-Apr-6: 2B].
Hirsch, Lizzie, Miss m. McPherson, Charles H. on 74-Dec-24 [74-Dec-30: 2B].
Hirsch, Willie Bruce (3 yrs., 3 mos.) d. on 74-Jan-1 of Diptheria [74-Jan-2: 2B].
Hirsh, Elizabeth Jane (61 yrs.) d. on 71-Nov-16 [71-Nov-18: 2B].
Hirsh, Laura Virginia (15 yrs.) d. on 71-Jan-11 [71-Jan-17: 2D].
Hirsh, Moses (33 yrs.) d. on 74-Nov-19 [74-Nov-21: 2B].
Hirst, Anna B., Miss m. Curry, William H. on 71-Nov-30 [71-Dec-2: 2B].
Hiser, Henry Basore (19 yrs.) d. on 73-Aug-28 [73-Aug-29: 2B].
Hisky, Helen L. (1 mo.) d. on 74-Jan-28 [74-Jan-30: 2B].

Hiss, F. Israel m. Waters, Pamelia on 73-Jun-11 [73-Jun-30: 2B].
Hiss, George R. m. Boyce, Kate, Miss on 72-Jul-26 [72-Jul-29: 2B].
Hiss, Susan R. (72 yrs.) d. on 73-Mar-19 [73-Mar-20: 2B; 73-Mar-21: 2B].
Hisselton, Amelia d. on 73-Mar-15 of Lamp explosion [73-Mar-18: 4D].
Hissey, Ann Eliza (54 yrs.) d. on 71-Jun-27 [71-Jun-29: 2C].
Hissey, Caroline, Mrs. (30 yrs.) d. on 70-Dec-25 [71-Jan-6: 2C].
Hissey, Charles H. d. on 74-Jun-16 [74-Jun-17: 2B].
Hissey, Frank E. m. Eckarts, Emma on 72-Feb-26 [72-May-2: 2B].
Hissey, Grace Elmira d. on 73-May-14 [73-May-16: 2B].
Hissey, John A. m. Sprigg, Alvina J. on 73-Jun-19 [73-Oct-15: 2B].
Hissey, Mary Ann (51 yrs.) d. on 72-Nov-5 [72-Nov-16: 2A].
Hissey, Nellie m. Lauterbaugh, Charles F. on 74-Aug-25 [[74-Aug-29: 2A]; 74-Sep-2: 2B].
Hissey, William m. Hutton, Elenora V., Mrs. on 73-Apr-30 [73-May-9: 2B].
Hissey, William L. (53 yrs.) d. on 75-Aug-12 [75-Aug-13: 2B].
Hitaffer, John Marcus Dennison (6 yrs., 6 mos.) d. on 74-Nov-3 [74-Nov-5: 2B].
Hitch, Roxey A., Miss m. Nelson, William J., Capt. on 75-Nov-24 [75-Dec-8: 2B].
Hitchcock, Annie E. m. Craft, Charles E. on 72-Jun-17 [72-Jun-25: 2B].
Hitchcock, Charles B. (58 yrs.) d. on 75-May-20 [75-May-27: 2B].
Hitchcock, Charles W. m. Raylan, Virginia O. on 72-Apr-17 [72-Jun-8: 2A].
Hitchcock, Daniel (46 yrs.) d. on 74-Dec-14 [74-Dec-16: 2B].
Hitchcock, Elizabeth (82 yrs.) d. on 73-Apr-29 [73-Apr-30: 2B].
Hitchcock, Joshua K. (1 yr., 7 mos.) d. on 71-Apr-25 [71-Apr-26: 2B].
Hitchcock, Joshua K. (71 yrs.) d. on 72-Aug-18 [72-Aug-19: 2B].
Hitchcock, Josiah (64 yrs.) d. on 74-Jul-8 [74-Jul-9: 2B; 74-Jul-10: 2B; 74-Jul-11: 2B; 74-Jul-13: 1H].
Hitchcock, Katie Candee (29 yrs.) d. on 72-Feb-27 [72-Feb-28: 2C].
Hitchcock, Lingham (36 yrs.) d. on 75-Jan-26 [75-Feb-1: 2B].
Hitchcock, Mary E., Miss m. Ehlers, John A. on 71-May-17 [71-May-20: 2B].
Hitchcock, William, Jr. m. Winternight, Lillie M. on 74-Oct-26 [74-Nov-14: 2B].
Hitchens, Henry W. m. Hiner, Ann Eliza on 71-May-11 [71-May-13: 2B; 71-May-20: 2B].
Hitchings, Emma E. m. Ayers, Samuel on 71-Jun-1 [71-Jun-7: 2B].
Hitchings, Henry W. (52 yrs.) d. on 72-Jun-15 of Heart disease [72-Jun-17: 1G, 2B].
Hitchins, Samuel (47 yrs.) d. on 73-May-10 [73-May-12: 1H, 2B].
Hitselberger, Alexander, Mr. (67 yrs.) d. on 75-Jan-8 [75-Jan-13: 4C].
Hitt, Frederick m. McKay, Christina C. on 72-Nov-27 [72-Dec-24: 2B].
Hitzelberger, Mary L., Miss m. Cole, James E. on 75-Sep-12 [75-Sep-15: 2B].
Hitzelberger, Peter, Jr. (72 yrs.) d. on 73-Dec-31 [74-Jan-6: 2B].
Hixley, William (65 yrs.) d. on 71-Sep-13 in Construction accident [71-Sep-14: 4C].
Hizor, Margrett (22 yrs., 10 mos.) d. on 72-Aug-18 [72-Aug-19: 2B].
Hoag, J. A. m. Jarboe, Mary A., Miss on 72-Oct-8 [72-Nov-4: 2B].
Hoar, Delia (1 yr., 4 mos.) d. on 71-Jul-16 [71-Jul-17: 2B].
Hoban, Mary (19 yrs., 5 mos.) d. [74-Mar-31: 2B].
Hoban, Thomas A. m. Meehan, Kate A., Miss on 74-Oct-13 [74-Oct-16: 2B].
Hobbins, Joseph, Dr. m. McLane, Mary E. on 72-Apr-16 [72-Apr-17: 2B].
Hobbs, Ann Eliza, Miss m. Guyton, A. J. on 71-Jan-30 [71-Jan-31: 2C].
Hobbs, Caleb, Rev. (67 yrs.) d. on 72-Dec-9 [72-Dec-11: 2B].
Hobbs, Cornelia L. (28 yrs.) d. on 73-Dec-19 [73-Dec-20: 2B].
Hobbs, G. W., Rev. m. Perrigo, Cornelia L., Miss on 72-Oct-22 [72-Oct-23: 2B; 72-Oct-24: 2B].
Hobbs, George Andrew (5 mos.) d. on 71-Feb-26 [71-Feb-27: 2D].
Hobbs, George L. (4 yrs., 9 mos.) d. on 71-Mar-11 [71-Mar-13: 2C].
Hobbs, George W., Capt. (82 yrs.) d. on 71-Mar-8 [71-Mar-14: 2B].
Hobbs, Jennie, Miss m. Brenaman, A. T. on 73-Mar-28 [73-Mar-31: 2B].

Hobbs, Laura V., Miss m. Gore, John W. on 71-Feb-5 [71-Feb-9: 2C].
Hobbs, Mary Ellen (6 mos.) d. on 71-Jun-28 [71-Jun-29: 2C].
Hobbs, Sallie P. d. on 75-Dec-4 [75-Dec-6: 2B].
Hobbs, Susie Kemp (4 mos.) d. on 71-Jul-14 [71-Jul-17: 2B].
Hobbs, T. R. m. Bailey, Annie M., Miss on 71-Oct-19 [71-Dec-13: 2B].
Hobbs, William A. G. d. on 74-Sep-12 of Typhoid [74-Sep-18: 4D].
Hobbs, William B. m. Rutter, Louisa J., Miss on 72-Dec-18 [72-Dec-24: 2B].
Hobelman, Helena m. Wehr, August on 72-Feb-22 [72-Mar-5: 2B].
Hobelman, J. H. (64 yrs.) d. on 73-May-9 [73-May-10: 2B].
Hobelman, William G. L. (32 yrs.) d. on 74-Aug-28 of Heart disease [74-Aug-29: 2B, 4C].
Hoblitzell, C. S. (55 yrs.) d. on 75-Nov-6 [75-Nov-8: 2B].
Hoblitzell, Rachel Woodside (11 mos.) d. on 72-Aug-21 [72-Aug-22: 2C].
Hobner, Mary C. m. Sumwalt, John W. R. on 74-Dec-23 [75-Jan-5: 2B].
Hochadel, Willie J. (3 yrs., 5 mos.) d. on 75-Oct-2 [75-Oct-4: 2B].
Hock, Annie Lee (2 mos.) d. on 74-Jun-15 [74-Jun-16: 2B].
Hock, Julia M., Miss m. Letmate, Charles A. on 74-Feb-11 [74-Feb-19: 2B].
Hocknell, Joseph D. (18 yrs.) d. on 72-Aug-16 [72-Aug-20: 2B].
Hoddinett, May (4 mos.) d. on 72-Jul-9 [72-Jul-10: 2B].
Hoddinott, C. A., Miss m. Erdmann, H. L. on 74-May-6 [74-May-14: 2B].
Hoddinott, Elisha (4 mos.) d. on 73-Jun-27 [73-Jun-28: 2B].
Hoddinott, Ella W. (24 yrs.) d. on 75-Sep-2 [75-Sep-3: 2B].
Hoddinott, George, Jr. (35 yrs.) d. on 75-Feb-23 [75-Feb-24: 2B; 75-Feb-25: 2B; 75-Feb-26: 2B].
Hoddinott, James W. (54 yrs.) d. on 75-Aug-1 [75-Aug-3: 2B].
Hoddinott, John W. m. Burton, Eliza J. on 72-Sep-19 [72-Oct-21: 2B].
Hoddinott, Maggie m. Patterson, Oscar L. W. on 74-Aug-20 [74-Aug-27: 2B].
Hoddinott, Mark (3 mos.) d. on 71-Feb-11 [71-Feb-13: 2C].
Hoddinott, Mary Ann (59 yrs.) d. on 74-Jul-10 [74-Aug-1: 2B].
Hoddinott, Simon (55 yrs.) d. on 75-Jan-11 [75-Jan-27: 2B].
Hoddinott, Susie M. m. Koontz, John H. on 74-Feb-24 [74-May-5: 2B].
Hoddinott, Willie (9 mos.) d. on 74-Sep-21 [74-Sep-23: 2B].
Hodgdon, M. C. m. Scott, Anna Virginia on 73-Nov-26 [73-Dec-6: 2B].
Hodge, John D. m. Griffith, Sallie A., Miss on 73-Mar-19 [73-Mar-31: 2B].
Hodgekinson, M. O. m. Mund, Hettie S., Miss on 73-Jul-31 [73-Aug-1: 2B].
Hodges, Alice, Miss m. Robinson, Charles A. on 75-Nov-23 [75-Dec-1: 2B].
Hodges, Andrew N. (42 yrs.) d. on 72-Mar-23 [72-Mar-25: 2B].
Hodges, Annie d. on 75-May-2 [75-May-4: 2B; 75-May-5: 2B].
Hodges, Annie B. (11 mos.) d. on 73-Jul-29 [73-Jul-30: 2B].
Hodges, Edward (2 yrs., 6 mos.) d. on 71-Jul-23 [71-Jul-24: 2B].
Hodges, Ella Lee m. Stanley, Charles H. on 71-Nov-28 [71-Dec-2: 2B].
Hodges, Frankie (5 mos.) d. on 75-Aug-5 [75-Aug-6: 2B].
Hodges, Howell m. Bond, Martha Gray on 74-Nov-25 [74-Dec-2: 2B].
Hodges, Ida Virginia m. Teackle, St. George W., Dr. on 75-Jan-12 [75-Jan-14: 2B].
Hodges, J. H. m. Burgess, Laura R. on 71-Feb-14 [71-Mar-10: 2C].
Hodges, Johanna, Miss m. Lovell, Jesse S. on 71-Jul-23 [71-Oct-5: 2B].
Hodges, Joseph (46 yrs.) d. on 74-May-29 [74-May-30: 2B].
Hodges, Jubal, Rev. (43 yrs.) d. on 70-Dec-15 [71-Jan-5: 2C].
Hodges, K. J. m. Allers, Louisa on 71-Mar-1 [71-Mar-4: 2B].
Hodges, Mary E. m. Howard, J. Spence on 75-Dec-7 [75-Dec-22: 2B].
Hodges, Mary Ella m. Kirby, George A. on 74-Apr-16 [74-Apr-20: 2A].
Hodges, Mehatabel (23 yrs.) d. on 71-Feb-9 of Lamp explosion [71-Feb-11: 2B, 1G].
Hodges, Mollie W. d. on 73-Sep-30 [73-Oct-6: 2B].

Hodges, Nannie F. d. on 72-Sep-13 [72-Sep-19: 2B].
Hodges, Sophia Mary, Sr. (39 yrs.) d. on 74-Nov-7 [74-Nov-25: 2C, 4D].
Hodges, Susan (62 yrs.) d. on 71-Jul-7 [71-Jul-8: 2C].
Hodges, Thomas G. m. McWilliams, M. Corinne on 75-Aug-15 [75-Aug-18: 2B].
Hodges, Thomas H. (61 yrs.) d. on 75-Nov-1 [75-Nov-24: 2B].
Hodges, William (5 yrs., 3 mos.) d. on 72-Mar-6 [72-Mar-8: 2C].
Hodges, Willie (9 yrs., 4 mos.) d. on 71-Mar-7 [71-Mar-9: 2C; 71-Mar-14: 2B].
Hodgkinson, Hannah J. d. on 71-Mar-9 [71-Mar-15: 2B].
Hodgson, Sarah (53 yrs.) d. on 72-May-9 [72-May-10: 2B; 72-May-11: 2A].
Hodgson, Wilmer, Dr. m. Higginson, Maria J., Mrs. on 71-Oct-5 [71-Oct-9: 2B].
Hodnette, Annerbel d. on 75-Mar-28 [75-Apr-1: 2B].
Hodson, Anna L. m. Welck, William on 74-Oct-22 [74-Oct-23: 2B].
Hodson, Julia V. d. on 73-Jun-2 of Bowel inflammation [73-Jun-6: 1G; 73-Jun-7: 1H, 2A; 73-Jun-9: 1H].
Hoehn, [unnamed], Miss m. Brooks, N. C. on 74-Apr-6 [74-Apr-8: 2B].
Hoen, George H. m. Carey, Jennie M. on 74-Jan-19 [74-Jan-24: 2B; 74-Jan-26: 2B].
Hoen, Walter S. (15 yrs.) d. on 71-Aug-3 [71-Aug-5: 2C].
Hoenes, Gustav Adolph (5 mos.) d. on 74-Aug-24 [74-Aug-25: 2B; 74-Aug-26: 2B].
Hoengen, Louisa, Miss m. Eyll, George P. on 71-Mar-16 [71-Apr-3: 2B].
Hoengen, Martin m. Conrad, Elizabeth on 72-Mar-31 [72-Apr-12: 2B].
Hoepfner, Herman L. m. Sutro, Emma B., Miss on 71-Nov-2 [71-Nov-13: 2B].
Hoernig, Charles (40 yrs.) d. on 71-Oct-19 [71-Oct-24: 2B].
Hoerster, Louis (1 yr., 9 mos.) d. on 75-Jan-6 [75-Jan-7: 2B].
Hoes, Richard m. Dashields, Anna on 73-May-29 [73-Jun-3: 2A].
Hoey, James (49 yrs.) d. on 73-Jul-22 [73-Jul-23: 2B].
Hoey, Keziah (88 yrs.) d. on 75-Nov-3 [75-Nov-5: 2B; 75-Nov-8: 2B].
Hoey, Mary A. (70 yrs.) d. on 75-May-5 [75-May-6: 2B].
Hofer, Maggie, Miss m. North, Charles E. on 73-Jul-6 [73-Nov-24: 2B].
Hoff, Emily (3 mos.) d. on 74-Apr-19 [74-Apr-20: 2A; 74-Apr-21: 2A].
Hoff, Laura A. m. Going, Hosea F. on 72-Apr-18 [72-Apr-24: 2B].
Hoff, Lizzie, Miss m. Mitten, W. Robert on 73-Nov-26 [73-Dec-29: 2B].
Hofferberthe, Elizabeth, Miss m. Shreck, George T. on 74-Sep-1 [74-Sep-18: 2B].
Hofflin, Martha (2 yrs.) d. on 75-May-10 [75-May-11: 2B].
Hoffman, Aaron (69 yrs.) d. on 74-Apr-22 [74-Apr-23: 2B; 74-Apr-24: 1H].
Hoffman, Anna C. (9 yrs.) d. on 72-Apr-9 of Scarlet fever [72-Apr-10: 2B].
Hoffman, Barbara (47 yrs.) d. on 72-Feb-19 of Heart disease [72-Feb-20: 4C].
Hoffman, Bell F., Miss m. Heinmiller, Henry on 74-Apr-22 [74-May-12: 2B].
Hoffman, Benjamin A. m. Councilman, Carrie L., Miss on 71-Nov-23 [71-Nov-27: 2C].
Hoffman, Carl (70 yrs.) d. on 73-Aug-10 of Intemperance and exposure [73-Aug-11: 4E].
Hoffman, Carrie A. m. Clifton, Robert D. on 73-Dec-31 [74-Jan-3: 2B].
Hoffman, Carrie B., Miss m. Seim, Charles A. on 73-Feb-5 [[73-Mar-8: 2B]; 73-Mar-12: 2B].
Hoffman, Carrie L. (21 yrs.) d. on 73-Apr-7 [73-Apr-8: 2B; 73-Apr-9: 2B].
Hoffman, Carrie Menzies (7 yrs.) d. on 72-May-1 [72-May-2: 2B].
Hoffman, Charles (74 yrs.) d. on 75-Aug-5 [75-Aug-6: 2B; 75-Aug-7: 2B, 4F; 75-Aug-9: 1H].
Hoffman, Charles m. Trader, Lizzie, Miss on 74-Jul-23 [74-Jul-25: 2B].
Hoffman, Conrad (29 yrs.) d. on 75-Apr-27 of Suicide (Hanging) [75-Apr-28: 4C].
Hoffman, E. (58 yrs.) d. on 71-Sep-19 of Lamp explosion [71-Sep-21: 4C].
Hoffman, Edward M. m. Day, Hattie E. on 72-Nov-14 [72-Nov-18: 2B].
Hoffman, Emma C., Miss m. Houston, Thomas D. on 71-Apr-27 [71-Apr-29: 2B].
Hoffman, Emma J. (16 yrs., 9 mos.) d. on 75-Sep-23 [75-Sep-24: 2B].
Hoffman, Emory B. (26 yrs.) d. on 74-Feb-11 [74-Feb-12: 2C; 74-Feb-13: 2C].
Hoffman, Erastus M. (1 yr.) d. on 74-Jan-8 [74-Jan-9: 2C].

Hoffman, Erdmann m. Petzold, Anna, Miss on 73-Mar-16 [73-Mar-19: 2B].
Hoffman, Francis (40 yrs.) d. on 73-May-18 of Convulsions [73-May-19: 1H].
Hoffman, George Franklin (1 mo.) d. on 74-Feb-2 [74-Feb-5: 2B].
Hoffman, George L. (25 yrs.) d. on 71-Jun-28 [71-Jun-29: 2C; 71-Jun-30: 2B].
Hoffman, George Peter d. on 73-Jan-29 of Consumption [73-Jan-30: 2B, 4D].
Hoffman, George Walker (2 yrs., 1 mo.) d. on 74-Sep-28 [74-Sep-29: 2B].
Hoffman, Harry m. Hush, Venie on 72-Jul-18 [72-Jul-29: 2B].
Hoffman, Henry J. m. Whelen, Bertha on 71-Feb-2 [71-Feb-6: 2C; 71-Feb-7: 2C].
Hoffman, Isabella R. (17 yrs., 6 mos.) d. on 72-Aug-30 [72-Aug-31: 2B].
Hoffman, Jacob E. m. Schone, Rebecca M. on 73-Apr-14 [73-Apr-17: 2B].
Hoffman, James K. (31 yrs., 8 mos.) d. on 75-Mar-27 [75-Mar-29: 2B].
Hoffman, Jesse F. (18 yrs.) d. on 75-Apr-17 Struck by falling tree [75-Apr-19: 2B].
Hoffman, Johanna (18 yrs., 4 mos.) d. on 72-Feb-12 [72-Feb-14: 2C].
Hoffman, John (32 yrs.) d. on 71-Dec-1 in Railroad accident [71-Dec-8: 4C].
Hoffman, John (53 yrs.) d. on 72-Feb-16 [72-Feb-21: 2C].
Hoffman, John d. on 74-Dec-4 in Construction accident [74-Dec-5: 4D].
Hoffman, John m. Kraft, Mary A. on 71-Sep-14 [71-Sep-23: 2B].
Hoffman, John m. Kuebler, Veronica, Miss on 72-Jan-14 [72-Feb-6: 2C].
Hoffman, John J. (2 yrs., 7 mos.) d. on 72-Nov-11 [72-Nov-12: 2B; 72-Nov-13: 2B].
Hoffman, John Peter (40 yrs.) d. on 75-Feb-20 [75-Feb-23: 2B].
Hoffman, Katie A. (3 yrs.) d. on 72-Jan-26 [72-Jan-27: 2B].
Hoffman, Laura (6 mos.) d. on 74-Jun-23 [74-Jun-25: 2B].
Hoffman, Levi (72 yrs.) d. on 72-Oct-3 [72-Oct-4: 2B; 72-Oct-5: 2A].
Hoffman, Mary (82 yrs.) d. on 71-Jun-25 [71-Jun-26: 2B; 71-Jun-27: 2B].
Hoffman, Mary Ann (64 yrs.) d. on 72-Jul-1 [72-Jul-2: 2B; 72-Jul-3: 2B].
Hoffman, Mary Elizabeth (46 yrs., 9 mos.) d. on 72-Jul-20 [72-Jul-22: 2B].
Hoffman, May Florentine (2 yrs., 2 mos.) d. on 71-Jul-25 [71-Aug-2: 2C].
Hoffman, Michael, Jr. m. Rogers, Anna R., Mrs. on 75-Sep-16 [75-Sep-23: 2B].
Hoffman, Michael, Sr. (67 yrs.) d. on 71-Aug-7 [71-Aug-8: 2C; 71-Aug-9: 2C].
Hoffman, Minerva James (36 yrs.) d. on 73-Feb-22 [73-Mar-4: 2B].
Hoffman, Mollie F., Miss m. Chadwick, John E. on 72-Apr-16 [72-Apr-24: 2B].
Hoffman, Nettie (20 yrs.) d. on 74-Oct-22 [74-Oct-23: 2B; 74-Oct-24: 2B].
Hoffman, Pauline m. Bonnheim, Benjamin Aaron, Rev. on 71-Aug-10 [71-Aug-11: 2C].
Hoffman, Peter L. (40 yrs.) d. on 75-Sep-27 in Machine accident [75-Sep-28: 4B].
Hoffman, Philip Rogers, Dr. d. on 73-Jun-12 [73-Jun-14: 2B; 73-Jun-16: 2B].
Hoffman, Rosetta (51 yrs.) d. on 73-Jul-5 [73-Jul-7: 2B; 73-Jul-8: 2B].
Hoffman, Sadie J., Miss m. Thompson, Rollen E. on 75-Feb-25 [75-Mar-4: 2B].
Hoffman, Sarah (40 yrs.) d. on 75-Sep-22 [75-Sep-24: 2B].
Hoffman, Walter Stork d. on 75-Sep-9 [75-Sep-21: 2B].
Hoffmeister, Charles Augustus (6 mos.) d. on 72-Jun-13 [72-Jun-14: 2A].
Hoffmeister, Kate d. on 74-Oct-2 [74-Oct-3: 2B].
Hoffmister, Mary Virginia (1 mo.) d. on 74-Apr-3 [74-Apr-4: 2B].
Hoffner, Louisa K., Miss m. Mory, Louis on 74-May-4 [74-May-20: 2B].
Hoffrogge, Lydia S. L. (3 yrs., 5 mos.) d. on 75-Oct-7 [75-Oct-9: 2A].
Hofmann, Matilda L. m. Jacobs, George R. on 73-Dec-25 [74-Jan-8: 2B].
Hofmeister, Augusta d. on 74-Jan-8 of Lamp explosion [74-Jan-9: 2B].
Hofmeister, Augusta (25 yrs.) d. on 74-Jan-9 of Lamp explosion [74-Jan-10: 4E].
Hofstetter, Louise M., Miss m. Schone, J. Harman on 74-Apr-16 [74-Apr-21: 2A].
Hogan, Catherine m. Cunningham, Michael on 72-Jun-18 [72-Jun-22: 2B].
Hogan, Daniel F. (48 yrs.) d. on 74-Jul-9 [74-Jul-10: 2B, 4E; 74-Jul-11: 2B].
Hogan, Dominick John (1 yr., 11 mos.) d. on 72-Dec-9 [72-Dec-10: 2B].
Hogan, Ellen d. on 74-May-31 [74-Jun-1: 2B].

Hogan, James Edward (2 yrs.) d. on 71-Jan-16 [71-Jan-17: 2D].
Hogan, John (1 yr., 1 mo.) d. [73-Sep-29: 2B].
Hogan, John (26 yrs.) d. on 74-Jan-10 [74-Jan-12: 2B].
Hogan, John d. on 75-Mar-24 Drowned [75-Mar-26: 4B].
Hogan, John Frederick (58 yrs.) d. on 75-Aug-27 [75-Aug-28: 2B].
Hogan, M. H. m. Cavanaugh, E. J. on 74-Jul-8 [74-Aug-10: 2B].
Hogan, Margaret D. (40 yrs.) d. on 74-Oct-7 [74-Oct-8: 2B; 74-Oct-9: 2B].
Hogan, Mary Ann (47 yrs.) d. on 73-Mar-18 [73-Mar-19: 2B; 73-Mar-20: 2B].
Hogan, Mary Elizabeth (8 mos.) d. on 72-Jul-1 [72-Jul-2: 2B].
Hogan, Maurice (33 yrs.) d. on 74-Nov-24 in Construction accident [74-Nov-25: 2C, 4D].
Hogan, Michael (72 yrs.) d. [71-Feb-6: 2C].
Hogan, Patrick (61 yrs.) d. on 73-Apr-24 [73-Apr-26: 2B].
Hogan, Richard m. Pertner, Mary Ann on 72-Mar-31 [72-Apr-9: 2B].
Hogan, Thomas (40 yrs.) d. on 75-Apr-6 [75-Apr-8: 2B].
Hogan, Thomas F. m. McArdle, Mary Ann, Miss on 74-Feb-10 [74-Feb-18: 2C].
Hogans, Matilda m. Morton, Jesse on 71-Feb-23 [71-Feb-24: 2C].
Hogendorp, Charles m. Flack, M. Grace on 75-Jun-9 [75-Jun-15: 2A].
Hogg, Amelia Jane d. on 75-Oct-17 [75-Oct-19: 2A; 75-Oct-20: 2A].
Hogg, Ellen (62 yrs.) d. on 75-Jan-12 [75-Jan-14: 2B].
Hogg, Etta C. (32 yrs.) d. on 71-Sep-25 [71-Sep-26: 2C].
Hogg, George C. (33 yrs.) d. on 75-Jul-27 [75-Jul-28: 2B; 75-Jul-29: 2B].
Hogg, James H. (51 yrs.) d. on 73-Jul-13 [73-Jul-14: 2B].
Hogg, John W. (58 yrs.) d. on 71-Mar-29 [71-Mar-30: 2C].
Hogg, Mary A. (78 yrs.) d. on 71-Jan-25 [71-Jan-26: 2D; 71-Jan-27: 2C].
Hogg, Robert E. (63 yrs.) d. on 72-May-10 [72-May-16: 2B].
Hogg, Sarah Jane (34 yrs.) d. on 71-May-7 [71-May-9: 2B].
Hogg, William m. Elliott, Mary E. on 72-Apr-2 [72-Apr-9: 2B].
Hogue, Joey E. m. Eden, James A. on 71-Sep-7 [71-Sep-15: 2B].
Hohbine, Amelia (31 yrs.) d. on 74-Apr-2 [74-Apr-3: 2B; 74-Apr-4: 2B].
Hohlbein, Frederick m. Schlitzberger, Mary, Miss on 75-May-25 [75-May-29: 2A].
Hohlbein, Ginnie E. m. Hayden, Michael J. on 73-May-26 [73-Jun-9: 2A].
Hohlbein, Jacob (45 yrs.) d. on 71-Apr-8 [71-Apr-12: 2B].
Hohlbein, Louis H. m. Schulz, Mary E., Miss on 73-Dec-25 [74-Jan-3: 2B].
Hohman, Henry m. Paul, Louise, Miss on 72-Jan-17 [72-Jan-18: 2C].
Hohman, John A. m. Ostendorf, Minnie C., Miss on 74-Oct-13 [74-Oct-21: 2B].
Hokamp, Mary Ann (56 yrs.) d. on 74-May-13 [74-May-14: 2B].
Hoke, Ann B. d. on 75-Oct-27 [75-Oct-29: 2B].
Holborn, Margaret E. (63 yrs.) d. on 75-Mar-20 [75-Mar-22: 2B; 75-Mar-23: 2B; 75-Mar-24: 2B].
Holbrook, Christina C. (64 yrs.) d. on 73-Jun-19 [73-Jun-20: 2B; 73-Jun-21: 2A].
Holbrook, E. S., Miss m. McDevitt, J. W. on 74-Aug-26 [74-Sep-2: 2B].
Holbrook, Ezra L. m. Smith, Lizzie on 73-Oct-2 [73-Nov-8: 2B].
Holbrook, Ferdinand Cabell Mos (8 yrs.) d. on 71-Mar-11 [71-Mar-15: 2B].
Holbrook, James G. m. Schwrar, Mary W. on 75-Nov-9 [75-Nov-11: 2B].
Holbrook, Theresa V. m. Montgomery, Harry R. on 72-May-14 [72-May-18: 2A].
Holdefer, Henry m. Weitzel, Mary Elizabeth on 74-Feb-19 [74-Feb-28: 2B].
Holden, [male] (2 mos.) d. on 73-Jun-18 [73-Jun-20: 2B].
Holden, Ann M. (43 yrs.) d. on 71-Oct-20 [71-Oct-21: 2B; 71-Oct-23: 2B].
Holden, C. A. (73 yrs.) d. on 75-May-13 [75-May-14: 2B; 75-May-15: 2B].
Holden, Emma (4 mos.) d. on 73-Jul-26 [73-Jul-30: 2B].
Holden, G. W. m. Allison, Mary A. on 73-Dec-2 [73-Dec-16: 2B].
Holden, Ira S. m. Rogers, Mary E. on 71-Apr-27 [71-May-8: 2A].

Holden, James Burns (21 yrs.) d. on 74-Mar-25 of Consumption [74-Mar-30: 2B].
Holden, John T. (24 yrs.) d. on 74-Feb-4 [74-Feb-6: 2D].
Holden, Margaret J. A. (50 yrs.) d. on 73-Jul-13 [73-Jul-14: 2B].
Holden, Mary E., Miss m. Lander, James H. on 72-Nov-5 [72-Nov-6: 2B].
Holden, Mary Thomas (87 yrs.) d. on 71-Jan-7 [71-Jan-11: 2C].
Holladay, John m. Green, Emma [71-Sep-8: 2B].
Holland, Alice (23 yrs.) d. on 75-Jul-4 [75-Jul-7: 2B].
Holland, Alverda Virginia W. (1 yr.) d. on 73-Oct-20 [73-Oct-22: 2B].
Holland, Amanda Jane (25 yrs.) d. on 73-Mar-25 [73-Mar-31: 2B].
Holland, Eleanor (39 yrs.) d. on 73-Sep-7 [73-Sep-8: 2B; 73-Sep-9: 2B].
Holland, Emma E. m. Shipley, Moses M. on 74-Nov-26 [74-Nov-28: 2B].
Holland, George Poisal (3 yrs., 10 mos.) d. on 72-Nov-29 [72-Nov-30: 2B].
Holland, George Thomas (11 mos.) d. on 72-Mar-14 [72-Mar-16: 2B].
Holland, Harry Belle (1 yr., 5 mos.) d. on 72-Sep-23 [72-Sep-25: 2B].
Holland, Jennie A. m. Freeston, William on 71-Dec-21 [72-Jan-9: 2C].
Holland, Joanna (30 yrs.) d. on 72-May-11 [72-May-16: 2B].
Holland, John H. m. Watts, R. Adeline on 71-Dec-14 [72-Jan-17: 2C].
Holland, John R. m. Colley, Mary A. on 72-Jan-3 [72-Nov-15: 2B].
Holland, Lizzie, Miss m. Mister, William T., Capt. on 75-Aug-25 [75-Aug-27: 2B].
Holland, Martha J. m. Mordew, John T. on 74-Mar-24 [74-Mar-26: 2B].
Holland, Mary Alice (12 yrs.) d. on 73-Nov-22 [73-Nov-24: 2B].
Holland, Mary L., Miss m. Rahins, Frederick Herman on 75-Apr-12 [[75-Apr-29: 2B]; 75-May-1: 2B].
Holland, Nancy (76 yrs.) d. on 75-Apr-28 [75-Apr-29: 2B; 75-Apr-30: 2B].
Holland, Samuel Nelson m. Cruse, Annie Frances on 73-Oct-16 [73-Oct-18: 2B].
Holland, Walter S. (23 yrs., 11 mos.) d. on 73-Jul-23 [73-Jul-24: 2B; 73-Jul-25: 2B].
Holland, William H. (8 mos.) d. on 75-Dec-18 [75-Dec-23: 2B].
Holland, William H. m. Delanty, Emma V., Miss on 73-Dec-18 [74-Jan-13: 2B].
Hollander, Charles (51 yrs.) d. on 75-Jul-4 [75-Jul-6: 2B].
Hollander, Edward m. Koshland, Fanny on 75-Sep-12 [75-Sep-25: 2B].
Hollaran, James (75 yrs.) d. on 75-Dec-23 [75-Dec-25: 2B].
Holle, Wiliam m. Grosskoph, Emma, Miss on 74-Jan-20 [74-Jan-22: 2B].
Holle, Willie (25 yrs.) d. on 75-Apr-8 [75-Apr-10: 2B].
Holley, George H. (73 yrs.) d. on 73-May-8 [73-May-10: 2B].
Holliday, Ida C. (20 yrs.) d. on 72-Mar-27 [72-Mar-28: 2C; 72-Mar-29: 2B].
Holliday, Ida E. (2 yrs., 5 mos.) d. on 71-Jun-19 [71-Jun-20: 2B].
Holliday, John H. m. Rieman, Evaline M. on 75-Nov-4 [75-Nov-6: 2B].
Holliday, Lotta d. on 71-May-9 of Lamp explosion [71-May-10: 4D].
Holliday, William (6 yrs.) d. on 74-Nov-28 of Diptheria [74-Nov-30: 2B].
Holliday, William D. m. Brown, Ida C. on 71-Jan-12 [71-Jan-17: 2C].
Holliday, William J. m. Tabler, Mary Cassandra on 71-Dec-12 [72-Jan-15: 2C].
Hollingshead, Anna Amanda (29 yrs.) d. on 71-Jul-13 [71-Jul-14: 2B].
Hollingshead, James m. Markland, Lizzie M. on 74-Apr-21 [74-May-5: 2B].
Hollingshead, Lizzie (26 yrs.) d. on 72-Jul-25 [72-Jul-27: 2B].
Hollingshead, Lizzie R. m. Richards, F. J., Dr. on 74-Sep-24 [74-Oct-24: 2B].
Hollingshead, Robert Kerr (28 yrs.) d. on 75-May-22 [75-May-24: 2B; 75-May-25: 2A; 75-May-26: 4B].
Hollingshead, Robert N. m. Tapman, Laura F., Miss on 73-Jul-15 [73-Jul-22: 2B].
Hollingshead, Samuel O. (27 yrs.) d. on 72-Sep-18 [72-Sep-21: 2A].
Hollingshead, Samuel O. m. Reese, Lizzie R., Miss on 71-Dec-5 [71-Dec-8: 2C].
Hollingsworth, Jane B., Miss m. Smith, John D. on 71-Nov-7 [71-Nov-11: 2B].
Hollingsworth, Jesse (73 yrs.) d. on 72-Apr-8 [72-Apr-9: 2B].

Hollingsworth, Mary E. A. d. on 73-Apr-24 [73-Apr-29: 2B].
Hollingsworth, Robert J. (48 yrs.) d. on 72-Dec-30 [72-Dec-31: 2B].
Hollingsworth, Sallie A. m. Rickes, John, Jr. on 72-Mar-7 [72-Mar-12: 2C].
Hollins, Edward A. d. [73-Sep-6: 2B].
Hollins, Ellen Schaefer m. Rumbold, Henry E. W. on 71-Apr-27 [71-May-16: 2B].
Hollins, Francis (62 yrs.) d. on 75-Apr-10 [75-Apr-12: 2B].
Hollins, Georgeanna (20 yrs.) d. on 75-Apr-9 [75-Apr-10: 2B; 75-Apr-12: 2B].
Hollins, M. J., Mrs. m. Thurston, James on 73-Oct-16 [73-Oct-18: 2B].
Hollins, William m. Daymon, Jennie on 73-Jun-1 [73-Jun-3: 2A].
Hollis, Frank, Col. m. Burton, Susie, Miss on 74-Jul-13 [74-Jul-15: 2B].
Hollis, Maey R. (72 yrs.) d. on 72-Jan-20 [72-Jan-27: 2B].
Hollohan, Thomas R. d. on 73-Aug-1 of Execution (Hanging) [73-Aug-2: 1D; 73-Aug-4: 1G].
Hollor, Elizabeth m. Harig, George W. on 71-Aug-28 [71-Sep-5: 2B].
Holloway, Eleanor H. (83 yrs.) d. on 74-Nov-2 [74-Nov-3: 2B; 74-Nov-4: 2B; 74-Nov-5: 2B].
Holloway, Ellen M. m. Bolton, Hugh W. on 75-Jun-22 [75-Jun-28: 2B].
Holloway, Helen, Miss m. Bell, Henry A. on 74-Nov-22 [74-Dec-24: 2B].
Holloway, Margaret W., Mrs. m. Hines, Peter on 73-Dec-3 [73-Dec-5: 2B].
Holloway, Nelson John (61 yrs.) d. on 73-Jan-30 [73-Feb-18: 2B].
Holloway, Roberta (10 mos.) d. [75-Jun-2: 2B].
Hollyday, Etta Frisby (12 yrs.) d. on 73-Jul-30 [73-Aug-1: 2B].
Hollyday, Maggie (17 yrs.) d. on 71-Dec-27 [71-Dec-28: 2C].
Hollyday, Mary T. m. Steuart, James H. on 74-Feb-4 [74-Apr-3: 2B].
Hollyday, Richard Tilghman (70 yrs.) d. on 75-Jul-22 [75-Jul-24: 2B].
Hollyday, Susan E. (58 yrs.) d. on 71-Mar-29 [71-Mar-30: 2C].
Holmes, Albert P. (33 yrs.) d. on 75-Mar-15 [75-Mar-16: 2B].
Holmes, Albert P. m. Turner, Emily F. on 71-Feb-16 [71-Feb-23: 2C].
Holmes, Alice M., Miss m. Miller, George A. on 74-Dec-18 [75-Mar-11: 2C].
Holmes, Ann (3 yrs., 3 mos.) d. on 75-May-19 [75-May-21: 2B].
Holmes, Anna V. m. Davis, Dunbar T. on 73-Jul-13 [73-Nov-14: 2B].
Holmes, Annie Louisa (3 yrs., 1 mo.) d. on 72-Apr-28 [72-May-1: 2B].
Holmes, Catherine (30 yrs.) d. on 73-Nov-8 of Consumption [73-Nov-10: 4B].
Holmes, George L. (32 yrs.) d. on 75-Jan-18 [75-Jan-19: 2B].
Holmes, Harry Edgar (5 yrs., 4 mos.) d. on 72-Dec-26 of Gastric fever [72-Dec-28: 2B].
Holmes, Ida M. E., Miss m. Thumlert, P. Hepburn on 71-Mar-20 [71-Aug-28: 2C].
Holmes, John (9 yrs.) d. on 71-Apr-21 [71-Apr-22: 2C].
Holmes, John (60 yrs.) d. on 73-Oct-19 [73-Oct-20: 2B].
Holmes, John m. McBee, Sallie C. on 73-Feb-4 [73-Feb-8: 2B].
Holmes, John E. (66 yrs., 7 mos.) d. on 72-Jan-1 [72-Jan-4: 2C].
Holmes, John E. (61 yrs.) d. on 72-Jul-3 [72-Jul-4: 2B].
Holmes, John Henry d. on 72-Jul-14 [72-Jul-16: 2B].
Holmes, John M. (28 yrs.) d. on 73-Sep-14 of Consumption [73-Sep-16: 2B].
Holmes, Katie C., Miss m. Cumbea, J. R. on 71-Dec-27 [72-Jan-1: 2B].
Holmes, Laura May d. on 72-Jul-4 [72-Jul-8: 2C].
Holmes, Laura V., Miss m. Kidd, Nelson on 72-Aug-25 [72-Sep-17: 2B].
Holmes, Lizzie m. Arnold, John W. on 75-Nov-23 [75-Nov-25: 2B].
Holmes, Margaret A. m. Bromley, Hiram L. on 74-Apr-28 [74-May-2: 2B].
Holmes, Martha A. (55 yrs.) d. on 73-Oct-25 [73-Oct-27: 2B].
Holmes, Mary Lizzie (1 yr., 10 mos.) d. on 71-Feb-3 [71-Feb-6: 2C].
Holmes, Nannie T., Miss m. Smith, Harry A. [72-Jun-15: 2A].
Holmes, Nellie Ann (1 yr., 5 mos.) d. on 71-Sep-2 of Lung congestion [71-Sep-5: 2C].
Holmes, Oliver O'Donnell (7 mos.) d. on 72-Jul-19 [72-Jul-22: 2B].
Holmes, Reuben A. (51 yrs.) d. on 73-Aug-15 of Typhoid [73-Aug-16: 1G, 2B; 73-Aug-18: 1G,

2B].
Holmes, Sarah d. on 73-Dec-2 [73-Dec-9: 2B].
Holmes, Victor (60 yrs.) d. on 73-Nov-19 [73-Nov-20: 2B; 73-Nov-21: 4E].
Holmes, Virginia Jane (37 yrs.) d. on 75-Nov-27 [75-Nov-29: 2B].
Holmes, Virginia Seloame (2 mos.) d. on 72-May-6 [72-May-9: 2B].
Holmes, William Wolf (2 yrs., 1 mo.) d. on 73-Sep-19 [73-Sep-20: 2B].
Holscher, Ida E. (2 yrs., 2 mos.) d. on 74-Oct-16 [74-Oct-17: 2B].
Holscher, Otto m. Beecher, Eusebia J. on 71-Oct-25 [71-Oct-31: 2C].
Holson, Emeline (62 yrs.) d. on 72-Mar-23 [72-Mar-27: 2B].
Holson, Mary (61 yrs.) d. on 75-Jul-12 [75-Jul-13: 2B; 75-Jul-14: 2B].
Holson, William, Sr. (56 yrs.) d. on 74-Sep-28 [74-Oct-1: 2B].
Holstein, Mary Rebecca (27 yrs.) d. on 74-Apr-20 [74-Apr-21: 2B; 74-Apr-22: 2B].
Holstein, William H. (59 yrs.) d. on 71-Jan-9 [71-Jan-10: 2C].
Holt, Clarissa (73 yrs.) d. on 71-Nov-17 [71-Nov-18: 2B].
Holt, Emma m. Mortimer, Campbell on 71-Apr-19 [71-Apr-21: 2B].
Holt, George F. m. Hardy, Katie H., Miss on 75-Feb-8 [75-Feb-16: 2B].
Holt, Issac P. (35 yrs.) d. on 71-Nov-15 [71-Nov-17: 2C].
Holt, Joseph Lewis (31 yrs.) d. on 73-Nov-20 [73-Nov-21: 2B; 73-Nov-22: 2B].
Holt, Robert m. Grimes, Hannah on 73-Jun-17 [73-Jun-21: 2A].
Holter, Mary Ann (66 yrs.) d. on 74-May-16 [74-May-20: 2B].
Holtgreive, Bernard H. m. Becker, Mary E., Miss on 71-Feb-14 [71-Feb-24: 2C].
Holthaus, August Henry (1 yr.) d. on 73-Aug-23 [73-Aug-25: 2B].
Holthaus, Bertha E. (3 yrs., 8 mos.) d. on 72-Jul-20 [72-Jul-22: 2B].
Holthaus, Henry C. (10 yrs., 1 mo.) d. on 74-Jun-29 [74-Jun-30: 2B].
Holton, Henry M. (7 mos.) d. on 71-Jun-17 [71-Jun-19: 2B].
Holton, John (38 yrs.) d. on 73-Feb-6 [73-Feb-8: 2B].
Holton, Kate J. m. Blinn, Charles A. on 74-Feb-10 [74-Feb-26: 2B].
Holton, Susie E., Miss m. Owings, Philip R. on 73-Jan-22 [73-Jan-24: 2B].
Holtz, Albert m. Shorey, Julia J., Miss on 73-Dec-3 [73-Dec-13: 2A].
Holtz, Cass Andrew (38 yrs.) d. on 72-Jul-14 [72-Jul-23: 2C].
Holtz, Elizabeth (48 yrs.) d. on 75-Feb-3 [75-Feb-6: 2B].
Holtz, George G. m. Renoff, Louisa on 72-May-2 [72-May-11: 2A].
Holtz, Henry (6 yrs., 2 mos.) d. on 74-Aug-5 [74-Aug-7: 2B].
Holtz, Lydia E. (3 mos.) d. on 72-Jul-21 [72-Jul-23: 2C].
Holtz, Margaret E., Miss m. Bobee, Joseph F. on 72-Nov-3 [72-Nov-11: 2B].
Holtz, Nettie Paulina (2 yrs.) d. on 71-May-13 in Horsecar accident [71-May-15: 4D].
Holtz, Samuel m. Toft, Emma J. on 75-Feb-25 [75-Mar-3: 2B].
Holtz, Susanna, Miss m. Campbell, John H. on 71-Nov-5 [71-Nov-10: 2C].
Holtz, Susie C. m. Johnson, Charles H. on 75-Aug-25 [75-Oct-28: 2B].
Holtz, William m. Oliver, Jennie S., Miss on 71-Oct-19 [71-Oct-23: 2B].
Holtzman, Charles Reed (8 mos.) d. on 75-Jan-2 [75-Jan-4: 2B].
Holtzman, Elizabeth A., Miss m. Hook, John A. on 75-Nov-25 [75-Nov-30: 2B].
Holtzman, Henry C. d. on 72-Feb-1 [72-Feb-3: 2C].
Holtzman, M. Annie m. McMillan, Oscar D. on 73-Oct-15 [73-Oct-18: 2B].
Holyland, Fannie L. m. Cromwell, T. Elvin on 72-Sep-12 [72-Sep-17: 2B].
Holzman, M. m. Lauer, Lizzie on 72-Nov-12 [72-Dec-3: 2C].
Homer, Bertha F. (9 mos.) d. on 74-Sep-1 [74-Sep-2: 2B].
Homes, Elias (44 yrs.) d. on 74-Jun-9 [74-Jun-11: 2B; 74-Jun-12: 2B].
Honeywell, Mary M. C. m. Irvine, Jesse B. on 71-Nov-30 [71-Dec-8: 2C].
Honnet, E. (69 yrs.) d. on 73-Dec-2 [73-Dec-4: 2B].
Hood, A. J. (36 yrs.) d. [72-Jun-13: 2B; 72-Jun-14: 2A].
Hood, Caroline d. on 73-Mar-10 [73-Mar-21: 2B].

Hood, Edward N. (31 yrs.) d. on 72-Dec-30 [72-Dec-31: 2B].
Hood, Frances V. (26 yrs.) d. on 71-Nov-4 [71-Nov-6: 2A].
Hood, Sarah Adelaide (18 yrs.) d. on 75-Oct-3 [75-Oct-5: 2B].
Hood, Scott (26 yrs.) d. on 75-Jun-2 in Railroad accident [75-Jun-4: 4B].
Hood, Sylvester m. Hines, Sarah A. on 74-Dec-31 [75-Jan-9: 2B].
Hood, Walter Chapman (7 yrs., 8 mos.) d. on 75-Jan-13 [75-Jan-14: 2B; 75-Jan-15: 2B].
Hoofer, Ann Elizabeth (56 yrs.) d. on 71-Dec-7 [71-Dec-9: 2A].
Hooff, Clara S. (40 yrs.) d. on 71-Oct-4 [71-Oct-10: 2C].
Hooff, Mattie B. m. Beall, A. Brooke on 73-Apr-30 [73-May-3: 2A].
Hoofnagle, Joseph Rupert (1 yr., 1 mo.) d. on 71-Sep-6 [71-Sep-7: 2B].
Hoofnagle, Robert D. (25 yrs.) d. on 72-Feb-21 [72-Feb-23: 2D].
Hoofnagle, Sarah E., Miss m. Marshall, Joseph W. on 72-Oct-26 [72-Dec-4: 2B].
Hoofnagle, William C. (60 yrs.) d. on 73-Sep-25 of Liver disease [73-Sep-26: 2B; 73-Sep-27: 2B, 4C; 73-Sep-29: 1H].
Hook, Carrie R. d. on 73-Jun-1 [73-Jun-2: 2A; 73-Jun-3: 2A].
Hook, Charles A. m. Warfield, Louisa V. on 74-Oct-27 [74-Nov-3: 2B].
Hook, Charles Henry (9 mos.) d. on 72-Sep-28 [72-Sep-30: 2B].
Hook, Clara J. m. Hindes, Samuel B. on 73-Sep-12 [73-Sep-16: 2B].
Hook, Eliza (84 yrs.) d. on 72-Apr-25 [72-Apr-27: 2B].
Hook, Elizabeth R. (40 yrs.) d. on 71-May-3 [71-May-6: 2B].
Hook, Emmaline (49 yrs.) d. on 72-Jul-9 [72-Jul-10: 2B; 72-Jul-11: 2C].
Hook, Fanny m. Owings, Edward on 71-Jul-6 [71-Jul-22: 2B].
Hook, Issac O. (75 yrs.) d. on 75-Feb-5 of Bilious fever [75-Feb-6: 2B].
Hook, J. W. m. Miller, Annie, Miss on 73-Mar-18 [73-Apr-1: 2B].
Hook, James Madison (47 yrs.) d. on 73-Feb-13 [73-Feb-14: 2B; 73-Feb-15: 2B; 73-Feb-17: 1G].
Hook, James Randolph (10 yrs.) d. on 71-Nov-6 [71-Nov-8: 2C].
Hook, John (32 yrs.) d. on 72-Oct-19 in Machine accident [72-Oct-21: 1G].
Hook, John A. m. Holtzman, Elizabeth A., Miss on 75-Nov-25 [75-Nov-30: 2B].
Hook, John H. (3 yrs., 6 mos.) d. on 71-Mar-1 of Burns [71-Mar-2: 4E].
Hook, Joseph (47 yrs.) d. on 71-Nov-6 [71-Nov-7: 2A].
Hook, Joseph (89 yrs.) d. on 74-Jan-2 [74-Jan-3: 2B, 4D].
Hook, Julia Edith (12 yrs.) d. on 71-Nov-27 [71-Nov-29: 2C].
Hook, L. D. m. Buckler, C. W. on 72-Mar-4 [72-May-1: 2B].
Hook, Marion E. (9 mos.) d. on 72-Dec-24 [72-Dec-25: 2A].
Hook, Mary (78 yrs.) d. on 71-Apr-17 [71-Apr-18: 2C].
Hook, Mary A. (1 yr.) d. on 71-May-30 [71-Jun-16: 2C].
Hook, Mary Ann (75 yrs.) d. on 71-Oct-24 [71-Oct-26: 2B].
Hook, Mary J. m. Hammel, Jacob B. on 74-Mar-23 [74-Mar-30: 2B].
Hook, R. Bruce m. Griffith, Annie C. on 75-Oct-21 [75-Nov-8: 2B].
Hook, Sallie (11 mos.) d. on 71-Apr-12 [71-Apr-14: 2B].
Hook, Samuel (79 yrs.) d. on 75-Apr-9 [75-Apr-10: 2B].
Hook, Sidney (75 yrs.) d. on 73-Apr-13 [73-Apr-18: 2B].
Hook, Thomas D. (43 yrs.) d. on 71-Nov-17 [71-Nov-20: 2C].
Hooker, Benjamin F. m. Glenn, Sarah E., Miss on 71-Mar-9 [71-Mar-15: 2B].
Hooker, Henry m. Boston, Jane, Miss on 72-Mar-14 [72-Mar-16: 2B].
Hooker, Lilly May (4 mos.) d. on 74-Jun-15 [74-Jun-16: 2B; 74-Jun-17: 2B].
Hooker, Mollie A. m. Raitt, John F. on 72-Mar-21 [72-Apr-24: 2B].
Hooper, Amanda E. m. Roe, John W. on 74-May-5 [74-Oct-17: 2B].
Hooper, Ann Elizabeth (66 yrs.) d. on 71-Dec-7 [71-Dec-8: 2C; 71-Dec-11: 2B].
Hooper, Claude (3 mos.) d. on 72-Jan-9 [72-Jan-10: 2C].
Hooper, Emma m. Ritter, J. M. on 71-Apr-26 [71-Apr-27: 2C].
Hooper, Frank X. d. on 72-Jun-18 [72-Jul-2: 2B].

Hooper, Frank X. m. King, Adela E., Miss on 74-Sep-10 [74-Sep-14: 2B].
Hooper, Frederick m. Tipton, Sarah E., Miss on 71-Sep-21 [71-Sep-25: 2C].
Hooper, Grace m. Felgner, Edward L. on 73-Nov-13 [73-Nov-17: 2B].
Hooper, James, Jr. (72 yrs.) d. on 73-May-26 of Heart disease [73-May-27: 1H, 2B; 73-May-28: 2B; 73-May-29: 1H].
Hooper, James B. m. Nuthall, Elenora, Miss on 75-Feb-8 [75-Feb-9: 2B].
Hooper, James E. m. Poole, Sarah on 71-Jun-1 [71-Jun-2: 2B].
Hooper, John P. d. on 73-Aug-11 [73-Aug-13: 2B; 73-Aug-14: 2B].
Hooper, Levin A. F. (53 yrs.) d. on 74-Sep-22 [74-Sep-24: 2B].
Hooper, Lewis (35 yrs.) d. on 74-May-9 of Heart disease [74-May-11: 4C].
Hooper, Lizzie d. on 72-Nov-23 [72-Nov-25: 2B; 72-Nov-26: 2B].
Hooper, Manie (8 yrs., 9 mos.) d. on 75-Aug-26 [75-Aug-27: 2B].
Hooper, Manie E. m. Smith, Robert Tynes on 74-Mar-3 [74-Mar-7: 2B].
Hooper, Maria m. Fields, James E. on 74-Sep-20 [74-Oct-14: 2C].
Hooper, Marian Tolly d. on 72-Feb-3 [72-Feb-5: 2C].
Hooper, Mary C. d. on 74-Jul-6 [74-Jul-7: 2B].
Hooper, Mary E., Miss m. Phillips, Charles A. on 73-Dec-2 [73-Dec-5: 2B].
Hooper, Mary Elizabeth (30 yrs.) d. on 72-Oct-27 of Typhoid [72-Oct-28: 2B].
Hooper, Mary Louisa (4 yrs., 2 mos.) d. on 72-Jun-6 [72-Jun-8: 2B].
Hooper, Mary R. d. on 73-Apr-12 [73-Apr-14: 2B].
Hooper, Maurice (10 mos.) d. on 71-Oct-22 [71-Oct-23: 2B].
Hooper, Maurice d. on 73-Jul-6 [73-Jul-7: 2B].
Hooper, Mollie C., Miss m. Goldsborough, Richard A. on 75-Nov-24 [75-Dec-2: 2B].
Hooper, Robert H. m. Upshur, Susie on 74-Oct-15 [74-Oct-20: 2B].
Hooper, Sarah (83 yrs.) d. on 75-Feb-8 [75-Feb-9: 2B].
Hooper, Sarah Emma (16 yrs., 9 mos.) d. on 74-Apr-9 [74-Apr-13: 2A].
Hooper, Thomas (67 yrs.) d. on 72-Mar-8 [72-Mar-9: 2B].
Hooper, Thomas (40 yrs.) d. on 72-May-23 Drowned [72-May-24: 1F].
Hooper, Thomas (1 yr.) d. on 75-Apr-8 [75-Apr-9: 2B; 75-Apr-10: 2B].
Hooper, Thomas J. m. Maxwell, Maggie E., Miss on 75-Jun-10 [75-Jun-26: 2B].
Hooper, W. Gaston m. Pennington, J. Plascette on 75-Jun-22 [75-Jun-28: 2B].
Hooper, William J. m. Waltjen, Sophia F. on 74-Apr-27 [74-May-14: 2B].
Hoopes, Davis H. (70 yrs.) d. on 73-Jul-17 [73-Jul-18: 2B; 73-Jul-19: 2B].
Hoopes, Edith Clara (1 mo.) d. on 75-Jul-6 [75-Jul-8: 2C].
Hoopes, George W. m. Mund, Carrie W., Miss on 74-Jun-9 [74-Jun-11: 2B].
Hoopman, Kate, Miss m. Hopper, S. H. on 72-Dec-18 [73-Jan-4: 2B].
Hoopper, J. W. m. Fulton, Sarah M.H. on 71-Apr-6 [71-Apr-8: 2B].
Hoover, A. Easterick m. McAllister, Alle B. on 72-Jul-13 [72-Jul-29: 2B].
Hoover, Aggie E. m. Zepp, Jesse, Dr. on 73-Jan-21 [73-Jan-24: 2B].
Hoover, Andrew E. m. McAllister, Alice B. on 72-Jan-13 [72-Dec-30: 2B].
Hoover, Andrew P. d. on 71-Dec-4 [71-Dec-5: 2C].
Hoover, Anna P., Mrs. m. Allen, W. H. on 73-Nov-11 [[73-Nov-14: 2B]; 73-Nov-15: 2B].
Hoover, Annie E. d. on 72-Feb-20 [72-Feb-21: 2C; 72-Feb-22: 2C].
Hoover, Apollonia (60 yrs.) d. on 74-Jun-30 [74-Jun-2: 2B].
Hoover, Christian d. on 74-Apr-2 of Glanders [74-Apr-3: 1H; 74-Apr-18: 4E].
Hoover, Francis Joseph (23 yrs., 4 mos.) d. on 75-Jun-16 [75-Jun-17: 2B; 75-Jun-18: 2B].
Hoover, George A. m. Fairall, Florence W. on 73-Nov-26 [73-Nov-29: 2B].
Hoover, George W. m. Nizer, E. Jane on 72-Dec-1 [72-Dec-3: 2C].
Hoover, Julia C., Mrs. m. Brubaker, J. W. on 75-May-11 [75-May-12: 2B].
Hoover, Lawson P. (44 yrs.) d. on 73-Dec-25 [74-Jan-2: 2B].
Hoover, Lizzie (40 yrs.) d. on 71-Jul-22 [71-Jul-24: 2B].
Hoover, Louisa, Mrs. m. Gosman, A. J. [75-May-10: 2B].

Hoover, Mary P. A. (30 yrs.) d. on 74-Jun-4 [74-Jun-5: 2B; 74-Jun-6: 2B].
Hoover, Mary Rose, Miss m. Nicolai, J. Harry on 73-Sep-10 [73-Sep-23: 2B].
Hoover, Roy Allen (1 yr., 7 mos.) d. on 74-Jul-26 [74-Jul-27: 2B; 74-Jul-28: 2B].
Hope, Anna Maria (67 yrs.) d. on 72-Aug-7 [72-Aug-9: 2C].
Hope, Edward Saxton d. on 74-Jul-28 [74-Jul-29: 2B].
Hope, Kate, Miss m. Gross, William B. on 71-May-18 [71-May-22: 2B].
Hope, William H. (56 yrs.) d. on 72-Apr-14 of Paralysis [72-Apr-22: 2B, 4C].
Hope, William Jacob (2 yrs.) d. on 73-Jan-14 [73-Jan-15: 2B].
Hopewell, Annie M., Miss m. Thomas, J. Ford, Dr. on 72-Jun-6 [72-Jun-22: 2B].
Hopewell, James R. (59 yrs.) d. on 72-Aug-31 of Fall from window [72-Sep-2: 2B, 4D].
Hopewell, Maria Antoinette (57 yrs.) d. on 73-May-7 [73-May-10: 2B].
Hopewell, Mollie H. m. Thomas, Charles Byron, Dr. on 71-Jul-6 [71-Jul-27: 2B].
Hopkins, Alice m. Moore, Nathaniel, Jr. on 72-Oct-2 [72-Oct-9: 2B].
Hopkins, Anna R. m. Poultney, Evan on 73-Nov-25 [73-Nov-29: 2B].
Hopkins, Arundel, Dr. (35 yrs.) d. on 73-Mar-17 [73-Apr-4: 2B].
Hopkins, Charles E. m. Matthews, Laura on 74-Jul-26 [74-Aug-26: 2B].
Hopkins, Charles Edwin (31 yrs.) d. on 75-Jul-6 [75-Jul-7: 2B; 75-Jul-8: 2B].
Hopkins, Charles M. m. Heiner, Ella, Mrs. on 73-Jun-3 [73-Jun-11: 2B].
Hopkins, Charlotte (76 yrs.) d. on 74-Dec-31 [75-Jan-1: 2B; 75-Jan-2: 2B].
Hopkins, Cornelia m. Barnes, Frank J. on 74-Jul-9 [74-Jul-24: 2B].
Hopkins, Daniel m. Feehan, Susannah, Miss on 73-Sep-20 [73-Nov-6: 2B].
Hopkins, Eddie d. on 73-Dec-21 [73-Dec-22: 2B].
Hopkins, Edgar (35 yrs.) d. on 73-Feb-7 of Intemperance and exposure [73-Feb-8: 1G].
Hopkins, Edward (70 yrs.) d. on 75-Jan-30 [75-Feb-2: 2B].
Hopkins, Eliza (72 yrs.) d. on 73-Mar-18 [73-Mar-19: 2B; 73-Mar-20: 2B].
Hopkins, Elizabeth J. d. on 71-Aug-25 [71-Sep-14: 2B].
Hopkins, Frank M. d. on 74-Mar-14 [74-Mar-16: 2B].
Hopkins, Frank N. m. Monroe, Frances on 72-Feb-7 [72-Feb-19: 2B].
Hopkins, George W. (71 yrs.) d. on 73-May-4 [73-May-9: 2B].
Hopkins, George W. m. Rogers, Mary G., Miss on 75-Dec-7 [75-Dec-23: 2B].
Hopkins, Gerard m. Snowden, Emily on 74-Oct-6 [74-Nov-7: 2A].
Hopkins, Herbert C. (10 yrs.) d. on 73-May-12 [73-May-19: 2B].
Hopkins, Ida S. d. on 73-Jan-13 [73-Jan-14: 2B; 73-Jan-15: 2B].
Hopkins, J. Custis Richards (4 mos.) d. on 75-Aug-26 [75-Sep-1: 2B].
Hopkins, J. H. m. Waters, Juliana on 74-Apr-14 [74-Apr-18: 2B].
Hopkins, James Edward (7 mos.) d. on 73-Jul-20 [73-Jul-21: 2B].
Hopkins, James H. m. Ballard, Eliza J., Miss on 71-Jan-12 [71-Jan-17: 2C].
Hopkins, John J. (41 yrs.) d. on 75-Jul-22 [75-Jul-23: 2C; 75-Sep-7: 2B].
Hopkins, John Scott m. Lanpher, Mary Alice on 72-Jun-13 [72-Jul-2: 2B].
Hopkins, Johns (79 yrs.) d. on 73-Dec-24 of Pneumonia [73-Dec-25: 1D, 2B; 73-Dec-27: 4D].
Hopkins, Joseph (45 yrs.) d. on 71-Oct-22 [71-Oct-24: 2B].
Hopkins, Joseph T. m. Betts, Joanna, Mrs. on 75-Oct-20 [75-Oct-22: 2A].
Hopkins, Julia A. m. Ringgold, Edward on 75-Nov-18 [75-Nov-20: 2A].
Hopkins, Laura V. m. Knight, Octavius O. on 72-Jul-11 [72-Aug-6: 2B].
Hopkins, Lewis N. m. Baxton, Lucy T., Miss on 71-Oct-19 [71-Oct-23: 2B].
Hopkins, Lizzie m. Price, Edward on 71-Nov-15 [71-Nov-18: 2A].
Hopkins, Lizzie A. m. Fullwood, Charles H. on 73-Mar-18 [73-Jul-18: 2B].
Hopkins, Louisa (39 yrs.) d. on 71-Aug-4 [71-Aug-8: 2C].
Hopkins, M. V., Miss m. Wailes, S. I. on 72-Dec-24 [72-Dec-27: 2B].
Hopkins, Margaret (43 yrs.) d. on 73-Dec-9 [73-Dec-11: 2B].
Hopkins, Margaret d. on 75-Sep-2 [75-Sep-4: 2B].
Hopkins, Martha d. on 71-Jun-19 [71-Jun-27: 2B].

Hopkins, Martha Ann (46 yrs.) d. on 75-Jun-23 [75-Jun-24: 2B; 75-Jun-25: 2B].
Hopkins, Mary A. (55 yrs.) d. on 71-Mar-3 of Heart disease [71-Mar-7: 2C].
Hopkins, Mary A. (27 yrs.) d. on 73-Feb-25 [73-Feb-27: 2B].
Hopkins, Mary A. d. on 73-Mar-14 [73-Mar-15: 2B].
Hopkins, Mary A., Miss m. Harman, Philip A. on 71-Jun-29 [71-Jul-10: 2B].
Hopkins, Mary B. (45 yrs.) d. on 74-Jun-27 [74-Jun-29: 2B].
Hopkins, Mary B., Miss m. Keys, Samuel J. on 73-Jan-2 [73-Jan-10: 2B].
Hopkins, Nannie G. m. Cathcart, Theodore C. on 71-Oct-12 [71-Oct-16: 2B].
Hopkins, Owen (21 yrs.) d. on 72-Nov-25 [72-Nov-28: 2B].
Hopkins, Philip (84 yrs.) d. on 73-Jun-15 [73-Jun-20: 2B].
Hopkins, Priscilla Worthington (61 yrs.) d. on 71-Sep-21 [71-Oct-2: 2C].
Hopkins, Richard S. (82 yrs.) d. on 72-Aug-2 [72-Aug-3: 2A].
Hopkins, S. Harris m. Jenkins, Sue C., Miss on 75-Feb-2 [75-Feb-11: 2B].
Hopkins, Sarah, Miss m. Anderson, Stephen on 72-Jul-30 [72-Aug-1: 2C].
Hopkins, Sarah S. (81 yrs.) d. on 74-Apr-7 [74-Apr-8: 2B; 74-Apr-9: 2B].
Hopkins, Susan (61 yrs.) d. on 71-Nov-15 [71-Nov-23: 2C].
Hopkins, Thomas K. (7 yrs., 3 mos.) d. on 74-Nov-18 [74-Nov-20: 2B].
Hopkins, Virginia Lee m. Poole, N. Dickerson on 72-Jan-4 [72-Jan-10: 2B].
Hopkins, William (24 yrs.) d. on 75-Aug-18 [75-Aug-19: 2B; 75-Aug-20: 2B].
Hopkins, William m. Olver, Rebecca on 72-Aug-5 [72-Aug-7: 2B].
Hopkins, William F. (35 yrs.) d. on 71-May-26 [71-May-27: 2B; 71-May-30: 4C].
Hopkins, William H. m. Banks, Elizabeth Ann on 72-Feb-22 [72-Feb-24: 2C].
Hopkins, William James (5 mos.) d. on 75-Jul-1 [75-Jul-2: 2B].
Hopkins, William S. (17 yrs.) d. on 71-May-21 [71-May-22: 2B; 71-May-23: 2B].
Hopkins, Zayde Aikin m. Pope, George A. on 71-Mar-21 [71-Mar-25: 2B].
Hopkinson, Ann Elizabeth (22 yrs.) d. on 71-Aug-20 [71-Aug-22: 2B].
Hopkinson, Kate d. on 74-Mar-28 [74-Mar-30: 2B].
Hopkinson, M. A., Dr. m. Siar, Kate, Miss on 72-Apr-10 [72-Apr-27: 2A; 72-Apr-29: 2B].
Hopkinson, Other Eichelberger (5 mos.) d. on 75-Jun-25 [75-Jun-28: 2B].
Hopkinson, William F. D. (11 mos.) d. on 74-Aug-21 of Cholera infantum [74-Aug-22: 2B].
Hoppe, Charles H. (9 yrs.) d. on 71-May-3 [71-May-4: 2B].
Hoppe, Frederick Cary (4 yrs.) d. on 72-Apr-21 of Typhoid [72-May-1: 2B].
Hoppe, Isabel Frisby d. on 72-May-31 [72-Jun-1: 2A].
Hoppell, George W. d. on 73-Jun-27 Drowned [73-Jun-30: 1H; 73-Jul-1: 1G].
Hopper, Calvin A. m. Roby, Laura V., Miss [72-May-24: 2B].
Hopper, D. W. m. Willcox, Anne M., Miss on 73-May-29 [73-Jun-2: 2A].
Hopper, Dora m. Allen, Henry A., Prof. on 71-Dec-14 [71-Dec-18: 2B].
Hopper, Hattie May (3 yrs., 2 mos.) d. on 73-Sep-22 [73-Sep-23: 2B].
Hopper, Maggie (30 yrs.) d. on 72-Jun-1 of Brain congestion [72-Jun-3: 1G].
Hopper, Minnie, Miss m. De Soden, Charles S. on 74-Nov-13 [74-Nov-16: 2B].
Hopper, S. H. m. Hoopman, Kate, Miss on 72-Dec-18 [73-Jan-4: 2B].
Hopper, Sadie M. m. Moseley, Oswald W. on 75-Feb-16 [75-Feb-18: 2B].
Hopper, Willson H. m. Hurtt, George M., Miss on 75-Jul-28 [75-Sep-25: 2B].
Hopps, Annie H. (38 yrs.) d. on 73-Dec-6 [73-Dec-9: 2B].
Hopps, William m. Chester, Martha Lavinia, Miss on 74-Mar-1 [74-Mar-2: 2B; 74-Mar-4: 2C].
Hopwood, George W. m. Tomlinson, M. Lizzie on 72-Nov-14 [72-Nov-16: 2A].
Horan, Maggie A. (1 yr., 4 mos.) d. on 73-Feb-16 [73-Feb-17: 2B].
Horan, William J. m. Thomas, Exeline A., Miss on 71-Jul-27 [71-Aug-3: 2B].
Horgan, John Thomas (3 yrs., 6 mos.) d. on 71-Nov-16 [71-Nov-17: 2C].
Horgan, Mary (5 yrs., 6 mos.) d. on 71-May-9 [71-May-11: 2B].
Horigan, John Thomas (11 mos.) d. on 71-Aug-27 [71-Aug-28: 2C].
Horman, J. Edwin m. Kessler, Birtie, Miss on 74-Feb-19 [74-Feb-24: 2B].

Horn, Alexander, Sr. (77 yrs.) d. on 74-Nov-19 [74-Nov-20: 2B; 74-Nov-21: 2B].
Horn, Eliza (44 yrs.) d. on 73-Jan-6 [73-Jan-7: 2B; 73-Jan-8: 2B].
Horn, Franciska W. (28 yrs.) d. on 71-Mar-25 [71-Mar-27: 2C].
Horn, George Edward m. Mesner, Emma L. on 74-Oct-28 [74-Oct-31: 2B].
Horn, George L. m. Black, Maggie E. on 73-Nov-26 [73-Nov-29: 2B].
Horn, Hannah d. on 71-Oct-9 [71-Oct-10: 2B; 71-Oct-11: 2B].
Horn, Hannah F., Miss m. Shafer, Jacob C. on 73-Jan-23 [73-Jan-29: 2B].
Horn, Jennie, Miss m. Sewell, George H. on 72-Dec-19 [72-Dec-21: 2A].
Horn, Karl Linthicum (1 mo.) d. on 74-Jun-27 [74-Jun-29: 2B].
Horn, Lewis m. Schaefer, Catharina on 72-Oct-22 [72-Oct-24: 2B].
Horn, Louis Charles, Dr. m. Romoser, Annie R. on 72-Oct-22 [72-Nov-1: 2B].
Horn, Nellie M. (28 yrs.) d. on 71-Dec-3 [71-Dec-12: 2B; 71-Dec-13: 2B].
Horn, P. C. m. Lambrecht, Rose Adelaide on 73-Jun-10 [73-Jun-13: 2B].
Horn, Theodore m. Lemke, Marianne, Miss on 74-Mar-22 [74-Mar-25: 2B].
Horn, William A. (8 yrs., 11 mos.) d. on 72-Apr-23 [72-Apr-24: 2B].
Horner, Albert H. m. Green, Annie E. on 74-Jan-6 [74-Jan-9: 2C].
Horner, Ann E. (57 yrs.) d. on 71-Feb-26 [71-Feb-27: 2D].
Horner, Annie M. m. Mills, John L. on 71-Dec-19 [71-Dec-23: 4C].
Horner, Dwight Davidson (4 yrs., 7 mos.) d. on 75-Mar-13 [75-Mar-15: 2B; 75-Mar-16: 2B].
Horner, Eugenia Bliss (26 yrs.) d. on 74-Jul-14 of Consumption [74-Jul-16: 2B; 74-Jul-17: 2B].
Horner, Eurith A. (46 yrs.) d. on 74-Feb-10 [74-Feb-11: 2B].
Horner, J. D. K. m. Turner, Kate L. on 71-Jan-17 [71-Jan-20: 2C].
Horner, John W. m. Bowers, Mary A. on 71-Feb-21 [71-Feb-24: 2C].
Horner, Joshua, Jr. m. Mitchell, Mary Jeannette on 71-Feb-7 [71-Feb-9: 2C].
Horner, Julia Anastasia d. on 72-Feb-15 [72-Feb-16: 2C].
Horner, Lizzie R., Miss m. Fishach, David on 75-Sep-23 [75-Oct-9: 2A].
Horner, Mary E., Miss m. Fisher, Walter A. F. on 75-Dec-14 [75-Dec-25: 2B].
Horner, Nettie Kate (8 mos.) d. on 72-Jul-17 [72-Jul-18: 2B].
Horner, William d. on 73-Sep-5 [73-Sep-13: 2B].
Horner, William Atlee (1 yr., 7 mos.) d. on 73-Nov-17 [73-Nov-18: 2B].
Horner, Willie (7 mos.) d. on 74-Jun-14 [74-Jun-15: 2B; 74-Jun-16: 2B].
Horney, Benjamin, Capt. d. on 72-Aug-19 [72-Aug-22: 2C].
Horney, Frankie L. (1 yr., 2 mos.) d. on 74-Jul-16 [74-Jul-18: 2B].
Horney, Harry (3 yrs., 9 mos.) d. on 74-Dec-17 [74-Dec-18: 2B; 74-Dec-19: 2B].
Horney, Ida May (2 yrs., 9 mos.) d. on 71-Feb-8 [71-Feb-10: 2C].
Horney, Mary d. on 73-Jan-18 [73-Jan-20: 2B].
Horney, Mary A. (53 yrs.) d. on 71-May-15 [71-May-16: 2B; 71-May-17: 2C; 71-May-18: 2B; 71-May-19: 2C].
Horney, Mary Charlotta (7 yrs., 2 mos.) d. on 75-Mar-21 [75-Mar-22: 2B; 75-Mar-23: 2B].
Horney, Samuel (61 yrs.) d. on 71-Nov-23 [71-Nov-25: 2A].
Horney, Samuel (82 yrs.) d. on 72-Apr-18 [72-Apr-20: 2B].
Horney, Thomas T. m. Cunningham, Mollie S., Miss on 72-Jan-17 [72-Feb-12: 2C].
Hornick, Leonard C. m. McConnell, Rachel A. on 73-Dec-22 [73-Dec-23: 2B].
Horning, Mary (79 yrs.) d. on 73-May-31 [73-Jun-2: 2A].
Hornsby, William L. m. Crosswell, Lizzie L. on 75-May-24 [75-May-25: 2A].
Horseman, George H. d. on 73-May-19 [73-May-20: 1F].
Horsey, Florence Carter (9 mos.) d. on 71-Jan-2 [71-Jan-3: 2C].
Horsfield, Sarah C. d. on 72-Oct-23 [72-Oct-24: 2B].
Horsmon, George W. m. Townsend, Joenna, Miss on 74-Feb-3 [74-Feb-5: 2B].
Horst, Ernest Henry (5 mos.) d. on 74-May-2 [74-May-4: 2B].
Horstman, Charles (78 yrs.) d. on 72-May-1 [72-May-2: 2B; 72-May-3: 1H, 2B].
Horstman, John Wilcox (2 yrs., 5 mos.) d. on 71-Oct-31 [71-Nov-2: 2C].

Horstman, Margaret Catharine (22 yrs.) d. on 74-Nov-5 [74-Nov-7: 2B; 75-May-13: 2B].
Horstmeier, Conrad J. (36 yrs.) d. on 75-Sep-29 [75-Sep-30: 2B].
Horstmeier, John C. m. King, Emrillis on 75-Sep-7 [75-Sep-13: 2B].
Horton, Charles W. m. Highly, M. E., Miss on 75-Jan-5 [75-Jan-16: 2C].
Horton, Henry P., Jr. m. Hickman, Emma E., Miss on 73-Feb-9 [73-Feb-19: 2B].
Horton, James M. (34 yrs.) d. on 73-Apr-17 of Typhoid pneumonia [73-Apr-18: 1G, 2B; 73-Apr-19: 2B; 73-Apr-21: 1H].
Horton, Jesse m. Harrison, Ann Maria on 71-Aug-19 [71-Oct-13: 2B].
Horton, Thomas B. m. Wells, Etha L., Miss on 71-Oct-31 [71-Nov-1: 2B].
Hosefrous, Alfred m. Fiefel, Cordelia on 72-Dec-5 [72-Dec-10: 2B].
Hoskins, H. C. m. Keller, Laura V. T., Miss on 73-Apr-23 [73-Sep-3: 2B].
Hoskins, James O. m. Rankin, Susie on 72-Oct-16 [72-Oct-22: 2B].
Hoskins, Jesse F. m. McCormick, Annie M., Miss on 75-Sep-15 [75-Oct-1: 2B].
Hoskins, Kate m. Watson, Frank on 73-May-27 [73-May-29: 2B].
Hoskins, Paul m. Lushbaugh, Clara C., Miss on 73-Aug-11 [73-Aug-18: 2B].
Hoskins, Rose Anna (26 yrs., 4 mos.) d. on 73-Feb-7 of Typhoid [73-Feb-8: 2B; 73-Feb-10: 2B].
Hoskins, Rose Elmore d. on 73-Apr-14 [73-Apr-15: 2B].
Hoskins, William H. (69 yrs.) d. on 73-Feb-25 [73-Feb-26: 2B].
Hosman, Mary V., Miss m. Halfpenny, Samuel C. on 71-Dec-7 [71-Dec-15: 2B].
Hosmer, Ainah F. m. Maddox, C. C. on 74-Nov-26 [74-Nov-27: 2B].
Hosmer, Daisy d. on 72-Jul-8 [72-Jul-9: 2D].
Hosmon, William Bosley (53 yrs.) d. on 75-Jun-4 [75-Jun-5: 1H, 2B].
Hossafros, Sarah E. (37 yrs.) d. on 74-Apr-4 [74-Apr-6: 2B].
Hossbach, Elizabeth (45 yrs.) d. on 75-Feb-13 [75-Feb-15: 2B].
Hossbach, Emma Paulina (21 yrs.) d. on 73-Nov-12 [73-Nov-13: 2B].
Hossefross, Sarah (90 yrs.) d. on 71-Aug-18 [71-Aug-19: 2A].
Host, Frederick (78 yrs.) d. on 71-Aug-29 [71-Aug-30: 2B, 4D].
Hotchkiss, Joseph I. m. Soper, Mary Frances on 74-Oct-29 [74-Nov-9: 2B].
Hotine, W. S. m. McArdle, Mary Pauline on 73-Aug-4 [73-Aug-7: 2B].
Hotz, Willie (2 yrs., 7 mos.) d. on 75-Dec-22 of Croup [75-Dec-24: 2B].
Hotze, Louisa, Miss m. Goeble, George C. T. on 74-Feb-2 [74-Feb-4: 2B].
Houch, Mary A., Miss m. Biggs, Samuel F. on 72-Nov-14 [72-Nov-18: 2B].
Houck, Anna Florence (5 yrs., 2 mos.) d. on 74-Jun-4 [74-Jun-3: 2B].
Houck, Annie E., Miss m. Fugate, William on 73-Dec-30 [74-Jan-12: 2B].
Houck, Dell K. m. Stevenson, Fannie E., Miss on 73-Jul-22 [73-Aug-1: 2B].
Houck, Florence May d. on 72-Sep-1 [72-Sep-3: 2B].
Houck, H. J., Dr. m. Birkhead, Belle, Miss on 75-Sep-28 [75-Sep-29: 2B].
Houck, Joshua m. Gaylard, Sarah R., Miss on 71-Nov-23 [71-Dec-4: 2C].
Houck, Nellie (4 mos.) d. on 75-Jul-4 of Cholera infantum [75-Jul-5: 2B].
Houck, Rebecca E., Miss m. Brooks, Jesse on 71-Dec-21 [71-Dec-25: 2C].
Houck, Sue, Mrs. m. King, James A. on 73-May-21 [73-Jun-11: 2B].
Houehens, J. Thomas m. Colter, Mary E., Miss on 74-Mar-16 [74-Mar-25: 2B].
Hough, Alice m. Uhler, Lycurgus E. on 71-Oct-10 [71-Nov-3: 2B].
Hough, Edmondson (3 yrs., 8 mos.) d. on 74-Sep-28 of Scarlet fever [74-Sep-29: 2B].
Hough, Fannie V. (38 yrs.) d. on 75-Mar-15 [75-Mar-16: 2B].
Hough, Georgie A. m. McLeod, Albert D. on 71-Oct-10 [71-Nov-3: 2B].
Hough, Lillie m. Swindell, John W. on 71-Jan-5 [71-Jan-13: 2C].
Hough, Oscar R. (36 yrs.) d. on 74-Feb-19 of Consumption [74-Feb-20: 2C; 74-Feb-21: 2B].
Hough, Pliny M. m. Willson, Marion F. on 75-Dec-28 [75-Dec-31: 2B].
Hough, Robert m. Tilghman, Fannie on 72-Nov-5 [72-Nov-8: 2B].
Houghson, Ellen, Miss m. De Witt, Charles E. on 73-Oct-23 [73-Oct-29: 2B].
Houghton, Susan (80 yrs.) d. on 73-Jul-12 [73-Jul-22: 2B].

Houlton, George W. (1 yr., 4 mos.) d. on 75-Sep-19 [75-Sep-21: 2B].
Houlton, Samuel C. m. Searley, Jane A. on 71-Oct-17 [71-Oct-21: 2B].
Houlton, Sarah P. (37 yrs.) d. on 75-Jul-17 [75-Jul-19: 2B].
Hour, Henry M. m. DeFord, Lola, Miss on 73-Jul-11 [73-Jul-23: 2B].
Hourigan, Michael d. on 71-Sep-20 [71-Sep-22: 2B].
House, Jesse (79 yrs.) d. on 72-Apr-14 [72-Apr-16: 2B; 72-Apr-18: 2B].
House, R. G. S. m. Creamer, M. Beckie on 75-Jun-17 [75-Jun-19: 2A].
Houseman, Beckie Virginia, Miss m. Cooper, Seymour, Capt. on 72-Oct-20 [72-Oct-29: 2B].
Houseman, William (25 yrs.) d. on 72-Jul-5 of Heatstroke [72-Jul-6: 1G].
Houser, Nicholas (69 yrs.) d. on 73-Feb-5 [73-Feb-6: 2B].
Houser, Susan m. Marsden, James E. on 71-Aug-13 [71-Aug-19: 2A].
Housholder, Emma m. Byron, James H. on 73-Oct-23 [73-Oct-28: 2B].
Housholder, William H. (6 mos.) d. on 73-Oct-22 [73-Oct-24: 2B].
Houston, Bessie, Miss m. Wickes, B. C. on 74-May-7 [74-May-9: 2C].
Houston, Francis H. m. Thompson, Matilda H. on 71-Dec-14 [71-Dec-15: 2B].
Houston, James (54 yrs.) d. on 71-Nov-18 [71-Nov-20: 2C].
Houston, James F. (9 yrs.) d. on 73-Jan-23 [73-Jan-25: 2B].
Houston, James L. (44 yrs.) d. on 75-Feb-23 of Pneumonia [75-Feb-24: 2B].
Houston, Lizzie Lee (2 yrs., 9 mos.) d. on 71-Dec-12 of Scarlet fever [71-Dec-14: 2B].
Houston, Lucie m. Beall, George T., Jr. on 71-Jun-8 [71-Jun-12: 2B].
Houston, Martha m. Proctor, Richard on 72-Jan-30 [72-Feb-2: 2C].
Houston, Mary May (4 yrs., 7 mos.) d. on 71-Dec-12 of Scarlet fever [71-Dec-14: 2B].
Houston, Thomas D. m. Hoffman, Emma C., Miss on 71-Apr-27 [71-Apr-29: 2B].
Houston, W. G. m. Stewart, Eliza A., Miss on 74-Nov-26 [74-Dec-1: 2B].
Houston, William m. Wickes, Anna T., Miss on 73-Sep-3 [73-Sep-11: 2B].
Hovan, Horace (11 mos.) d. on 73-Jun-25 [73-Jun-26: 2B].
Howard, [male] d. on 75-Mar-3 of Bright's disease [75-Mar-5: 4D].
Howard, Abram (47 yrs., 1 mo.) d. on 73-Apr-14 [73-Apr-15: 2B].
Howard, Annie d. on 73-Feb-10 [73-Feb-11: 2B].
Howard, Annie (39 yrs.) d. on 75-Aug-19 [75-Aug-20: 2B].
Howard, Asa (67 yrs., 9 mos.) d. on 73-Mar-18 [73-Mar-24: 2B].
Howard, Augusta d. on 75-Nov-18 [75-Nov-19: 2B].
Howard, Benjamin Chew (81 yrs.) d. on 72-Mar-6 [72-Mar-7: 2B, 4D; 72-Mar-8: 2C].
Howard, Charles (45 yrs.) d. on 72-Jul-15 Drowned [72-Jul-16: 1G].
Howard, Deborah (61 yrs.) d. on 74-Feb-15 [74-Feb-16: 2B; 74-Feb-17: 2B].
Howard, Eli (45 yrs.) d. on 73-Nov-12 of Intemperence [73-Nov-14: 4C].
Howard, Ella F., Miss m. Cromwell, Hamilton C. on 72-Jun-12 [72-Jun-25: 2B].
Howard, Emily P. Chisholm d. on 71-Dec-15 [72-Jan-1: 2C].
Howard, Frank Key (46 yrs.) d. on 72-May-31 [72-Jun-3: 2B; 72-Jun-25: 2B; 72-Jun-26: 4C].
Howard, George (65 yrs.) d. on 74-Apr-15 [74-Apr-16: 2B].
Howard, George m. Cornthwait, Rachel B. on 74-Oct-19 [74-Oct-28: 2B].
Howard, George Henry m. Macgill, Roberta Brooke on 74-Dec-17 [74-Dec-21: 2A; 74-Dec-23: 2B].
Howard, George O. (27 yrs., 5 mos.) d. on 75-Nov-26 [75-Dec-18: 2B].
Howard, George R. (22 yrs.) d. on 74-Jan-3 [74-Jan-5: 2B].
Howard, George R. (28 yrs.) d. on 75-Feb-3 [75-Feb-13: 2C].
Howard, Harriet A. (58 yrs.) d. on 71-Feb-9 [71-Feb-11: 2B].
Howard, J. Beale m. Winchester, Emily on 73-Jan-9 [73-Jan-11: 2B].
Howard, J. Spence m. Hodges, Mary E. on 75-Dec-7 [75-Dec-22: 2B].
Howard, Jacob (65 yrs.) d. on 71-Jun-30 [71-Jul-1: 2B].
Howard, Jemima m. Lamar, Archibald on 71-Feb-23 [71-Feb-25: 2B].
Howard, Jennie, Miss m. Marker, James A. on 72-Jan-18 [72-Jan-20: 2B].

Howard, John d. on 74-Jun-10 of Suicide (Hanging) [74-Jun-11: 4D].
Howard, John A. (44 yrs.) d. on 74-Apr-15 [74-Apr-17: 2B].
Howard, John Edward (3 yrs., 5 mos.) d. on 74-Dec-30 [74-Dec-31: 2B].
Howard, John Slade (36 yrs.) d. on 71-Mar-11 [71-Mar-16: 2B].
Howard, Joseph A. m. Henderson, Sarah E., Miss on 72-Sep-25 [72-Sep-30: 2B].
Howard, Lavinia, Miss m. Demoss, James E. on 71-Oct-1 [71-Nov-6: 2A].
Howard, Lizzie B. (13 yrs.) d. on 74-Jan-1 [74-Jan-2: 2B; 74-Jan-3: 2B].
Howard, Lydia Maribel m. Morris, John Bolton, Hon. on 74-Jul-29 [74-Jul-30: 2B].
Howard, M. Tilghman m. Wood, Hattie W., Miss on 73-Feb-6 [73-Feb-15: 2B].
Howard, Margaret d. on 73-Jan-13 of Epilepsy [73-Jan-15: 4F].
Howard, Maria d. on 74-Jan-31 [74-Feb-2: 2B; 74-Feb-3: 2B].
Howard, Mary E. d. on 75-Jan-18 [75-Jan-19: 2B; 75-Jan-20: 2B].
Howard, Mary Ellen d. on 74-Jul-11 [74-Jul-13: 2B; 74-Jul-14: 2B].
Howard, Matthias (63 yrs.) d. on 75-Nov-27 [75-Nov-30: 2C].
Howard, Robertson, Dr. m. Carusi, Isolina Eudora on 75-Jun-8 [75-Jun-9: 2A].
Howard, Sarah J., Miss m. Wachtel, M. V. B. on 72-Aug-1 [72-Aug-20: 2B].
Howard, Stephen F. (70 yrs.) d. on 72-Aug-1 [72-Aug-3: 2A].
Howard, Teresa, Miss m. Smith, John on 72-May-2 [72-May-4: 2A].
Howard, William (73 yrs.) d. on 75-Aug-6 [75-Aug-9: 2B].
Howard, William m. Hall, Annie, Miss on 71-Apr-26 [71-May-5: 2B].
Howard, William R. m. Ridgely, E. Mary on 73-Nov-19 [73-Nov-28: 2B; 73-Nov-29: 2B].
Howard, William Russell (1 yr., 4 mos.) d. on 75-Nov-3 [75-Nov-9: 2B].
Howard, William W. m. Brady, Mary E. on 72-Sep-26 [72-Oct-4: 2B].
Howarth, Thomas (36 yrs.) d. on 74-Jul-7 in Tugboat accident [74-Jul-8: 1H].
Howe, Edward (36 yrs.) d. on 72-Jan-17 [72-Jan-18: 2C].
Howe, William T. m. Hoye, Eleanora, Miss on 71-Apr-11 [71-Apr-21: 2B].
Howell, Georgia O., Miss m. Salusbury, Louis C. on 71-Sep-13 [[71-Sep-15: 2B]; 71-Sep-16: 2B].
Howell, Morris G. m. Werdebaugh, Mary on 72-Jan-18 [72-Jan-23: 2B].
Howell, Rosa Albert, Miss m. Zahn, Charles E. on 70-Jan-1 [71-Jan-2: 2C].
Howell, Samuel G. (21 yrs.) d. on 75-Jul-3 [75-Jul-5: 2B; 75-Jul-6: 2B].
Howell, Susan E. d. on 75-Jul-31 [75-Aug-2: 2B].
Howell, Virginia M. m. Merryman, L. C. on 75-Feb-1 [75-Feb-8: 2B].
Howes, Harry Leslie Slicer (2 yrs., 6 mos.) d. on 75-Sep-23 [75-Oct-19: 2A].
Howes, Thomas (46 yrs.) d. on 75-Oct-14 [75-Oct-20: 2B].
Howison, John W. m. Coffin, Ridie M. on 72-Sep-19 [72-Sep-25: 2B].
Howley, Lizzie d. on 73-Mar-22 [73-Mar-24: 2B].
Howley, Mary (62 yrs.) d. on 74-Mar-26 [74-Mar-28: 2B].
Howser, Alfred A. m. Brooks, Alice, Miss on 72-Sep-12 [72-Sep-13: 2B].
Howser, Elizabeth (72 yrs.) d. on 72-Aug-4 [72-Aug-5: 2B].
Howser, George (42 yrs.) d. on 74-Oct-22 [74-Oct-24: 2B].
Howser, Mary d. on 74-May-19 [74-May-20: 2B; 74-May-21: 2B].
Howser, William P. (64 yrs.) d. on 72-Aug-10 [72-Aug-12: 2B].
Howton, Angie, Miss m. Price, John H. on 73-Aug-12 [73-Aug-13: 2B].
Hoxter, Thomas G. m. McComas, Sarah P. on 73-Nov-6 [73-Nov-17: 2B].
Hoxton, William W. m. Smith, Zuleika Girvin on 71-May-30 [71-Jun-1: 2B].
Hoye, Eleanora, Miss m. Howe, William T. on 71-Apr-11 [71-Apr-21: 2B].
Hoyer, Mary E., Miss m. Toomey, George W. on 75-Mar-11 [75-May-25: 2A].
Hoyer, Sarah A. m. Trainor, James T. on 75-Sep-16 [75-Sep-17: 2B].
Hoyt, Charles (28 yrs.) d. on 74-Jan-23 [74-Jan-24: 2B].
Hoyt, Emily d. on 71-Feb-3 of Lamp-oil assault [71-Feb-6: 4E].
Hoyt, Joseph Henry (3 mos.) d. on 74-Mar-5 [74-Mar-7: 2B].

Hubbard, Agnes Ann (34 yrs.) d. on 73-May-20 [73-May-21: 2B].
Hubbard, Belle Graham (15 yrs.) d. on 72-Sep-23 [72-Sep-25: 2B].
Hubbard, Carroll Webster (11 mos.) d. on 74-Sep-26 [74-Sep-28: 2B].
Hubbard, Daniel (72 yrs.) d. on 72-Sep-25 [72-Sep-26: 2B].
Hubbard, Elizabeth (78 yrs.) d. on 72-Aug-19 [72-Aug-21: 2B].
Hubbard, Elizabeth J. (53 yrs.) d. on 73-Nov-6 [73-Nov-7: 2B].
Hubbard, Emma F. m. Miller, J. Thomas on 72-Mar-28 [72-Apr-2: 2B].
Hubbard, George W. m. Jones, Mollie, Miss on 71-May-9 [71-May-10: 2B].
Hubbard, Mary Agnes, Miss m. Kepler, George W. on 73-Jul-24 [73-Jul-26: 2A].
Hubbard, Mary E. d. on 74-Aug-2 of Cancer [74-Aug-3: 2B; 74-Aug-12: 2C].
Hubbard, Mary Frances, Miss m. Keefer, John W. on 71-May-17 [71-May-23: 2B].
Hubbard, Rosanna (9 mos.) d. on 72-Sep-6 [72-Sep-9: 2B].
Hubbard, Sarah A. (41 yrs.) d. on 75-May-30 [75-May-31: 2B; 75-Jun-1: 2B].
Hubbard, Sarahetta (46 yrs., 5 mos.) d. on 74-Sep-15 [74-Sep-23: 2B].
Hubbard, William P. (34 yrs., 7 mos.) d. on 74-May-2 [74-May-4: 2B, 4E].
Hubbel, Bernard J. m. Thompson, Kate M. on 75-Jul-4 [75-Sep-15: 2B].
Hubbell, Charles D. (4 yrs.) d. on 71-Jan-7 [71-Jan-11: 2C].
Hubbell, Mary Eliza d. on 73-Dec-12 [73-Dec-13: 2B].
Hubble, Sarah (1 yr., 10 mos.) d. on 72-Oct-23 [72-Oct-24: 2B].
Huber, Christiana (45 yrs.) d. on 73-Oct-10 in Railroad accident [73-Oct-11: 4E].
Huber, John m. Gorman, Mary Lizzie, Miss on 74-Nov-17 [74-Nov-23: 2B].
Huber, Laura C. m. Sweeny, Thomas W. on 71-May-18 [71-May-23: 2B].
Huber, Mary Agnes (10 mos.) d. on 73-Jun-19 [73-Jun-20: 2B].
Hubner, Estella (9 mos.) d. on 74-Jan-20 [74-Jan-21: 2B].
Hubner, John (10 mos.) d. of Cholera infantum [72-Jul-11: 2C].
Hubner, Katie (1 yr., 5 mos.) d. on 71-Jan-28 of Pneumonia [71-Jan-30: 2C].
Hucht, Casper (41 yrs., 6 mos.) d. on 74-Oct-31 [74-Nov-2: 2B].
Hucorn, John F. d. on 71-May-7 of Brain congestion [71-May-9: 2B].
Hudgins, Annie M. m. Tunstall, Nat. R. on 72-Nov-20 [72-Nov-23: 2A].
Hudgins, Ellen, Miss m. Jones, George W. on 72-Jun-13 [72-Jul-23: 2B].
Hudgins, Frances L., Miss m. Thompson, David C. on 75-May-27 [75-May-29: 2A].
Hudgins, Jesse L. (51 yrs.) d. on 73-Oct-24 [73-Oct-25: 2B].
Hudgins, John W. m. Godman, Sarah A., Mrs. on 72-Aug-18 [72-Aug-20: 2B].
Hudgins, Joseph Ernest (5 mos.) d. on 74-Jul-4 [74-Jul-6: 2B].
Hudgins, Josephine d. on 73-Nov-12 [73-Nov-13: 2B].
Hudgins, Rebecca, Miss m. McPherson, John S. on 71-Dec-28 [72-Jan-4: 2B].
Hudgins, Rowland R. (7 mos.) d. on 71-Apr-23 [71-Apr-24: 2B; 71-Apr-25: 2B].
Hudgins, Sadie M. m. Vail, James B. on 73-May-14 [73-May-17: 2C].
Hudson, Charlotte T. (16 yrs., 9 mos.) d. on 72-Dec-28 [73-Jan-1: 2B].
Hudson, D. R., Dr. (48 yrs.) d. on 75-Apr-1 [75-Apr-2: 2B; 75-Apr-3: 1H, 2B].
Hudson, Edward J. (4 yrs., 6 mos.) d. on 71-Nov-23 [71-Nov-25: 2A].
Hudson, Edward T. m. Malloy, Eliza Jane, Miss [75-Jun-17: 2B].
Hudson, Fannie L., Miss m. Coombs, W. Otterbein on 74-Aug-18 [74-Aug-19: 2B].
Hudson, Georgie E., Miss m. Voltz, George on 75-Aug-8 [75-Sep-10: 2B].
Hudson, John Oakley (25 yrs., 10 mos.) d. on 74-Jun-5 Drowned [74-Jun-8: 1F, 2B].
Hudson, John P. m. White, Tillie, Miss on 72-Jan-29 [72-Feb-6: 2C].
Hudson, Leo d. on 73-Jun-2 of Bowel inflammation [73-Jun-6: 1G; 73-Jun-7: 1H, 2A; 73-Jun-9: 1H].
Hudson, Mary E. (34 yrs.) d. on 72-Aug-17 [72-Aug-27: 2B].
Hudson, Nancy (83 yrs.) d. [73-Sep-12: 2B].
Hudson, Richard Clayton (72 yrs.) d. on 75-Jul-24 [75-Jul-26: 2B].
Hudson, Sarah E. (30 yrs.) d. on 74-Jan-12 [74-Jan-14: 2B].

Hudson, Sarah E., Miss m. Hulse, Charles A. on 72-Dec-2 [72-Dec-4: 2B].
Hudson, Sarah W. (96 yrs.) d. on 72-Dec-26 Burned [72-Dec-28: 1H, 2B; 72-Dec-30: 1H].
Hudson, Susie C., Miss m. Lipscomb, R. D. on 73-Apr-23 [73-Apr-28: 2B].
Hudtwalcker, Frederick (6 mos.) d. on 73-Jul-8 [73-Jul-9: 2B].
Hueter, G. W. m. Schlott, Lizzie, Miss on 71-May-9 [71-May-11: 2B].
Huett, John m. Graves, Mary J., Miss on 72-Dec-14 [72-Dec-17: 2A].
Huffington, Lizzie (21 yrs.) d. on 72-Jan-16 [72-Jan-20: 2B].
Huffington, Willie M., Miss m. Waddey, J. N. on 71-Nov-16 [71-Dec-14: 2B].
Huffington, Willie O. (2 yrs., 2 mos.) d. on 72-Jun-5 [72-Jun-7: 2B].
Hufnagel, Henrietta (30 yrs., 4 mos.) d. on 71-May-29 [71-Jun-19: 2B; 71-Jun-20: 4D].
Hugg, James M. (22 yrs.) d. on 72-Feb-28 [72-Feb-29: 2B; 72-Mar-1: 2C].
Hugg, John H. (38 yrs.) d. on 72-Feb-27 [72-Feb-28: 2C; 72-Feb-29: 2B; 72-Mar-1: 2B].
Huggins, Ambrose (13 yrs.) d. on 73-Apr-16 [73-Apr-17: 2B].
Huggins, George Saunders (2 mos.) d. on 71-Jun-24 [71-Jun-26: 2B].
Huggins, William W. (57 yrs.) d. on 72-Oct-23 [72-Nov-4: 2B].
Hughes, Anastasia d. on 74-Mar-3 [74-Mar-5: 2B].
Hughes, Anastasia m. Weaver, Lewis on 71-Nov-23 [71-Dec-2: 2B].
Hughes, Andrew Weisenthal (60 yrs.) d. on 73-Dec-4 [73-Dec-9: 2B].
Hughes, Angenora F m. Hammen, John T. on 73-Jan-30 [73-Feb-1: 2B].
Hughes, Ann (76 yrs.) d. [71-Sep-26: 2C].
Hughes, Ann (71 yrs.) d. on 73-Jan-13 [73-Jan-14: 2B].
Hughes, Anna J. C. (22 yrs.) d. on 73-Jul-11 [73-Jul-12: 2B].
Hughes, Annie (1 yr., 10 mos.) d. on 71-May-23 [71-May-26: 2B].
Hughes, Annie, Miss m. Vincent, Thomas on 73-Jan-2 [73-Jan-4: 2B].
Hughes, Annie J. (20 yrs.) d. on 72-Dec-11 [72-Dec-13: 2B].
Hughes, Annie P. (33 yrs.) d. on 73-Dec-15 [73-Dec-16: 2B; 73-Dec-17: 2B].
Hughes, Annie R. m. Aspril, James L. on 73-Dec-17 [73-Dec-20: 2A].
Hughes, Aquilla D. (18 yrs.) d. on 73-Dec-4 of Gunshot wound [73-Dec-5: 2B, 4D].
Hughes, Bessie (31 yrs.) d. on 75-Apr-22 [75-Apr-23: 2B; 75-Apr-24: 2A].
Hughes, Christiana Magdalina d. on 73-Jul-21 [73-Jul-22: 2B].
Hughes, Christopher (58 yrs.) d. on 75-Apr-10 [75-Apr-13: 2B].
Hughes, Columbus d. on 71-Mar-2 of Pulmonary disease [71-Mar-21: 2C].
Hughes, David m. Williamson, Mary F. on 73-May-2 [73-May-5: 2B].
Hughes, Edward (25 yrs.) d. on 72-Jun-2 [72-Jun-4: 2B].
Hughes, Edward (1 yr., 6 mos.) d. on 72-Jun-11 [72-Jun-12: 2B].
Hughes, Edward Alexander (9 mos.) d. on 74-Dec-24 [74-Dec-25: 2B].
Hughes, Elizabeth (90 yrs.) d. on 71-Aug-6 [71-Aug-8: 2C].
Hughes, Elizabeth (2 yrs., 8 mos.) d. on 74-Dec-19 [74-Dec-21: 2B].
Hughes, Elizabeth (65 yrs.) d. on 75-Feb-8 [75-Feb-10: 2B].
Hughes, Elizabeth J. (34 yrs., 9 mos.) d. on 72-Mar-1 [72-Mar-2: 2B].
Hughes, Emma T. (11 mos.) d. on 75-Jun-8 [75-Jun-10: 2B].
Hughes, Emma V., Miss m. Warner, Ernest A. on 73-Oct-23 [74-Feb-21: 2B].
Hughes, Frances Elizabeth m. Wilcoxon, Daniel Clinton on 75-Apr-6 [75-Apr-7: 2B].
Hughes, George W. (26 yrs.) d. on 74-Feb-14 [74-Feb-16: 2B].
Hughes, George W. m. Clarke, Laura V., Miss on 74-Jul-28 [74-Aug-1: 2B].
Hughes, Henrietta (3 mos.) d. on 74-Jun-24 [74-Jun-25: 2B].
Hughes, Henrietta (66 yrs.) d. on 75-Apr-14 [75-Apr-15: 2B; 75-Apr-16: 2A].
Hughes, Henry (15 yrs., 4 mos.) d. on 72-Jul-14 [72-Jul-16: 2B].
Hughes, Isabella Brady (29 yrs.) d. on 73-Dec-22 [73-Dec-23: 2B].
Hughes, James m. McClernan, Mary on 71-May-16 [71-May-20: 2B].
Hughes, James L. m. Chambers, Katie V. on 73-Aug-28 [73-Sep-23: 2B].
Hughes, Jane C. (72 yrs.) d. on 72-Apr-2 [72-Apr-30: 2B].

Hughes, Jennie m. Ijams, W. Harry on 71-Dec-7 [71-Dec-12: 2B].
Hughes, Jennie, Miss m. Byrne, James K. on 75-Jun-23 [75-Aug-2: 2B].
Hughes, John (71 yrs.) d. on 71-Feb-23 [71-Feb-24: 2C].
Hughes, John (18 yrs., 1 mo.) d. on 71-Jun-8 [71-Jun-9: 2B].
Hughes, John (50 yrs.) d. on 72-Jul-5 of Heatstroke [72-Jul-6: 1G, 2B].
Hughes, John (64 yrs.) d. on 74-Aug-1 in Stevedoring accident [74-Aug-3: 2B, 4E].
Hughes, John (41 yrs.) d. on 74-Sep-10 [74-Sep-12: 2B].
Hughes, John (19 yrs.) d. on 75-May-22 [75-May-24: 2B].
Hughes, John W. m. Kelly, Ida Estelle on 73-May-11 [73-May-30: 2B].
Hughes, Kate (10 mos.) d. on 71-May-25 [71-May-26: 2B].
Hughes, Louisa Jane m. Thomas, Charles M., Dr. on 75-Jul-8 [75-Jul-17: 2B].
Hughes, Margaret (78 yrs.) d. on 75-Feb-5 [75-Feb-6: 2B].
Hughes, Martha (58 yrs.) d. on 74-May-29 [74-May-30: 2B].
Hughes, Martha Oliver (87 yrs.) d. on 72-Jul-7 [72-Jul-8: 2C].
Hughes, Martin (68 yrs.) d. on 73-Jul-24 [73-Jul-25: 2B].
Hughes, Mary, Miss m. Crowley, Peter on 73-Feb-20 [73-Feb-27: 2B].
Hughes, Mary A. d. on 75-Feb-19 [75-Feb-20: 2B].
Hughes, Mollie N., Miss m. Johnson, Howard N. on 72-Jul-3 [72-Jul-20: 2B].
Hughes, Patrick (90 yrs.) d. on 71-Oct-4 [71-Oct-6: 2B].
Hughes, Rebecca A., Miss m. Brown, William H. on 72-Sep-26 [72-Sep-30: 2B].
Hughes, Robert Howard (20 yrs.) d. on 72-May-19 [72-May-20: 2B].
Hughes, Rose Winefred (3 yrs., 9 mos.) d. on 73-Nov-12 [73-Nov-19: 2B].
Hughes, Thomas (60 yrs.) d. on 73-Jan-14 [73-Jan-15: 2B].
Hughes, Thomas m. Thorburn, H. Roberta on 75-Sep-8 [75-Sep-14: 2B].
Hughes, Walter (3 yrs., 9 mos.) d. on 75-Dec-3 [75-Dec-4: 2B].
Hughes, William (59 yrs.) d. on 71-Jan-3 [71-Jan-4: 2B].
Hughes, William (19 yrs., 4 mos.) d. on 74-Nov-29 [74-Nov-30: 2B].
Hughes, William B. (43 yrs.) d. on 74-Jul-16 of Heart disease [74-Jul-24: 2B].
Hughes, William H. (60 yrs.) d. on 74-Dec-19 of Brain congestion [74-Dec-21: 1H, 2B].
Hughes, William J. S. m. Seever, Mary R. on 74-Jul-29 [74-Aug-3: 2B].
Hughes, Winefred A. d. on 75-Dec-20 [75-Dec-21: 2B; 75-Dec-22: 2B; 75-Dec-23: 2B].
Hughes, Zachariah (53 yrs.) d. on 73-Jan-14 [73-Jan-15: 2B].
Hughlett, James W. m. Barton, Lottie, Miss on 71-Jan-12 [71-Jan-16: 2C].
Hughs, Henry (50 yrs.) d. on 74-Sep-6 [74-Sep-7: 2B].
Hugle, Julius m. Birkner, Anna on 75-Jul-4 [75-Jul-6: 2B].
Hull, Charles Abel (5 yrs., 3 mos.) d. on 74-Feb-21 of Typhoid [74-Feb-23: 2B].
Hull, George m. Riley, Elizabeth A., Miss on 71-Sep-18 [71-Oct-14: 2A].
Hull, George m. Barnet, Laura on 72-Oct-1 [72-Oct-5: 2A].
Hull, Harriet (77 yrs.) d. on 74-Nov-11 [74-Nov-12: 2B; 74-Nov-13: 2B].
Hull, Josephine d. on 71-Jun-7 [71-Jun-9: 2B].
Hull, William G. V. (51 yrs.) d. on 74-Feb-10 of Paralysis [74-Feb-11: 2B, 4D; 74-Feb-12: 2C; 74-Feb-13: 2C].
Hulls, Eliza Virginia (1 yr., 9 mos.) d. on 72-Oct-13 [72-Oct-14: 2B].
Hulls, R. Fletcher T. d. on 72-Dec-9 of Stomach inflammation [72-Dec-12: 2B].
Hulse, Charles A. m. Hudson, Sarah E., Miss on 72-Dec-2 [72-Dec-4: 2B].
Hulseberg, Frederick (72 yrs.) d. on 73-Mar-24 of Dropsy [73-Mar-28: 2B].
Hulshoff, Nettie, Miss m. Shaab, Joseph A. on 74-Nov-10 [74-Dec-10: 2B].
Hult, Isabella F. m. Smith, William W. on 72-Oct-3 [72-Oct-28: 2B].
Hults, Abigail (87 yrs.) d. on 72-Dec-12 [72-Dec-13: 2B].
Hults, Edward (14 yrs.) d. on 72-Nov-17 [72-Nov-18: 2B].
Hults, Emma E., Miss m. Mass, Edward A. on 75-Jan-14 [75-Jan-19: 2B].
Hults, Robert M. m. Evatt, Mary on 75-Nov-9 [75-Dec-1: 2B].

Hultz, Fannie Blanch m. Layfield, Charles M. on 73-May-29 [73-Jun-5: 2B].
Humberstone, Elizabeth H. m. Dellwig, Louis A. on 72-Nov-12 [72-Nov-14: 2B].
Hume, Ophilia M. (33 yrs.) d. on 74-Nov-29 [74-Nov-30: 2B; 74-Dec-1: 2B].
Humer, Mary M. (70 yrs.) d. on 75-Feb-20 [75-Feb-22: 2B].
Humes, George C. m. Rampley, Marion T. on 73-Feb-12 [73-Feb-18: 2B].
Humes, Mary (55 yrs.) d. on 72-Jan-7 [72-Jan-8: 2C; 72-Jan-9: 2C].
Humes, Susie m. Williams, B. J. on 72-Nov-13 [72-Nov-27: 2B].
Humes, Thomas J. (28 yrs.) d. on 72-May-23 [72-May-24: 2B; 72-May-25: 2B].
Humphrey, Lucy E., Miss m. King, William S. on 73-Feb-9 [73-Feb-15: 2B].
Humphreys, Belle m. Peters, T. S. on 74-May-28 [74-Jun-20: 2B].
Humphreys, M. E. m. Smith, F. P. on 74-Apr-8 [74-Jun-9: 2B].
Humphreys, Ralph m. Burkins, Matilda on 71-Jun-27 [71-Jul-1: 2A].
Humphreys, Thomas W., Jr. (32 yrs.) d. on 75-May-1 [75-May-3: 2B].
Humrichouse, Charles S. Hammon (3 yrs., 1 mo.) d. on 73-May-3 [73-May-7: 2B].
Humrichouse, Leah M. m. McComas, Louis E. on 75-Sep-23 [75-Sep-25: 2B].
Humrichouse, Mary d. on 72-Dec-4 [72-Dec-6: 2B].
Humrichouse, Virginia H. (1 yr., 5 mos.) d. on 73-May-16 [73-May-17: 2D].
Hund, August (41 yrs.) d. on 74-Jul-22 of Intemperance [74-Jul-23: 4D].
Hundermark, Michael (13 yrs.) d. on 75-Aug-15 in Railroad accident [75-Aug-16: 4F; 75-Aug-17: 4E].
Hundley, Julia Y., Miss m. Knight, John H. on 73-Apr-17 [73-Apr-21: 2B].
Hungerford, Florence V. m. Thompson, William A. on 75-Jun-9 [75-Jun-12: 2B].
Hungerford, Gerrard W. (51 yrs.) d. on 71-Mar-9 [71-Mar-11: 2B].
Hunichenn, Amelia Elizabeth (1 yr., 6 mos.) d. on 73-Sep-19 [73-Sep-20: 2B].
Hunley, Willie E., Miss m. Owens, George W. on 73-Jan-14 [73-Jan-17: 2B].
Hunt, Amelia E. C., Miss m. Mitchell, Wilmer on 74-Mar-19 [74-Mar-21: 2B].
Hunt, Ann (69 yrs.) d. on 72-Apr-1 of Paralysis [72-Apr-2: 2B].
Hunt, Derinda M. (49 yrs.) d. on 73-Jan-12 of Consumption [73-Jan-21: 2B].
Hunt, German Horton (5 yrs., 6 mos.) d. on 73-Jan-16 [73-Jan-17: 2B; 73-Jan-18: 2C].
Hunt, Jesse (80 yrs.) d. on 72-Dec-8 of Nervous prostration [72-Dec-9: 1G, 2B].
Hunt, John Edward (23 yrs.) d. on 72-Apr-28 [72-May-11: 2A].
Hunt, John H. m. Askey, Clara R. on 74-Nov-17 [74-Nov-25: 2B].
Hunt, Julia A., Miss m. Whaland, R. W. on 73-Mar-13 [73-Mar-14: 2B].
Hunt, Mary Frances, Miss m. Leach, William W. on 74-Mar-19 [74-Apr-6: 2B].
Hunt, Raphael Sutton (4 yrs., 1 mo.) d. on 72-Apr-1 of Meningitis [72-Apr-15: 2B].
Hunt, Robert S. m. Peake, Beckie F. on 75-Dec-17 [75-Dec-21: 2B].
Hunt, Sallie E., Miss m. Leisher, J. H. on 71-Jun-13 [71-Jun-17: 2B].
Hunt, Sarah E., Mrs. m. Smith, John M. on 73-Mar-6 [73-Mar-8: 2B].
Hunt, Sarah Louisa d. on 74-Apr-3 [74-Apr-4: 2B].
Hunt, Susie D. m. Smith, Joseph M. on 73-Sep-18 [73-Sep-23: 2B].
Hunt, Vashti m. Anderson, James N. on 72-Mar-12 [72-Mar-14: 2C].
Hunt, Walter S. (27 yrs.) d. on 72-Jan-25 [72-Feb-16: 2C].
Hunt, William m. Ireland, Sarah E. on 72-Mar-8 [72-Mar-8: 2B].
Huntemuller, Herman F. (77 yrs.) d. on 71-Jul-4 [71-Jul-6: 2B, 4D].
Hunter, Annie M. d. on 73-Jun-13 [73-Jun-14: 2B].
Hunter, Annie T. C., Miss m. Kirk, Robert E. on 75-Jul-7 [75-Jul-29: 2B].
Hunter, Augusta A., Miss m. Walsh, John H. on 75-Mar-9 [75-Apr-6: 2B].
Hunter, Edward Wilson (2 yrs., 5 mos.) d. on 71-Mar-15 of Scarlet fever [71-Mar-16: 2B].
Hunter, Eliza d. on 72-Apr-18 of Consumption [72-Apr-19: 2B].
Hunter, Frank (28 yrs.) d. on 73-Oct-13 Drowned [73-Oct-15: 1H].
Hunter, John (23 yrs.) d. on 73-Jul-3 [73-Jul-4: 2B; 73-Jul-5: 2B].
Hunter, John (23 yrs.) d. on 74-Apr-3 [74-Apr-4: 2B].

Hunter, John m. Bolin, Bridget on 72-May-30 [72-Jul-17: 2B].
Hunter, John Adam d. on 72-Nov-30 [72-Dec-6: 2B].
Hunter, Joseph m. Slingluff, Florence on 75-Sep-15 [75-Sep-21: 2B].
Hunter, Joseph M. (28 yrs.) d. on 75-Apr-8 [75-Apr-9: 4B; 75-Apr-10: 2B].
Hunter, Josephine m. Perdue, William T. on 73-Apr-15 [73-Apr-28: 2B].
Hunter, Maggie Eloise (7 yrs.) d. on 73-Jan-26 of Scarlet fever [73-Jan-28: 2B].
Hunter, Mary (78 yrs.) d. on 71-Apr-19 [71-Apr-20: 2B; 71-May-3: 2B].
Hunter, Mollie, Miss m. Reed, Stacy C. on 72-Dec-25 [73-Jan-16: 2B].
Hunter, Thomas J. m. Haslup, Henrietta M., Miss on 75-Apr-7 [75-May-3: 2B].
Hunter, William (24 yrs.) d. on 73-Aug-11 [73-Aug-15: 2B].
Hunter, William (78 yrs.) d. on 75-Jan-13 [75-Jan-14: 2B; 75-Jan-15: 2B].
Hunting, George B. m. Jamison, Alice E. on 75-May-4 [75-May-7: 2B].
Huntington, A. E., Miss m. Mortimer, H. E. on 74-Mar-16 [74-Mar-18: 2B].
Huntley, Lizzie A. (5 yrs.) d. on 71-Feb-8 [71-Feb-9: 2C].
Hupp, Catherine C. (48 yrs.) d. on 73-Jan-13 [73-Jan-14: 2B].
Hupp, Lonie, Miss m. Klug, W. J. on 72-Sep-26 [72-Oct-3: 2B].
Huppman, Annie S. m. Briscoe, James, Rev. on 72-Jun-6 [72-Jun-13: 2B].
Hurdie, Katie Moorehead (4 yrs., 3 mos.) d. on 73-May-30 [73-May-31: 2A].
Hurdle, Catherine (85 yrs.) d. on 72-Apr-20 [72-Apr-22: 2B].
Hurdle, Edward M. m. Freeman, Clara C., Miss on 73-Jul-10 [73-Aug-8: 2B].
Hurdle, Harry Judson d. on 74-Jun-23 [74-Jun-25: 2B].
Hurkamp, Elizabeth C. d. on 72-Feb-3 [72-Feb-15: 2C; 72-Feb-16: 2C].
Hurley, Marian A., Miss m. Zimmerman, Ira L. on 75-Dec-1 [75-Dec-7: 2B].
Hurley, Mary J., Miss m. Forney, A. J. on 71-Aug-30 [71-Sep-2: 2B].
Hurly, John (21 yrs.) d. on 74-Jun-24 [74-Jun-25: 2B].
Hurst, James A. (29 yrs.) d. on 71-Mar-9 of Pneumonia [71-Mar-10: 2C, 4D].
Hurst, Mary (28 yrs.) d. on 73-Oct-27 [73-Nov-14: 2B].
Hurst, Thomas A. m. Osterman, M. Magareth on 72-Aug-29 [72-Sep-2: 2B].
Hurst, William Richard (4 mos.) d. on 75-Aug-18 [75-Aug-21: 2B].
Hurt, Cornelius (22 yrs.) d. on 71-May-23 of Brain congestion [71-May-15: 2B].
Hurtt, Annie White d. on 73-Oct-24 [73-Oct-28: 2C].
Hurtt, George M., Miss m. Hopper, Willson H. on 75-Jul-28 [75-Sep-25: 2B].
Hurtt, James A. (56 yrs.) d. on 71-Dec-11 [71-Dec-12: 2B; 71-Dec-13: 2B].
Hurtt, John B. m. Barger, Sue, Miss on 71-Dec-21 [71-Dec-23: 4C].
Hurtt, Martha A., Miss m. Barton, Samuel S. on 71-Sep-7 [71-Sep-16: 2B].
Hurtt, Mary S. (87 yrs.) d. on 72-Jan-3 [72-Jan-5: 2B].
Hurtt, Morgan R. m. Spangler, Mollie E., Miss on 71-Feb-23 [71-Feb-25: 2B].
Hurtt, Robert W. m. Nickel, Lottie E. on 71-Dec-26 [72-Mar-5: 2B].
Husan, Letitia m. Hall, Henry on 72-May-21 [72-May-30: 2A].
Hush, Clara Myrtle (7 mos.) d. on 73-Jul-17 [73-Jul-18: 2B].
Hush, Elizabeth (71 yrs.) d. on 74-Jan-15 [74-Jan-16: 2B; 74-Jan-17: 2B].
Hush, Mary B., Miss m. Thompson, John D. on 72-Mar-28 [72-Apr-4: 2B].
Hush, S. C., Jr. m. Rhodrick, Clara E., Miss on 72-Feb-23 [72-Mar-7: 2B].
Hush, Venie m. Hoffman, Harry on 72-Jul-18 [72-Jul-29: 2B].
Hush, William J. m. Ebberts, Rosabelle, Miss on 75-Sep-9 [75-Sep-27: 2A].
Hushbeck, Sarah Ann (45 yrs.) d. on 72-Dec-1 [72-Dec-3: 2C].
Husken, James m. Vandike, Catharine on 72-Apr-7 [72-Apr-16: 2B].
Husselbaugh, Maggie A., Miss m. Eliason, William E. B. on 72-May-16 [72-Jun-4: 2A].
Hussey, Susan (59 yrs.) d. on 75-Dec-13 [75-Dec-14: 2B; 75-Dec-15: 2B; 75-Dec-16: 2B].
Husted, Maurice d. on 75-Jan-13 in Railroad accident [75-Jan-15: 4C].
Huster, Andrew (64 yrs.) d. on 74-Aug-21 [74-Aug-22: 2B].
Huster, Andrew (11 yrs., 9 mos.) d. on 75-Mar-3 [75-Mar-4: 2B].

Huster, Charles T. m. Zinn, Laura B. on 74-Dec-31 [75-Jan-2: 2B].
Huster, Grace (1 mo.) d. on 72-Aug-19 [72-Aug-20: 2B].
Huster, Loretto Maud (5 mos.) d. on 74-Feb-16 [74-Feb-18: 2C].
Huston, Fanny M., Miss m. Davidson, J. Ellis on 72-Dec-25 [72-Dec-31: 2B].
Huston, Katie d. on 73-Mar-28 [73-Mar-29: 2B; 73-Mar-31: 2B; 73-Apr-1: 2B].
Huston, Sarah, Miss m. Klages, Peter David Andrew on 74-Jun-2 [74-Jun-4: 2B].
Hutcheson, Clara d. on 72-Jun-29 [72-Jul-3: 2B].
Hutchings, Sarah, Mrs. m. Jewell, Charles H. on 74-Jul-20 [74-Jul-24: 2B].
Hutchins, Alexander, Jr. (33 yrs.) d. on 72-Feb-26 [72-Feb-28: 2C].
Hutchins, Alexander, Sr. (80 yrs.) d. on 74-Aug-25 [74-Aug-26: 2B].
Hutchins, Annie L. (2 mos.) d. on 73-Jun-2 [73-Jun-4: 2B].
Hutchins, Charles J. m. Flamm, Emma, Miss on 71-Oct-4 [71-Oct-7: 2B].
Hutchins, Clarence Taylor d. on 71-Jun-28 [71-Jun-29: 2C].
Hutchins, Dannie Ray (5 yrs.) d. on 74-May-9 [74-May-11: 2B].
Hutchins, Ella E. m. Egerton, Oscar C. on 75-Feb-2 [75-Feb-9: 2B].
Hutchins, Francis m. Frederick, Kate, Miss on 74-Nov-26 [74-Nov-30: 2B].
Hutchins, Isabella, Miss m. Knott, William T. on 74-Feb-5 [74-Feb-23: 2B].
Hutchins, Joshua m. Richardson, Jemima, Miss on 72-Jun-12 [72-Jun-26: 2B].
Hutchins, Lucinda (63 yrs.) d. on 73-Dec-31 [74-Jan-1: 2C].
Hutchins, Martha J. m. Hutchins, William on 72-Nov-28 [72-Dec-11: 2B].
Hutchins, Mary (65 yrs.) d. on 72-Mar-15 [72-Mar-16: 2B].
Hutchins, Richard, Jr. m. Butler, Bettie on 71-Mar-30 [71-Apr-8: 2B].
Hutchins, Robert (25 yrs.) d. on 74-May-16 of Fall in warehouse [74-May-18: 4C].
Hutchins, W. m. Boteler, Sue, Miss on 72-Oct-8 [72-Oct-9: 2B].
Hutchins, William, Col. (73 yrs.) d. on 72-Sep-23 [72-Sep-25: 2B].
Hutchins, William m. Hutchins, Martha J. on 72-Nov-28 [72-Dec-11: 2B].
Hutchins, William H. m. Bennett, Ann E., Miss on 71-Mar-19 [71-Mar-23: 2B].
Hutchins, William H. m. Childs, Maggie C., Miss on 72-Dec-31 [73-Mar-10: 2B].
Hutchins, William T. m. Smith, Rebecca J. on 72-Feb-8 [72-Oct-4: 2B].
Hutchinson, Alice Erwin (11 yrs., 6 mos.) d. on 71-Apr-26 [71-Apr-27: 2C].
Hutchinson, Clara J., Miss m. Mathews, J. Earl, Dr. on 74-Oct-15 [74-Nov-21: 2B].
Hutchinson, Ellen (45 yrs.) d. on 74-Apr-1 of Heart disease [74-Apr-3: 1G].
Hutchinson, Mary E., Mrs. m. Russell, John W. on 71-Jul-4 [71-Aug-1: 2C].
Hutchinson, Sarah (84 yrs.) d. on 75-Aug-31 [75-Sep-2: 2B].
Hutchison, Lizzie R., Miss m. Nagle, Thomas F. on 71-Jan-26 [71-Jan-28: 2B].
Huth, Andrew (27 yrs.) d. on 72-Sep-18 [72-Sep-21: 2A].
Huthwelker, Adam C. m. Herzog, Mary P. on 75-Sep-22 [75-Sep-29: 2B].
Hutson, James E. m. Hall, Amanda Virginia, Miss on 71-Feb-28 [71-Mar-4: 2B].
Hutson, John P. (11 yrs., 1 mo.) d. on 73-Feb-23 [73-Feb-25: 2B].
Hutson, Levy (64 yrs.) d. on 74-Jul-14 [74-Jul-16: 2B].
Hutson, Samuel T. m. Sherman, Helen C., Miss on 71-May-1 [71-May-3: 2B].
Hutt, Eliza A. (50 yrs.) d. on 74-Aug-10 [74-Aug-12: 2C].
Hutton, Andrew J. (41 yrs.) d. on 72-Mar-19 [72-Mar-20: 2B; 72-Mar-21: 2B].
Hutton, Catherine (23 yrs.) d. on 73-Feb-26 [73-Feb-27: 2B].
Hutton, Elenora V., Mrs. m. Hissey, William on 73-Apr-30 [73-May-9: 2B].
Hutton, Mary A., Miss m. Hamilton, Edward W. on 74-Nov-12 [74-Nov-16: 2B].
Hutton, Mary F., Miss m. Barney, John H. on 71-Oct-19 [71-Oct-21: 2B].
Hutton, S. R. (77 yrs.) d. on 74-Dec-5 [74-Dec-8: 2B].
Hutton, Ulysses (6 yrs., 8 mos.) d. on 74-Mar-21 [74-Mar-23: 2B].
Hutzler, Arthur L. (4 yrs., 7 mos.) d. on 75-Dec-19 [75-Dec-21: 2B].
Hutzler, David m. Gutman, Ella J. on 74-Feb-25 [74-Feb-27: 2C].
Hutzler, William m. Paper, Mary on 75-May-25 [75-Jun-5: 2A].

Huxford, David C. (50 yrs.) d. on 71-Jun-3 of Hemorrhage [71-Jun-5: 2C, 4D].
Huxford, Elizabeth (68 yrs.) d. on 73-Feb-15 [73-Feb-17: 2B].
Huxford, Mary A., Mrs. (35 yrs.) d. on 71-Jan-5 [71-Jan-6: 2C].
Huzza, Charlotte A. (40 yrs.) d. on 72-Jun-8 [72-Jun-10: 2B].
Huzza, Lottie d. on 72-Aug-16 [72-Aug-17: 2A].
Hyatt, C. C., Jr. m. Peach, Nannie on 72-May-21 [72-May-29: 2B; 72-May-30: 2A].
Hyatt, Harry (14 yrs., 3 mos.) d. on 74-Apr-20 of Diptheria [74-Apr-21: 2B].
Hyatt, John (39 yrs.) d. on 73-Nov-9 [73-Nov-11: 2B].
Hyatt, John T. d. on 75-May-9 of Pneumonia [75-Jun-8: 2A].
Hyde, Catherine (74 yrs.) d. on 72-Dec-15 [72-Dec-17: 2B].
Hyde, Francis T. m. Abercrombie, Elizabeth Taylor on 74-Oct-20 [74-Oct-27: 2B].
Hyde, Henry W. (35 yrs.) d. on 74-Nov-14 of Heart disease [74-Nov-16: 2B, 4C; 74-Nov-17: 4C].
Hyde, Kate d. on 71-Nov-10 [71-Nov-14: 2C].
Hyde, Mary Ellen, Miss m. Frampton, Johnson on 71-Feb-5 [71-Feb-9: 2C].
Hyde, Raymond d. on 71-Nov-21 [71-Nov-22: 2C].
Hyde, Susan (35 yrs.) d. on 74-Jan-18 [74-Jan-20: 2B].
Hyer, Samuel (42 yrs.) d. on 72-Aug-8 [72-Aug-10: 2B].
Hyland, Charles J. T. (11 yrs.) d. on 74-Jun-7 [74-Jun-11: 2B].
Hyland, Ella, Miss m. Kuhns, Joseph V. on 73-Apr-24 [73-May-2: 2B].
Hyland, Emma L. m. Pettybone, Charles on 72-Feb-1 [72-Feb-10: 2B].
Hyland, George R. (46 yrs.) d. on 73-Sep-2 [73-Sep-3: 2B].
Hyman, William H. m. Finn, Margaret, Miss on 73-Feb-2 [73-Feb-11: 2B].
Hynds, William C. m. Presstman, Emily E. on 72-Apr-2 [72-Apr-8: 2B].
Hyner, Theodore m. McKinsey, Mary E. on 74-Aug-26 [75-Jan-5: 2B].
Hynes, Annie May (1 mo.) d. on 71-Jun-23 [71-Jun-24: 2B].
Hynes, James H. (1 yr., 2 mos.) d. on 75-Sep-29 [75-Sep-30: 2B].
Hynes, John M. m. Wood, Alice, Miss on 75-Apr-1 [75-Apr-10: 2B].
Hynes, Maggie E., Miss m. Burke, Michael on 74-Oct-20 [74-Oct-28: 2B].
Hynes, Maria (25 yrs.) d. on 72-Nov-25 [72-Nov-26: 2B].
Hynes, Mary (52 yrs.) d. on 75-Oct-21 [75-Oct-22: 2A].
Hynes, Mary A. m. Krine, Henry on 72-Jan-8 [72-Jan-13: 2B].
Hynson, Charles Chew (11 mos.) d. on 75-Jul-12 [75-Jul-13: 2B].
Hynson, George Henry Kemp (21 yrs.) d. on 75-Nov-2 [75-Nov-4: 2A].
Hynson, George Washington (4 mos.) d. on 74-Mar-19 [74-Mar-20: 2B].
Hynson, Martha E. d. on 71-Mar-8 [71-Mar-9: 2C].
Hynson, Medford m. Rigbey, J. Fannie, Miss on 73-Feb-19 [73-Mar-7: 2C].
Hynson, Stanley m. Rose, Teresa, Miss on 75-Nov-17 [75-Dec-2: 2B].
Hysan, John Francis (2 mos.) d. on 72-Aug-16 [72-Aug-17: 2A].
Hyson, Sarah E. (72 yrs.) d. on 71-Aug-12 [71-Aug-14: 2C].
Hysore, Milton E., Rev. (37 yrs.) d. on 74-Nov-8 of Brain congestion [74-Nov-10: 4B].
Iams, Annie, Miss m. Baker, H. Thomas on 72-Jan-16 [72-Jan-27: 2B].
Iams, Franklin P. m. Gesell, Chrissie, Miss on 73-Aug-26 [73-Oct-9: 2B].
Ibbott, Agnes (4 yrs., 8 mos.) d. on 71-Apr-22 [71-Apr-24: 2B].
Iberic, Brother (23 yrs.) d. on 73-Feb-2 of Lung inflammation [73-Feb-3: 2B, 4E].
Iceman, George (27 yrs.) d. on 75-Mar-14 [75-Mar-15: 2B].
Ickes, Frederick N. m. Fowler, Yetville, Mrs. on 72-Aug-18 [72-Sep-4: 2B].
Idding, Jeremiah H. (52 yrs.) d. on 73-Aug-16 [73-Aug-18: 2B; 73-Aug-19: 2B; 73-Aug-20: 1G].
Ide, J. August, Prof. m. Eberhard, Clara E., Miss on 71-Nov-14 [71-Nov-16: 2B].
Idonce, Henry (34 yrs.) d. on 73-Oct-7 [73-Oct-8: 2B].
Iglehart, Annie M. m. Sanford, N. Knight on 71-Jul-25 [71-Jul-31: 2C].
Iglehart, Caroline m. Bateman, John L. on 73-Nov-4 [73-Nov-6: 2B].
Iglehart, Edmund (66 yrs.) d. on 71-May-5 [71-May-12: 2B].

Iglehart, Emily J. d. on 74-May-4 [74-May-5: 2C; 74-May-6: 2B].
Iglehart, James (83 yrs., 11 mos.) d. on 74-Nov-22 [74-Nov-24: 2B].
Iglehart, Lilie J. (3 mos.) d. on 73-Jun-26 [73-Jul-15: 2B].
Iglehart, Mary (67 yrs.) d. on 74-Apr-30 [74-May-22: 2B].
Iglehart, Milton R. m. Jones, Maria E. on 73-Dec-4 [74-Mar-31: 2B].
Iglehart, Sarah E., Miss m. Blackburn, John W. on 72-Apr-30 [72-May-8: 2B].
Iglehart, Waddell (2 yrs., 6 mos.) d. on 73-Feb-16 [73-Feb-21: 2B].
Iglehart, Walter Edmund (1 yr., 1 mo.) d. on 72-Jul-22 [72-Jul-27: 2B].
Igo, Charles Joseph (10 yrs., 4 mos.) d. on 71-Jun-11 [71-Jun-12: 2C].
Ijams, Ann (62 yrs., 6 mos.) d. on 72-May-27 [72-May-31: 2B].
Ijams, Herbert Griswold (4 mos.) d. on 72-Jul-20 [72-Aug-1: 2C].
Ijams, James (55 yrs.) d. on 73-Jun-30 [73-Jul-1: 2B; 73-Jul-2: 1G].
Ijams, John W. (68 yrs.) d. on 75-Feb-16 [75-Feb-18: 2B].
Ijams, Mary Virginia, Miss m. Duvall, J. Ijams on 74-Dec-23 [74-Dec-25: 2B].
Ijams, W. Harry m. Hughes, Jennie on 71-Dec-7 [71-Dec-12: 2B].
Ijams, William (48 yrs.) d. on 72-Oct-15 [72-Oct-16: 2B].
Iler, Mary A. m. Cross, George R. on 71-Dec-25 [71-Dec-29: 2C].
Ilgenfritz, Daisy Theresa (3 mos.) d. on 74-Aug-30 [74-Aug-31: 2B; 74-Sep-3: 2B].
Imhoff, H. H. (54 yrs.) d. on 73-Jan-30 [73-Feb-1: 2B].
Imler, Anna Melie (8 mos.) d. on 71-Jul-3 [71-Jul-4: 2B].
Imler, Mary M. (22 yrs.) d. on 75-Feb-15 [75-Feb-16: 2B; 75-Feb-17: 2B].
Imwald, J. Harry m. Kaiser, Annie on 72-Oct-1 [72-Oct-4: 2B].
Imwald, Kate (28 yrs., 9 mos.) d. on 73-Apr-7 [73-Apr-8: 2B].
Imwold, John H. (57 yrs.) d. on 73-Nov-22 [73-Nov-24: 2B].
Ince, Emilie V., Miss m. Fireng, J. Philip on 71-Oct-19 [71-Oct-20: 2B].
Ing, Ann (73 yrs.) d. on 73-Jan-26 of Heart disease [73-Jan-27: 2B; 73-Jan-28: 2B].
Ing, Charles G. m. Bowen, Kate E., Miss on 73-Oct-19 [74-Mar-25: 2B].
Ing, Edward (78 yrs.) d. on 74-Sep-30 [74-Oct-1: 2B].
Ing, Mamie (9 yrs., 8 mos.) d. on 71-Mar-29 of Heart disease [71-Mar-30: 2C; 71-Mar-31: 2B].
Inglart, Mary Jane (31 yrs., 1 mo.) d. on 75-Oct-7 [75-Oct-9: 2A].
Ingle, Julian E. m. Bassett, Annette Lewis on 73-Jan-23 [73-Jan-28: 2B].
Ingleson, Mamie Stewart (4 yrs., 8 mos.) d. on 72-Feb-1 [72-Feb-3: 2C].
Inglis, Annie Childs (19 yrs.) d. on 75-May-4 [75-May-6: 2B].
Ingman, Susan Evaline (62 yrs.) d. on 73-Oct-9 [73-Oct-10: 2B; 73-Oct-11: 2B].
Ingraham, Caroline Barney (55 yrs.) d. on 71-Apr-12 [71-Apr-14: 2B].
Ingrinn, James E., Rev. m. Mathias, Mary A., Miss on 71-Jan-26 [71-Jan-28: 2B].
Inloes, Annie W. (30 yrs., 5 mos.) d. on 74-Jul-10 [74-Jul-11: 2B].
Inloes, Carrie H. m. Heslop, William C. on 73-Dec-30 [73-Dec-31: 2B].
Inloes, Charles E. (34 yrs.) d. on 73-Mar-20 [73-Mar-22: 2B].
Inloes, Harriet M. (4 yrs.) d. on 73-Mar-20 [73-Mar-21: 2B].
Inloes, Henry A., Dr. (64 yrs.) d. on 74-May-28 [74-May-30: 1H, 2B; 74-Jun-1: 2B].
Inloes, James A. d. on 74-Sep-8 [74-Sep-10: 2B].
Inloes, John T. A. (9 mos.) d. on 73-Jan-28 [73-Jan-29: 2B].
Inloes, Joseph m. Rolle, Lizzie, Miss on 74-Dec-20 [75-Feb-18: 2B].
Inloes, Joshua S. (74 yrs.) d. on 75-Dec-17 of Fall [75-Dec-18: 2B; 75-Dec-20: 2B, 4A].
Inloes, Mary Ann (74 yrs.) d. on 73-Jul-4 [73-Jul-5: 2B].
Inloes, Mary Carroll d. on 74-Nov-30 of Diptheria [74-Dec-1: 2B].
Inloes, Priscilla P. (58 yrs.) d. on 71-Jan-27 [71-Jan-28: 2B].
Inloes, Susan G. d. on 74-Sep-1 [74-Sep-3: 2B].
Innerst, Margaret Arabella (1 yr.) d. on 75-Aug-28 [75-Aug-31: 2B].
Innes, A. L., Sr. (70 yrs.) d. on 75-Apr-12 [75-Apr-26: 2B].
Innes, William Melville (43 yrs.) d. on 71-Jan-16 of Typhoid pneumonia [71-Jan-17: 2C; 71-Jan-

18: 2C, 4D].
Insley, Johnny S. (6 yrs., 7 mos.) d. on 72-May-12 [72-May-14: 2A].
Insley, Julia m. Johnson, William H. on 73-Feb-25 [73-Mar-29: 2B].
Irbe, Margaret d. on 75-Jun-7 [75-Jun-8: 4B].
Irelan, Eleanora Matilda (6 yrs., 9 mos.) d. on 72-Jun-27 [72-Jun-28: 2B].
Irelan, Rachel (60 yrs.) d. on 71-Aug-11 [71-Aug-12: 2C].
Ireland, Almira m. Taylor, Charles J. on 73-Apr-9 [73-Apr-11: 2B].
Ireland, Caldwell, Dr. m. Henderson, Margaret E., Miss on 71-Jun-29 [71-Jul-1: 2A].
Ireland, Edward (77 yrs.) d. on 71-Oct-23 [71-Oct-24: 2A].
Ireland, Elizabeth (84 yrs., 10 mos.) d. on 74-Mar-1 [74-Mar-2: 2B].
Ireland, Gideon Campbell (9 mos.) d. on 74-Jul-14 [74-Jul-20: 2B].
Ireland, Harry Lockhart (11 mos.) d. on 74-Oct-8 [74-Oct-9: 2B].
Ireland, Henry (16 yrs.) d. on 72-Jul-24 [72-Jul-26: 2C].
Ireland, John m. Goodwin, Julia, Miss on 73-Dec-11 [73-Dec-12: 2B].
Ireland, Maggie A., Miss m. Kerr, Henry on 71-Jun-13 [71-Jun-28: 2B].
Ireland, Margaret (62 yrs.) d. on 72-Dec-19 [72-Dec-30: 2C].
Ireland, Mary d. on 72-Dec-14 [72-Dec-16: 2B].
Ireland, N. L. m. Jackson, Annie, Miss on 71-Sep-21 [71-Oct-2: 2B].
Ireland, Sammie (3 yrs., 2 mos.) d. on 71-Nov-24 [71-Nov-25: 2B].
Ireland, Samuel R. m. McKew, M. A. on 72-Jul-3 [72-Jul-12: 2C; 72-Jul-13: 2A].
Ireland, Sarah E. m. Hunt, William on 72-Feb-28 [72-Mar-8: 2B].
Ireland, Wilsie (4 yrs., 4 mos.) d. on 71-May-19 [71-May-20: 2B].
Ironmonger, Cornelius M. (36 yrs.) d. on 75-Apr-5 [75-Apr-6: 2B; 75-Apr-7: 2B].
Ironmonger, Mary V., Miss m. Ritter, Philip H. on 72-Jan-1 [72-Jan-2: 2C].
Irons, Annie Rowe, Miss m. Pleasants, S. S. on 75-Dec-1 [75-Dec-4: 2B].
Irrgang, John m. Metcalfe, Emma J., Miss on 75-May-25 [75-May-29: 2A].
Irvin, Ida S., Miss m. Beans, Henry C. on 75-Aug-4 [75-Aug-16: 2B].
Irvin, James (95 yrs.) d. on 71-May-15 [71-May-19: 4D].
Irvin, James W. m. Brown, Susan B., Mrs. on 73-Apr-14 [73-Apr-16: 2B].
Irvin, Richard, Jr. m. Morris, Mary B. on 72-Apr-30 [72-May-3: 2B].
Irvine, Donna Louise (4 yrs., 1 mo.) d. on 72-Feb-16 of Scarlet fever [72-Feb-17: 2C].
Irvine, Francis Buchanan (9 mos.) d. on 74-Nov-12 [74-Nov-13: 2B].
Irvine, Henry Carter (1 yr., 5 mos.) d. on 73-Jul-28 [73-Jul-30: 2B].
Irvine, Jesse B. m. Honeywell, Mary M. C. on 71-Nov-30 [71-Dec-8: 2C].
Irvine, Leila Champe (4 yrs., 1 mo.) d. on 74-Mar-6 of Scarlet fever [74-Mar-7: 2B].
Irvine, Ruby d. on 71-Sep-8 [71-Sep-9: 2B].
Irving, Annie, Miss m. Whitehand, Jeremiah on 74-May-19 [74-May-27: 2B].
Irving, Georgie E. m. Walker, Samuel T. on 71-Dec-12 [[71-Dec-18: 2B]; 71-Dec-23: 4C].
Irving, Ida J. m. Kemp, William W. on 73-Mar-13 [73-Mar-27: 2B].
Irving, Sarah (72 yrs.) d. on 71-Dec-3 [71-Dec-5: 2C].
Irving, William H. (50 yrs.) d. on 71-Jul-27 [71-Jul-29: 2B; 71-Aug-1: 4E].
Irwin, Annie C. m. Graniss, Charles W. on 74-Feb-24 [74-Feb-28: 2B].
Irwin, Charles H. m. Smith, Mary M., Miss on 71-Jul-25 [71-Jul-28: 2B].
Irwin, Ellen d. on 74-Oct-7 [74-Oct-8: 2B; 74-Oct-9: 2B].
Irwin, Henry (84 yrs.) d. on 73-Aug-27 [73-Aug-28: 2B].
Irwin, Honoria E. m. Grannis, A. J. on 71-Dec-25 [72-Jan-1: 2B].
Irwin, John (48 yrs.) d. on 74-Jun-25 of Heatstroke [74-Jun-26: 1H, 2B].
Irwin, John W. d. on 71-Mar-19 [71-Mar-21: 2B].
Irwin, John W. m. Carter, Jennie on 75-Sep-29 [75-Oct-1: 2B].
Irwin, Margaret A. (3 yrs., 6 mos.) d. on 71-Sep-15 of Scarlet fever [71-Sep-18: 2C].
Irwin, Martha d. on 75-Aug-12 [75-Aug-13: 2B; 75-Aug-14: 2B].
Irwin, Robert, Capt. (69 yrs.) d. on 73-Jan-13 [73-Jan-14: 4F; 73-Jan-15: 2B].

Irwin, Sarah (46 yrs.) d. on 73-Mar-14 [73-Mar-15: 2B].
Irwin, Thomas, Jr. (78 yrs.) d. on 74-Jun-29 [74-Jun-30: 2B; 74-Jul-1: 2B].
Iselin, Eleanora Florence m. Kane, Delancey Astor on 72-May-29 [72-Jun-3: 2A].
Isenbock, John (52 yrs.) d. on 74-Apr-4 in Wagon accident [74-Apr-6: 1H].
Isennock, Charles m. Turnbull, Frances on 71-Nov-28 [71-Nov-30: 2B].
Isett, John J. (37 yrs.) d. [72-Aug-19: 2B].
Israel, Philip H. m. Bird, Emma E., Miss on 71-Nov-1 [71-Nov-2: 2C; 71-Nov-3: 2B].
Issac, M. Gertie, Miss m. Sunderland, B. C. on 73-Jun-19 [73-Jun-25: 2B].
Issacs, Beulah May (4 yrs., 10 mos.) d. [74-Jul-14: 2B].
Issacs, Harriet A., Mrs. m. Gibson, Garrison on 72-Sep-24 [72-Sep-26: 2B].
Issacs, Jarret (70 yrs.) d. on 75-Mar-16 of Apoplexy [75-Mar-18: 2B, 4D; 75-Mar-19: 1H].
Issacs, Josephus (82 yrs.) d. on 75-Jan-27 [75-Jan-29: 2B].
Issacs, Laura F., Miss m. Morton, Nicholas S. M. on 71-Nov-22 [71-Nov-27: 2C].
Issacs, Rebecca, Miss m. Perry, Lewis on 72-Nov-12 [72-Nov-14: 2B].
Issacs, William B., Jr. m. Lefebvre, Mary W. on 73-Apr-16 [73-Apr-17: 2B].
Izer, Joseph (4 mos.) d. on 72-Nov-27 [72-Nov-28: 2B].
Jachums, Frederick W. d. on 71-Aug-20 Drowned [71-Aug-25: 4D].
Jack, Charles E. m. Nicol, Sallie E. on 71-Aug-26 [72-Feb-2: 2C].
Jackins, Barbara E. m. Benbury, William on 74-Nov-12 [74-Nov-20: 2B].
Jackins, Ida Kate (14 yrs.) d. on 72-Sep-1 [72-Sep-2: 2B].
Jackins, Mary E. m. Buttner, William F. on 71-Aug-15 [71-Aug-18: 2C].
Jackson, Andrew m. Smith, Ellen, Miss on 71-Aug-30 [71-Sep-1: 2B].
Jackson, Anna, Miss m. Carter, Armsted on 73-Jun-12 [73-Jun-17: 2B].
Jackson, Anna Bolton d. on 70-Dec-10 [71-Feb-20: 2C].
Jackson, Annie, Miss m. Ireland, N. L. on 71-Sep-21 [71-Oct-2: 2B].
Jackson, Arthur G. m. Jones, Sadie A., Miss on 72-Oct-30 [72-Nov-4: 2B].
Jackson, Bettie E. m. Nightingale, T. E. on 75-Sep-14 [75-Sep-15: 2B].
Jackson, C. Murray m. Keene, Sallie E. on 72-Jan-9 [72-Jan-30: 2C].
Jackson, Carrie, Miss m. Lewis, Sandford, Jr. on 72-Oct-15 [72-Nov-2: 2A].
Jackson, Christopher T. m. Cassidy, Kate, Miss on 71-Nov-7 [71-Nov-13: 2B].
Jackson, Edward W. (4 mos.) d. on 72-Jul-4 [72-Jul-6: 2B].
Jackson, Edward R. W. (24 yrs.) d. on 71-Dec-25 [71-Dec-27: 2C; 71-Dec-28: 2C].
Jackson, Edwin F. K. (23 yrs.) d. on 71-Dec-16 [71-Dec-18: 2B].
Jackson, Eleanor Bond m. Love, Albert T. on 74-Jan-15 [74-Jan-26: 2B].
Jackson, Elisha m. Lynch, Priscilla on 73-Oct-16 [73-Nov-14: 2B].
Jackson, Ella F. m. Pitcher, William L. on 73-Oct-9 [73-Oct-29: 2B].
Jackson, Ella Young (21 yrs.) d. on 71-May-20 Burned [71-May-23: 2C].
Jackson, Elmer M. (1 yr., 1 mo.) d. on 72-Aug-25 [72-Aug-26: 2B].
Jackson, Francis M. m. Lynch, Marian, Miss on 72-Sep-19 [72-Nov-2: 2A].
Jackson, Harry Babcock (2 yrs., 4 mos.) d. on 71-Jan-16 [71-Jan-19: 2D].
Jackson, Harry M. m. Flint, S. Christie on 74-Dec-31 [75-Jan-4: 2A].
Jackson, Helen m. Mason, John T. on 75-Oct-21 [75-Oct-25: 2A].
Jackson, Henry d. on 72-Jan-7 [72-Jan-30: 2D].
Jackson, Ida C. m. Davidson, Robert C. on 73-Nov-10 [73-Nov-12: 2B].
Jackson, J. H., Rev. d. on 72-Aug-15 [72-Aug-21: 2C].
Jackson, James A. d. on 74-Mar-11 of Heart disease [74-Mar-19: 2B].
Jackson, James F., Jr. m. Thomas, Cinnara, Miss on 75-Aug-3 [75-Aug-5: 2B].
Jackson, James M. (61 yrs.) d. on 73-Aug-21 of Paralysis [73-Aug-22: 1G, 2B; 73-Aug-23: 2B].
Jackson, James William (2 yrs., 8 mos.) d. on 72-Jul-11 of Catarrh [72-Jul-13: 2B].
Jackson, Jenny Lind m. Richardson, Charles M. on 71-Aug-14 [71-Aug-28: 2C].
Jackson, John Grant d. on 75-Sep-25 [75-Oct-27: 2B].
Jackson, John W. (40 yrs.) d. on 71-Jul-17 of Heatstroke [71-Jul-20: 4C].

Jackson, John W. (36 yrs.) d. on 74-Mar-13 [74-Mar-17: 2B].
Jackson, Joseph (72 yrs.) d. on 73-Feb-3 [73-Feb-4: 2B].
Jackson, Joseph (35 yrs.) d. on 73-Jul-21 Drowned [73-Jul-24: 1G].
Jackson, Josephine, Miss m. Rutledge, Albert C. on 72-Oct-3 [72-Oct-15: 2B].
Jackson, Kate G., Miss m. Smith, J. H. [74-Oct-10: 2B].
Jackson, Laura Isabel (10 mos.) d. on 71-Dec-26 [71-Dec-27: 2C].
Jackson, Lily May (6 yrs.) d. on 75-Jul-8 [75-Jul-9: 2B].
Jackson, Lucia M. M. m. Gluck, William J. H. on 75-Jan-27 [75-Feb-16: 2B].
Jackson, Maria L., Miss m. Moore, Thomas M. on 72-Mar-25 [72-Mar-27: 2B].
Jackson, Mary A. (66 yrs.) d. on 71-Sep-24 [71-Oct-6: 2B].
Jackson, Mary A. (65 yrs.) d. on 72-Jan-22 [72-Jan-23: 2C].
Jackson, Mary A. m. Young, Charles F. on 72-Jun-6 [72-Jun-7: 2B].
Jackson, Mary Ann (27 yrs.) d. on 73-Mar-16 [73-Mar-18: 2B].
Jackson, Mary Elizabeth (3 yrs., 2 mos.) d. on 75-Jul-5 of Scarlet fever [75-Jul-6: 2B].
Jackson, Mary F., Miss m. Doyle, John B. on 73-Mar-27 [73-Apr-7: 2B].
Jackson, Mary F. m. Morgan, John N. on 72-Sep-24 [72-Sep-27: 2B].
Jackson, Matilda d. on 71-Apr-17 [71-Apr-18: 2C].
Jackson, Maulsby (76 yrs.) d. on 73-May-12 in Shipping accident [73-May-13: 1F].
Jackson, Robert Longfield (6 yrs., 6 mos.) d. on 71-Apr-16 of Scarlet fever [71-Apr-17: 2C; 71-Apr-18: 2C].
Jackson, Rosa E. m. Vicari, Michele on 71-Nov-30 [71-Dec-5: 2C].
Jackson, Samuel (64 yrs.) d. on 74-Sep-2 [74-Sep-3: 2B, 4C].
Jackson, Samuel (14 yrs.) d. on 75-Oct-13 Drowned [75-Oct-14: 4E].
Jackson, Samuel R. m. Hanson, Mary E. on 75-May-27 [75-Jun-3: 2B].
Jackson, Thomas m. Markland, Fannie T. on 72-Sep-10 [72-Sep-14: 2A].
Jackson, V. E. (2 yrs., 11 mos.) d. on 74-Oct-30 [74-Nov-3: 2B].
Jackson, William Edward (1 yr., 5 mos.) d. on 74-May-26 [74-May-28: 2B].
Jackson, William H. (53 yrs.) d. on 72-Mar-8 [72-Mar-11: 2C].
Jackson, William H. m. Painter, Emilie on 73-Oct-8 [73-Oct-20: 2B].
Jackson, William T. B. (1 yr., 1 mo.) d. on 71-Dec-19 [71-Dec-20: 2B].
Jacob, C. m. Schmier, F. on 73-Aug-19 [73-Aug-25: 2B].
Jacob, Dorsey, Rev. (72 yrs.) d. on 74-Oct-11 [74-Oct-13: 2B].
Jacob, Eugenia C. (30 yrs.) d. on 73-May-7 [73-May-9: 2B].
Jacob, John E. m. Leutner, Kate on 73-Jun-29 [73-Jul-12: 2B].
Jacobi, Emanuel H. m. Ehrlich, Hannah on 74-Nov-11 [74-Nov-14: 2B].
Jacobs, Alice Edith (1 yr.) d. on 75-Oct-21 [75-Oct-23: 2B].
Jacobs, Andrew m. Willouer, Julia, Miss on 71-Aug-9 [71-Sep-16: 2B].
Jacobs, Ann Maria (53 yrs.) d. on 74-Jul-2 [74-Jul-3: 2B; 74-Jul-4: 2B].
Jacobs, Charles H. (19 yrs.) d. on 74-Jan-17 [74-Jan-21: 2B].
Jacobs, Charlie W. (3 yrs., 1 mo.) d. on 75-Apr-26 [75-Apr-28: 2B].
Jacobs, Edward L. O. m. Lambert, Mollie, Miss on 71-Mar-16 [71-Mar-25: 2B].
Jacobs, Elizabeth m. Hamp, John H. on 75-Jun-9 [75-Jun-11: 2B].
Jacobs, Ernestine W. F. (20 yrs.) d. on 72-Nov-6 of Suicide (Poison) [72-Nov-8: 4C].
Jacobs, George R. m. Hofmann, Matilda L. on 73-Dec-25 [74-Jan-8: 2B].
Jacobs, George R. m. Williams, Inez, Miss on 74-Dec-15 [74-Dec-23: 2B].
Jacobs, George T. m. Terral, Sallie R., Miss on 72-Mar-28 [72-Mar-30: 2B].
Jacobs, James M. (53 yrs.) d. on 71-Sep-30 [71-Oct-2: 2C; 71-Oct-3: 2B].
Jacobs, John W. m. Buck, Sallie A. on 73-Nov-25 [73-Nov-29: 2B].
Jacobs, Katie (5 yrs., 3 mos.) d. on 71-Apr-1 [71-Apr-3: 2B].
Jacobs, Rachel (58 yrs.) d. [73-Jan-4: 2B].
Jacobs, Sarah V., Miss m. Lewis, Charles T. on 71-Jan-26 [71-Mar-8: 2B].
Jacobs, Sopha, Miss m. Towson, Edward T. B. on 71-Feb-8 [71-Feb-10: 2C].

Jacobs, Susan M. (84 yrs.) d. on 71-Sep-10 [71-Sep-19: 2C].
Jacobs, Thomas S. m. Tydings, Kate V., Miss on 70-Dec-15 [71-Jan-4: 2B].
Jacobs, Tobias m. Wooden, Annie, Miss on 71-Oct-24 [71-Oct-26: 2B].
Jacobs, Zachariah S. m. Sass, Mary L., Miss on 72-Sep-2 [72-Sep-4: 2B].
Jacobson, E. P. m. Goldsborough, Anna W., Miss on 72-Mar-26 [72-Mar-27: 2B].
Jacquemet, F. X., Mr. d. on 75-Oct-22 Ruptured aorta [75-Nov-13: 4C].
Jager, Charles (28 yrs.) d. on 71-Jun-17 in Railroad accident [71-Jun-19: 4C].
Jagmetti, Mary (5 mos.) d. on 71-Sep-28 [71-Sep-29: 2B].
Jagoe, William (9 mos.) d. on 71-Aug-17 [71-Aug-21: 2B].
Jahnke, Ulricke C. W., Miss m. Hering, Julius L. W., Dr. on 72-Apr-14 [[[72-Apr-17: 2B]; 72-Apr-18: 2B]; 72-Apr-19: 2B].
Jakes, Frederick (52 yrs.) d. on 72-Oct-31 [72-Nov-1: 2B; 72-Nov-2: 2A].
Jalimini, Mary Josephine (2 yrs.) d. on 73-Sep-6 of Spasms [73-Sep-13: 2B].
Jamar, William H. d. [75-Aug-2: 4E].
James, Catherine E. (1 yr., 4 mos.) d. on 73-Jul-27 [73-Jul-29: 2B].
James, Charles m. Warrenton, Mary L., Miss on 73-Jan-27 [73-Feb-14: 2B].
James, Clarence M. (20 yrs.) d. on 73-Apr-13 [73-Apr-14: 2B].
James, Daniel (46 yrs.) d. on 73-May-14 [73-May-29: 2B].
James, Eliza m. Frantz, William on 72-Aug-15 [72-Aug-17: 2A].
James, Elizabeth (69 yrs.) d. on 71-Nov-2 [71-Nov-3: 2C].
James, Fleming, Rev. m. Duvall, Mary E. on 72-Apr-23 [72-Apr-27: 2A].
James, George Vincent (2 mos.) d. on 75-Jan-22 [75-Jan-23: 2C].
James, Grace m. Moxley, William Tarbutton on 73-Sep-11 [73-Sep-13: 2B].
James, Henry Drucker (28 yrs.) d. on 74-Oct-7 [74-Oct-12: 2B].
James, John (30 yrs.) d. on 74-Jan-23 in Railroad accident [74-Jan-24: 1H].
James, John A. R. (34 yrs.) d. on 73-Feb-24 [73-Feb-25: 2B].
James, John S. m. Eckert, Rosalind M., Miss on 70-Oct-25 [71-Apr-17: 2C].
James, Joseph (32 yrs.) d. on 71-Feb-22 [71-Feb-25: 2B].
James, Marietta m. McNeal, Charles R. on 74-Oct-29 [74-Nov-2: 2B].
James, Nathaniel W. m. Ranson, Fannie Lowndes on 75-Dec-14 [75-Dec-18: 2A].
James, Olivia C., Miss m. Collins, Monroe on 72-May-16 [72-May-31: 2B].
James, Richard D. (33 yrs.) d. on 75-Jul-18 [75-Jul-19: 2B].
James, Sarah E. m. Churchill, William on 74-Dec-31 [75-Mar-3: 2B].
James, Thomas (6 mos.) d. on 71-Jun-15 [71-Jun-16: 2C].
James, Thomas M. (71 yrs.) d. on 74-Jan-20 [74-Jan-21: 2B].
James, William H. m. Harman, K. Francesca on 73-Oct-2 [73-Oct-21: 2B].
Jameson, Amelia m. Turner, Henry A. on 71-Jan-5 [71-Jan-7: 2C].
Jameson, Charles M. (52 yrs.) d. on 71-Oct-30 [71-Oct-31: 2C, 4D; 71-Nov-1: 2B; 71-Nov-2: 4D].
Jameson, Lucy E. d. on 73-Aug-29 [73-Aug-30: 2B].
Jamet, Edward, Dr. m. Johnson, Ella, Miss on 73-Aug-20 [73-Sep-3: 2B].
Jamison, Alice E. m. Hunting, George B. on 75-May-4 [75-May-7: 2B].
Jamison, Andrew (91 yrs.) d. on 74-Mar-20 [74-Mar-21: 2B].
Jamison, Anne Maria (44 yrs.) d. on 74-Dec-25 [74-Dec-26: 2C].
Jamison, Annie, Miss m. Hartman, Jacob on 73-Feb-23 [73-Feb-26: 2B].
Jamison, Archibald (72 yrs.) d. on 72-Aug-19 [72-Aug-22: 2B].
Jamison, Belle, Miss m. McHarry, Philip R. on 73-Nov-19 [74-Jan-24: 2B].
Jamison, Deborah m. Helland, John on 75-Jan-26 [75-Mar-15: 2B].
Jamison, Ellen Douglas m. Baldwin, E. Francis on 73-May-1 [73-May-7: 2B].
Jamison, Herbert (4 yrs.) d. on 74-Jan-28 [74-Jan-29: 2B].
Jamison, John, Col. (83 yrs.) d. on 75-Sep-19 [75-Sep-20: 2B, 4D].
Jamison, John S. (25 yrs.) d. [74-Jul-11: 4C].

Jamison, Lilley May (4 yrs., 6 mos.) d. on 75-Oct-13 [75-Oct-14: 2B].
Jamison, Louisa Josephine (6 yrs.) d. on 75-Jan-30 [75-Feb-1: 2B].
Jamison, Mary (18 yrs.) d. on 74-Oct-3 [74-Oct-5: 2B].
Jamison, Mary Ann (75 yrs.) d. on 75-Jun-13 [75-Jun-14: 2B; 75-Jun-15: 2B].
Jamison, Mary Helen (9 yrs.) d. on 75-Jan-30 [75-Feb-1: 2B].
Jamison, Matilda (3 yrs., 9 mos.) d. on 74-Dec-7 [74-Dec-9: 2B].
Jamison, Nannie J., Miss m. Wells, R. C., Dr. on 71-May-10 [71-May-15: 2B].
Jamison, Thomas (41 yrs.) d. on 72-Mar-24 [72-Mar-28: 2C].
Jamison, William H. m. Day, Lizzie M., Miss on 75-Jun-3 [75-Jun-10: 2B].
Jamison, William J. Dickey (5 mos.) d. on 75-Mar-21 [75-Mar-23: 2B].
Janifer, Benjamin (84 yrs.) d. on 75-Feb-28 [75-Mar-8: 2B].
Janney, George W. d. on 73-Oct-26 [73-Oct-28: 2C].
Janney, Johns (5 yrs., 3 mos.) d. on 73-Mar-7 of Scarlet fever [73-Mar-8: 2B].
Janney, Margaret H. (1 yr., 5 mos.) d. on 74-Dec-6 [74-Dec-7: 2B; 74-Dec-8: 2C].
Janney, Richard M. (69 yrs.) d. on 74-Dec-12 of Heart disease [74-Dec-14: 2B; 74-Dec-15: 2B, 4B; 74-Dec-16: 1H].
Janowitz, Leontine, Miss m. Guinzburg, Adolph on 72-Feb-25 [72-Feb-26: 2C].
Jaques, A. G., Miss m. Sollers, N. H. on 72-Sep-17 [72-Sep-25: 2B].
Jaquett, Belle m. Paca, Albert H. on 74-Sep-28 [[74-Oct-6: 2B]; 74-Oct-7: 2B].
Jaquett, Peter W. (27 yrs.) d. on 75-Dec-1 [75-Dec-3: 2B].
Jarbo, Mollie E. m. Leddon, George W. on 72-Jun-11 [72-Jun-25: 2B].
Jarboe, James T. m. Adams, Mary R., Miss on 73-Nov-5 [73-Nov-20: 2B].
Jarboe, John Rodolph (11 yrs.) d. on 72-May-4 [72-Jun-17: 2B].
Jarboe, John W. m. Wescoat, Sarah E., Miss on 73-Sep-16 [73-Sep-18: 2B].
Jarboe, Mary A., Miss m. Hoag, J. A. on 72-Oct-8 [72-Nov-4: 2B].
Jarboe, Mettie, Miss m. Fowler, Charles H. on 74-Sep-3 [74-Sep-5: 2B].
Jarboe, Vernon C. m. Campbell, Emma S. on 71-Aug-30 [71-Sep-9: 2B].
Jarden, Addie M. m. Craig, Hugh H. on 71-Oct-11 [71-Oct-25: 2B].
Jarley, Harry (1 yr., 6 mos.) d. on 71-Apr-5 Scalded [71-Apr-5: 4D; 71-Apr-6: 4D].
Jarratt, John (63 yrs.) d. on 71-Mar-22 [71-Mar-23: 2C, 4E].
Jarrett, A. Bond m. Galloway, Lizzie W. on 72-Dec-26 [72-Dec-30: 2B].
Jarrett, Frank A. m. Cromwell, Carrie W. on 75-Nov-18 [75-Nov-20: 2A].
Jarrett, Isabel d. on 71-Dec-2 [71-Dec-4: 2C; 71-Dec-5: 2C].
Jarrett, Jesse (73 yrs.) d. on 71-May-19 [71-May-27: 2B].
Jarvis, Annie D., Miss m. Hess, Charles B. on 72-Sep-26 [72-Oct-12: 2A].
Jarvis, Francis M. m. Sykes, Mary E. on 74-Oct-18 [74-Nov-5: 2B].
Jarvis, Mollie F. m. Thomas, William C. on 72-Jan-30 [72-Feb-5: 2C].
Jatho, Ferdinand F. (69 yrs.) d. on 74-May-3 [74-May-4: 2C].
Jaudon, Harriet S. d. on 74-Mar-19 [74-Mar-21: 2B].
Jay, Lee (8 mos.) d. on 74-Apr-23 [74-Apr-24: 2B].
Jay, Samuel P. (35 yrs.) d. on 73-May-18 Drowned [73-May-22: 1G, 2B].
Jay, Sarah (71 yrs.) d. on 71-Aug-31 [71-Sep-2: 2B].
Jay, Stephen P. (41 yrs.) d. on 75-Dec-5 of Consumption [75-Dec-6: 2B; 75-Dec-7: 2C].
Jay, Susan Vennetta (9 mos.) d. on 72-Jun-7 [72-Jun-10: 2B].
Jayne, Jane C. (50 yrs.) d. on 75-Aug-28 [75-Aug-30: 2B].
Jayne, Samuel Carver, Jr. (2 yrs., 6 mos.) d. on 73-May-5 of Meningitis [73-May-8: 2C].
Jaynes, Mary O. m. Lehnhoff, Joseph A. [72-Apr-8: 2B].
Jean, Annie E. m. Hebb, H. J., Dr. on 75-Jul-6 [75-Jul-13: 2B].
Jean, David m. Fairbanks, Martha J., Mrs. on 71-May-11 [71-May-19: 2C].
Jean, Edith (1 yr., 1 mo.) d. on 72-Jul-17 [72-Jul-23: 2C].
Jean, Lillie d. on 72-May-13 [72-May-14: 2A].
Jean, Lillie E. (3 yrs., 6 mos.) d. on 71-Dec-26 [71-Dec-27: 2C].

Jean, Martin L. m. Lynch, Kate R., Miss on 72-Nov-7 [72-Nov-9: 2A].
Jean, William F. D. m. Myers, Buena Vista on 75-Jul-5 [75-Jul-12: 2B].
Jeanerette, U. m. Shauer, Mary, Miss on 71-Feb-20 [71-Mar-6: 2C].
Jeanneret, Edward A. (11 mos.) d. on 72-Jun-28 [72-Jun-29: 2B].
Jeffereys, Thomas R., Jr. (25 yrs.) d. on 72-Jan-1 [72-Jan-3: 2C].
Jefferies, Mary Lizzie, Miss m. Koockogey, George W. on 74-Jun-4 [74-Jun-9: 2B].
Jefferis, Getta H. m. Beatson, David A. on 73-Nov-5 [73-Nov-13: 2B].
Jefferis, Mary (56 yrs.) d. on 75-Oct-15 [75-Oct-16: 2B].
Jefferis, Mattie, Miss m. Woolf, Charles E. on 73-Mar-19 [73-Jul-8: 2B].
Jeffers, Anna Mary (1 yr., 4 mos.) d. on 74-Dec-28 [74-Dec-30: 2B].
Jeffers, Clara B. (17 yrs.) d. on 71-Dec-7 Burned [71-Dec-9: 2B, 4C].
Jeffers, Joseph W. m. Thompson, Hester A., Miss on 74-Mar-6 [74-Mar-14: 2B].
Jeffers, Margaret (51 yrs.) d. on 75-Sep-12 [75-Sep-18: 2B].
Jeffers, Mary Jane, Miss m. Meyers, William F. on 72-Nov-20 [72-Dec-2: 2B].
Jeffers, Rebecca E. (83 yrs.) d. on 72-Nov-22 [72-Nov-25: 2B].
Jeffers, Willie B. (6 mos.) d. on 72-Dec-18 [72-Dec-20: 2B].
Jefferson, Charles d. of Murder (Assault) [75-Aug-4: 4E].
Jefferson, Emma m. Helm, Issac M. on 75-Feb-17 [75-Mar-2: 2B].
Jefferson, John Allen (2 yrs., 4 mos.) d. on 75-Sep-13 [75-Sep-15: 2B].
Jefferson, Lillie (7 yrs., 7 mos.) d. on 74-Dec-22 [74-Dec-23: 2B].
Jefferson, Mary E. d. on 73-Feb-21 [73-Feb-22: 2B].
Jefferson, Robert T. m. Monroe, Laura V., Miss on 74-Jun-4 [74-Jun-13: 2B].
Jefferson, Thomas H. (52 yrs.) d. on 73-May-19 [73-May-20: 2C].
Jeffrey, Louise M. m. Schweinshagen, Adolph F. W. on 71-Jul-22 [71-Jul-24: 2B].
Jeffrey, Mary (37 yrs.) d. on 73-Apr-19 [73-Apr-24: 2B].
Jeffrey, Stephen m. Smith, Ida Virginia, Miss on 71-May-6 [72-Jan-15: 2C; 72-Mar-19: 2B].
Jeffrey, William (50 yrs.) d. on 73-May-25 [73-Jun-6: 2B].
Jelleff, Charles M. m. Rusk, Jennie on 75-Aug-22 [75-Sep-1: 2B].
Jelley, Adelaide, Mrs. m. Dewling, Thomas on 74-Apr-12 [74-May-6: 2B].
Jelley, David (51 yrs.) d. on 72-Jul-2 of Heatstroke [72-Jul-4: 1F, 2B].
Jelley, Margaret (43 yrs., 6 mos.) d. on 74-Mar-3 [74-Mar-4: 2C].
Jelly, George (50 yrs.) d. on 74-Mar-30 of Intemperance [74-Apr-1: 1H, 2B].
Jenifer, Mary m. Cook, Edward on 71-May-15 [71-Jun-16: 2B].
Jenifer, Mary R., Miss m. Mitchell, Hugh [71-Nov-16: 2B].
Jenkens, Emily E. m. Poulton, Henry E. on 74-Mar-30 [74-Apr-2: 2B].
Jenkins, Alfred (66 yrs.) d. on 75-Aug-16 [75-Aug-17: 2B, 4D; 75-Aug-18: 2B; 75-Aug-20: 4C].
Jenkins, Alice Julia (37 yrs.) d. on 71-Dec-18 [71-Dec-19: 2B].
Jenkins, Amanda E., Miss m. Chipman, Charles E. on 75-Jun-17 [75-Jul-28: 2B].
Jenkins, Busirus (75 yrs.) d. on 73-Apr-29 [73-Apr-30: 2B].
Jenkins, Caroline C., Mrs. m. Morris, John, Dr. on 71-Apr-20 [71-Apr-22: 2C].
Jenkins, Charles m. Sorrell, Ida on 75-Apr-29 [75-May-5: 2B].
Jenkins, Charles A., Dr. (25 yrs.) d. on 72-Jul-7 [72-Jul-15: 2B].
Jenkins, Charlotte (68 yrs.) d. on 73-Jul-18 [73-Jul-22: 2B].
Jenkins, David d. on 73-Apr-1 of Pneumonia [73-Apr-3: 2B].
Jenkins, Edward (69 yrs.) d. on 75-Apr-23 [75-Apr-24: 2A, 4C; 75-Apr-26: 4C].
Jenkins, Edward Courtney (1 yr., 7 mos.) d. on 72-Apr-4 [72-Apr-10: 2B].
Jenkins, Elise Thornton, Miss m. Parker, William H., Lt. on 71-Dec-5 [71-Dec-8: 2C].
Jenkins, Elizabeth (5 yrs., 6 mos.) d. on 71-Feb-12 [71-Feb-14: 2C].
Jenkins, Elizabeth (83 yrs.) d. on 74-May-13 [74-May-27: 2B].
Jenkins, Emma (7 mos.) d. on 74-Aug-16 [74-Aug-17: 2B].
Jenkins, Florence Estelle d. on 71-Jul-13 [71-Jul-14: 2B].
Jenkins, Frank X. m. Lusby, Louisa Presbury on 73-Nov-18 [73-Nov-25: 2B].

Jenkins, George (55 yrs.) d. on 71-Jan-18 of Intemperance and exposure [71-Jan-19: 4E].
Jenkins, George Frederick (27 yrs.) d. on 72-May-18 [72-May-20: 2B].
Jenkins, George Gibson (11 mos.) d. on 74-Feb-25 [74-Mar-6: 2B].
Jenkins, Harry (8 mos.) d. on 72-Apr-25 [72-Apr-27: 2B].
Jenkins, Hattie A. m. Kernan, Nicholas E. on 71-Jun-1 [71-Jun-3: 2B].
Jenkins, Ida, Miss m. Cole, Lamartine on 74-Sep-10 [74-Sep-16: 2B].
Jenkins, James Henry (42 yrs.) d. on 72-May-9 [72-May-10: 2B; 72-May-15: 2B].
Jenkins, Jane D., Mrs. m. Forsythe, James Joseph on 74-Dec-15 [74-Dec-19: 2B].
Jenkins, Jonathan S. (76 yrs.) d. on 70-Dec-31 [71-Jan-7: 2C].
Jenkins, Louisa m. Tharle, Henry S. on 73-Aug-21 [73-Sep-3: 2B].
Jenkins, M. Courtney d. on 71-Dec-1 [71-Dec-4: 2C].
Jenkins, M. Fannie (1 yr., 5 mos.) d. on 71-Oct-6 [71-Oct-9: 2B].
Jenkins, Maria d. on 71-Mar-14 [71-Mar-15: 2B].
Jenkins, Mark W. (67 yrs.) d. on 71-Jul-13 [71-Jul-15: 2B; 71-Jul-17: 4E].
Jenkins, Martha A. (43 yrs.) d. on 75-May-3 [75-May-4: 2B].
Jenkins, Mary Ann (55 yrs.) d. on 72-Dec-9 [72-Dec-11: 2B; 72-Dec-12: 2B].
Jenkins, Mary Louisa (1 yr., 7 mos.) d. on 72-Jun-22 [72-Jun-24: 2B].
Jenkins, May (1 yr., 1 mo.) d. on 72-Jun-19 [72-Jun-20: 2B].
Jenkins, Michael F. m. Coyne, Annie C. on 73-Nov-13 [73-Nov-17: 2B].
Jenkins, Mollie J., Miss m. Gilbert, Albert M. on 74-Jun-11 [74-Jun-19: 2B].
Jenkins, Ozella V., Miss m. Jones, Wilbour F. on 72-Oct-8 [73-Sep-4: 2B].
Jenkins, Patience H. m. Needles, Edward M. on 73-Jan-8 [73-Jan-15: 2B].
Jenkins, Sue C., Miss m. Hopkins, S. Harris on 75-Feb-2 [75-Feb-11: 2B].
Jenkins, Thomas (75 yrs.) d. on 72-Nov-9 [72-Nov-11: 2B, 4E; 72-Nov-12: 2B; 72-Nov-13: 2B].
Jenkins, Thomas C. d. on 75-Oct-12 [75-Oct-13: 2B].
Jenkins, Thomas C., Jr. m. Constable, Maria M. on 73-Apr-22 [73-Apr-23: 2B].
Jenkins, William (41 yrs.) d. on 74-Feb-22 [74-Feb-26: 2B].
Jenkins, William F. m. Martin, Fannie on 73-Nov-20 [73-Nov-25: 2B].
Jenkins, William George E. m. Kibbe, Hattie L. on 75-Jan-28 [75-Feb-1: 2B].
Jenkins, William M. (67 yrs.) d. on 73-Jan-20 [73-Jan-22: 2B; 73-Jan-23: 2B].
Jenkins, William S. (68 yrs.) d. on 72-Oct-13 [72-Oct-17: 2B].
Jenness, Manie A. m. Elliott, Charles M. on 74-Jul-8 [74-Jul-11: 2B].
Jenness, William C. m. Phillips, Susie, Miss on 73-Apr-30 [73-May-7: 2B].
Jenney, Ellen W. (2 yrs., 1 mo.) d. on 75-Mar-28 of Scarlet fever [75-Mar-29: 2B].
Jennings, Annie Elizabeth (17 yrs., 1 mo.) d. on 73-Jul-28 [73-Jul-29: 2B].
Jennings, Bridget (57 yrs.) d. on 73-Mar-23 of Heart disease [73-Mar-24: 1G, 2B].
Jennings, Eliza (75 yrs.) d. on 73-Mar-29 [73-Mar-31: 2B].
Jennings, Emma m. Bowling, James L. on 71-Dec-17 [71-Dec-30: 2C].
Jennings, Fannie Elizabeth (7 mos.) d. on 73-Aug-9 [73-Aug-13: 2B].
Jennings, Jacob M., Rev. (69 yrs.) d. on 72-Oct-1 [72-Oct-10: 2B].
Jennings, Jane (1 yr.) d. on 75-Apr-4 [75-Apr-6: 2B].
Jennings, Michael P. (89 yrs.) d. on 75-May-10 [75-May-11: 2B].
Jennings, William Grason (40 yrs.) d. on 71-Dec-29 of Boiler explosion [71-Dec-30: 2C, 4C].
Jerescheid, Henry (2 yrs.) d. on 75-Nov-14 Drowned [75-Nov-15: 4C].
Jerome, Brother d. on 71-Mar-3 [71-Mar-27: 4C].
Jervis, John (84 yrs.) d. on 72-Dec-28 [73-Jan-3: 2B; 73-Jan-4: 2B].
Jervis, Mollie O. m. Davis, S. E. on 71-May-23 [71-May-26: 2B].
Jervis, S. M. H. (55 yrs.) d. on 73-Jul-29 of Paralysis [73-Aug-2: 2C].
Jessop, Abraham (46 yrs.) d. on 72-Dec-7 [72-Dec-9: 2B].
Jessop, Eva Page (3 yrs., 9 mos.) d. on 72-Oct-3 of Diptheria [72-Oct-18: 2B].
Jessop, Laura C. (4 mos.) d. on 75-Oct-7 [75-Oct-9: 2A].
Jessup, Edward T. m. Mallory, Lue, Miss on 73-Sep-30 [73-Oct-3: 2B].

Jester, Harry Roberts (3 yrs., 6 mos.) d. on 74-Apr-13 [74-Apr-20: 2B].
Jeter, William B. m. Cannon, Florence A. on 73-Sep-3 [73-Sep-18: 2B; 73-Sep-20: 2B].
Jett, Aria Walton, Miss m. Ruby, George Washington on 74-Jan-8 [74-Jan-10: 2B].
Jett, W. S. m. Krozer, Fannie E. on 73-Apr-3 [73-Apr-21: 2B].
Jewell, Charles H. m. Hutchings, Sarah, Mrs. on 74-Jul-20 [74-Jul-24: 2B].
Jewett, M. A., Rev. (75 yrs.) d. on 74-Apr-2 [74-Apr-11: 2B].
Jillard, W. H. m. Evans, Ruth I., Miss on 71-Nov-18 [71-Dec-11: 2B].
Jillard, William H. (46 yrs.) d. on 74-Apr-26 of Erysipelas [74-Apr-27: 2B, 4B; 74-Apr-28: 2B].
Jiner, Benjamin (53 yrs.) d. on 72-Apr-23 of Heart disease [72-Apr-24: 4B].
Jobes, Airey (110 yrs.) d. on 74-Aug-12 [74-Aug-14: 4D].
Jobes, Edwin S. (37 yrs.) d. on 72-Dec-17 [72-Dec-19: 2B].
Jocheom, Lenhardt (16 yrs.) d. on 71-May-17 [71-May-24: 2B].
Joeckel, John d. on 75-Sep-26 of Lockjaw [75-Sep-28: 4D].
Joeckel, Sarah S. (21 yrs.) d. on 71-Jul-26 [71-Jul-27: 2B].
Joh, Ferdinand (47 yrs.) d. on 75-May-7 of Consumption [75-May-8: 2B; 75-May-10: 4B].
Johannes, Agnes J. (25 yrs.) d. on 75-Jul-31 [75-Aug-2: 2B].
Johannes, Allen m. Reid, Agnes J. on 71-May-4 [71-May-10: 2B].
Johannes, Florence E. (11 mos.) d. on 74-Jul-3 [74-Jul-4: 2B].
Johannes, Virania Lee (10 mos.) d. on 72-Jul-23 [72-Jul-24: 2C].
John, Brady (25 yrs.) d. on 71-Mar-6 [71-Mar-7: 2B].
John, Caroline, Mrs. m. Stibbe, Solomon D. on 73-Mar-2 [73-Mar-4: 2B].
Johns, Ann (88 yrs.) d. on 74-Sep-23 [74-Sep-28: 2B].
Johns, Elizabeth (85 yrs.) d. on 72-Jan-13 [72-Jan-15: 2C].
Johns, Joseph, Jr. (51 yrs.) d. on 75-Aug-18 [75-Aug-19: 2B; 75-Aug-20: 2B].
Johns, Maria Louisa m. Jorden, Henry F. on 74-Jan-20 [74-Feb-9: 2B].
Johns, Montgomery, Dr. (46 yrs.) d. on 71-Jul-28 [71-Jul-31: 2C].
Johns, R. H., Jr. m. Leach, Bettie, Miss on 72-Dec-30 [73-Jan-29: 2B].
Johns, Radie (10 yrs.) d. on 71-Mar-25 [71-Mar-30: 2C].
Johns, Rudolph (65 yrs.) d. on 73-Jan-26 [73-Jan-31: 2C].
Johns, Virginia d. on 71-Oct-21 [71-Oct-25: 2B].
Johns, William F. (17 yrs., 9 mos.) d. on 71-Aug-4 [71-Aug-5: 2C].
Johns, William H. (58 yrs.) d. on 73-Apr-30 [73-May-1: 2B; 73-May-2: 2B].
Johnson, Adam H. (42 yrs.) d. on 75-Jan-9 [75-Jan-11: 2B; 75-Jan-12: 2B].
Johnson, Albert Duy (8 yrs.) d. on 75-Jul-15 [75-Jul-16: 2B; 75-Jul-17: 2B].
Johnson, Alexander (79 yrs.) d. on 71-Nov-17 [71-Nov-20: 2C].
Johnson, Alice M. m. Wilkins, Charles H. on 75-Feb-11 [75-Feb-15: 2B].
Johnson, Alice O., Miss m. Harrison, George H. on 73-Jun-25 [73-Aug-29: 2B].
Johnson, Alice W., Miss m. Martin, J. W. on 74-Sep-24 [74-Oct-16: 2B].
Johnson, Almira G. (46 yrs.) d. on 74-Nov-10 [74-Nov-11: 2B].
Johnson, Andrew (7 yrs.) d. on 72-Dec-28 [72-Dec-30: 2B].
Johnson, Annie (29 yrs.) d. on 72-May-11 [72-May-13: 1H].
Johnson, Annie, Miss m. Watkins, George W. on 74-Oct-8 [74-Oct-10: 2B].
Johnson, Annie V. m. Farnsworth, Joseph on 75-Oct-21 [75-Nov-3: 2B].
Johnson, Arthur S. (20 yrs., 11 mos.) d. on 75-Oct-12 of Suicide (Jumped from Washington Monu [75-Oct-14: 1H].
Johnson, B. F. (37 yrs.) d. [72-May-3: 2B].
Johnson, Barney (60 yrs.) d. on 71-Jan-31 [71-Feb-1: 2C].
Johnson, Benjamin J. (48 yrs.) d. on 73-Jan-16 of Apoplexy [73-Jan-17: 4B; 73-Jan-20: 1H].
Johnson, Benjamin T. (22 yrs., 1 mo.) d. on 72-Feb-28 [72-Mar-1: 2C].
Johnson, Bernard (60 yrs.) d. on 71-Jan-31 [71-Feb-2: 2C].
Johnson, C. S., Dr. m. Benson, Elva R., Miss on 75-Oct-5 [75-Oct-13: 2B].
Johnson, Caleb N., Capt. (49 yrs.) d. on 71-Feb-19 [71-Feb-21: 2C].

Johnson, Catharine C. (66 yrs.) d. on 75-Apr-13 [75-Apr-14: 2B; 75-Apr-16: 2A].
Johnson, Charles (56 yrs.) d. on 71-Dec-19 [71-Dec-20: 2B].
Johnson, Charles A. m. Hatton, Mollie A. on 74-Feb-16 [74-Feb-20: 2C].
Johnson, Charles H. m. Thirkel, C. Jane, Miss on 72-Mar-27 [72-Mar-30: 2B].
Johnson, Charles H. m. Holtz, Susie C. on 75-Aug-25 [75-Oct-28: 2B].
Johnson, Charles W. d. of Consumption [73-Dec-22: 2B].
Johnson, Charlotte Mezick (48 yrs.) d. on 75-May-22 [75-May-24: 2B].
Johnson, Clarence Melville (16 yrs.) d. on 75-Sep-13 [75-Sep-15: 2B; 75-Sep-16: 2B].
Johnson, Cornelia m. Lee, Charles L. J. on 74-Nov-17 [74-Nov-24: 2B].
Johnson, Cornelius (48 yrs.) d. on 73-Nov-17 [73-Nov-18: 2B].
Johnson, Daisey (1 yr., 10 mos.) d. on 74-Jul-24 [74-Jul-25: 2B].
Johnson, Dick d. on 71-May-29 Drowned [71-May-30: 4A].
Johnson, Edward J. m. O'Brien, Annie B. on 70-Feb-13 [71-Jan-25: 2C].
Johnson, Edward Samuel (6 yrs., 5 mos.) d. on 75-Aug-12 [75-Aug-14: 2B].
Johnson, Edward W. d. on 74-Nov-23 [74-Nov-25: 2C].
Johnson, Eleanor L. (27 yrs.) d. on 71-Feb-5 of Pneumonia [71-Feb-6: 2C; 71-Feb-7: 2C].
Johnson, Elijah H. (37 yrs.) d. on 74-Jul-25 [74-Aug-7: 2B].
Johnson, Eliza (69 yrs.) d. on 73-Nov-21 [73-Nov-24: 2B].
Johnson, Eliza, Mrs. m. Adams, Samuel H. on 71-Oct-12 [71-Oct-14: 2A].
Johnson, Eliza m. Tracey, Samuel R. on 73-Jan-2 [73-Jan-14: 2B].
Johnson, Elizabeth A. (82 yrs.) d. on 72-Nov-23 [72-Nov-25: 2B; 72-Nov-26: 2B].
Johnson, Elizabeth E. (38 yrs.) d. on 73-Feb-3 [73-Feb-5: 2B].
Johnson, Elizabeth Shepherd (11 mos.) d. on 71-Sep-2 [71-Sep-6: 2C].
Johnson, Ella d. on 73-Feb-8 [73-Feb-10: 2B].
Johnson, Ella, Miss m. Jamet, Edward, Dr. on 73-Aug-20 [73-Sep-3: 2B].
Johnson, Ella, Miss m. Parks, Edward E. on 73-Nov-4 [73-Nov-21: 2B].
Johnson, Ella, Miss m. Chenoweth, Harrie C. on 73-Jun-15 [73-Sep-9: 2B].
Johnson, Ella B., Miss m. Parsons, Joseph F. on 71-Apr-18 [71-Apr-22: 2C].
Johnson, Ellen (67 yrs.) d. [74-Aug-12: 2C].
Johnson, Ellinor Virginia d. on 71-Sep-10 [71-Sep-11: 2B].
Johnson, Emeline d. on 74-Mar-19 of Lamp explosion [74-Mar-20: 4D].
Johnson, Emma (1 yr., 3 mos.) d. on 72-Jul-21 [72-Jul-23: 2C].
Johnson, Emma m. King, James H. on 71-Sep-26 [71-Oct-2: 2B].
Johnson, Emma F. m. Baroux, Edwin G. on 75-May-3 [75-Jun-7: 2A].
Johnson, Emma L., Miss m. Patterson, William R., Jr. on 73-Aug-27 [73-Sep-6: 2B].
Johnson, Emma M. m. Bromwell, J. Edward on 71-Jan-26 [71-Feb-11: 2B].
Johnson, Emma S., Miss m. Chamberlin, Samuel A. on 74-May-13 [74-May-14: 2B].
Johnson, Fannie d. on 75-Sep-17 [75-Sep-18: 2A].
Johnson, Ferdinand S. d. on 71-Sep-22 [71-Sep-23: 2B].
Johnson, Fredoner m. Hazleton, Enoch on 75-May-18 [75-May-22: 2B].
Johnson, George Harman (3 yrs., 10 mos.) d. on 74-Dec-15 [74-Dec-17: 2B].
Johnson, George M. m. Spedden, Carrie C. on 74-Jan-20 [74-Feb-3: 2B].
Johnson, George N. m. Mansfield, Sarah F., Mrs. on 75-Dec-22 [75-Dec-25: 2B].
Johnson, Grafton H. m. Stanley, Helen, Miss on 73-Apr-7 [73-Dec-22: 2B].
Johnson, H. m. Simms, Elizabeth A., Miss on 73-Aug-18 [73-Aug-21: 2B].
Johnson, Hannah (67 yrs.) d. on 71-Sep-1 [71-Sep-5: 2C].
Johnson, Hannah (74 yrs.) d. on 73-Apr-20 [73-Apr-21: 2B].
Johnson, Harriet E. d. on 73-May-29 [73-May-30: 2B; 73-May-31: 2A].
Johnson, Helen Regina (2 yrs., 4 mos.) d. on 72-Aug-12 [72-Aug-13: 2B].
Johnson, Henry d. on 72-Sep-2 in Railroad accident [72-Sep-3: 1G].
Johnson, Horace d. [74-Nov-17: 4C; 74-Nov-17: 1H].
Johnson, Howard Greenleaf (3 mos.) d. on 73-Aug-27 [73-Aug-29: 2B].

Johnson, Howard N. m. Hughes, Mollie N., Miss on 72-Jul-3 [72-Jul-20: 2B].
Johnson, Ida Dell m. Causey, Charles E. on 72-Jun-6 [72-Jun-13: 2B].
Johnson, Ida E., Miss m. Robinson, Cyrus N., Rev. on 73-Oct-7 [73-Oct-9: 2B].
Johnson, Isabella M. (65 yrs.) d. on 75-Jan-12 [75-Jan-13: 2B; 75-Jan-14: 2B].
Johnson, J. H., Dr. m. Mealy, Ida B. on 74-Dec-28 [75-Jan-1: 2B].
Johnson, J. Thomas m. Powell, Louisa G., Miss on 75-Jan-28 [75-Feb-3: 2B].
Johnson, Jackson L. (41 yrs.) d. on 75-Dec-19 [75-Dec-20: 2B, 4D].
Johnson, Jacob m. Knight, Sarah C. on 75-Feb-22 [75-Mar-10: 2C].
Johnson, James, Dr. (78 yrs.) d. [72-Dec-16: 2B].
Johnson, James H. (68 yrs.) d. on 71-Feb-7 [71-Feb-9: 2C].
Johnson, James M. m. Perine, Rachel J., Miss on 74-Dec-20 [74-Dec-24: 2B].
Johnson, Jane (27 yrs.) d. on 73-Oct-6 [73-Oct-8: 2B].
Johnson, Janie Summerfield (5 yrs., 4 mos.) d. on 72-Nov-25 [72-Dec-7: 2A].
Johnson, Jennie McAlroy (27 yrs.) d. [73-Oct-7: 2B].
Johnson, Josephine m. Demuth, Adolph G. on 75-Sep-6 [[75-Sep-15: 2B]; 75-Sep-16: 2B].
Johnson, Julian Bernard d. on 71-Dec-28 [72-Jan-6: 2B].
Johnson, Laura V. m. Klages, Henry E. on 75-Dec-5 [75-Dec-8: 2B].
Johnson, Lewis m. Smith, Mary on 72-Feb-14 [72-Feb-19: 2B].
Johnson, Lilian Peirce (1 yr., 6 mos.) d. on 72-May-6 [72-May-7: 2B].
Johnson, Littleton F. m. Dammann, Augusta E., Miss on 71-May-2 [71-May-2: 2B].
Johnson, Lizzie, Miss m. Massey, Thomas H. on 75-Jul-7 [75-Aug-6: 2B].
Johnson, Maggie J., Miss m. Beler, Charles on 73-Feb-13 [73-Feb-15: 2B].
Johnson, Malachia (30 yrs.) d. on 74-Feb-11 [74-Feb-12: 2C].
Johnson, Maria (54 yrs.) d. on 74-Apr-29 [74-Apr-30: 2B].
Johnson, Mary (49 yrs.) d. on 70-Dec-30 of Heart disease [71-Jan-2: 4D].
Johnson, Mary (80 yrs.) d. on 71-Jan-21 [71-Jan-23: 2C].
Johnson, Mary (20 yrs.) d. on 75-Jan-8 in Railroad accident [75-Jan-11: 4E].
Johnson, Mary A. m. Smith, Joseph S. on 71-Feb-23 [71-Feb-25: 2B].
Johnson, Mary A., Miss m. Lee, John W. on 72-Jun-13 [72-Jun-14: 2A].
Johnson, Mary A., Miss m. Price, Charles Henry on 75-Jul-13 [75-Jul-20: 2B].
Johnson, Mary Ann (53 yrs.) d. on 71-Sep-17 [71-Oct-2: 2C].
Johnson, Mary B. (4 yrs., 3 mos.) d. on 73-Aug-25 [73-Aug-27: 2B].
Johnson, Mary Jane d. on 74-Apr-8 [74-Apr-10: 2B; 74-Apr-11: 2B].
Johnson, Mary M. (72 yrs.) d. on 73-Mar-19 [73-Mar-20: 1F, 2B; 73-Mar-21: 2B; 73-Mar-22: 1G].
Johnson, Mary V. (24 yrs.) d. on 74-Jul-9 of Consumption [74-Jul-14: 2B].
Johnson, Mary Virginia (1 yr., 4 mos.) d. on 73-Feb-19 [73-Feb-22: 2B].
Johnson, Mary Virginia (10 mos.) d. on 74-Mar-19 [74-Mar-20: 2B].
Johnson, Matilda D. (32 yrs.) d. on 75-May-7 [75-May-8: 2B; 75-May-10: 2B].
Johnson, Mima, Miss m. Price, William G. on 71-Nov-14 [71-Nov-18: 2A].
Johnson, Nanny T. (18 yrs.) d. on 74-Feb-23 [74-Feb-24: 2B].
Johnson, Oliver (4 mos.) d. on 74-Nov-17 of Spasms [74-Nov-18: 4D].
Johnson, Phebe B., Miss m. Chichester, W. J. on 72-Oct-1 [72-Oct-2: 2B].
Johnson, Rebecca (98 yrs.) d. on 75-Dec-16 [75-Dec-20: 4A].
Johnson, Richard (56 yrs.) d. on 74-Mar-4 [74-Mar-5: 2B; 74-Mar-6: 2B].
Johnson, Richard d. on 75-Sep-24 [75-Sep-25: 4D].
Johnson, Richard W. (38 yrs., 11 mos.) d. on 71-Feb-18 [71-Feb-25: 2B].
Johnson, Robert E. m. Rosenbrock, Laura V., Miss on 73-Nov-26 [73-Dec-8: 2B].
Johnson, Rose Albert (29 yrs.) d. on 75-Jul-10 [75-Jul-12: 2B].
Johnson, Sallie (6 yrs., 7 mos.) d. on 71-Jul-26 [71-Jul-31: 2C].
Johnson, Sallie S. (3 yrs., 3 mos.) d. on 73-Apr-18 [73-Apr-21: 2B].
Johnson, Samuel (72 yrs., 11 mos.) d. on 71-Jan-21 [71-Jan-23: 2C].

Johnson, Samuel Joshua m. Smith, Kate R., Miss on 74-Apr-1 [74-Apr-4: 2B].
Johnson, Samuel Theodore (4 mos.) d. on 74-Jun-24 [74-Jun-25: 2B].
Johnson, Sarah A. (23 yrs.) d. on 75-Nov-14 [75-Nov-16: 2B].
Johnson, Sarah E., Miss m. Boyd, J. P. on 75-Oct-6 [75-Oct-9: 2A].
Johnson, Sarah Elizabeth d. on 71-Apr-26 [71-Apr-27: 2C; 71-Apr-28: 2C].
Johnson, Sophia (87 yrs.) d. on 72-Sep-13 [72-Sep-14: 2A].
Johnson, Susan (75 yrs.) d. on 73-Oct-13 [73-Oct-15: 2B].
Johnson, Susanna C. (61 yrs.) d. on 72-Apr-8 [72-Apr-9: 2B; 72-Apr-10: 2B].
Johnson, Susannah (68 yrs.) d. on 72-Jul-15 [72-Jul-16: 2B].
Johnson, Sydney Hyder d. on 72-Dec-7 [72-Dec-11: 2B].
Johnson, Talethiel m. Coston, Louisa, Miss on 75-Sep-9 [75-Sep-11: 2A].
Johnson, Theodore Wederstrandt d. on 75-May-4 [75-Oct-18: 2B].
Johnson, Thomas (47 yrs.) d. on 73-Aug-23 Crushed by cargo [73-Aug-25: 1G].
Johnson, Thomas B. m. Knipe, Alice on 72-Dec-31 [73-Jan-4: 2B].
Johnson, Thomas J. m. Crawford, Josephine, Miss on 71-Sep-3 [71-Sep-5: 2B; 71-Sep-15: 2B].
Johnson, Thomas K. (37 yrs.) d. on 72-May-22 [72-May-23: 2B].
Johnson, Thomas L. (19 yrs.) d. on 73-Dec-10 of Consumption [73-Dec-11: 2B; 73-Dec-12: 2B].
Johnson, Thomas P. m. Mules, Jennie, Miss on 74-Dec-16 [74-Dec-19: 2B].
Johnson, Virginia May (8 yrs.) d. on 72-Nov-17 [72-Nov-22: 2B].
Johnson, William (45 yrs.) d. on 72-Jun-5 [72-Jun-6: 2B].
Johnson, William (54 yrs.) d. on 73-Dec-3 of Pneumonia [73-Dec-4: 4D].
Johnson, William m. Cooper, Ann Maria on 71-Jan-1 [71-Jan-4: 2B].
Johnson, William A. d. on 74-Apr-5 [74-Apr-7: 4C].
Johnson, William H. m. Jones, Camilla A. on 72-Feb-25 [72-Mar-12: 2C].
Johnson, William H. m. Insley, Julia on 73-Feb-25 [73-Mar-29: 2B].
Johnson, William M. (65 yrs.) d. on 72-Nov-1 [72-Nov-4: 2B].
Johnson, William T. (61 yrs.) d. on 74-May-24 [74-May-28: 2B].
Johnson, Willie E. (6 yrs.) d. on 74-Oct-26 [74-Oct-27: 2B].
Johnson, Willie Mathaney (12 yrs., 4 mos.) d. on 75-Feb-26 [75-Mar-10: 2C].
Johnston, Andrew (66 yrs.) d. on 72-Dec-10 [72-Dec-12: 2B].
Johnston, Annie Bell (24 yrs., 2 mos.) d. on 74-May-30 [74-Jun-1: 2B].
Johnston, Annie Blanche (1 yr., 6 mos.) d. on 72-Jun-6 [72-Jun-7: 2B].
Johnston, Charles H. m. Williams, Sallie A., Miss on 73-Mar-13 [73-Mar-24: 2B].
Johnston, Elizabeth (70 yrs.) d. on 75-Jun-17 [75-Jun-18: 2B, 4E; 75-Jun-19: 2A].
Johnston, Elizabeth Elliott (7 mos.) d. on 74-Jul-26 of Whooping cough [74-Aug-13: 2B].
Johnston, Ellen (40 yrs.) d. on 73-Jan-11 [73-Jan-14: 2B; 73-Jan-13: 2B].
Johnston, Emily M., Miss m. Brien, Joseph R. C. on 74-May-6 [74-Oct-20: 2B].
Johnston, Eugenia B. (15 yrs., 6 mos.) d. on 75-Mar-27 of Consumption [75-Mar-29: 2B].
Johnston, George E. (1 yr., 7 mos.) d. on 73-Aug-11 [73-Aug-12: 2B].
Johnston, Gertrude (6 yrs.) d. on 72-Feb-19 [72-Feb-21: 2C].
Johnston, James (47 yrs.) d. on 74-Jul-29 [74-Jul-30: 2B].
Johnston, James H. L. (1 yr., 11 mos.) d. on 73-Aug-2 [73-Aug-4: 2B].
Johnston, James William (51 yrs.) d. on 75-Jan-26 [75-Jan-27: 2B].
Johnston, Jennie E., Miss m. Pindell, Clarence A. on 75-Jan-12 [75-Jan-21: 2B].
Johnston, Jennie N., Miss m. Daughtrey, P. Henry on 72-Sep-23 [72-Oct-8: 2B].
Johnston, John m. Kellan, Agnes, Mrs. on 72-Sep-11 [72-Sep-13: 2B].
Johnston, Katie Gordon (10 yrs.) d. on 72-Jun-8 [72-Jun-10: 2B].
Johnston, Lavalette, Miss m. Mcmullen, J. F. on 71-Jan-2 [71-Jan-6: 2C].
Johnston, Maggie, Miss m. Bateman, William H. on 74-May-13 [74-May-16: 2B].
Johnston, Margaret (47 yrs.) d. on 75-Jun-25 [75-Jun-26: 2B].
Johnston, Maria Stith (100 yrs.) d. on 75-Aug-8 [75-Aug-9: 2B; 75-Aug-10: 2B, 4D; 75-Aug-11: 4C].

Johnston, Mary A. m. Torney, George H., Dr. on 72-Jan-22 [72-Feb-7: 2C].
Johnston, Mary J. d. on 73-Nov-24 [73-Nov-26: 2B].
Johnston, Mary LeGrand m. Slingluff, Fielder C. on 73-Nov-4 [73-Nov-5: 2B].
Johnston, Mary Walton m. Charlton, Walter Glasco on 74-Feb-11 [74-Feb-16: 2B].
Johnston, Susie, Miss m. Causey, William on 72-May-20 [72-Jun-10: 2B].
Johnston, William m. Thomas, Annie F. V., Miss on 74-Dec-31 [75-Jan-4: 2A].
Johnstone, Fanny E. m. Dent, William on 74-Jun-9 [74-Jun-10: 2B].
Joice, George T. (52 yrs.) d. on 73-Aug-16 [73-Aug-27: 2B].
Joice, John (85 yrs., 2 mos.) d. on 72-Feb-24 [72-Feb-26: 2C].
Joice, Mary E., Miss m. Ryan, William H. on 75-Mar-1 [75-Mar-17: 2B].
Joice, Walter O. (24 yrs., 10 mos.) d. on 74-Aug-8 [74-Aug-10: 2B].
Jolliffe, Frances (86 yrs.) d. on 73-Feb-3 [73-Feb-4: 2B].
Jones, [male] d. on 73-Jun-28 Drowned [73-Jun-30: 4C].
Jones, A. F., Miss m. Wamaling, R. L. on 71-Jun-21 [71-Jun-29: 2C].
Jones, Agnes G., Miss m. Garing, James H. C. on 73-Oct-14 [73-Nov-3: 2B].
Jones, Alfred Cookman (2 yrs.) d. on 73-Aug-30 [73-Sep-2: 2B].
Jones, Alfred Cookman (2 yrs., 11 mos.) d. on 74-Dec-6 [74-Dec-8: 2C].
Jones, Alice F., Miss m. Dunnock, Samuel F. on 73-Jan-7 [73-Jan-10: 2B].
Jones, Alice M. m. Rickey, Charles T. on 73-Dec-15 [73-Dec-27: 2B].
Jones, Allie M., Miss m. Buchanan, Andrew E. on 74-Dec-10 [74-Dec-16: 2B].
Jones, Alverda Eliza (1 yr., 2 mos.) d. on 72-Aug-8 [72-Aug-9: 2B].
Jones, Amelia Frances (40 yrs., 3 mos.) d. on 73-Aug-26 [73-Aug-27: 2B].
Jones, Andrew (8 yrs.) d. on 71-Jul-18 Drowned [71-Jul-20: 4C].
Jones, Andrew D. m. Koontz, Maggie on 74-Nov-25 [74-Nov-28: 2B].
Jones, Ann (74 yrs.) d. on 74-Oct-23 [74-Oct-24: 2B].
Jones, Ann Eliza (28 yrs.) d. on 74-Apr-27 [74-Apr-30: 2B].
Jones, Ann Elizabeth (57 yrs.) d. on 75-May-22 [75-May-24: 2B].
Jones, Anna, Miss m. Hambleton, James P. on 71-Dec-14 [71-Dec-15: 2B].
Jones, Anna M., Miss m. Lewis, Charles W. on 72-Apr-2 [72-May-4: 2A].
Jones, Annie E., Mrs. m. Elliott, George T. on 72-Aug-20 [72-Nov-12: 2B].
Jones, Annie M., Miss m. Tully, B. on 71-May-8 [71-May-13: 2B].
Jones, Annie M., Miss m. Farquharson, John W. on 74-Jan-15 [74-Jan-17: 2B].
Jones, Arthur J. (4 yrs.) d. on 73-Jul-7 [73-Jul-8: 2B].
Jones, Aubray Campbell (4 yrs., 5 mos.) d. on 72-Apr-30 [72-May-1: 2B].
Jones, B. F. m. Wilcox, Mary J. on 74-Apr-29 [74-May-16: 2B].
Jones, Belle M., Miss m. Weed, Arthur W. on 74-Nov-4 [74-Nov-10: 2B].
Jones, Benjamin F. (32 yrs.) d. on 73-Mar-6 of Yellow fever [73-Apr-26: 2B].
Jones, Bennetta Eugenia (7 yrs.) d. on 71-Jul-25 [71-Jul-27: 2B; 71-Jul-28: 2B].
Jones, C. Howard m. Webster, Deborah on 74-May-28 [74-Jul-7: 2B].
Jones, Camilla A. m. Johnson, William H. on 72-Feb-25 [72-Mar-12: 2C].
Jones, Carrie m. Denmead, Talbott, Jr. on 75-Oct-20 [75-Oct-25: 2A].
Jones, Carrie May (1 yr., 1 mo.) d. on 71-Jul-16 [71-Jul-18: 2B].
Jones, Cassandra (88 yrs.) d. on 75-Jan-21 [75-Jan-23: 2B].
Jones, Catherine (69 yrs.) d. on 74-Nov-9 [74-Nov-10: 2B].
Jones, Catherine E., Mrs. m. Jones, John on 73-Jul-31 [73-Aug-28: 2B].
Jones, Charles (69 yrs., 10 mos.) d. on 73-Feb-8 [73-Feb-10: 2B].
Jones, Charles E. (2 yrs., 5 mos.) d. on 72-Jan-17 [72-Jan-18: 2C].
Jones, Charles E. (24 yrs.) d. on 75-Dec-2 [75-Dec-4: 2B].
Jones, Charles H. m. Waldo, Mary A. on 72-Dec-19 [73-Jan-1: 2B].
Jones, Charles Henry m. Sank, Kate Evelyn on 72-Apr-20 [72-Apr-23: 2B].
Jones, Charles J. m. Pyle, Ella, Miss on 71-Jun-4 [71-Jul-12: 2B].
Jones, Charles S. m. Herring, Rosina M. on 75-Jan-12 [75-Jan-15: 2B].

Jones, Charlie (47 yrs.) d. on 75-Apr-19 [75-Apr-22: 2B].
Jones, Cora W. m. Moring, Walter F. on 72-Jan-25 [72-Feb-7: 2C].
Jones, Corrie A. (30 yrs.) d. on 71-Mar-18 [71-Mar-20: 2B].
Jones, Daniel F. m. Ward, Rosalthe, Miss on 73-Apr-20 [73-May-26: 2B].
Jones, E. H. m. Love, Mary A. on 73-Aug-13 [73-Oct-20: 2B].
Jones, Edward m. Gildea, M. Rebecca on 73-Feb-18 [73-Feb-26: 2B].
Jones, Edward m. Hardesty, Ida, Miss on 75-Jun-16 [75-Sep-28: 2B].
Jones, Edwin L. m. Bennett, Mary, Miss on 72-Dec-17 [72-Dec-18: 2B].
Jones, Eleanor Clarke d. on 72-Nov-18 [72-Nov-20: 2B].
Jones, Eli Montgomery (34 yrs., 5 mos.) d. on 72-Jun-15 [72-Jun-19: 2B].
Jones, Elizabeth (69 yrs.) d. on 73-Jul-27 [73-Aug-1: 2B].
Jones, Elizabeth, Miss m. Wilderman, Levi on 72-Jul-7 [72-Jul-9: 2C].
Jones, Elizabeth J. m. Cooper, D. William on 73-Oct-16 [73-Oct-23: 2B].
Jones, Emma (18 yrs.) d. on 74-Oct-23 of Spasms [74-Oct-24: 4E].
Jones, Emma Belt (5 mos.) d. on 74-Sep-9 [74-Sep-12: 2B].
Jones, Emma D., Miss m. Jones, John A. on 71-Jun-1 [71-Jun-3: 2B].
Jones, Emma M., Miss m. Blessing, William T. on 74-Nov-4 [74-Nov-10: 2B].
Jones, Emma M. m. Williams, E. S. on 75-Sep-2 [75-Sep-18: 2A].
Jones, Estella Eugenia (1 yr., 4 mos.) d. on 72-Sep-2 [72-Sep-10: 2B].
Jones, Eugene B. (37 yrs.) d. on 72-Oct-5 [72-Oct-17: 2B].
Jones, Eugene W. d. on 72-Nov-19 of Consumption [72-Nov-23: 2B].
Jones, Evan (1 yr., 7 mos.) d. on 72-Jul-29 [72-Jul-30: 2B].
Jones, Ezekiel B. m. Skillman, Bertie T., Miss on 73-Feb-10 [73-Feb-15: 2B].
Jones, F. Virginia d. on 75-Mar-25 [75-Mar-27: 2C].
Jones, Fannie A. (22 yrs., 5 mos.) d. on 74-Oct-15 [74-Oct-17: 2B].
Jones, Felix H. M. (3 yrs., 9 mos.) d. on 75-Mar-25 [75-Apr-16: 2A].
Jones, Florence, Miss m. Graves, James on 74-Feb-26 [74-Mar-13: 2B].
Jones, Gennie, Miss m. Parrott, John W. on 71-Dec-12 [71-Dec-14: 2B].
Jones, George F. m. Riley, Mary A., Miss on 71-Dec-1 [71-Dec-2: 2B].
Jones, George Francis m. Kessler, Ida V., Miss on 72-Jan-30 [72-Feb-5: 2C].
Jones, George H., Dr. m. Morsell, L. A., Mrs. on 73-Dec-18 [73-Dec-20: 2A].
Jones, George Orlando (10 mos.) d. on 74-Aug-12 [74-Aug-13: 2B].
Jones, George W. (30 yrs.) d. on 73-Jan-10 [73-Jan-11: 2B].
Jones, George W. (55 yrs.) d. on 73-Dec-20 [73-Dec-22: 2B].
Jones, George W. m. Stewart, Susan A., Miss on 72-Feb-8 [72-Feb-10: 2B].
Jones, George W. m. Hudgins, Ellen, Miss on 72-Jun-13 [72-Jul-23: 2B].
Jones, George W. m. Gordon, Lizzie, Miss on 74-Jan-15 [74-Jan-23: 2B].
Jones, Gertrude d. on 75-Aug-11 [75-Aug-13: 2B].
Jones, Godfrey Malbone Hunter (4 mos.) d. on 73-Jul-25 [73-Jul-28: 2B].
Jones, Hannah M., Miss m. Gill, J. Douglas on 72-Aug-22 [72-Aug-23: 2B].
Jones, Harriet J., Miss m. Williams, Joshua on 72-Jul-18 [72-Jul-19: 2C].
Jones, Harriette E. (26 yrs.) d. on 73-Apr-24 of Phthisis pulmonalis [73-May-9: 2B].
Jones, Harry (4 mos.) d. on 73-May-19 [73-May-20: 2C].
Jones, Harry P. (38 yrs.) d. on 72-Nov-29 of Suicide (Poison) [72-Nov-30: 1H; 72-Dec-4: 1F].
Jones, Henrietta M. m. Martindale, H. H. on 75-Feb-3 [75-Feb-6: 2B].
Jones, Henry (73 yrs., 4 mos.) d. on 71-Mar-8 [71-Mar-9: 2C].
Jones, Howard m. Starkey, Manie A. on 74-Sep-24 [74-Sep-28: 2B].
Jones, Hugh H. m. Henshaw, M. Blanche on 75-Aug-10 [75-Aug-30: 2B].
Jones, Ida Bond (8 yrs., 4 mos.) d. on 74-Nov-9 [74-Nov-10: 2B].
Jones, Isabel Durham (1 yr., 8 mos.) d. on 72-Sep-23 [72-Sep-25: 2B].
Jones, Isabella, Miss m. Ward, John A. on 72-Feb-22 [72-Mar-1: 2B].
Jones, Issac d. on 74-Nov-29 [74-Dec-1: 2B].

Jones, J. Robert m. Cummings, Sarah J., Miss on 71-Apr-17 [71-Jun-21: 2C].
Jones, James m. Oster, A. R., Mrs. on 71-Mar-2 [71-Mar-3: 2C].
Jones, James C. m. Carroll, Sarah E., Miss on 72-Sep-25 [72-Sep-27: 2B].
Jones, James H. m. Burton, Maggie A. on 71-Oct-12 [71-Oct-20: 2B].
Jones, James H. m. Malin, Emma on 73-Jun-1 [73-Jun-3: 2A].
Jones, James L. (49 yrs.) d. on 74-Jun-18 [74-Jun-19: 1G, 2B; 74-Jun-20: 2B].
Jones, James Luke (2 yrs., 10 mos.) d. on 75-Jan-21 [75-Jan-22: 2B].
Jones, John (11 yrs., 6 mos.) d. on 74-Jul-13 [74-Jul-14: 2B].
Jones, John m. Eagle, Laura H., Miss on 72-Jul-9 [72-Jul-13: 2A].
Jones, John m. Jones, Catherine E., Mrs. on 73-Jul-31 [73-Aug-28: 2B].
Jones, John A. (51 yrs.) d. on 73-Apr-26 [73-Apr-28: 2B].
Jones, John A. m. Jones, Emma D., Miss on 71-Jun-1 [71-Jun-3: 2B].
Jones, John H. m. Sipes, Isabella Jane, Miss on 72-Aug-14 [72-Aug-17: 2A].
Jones, John S. m. Barnes, Sarah F., Miss on 71-Apr-13 [71-Apr-19: 2B].
Jones, John T. m. Gray, Lida A., Miss on 72-Feb-18 [72-Feb-20: 2C].
Jones, John Wesley m. Smith, Roberta, Miss on 72-May-9 [72-May-11: 2A].
Jones, Joshua m. Melvill, Sarah M., Miss on 71-Oct-15 [71-Oct-17: 2B].
Jones, Joshua, Jr. d. on 71-Aug-20 [71-Oct-11: 2B].
Jones, Joshua C. (62 yrs.) d. on 74-Jul-16 [74-Jul-17: 2B].
Jones, Julia A. (60 yrs.) d. on 75-Feb-4 [75-Feb-6: 2B].
Jones, Kate C. m. Miller, Lewis on 73-Nov-20 [73-Nov-24: 2B].
Jones, Kate E., Miss m. Beam, James P. on 72-Sep-10 [72-Sep-14: 2A].
Jones, Laura J., Mrs. m. Lefevre, William H. on 74-Feb-14 [74-Feb-24: 2B].
Jones, Lawrence R. m. Harrison, Mary J., Miss on 74-Apr-16 [74-May-9: 2C].
Jones, Lethe A. (52 yrs.) d. on 73-Jun-12 [73-Jun-13: 2B].
Jones, Levering N. m. Newbell, Evelyn E. on 75-Nov-18 [75-Nov-22: 2A].
Jones, Lidie E. d. on 75-Aug-4 [75-Aug-13: 2B].
Jones, Lizzie S. m. Matthews, Joseph B. on 75-Oct-7 [75-Nov-22: 2A].
Jones, Lizzie Woodward, Mrs. m. Berkley, William N. on 75-Nov-23 [75-Nov-27: 2B].
Jones, Lotta (9 mos.) d. on 75-Feb-13 [75-Feb-15: 2B].
Jones, Louis C. m. Brown, Mollie A. on 73-Oct-8 [73-Oct-10: 2B; 73-Oct-11: 2B; 73-Oct-13: 2B].
Jones, Louisa d. on 75-Mar-4 [75-Mar-6: 2B; 75-Mar-10: 2C].
Jones, Lucinda (79 yrs.) d. on 73-Oct-16 [73-Oct-17: 2B; 73-Oct-18: 2B].
Jones, Lucretia (31 yrs.) d. on 74-Oct-31 [74-Nov-2: 2B].
Jones, Lydia (41 yrs.) d. on 71-Feb-26 [71-Feb-28: 2C].
Jones, M. C. m. McCann, A. E. on 72-Oct-10 [72-Oct-24: 2B].
Jones, M. E., Miss m. Billingsley, R. C. on 73-Dec-29 [74-Jan-1: 2B].
Jones, Maggie, Miss m. Beeler, William on 74-Jan-26 [74-Feb-19: 2B].
Jones, Mahala (65 yrs.) d. on 75-Nov-21 [75-Nov-23: 2A].
Jones, Margaret Ellen (50 yrs.) d. on 74-Sep-2 [74-Sep-3: 2B].
Jones, Margaret Helen (26 yrs.) d. on 74-Apr-3 [74-Apr-4: 2B; 74-Apr-6: 2B].
Jones, Maria E. m. Iglehart, Milton R. on 73-Dec-4 [74-Mar-31: 2B].
Jones, Martha, Miss m. Siddons, Charles on 75-Apr-8 [75-Apr-10: 2B].
Jones, Martha A., Miss m. Eccles, William on 74-Feb-4 [74-Feb-28: 2B].
Jones, Mary (74 yrs.) d. on 71-Sep-2 [71-Sep-4: 2B].
Jones, Mary d. on 72-May-28 of Asthma [72-May-29: 1H].
Jones, Mary d. on 75-May-30 [75-Jun-1: 2B].
Jones, Mary A. m. Stahl, Henry T. on 75-Jun-24 [75-Jul-3: 2A].
Jones, Mary Anna (26 yrs.) d. on 74-Dec-25 [74-Dec-26: 2C].
Jones, Mary E. m. Cleaveland, A. J. on 71-Sep-14 [71-Sep-15: 2B].
Jones, Mary E., Miss m. Willinghaus, Frederick on 72-Jan-16 [72-Feb-10: 2B].

Jones, Mary E. m. Long, George E. on 72-Dec-24 [72-Dec-27: 2B].
Jones, Mary E., Miss m. Lawson, Albert on 74-Jan-26 [[74-Feb-4: 2B]; 74-Feb-9: 2B].
Jones, Mary E. m. Warrick, George W. on 73-Sep-2 [73-Sep-18: 2B].
Jones, Mary E. m. Lynde, Henry on 75-Sep-15 [75-Oct-5: 2B].
Jones, Mary Elizabeth (2 yrs., 8 mos.) d. on 72-Oct-2 [72-Oct-5: 2B].
Jones, Mary Emma (2 mos.) d. on 73-Jan-12 [73-Jan-13: 2B].
Jones, Mary Florence (3 yrs., 9 mos.) d. on 73-Nov-16 [73-Nov-17: 2B].
Jones, Mary Henry (53 yrs.) d. on 71-Jul-29 [71-Aug-1: 2C].
Jones, Mary K. m. Packer, William S. on 75-Jun-17 [75-Jun-21: 2B].
Jones, Mary L., Miss m. Mitchell, John F. on 71-Sep-28 [71-Sep-30: 2B].
Jones, Mary R. (35 yrs.) d. on 73-May-18 [73-May-27: 2B].
Jones, Mary W. (36 yrs.) d. on 73-Jan-20 [73-Jan-22: 2B].
Jones, Mollie, Miss m. Hubbard, George W. on 71-May-9 [71-May-10: 2B].
Jones, Musette (4 mos.) d. on 74-Feb-13 [74-Feb-14: 2C].
Jones, Nathan (85 yrs.) d. on 71-Feb-18 [71-Feb-25: 2B].
Jones, Nellie (84 yrs.) d. on 71-Dec-27 [71-Dec-28: 2C].
Jones, Noah (39 yrs.) d. on 75-Oct-17 [75-Oct-18: 2B].
Jones, Octavia m. Crockett, Charles W. on 71-Nov-28 [71-Dec-25: 2C].
Jones, Owen C. (75 yrs.) d. on 75-Apr-17 [75-Apr-21: 2B].
Jones, Owen F. m. Fairall, Ella Nora on 73-Apr-15 [73-Apr-29: 2B].
Jones, Philip (30 yrs.) d. on 72-May-20 [72-May-22: 2B].
Jones, Philip Bauman (2 yrs., 1 mo.) d. on 72-Jun-19 [72-Jun-20: 2B].
Jones, Philip H. m. Chaney, Lizzie M. on 74-Nov-26 [74-Nov-30: 2B].
Jones, Planner m. Gordon, Mary A., Miss on 71-Jan-1 [71-Jan-4: 2B].
Jones, R. H. (41 yrs.) d. on 71-Aug-21 [71-Aug-22: 2B].
Jones, R. H. m. Rogers, Mary E., Miss on 73-Jan-8 [73-Jan-9: 2B].
Jones, R. Meade (26 yrs.) d. on 74-Oct-17 of Suicide (Poison) [74-Oct-19: 1H; 74-Oct-24: 5G].
Jones, R. Slater m. Shipley, Mollie, Miss on 74-Apr-30 [74-May-2: 2B].
Jones, R. I. C., Jr. m. McManus, Filomena on 71-Oct-17 [71-Oct-31: 2C].
Jones, Rebecca (70 yrs.) d. on 73-Feb-6 [73-Feb-7: 2B].
Jones, Rebecca Churchill m. Craighill, W. P., Col. on 74-Sep-22 [74-Sep-23: 2B].
Jones, Reuben Howard (5 mos.) d. on 75-Sep-4 [75-Sep-6: 2B].
Jones, Richard m. Smith, Josie [71-May-16: 2B].
Jones, Richard F. d. [72-Dec-9: 1H].
Jones, Robbie (1 yr., 5 mos.) d. on 72-Jul-7 [72-Jul-8: 2C].
Jones, Robert (50 yrs.) d. on 71-Nov-10 [71-Nov-11: 2B].
Jones, Robert d. on 73-Mar-7 in Railroad accident [73-Mar-10: 1H].
Jones, Robert L. (32 yrs.) d. on 75-Sep-22 of Meningitis [75-Sep-23: 2B].
Jones, Rosabella m. Rutherford, James A. on 74-Aug-31 [[[74-Oct-12: 2B]; 74-Oct-14: 2C]; 74-Oct-17: 2B].
Jones, Sadie m. Collins, T. E. B. on 71-Jan-26 [71-Jan-28: 2B].
Jones, Sadie A., Miss m. Jackson, Arthur G. on 72-Oct-30 [72-Nov-4: 2B].
Jones, Sallie A., Mrs. m. Parrott, William A. on 72-Jun-13 [72-Jun-20: 2B].
Jones, Sallie E. m. Peddicord, Caleb R. on 74-Nov-19 [75-May-25: 2A].
Jones, Samuel m. Thompson, Julia D., Miss on 75-Apr-6 [75-Apr-28: 2B].
Jones, Samuel, Jr. d. on 74-Apr-22 [74-May-1: 1H, 2B].
Jones, Samuel A. d. on 72-Oct-11 [72-Oct-19: 2B; 72-Oct-22: 2B].
Jones, Sarah d. on 72-May-25 [72-May-27: 2A; 72-May-28: 2A].
Jones, Sarah (33 yrs.) d. on 73-Feb-21 [73-Feb-22: 2B].
Jones, Sarah A. (50 yrs.) d. on 75-Jan-10 [75-Jan-12: 2B].
Jones, Sophia, Miss m. Parks, Issac on 71-Sep-5 [71-Sep-25: 2C].
Jones, Souther Burns (21 yrs.) d. on 74-May-19 [74-May-20: 2B; 74-May-21: 2B].

Jones, Susan (77 yrs.) d. on 74-Feb-8 [74-Feb-13: 2C].
Jones, Susan (10 mos.) d. on 74-Aug-19 [74-Aug-22: 2B].
Jones, Talbot d. on 71-Mar-21 [71-Mar-22: 2B, 4F; 71-Mar-30: 2C].
Jones, Talbot (1 mo.) d. on 72-Dec-19 [72-Dec-20: 2B].
Jones, Teresa Elizabeth (13 yrs., 6 mos.) d. on 74-Oct-4 [74-Oct-6: 2B].
Jones, Teresa L. m. Reed, George A. on 71-Oct-12 [[71-Oct-16: 2B]; 71-Oct-17: 2B].
Jones, Thaddeus m. Partridge, Joanna, Miss on 72-Sep-12 [72-Sep-13: 2B].
Jones, Theroame (38 yrs.) d. on 71-Jun-25 [71-Jun-29: 2C].
Jones, Thomas F. m. Dickerson, Emma J. on 74-Oct-8 [74-Oct-10: 2B].
Jones, Thomas L. m. Dickson, Alice J. on 73-Jul-10 [73-Jul-29: 2B].
Jones, Thomas O. (49 yrs.) d. on 72-Jan-4 of Measles [72-Jan-5: 2B; 72-Jan-6: 5G].
Jones, Thomas Washington, Capt (40 yrs.) d. on 71-Mar-28 of Building collapse [71-Mar-30: 2C; 71-Mar-31: 4E].
Jones, Thompson Taylor (1 yr., 4 mos.) d. on 75-Aug-20 [75-Aug-21: 2B].
Jones, Truman M. (29 yrs., 7 mos.) d. on 72-Nov-22 of Rheumatism of the heart [72-Dec-16: 2B; 72-Dec-18: 1H; 73-May-24: 2B].
Jones, Victoria d. on 72-Nov-5 [72-Nov-6: 2B].
Jones, W. E. m. Balderston, L. E. on 73-Aug-7 [73-Aug-9: 2B].
Jones, W. H. m. Parsly, Ellen, Miss on 72-Jan-25 [72-Feb-1: 2C].
Jones, W. H. K. m. Taylor, Jennie, Miss on 71-Jan-4 [71-Jan-7: 2C].
Jones, W. S. m. McComas, M., Miss on 73-Jan-1 [73-Feb-20: 2B].
Jones, Wainwright d. on 73-Aug-1 of Cholera infantum [73-Aug-15: 2B].
Jones, Walter Fletcher (2 yrs., 6 mos.) d. on 72-Jul-26 [72-Aug-7: 2B].
Jones, Walter Lilly (5 mos.) d. on 75-Aug-4 [75-Aug-6: 2B].
Jones, Wilbour F. m. Jenkins, Ozella V., Miss on 72-Oct-8 [73-Sep-4: 2B].
Jones, William (43 yrs.) d. on 73-Jan-24 [73-Jan-25: 2B].
Jones, William (2 mos.) d. on 75-Jan-17 of Spasmodic croup [75-Jan-18: 2B].
Jones, William m. Stewart, Margaret H. on 75-May-4 [75-Jun-2: 2B].
Jones, William m. Fortune, Mary E. on 75-Jan-25 [75-Jan-27: 2B].
Jones, William A., Dr. m. Colmary, Georgie J. on 73-Oct-15 [73-Oct-22: 2B].
Jones, William Edward (7 mos.) d. on 73-Nov-23 [73-Nov-25: 2B].
Jones, William H. m. Baldwin, Mary V., Miss on 75-Dec-15 [75-Dec-17: 2B].
Jones, William H., Jr. m. Bryant, Louisa, Miss [74-Jan-5: 2B].
Jones, William Henry m. King, Laura A. on 74-Nov-10 [74-Nov-11: 2B].
Jones, William Richard (3 mos.) d. on 73-Feb-10 of Pneumonia [73-Feb-11: 2B].
Jones, William T. (36 yrs.) d. on 73-Jan-21 [73-Jan-22: 2C].
Jones, William Tomlinson (1 yr., 2 mos.) d. on 74-Feb-13 [74-Feb-14: 2C].
Jones, William Wallace (37 yrs.) d. on 71-Jan-26 [71-Jan-27: 2C].
Jones, Willie Edgar (3 mos.) d. on 71-Jul-9 [71-Jul-12: 2B].
Jonson, George W. (38 yrs.) d. on 75-May-18 [75-May-19: 2B, 4D; 75-May-20: 2B; 75-May-21: 2B].
Jordan, Albert (33 yrs.) d. on 72-Feb-16 of Consumption [72-Feb-17: 2C].
Jordan, Anna (2 yrs., 1 mo.) d. on 75-Jan-10 [75-Jan-12: 2B].
Jordan, Augusta A. m. Dawson, Thomas E. on 71-Mar-30 [71-Mar-31: 2B].
Jordan, Bessie (8 mos.) d. on 74-Jun-5 [74-Jun-6: 2B].
Jordan, Francis, Capt. (29 yrs.) d. on 74-Feb-18 [74-Feb-19: 2B; 74-Feb-20: 2C].
Jordan, Francis m. Weikert, Virginia B., Miss on 74-May-14 [74-May-15: 2B].
Jordan, George (50 yrs.) d. [73-Nov-17: 4C].
Jordan, Helen Orra Rosalie, Miss m. Miller, William Henry Harrison on 72-Oct-21 [72-Oct-31: 2B].
Jordan, James (62 yrs.) d. on 75-Mar-10 [75-Mar-11: 2C].
Jordan, James Robert (3 yrs., 6 mos.) d. on 75-Jan-29 [75-Jan-30: 2B].

Jordan, John J. m. Otlipp, Hanna J. on 74-Apr-18 [74-Apr-29: 2B].
Jordan, John T. (32 yrs.) d. on 74-Nov-15 [74-Dec-8: 2C].
Jordan, Kate Virginia (17 yrs.) d. on 71-Mar-29 [71-Mar-30: 2C].
Jordan, Lillian Alma (4 yrs., 4 mos.) d. on 75-Aug-8 of Scarlet fever [75-Aug-9: 2B; 75-Aug-10: 2B].
Jordan, Martico m. Myers, Lizzie, Miss on 73-Sep-24 [73-Sep-27: 2B].
Jordan, Mary E. (1 yr.) d. on 72-Jun-21 [72-Jun-22: 2B].
Jordan, Mary P. d. on 72-Jul-28 [72-Jul-30: 2B].
Jordan, Mary Pauline m. Askey, Joseph on 74-Feb-12 [74-Feb-14: 2C].
Jordan, Rachel m. Baker, George B. on 71-Jan-18 [71-Jan-21: 2B].
Jordan, Ross (40 yrs.) d. on 74-Aug-3 Kicked by horse [74-Aug-6: 1H].
Jordan, Virginia m. Edelman, Philip on 72-Sep-9 [72-Sep-17: 2B].
Jordan, William Burlie (4 yrs., 6 mos.) d. on 71-Sep-30 of Pneumonia and measles [71-Oct-2: 2C].
Jordan, William H. (56 yrs.) d. on 73-Sep-4 [73-Sep-8: 1F].
Jordan, William James (24 yrs.) d. on 73-Apr-3 in Machine accident [73-Apr-4: 1G, 2B; 73-Apr-5: 2B].
Jorden, Elizabeth A. (6 mos.) d. on 73-Jul-5 [73-Jul-7: 2B].
Jorden, Harry V. d. on 75-Jan-15 [75-Jan-18: 2B].
Jorden, Henry F. m. Johns, Maria Louisa on 74-Jan-20 [74-Feb-9: 2B].
Jorden, J. Joseph m. Reilley, Mary F., Miss on 71-Sep-14 [71-Sep-19: 2C].
Jorden, Margaret A. (29 yrs.) d. [73-Mar-1: 2A].
Jorden, Mary Frances (24 yrs.) d. on 72-Feb-3 [72-Feb-5: 2C].
Jordon, Annie B. m. Clark, John Albert on 71-Dec-4 [71-Dec-6: 2B].
Jordon, Joshua Gilbert (28 yrs.) d. on 71-May-24 [71-May-15: 2B; 71-May-16: 2B].
Jordon, Thomas (37 yrs.) d. on 72-Feb-18 of Consumption [72-Mar-11: 2C].
Jory, B. M. m. Hall, Martha H. on 74-Dec-10 [74-Dec-11: 2B].
Jory, Evelyn (9 mos.) d. on 73-Jul-5 [73-Jul-7: 2B].
Jory, John Samuel (10 mos.) d. on 75-Sep-1 [75-Sep-3: 2B].
Jory, William M. (64 yrs.) d. on 71-Sep-20 [71-Sep-22: 2B].
Joseph, Isidore d. [72-Mar-25: 2B].
Joseph, Margaret (46 yrs.) d. on 72-Aug-5 [72-Aug-6: 2B].
Joslin, Grace (6 yrs.) d. on 74-Nov-1 of Scarlet fever [74-Nov-2: 2B].
Jourdan, Charles H., Prof. m. Dielman, Addie J., Miss on 71-Jul-6 [71-Jul-11: 2B].
Journey, Edward (70 yrs.) d. on 74-Jun-9 of Heatstroke [74-Jun-10: 1H].
Journey, Edward m. Lee, Maggie, Miss on 73-Dec-11 [73-Dec-13: 2A].
Joy, Ellen (45 yrs.) d. on 72-Jun-6 [72-Jun-7: 2B].
Joy, Joseph R. m. Lilly, Mary A. on 72-Oct-24 [72-Nov-5: 2B].
Joyce, Catherine m. Culver, William B. on 75-Jun-19 [75-Jun-23: 2B].
Joyce, Eliza (50 yrs.) d. on 72-Dec-27 [72-Dec-31: 2B].
Joyce, Emma (25 yrs.) d. on 73-May-8 [73-May-10: 2B].
Joyce, Florence Colfax (5 yrs.) d. on 73-Mar-1 [73-Mar-3: 2B].
Joyce, Ida, Miss m. Stevens, Robert on 75-Jun-27 [75-Jul-3: 2A].
Joyce, John (36 yrs.) d. on 72-Jan-8 [72-Jan-9: 2C].
Joyce, Lillia Patricia (1 yr., 11 mos.) d. on 74-Feb-10 [74-Feb-11: 2B].
Joyce, Martha E. m. Schaper, William H. on 73-Feb-17 [73-May-17: 2C].
Joyce, Mary A. (72 yrs.) d. on 72-Oct-6 [72-Oct-8: 2B].
Joyce, Sarah Elizabeth (31 yrs.) d. on 72-Jul-18 [72-Aug-7: 2B].
Joyce, Susie H. m. Lake, Charles H. on 71-Aug-1 [71-Aug-12: 2C].
Joyce, Thomas (67 yrs.) d. on 74-Oct-13 [74-Oct-15: 2B].
Joyce, William N. m. Flynn, Kate F., Miss on 75-Mar-30 [75-Apr-13: 2B].
Joyner, M. S., Miss m. Oliver, I. G. on 73-Oct-9 [73-Oct-16: 2B].

Joynes, Eleanora A. D. (62 yrs.) d. on 74-Feb-21 [74-Feb-23: 2B; 74-Feb-24: 2B].
Joynes, Maggie J. m. Morejon, Manuel on 73-May-26 [73-May-28: 2B].
Joynes, William E. m. Bronnan, Lavena S., Miss on 73-Jul-3 [73-Aug-5: 2B].
Jubb, Deborah (64 yrs.) d. on 75-Jan-17 [75-Jan-18: 2B].
Jubb, Henry m. Legg, Emma on 75-Jul-1 [75-Jul-10: 2B].
Jubb, Rosa, Miss m. Chisholm, Walter J. on 71-Feb-16 [71-Mar-7: 2B].
Judefind, J. M. (88 yrs.) d. on 72-Nov-22 [72-Nov-23: 2A].
Judge, Henry, Jr. m. Conry, Jane, Miss on 71-May-7 [71-May-18: 2B].
Judge, Henry, Sr. (63 yrs.) d. on 71-Aug-13 [71-Aug-14: 2C; 71-Aug-15: 2B].
Judge, Jane E. (31 yrs.) d. on 74-Dec-31 [75-Jan-1: 2B; 75-Jan-2: 2B].
Judge, Mary Ellen (5 mos.) d. on 74-Jun-26 [74-Jun-27: 2B].
Judik, Fannie B. d. on 71-Sep-4 [71-Sep-5: 2B; 71-Sep-6: 2B; 71-Sep-7: 2B].
Judik, Irene, Miss m. Yearley, Alex., Jr. on 73-Jan-21 [73-Jan-28: 2B].
Judik, J. Henry m. Bringues, Lillie on 71-Jun-21 [71-Jun-23: 2B].
Judlin, Elizabeth (79 yrs., 2 mos.) d. on 73-Jan-20 [73-Jan-22: 2B].
Juhan, Susan (50 yrs.) d. on 72-May-27 of Apoplexy [72-Jun-3: 2B].
Jumper, Frances J. m. Thomas, John, Capt. on 73-Feb-6 [73-Feb-8: 2B].
Jungling, Charles Frederick (3 mos.) d. on 72-Dec-25 [72-Dec-27: 2B].
Junier, Eugene A. m. McCarthy, Elizabeth, Miss on 75-Sep-12 [75-Nov-10: 2B].
Jurney, Oscar D. m. Barger, Elenora on 75-Jun-30 [75-Jul-3: 2A].
Justes, Sarah E., Miss m. Coal, Benjamin on 75-Aug-29 [75-Sep-17: 2B].
Justice, Amanda m. Perkins, Alexander J. on 73-Nov-16 [73-Nov-21: 2B].
Justice, Catharine (47 yrs.) d. on 71-Jun-12 [71-Jun-13: 2B].
Justice, James Lemuel m. Free, Alice Ann, Miss on 71-Jan-12 [71-Jan-21: 2B].
Justice, Mary (55 yrs.) d. on 75-Aug-4 [75-Aug-5: 2B].
Justis, Adelia P. d. on 72-Aug-31 [72-Sep-3: 2B].
Justis, Sarah (80 yrs.) d. on 72-Feb-3 [72-Feb-5: 2C].
Justis, William S., Jr. (36 yrs.) d. on 73-Apr-20 [73-Apr-21: 2B; 73-Apr-22: 2B; 73-Apr-23: 1G].

www.ingramcontent.com/pod-product-compliance
Lightning Source LLC
Chambersburg PA
CBHW060553230426
43670CB00011B/1809